【績溪】上川明經胡氏宗譜

（卷首上卷中卷）

1

上海圖書館藏珍稀名人家譜叢刊

上海圖書館 編

上海科學技術文獻出版社

圖書在版編目（CIP）數據

上川明經胡氏宗譜 / 上海圖書館編. —上海：上海科學技術文獻出版社，2018
（上海圖書館藏珍稀名人家譜叢刊 / 黃顯功主編）
ISBN 978-7-5439-7722-8

Ⅰ. ①上… Ⅱ. ①上… Ⅲ. ①氏族譜系—績溪 Ⅳ. ①K820.9

中國版本圖書館 CIP 數據核字 (2018) 第 166455 號

責任編輯：施 東
封面設計：何 旸

上川明經胡氏宗譜
上海圖書館 編
出版發行：上海科學技術文獻出版社
地 址：上海市長樂路 746 號
郵政編碼：200040
經 銷：全國新華書店
印 刷：上海世紀嘉晉數字信息技術有限公司
開 本：787×1092 1/16
印 張：99.5
版 次：2018 年 8 月第 1 版 2018 年 8 月第 1 次印刷
書 號：ISBN 978-7-5439-7722-8
定 價：2000.00 圓（全三冊）
http://www.sstlp.com

《上海圖書館藏珍稀名人家譜叢刊》編委會

出版說明

以血緣關係為紐帶的宗法制度，是中國社會的核心傳統之一，家譜即這一文化的具體產物。家譜對於研究中國歷史的史料價值歷來為學界所重，然此類文獻大多為私家編修，傳佈範圍有限；且在漫長的傳承過程中，散佚的情況往往難以避免。故系統地整理出版內容權威、版本可靠的家譜文獻，久爲學界所企盼。

上海圖書館庋藏的中國家譜，其數量和品質均為海內外同類收藏之翹楚。為使這份珍貴的文獻資料得以充分有效的利用，茲由上海圖書館的相關專家，從館藏三萬餘種家譜中遴選出一批精品或孤品，經整理以《上海圖書館藏珍稀名人家譜叢刊》形式按品种陆续影印出版。

本叢刊整理編輯體例如下：

一、按品种分批編輯出版，每批遴選家譜數種全文影印，以最大程度体现文獻原貌。

二、所取家譜纂修年代以民國時期為下限；同一家族若有多次續修之譜，則依版本完整無殘缺、存世稀少等情況綜合選取。

三、每種家譜之前，均約請上海圖書館有關專家撰寫提要，紹介該譜之基本內容、特點和價值。

四、底本偶見極個別缺頁現象，難以配補，暫仍其舊；另凡底本存在錯簡之處，則徑予調整，俾整飭可閱。以上兩種情況，緣體例所限，例不出校記。

本家谱叢刊之整理，由上海圖書館歷史文獻中心總任其事，將分批陸續推出，以期對弘揚吾國傳統文化、促進相關的學術研究有所助益。

上海科學技術文獻出版社

二〇一八年八月

前言

家譜是同宗共祖的血親集團記載本族世系和相關事蹟、反映本家族繁衍發展過程的歷史圖籍。從商代到今天，家譜編修綿亙數千年，貫穿於中華民族的發展歷程中，是中華民族特有的文化現象。家譜中蘊涵著大量的社會學、歷史學、人口學、民族學、民俗學、經濟學、教育學、遺傳學等重要資料，與正史和方志構成了中華民族歷史文獻的三大支柱。同時，家譜也是尋根問祖不可或缺的第一手資料，對於加強中華民族凝聚力和向心力有著積極的作用。

經過幾代人的收集、整理，目前上海圖書館藏有家譜30000餘種300000餘冊，共計近400個姓氏，收藏的家譜覆蓋全國27個省、自治區及直轄市，是國內外收藏中國家譜原件最多的公藏機構，享有『全球中國家譜第一藏』『中國家譜半壁江山』等美譽。

上海圖書館在家譜收藏方面，具有以下顯著特色：

一、數量最多。據統計，《中國家譜總目》共計收錄中國家譜52401種，而上圖所藏家譜即達30,000餘種，將近《中國家譜總目》所收錄總數的60%，收藏量雄居世界首位。

二、覆蓋面廣。上圖收藏的家譜覆蓋全國27個省市，僅西藏、新疆、青海、寧夏、內蒙闕如。

三、姓氏較多。上圖家譜收錄姓氏近400個。以收藏家譜種數居於前十位的張、陳、王、李、劉、吳、周、朱、徐、黃等姓氏統計，各姓所收家譜總數多達300至800種。另冷僻姓氏有80餘種，如：吾、承、是、生、港、後、平、璩、青、揭等。

四、品種豐富。上圖收藏善本家譜200餘種，包括宋代皇族家譜《仙源類譜》、康熙皇帝十四子允禵家譜、嘉慶皇帝第五子綿愷家譜等玉牒和存世稀少的明代纂修家譜。此外，還有滿、回、蒙、白、土家等少數民族家譜15種，日本、朝鮮等外國家譜12種。

五、名人家譜眾多。上圖藏有名人家譜200餘種，其中不乏名宦政要李鴻章、左宗棠、翁同龢，文人雅士文徵明、董其昌、魯迅，科技精英徐壽、貝聿銘，商界钜子盛宣懷、葉澄衷、張謇、包玉剛等名人家譜。

六、品質較高。其一，時間跨度大。上圖館藏的家譜自宋代至近年新修譜，各時間段的家譜皆有收羅，整個時間跨度近千年。其二，善本、孤本較多。其中明刊本共計226種，僅次於國家圖書館。其三，統宗譜較多。總計約2000餘種，所涵蓋宗支範圍廣眾，族系傳承時間久遠。其四，名人纂修的家譜眾多。自朱明迄近代，有眾多的政要和文人曾主筆纂修過自己的家譜。名人纂修的家譜資料豐富翔實，可信度較高，有很高的學術研究價值。其五，同一家族在不同時段的續修本較多。有的家族多達十多次纂修的版本都被完整地保存下來，對於研究家譜內容的連續性、纂修體例以及版式等方面的演變，提供了豐富的實例。

爲了讓這些豐富的館藏資源能夠更方便地爲更多的需求者利用，從而更充分地發揮其作用，同時也為了更好地保護好家譜原件，避免因重複使用而造成不可逆的損壞，上海圖書館聯合館屬上海科學技術文獻出版社，針對館藏家譜各方面的特色，從中遴選出一批精品或孤品，傾力打造了這套《上海圖書館藏珍稀名人家譜叢刊》，擬分批影印出版。此叢刊也是上圖近年來『館藏珍稀古籍』整理出版項目之一。

上海圖書館是一座文化積澱與傳承的殿堂，我們這次出版《上海圖書館藏珍稀名人家譜叢刊》，旨在弘揚中華傳統文化，同時爲世界各地的華夏兒女尋根問祖、探尋血脈關聯提供一個資料平臺，也爲提高民族認同感和歷史責任感，爲加強中華民族凝聚力和向心力、爲社會主義文化的大發展、大繁榮和上海的文化大都市建設承擔應盡的職責。

上海圖書館

二〇一八年八月

題要

《[績溪]上川明經胡氏宗譜》三卷，首一卷，末一卷，清胡祥木纂修，清宣統三年（1911）木活字本，八册，書名據書簽、卷端、版心題。卷首載譜序、目錄、凡例，上卷依次載誥敕、遺像、列傳、仕宦、學林、善引、列女、文苑（序、跋、記、論、考、引、詩、文），中卷載統宗世系、本系世系與分系表，下卷為宅墓、規訓、存舊、拾遺，卷末跋、後序。

始祖昌翼（字宏遠，行十七），譜稱為唐昭宗幼子，因避朱溫之亂，隨義父改姓胡，避禍至婺源考川，後唐同光三年（975）以明經登第，世稱「明經胡氏」。二世延政（字克修，號節庵，原名延進，字以禮），官安徽績溪，自婺源遷居績溪胡里，後裔又自胡里遷翟北遷楊林。至始遷祖七二，昌翼二十世孫，宋代遷上川（莊），曆十三世，始分系。胡氏家族六百餘年無仕宦顯赫之人，歷代經商，近世曾在上海川沙開設茶葉店，四十世奎熙在華界增設支店，直到第四十一世胡傳。胡傳，原名珊，又名祥蛟、鈍夫，字守三，號鐵花，任三品銜，在任候補知府，又臺灣台東直隸州知州，著有《近溪山房詩友集》三十二卷，《鋤月軒吟草》、《鈍夫筆記》等。胡適（1891—1962）為昌翼四十二世，元當公派十一世，胡傳第四子，原名嗣穈，學名洪騂，字希彊，後改名胡適，字適之，譜名洪騂，譜內記有「考派美國留學生」。胡適開創中國哲學史研究，創辦《新青年》，提倡白話文，是新文化運動領袖。代表著作有《胡適論學近著》、《中國哲學史大綱》、《嘗試集》、《白話文學史》等。

安徽績溪胡氏有「金紫胡、尚書胡、明經胡」之分，三胡同姓不同宗，因明經胡出於帝胄之後，故修纂者對其家族輝煌歷史十分重視，對傳說軼事詳加考訂。「凡例」稱「修譜之要，首在剔偽，次在闕疑，查訪，校對四者為重」。「文苑」又載「論姓氏」、「論始祖」、「始祖唐太子考」等文。「列傳」中有胡適父胡傳、伯祖父星五公（諱奎照）等人傳記，可作研究參考。

目録

上川明經胡氏宗譜

關字志楨公派復廬氏領

〔績溪〕上川明經胡氏宗譜

序

碧雲認通德之鄉新安大好山水青史證
天潢之裔世繫具譜源流采風俗於常水
溪頭攷文獻於明經家世溯自朱三跋扈
官家已困紇干陽九遭逢少海遂流婺水
存孤兒賴有杵白易姓氏權仿范睢爰擷
五季之榜花乃謀一經於堂構甘棠勿剪
令尹之德政常昭大樹論功安撫之忠勳

卓著況十干派彩七哲名馳考水暘考亭之風雙湖講學梅巖抱梅福之節獨行成書六甲已圖大原數遷方宅茲土四塞有晉家之固八世卜陳氏之興竹竿峰前山瀠水聚楊林橋畔棋布星羅歷今六伯餘年長子孫而益衆凡閱二十五世聚國族者於斯共敦古處於宗盟各服先疇於農圃而其族人近仁等念支流之繁衍日盛

月新懼譜牒之微茫風流雲散爰諮故老訪羅祖典舊聞並率宗人采輯吉金貞石務使椒聊瓜瓞燦若列眉還令木本水源瞭如指掌惟孝友於兄弟一百五派居然繩貫絲連以能保我子孫億萬千年自此珠聯璧合夫易崇萃渙禮重敬宗小史之職在周官老蘇之亭成宋世姓氏既別譜乘斯傳然而人易生訛玄文譌烏童之頏

世多攀附崇韜混令公之支彼踳合根連
陸家雖東西列巷而乘車戴笠阮氏遂南
北分居由其昭穆之弗明致為秦越之相
視豈若茲先河後海因室及堂緝緝詵詵
元元本本孫緯於祖經之下系表得伯恭
之遺家乘與國史相通義例仿書亭之舊
或高文彪炳或遺像清高或選詞章或繙
傳狀或衣拖朱紫或功在丹黃或播德鄉

閭或揚芬閭閭或列呂家之鄉約或存孔壁之古文或為藏䰟之圖經或作零星之紀載分門別類詳略旣已攸宜比事屬辭首尾復為不紊固非二三俗士所可肩隨即令六一先生亦當心許者也且近仁學傳家衔幼讀楹書譽滿膠庠羣誇椽筆八九思呑雲夢三千頋擊滄溟顱乃雅意登龍虛懐附驥本其自仁率親之意求為開

宗明義之文例集古之首錄君謨仿研都
而先煩皇甫而予也浮舟練浦久瞻數馬
家風佩綬黃堂漫説五驄宦蹟値簿書之
餘暇喜鉛槧之適成百代鮫綃盥湮文藻
三更麟篆徧誦幽潛是以握管沉吟願廣
白華之什含毫飛動試書黃絹之詞云爾
宣統二年歲在庚戌仲夏之吉
賜進士出身

欽點翰林院編修三品銜選授江南徽州

府知府靜海劉汝驥頓首拜撰并書

序

今天下為種族之説者比比矣抑知種族之别雖因人類而起而人類之盛衰隆替實消息於其間言政治者固當權輿於此者乎三代以前漢族之開化最速而其時族類之制亦最重若敬宗收族惇叙睦恤之類襍載六經者更難枚數而周禮小史所職掌譜諜奠世繫序昭穆

諸端所以維持族類者尤不遺餘力嗚呼三代之制昭昭若此然則言政治者首在種族言種族者首在譜乘明矣予夙持此論以為今之言種族者其宗旨固未必盡與此同然登高一呼當有聞風嚮應者私獨恨隋唐以來譜籍記述氏族源流已湮泯無餘間有作者非濫即誕殊失古人遺意輒思起而振之而通籍以來卒卒簿領

間固未暇也辛亥春捧檄至績谿會上庄胡君書圃董人以其族新修譜來謁且以序請雒誦一過歎其譜之美且備因不禁擊節曰二君之爲此亦勤勞矣哉按譜上庄胡氏本出李唐宗室其始祖曰昌翼公以唐末避亂婺源之考川冒姓胡登後唐同光明經進士故稱明經胡氏以别諸胡其長公延政令於績乃始遷績之胡里後又自

胡里遷單北遷楊林遷上庄其始遷上庄祖
日七二公自是以來閱二十五世六伯餘年於
茲矣雖舊帙已佚遺獻無徵而統系本系分
系各表若本若支若昭若穆燦若列眉又
有誥敕遺像列傳仕宦學林善行列女
文苑宅墓規訓存舊拾遺各門義例周
密譜也而固為胡氏之史矣夫豈世俗記載
濫誕者之可次比耶然吾於此有感焉詩不

云乎君之宗之宗之與君相輔也久矣使天下譜籍盡如胡氏又時以其間叙倫合族安知三代進化之速卒不更見於今也予特喜是譜之完善且欲廣其說於今之言種族者於是乎言

欽加同知銜　賞戴花翎大挑知縣署理績谿縣事金匱錢麟書恭譔

欽加五品銜績谿縣澩寨分司天門傅榮

敬書

宣統三年歲次辛亥七月　穀旦

上川明經胡氏宗譜首卷

目録

分系一

分系二

元當公派上

分系三

元當公派下

分系四

元棟公派　元科公派　元安公派　元報公派

元久公派　元滿公派　元社公派　元七公派

元泗公派　元周公派　觀保公派

分系五

元夏公派　元韜公派　元親公派　元棣公派

元潛公派　元曦公派　元曜公派　元梓公派

元喬公派　元騰公派　元盛公派　元桴公派

元威公派

元忻公派　元惇公派　元恢公派　元悛公派

元憿公派　元恭公派　元愢公派　元愇公派

元賢公派　元慶公派

分系十一

元昇公派　元厚公派　元明公派　元聰公派

元遐公派　元齡公派一

分系十二

元齡公派二

分系十三

元齡公派三

分系十四

元齡公派四　元玠公派　元鳳公派　元鶴公派

後序

上川明經胡氏宗譜首卷

修譜名目

督修

祥麟　元惠公派附貢生欽加運同銜字書甫號筱暉又號伯石

纂修

祥木　元美公派邑廩生字近仁更字菫人號松臣又號曉耘

分修

分修分系一至分系三

瑾　元當公派邑庠生保奬五品銜字朗山亦字三指號肖瑜行名洪瑛

洪聲　元當公派邑庠生字禹臣號聽五

分修分系四至分系六

鶴鳴　元嚁公派邑庠生字臯九又字子和行名錫爵

國衡 元首公派邑庠生保奬五品銜字文齋號平如行名祥鑑

分修分系七

貞澤 元美公派邑庠生保奬藍翎五品銜字厚生號潤民

分修分系八至分系十四

澤霖 元慶公派從九品字煦之號中如行名德春

在璿 元患公派邑庠生字子科號衡卿行名洪第

瓚 元齡公派邑庠生字時敏號遜之行名洪學

恩餘 元惠公派從九品字振善號文波又號承露行名恩濤

上川明經胡氏宗譜首卷

凡例

一譜即史也譜乃家之史史乃國之譜史以仿春秋之法善惡皆述譜以傳其尊尊親親之義書善諱惡

一乾隆譜係中王公派下仝修今此譜則吾上川獨修別派概未闌入宜定名曰上川明經胡氏宗譜

一焦氏竑序青陽陳氏譜謂搢紳詩文朝廷誥勅無不備載爲善朱氏彝尊序嘉興聞人氏譜亦云蓋譜者史也一切典故宜詳不止奠世系已也乾隆舊譜除世系外僅載像贊誥勅列傳宅墓數端且具體而微未免簡畧今按歙殷氏譜有姓氏本原世系世德閨範訓典文獻宅第邱墓遺事遺跡里社十二攷歙溪南江氏譜有譜例撰述世系制訓五類瑞安鍾氏譜有譜例系

圖世譜家規家儀誥勅碑誌七類馮氏從吾修其家譜分例義世系世傳外傳譜訓五類邑先哲胡氏培翬修其宗金紫胡氏譜亦分遺像誥勅列傳仕宦科第歲貢薦辟封贈蔭襲節烈藝文世系墓圖墓址存舊識遺攷異十七類茲譜折衷數譜之間除系表外另爲上卷下卷詳載各門門分誥勅遺像列傳仕宦學林善行列女文苑宅墓規訓存舊拾遺十二類庶乎不支不蔓詳畧得中惟列傳文苑數門必舉其人可矜式一族與族中關係事故之文乃得入選其他善行等亦須覈實庶免濫誕之誚

一近世彭氏玉麟修其宗譜系斷自始遷祖聲揚爲始凡前世達人另爲一編不相混淆蓋闕疑之誼也汪氏士鐸亦謂歷算家自漢以來皆先求積元秦氏所稱演紀是也緐重委曲至郭太史剏立截元法即以辛巳見測爲主而立諸應消息之至今不

變愚維譜學不可復明維子孫各以所紀始遷者著於篇餘從蓋闕是亦別子爲祖之遺義也其説見所作釋汪中吾族乾隆譜於昌翼公以下世系雖燦若列眉然年代久遠不無傳述異辭茲故以始遷祖七二公以上世系別編爲統系一卷而本宗則以七二公爲一世祖以明經公計之則公爲二十世以次遞增均附註世數之下傳信傳疑庶與彭氏汪氏之旨相合龔氏自珍序懷甯王氏譜稱明之文士述家譜譔者至八十世婚姻必書漢郡李必隴西陳必潁川是也儒者實事求是又思夫大本大原皆羲農裔漢郡地何足書我則笑之木謂龔氏此言似奇而實碻極中肯綮修譜者所當奉爲圭臬也

一乾隆譜修至錫字行今譜修至毓字行較舊又多五世派丁愈爲蕃衍若仍舊譜系圖於同世者合族表清再行接表殊難檢閱茲故自七二公起至十三世元字行循舊譜例編爲本系一

卷自十三世後則每公分爲一支逐支之系直修列至見存者視人丁多寡或一支一卷或數支一卷爲分系十四卷俾各派得以及時查核續録易於爲力

一列圖倣歐陽公小宗法五世一遷之圖次圖又以前圖之末爲首至其元孫又爲五世其生歿娶葬亦倣歐譜例分註名下唯第五世即分註次圖之首其第五世無歿與止者但附註本圖下蓋不再起圖以省篇幅

一後圖之首雖係前圖之末仍於後圖上一格標明某某第幾子庶前後相關更易檢尋

一分註生歿今仍依舊譜書年月日時欲人知爲某時人也嫁娶舊譜閒有書某里某公子女者今則止書某氏但繼娶三娶仍爲註明若妾則書側室庶娶等以別之正名分也惟舊譜閒有書妾爲又娶者義近顢頇然已襲用今

亦不便遽改姑仍舊譜而証明其例於此至於夫死再醮者義與廟絕雖已生子均削不書

一出繼子於所生父下註云以幾子某爲某人後於所後之父名下註云摘某第幾子爲後 儀禮喪服經傳凡以身後人者俱云爲人後是繼者當稱後也舊譜有稱繼稱紹者沿從俗稱但謂所後之父爲繼父則大不可據儀禮繼父是指父死母嫁之夫而言烏得混諸○萬氏斯大曰爲人後之禮自古有之蓋專爲大宗而設小宗無祀不立後觀儀禮惟曰大宗收族不可以絕則小宗不立後可見其立後也以支子不以嫡子傳曰何如而可爲之後同宗則可爲之後何如而可以爲人後支子可也又曰嫡子不得後大宗故古者非大宗不立後非支子不後人族人不輕爲人後亦不樂爲人後惟其序其應立分莫可辭然後不得已而爲之後後世爲後者惟視貨財貧則當後者亦避富則非後者亦爭又其甚者一後而兩子並立獨子而甘爲人後貪戾無恥詭道百端嗚呼彼豈不聞矍圃延射舉爲人後者至與僨軍之將亡國之大夫同擯於夫子奈何忍心滅理甘蹈此而不顧乎故就世俗而論絕而繼雖非古禮意猶不失爲忠厚在所可行其餘直謂之無人道可也他姓螟蛉更

不必言按今世有圖家財爭繼成訟者眞萬氏所謂無人道矣萬氏此論最爲眞切吾族出後與立後法祠規中已備載大要亦本萬氏所謂其序其應立者爲主以杜流弊至獨子向來但許以序出繼長房餘則概不准出後譜中亦無摘獨子後人者蓋以舍己芸人實貪戾不孝之階且又易致爭端也若獨子兼祧兩房祠規中雖載有此條然惟同父昆弟居長無後而次房只有一子或次房無子而三四房僅一子者乃可權宜行之否則亦不能兼祧譜中凡兼祧之系雖兩房並立而所重特在長房故名字生歿均分註在前惟祠規雖已編入規訓然出後立後兼祧等當與此例參看庶稱完密而萬氏三禮名儒其論尤的當皆吾族所宜奉爲金科玉律也

一凡無子不序立本族宗子而乞養異姓或明託爲自生實則暗行抱養者一爲細注其下子嗣永遠不錄 程氏曰譜所以聯祖宗之氣類也若以異姓之人混收入譜則亂眞瀆倫罪大惡極是可忍也孰不可忍昔人論修譜之法甯嚴毋寬又謂修族大之譜尤宜嚴不宜寬誠以族大則人繁而冐認必多修之不嚴勢不合判

𣗥叢生於蘭蕙不止春秋襄公六年經書莒人滅鄫穀梁傳曰非滅也立異姓以莅祭祀滅亡之道也范甯注云莒爲鄫甥立以爲後非其族類神不歆其祀故書滅左傳載狐突之言曰神不歆非類民不祀非族又載甯俞之言曰鬼神非其族類不歆其祀世俗强援異姓入譜大都託爲仁慈之說謂庭堅不祀殊堪憫耳豈知祔主於祠春秋二祭同與薦享自與若敖之鬼迥別若强爲攀附居神不歆陽續陰絕雖有猶無牛馬呂嬴取譏來哲奚益乎伏讀律令載以異姓爲子者養父生父各杖六十其子歸宗又載收養三歲以下遺棄小兒準其從姓但不得立爲子嗣煌煌懿典眞惇叙彝倫之極則也稽之律令既如此考之聖經又如彼從事修譜者其亦知所取法矣

一修譜之要首在剔僞次則闕疑查訪校對四者並重顏氏之推曰讀天下書不多不敢輕下雌黄汪氏琬曰自作聰明好改古書遇所不知輒指爲誤致失本來面目眞可痛恨斯不闕疑之過也舊譜非有確据不敢輕爲删改至於各派人繁住遠必周

訪再四庶免遺失若任意率録難免以有爲無以無爲有以子爲姪以孫爲子以父爲祖以兄爲弟諸謬叢生抱朴子曰書三寫魚爲魯虛爲虎舊譜訛文脫字甚多故每謄一稿必當校每刻一紙必當校每印一帙必當校剔僞闕疑查訪校對四者具然後可謂之修四者闕一不得成爲譜

一乾隆譜於上川遷居外地者强半未行接修舊譜例謂已經開族者不續修其系故難於稽考此次譜系於外派非碻知本原者概未闕入但就舊譜所已列之系下注無攷字其代遠難稽者並倣此若無後者亦於其名下書止字庶免外人妄接以混吾宗立後未定者曰待後概不懸名以杜後弊

一有子孫爲非紊亂倫常惡迹昭人耳目已經斥革者依舊譜例削其名其系圖中削名者祗載□□一分註但載生幾子其妻未同辈者仍許照例

備書生歿葬所其有逆倫謀亂以及賣祖宗塋地吞蝕祭產者罪大惡極當於其祖名下註云至孫某爲非永遠不續庶後人視爲烱戒或有援罪人不孥之說爲解者不知若輩甘爲罪魁彼既忍於其祖此亦何不可忍於其孥歷史上所謂絕屬籍者皆此例也

一宅墓本舊譜所有而增之圖形及山向字號稅額俱一一開載彙刻其各派刻有墓圖者系表分註內即註山向詳載墓圖字以便後人稽攷

一歷任階級已詳仕宦生平事蹟已詳學林善行及婦人已見列女者於分系內不復載止註事蹟詳載仕宦學林善行列女字如兼載仕宦學林者則云事蹟分見仕宦學林若其人已有專傳而又採入仕宦學林等類者於仕宦等類所列之名下更註事蹟詳具列傳以省重複惟某派某職銜某名字每類均自詳註庶便稽核

一乾隆修譜之役人少時促故不免多脫畧之處然今次纂修更無別譜可與乾隆譜互證所以各世表一仍乾隆譜之舊至傳序雜著則採其足徵者入列傳文苑二類凡採舊譜傳序各五篇記跋引各一篇詩二十二首餘則不更藻飾但彙錄原文於存舊中既示不輕筆削亦俾後人得窺舊譜全豹焉

一乾隆譜於生者名歿者公示有別也其有孫同祖諱及犯國諱生者更之亡者闕點畫以避之惟音相似而字不同者仍其舊又十九歲以上爲上殤雖未娶亦書自十五以下爲中下殤皆不書今譜仍從其例

一向來官書體例各載主修者姓名於卷首蓋人自顧名必各將致慎也今譜中世系分修者多故仿其例幷行列名

一舊譜自天字行後原有排行名二十字惟後十字近於生僻難

用故今爲易定更增二十字於後共編成五言律詩一首皆取通行習見之字將來依次命名庶使人一誦而知世數之尊卑爲詩附於左

天德錫禎祥　洪恩毓善良　明經承肇祖　世澤振同光

秉國思名彥　爲邦有憲章　家庭敦孝友　繼起衍宗長

一譜成彙定卷數分編字號各派按字號分領所領之譜俱有字號印記務什襲謹藏以防鬻賣如印記不同即屬僞譜

正名議

嘗考史有闕文聖人不爲之筆削而於正名一事未嘗不兢兢致意所以範圍百世也今觀上川胡氏宗譜續修於百餘年之後惟舊譜庶母名稱不一考諸尊祖故敬宗敬宗故收族之禮經又未便改高曾之規矩議自續修以後庶母一律稱庶舊者仍其舊新者從其新亦求合於聖人闕文正名之意云爾宗晚宣鐸鍾皖姻晚曹誠琪曹彝憲曹誠瓘謹議

上川明經胡氏宗譜上卷之上

誥敕

典謨訓誥之書尚矣後此則兩漢詔令爲稱首其時制命殊簡閒或璽書褒美詞旨藹然溢於言表令人生忠君親上之心六朝以降辭藻駢儷誥册夥頤蓋雖均屬典命之文而其所以爲典命者固亦有閒矣然自唐宋而後供奉詞臣常以所著入集裒然充首若代言集内制集翰苑集之類比比然也彼豈眞以爲典誥之書耶抑亦所謂存其文者卽以存其人其事也雖然作之者存矣則受之者又何獨不然夫煌煌懿典寵命榮膺懋賞懋官載揚載顯家譜也而固爲家史者然則彙其詞於譜非特可覘一時之高文典册亦汪道昆所謂有家之華者歟作誥敕一卷

貤贈通議大夫胡瑞傑同妻酆氏誥命一道

奉

天承運

皇帝制曰嘉謨奕葉允昭世德之殊寵錫公朝益展曾孫之秀祇承新渥用穀纍徽爾胡瑞傑迺三品銜在任候補知府臺灣臺東直隸州知州胡傳之曾祖父敦修無斁弄教有方種德開先堂構益恢於來緒詒謀裕後箕裘克紹於前休懿矩攸彰恩施遂逮茲以覃恩貤贈爾爲通議大夫錫之誥命於戲四世其昌久聚德星之慶九泉可作永承褒命之榮國典洊膺家風益振

制曰綏柔佐治寵既被於外僚貞順垂休恩聿推於内德特敷惠澤用播徽章爾酆氏迺三品銜在任候補知府臺灣臺東

直隸州知州胡傳之曾祖母肅雍可範令善堪模樹慈訓於後昆爰著鍾祥之德傳素風於奕葉式彰貽穀之謀允作母儀頻昭國典茲以覃恩貤贈爾爲淑人於戲九重錫慶洊邀丹誥之褒四世承恩並煥朱綸之色勤宣令問用闡幽光

誥命

光緒二十年八月十六日下

之寶

貤贈奉直大夫胡正同妻柯氏側室翁氏誥命一道

奉

天承運

皇帝制曰沛酬庸之慶典茂對皇麻敷錫類之榮殊曲成臣孝爾胡正迺戸部員外郎胡桂森之祖父箕裘紹緒詩禮垂聲貽厥孫謀樹芳規於珂里繩其祖武奏茂績於彤庭茲以覃恩貤贈爾爲奉直大夫錫之誥命於戲開堂構以承基德鍾家慶沛綠綸而錫命光曜泉臺

制曰德門衍慶淵源早裕夫孫謀盛世推恩綸綍載揚夫母範爾翁氏迺戸部員外郎胡桂森之祖生母高門毓德華閥傳芳有穀貽孫賴同心於内助自天申命表異數於中閨茲以覃恩貤贈爾爲宜人於戲光生褕翟常昭彤管之輝德媲珩

璜允著徽章之色

誥命

咸豐六年十一月初八日下

之寶

貤贈中憲大夫胡正同妻柯氏側室翁氏陳氏何氏吳氏誥

命一道

奉

天承運

皇帝制曰沛酬庸之慶典茂對皇庥敷錫類之殊榮曲成臣孝

爾已封奉直大夫胡正迺戶部廣東司員外郎加三級胡桂森之祖爻箕裘紹緒詩禮再聲貽厥孫謀樹芳規於珂里繩其祖武奏茂績於彤庭茲以　覃恩貤贈爾爲中憲大夫錫之誥命於戲開堂構以承基德鍾家慶沛絲綸而錫命光曜

泉臺

制曰德門衍慶淵源早裕夫孫謀盛世推恩綸綍載揚夫母範

爾已封宜人翁柯氏迺戶部廣東司員外郎加三級胡桂森之

生嫡祖母高門毓德華閥傳芳有穀貽孫賴同心於內助自天

申命表異數於中闈茲以　覃恩貤贈爾爲恭人於戲光生

褕翟常昭彤管之輝德媲珩璜允著徽章之色

制曰懋績孔昭國憲重五章之命賢聲克纘母儀流三世之祥

爾何陳吳氏戸迺部廣東司員外郎加三級胡桂森之庶祖母婉

嫕承徽柔嘉濟美繼前修而式穀羣推簉室之賢俾後嗣以

寖昌用啓亢宗之彥茲以　覃恩貤贈爾爲恭人於戲沐殊

榮於三錫懿德彌光集繁祉於一堂新綸丕煥

誥命

同治元年九月初二日下

之寶

貤贈奉直大夫胡成德同妻曹氏誥命一道

奉

天承運

皇帝制曰服政五章懋孝思而著績澤流三世寵新命以揚

爾胡成德迺布政司理問銜加二級胡貞泮之祖父敦詩說

禮砥節礪名貽厥孫謀梓里之芳型克樹繩其祖武楓宸之

渥典攸施茲以　覃恩貤贈爾爲奉直大夫錫之誥命於戲

嘉茲報政克承清白之風昭迺遺謨用慰顯揚之志

制曰學古入官早淵源於大母酬庸懋賞爰施被於重幃爾曹

氏迺布政司理問銜加二級胡貞泮之祖母淑愼其儀柔嘉

維則克勵冰霜之操大節常昭爰培蘭桂之馨後昆垂裕茲

以　覃恩貤贈爾爲宜人於戲仰酬含弄之恩用光禴翟載

賁幽潛之典丕煥絲綸

誥命

光緒十六年十月十六日下

之寶

貤贈奉直大夫胡樹聲同妻琭氏誥命一道

奉

天承運

皇帝制曰考績報循良之最用奬臣勞推恩溯積累之遺載揚

祖澤爾胡樹聲迺布政司理問銜加二級胡貞泮之本生祖

父錫光有慶樹德務滋嗣清白之芳聲澤留再世衍弓裘之

令緒祜篤一堂茲以　覃恩貤贈爾爲奉直大夫錫之誥命

於戲聿脩念祖膺茂典而益勵新猷有穀貽孫發幽光而丕

彰潛德

制曰册府酬庸聿著人臣之懋績德門輯慶式昭大母之芳徽

爾琭氏迺布政司理問銜加二級胡貞泮之本生祖母箴誥

揚芬珩璜表德職勤內助宜家久著其賢聲澤裕後昆錫類

式承乎嘉命茲以　覃恩貤贈爾爲宜人於戲播徽音於彤
管壼範彌光膺異數於紫泥母儀益懋

誥命

光緒十六年十月十六日下

之寶

貤贈奉直大夫胡錫鏞同妻曹氏誥命一道

奉

天承運

皇帝制曰考績報循良之最用奬臣勞推恩溯積累之遺載揚

祖澤爾胡錫鏞迺同知銜吉林補用知縣前署五常廳同知

胡傳之祖父錫光有慶樹德務滋嗣清白之芳聲澤留再世

衍弓裘之令緒祜篤一堂茲以爾孫克襄王事貤贈爾爲奉

直大夫錫之誥命於戲聿脩念祖膺茂典而益勵新猷有穀

貽孫發幽光而丕彰潛德

制曰册府酬庸聿著人臣之懋績德門輯慶式昭大母之芳徽

爾曹氏迺同知銜吉林補用知縣前署五常廳同知胡傳之

祖母箴誡揚芬珩璜表德職勤內助宜家久著其賢聲澤裕

後昆錫類式承乎嘉命茲以爾孫克襄王事贈爾爲宜人於

戲播崴音於彤管壼範彌光膺異數於紫泥天庥允劭

誥命

光緒十三年二月初二日下

之寶

誥贈通議大夫胡錫鏞同妻曹氏誥命一道

奉

天承運

皇帝制曰考績報循良之最用奬臣勞推恩溯積累之遺載揚

祖澤爾已封奉政大夫胡錫鏞迺三品銜在任候補知府臺

灣臺東直隸州知州胡傳之祖父錫光有慶樹德務滋嗣清

白之芳聲澤留再世衍弓裘之令緒祜篤一堂茲以　覃恩

晉贈爾爲通議大夫錫之誥命於戲聿脩念祖膺茂典而益

勵新猷有穀貽孫發幽光而丕彰潛德

制曰册府酬庸聿著人臣之懋績德門輯慶式昭大母之芳徽

爾已封宜人曹氏迺三品銜在任候補知府臺灣臺東直隸

州知州州胡傳之祖母箴誠揚芬珩璜表德職勤內助宜家久

著其賢聲澤裕後昆錫類式承乎嘉命茲以　覃恩晉贈爾爲淑人於戲播嶽音於彤管壼範彌光膺異數於紫泥天庥允劭

誥命

光緒二十年八月十六日下

之寶

誥封奉直大夫胡大醇同妻龔氏誥命一道

奉
天承運
皇帝制曰誼篤靖共入官必資於敬功歸訓廸能仕而教之忠
爰沛國恩用彰庭訓爾胡大醇迺戶部員外郎胡桂森之父
躬修士行代啟儒風抱璞自珍先啟珪璋之秀儲材足用彌
昭杞梓之良茲以　覃恩封爾爲奉直大夫錫之誥命於戲
貽令問於經籯義方昭著佩徽章於策府禮秩加優茂典丕
承榮名益劭
制曰移孝作忠懋著勞臣之績推恩錫類用揚賢助之名載賁
榮綸式宣懿範爾龔氏迺戶部員外郎胡桂森之母早嫻典
則夙著規型敬以從夫宜室聿徵其順德勤以訓子備宜一

本於慈祥茲以覃恩封爾為宜人於戲荷彩翟之天章嶶
音益暢被彤毫之仙藻惠問常流祗服寵光彌昭貞靜
誥命
咸豐六年十一月初八日下
之寶

誥封奉政大夫胡大醇同妻𨰝氏誥命一道

奉

天承運

皇帝制曰誼篤靖共入官必資於蔽功歸訓廸能仕而教之忠

爰沛國恩用彰庭訓爾已封奉直大夫胡大醇廼戸部員外

郎加一級胡桂森之父躬修士行代啟儒風抱璞自珍先啟

珪璋之秀儲材足用彌昭杞梓之良茲以覃恩封爾爲奉

政大夫錫之誥命於戲貽令問於經籯義方昭著佩徽章於

策府禮秩加優茂典丕承榮名益劭

制曰移孝作忠懋著勞臣之績推恩錫類用揚賢助之名載賁

榮綸式宣懿範爾已封宜人𨰝氏廼戸部員外郎加一級胡

桂森之母早嫻典則夙著規型敬以從夫宜室聿徵其順德

勤以訓子備官一本於慈祥茲以　覃恩封爾爲宜人於戲

荷彩翟之天章嶶音益暢被彤毫之仙藻惠問常流祗服寵

光彌昭貞靜

誥命

咸豐十年正月初一日下

之寶

誥封朝議大夫胡大醇同妻贈氏誥命一道

奉

天承運

皇帝制曰誼篤靖共入官必資於敬功歸訓廸能仕而敎之忠爰沛國恩用彰庭訓爾已封奉政大夫胡大醇迺戶部員外郎加二級胡桂森之父躬修士行代啟儒風抱璞自珍先啟珪璋之秀儲材足用彌昭杞梓之良茲以　覃恩封爾爲朝議大夫錫之誥命於戲貽令問於經籯義方昭著佩徽章於

策府禮秩加優茂典丕承榮名益劭

制曰移孝作忠懋著勞臣之績推恩錫類用揚賢助之名載賚榮綸式宜懿範爾已封宜人贈氏迺戶部員外郎加二級胡桂森之母早嫻典則夙著規型敬以從夫宜室聿徵其順德

勷以訓子備官一本於慈祥茲以　覃恩封爾爲恭人於戲
荷彩翟之天章崴音益暢被彤毫之仙藻惠問常流祇服寵
光彌昭貞靜
誥命
咸豐十一年十月初九日下
之　寶

誥封中憲大夫胡大醇同妻𪋫氏誥命一道

奉

天承運

皇帝制曰誼篤靖共入官必資於敬功歸訓廸能仕而敎之忠爰沛國恩用彰庭訓爾巳封朝議大夫胡大醇迺戸部貴州司員外郎加三級胡桂森之父躬修士行代啟儒風抱璞自珍先啟珪璋之秀儲材足用彌昭杞梓之良茲以覃恩封爾爲中憲大夫錫之誥命於戲貽令問於經籝義方昭著佩徽章於策府禮秩加優茂典丕承榮名益劭

制曰移孝作忠懋著勞臣之績推恩錫類用揚賢助之名載賁榮綸式宣懿範爾巳封宜人𪋫氏迺戸部貴州司員外郎加三級胡桂森之母早嫻典則夙著規型敬以從夫宜室聿徵

其順德勤以訓子備官一本於慈祥茲以覃恩封爾爲恭人於戲荷彩翟之天章崴音益暢被彤毫之仙藻惠問常流祇服寵光彌昭貞靜

誥命

咸豐十一年十二月初七日下

之寶

貤封奉直大夫胡仰春同妻（曹宋）氏誥命一道

奉

天承運

皇帝制曰資父事君臣子篤匪躬之誼作忠以孝國家宏錫類之恩爾胡仰春迺布政司理問銜加二級胡貞泮之父善積於身祥開厥後教子著義方之訓傳家裕堂構之遺茲以覃恩封爾為奉直大夫錫之誥命於戲殊榮必逮於所親寵命用光夫有子尚宏佑啟益勵忱恂

制曰奉職在公嘉教勞之有自推恩將母宜錫典之攸隆爾（曹宋）氏迺布政司理問銜加二級胡貞泮之母壼範宜家夙協承筐之孋母儀貽穀載昭畫荻之芳茲以覃恩（贈封贈）爾為宜人於戲彰德淑於不瑕式榮象服膺寵命之有赫益賁徽音

誥命

光緒十六年十月十六日下

之寶

貤封奉直大夫胡錫炬同妻高氏誥命一道

奉

天承運

皇帝制曰考績報循良之最用奬臣勞推恩溯積累之遺載揚

祖澤爾胡錫炬迺藍翎同知銜胡寶麟之祖父錫光有慶樹

德務滋嗣清白之芳聲澤留再世衍弓裘之令緒祜篤一堂

茲以爾孫克襄王事貤封爾爲奉直大夫錫之誥命於戲聿

修念祖膺茂典而益勵新猷有穀貽孫荷殊恩而式彰舊德

制曰册府酬庸聿著人臣之茂績德門輯慶式昭大母之芳徽

爾高氏迺藍翎同知銜胡寶麟之祖母箴誡揚芬珩璜表德

職勤內助宜家久著其賢聲澤裕後昆錫類式承乎嘉命茲

以爾孫克襄王事貤封爾爲宜人於戲播徽音于彤管壼範

彌光膺異數于紫泥母儀益懋

誥命

光緒九年五月十二日下

之寶

誥贈奉政大夫胡奎熙同妻程氏誥命一道

奉

天承運

皇帝制曰求治在親民之吏端重循良教忠勵資敬之忱聿隆

褒獎爾胡奎熙迺同知銜吉林補用知縣前署五常廳同知

胡傳之父禔躬湻厚垂訓端嚴業可開先式穀乃宣猷之本

澤堪啟後詒謀裕作牧之方茲以爾子克襄王事贈爾爲奉

政大夫錫之誥命於戲克承清白之風嘉茲報政用慰顯揚

之志昭乃遺謨

制曰朝廷重臣民社之司功推循吏臣子凜冰淵之操教本慈

幃爾程氏迺同知銜吉林補用知縣前署五常廳同知胡傳

之母淑慎其儀柔嘉維則宣訓詞於朝夕不忘育子之勤集

慶澤於門閭式彼自天之寵茲以爾子克襄王事贈爾爲宜
人於戲仰酬顧復之恩勉思撫字載煥絲綸之色允賁幽潛
誥　命
光緒十三年二月初二日下
之　寶

誥贈通議大夫胡奎熙同妻程氏誥命一道

奉

天承運

皇帝制曰求治在親民之吏端重循良教忠勵資敬之忱聿隆

褒獎爾已封奉政大夫胡奎熙迺三品銜在任候補知府臺

灣臺東直隸州知州胡傳之父禔躬湻厚垂訓端嚴業可開

先式穀迺宣猷之本澤堪啟後詒謀裕作牧之方茲以　覃

恩晉贈爾爲通議大夫錫之誥命於戲克承清白之風嘉茲

報政用慰顯揚之志昭乃遺謨

制曰朝廷重民社之司功推循吏臣子凜冰淵之操教本慈闈

爾已封宜人程氏迺三品銜在任候補知府臺灣臺東直隸

州知州胡傳之母淑慎其儀柔嘉維則宣訓詞於朝夕不忘

育子之勤集慶澤於門閭式彼自天之寵茲以　覃恩晉贈
爾爲淑人於戲仰酬顧復之恩勉思撫字載煥絲綸之色允
賁幽潛
　誥　命
光緒二十年八月十六日下
　之　寶

貤封朝議大夫胡欽順同妻嚞氏誥命一道

奉

天承運

皇帝制曰誼篤靖共入官必資於敬功歸誨廸猶子亦教以忠爰沛國恩用揚家訓爾胡欽順廼都察院經歷加三級胡祥醴之胞叔父躬修士行代啟儒風抱璞自珍先發珪璋之秀儲材足用聿彰杞梓之良茲以覃恩貤封爾爲朝議大夫錫之誥命於戲昭令聞於丕籙書貽刻鵠佩徽章於策府寵賁迴鸞茂典丕承榮名益劭

制曰家有孝慈之範寔以相濟而成國崇褒錫之文恩以並推而厚爾嚞氏廼都察院經歷加三級胡祥醴之叔母德可相夫教能啟後一堂環珮和音克著其慈祥五夜機絲內治聿

昭其柔順茲以覃恩貤贈爾為恭人於戲普一體之榮施

鸞章賁采表同心於訓廸象服分光

誥命

光緒七年五月十四日下

之寳

馳封朝議大夫胡桂芬同妻嵇氏誥命一道

奉

天承運

皇帝制曰詒篤靖共入官必資於敬功歸誨廸猶子亦教以忠爰沛國恩用揚家訓爾胡桂芬廼都察院經歴加三級胡祥醴之胞叔爻躬修士行代啟儒風抱璞自珍先發珪璋之秀儲材足用聿彰杞梓之良茲以覃恩馳封爾爲朝議大夫錫之誥命於戲昭令聞於經籯書貽刻鵠佩徽章於策府寵賁廻鸞茂典丕承榮名益劭

制曰家有孝慈之範美以相濟而成國崇褒錫之文恩以並推而厚爾嵇氏廼都察院經歴加三級胡祥醴之叔母德可相夫教能啟後一堂環珮和音克著其慈祥五夜機絲内治事

昭其柔順茲以　覃恩貤封贈爾爲恭人於戲晉一體之榮施

鸞章賁采表同心於訓廸象服分光

誥　命

光緒七年五月十四日下

之　寶

誥封奉政大夫胡春暉同妻汪氏側室顧氏張氏汪氏誥命一道

奉

天承運

皇帝制曰資父事君臣子篤匪躬之誼作忠以孝國家宏錫類之恩爾胡春暉迺藍翎同知銜胡寶麟之父善積於身祥開厥後教子著義方之訓傳家裕堂構之遺茲以爾子克襄王事封爾爲奉政大夫錫之誥命於戲殊榮必逮夫所親寵命用光夫有子尚宏佑啟益勵忱恂

制曰奉職在公嘉教勞之有自推恩將母宜錫典之攸隆爾汪氏迺藍翎同知銜胡寶麟之嫡母壼範宜家夙協承筐之𡢃母儀貽穀載昭畫荻之芳茲以爾子克襄王事封爾爲宜人

於戲彰淑德於不瑕式榮象服膺寵命之有赫益賁徽音

制曰懋積孔昭國憲重五章之命賢聲克纘母儀流再世之祥

爾汪顧張氏迺藍翎同知銜胡寶麟之庶生嫡母婉嫕承徽柔嘉濟美

繼前修而式穀羣推箴室之賢俾後嗣以寖昌用啟亢宗之

彥茲以爾子克襄王事封貤贈爾為宜人於戲沐殊榮於三錫懿

德彌光集蘩祉於一堂新綸不渙

誥命

光緒九年五月十二日下

之寶

上川明經胡氏宗譜上卷之上

遺像

像之制蓋起於周秦間此梅會亮之言也而曾同又謂聖賢繪像始於文翁以予所聞則荀子非相篇其狀堯舜禹文王周公之貌纖微畢悉固非親見其像者不足以幾此而野史家亦嘗謂魯班潛以腳畫忖留神意者三代以前固有圖像焉與繪事並傳耶梅氏又謂像之興斯尸之廢亮哉言乎夫思慕其人之不忘因舉其人之似者以爲或可其人之此尸之說也顧人之爲人質與狀而已具其質者君子以尸之然則肖其狀者果何若乎質者盡人斯同而狀特其所獨也於是人固以像爲愈於尸矣像始盛於漢世若武梁祠麒麟閣魯靈光殿皆圖畫古哲倩人而列女傳亦有畫像自時以降作者日夥今則幾於無祀

不像無八不像矣昔明世宗一用張璁之偏議易孔子廟像以木主識者至今猶疵議之豈非追遠奉先之道所謂僾然見而愾然聞者非像莫能得耶舊譜頗有遺像然宰胡里龍塘二派居多其爲吾族所共者僅三像今以是後吾族之遺容稍更抉擇附益之廣孝思也第邇來世界學殖進步理化之學大明圖像家則有攝影玻璃印諸法神妙逼眞躍躍欲起視向之白描硬搨刻畫形似者相去固不可以道里計惜乎廹時日困經濟不得盡仿其法而實行焉殊爲一大憾事耳然族中遺像其眞蹟尚庋各家安知他日不有後起之英哲一一攝印以補木等之缺陷乎跂予望之作遺像一卷

始祖明經公像

後唐明經胡昌翼公像贊

皇輿板蕩世局荆榛斯時也不敢居李唐之後惟耄遯南服效鳩飛之冥冥開巖阿於槃水衍堂構於一經人固稱爲商山之四皓師儒遺佚具有典型然而嬀育于姜鳳凰之卜早已兆陳後之振振嗚乎自兹以往胡氏之由孫而子由子而孫乃知千秋萬代雖支分派別日盛月新莫不窮源竟委奉我公爲九曲之崑崙

賜進士出身督辦甯古塔軍務河東總督吳縣吳大澂拜題

中王延政公像

唐中王胡延政公像贊

廣顙修頤颯颯英姿其始也平蜀之役雖韜畧初展已所向而名馳及其知績溪令與建德軍事又無不興利除弊俗易風移蓋武功與循吏擅雙美而罔遺帝曰咨何以贈之贈之以王者之上儀

賜進士出身督辦甯古塔軍務河東總督吳縣吳大澂拜題

太師忠武公像

宋贈太師湖南江西安撫使胡忠武公像贊

矯矯如龍桓桓似虎有猷有為亦文亦武不然彼儂氏之削平

狄將軍胡為與之偕行同聽柳營之鼓雖其事史或畧而不書

正可藉此流傳以作載筆家之補

賜進士出身督辦甯古塔軍務河東總督卑縣吳大澂拜題

鄉飲賓北泉公像

北泉公像贊

上意不意抱古無古

善之淵懷儼然可即

裔姪孫在璿篆

廷輝公像

廷輝公像贊

美秀而文雍容以雅冠帶淵翔風神瀟灑偕

連枝而吹壎佐高堂以啟厦是固陳氏之元

方何爲傑出爲才大年未假

來姪孫爕元拜題

序東公像

景崇公像贊

穆穆者公面目耶肅肅者

公冠服耶公貌在圖軸乃德

圖在宗族耶

青浦熊祖詒題

誥封奉直大夫蔭林公像

誥封奉直大夫蔭林胡公像贊

豐準龎眉出塵意態尙論生平深情共佩白

璧醇修黄衫氣概建祠建廳豐功一再敝帚

千金佑啟後代澤潤河流雲生泰岱有泣其

恩有歌其愛迹託市廛品超宇内常溪之涘

竹峯之背山高水長斯人宛在

賜進士出身和州直隸州知州教弟青浦熊

祖詒拜題

誥封奉政大夫春暉公像

誥封奉政大夫春暉公像贊

聖經有言富潤屋德潤身體魁梧而奇偉氣和藹而氳氤羣相欽爲大腹之賈而不知實市隱之倫嗚呼此之謂我公之爲人

族姪傳拜題

附貢生蘊山公像

蘊山公像贊

七尺昂藏須古而蒼始研性衜終騁市塲絢裁公之行誼直與端木而頡頏

族姪祥麐拜題

翰林院待詔嘉言公像

翰林院待詔嘉言公像贊

猗歟嘉言楊林耆舊春風風人淵懷似畫既篤枌榆益崇堂構我拜遺容如瞻列宿點漆猶生買絲難繡敬贊蕪詞書諸篆籀

族弟祥木拜題

臺灣臺東直隸州知州鐵花公像

鐵花公像贊

儒以經文俠以緯武史公列傳
儒俠並數亦儒亦俠英風如覩
念真儒與真俠微斯人其誰伍

宗弟宣鐸拜題

列傳

文章之體例至今日而繁盛極矣然其大端要不過爲二類曰議論家曰傳記家二者皆濫觴於經而成於周漢諸子馬遷作史變編年爲紀事於是始有列傳之制傳者傳也謂其事有可傳也後世著述家因其制而廣之若高士傳列女傳之類不可勝道皆所謂史之别子者承學之士或作私傳列行狀與夫襍家敘述其言雖不盡出雅馴固亦可爲修史者採擇蓋傳記家之體至史而大備其所以爲傳記者皆所以爲史也然史者國之史也譜則族之史也傳則人之史也旣積人成國積人成族亦積傳成史積傳成譜譜於列傳固可忽然置之耶有列傳而後族之偉人以傳族之大事亦以傳傳固傳其所可傳也沾沾

以文論者抑又末矣作列傳一卷

始祖明經府君傳

十千派裔孫朝賀籐甫

府君諱昌翼字宏達號眉軒本唐昭宗子昭宗乾寧四年立淑妃何氏爲皇后天祐元年朱全忠表稱邠岐兵逼畿甸請上遷都洛陽二月至陝以東都宮闕未成留止三月朔生公四月全忠奏宮室已成請車駕早發上遣宮人諭以皇后新産未任就道全忠疑上徘徊俟變謂牙將寇彥卿曰汝速至陝即日促官家發來后謂帝曰自今大家夫婦委身全忠矣因以新産子效綉中兒護以御衣寶物匿諱民間時婺源胡三公者宦游長安匿之以歸名曰昌翼取大得覆翼之義帝奔播既屢威柄盡失至洛陽與后相視無死所已而遇弑朱温將篡屠滅宗室略盡先是淮南將高駢死楊行密徐知誥相承篡緒保有淮江東西地徽故歙州與吳越鄰温

莫敢闚亡人樂奔焉公幸獲翼南歸育於胡氏遂冒胡姓後唐同光三年乙酉以明經登第三公授以御衣寶玩示之以實遂不仕隱居考川倡明經學爲世儒宗尤邃於易著有周易傳注等書後周廣順癸丑徵辟不就人號明經翁所居有繹思齋暢情池臨流縱目以遨以遊嘗賦詩曰家住鄉庄稱僻處就中幽景勝他人林園滿目猶堪玩坵畝當門漸覺新繹思齋中尋古義暢情池上釣金鱗人生但得常如此任是湖邊屬漢秦自考水東行五里有朱源溪公嘗道溪上憫行者險難橋焉衆利賴公名太子橋十五世孫學易易木以石元尚書汪澤民題之曰明經橋十四世孫安國得繹思齋故址爲明經書堂後改築西山之麓而以明經書院名公殁於宋咸平己亥年九十有六墓在石子塢祠在考川子孫世以經學傳家著其族曰明經胡氏

克脩公傳

裔孫祥木董人

公諱延政字克脩原名延進字以禮號節庵父昌翼本唐昭宗子以朱温篡亂避地來婺源之考水冒姓胡稱明經胡氏故公承其氏遂爲徽之婺源人公兄弟三人曰延賓延臻皆少於公公幼即倜儻有大志好誦春秋知復仇大義自閔家難巔末恒以仇耻未雪時引爲恨是時十國騷擾四海毒痛公輒北望太息曰使吾得志當迅掃腥穢以還正統乃留季弟奉養於家而與仲弟出圖功業保大間周兵畧淮南地淮盜走新城昌化嘯聚刼掠歙績受禍而績尤慘當事者募壯士以禦公遂首與焉嘗率衆分屯耿家新田山日則操練夜則分番設伏以迫賊賊遁甯國又扼之大石門鹵獲以千計於是威聲大震歙績之士咸知有公矣時南唐宵小柄政國勢日蹙公殊鬱鬱不得意乾德甲子入宋從劉廷讓伐蜀

由歸州進規峽中破巫山松木三會等寨復佐騎將張廷翰擊敗
蜀監軍武守謙略取夔州城其明年蜀平廷讓以公功上於朝優
詔擢用尋敕授績溪縣令咸平壬寅致知嚴州建德軍所至以循
良著方公之出也以國恥爲念每擊楫横戈聞雞起舞輒有不可
一世之概及陳橋禪後銜璧走傳者相接踵知天下事已定乃稍
稍自放於山水間嘗愛績溪峰巒明秀因自婺遷於績初居隱張
山之麓未幾徙逼鎮易鎮名曰胡里四望之川塘嶺坎咸以胡號
焉以學古爲傳家計建屋數楹榜曰懋學傍築兩齋曰明體曰適
用爲子孫講讀之所又於隱張山下搆遠觀亭遍攬名勝有月巖
秀松石龍噴玉胡川練水古溪釣月諸景晚尤愛夾溪山水建行
樂亭其間嘯歌自適寇公準過之有靈源發九嶺錦雲生東屏中
有箕山翁逍遥物外身之句其志趣出塵類如此公以後唐天成

己丑生宋大中祥符己酉卒春秋八十有一娶浮溪汪氏繼娶詹氏秦氏合葬黄嵩塘舊譜謂宋廷以公唐室宗支且有征蜀功援三恪例敕爲唐中王其後州守李度縣令侯師中遂以表公墓道故至今明經胡氏謂公之苗裔爲中王派云

祥木曰舊譜無克修公傳第存孔氏墓誌銘而序記中則多襍載公事然如封王歴官題墓賜居等所叙間與誌不合豈年湮代遠傳聞異辭耶茲作以梅巖公六甲圖爲主而以誌序并縣府省誌傅麗之雖不敢謂公之事實盡具於此要自差强人意耳吾宗别派有削公封爵且謂公與詹氏歿於嚴州官舍合葬桐江是説也族先進鐵花溯本録序已詳言之矣予故不贅

百彥公傳　　舊譜

公諱嶽行名百彥生有至性爲里黨父老所稱自幼穎悟誦書日

恒萬言卓犖不羈慨然有經世志稍長通五經尤邃於易登開寶癸酉進士第釋褐除祕書省正字旋兼史館校書郎遷實録檢討改國史館編修均以賢良稱尋主管太平宫景德乙巳擢補大理寺評事戸部員外郎明年除翰林承旨公性剛直卞急嫉惡如仇不屑爲時俗軟媚淟涊態故仕終不顯久之移疾歸卒於家娶浮溪汪氏繼娶戴氏趙氏葉氏生八子長子簡最知名

千三公傳　　舊譜

公諱簡字居敬千三其行第也少聰敏才識頴異頭角嶄然諸先達皆折輩與交稍長博涉羣書尤善舉子業下筆纚纚迥出時輩四方學者傳以爲式弱冠登進士第初授甯國教官累遷至殿中侍御史鯁挺特達彈劾無所避天下翕然皆以直道許之嘗愛北野山水明秀咸平戊戌與從弟筠復居華陽鎮東西湖社世稱北

野胡氏娶歙巖鎮閔氏繼娶汪氏秦氏生五子

文安公傳　舊譜

公諱文安居敬公之冢子也自幼沉默端重不苟言笑岐嶷如老成人爲學尤務精確凡經史百家皆手錄吟誦不沾沾章句間及長登進士第授承德郎九遷至朝議大夫初除蕭山教諭移筠州除校書郎尋遷吏部員外郎天聖中遷衛尉拜右諫議遇事敢言不避權貴且日取邊警奏聞以競業聖慮張公知白奇其切直以骨鯁稱之娶歙西鄭氏生五子

忠武公傳　舊譜

公諱遇字道亨一字君錫少倜儻有大志明敏剛斷見義敢爲勇於擔負潛心當世務欲有所建立於時爲文章弗串經史百家馳騁古今動中肯綮尤工策論詩賦登慶歷壬午楊寘榜進士第授

進義尉時天下多事西北緣邊軍羽旁午公乃從事韜鈐慨然有請纓磨盾之志已而廣源州蠻儂智高叛連陷邕橫諸州皇祐壬辰孫沔余靖以公謀畧薦除行營叅謀從狄武襄公靑進兵賓州明年抵邕大敗智高於歸仁鋪擢爲湖南江西安撫使至和乙未下溪蠻復謀亂公率兵討之單騎深入以勞疾卒於軍事聞於朝優詔褒䘏嘉祐丙申贈太師上柱國賜謚忠武公性喜問學嘗搆明經精舍以誨子弟曰吾雖忝受朝祿然先人以明經起家不學無殖爾輩愼毋蹈紈綺習也子四人皆明果有父風

端五公傳　舊譜

公諱全信行名端五少負才氣有學行至和間舉通經授道州助教留國子監久之補博士尋擢爲太常博士丐外充京西路提學所至以奬掖後進扶植士類爲務成就甚衆學者仰之如泰山北

斗云元祐中以憂歸廬墓號泣晝夜不絕聲遂不復仕隱居教授以終

任卿公暨配程孺人合傳

祥木　董人

古英雄見義勇爲以豪俠聞者類多聞道旣久而後憑其志節資位以毅力任重事其在妙齡則槪乎未之前聞也昔黄梨洲年十四徒步入京爲父訟冤後人傳爲美談彼蓋先有輪囷之義胆故雖勝衣燥髮之初卽已一往無前卓識熱忱轉有爲學士大夫所難能者若吾族任卿公暨其配程孺人固亦其儔焉公字廷聘行名元齡北泉公之次子也自幼卓犖不覊勇於擔負萬歷間族人建祠與程姓搆訟而程姓訟者故公外舅旣執生舅之說作難涉訟於是祠工遂經年不得竣時北泉公等司祠事計無復之乃設筵於祠號於衆曰吾等老憊不能勝訟事雖然以吾一族之大豈

無賢子孫出而任此役者乎能任此者請饗此筵號三日無應者
公時年十五將慨然首任會孺人新來歸聞是事亦慫恿公且曰
子毋慮事之在外舅也吾見世之有千年宗族矣甯復得百世親
串耶婦人內夫家矧爲祖宗故豈遑他顧於是公謀遂决詣祠受
筵出持訟事主訟者憐其年少執義因爲平反祠賴以成嘗倡建
文會於崇山百里內有文譽者招集之村前竦嶺爲歙績通衢公
造亭其巔割田十餘畝爲供茶資以惠行旅又嘗集貲賑皖湖饑
民數百於慈善庵全活甚衆遠近嘖嘖皆服公之高義焉 國初
盜風未靖有經其地者皆相戒勿入義七鄉其感人如此程氏亦
慷慨有丈夫風凡公所爲多賴其內助方公之訟祠基也因費不
給請於衆售祠田三畝及訟平孺人傾私積典釵釧請公贖歸祠
曰君爲宗祠任事義舉也義必如此而後盡公從之故祠成而祭

田克保子四人皆恂恂謹飭以清白傳其家長子文煥公爲毁來龍上土地龕與汪姓搆訟幾至傾家卒勝其事其義勇猶有父風云

澹齋公序東公合傳

祥木　董人

余於修攷譜牒之暇每取邑乘展閱參徵文獻間見康雍乾以來先後以尚義嘖嘖稱吾鄉者雖多而如澹齋序東二公之行義實不可多覯輙廣輯遺事爲之傳焉澹齋公爲文法公之季子幼失怙事母兄以孝弟聞先世家故貧至公乃稍裕廣有田宅臧獲蹄躈以百十計序東公則文韶公之子自其大父時已可中資兄弟七人公以家督曲盡友于之誼家庭以雍睦稱二公雖席履豐厚然樂善好施見義勇爲均有古豪俠士風先是村前有木橋跨常溪爲吾鄉通郡城要路每梅雨驟至橋梁輙毁行旅往往病涉焉

澹齋公乃慷慨出資擬易木而石為永久計既已鳩工庀材矣而族人有齮公者妄執生尅之說謂於宗祠不利衆情疑懼遂不果作於是公即以其石甃祠前坦以壯觀瞻又出貲設茶於歙東之茗堂菴君堂之有茶蓋自公始也序東公善舉亦難枚舉嘗修竦嶺石路建茶亭於嶺巔往來行李至今便焉又二公多起家市肆隴畝間乃咸知崇尚讀書諄諄以學勗勉子弟裁就後進至有非士大夫所能者澹齋公則捐貲倡建文會所序東公亦構書屋以庋牙籤其好學倡義類出自天性云尤多喜施與扶危濟困能拯人之急康熙中皖北大祲有亳州人魏福李玉等男婦八人以流丐來績而鄰村有胡君聖者因遂誆為奴婢君聖固豪家無敢孰何者序東公聞其事即將百餘金代為贖身又各贈以資斧俾歸鄉土於是魏李等始涕零膜拜去澹齋公嘗有銀二百五十兩

貸七都曹得志已而得志中落累息數伯兩不能償公卽焚其券且助以緡錢俾治生業是時二公義聲震赫遠近人以爲朱家郭解固不是過也澹齋公年八十有司高其行舉飲賓且以望隆東序榜其堂而縣令陸維鍔聞序東公贖奴事亦大書心仁行義四字來旌鄉里咸榮之至今談二公生平者猶忻忻有餘慕焉澹齋公字德輝行名志艮序東公字鳴玉行名志球

論曰昔馬少游有言使鄉里稱爲善人足矣嗟乎夫善人者豈徒謹愿寡過而已哉其才可以濟世而不務他求其德可以芘人而惟敦內行若二公者非其儔歟澹齋公遺容燬於兵燹序東公遺像亂後尚在歲時展謁鬚眉躍躍二百年後猶令人嚮往云

逸莊先生傳

祥木　董人

先生諱行學行名兆佺字爾輔逸莊其號也曾祖元齡有善行祥

木已別爲傳祖文簡生四子其長曰志敏卽先生考也均以善農賈稱然家世故尚學自其二從父已以能讀書入縣庠矣先生生而醇粹頭角嶄然勝衣以後禀承家學於書無所不窺顧不喜帖括之言旣久困學使者試遂一切屛棄專取宋五子書朝夕讀之矮屋板門中嘯歌自適雖虀粥不給晏如也嘗受知於儀封張清恪公伯行當清恪撫吳時招先生入紫陽書院月致餼焉已而先生歸清恪復贈之序所以獎挹稱道之者甚至時院中高材生甚夥顧張公獨心折先生以爲粹然儒者卽同院生亦咸自視弗如也然先生竟以布衣終年六十有八所著靈石齋性理圖說一卷語錄二卷戰國策論及史按各如干卷其言循守程朱家法以明體達用爲主多發先儒所未發涇縣趙侍御青藜爲之序焉

敬堂心泉二公合傳

鶴鳴 子和

古之亮節清風壎吹篪和如雙丁兩到二蘇之目其昆仲齊名家庭競爽足令人往復低徊而不能置而其生平芳徽懿躅轉若存若滅於荒烟蔓草間使憑弔之士無所追緬吾甚恨焉胡公應璐諱立中字其旋號敬堂其弟應珄公諱立本字仁宇號心泉績西上庄人也家世以尚義聞父廷鳳公邑庠生司宗祠事終身不苟嘗捐腴田五畝入毓英文社爲會文之資餘如施棺助婚修路焚劵等尤多隱行祚不及德遺祉二公敬堂公生有至性自孩提時即已知色養婉愉承順曲得堂上歡心讀書穎悟異常目數行下及長補學官弟子員聲名益藉出語往往驚其長老患時文空疏之弊乃根据經史手鈔口誦刻苦倍常每篝燈至夜分琅琅不絕然體素清羸以是卒得咯血疾久之不愈遂援例入貢習靜杜門每明窗淨几焚一香煮一茗以鉛黃自娛暇則幅巾拄杖往來常

溪霞枕楊林諸勝與田夫野老課晴雨話桑麻見之者咸羡公爲
大羅恂利申人焉生平以惇敘爲務乾隆丙子吾族與胡里龍塘
等處合脩宗譜公首倡其事並董其成晚年尤喜扶植善類獎掖
後進遠近士林咸歸仰焉心泉公幼倜儻有大志齒髮未燥即端
凝如老成人嗜讀書通大義年十八乃投筆喟然曰吾父年且老
奈何困守一經以生產委瑣煩堂上乎遂謝舉業主持家政代父
勞井井有法家故素封臧獲數十指而公作苦自勵米鹽零襍皆
親任之至少年徵逐聲色博塞之習舉無所嗜事兄以悌聞敬堂
公旣患咯血症公屢親侍湯藥先意調護夜則同寢不忍離生平
以仁慈居心凡周恤親故佽助公益毫無吝色族衆嘗以祠事向
公假銀五十兩事後公即慨然助作公用又嘗倡興毓英文社以
繼父志而已總其成邑人重修學宮公踴躍解囊爲衆先且捐田

七畝咨爲二丁祭需其急公倡義類多如此年七十有司高其行
舉鄉飲大賓二公兄弟既以碩德重於鄉里其後子孫守其家風
均以恂恂儒雅稱心泉公次子天頒名樹桂字友仙附貢生自幼
敦孝弟負雋才尤有聲庠序間

麗夫公傳

祥木　董　人

公諱燹元行名天浩字贊廷號重齋晚自號麗夫逸莊先生之從
孫也少即穎敏過人初從塾師受朱子小學浹月成誦父老咸驚
異嘆賞逸莊先生尤亟許之嘗授以所著書曰不凡之子產於吾
門吾得如丁顗傳書矣及長益淹雅知名自七畧百氏以下無不
瀏覽通其大旨而於古史尤有昌歜之嗜夜雨孤燈篤下酒物每
當耳熱輒拍案狂呼曰四千年事在咫尺間耳文信國所云從何
說起者不既欺人哉居則以此語人而人亦以此抵拜之故時自

行廚之目尤工詩古文下筆纚纚千言藻思英發無世俗詹詹娟媚態年二十七補縣學博士弟子乾隆壬申大興朱學使筠按臨以荀子蚓用心一語爲題試士題文艱奢卒瞠目相對獨先生振筆疾書朱公閱卷得先生瑞表古皇軒句因大擊節曰安得此孰讀封禪書者耶案揭先生遂以優等補食廩餼時沈太史榮仁主紫陽講席月課輒取先生名爲六邑冠嘗曰自高頭爛調競而文格日猥若胡生根柢淵源今世豈易得也於是先生文譽益隆造廬執贄者遠近相踵而先生亦喜引接後進汲汲不遑嘗曰莫爲之前雖美弗彰莫爲之後雖盛弗傳吾郎如韓陵片石孤立於山巔水湄之間巋然獨存勿貴也以故奬勸之下人皆樂從性豁達空洞無城府善善惡惡每和盤托出里中人輒舉汲黯劉四目之先生學雖以詩文名然於星卜堪輿諸書皆探其堂奧蓋其天資

實有過人者顧屢躓省試晚年家又寖落既連不得志於時益偃蹇侘傺聞舉其胸中塊壘不可一世之概一寓之於詩慷慨淋漓讀之者未嘗不悲其遇也與同邑章明經廷烱曹明經文在等相友善詩酒往來無虛日先生尤豪宕不羈興酣以往兀岸揮灑旁若無人曹有贈云嗟我牢騷同落魄羨君骯髒足高歌亦可以想見先生之爲人矣所著有罷夫隨筆數卷罷夫襍詩數卷

半軒公傳 附西園公

鶴鳴 皋九

公諱廷位行名天銑字聲遠號履安晚年自云捉却這邊丟卻那邊因又號半軒幼即岐嶷沉靜端默不苟言笑勝衣就傅即恥與羣兒伍獨伏案據書琅琅誦讀聲日夜不輟及長通五經大義聲名籍甚弱冠補縣學弟子員母曹太孺人教以立身行己之道且曰爾毋得猶作曩時態也人世寬論庸流苛責賢者稍不規矩即

不齒於人矣公故恪守其訓更述以教人性至孝母患羸疾委身床褥不能起公先意承志曲得其歡心每稱藥量水且讀且覗書夜不離父以老病疽發背至潰腐不可近公親吮之其孝行類如此爲人通曉時務不立崖岸和光同塵鄉中目爲忠厚長者教人本裴行儉先器識之論涵育薰陶使人自得所成就甚衆晚年以食指繁盛挾計然策出遊嘗渡漢浮湘遨遊嶺海間盡交其瓌奇磊落之士然竟無所遇而歸居鄉以敦睦幹濟爲己任倡與毓英文會并建篤慶堂以敦祀事任怨任勞始終不懈餘如解紛排難等均難枚舉鄉里皆服公之高義焉子三人次子西園公最知名

西園公諱宗翰行名德源字右屏西園其號也幼奉父命出後季父天性簡重自少至老未嘗有疾言遽色弱冠受上虞徐太史知補博士弟子員尋闈中葉給事督學吾郡公復以優等補食廩餼

其學不爲時俗撏撦習貫通經史崇尚實學一以正心誠意躬行實踐爲主執經者不遠千里而至爲人淡泊自甘所坐一榻至老無移置善文既著述工擘窠字筆法端凝如顏魯公所書聯額甚衆遠近求書者相接踵而非其人雖玉帛相將勿與也屢困省試晚乃以鄉貢入成均生平以推轂後進和睦鄉里爲事族人無賢愚皆尊而敬之有忿爭者得其一言靡不悅服一鄉咸仰其耆宿焉所著有得心集數卷儀禮析微若干卷同邑胡主政培翬爲序而存之

贊曰半軒公菽水承歡曲盡子職親疾侍奉湯藥衣不解帶者彌旬亦云孝矣西園公稟承家法尤以孝友聞二公皆所謂績學勵行者也吾族文學之風其來雖久自公父子出而後折桂采芹分香貢樹者益彬彬稱盛謂非敎澤之及人遠哉

平階公傳

躍隱瀾

公諱廷曜字平階行名天棓太學生東山公第三子也少孤倚母氏柯鞠人及其長兄聯輝公被其教育式穀以似嘗學帖括文不得志年二十一以善騎射補入郡庠拔劍張弩之勢悉化也性柔而婉司祠事十餘年有猜訟或詣求平温語以導之輒心服不敢噩立史所云甯爲刑罰所加不爲陳君所短殆謂公歟其餘立譜系修窀穸謹文社拓祠基公家之事知無不爲基之鑿之皆往來井井暇時煑茗焚香評書讀畫凡族衆之殘編斷簡謹訂而藏之乃效向平五岳之遊以疾卒於上洋旅邸時年五十有一輿櫬歸來之日路人有行哭失聲者

躍曰昔石敬塘謂李崧曰爲浮圖者必合其尖欲始終成己事予以公事商摧於公公慨然任之不幸予賊內訌致虧一簣此予所

以有榱棟之傷也嗚呼使公而不死之奚爲止於斯

蔭林胡公傳附杉林公

歙　吳士杰健臣

歙與績接壤也而上莊在績之西偏於歙爲尤近往時父老自績來者爲言上莊蔭林胡公先輩長者其後以負笈橐筆再至績績人士又時時道公行義私竊嚮往其爲人已而內交公之文孫堇人因益習公之生平及其所以訓厲於家者乃始克載筆爲之傳焉公天性仁孝篤宗族周急難勇於爲義幼奉父命出後伯母節孝曹太宜人悅愉色養能曲得其歡弱冠挾計然策客遊上洋緝栗自將已爲婚友器重交相推引公顧慨然嘆曰吾母數十年茹苦含貞今老矣膝下僅吾一人身衣手線寸草春暉且本生父母亦春秋高奈何千里遠遊久客以戚堂上乎是時初啟關爲五口互市公生父景棠公常居茶貿遷各國公既歸衣鄰步暱曲盡孝

養且愬愬服勞刻苦策勵以故業隆隆日起久之復偕其昆季營別業於旌德三溪三溪故軍民襍處地車聲桴互奸宄無藉者往往潛伏其中公熟察人情善結納擇英傑之士折節與交而又重然諾喜推解以故羣情讋服曰胡公長厚吾不忍欺也其後父兄繼卒公更主家政益務敦睦幹濟雖以商往來旌績間而恒以尊祖敬宗爲念族中重建寢祠襄董工役不辭艱苦又倡建其順堂支祠且捐金數百恢拓基域至於謀窀穸除道路營祀產公家之事皆知無不爲尤慷慨好施與嘗貸涇上吳侍御拙菴金數百已而吳卒公即柩焚其劵族人有同公賈鐵甕者歸途溺於江公聞之即出千緡產恤其孤嫠曰睦婣任恤吾夙志也況同袍乎其家感臨存涕泣稱道弗旣云上莊山邑也層巒複嶺地狹人稠所藝穀恒不給十一翔踊倍他處値西寇後滋以彫耗往往飢號塞聽

而巨室富家類厚自封殖無毫髮措念獨公與其季杉林公輕財好義每自外運糧賤值以糶又置糜通衢以饘族黨及飲孤寒者之脩脯焉杉林公名廷春行名錫祥爲人沉偉自喜脫去町畦而公則密緻端重時有二難之稱公晚年復捐貲偕族人建胡氏義倉春貸秋收取其息以賙恤獨族人多倚賴之其善行類如此尤喜讀書自以少年失學故課率諸子加嚴建書屋置書田所以勸勵者甚至嘗曰豈爲功名始讀書不學無術古人固已言之矣矧世變日新物競維烈若之何其弁髦視之也遇人多恂恂粥粥絕崖岸寡言笑喜儉憎華衣冠古樸迄今諸子孫皆恭謹退讓以詩書澤其家蓋其言規行矩斂志闇修積於身施於家而傳之於後也如此此諸孔門其諸古篤行之君子歟公姓胡氏名仰春以字行又字蔭林生時母嘗夢人持贈玉印故行名錫印從九品誥封

奉直大夫績溪八都上庄人

星五公傳

同邑　胡宣鐸　昭甫

公諱奎照字星五一字文亭貞肅其行名也生有至性八歲而孤聞母哭亦哭且不食母乃勉爲節哀狀貌雄偉舉動如成人深得大父憐愛大父卒公以童年主家政事上御下曲盡其道以孝友稱既冠博學能文章顧數奇年二十四始補博士弟子員六赴秋闈三薦皆不售公處之泰然惟以讀書不能躬行實踐爲耻平居不苟言笑造次必循禮法鄉人敬之里有爭訟必先就訴公公爲婉喻和解無不悅服訟因以稀尤究心致用之學嘗慨鄉瘠穀乏必仰給他郡又無水道可通舟楫僅恃步擔運艱而價倍且時虞不繼也乃出金爲倡倣耿氏常平法設儲備局積穀八百石秋獲糴於近郡春夏平價以糶賴以不飢者甚衆髮匪之亂吾皖以地

當衝要爲軍事所必爭郡邑多淪於賊各鄉之幸完者皆互相團結以謀抵禦然或以無律而撓敗或以餉絀而譁散公熟睹利害移書遠近以爲今日之事用團丁則兵未練募鄉勇則餉無源左支右絀其曷有濟宜倣古者田賦出車之意編籍戶口如保甲法令三十戶養一兵每戶出兵一日之餉使戶不傷財兵不絕食然後戰可制勝守可持久書數千言皆切於用時不能從然識者韙之方各鄉之舉辦團練也官斯土者倚重於鄉之士大夫不得不日與欵接而不肖者因以多所請託既久而官亦厭薄之惟公始終未嘗一言及於私乃益歎服同治元年詔舉孝廉方正衆以公應選公固辭時邑宰重公行誼心念是舉舍公莫可屬者因屢相敦勸然公卒辭不就或問之曰吾懼不副其名也其後客居江蘇之上海縣以疾卒年五十有二

眉泉公傳

鶴鳴 子和

公諱鎔熙行名貞海字眉泉少卽恍悧縝粟能堅忍耐勞髫齡失恃備嘗艱苦已而以習賈至南滙之浦左執爨灑掃無事不爲然志趣頗高暇輒習文字學會計至夜分不寐時所生父與所後父俱在旅次公每雞鳴而起奉匜沃盥雖中帬厠牏咸躬自浣濯以孝養稱其後自持商務彌自奮勵嘗往鄰鎭運貨徒跣行雨中不爲苦咸豐辛酉遭粵匪亂貨貲盡耗僅以身免於是重張門戶益克勤克儉有爲有守卒以商業起家爲人正直有大度待人接物一以忠恕爲主尤勇於爲善浦左新塲鎭東有新安思義堂會館一所兵燹以後蕩然無遺址公獨倡捐鉅款經營締造較前稱完美新塲鎭有包家橋壽星橋亂後均傾圮行旅趦趄公首倡重修解囊以爲衆先又獨出貲易壽星橋爲石梁南滙令馮某高其義

署橋工藉濟額旌之並詳請獎予光祿寺署正銜他如坦平道路施助棺藥等善舉指不勝屈尤重族誼每誡子弟曰君子務本本大則葉茂故公雖在外而宗族有事爭先佽助焉嘗於同治中捐錢八百七十緡重建祠宇捐錢四百緡重建其順堂光緒間又捐洋一百元立義倉其輕財好義率如此性友愛兄貞源同治間殉髮匪之難嘗抱痛鶺原待孤姪如子家法尤嚴肅時勗子姪以孝弟忠信禮義廉恥八字恒儉約自守一絲一粟必珍惜之布衣蔬食泊如也見習奢華癖煙賭者諄諄勸導不憚煩人多感化所云孝友睦婣任恤者公之謂矣子二祥椿字蔭仙附貢生同知銜祥清字滌仙附貢生運同銜祥椿子洪湛字硯鋤附貢生知州銜均負雋才有聲南滙庠中光緒末祥清洪湛捐錢二百千助族中改造祠門仗義急公尤不忝其家風云

蘊山嘉言二公合傳

祥木 董人

新安山峭水厲巨嶺層巒穹窿襆襲田土狹隘居其地者類少恒產多挾計然策出遊以貿遷自食故徽人遂以商名然其中以商業振拔者固不乏人至出其居奇之資以急公倡義者或不數數覯何耶豈非以自爲者重而爲人者輕耶顧吾於光緒間族中得二人焉一蘊山公一嘉言公是也蘊山公諱耀行名貞煊父方楷公有善行嘗捐錢五百緡助建祠宇公天性穎敏自幼以能讀書聞及長補縣學生員是時方楷公列緞肆金陵公聞歲往省見父勤勞籌算間乃慨然曰吾父老矣奈何困一經無以娛父意遂謝舉子業佐父商務量物忖時廣取而節用傾心謀畫動中機宜屹然有偉人長者之望性慷慨嗜義若渴建平縣大饑白骨相枕藉民間鬻子女直僅數百錢公途經其地惻然憫之立解橐中金金

盡復假同行者盡舉以賑濟焉至今建人誦其德皆尸祝公同治中重建寢祠公父方楷公實與其事工未竣方楷公卽世公慟父功之不竟也於是挺身踵襄其事又特以其閒敦祭事治祀產修塋地以成父志鄉里嘖嘖皆稱公之善繼焉嘉言公行名祥峯以行名行號善文幼倜儻有大志果敢坦直逢人粥粥寒暄外郎豁達露肝胆無粉飾夸張之習纏綿惻怛忠篤性成客金陵與蘊山公爲段業同袍而公水陸馳驅往來嶶饒江右及湘漢間皆以强幹精敏稱以故業漸振產漸饒善知人風塵落拓中往往識英才於未遇多方推轂俾其奮興族弟鐵花先生欲出塞北遊而以內顧慮久不成行公慨然任之曰子有四方之志予聞之矣子之事予事也請毋以資斧爲念同邑曹君庸齋微時甚艱窘公助以緡錢治生產而不使人知及公歿之數年曹具貲以償始悉其事人

既多曹之不欺而尤頌公之隱德焉常水環抱吾村居人十半瀕溪同治中霉水暴發堤土傾圮每春夏霖潦泛濫橫流田廬恒有淹沒之虞公慨然出金四百察其地防理孫集工役具畚插築石堰數十丈族人至今利賴焉西宼初退時田野大都荒穢公乃以耔種遍餼族鄰墾闢無秝其好義類如此公胸懷光霽放達不羈每高會延賓歌扇酒旗無虛日酣嬉淋漓每至達旦然境過輒忘未嘗繫戀尤虛懷下士科目未停時大比之年上下江文士齊集白下公與蘊山公雞黍殷勤以禮招致時謂鄭當時不是過也二公既同賈又均勇於爲善故交盃水乳而業亦因以大盛稱一時翹楚然二公行誼則咸老而彌篤云光緒中鐵花先生倡興義倉二公鬮其事各解囊出二百五十金以助其輕財尙義若出一轍視晚近市肆齷齪鄙吝之儔固不啻有霄壤之隔矣予生也晚不

及炙二公之光采姑訪羅遺事以攄景仰并以俟夫後之採風者

誥授通議大夫賞戴花翎江蘇候補知府前臺灣臺東直隸
州知州鐵花胡公家傳

祥木輩人

公諱傳字守三一字鐵花號鈍夫績溪上莊人自少純粹勝衣時即已不喜甘餌及服之紅綠者伯父星五公器異之曰是兒夙慧必大吾家及長益明敏彊果遇事敢爲弱冠入郡庠旋以優等食餼頋屢躓省試數薦不售久之以鄉貢入成均是時髮捻諸氛雖靖而俄人擾我回部徼吏恒戒嚴公矞目時艱謂中國患在西北而發端必始東北念東北圖志闕如慨然欲遊歷東三省考其形勢以備非常遂治裝隻身北行特吳縣吳大澂駐防甯古塔一見奇之曰絕塞數千里無人烟子孤身何以遊歷宜便留我營圖之乃徧歷乜河三姓琿春等處逴騎抓犁走牡丹江氷上千餘里所

至延老兵訪扼塞證舊圖謬誤嘗大雪失道穿窩棘中衣履盡裂絕糧者三日其堅苦如此當是時公志氣豪邁卓犖以天下爲己任慎然有磨盾勒銘之志而吳亦厚遇公專摺特保有體有用實足爲國家幹濟之才不僅備牧令之選等語遂以知縣起家攝五常撫民府同知兼理儒學遇事鏡燭犀剖吏民讋服又置梆堂皇以受詞手批口判亭決破的治稱最久之以內艱歸其後客遊至粵會張文襄公督兩廣方議勘瓊州黎峒以黎峒瘴惡莫有行者及聞公至即請行乃歷儋崖雷萬等州入山直穿黎心生黎歡迎長跪獻食謂漢官自明海忠介外無有至者既服闋適吳公爲河督檄赴鄭工公紆徐料量式底式遏潦縮其暴於野者壤出其淪於墊者且材精工堅費不半原估吳公深倚之大工合龍以異常出力奏保累拜知州花翎知府之命部分江蘇是時公既屢立

功邊徼以强幹精敏受特達知所至多望風傾倒會臺灣彊吏與東人有違言訾報旁午特餘姚邵友濂爲臺灣撫遂有奏調之請顧蘇省大吏方倚重公特疏懇留廷議終以彊圉有事有詔發往臺灣既至臺則大爲諸大僚所賓敬事無鉅細必再諮而後行初充營務總巡遍歷全臺三十一營二十八哨往來炎蒸瘴癘之中校閱所至拔其精良教其不及諸宿將皆驚服尋除臺東直隸州知州兼統鎮海後軍州故民少番多常出草殺人公外防邊圉內讖奸宄拊循野番歡擾而兒畜之復設番塾延師教讀羣番大悅在軍昧爽即起簡練軍實嘗曰習之熟則猝遇非常不至張皇矣以州濱海無障蔽乃遷治於阿里擺蒞任三年軍民大和治號嚴辦然公於是精力瘁憊志亦益倜矣公生平遘遇多荒遠之域艱險崎嶇盤根錯節而亦因以見利器如史傳所記郭細侯虞北海

治績稱於當時誦於後世其堅忍不拔或未至若是此天下之卓行也已而倭氛益惡議割臺詔臣工內渡有越人劉永福者以臺地自立要公相助會病作不果旣首途遂卒廈門時年五十有四公生有異禀骨幹膚立面鐵色音中黄鐘頸有文曰公字爲人彊直自喜見義勇爲自其少時即倜儻負大志欲有所建立於世家居時倡建宗祠勸捐籴料兼任勞怨者十一年又建胡氏義倉以飭族黨邑中有東山書院兵後其產爲豪紳乾沒殆盡公力爭於官卒復其舊諸所爲世或以此稱公然於公抑末已公於學步趨考亭楊園琢削支鄂一以躬行實踐爲主爲文章務先義理謹守桐城家法不事縟色繁聲旁徵博引以追時好少遊上洋師事嘉善鍾子勤孝廉興化劉融齋太史肆力詞章經濟暨三禮之學又與平湖錢蔚也桐廬袁爽秋德清童米孫婁縣沈約齋寶山袁竹

一上海張經甫鎮海胡宏菴相遊處兼綜博覽其學益奧窔盤折尤者輿地鉤子葴牾繪其經緯墨書或濃或淡朱書如桃華日磬數十紙雖在兵間不廢每言徼外人情風土山川形勢險易阨塞之區手畫口談如懸河不徹尤長於詩生平遊蹤所及凡危崖老樹破廟荒陵灌木斜陽怪禽相嗅必卓馬長吟徘徊而不能去其詩激昂慷慨澹蕩質樸各極其妙人以爲江山奇險之助云公所爲書皆未就其曰鋤月軒吟草鈍夫筆記近溪山房詩文集及雜著合若干卷皆後人掇拾所成也子四多知名季子適字適之尤醰粹有學行今游學美國

祥木曰光緒中李氏輯輿地叢鈔葛氏輯經世文續編咸選錄公文二氏皆所謂績於學者其見重如此然則公生平不可槪見耶予與適之爲丱角交稱最篤因㩲得其先德梗概嘗舉莫爲之後

雖盛弗傳數語訦適之適之則謂公學以躬行實踐爲宗旨世無韓柳誰克諗公行誼者然卓卓如公又豈必待人而後傳耶譜事敦廹予故以所識者著於篇冀彷彿公之萬一第未知吾適之見之爲何如耳

敕授修職佐郎阜陽縣儒學訓導介如胡公傳

祥麟 書甫

公諱玠字介如一字守璪號拙夫奎熙公生五子公其四也弱冠入邑庠旋丁父艱服闋試高等食廩餼爲人和靄如春不露圭角故鄉望所歸與冢兄鐵花坶光緒壬午冢兄以食指漸繁硯田所入時虞不給乃襆被作京師之遊而以侍養太孺人兼理家政二事囑之公公事母得其歡心克盡子職冢兄知公有素故以二事任之其他諸季皆不能及也無何母病公衣不解帶者累月及卒

哀毀骨立盡誠盡禮家兄亦聞訃告歸喪旣終家兄挈公偕往差次初而江蘇繼而臺灣始終相依倚爲右臂一切機要皆公掌之嗣因國家多難割臺界倭公奉兄命先歸里越四年遵例選授阜陽縣學訓導頗得士心時阜陽清平四十餘年鮮有破壁飛去者自公下車於是穎脫而出者相接踵人皆謂公之教澤有以致之也時上峯甄別屬員公所得考語一則曰訓廸有方士林翕服再則曰年力强政事達使天假以年將見綰銅章膺墨綬與家兄後先輝映亦意中事耳又豈區區訓導所能限其驥足哉惜乎其竟以此終也卒於阜陽學廨享年五十有一子四侑留繼室林氏二子寄居其地云

贊曰公之爲貌也蒼蒼然如千百年之古幹而不與桃李爭妍其爲人也即之也溫望之儼然及其秉皐陽之鐸特集諸生於函丈

之前凡有關於德行道藝吾未嘗無誨焉以故公之生也人皆口碑一路公之死也士亦心喪三年嗚呼斯人也安得而不傳

貞孝程孺人傳

祥木　近仁

昔歸震川著論譏未婚守貞者之非禮於是遂爲後世文士口實若劉大山姚惜抱之屬皆引經據典致難歸氏而婦人不得已守貞之志乃大明於世蓋名節者人之所以爲人也名節一失其近禽獸者幾希況禮本情生今守貞者既有以厚於情而又有繫乎名節是甯非聖人所深許耶吾族有應正公配程孺人者未婚守貞其節行震耀一時今父老猶往往稱道之惜記載闕如其生平殊少概見予甚恨焉已而衡卿示以卯君先生所作祭孺人文讀之始稍諗其大概爰敘次其語以爲家傳亦所謂發潛德之幽光也按孺人系出產瑞川程氏許字應正公來歸時止九歲耳髮猶

未束僅髻齔卽已姗教婉娩聽從執麻枲治絲繭織紝組紃酒漿葅醢一切屑瑣纖碎無不夙諳其姑嘗曰自得小新婦吾至日高舂而起無慮也年十四而公不祿孺人呼天搶地欲自經轉自念曰吾以一死報夫小節耳終無益於胡氏且翁姑在堂就養無人安用予冢婦爲於是移其所欲殉夫者以事翁姑久之翁姑窺其無嫁意心頗慰乃摘其猶子使子焉時孺人年二十六矣教誨爾子式穀似之如自已出家故貧又凡百無可代置者乃教兒祖白圭治生法復爲授室焉孺人有婦執箕始一啟齒顧未幾而嗣子又玉隕蘭摧一室兩嫠煢煢相對蓋亘古彤史家所稱至艱至苦之憫凶固未有孺人若斯極也而孺人則彌自刻厲憫孀婦撫弱孫稚髫操作自食其力往往一冬之間體無完衣一日之間口無宿飽其矢志習苦有如此者平居溫柔淑愼禮法有鍾郝風詬誶

之言勃谿之聲弗聞於鄰一時有女君子之目蓋孺人之賢德固亦超出等輩特爲節行所掩耳孺人十四歲守貞至七十九歲乃卒以不得廟見而還全乎爲婦故鄉里老幼婦孺多呼爲姑云卒後族人咸嘖嘖欽其節行乾隆五十八年因聞於所司既得旌遂爲捐資建坊村東東平廟之側焉

馮烈婦傳

鶴鳴　舉九

烈婦馮氏錫森公妻夫死不嫁脱禍强暴廹於勢而死焉者也其事在道光十八年今鄉之父老猶能道其死事狀且散步竦峯之麓過其貞烈坊下無不有拜而泣者謂此固吾鄉之貞烈其事可悲而其死尤足重焉方烈婦之歸錫森公也端容慧質不苟訾笑提甕挽車共助操作不幸而所天既隕幼子摧折朝夕惟與孀姑相依爲命姑已年邁家又困乏烈婦藉鍼黹紡織以養姑其苦守

之志固已八人知之矣時鄰村程姓最强往往有無賴子來吾鄉醉飲滋事而程季常者尤其最著者也在吾鄉以傭工爲名稔知烈婦年輕其姑又懦故常誘之改適一日忽入烈婦家假梳篦櫛髮已而袖其梳以歸紿其伯叔兄弟曰某妻許適我已贈我梳篦矣今晚當可成事伯叔兄弟盍助我親迎耶所親以爲然是夕遂率眾來吾村破扉入室以威刼之方撑拒間隣右驚起相與械鬬季常率其黨遁去而烈婦亦以是夕投繯死嗟乎季常之罪眞不勝書矣季常之垂涎烈婦其意以爲必懾其威肅詎知烈婦之秉性貞烈至死而不變哉烈婦既死其叔祖國榮公與達章公以其事訟諸官置季常於法并治其黨羽又奉　旨以烈婦貞烈可嘉
旌表如例

二烈婦合傳

錫涫公妻曹烈婦者旺川人父早世母周氏烈婦少依叔杜工以居自幼即端莊貞靜及笄歸錫涫公公爲德垠公長子家頗裕習舉業未成去之學賈已而輿病歸里遂不起臨歿顧謂烈婦曰我死爾何依烈婦即答以相從地下既歿烈婦送葬歸乃求翁姑爲夫立後竟絶粒八日死時嘉慶十二年七月十一日也墓在楊林礄下有司以其事上聞奉

旨旌表建坊於墓前余嘗於曹文正芥溪詩稿中見有代杜工輓姪女殉烈胡門之作又得隱瀾伯祭列婦文幷涫姜孺人報呈讀之益嘆烈婦烈行之焜燿一時云其後三十餘年又有敬吉公妻曹氏殉烈事曹烈婦亦旺川人適浦章公三子敬吉公公學布賈於上洋少年樸誠善億中能得堂上歡顧公既外出脂膏滫髓之奉咸烈婦任之侍奉翁姑克盡孝敬俄而敬吉公病歿上洋訃至烈婦哀哭不止翁姑勸之食不應遂

於道光二十八年七月絕粒身殁特羅公惇衍督安徽學政聞其事大書節凜崑霜額旌之

贊曰說者謂吾徽爲女流鄒魯婦女以節烈著者指不勝屈而吾族聚居常溪竹峯之間水秀山明靈氣所鍾閨閣亦多賢行百餘年來前有錫濬妻曹氏後有敬吉妻曹氏先後殉夫名傳彤管嗚呼懿矣惜代遠年湮其嬓行無從備攷姑据所聞爲之傳寓表揚風化之意焉

殉難三烈婦傳　鶴鳴　臯九

吾族有所謂殉難三烈婦者一氏馮一氏曹一氏宋是也先是粵寇常蹂躪吾村咸豐十一年寇欵自黄蘗山迂道至村人出不意聞風驚遁馮氏出戶遇賊自意寇若見迫即以一死殉之已而覩賊所刼物有其夫烟桿在焉不得已隨之往冀一見夫面行數武

遇同擄者始知夫固遠逸矣乃紿賊曰家有窖金便當指示苟發掘毋憂不富也於是復行入村未至家數十步不前賊促之卽戟指大罵竟被殺於路曹氏避粵匪偕其夫入山居頃之夫病卒曹氏守尸不忍去賊至遂殉節宋氏婉嫕有婦德于歸時夫已病足跛宋氏日侍湯藥無怨言次年夫歿痛欲自殉舅姑力勸乃止其年賊至殉節嗟乎粵賊之亂婦女之奮力討賊者如朱慧仙趙碧娘陳蘭芬固已出人一等下此稗官野史所載亦何可勝計夫以深閨弱質一旦而遭虎狼苟非知守一而終有不可奪之志其能奮然冒鋒鏑以膏血塗原野而不顧哉馮氏乃直隸州知州鐵花公元配死年二十一曹氏爲處士貞水公繼妻宋氏爲處士貞畯公妻曹氏死年二十四宋氏年不可攷三烈婦均由兩江采訪忠義局申詳彙奏得旌

贊曰三烈婦烈行尙矣若馮烈婦紿賊一節尤有機智焉蓋詮賊竄則求白璧之無瑕也得乎然又不肯引賊入門致故廬頓遭一炬其遠慮固有非男子所及者聞烈婦喜聆其夫談節義事殉難時猶寄語鄰媪囑其夫勿悲並早爲歛葬其夫有亡室塚上口占及亡室周年之作載於鋤月軒吟草蓋得婦如此宜其遺簪故劍之悲深矣

上川明經胡氏宗譜上卷之中

仕宦

吾嘗論次古今宗族之望著者以萬石君家爲最蓋不難其簪舄之多而難其名德清門世業濟美之爲不可數覯也中世以降人以族競族以宦高然以金張王謝崔盧之貴族持以與太邱陳河東柳江州鄭數家者銖兩相較孰得孰失世必有能辨之者夫世德猶殖也不德何殖末俗動以冠蓋縉紳相炫美不知充宗之本固在此不在彼矣吾族僻在窮鄉聚處以來世安耕鑿敦本業閒有高材傑出之士亦以道義相樂不以仕進相矜以故先世鮮有達官顯者雖然古人有言名德之後必有達人不於其身必於其子孫自咸同以來族人士之登朝籍列仕版者蓋已稍稍見之矣則自今以往纍纍若若宜可逆覩豈所

謂積厚流光者非耶然而吾尤願族人以萬石君爲法也作仕

宦一卷

桂森公 元首公派字馥庭號梟汀行名貞觀由咸豐辛亥 恩科舉人考取景山官學教習
丙辰援例補戸部員外郎遷戸部貴州司員外郎同治壬戌轉爲戸部廣東司員外
郎光緒己卯卒於官

傳 公 元當公派玠公兄也字鐵花一字守三號鈍夫行名祥鼓由同治庚午歲貢候選儒
學訓導光緒辛巳奉督办甯古塔事務吳 公大澂檄隨軍閱邊壬午三月奉委赴東
大山編參戸保甲九月吳 以賢才事摺特保奉 旨以知縣留吉林補用旋委办三
岔口墾務癸未檄赴琿春會俄員勘黑頂子邊界甲申三月委署五常撫民府同知
兼理儒學丙戌二月卸任留办荒賑五月丁內艱歸戊子服闋奉河督吳 調赴鄭工
其冬大工合龍以異常出力奏保奉 旨免補知縣以直隸州知州分省補用並賞
戴花翎己丑接办鄭工善後工程署河督倪公文蔚奏保奉 旨候得缺後以知府

在任候補庚寅赴部籤分江蘇六月奉委办蘇垣水陸總巡保甲局辛卯調充省城中路保甲總巡十一月臺灣巡撫邵公友濂奏調奉　旨發往臺灣委用十二月江蘇巡撫剛公毅奏留奉　旨臺灣差遣需人着遵前　旨壬辰奉臺撫委充全臺營務處總巡九月委赴臺南提調鹽務處總局癸巳奉臺藩唐公訓方委代理臺東直隸州知州六月委兼統鎮海後軍各營屯是年奉　旨俟歸知府班後賞加三品銜甲午補授臺東直隸州知州以知府在任候補乙未割臺議定　詔臣工內渡七月公行次厦門卒於旅邸事蹟詳具列傳

玠公　元當公派傳公之弟也字介如一字守琜號拙夫行名祥紱光緒庚子以廩貢生援例補授潁州府阜陽縣儒學訓導光緒甲辰卒於官事蹟詳具列傳

祥醴公　元首公派桂森公之子也字壽泉號少汀光緒中以廩貢生援例補授都察院經歷光緒庚寅卒於官

祥鈺公　元首公派字季湘一字灶貴光緒中考取詹事府供事承辦軍機檔册供事年滿叙

功分發浙江試用典史壬午充海運員乙酉補授金華府浦江縣典史戊子以後充
海運員四次論功先後保陞縣主簿縣丞乙未補嚴州府桐廬縣縣丞丙申浙撫奏
准以知縣補用戊戌奉委辦浦江縣教案論功以同知陞用庚子奉委解軍餉赴陜
西　行在癸卯奉委办甯波府大嵐山保甲戊申卒於行邸

上川明經胡氏宗譜上卷之中

學林

學術之重於世也夫人而知之矣然中國之學雖高尙而所以爲學者多蹈虛自明以來令甲所在尙帖括務撏撦多忌諱學使者閒年歲科試以是功令求之下中式者郎補學官弟子員爲附生附生再就歲科試中式者爲增廣生爲廩膳生廩膳生則有額於國率縣學二十八府學四十八遞年循資上貢曰歲貢選學官焉其不及歲而納粟貢者亦視此若此者統名之曰諸生諸生試秋闈中式者爲舉人再試春闈又中者爲進士進士例得受職其名益高然其學固不外是也其有爲義理經濟詞章攷据之學者大率鄙夷應試學以爲不足道故學者翕然推尊之是數學者體用稍具尊之誠是也然亦知晚近以來西

風東漸又有所謂科學法學哲學理化學者乎學之名益多其進步益速蓋當今之世而不名一學者固岌岌乎殆矣吾族自明中葉以後人始有學自康雍乾以後人始爲義理詞章之學雖甲科乙榜落落晨星而人知體用之學在徃時亦多有不可湮沒者惜新學萌芽而吾族俗僿地偏開通較後然邇來族人士遊重洋肄學校者已跗鄂相錯矣安知他日吾族以科哲諸學鳴者不更軼出昔日義理詞章之學之上耶西人謂學術盛而後國可富强循是言也亦必一村學術盛而後一族得富庶可知也吾其與吾儕同勉之作學林一卷

維斗公 元柏派萬歷間邑庠生行名文祥

文宇公 元攀公派萬歷間邑庠生字海週

繼先公 元柏公派維斗公子康熙間邑庠生字爾標行名志榜

志封公 元崇公派順治間邑庠生鄉飲大賓字祝三

經　公 元齡公派之上公之兄也康熙間邑庠生字爾光行名志暉

之上公 元齡公派經公之弟也康熙間邑庠生字爾璧號素菴行名志珙事蹟見善行

廷鳳公 元富公派乾隆間邑庠生字儀成號東園行名兆材事蹟見善行

兆佐公 元齡公派兆仲公之兄也名行學字爾輔號逸莊著有靈石齋性理圖說一卷語錄二卷及戰國策論史案各如干卷事蹟詳具列傳

兆仲公 元齡公派兆佐公之弟也字位中號揆一工醫著有心錄稿數卷

英　公 元齡公派乾隆間附貢生字漢三號竹岡行名兆傑

卓然公 元齡公派乾隆間邑庠生字子兼號竹峯行名兆鉉

應舜公 元崇公派康熙間邑庠生字華卿

立中公 元當公派廷鳳公之子也乾隆間邑庠生字其旋號敬堂行名應璐事蹟詳具列傳

應芝公 元齡公派之上公之孫也乾隆間邑廩生

天欽公 元當公派乾隆間邑庠生字亮工

樹桂公 元當公派廷鳳公孫立中公之從子也乾隆間附貢生字友仙行名天頎

天嘉公 元惠公派乾隆間邑庠生字鑑廷

爕元公 元齡公派兆仲公之孫也乾隆壬申邑廩生字贊廷號重齋又號麗夫行名天浩著有麗夫雜詩麗夫隨筆各如干卷事蹟詳具列傳

廷位公 元齡公派英公之孫也乾隆己丑邑庠生字聲遠號履安又號半軒行名天銑事蹟詳具列傳

麟　公 元當公派乾隆辛丑邑庠生字石凡行名德沛

羽豐公 元當公派道光間邑庠生字九齡行名達章

樹槐公 元首公派乾隆間邑庠生字集有號庭三行名會德天資穎敏時有博雅之目

躍　公 元齡公派均公從兄也乾隆辛丑邑增生字卯君號隱瀾行名德璲雅意著作以古文辭名於時

均公　元齡公派躍公從弟也乾隆甲辰郡庠生字尙平行名德理

宗翰公　元齡公派廷位公降服子也嘉慶間歲貢生字右屏號西園行名德源著有得心集數卷儀禮析微十餘卷事蹟詳具列傳

如斗公　元齡公派應芝公之孫也道光間邑增生字鏞生號仰之行名德容

化鵬公　元齡公派乾隆間邑庠生有文名

象辰公　元齡公派道光間邑庠生字建山一字華芳行名德儁

一鳴公　元當公派嘉慶間邑庠生行名錫金

騰翩公　元當公派道光間郡增生循例入貢大學著聲南北闈行名錫晶

鶴鳴　元櫂公派光緒庚寅邑庠生字臯九又字子和行名錫爵

瑩璐公　元首公派道光間邑庠生同治壬戌歲貢候選訓導字榝靑行名錫翰品學兼優數次室薦事蹟見善行

維翰公　元惠公派道光間邑庠生字西林行名錫堂

錫紳公 元齡公派躍公從子也嘉慶庚辰郡庠生

振采公 元齡公派宗翰公之長子也嘉慶間邑庠生字少文號畫山行名錫楓爲人篤實善書亦善堪輿

振雅公 元齡公派宗翰公之三子也道光間邑增生字錫枝號易蘭又號魯田行名錫樂

啄芬公 元齡公派道光間郡庠生字虹舟行名錫桴咸豐庚申西賊蹂躪吾鄉公督團練禦賊陣亡後經忠義局彙奏 恩賞世襲雲騎尉

奎照公 元當公派道光間邑優增生字星五一字崇恩事蹟詳具列傳

運昌公 元當公派道光間邑庠生同治間補廩旋援例入貢太學字曙樓號堯民行名貞璧品學純粹士林宗仰

簡　公 元當公派道光間邑庠生行名貞懌字高俊號竹書

桂森公 元首公派道光間邑庠生咸豐辛亥 恩科舉人字馥庭號臯汀行名貞覲事蹟見仕宦

沅公 元首公派瑩璐公長子也道光間邑庠生同治壬戌 恩貢候選教諭字惇汝一字卣甫號湘舲行名貞大善書法有靜安道人法帖藏於家

沅公 元首公派瑩璐公次子也咸豐間廩貢生候選訓導行名貞木

宗海公 元首公派同治間廩貢生候選訓導字雋卿行名貞彥

貞照公 元美公派光緒乙亥入邑庠庚辰補廩字鑑平一字榮奎嘗從青浦熊刺史祖詒涇縣吳侍御焯遊內行尤潔生平詳具公子祥木所編紀年錄

貞澤 元美公派光緒辛卯邑庠生保奬五品藍翎字厚生號潤民癸巳秋闈及庚子辛丑併科秋闈兩次房薦

希藻公 元齡公派同治丁卯邑庠生字步瀛行名承洲

國賓公 元齡公派宗翰公孫振來公之次子也道光間郡庠生字遠鴻號敬安行名貞惠咸豐間西匪竄躪吾鄉公與奎照公督團兵禦賊見敗傷心而歿奉 旨贈世襲雲騎尉載省志忠義科

宅仁公　元齡公派宗翰公孫振采公振雅公之從子也同治戊辰邑增生字心齋號孟鄰行名貞焯事蹟見善行

國昇公　元齡公派宗翰公孫振雅公之長子也同治丁卯邑庠生字勤齋行名貞慰

國琇公　元齡公派宗翰公孫振雅公之三子也同治丁卯邑庠生字仲瑩行名貞卯穎悟詳贍以能文稱事蹟見善行

耀　公　元齡公派寶鈞之從兄也同治間附貢生字蘊山號燦堂行名貞煊事蹟詳具列傳

寶鈞公　元齡公派耀公之從弟也光緒乙亥郡庠生字卧雲行名貞照

桂芬公　元齡公派如斗公之孫也宣統初蘇省鐵路學堂最優等畢業生郵傳部考試記名留部候用字秀林號志蟾行名貞梓

傳　公　元當公派玠公兄也同治丁卯郡庠生庚午歲貢累官至臺東直隸州知州字鐵花一字守三號鈍夫行名祥鈜著有近溪山房詩文集三十二卷鋤月軒吟草鈍夫筆記各如干卷事蹟詳具列傳

玠　公　元當公派傳公弟也光緒間邑廩生官阜陽縣訓導字介如一字守璪號拙夫行名
祥綬事蹟詳具列傳

祥城公　元當公派運昌公子也同治甲戌邑增生字礪卿又字楚方號赤霞善爲詩文時爭
傳誦

祥翰　元當公派光緒丁酉上海籍邑庠生字建藩

祥醴公　元首公派桂森公之子也同治間廩貢生都察院經歷字小汀號壽泉癸酉就拔萃
科試祁學使批字冠六邑

祥緒　元首公派光緒丙申郡庠生字緝生

祥鐸公　元首公派同治間邑庠生字仲雅號觀銘雅喜書法

月　公　元首公派瑩璐公孫沅公之子也光緒間邑庠生行名祥棪

蘇　公　元首公派瑩璐公孫沆公之子也光緒間邑庠生字河五行名祥槐

恒善　元首公派宗海公之子也光緒間邑增生字艮甫行名祥貴

國衡 元首公派光緒戊戌邑庠生保奬五品藍翎字文齋號平如行名祥鑑

祥椿公 元首公派祥清之兄也光緒間南滙籍附貢生字蔭仙

祥清 元首公派祥椿公之弟也光緒間南滙籍附貢生字滌仙

祥木 元美公派貞照公之次子也光緒癸卯入邑庠乙巳科試以一等第一名補廩字近仁更字董人號松臣又號曉耘

家庠 元美公派光緒乙未邑庠生字教之號筱序行名祥棪

祥麟 元惠公派祥佑公之兄也光緒乙亥邑庠生入貢太學欽加運同銜字書甫號筱暉又號伯石

祥佑公 元惠公派祥麟之弟也光緒己丑邑庠生字三寶號吉麟品行整飭學如其人

光贊公 元齡公派振雅公孫國昇公之子也光緒戊子邑庠生字月如行名祥奎工醫

祥坡公 元齡公派振雅公孫國昇公國琇公之從子也光緒庚辰邑庠生字運泰號紹蘇

準公 元當公派光緒乙亥邑庠生字思瞻行名湛若雅擅詩文與祥城公齊名

瑾　元當公派光緒戊寅邑庠生保獎五品銜字朗山號肖瑜亦號三指行名洪瑛

洪聲　元當公派光緒丙申邑庠生字禹臣號聽五工醫

適　元當公派傳公子也歷肄業上海縣梅溪澄衷二學校及中國公學宣統庚戌廷試考充官費出洋留美學生現肄業美國綺色佳城康南耳大學堂字適之一字嗣穈號冬友行名洪騂

士彥　元首公派桂森公孫祥醴公之子也光緒間邑庠生字輔臣行名洪宣

文硯　元首公派光緒季年江南高等實業學堂畢業生字鑑臣行名洪昭

洪湛　元首公派祥椿公子也光緒間南滙籍附貢生字硯勳

在璐　元惠公派祥佑公降服子也光緒乙巳邑庠生字子科號衡卿行名洪第

瓚公　元齡公派宅仁公之孫也光緒乙未邑庠生字時敏號遜之行名洪學兼堪輿

上川明經胡氏宗譜上卷之中

善行

世與世相嬗而無盡人與人相積若有盡而亦無盡雖然世之無盡者人爲之耳人之無盡者瑰奇卓犖之士爲之耳大而至於邦國小亦一鄉一家無不各得出類拔萃者以爲其家其鄉其國之事而其家其鄉其國乃始可立於世界吾族聚處上川實當蘗山竹峯之麓常溪之濱其土騂剛其田磽确地狹而僻民貧而衆然而俗尚樸素尊祖愛親所謂良知良能之性猶未至大泯者豈非代有賢哲經紀維持於其間耶故有解囊傾橐之人而後鄉之公舉有資有勞心勞力之人而後鄉之公事以辦有庸德庸行之人而後鄉之俗可訓方可型蓋古之所謂鄉先生殁而可祭於社者皆是族也光緒初新祠落成剏彰善室

於東廡創酬勞室於西廡以祀夫族之有德有功者意深而美倘所謂鷹激勸於表彰者非耶然祀之祠而未載之譜君子固知其所激勸者微矣謹就祠廡所祀兼及與人之誦稽名字採事實各以世次上下而類叙之焉嗟乎既行憲政即作公民自今以往凡提倡實業與夫慈善家皆所謂公民之責任也亦皆譜中之善行也睠茲吾族渺矣予懷吾雖操管以譜前之善行吾且側足翹首以重望後之善行矣作善行一卷

道滿公　字景恩建通濟橋

永岩公　百智公之兄也嘗於竦嶺之巔建亭以憩行旅又於村口建皈善菴又建登榮橋皆獨力舉事

百智公　永岩公之弟也萬歷間捐銀伍拾兩創建祠宇并仝永大永秋永昌元富文疇文貴六人董理工作始終不懈

永大公　萬歷間捐銀伍拾兩創建祠宇

永夏公　永秋公之兄也字曰永偕弟於歙之箬嶺建菴置田設茶以飲行者人稱其義焉

永秋公　永夏公之弟也字濟川獨捐木料建祠宇寢室又仝兄於歙之箬嶺建菴置田設茶以飲行旅後公妻汪氏又令男復置田二畝俱立有碑記

永昌公　鄉飲賓字世盛號北泉萬歷間捐銀伍拾兩創建祠宇

元富公　萬歷間捐銀伍十兩創建祠宇

元齡公　永昌公之次子也字廷聘號任卿事蹟詳具列傳

文疇公　元春公派萬歷間捐銀伍十兩創建祠宇

文貴公　元修公派名熺萬歷間捐銀五十兩創建祠宇

文煥公　元齡公之長子也鄉飲賓字惟章號泰庵康熙八年有汪某欲損我村來龍地脉故建土地龕於要害以冀鎮壓公倡義毀之遂興搆訟幾至傾家卒勝其事族人義之

志雄公 元修公派萬歷間爲建祠宇日助工作始終不懈

志良公 元當公派鄉飲賓字德輝號澹齋事蹟詳具列傳

志球公 元齡公派志珙公之兄也字鳴玉號序東事蹟詳具列傳

志珙公 元齡公派志球公之弟也邑庠生名之上字爾璧號素庵性孝友質直好義於村中倡建文會以興士類見邑志鄉善傳

志珩公 元齡公派字渭珍號近溪建村口亭一所

兆族公 元當公派志良公之次子也字開宗性好義嘗助汪大順胡甯王惠等成婚有稱貸者不計利貧不能償者亦不責償焉見邑志尚義傳

兆材公 元當公派志良公之四子也邑庠生名廷鳳字儀成號東園司宗祠事終身不苟捐腴田五畝入毓英文會以爲學者會文之資里有爭則排解之曲直立剖數十年無訟者他若施棺助婚焚劵多隱德焉見邑志鄉善傳

兆輝公 元首公派字德光性好義助修歙邑大溪橋村口楊林橋又修竦嶺路百餘丈見

邑志尙義傳

兆留公 元愷公派建張冲亭一所

兆桂公 元悙公派仝侄應仙輸田一畝又銀拾兩於歙邑翁嶺菴烹茶以飲行者

兆鎧公 元齡公派志珩公之子也字制成號樸翁樂善好施嘗建亭於竦嶺修來龍上路百餘丈敬養寡嫂終身不倦年八十未嘗一履公庭見邑志鄉善傳

應璐公 元當公派志艮公孫兆材公長子也邑庠生名立中字其旋號敬堂事蹟詳具列傳

應玨公 元當公派志艮公孫兆材公次子也國學生鄉飲大賓名立本字仁宇號心泉事蹟詳具列傳

應荷公 元首公派兆煇公之子也字映日修竦嶺路又修歙東石洞亭

天旭公 元當公派國學生名旭字日初性慷慨見義勇為初常水發源於黃柏石鶴二山經余川而東繞吾村之南近逼居址時有水患公建議造壩改水南徙即今村前

石壩也又建亭於竦嶺外通歙大路旁以憩行旅至今尚存

天賜公 元曜公派從九品字廷炟號廷高嘉慶間助建玄鎮公支廳又仝穩德公等八人倡建景惠公祠道光二十八年村前石壩被大水冲塌與惠林公等倡捐重築口督工作不辭勞勩長子德炳公同治間重建宗祠重建景惠公祠皆始終其事

天注公 元首公派從九品貤封奉直大夫字柱臣號在豐獨修覲瀾閣下至楊林橋大路建竦嶺半嶺亭始創開 文墨業同治中重建祠宇其子孫復守先志合力捐錢五百千贊助其事

天銳公 元齡公派邑庠生名廷位字聲遠號履安又號半軒事蹟詳具列傳

天棓公 元齡公派兆鎧公之孫也邑武生名廷曜字平階事蹟詳具列傳

餘德公 元首公派天注公之次子也議叙鹽運司知事 覃恩累贈中憲大夫晉贈資政大夫名正字朗榮號端齋道光八年合邑議建東山書院公捐銀一千餘兩以爲之倡設開文墨業於休城一藝名家迄今貢墨均開文虔製詳見通志子大醕錫

煥同治中共捐錢六伯三十餘千助建宗祠

敬德公 元美公派國學生誥封奉直大夫名樹聲字景棠道光中重構宗祠司理工役及同治中又捐錢五百千重建祠宇

錫珍公 元首公派國學生名雲錦樂善好施道光中捐洋百餘元倡建景惠公祠

錫翰公 元首公派歲貢生　覃恩貤封朝議大夫候選訓導名瑩璐字梯青品學兼優同治初村口常溪下圳堨被龍井人亂流盡行築堰溪水上湧輿論洶洶思爲吾村將來水患累控各憲不得直公歸自休城據理力爭龍井人竟讋服折毀因議作浮堨引路下半溪之水爲之其傍山半溪永遠不得更壞詳見縣案

錫環公 元首公派國學生名雲彌字佩五同治中仝弟錫疇捐錢四伯七十千重建宗祠

錫印公 元美公派從九品誥封奉直大夫名仰春字蔭林事蹟詳具列傳弟錫祥公字杉林事蹟幷附

錫誥公 元美公派國學生名彩春字楓林勤儉好施咸豐中歲比荒疫公嘗自旌購米平

糶給粥救飢施棺助殯子貞雲輕財仗義廣行陰德嘗於旌之三溪地名安居口置

義塚埋骷髏七十二具

錫炳公

元惠公派國學生字壽林號秀山同治中捐錢七百千重建宗祠獨修楊林橋橋

梁又修後村路數十丈

錫椅公

元齡公派從九品名丙燦字印渠同治中憫祠宇遭燹蕩然倡議重建舉司事郎

命子宅仁左右其間

錫模公

元齡公派例授承德郎名模字方楷號範亭同治初重建祠宇捐錢五百千以倡

并襄理其事

錫雲公

元齡公派國學生名常廷修竦嶺路八十餘丈以便行人

貞炤公

元當公派國學生字臨川同治初重建宗祠公為司事前後十餘年力任辛苦又

捐錢五百千以倡光緒四年獨修竦嶺路甃石百丈以便行人

貞乾

元首公派餘德公之孫也候選光祿寺署正誥封朝議大夫　覃恩晉封通奉大

夫賞戴花翎名欽順字健甫善持家政七代同居同治中重建宗祠憫近支有丁口窮苦難繳祠捐者爲代納捐錢二百餘千光緒季年重改宗祠頭門復捐錢二百千以倡

貞權公

元首公派國學生名秉衡字允中同治中捐錢數百千重建宗祠其子祥振光緒季年改造宗祠頭門捐錢四十千以助

貞海公

元首公派光祿寺署正銜誥封中憲大夫名鎔熙字眉泉事蹟詳其列傳

貞水公

元惠公派從九品字湧泉光緒末年捐錢一百千改造宗祠頭門嘗於竦嶺亭送燭以照行人又修來龍上路數丈屢施棺木每屆年終其近房孤苦者無不周濟之其子祥瑞等以宣統辛亥宗祠越 王經濟困難捐洋二伯元以助

貞連

元惠公派從九品字連和號節甫光緒戊子捐洋百元創建義倉并襄理其事甲辰宗祠改造頭門捐錢二伯千以倡并獨任上洋勸捐籌欵又倡修宗譜其餘排難解紛疎財仗義之事不勝縷述子祥源捐貲修坦高圳路七十丈又以改造頭門用欵

不濟復捐錢一百仟贊成其事

貞林公　元惠公派國學生字貞春號煥章貿易滬水之濱每當歲逼施錢捨米爲數不貲光緒甲辰里中宗祠改造頭門捐錢一百千以助子祥鈺宣統辛亥捐洋五十元油洗宗祠

貞守公　元惠公派國學生誥封奉政大夫名春暉字玉亭亦字玉庭同治中捐錢七百五十四仟重建祠宇光緒戊子義倉之立捐洋一佰元贊成其事

貞焯公　元齡公派錫椅公之子也邑增生名宅仁字心齋號孟鄰咸豐己未重修敦敘堂同治乙丑重建頭嶺茶亭戊辰又建社屋修觀瀾閣均司其事惟創建宗祠始終在事十一年尤有勞績

貞卯公　元齡公派邑庠生名國琇字仲瑩同治丙寅重建祠宇公任其事十一年不辭艱辛

貞煊公　元齡公派錫模公之子也附貢生名耀字蘊山號燦堂事蹟詳具列傳

祥峯公 元當公派翰林院待詔字善文號嘉言事蹟詳具列傳

祥蛟公 元當公派歲貢生累官至臺東直隸州知州名傳字鐵花一字守三號鈍夫事蹟詳具列傳

祥善 元首公派布政司理問銜名銑字銑山捐大買并頂田五畝一分入毓英文會爲士子勸修琛嶺路十餘丈光緒末捐錢四十仟改造宗祠頭門

重潤公 字聯輝年十四失怙事母孝力持家政爲諸弟授室造就成名承歡式好人無閒言生平退然訥然非禮不校而勇於爲義無吝惜亦無好名之心分爨之日囊無私積

○此從嘉慶縣志孝友傳錄出今次修譜初時咨訪再四咸未詳公爲何派何輩何時人不得已附載善行之末近得卯君先生平階公傳始知公爲元齡公派行名天棣然系表久已付印不便再註事蹟見善行字樣故特標明於此

附宗祠東廡彰善室祀主名目

彰善室之主監地金字外仍加以金緣入祀之例祠規及鐵花彰善錄序中已詳言之

惟初制頗嚴今略仿劉蓉所定劉氏祠規制大要分貴貴尊賢尚功賞捐崇學五項其生平已採入善行者註見前二字餘則以何項賞仍爲載明

承岩公見前　百智公見前　承大公見前

承夏公見前　承秋公見前　承昌公見前

元富公見前　元齡公見前　文疇公見前

文貴公見前　文煥公見前　文韶公以尊賢祀

志松公以尊賢祀　志艮公見前　志球公見前

志琪公見前　兆族公見前　兆佺公以崇學祀

兆材公見前　兆輝公見前　兆鐙公見前

應珄公見前　天注公見前　天銳公見前

敬公子錫環錫疇捐貲建祠以賞捐祀　餘德公見前

敬德公見前　德固公子錫炳捐貲建祠以賞捐祀

德注公孫貞守捐貲建祠以賞捐祀　德源公以崇學祀

大醇公見前　錫翰公見前　錫燠公見前

雲慶公子貞權捐貲建祠以賞捐祀　錫紹公降服子貞海捐貲建祠以賞捐祀　錫組公子貞海捐貲建祠以賞捐祀

錫炳公見前　錫炬公子貞守捐貲建祠以賞捐祀

錫模公見前　貞熠公見前　奎燦公以尊賢崇學祀

貞觀公以貴貴祀　祥竣公見前　重潤公見前

附宗祠西廡酬勞室祀主名目

其名諱均從牌譜録出閒有不審其行輩支派者今亦無從查考姑仍之以俟後人

總牌正食

此即嘉道以前所祀能幹室牌今爲總牌正食以祀初建祠宇初建祠寢各司事

其主紅地黑字

永憲公 永時公 永善公 永化公 永起公
永春公 永年公 永通公 永瑤公 永康公
永璁公 永金公 永茂公 元奎公 元崇公
元祥公 元繞公 元茂公 元芳公 元祿公
元久公 元梓公 元求公 元裕公 元美公
元莊公 元潛公 元仕公 元佺公 元攀公
元曜公 元周公 元惠公 元大公 元昇公
元白公 元寄公 元黄公 文彩公 社順公
百章公 文輅公 文欽公 文弘公 文儀公
文祿公 文加公 文耀公 文衍公 文俊公
文燮公 文景公 文秀公 文燃公 伯老公
文輔公 文應公 文傳公 泰老公 文燮公

文禮公　立中公　文法公　文星公　文修公

文國公　台老公　文良公　文斗公　文政公

志榜公　志椅公　志達公　志傳公　浩　公

志楊公　志軒公　志儀公　志光公　志克公

度汝公　志卿公

總牌祔食

此即嘉道以前配享能幹室各主以祀累代司祠事并累代捐資捐田產者今爲

總牌祔食其主白地黑字

永光公　永靖公　永倉公　永余公　永志公

永科公　永傑公　永禎公　永白公　永琇公

永東公　元科公　元柏公　元玉公　元位公

元全公　元貴公　元輅公　元海公　元會公

元宗公　元攀公　元國公　元宇公　元當公
元抒公　元幹公　元騰公　元度公　元慈公
元召公　文儀公　文定公　文景公　文熺公
文焞公　文憲公　文朗公　文蘭公　志雄公
志鈿公　志封公　志點公　志仁公　志雅公
志耀公　志普公　志暉公　志春公　志俊公
志享公　志謝公　志赤公　志偉公　志夔公
志恒公　志珩公　志⿰木合公　志璋公　志夏公
兆昌公　兆開公　兆嘉公　兆華公　兆振公
兆銳公　兆甫公　兆光公　兆鐸公　兆伉公
卓然公　兆孔公　兆侯公　兆銋公　兆傳公
兆鎰公　兆鈞公　兆仁公　兆璽公　兆釗公

英公 兆孟公 兆佼公 應逵公 應珷公

應棣公 應荷公 應近公 應武公 應芳公

應汴公 應濃公 應江公 應仕公 應超公

應舜公 應逢公 雲興公 應正公 應造公

應進公 應楝公 陞榮公 應苞公 生泰公

應植公 應桓公 應從公 繩武公 應莘公

應涵公 應璿公 若海公 作霖公 應莅公

視公 煦公 觀章公 爙元公 天漢公

均公 士材公 天產公 天輝公 樹棠公

天環公 天椅公 旭公 樹桂公 榮公

鳴皐公 樹坊公 天誠公 天資公 天顏公

天再公 天燃公 天煇公 天載公 燦公

天欽公　士訓公　士荷公　天國公　天歷公

天昶公　潤　公　天建公　天晙公　樹標公

天欽公　天眷公　重光公　天篤公　佩紳公

天燭公　天昇公　天默公　天照公　士格公

天盛公　廷曜公　天健公　承緒公　天儲公

天掬公　天魁公　恒德公　德根公　德玲公

德湇公　德全公　瑞鳴公　德淋公　德深公

瑞英公　德挺公　德濩公　德津公　樹槐公

德建公　俊曜公　大章公　宇　公　德垠公

德注公　德團公　德江公　錫湇公　錫朋公

單位正食

此祀同光間重建祠宇司事年稍久者及捐貲一百千者其主紅地黑字

起鳳公 庭旭公 瑞傑公 德樂公 鴻彬公

榮章公 丙燦公 雲衢公 振雅公 錫田公

錫炳公 維翰公 錫鏞公 錫俊公 奎熙公

貞煦公 貞煜公 煊公 貞燧公 貞炤公

國春公 宅仁公 耀公 國琇公 貞炤公

承敎公 祥雲公 鐵花公 洪錦公

單位祔食

此祀同光間重建祠宇司事并勸捐董事及捐資五十千者其主白地黑字

天祥公 應祿公 天森公 天澎公 仁德公

德衮公 承緒公 德根公 德炎公 德新公

德重公 姍斗公 穩德公 守身公 錫順公

錫梯公 錫緯公 振瑞公 杭公 錫溶公

錫瑚公　錫庚公　仰春公　錫椋公　錫基公

聖書公　貞旦公　貞珮公　貞學公　貞恒公

貞孚公　貞吉公　春暉公　貞杰公　貞鎰公

國昇公　貞讓公　貞祝公　貞炤公

附宗祠改造頭門捐資名目

貞乾 元首公派字健甫 捐錢二百千

貞連 元惠公派號節甫 捐錢二百千

祥百公 元首公派字吉甫 捐錢二百千

貞湘 元懽公派名茂堂 捐錢一百千

貞水公 元惠公派名湧泉 捐錢一百千

貞林公 元惠公派號煥章 捐錢一百千

祥清椿公 元首公派 捐錢一百千

祥棣 元首公派字蓴庭捐錢一百千

祥佺 元慈公派名連幹捐錢一百千

祥源 元惠公派號瀚生捐錢一百千

祥泮 元齡公派字欽明捐錢一百千

祥宗 元齡公派號福元捐錢一百千

洪福 元當公派名謝寶捐錢一百千

洪湛 元首公派字硯銣捐錢一百千

洪瑞公 元惠公派號月樓捐錢一百千

貞棖 元曜公派捐錢四十千

貞森公 元齡公派號杏菴捐錢四十千

祥待 元當公派字鐘宏捐錢四十千

祥振 元首公派字稺雅捐錢四十千

祥學公元首公派　捐錢四十千

祥善　元首公派字銶山　捐錢四十千

貞金　元泗公派字鋆仲　捐錢二十五千

祥濟　元惠公派字汝舟　捐錢二十五千

祥安　元惠公派字介眉　捐錢二十五千

洪騅　元當公派字紹之　捐錢二十五千

列女

自漢劉更生取古婦人之賢孝節烈者爲列女傳其後歷代史書與夫各州縣圖經下逮虞初里乘稗官家所載無不各有彤管黄絹備載芳躅然中古以降大率以節烈著者多以德言著者少執無才是德不出閨門之訓而女子之以能稱者蓋寡矣歐學萌動女權發達其責任與男子均其事業亦與男子同向之鰓鰓然所謂相夫教子守貞者一似女學末節舉不足道而吾則以爲婦人者生其世服其教習其俗苟能以相夫教子守貞著矣大略椎輪固不得不謂之鐵錚錚庸佼佼也況吾村地處偏陬戸多蓬蓽齊民之婦于女史姆訓既未之前聞不幸而黄鵠興歌青年矢志則當孤燈夜雨素壁寒扉拾落葉以添薪

挑藜藿以糊口斷機教子剉薦延賓以母作師不櫛而弁是則雖曰節也烈也貞也而究其所遇之境所成之事又豈僅所謂節烈貞者可賅之耶昔人謂健婦持家大勝男子跡吾族棹楔所旌父老所習繩以古人傳記所載雖不敢謂不遑多讓要其志意所成就即歐美女學界亦宜抗手所深許矣作列女一卷

元崇公妻石氏 年十八而寡孝事舅姑撫遺腹子成立守節七十五年年九十二而歿明末奉旨旌表見邑志列女傳○入節孝室

元齡公妻程氏 善事舅姑深明大義賢行附見元齡公傳○入節孝室

文仙公妻汪氏 元周公派年二十而寡誓死守節國初縣令趙世德給匾獎之見邑志列女傳○入節孝室

文祉公妻王氏 元悛公派于歸六載而寡勤撫兩孤有欲奪之嫁者矢志不從歿年七十二邑令雷恒給匾獎之見邑志列女傳○入節孝室

志耀公妻董氏 元玉公派年二十四而寡立嗣守節歿年七十六邑令趙世德給匾獎之見邑志列女傳○入節孝室

志雅公妻曹氏 元修公派萬歷間創建宗祠工役繁夥孺人在祠襄理中饋始終十餘年

志春公妻馮氏 元惠公派守節數十年邑令范龍威給匾旌獎○入節孝室

志棟公妻汪氏 元惠公派年二十六而寡矢志守節擇繼延嗣歿年六十邑令范龍威給匾獎之見邑志列女傳○入節孝室

志仁公妻王氏 元齡公派年二十而寡矢志撫孤善事舅姑歿年七十三徽甯道黃給匾獎之見邑志列女傳○入節孝室

兆堯公繼妻曹氏 元當公派年二十九而寡撫孤守節五十餘年見邑志列女傳○入節孝室

兆材公妻曹氏 元當公派事姑至孝嘗割股以瘳姑疾○入節孝室

兆代公妻曹氏　元齡公派年二十三而寡撫孤守節歿年七十二訓導湯顯忠給匾奬之見邑志列女傳○入節孝室

應造公妻方氏　元柏公派年二十五而寡孝事舅姑擇繼延嗣守節五十五年見邑志列女傳

應萬公繼妻程氏　元首公派年二十一而寡生子甫周弁視前妻子如己出均撫成立守節七十三年九十三歲而歿見邑志列女傳○入節孝室

應洋公妻程氏　元遐公派年十五而寡苦節撫孤八十餘歲而歿見邑志列女傳○入節孝室

應正公未婚妻程氏　元齡公派節行詳具列傳○入節孝室

應畧公妻曹氏　元齡公派兆代公之子婦也年二十八而寡孝事孀姑撫孤成立歿年八十三訓導湯顯忠給匾曰貞全繼世見邑志列女傳○入節孝室

天環公妻王氏　元崇公派年二十一來歸兩月公客死訃至氏痛絶粒因有遺腹舅姑

諭之乃起後生子撫之成立守節四十餘年見邑志列女傳○入節孝室

天綏公妻汪氏

元當公派年二十二而寡苦志撫孤守節四十四年而歿見邑志列女傳○入節孝室

天項公繼妻陳氏

元當公派年二十七而寡孝養舅姑撫前妻子如己出守節數十年見邑志列女傳○入節孝室

德深公妻汪氏

元當公派年二十三而寡孝事舅姑擇繼延嗣守節三十五年教諭孫銘勳給匾曰彤管清芬見邑志列女傳○入節孝室

勤章公妻殷氏

元當公派年二十八而寡擇繼延嗣守節六十年年八十七而歿○入節孝室

潤章公妻曹氏

元當公派天綏公之子婦也年二十而寡孝養孀姑撫遺腹子成立見邑志列女傳○入節孝室

觀章公妻曹氏 元富公派早寡守節撫孤成立道光十七年府教授史紹開給匾曰柏節松年○入節孝室

德温公妻江氏 元科公派年十七而寡立嗣守節見邑志列女傳○入節孝室

恒德公妻章氏 元首公派年二十九而寡守節至七十歲而歿

諒德公妻曹氏 元首公派年十九而寡擇繼延嗣守節五十二年而歿○入節孝室

驂德公妻曹氏 元首公派年二十四而寡守節數十年而歿○入節孝室

騋德公妻曹氏 元首公派年二十二而寡守節至六十二而歿○入節孝室

碩德公妻曹氏 元首公派年二十九而寡矢志撫孤孤歿撫孫成立守節五十一年年七十九而歿○入節孝室

成德公妻曹氏 元美公派年二十六而寡擇繼延嗣茹苦含貞守節至八十七而歿奉旨旌表○入節孝室

德泂公妻王氏 元齡公派年二十九而寡矢志撫孤曲盡婦道奉旨旌表入總坊○入

節孝室

德章公妻汪氏　元齡公派年三十而寡守節至七十七歲而歿○入節孝室

德建公妻曹氏　元齡公派年十七而寡守節至六十餘歲而歿奉　旨旌表入總坊○入節孝室

錫森公妻馮氏　元玉公派烈行詳具列傳○入節孝室

錫水公妻程氏　元玉公派年二十六公客歿於外家貧守節紡織自給卒撫遺腹子成立

錫煌公繼妻曹氏　元當公派年二十七而寡撫遺腹子成立守節三十四年○入節孝室

金生公妻汪氏　元當公派年十六來歸數月公歿家貧以針黹給日食孝事舅姑守節五十四年○入節孝室

錫鏞公妻曹氏　元當公派年二十九而寡撫孤守節孝事舅姑年七十而歿守節凡四

十二年教諭呂梁爲詳上憲請　旌節行載安徽省志○入節孝室

敬吉公妻曹氏　元當公派烈行詳具列傳○入節孝室

錫服公妻曹氏　元首公派咸豐辛酉年五月粤匪竄吾村遇賊不屈而死爵相曾文正公題奏奉　旨旌表節烈

錫麟公妻曹氏　元首公派撫孤守節數十年而歿

錫政公妻程氏　元首公派年二十三而寡立嗣守節至五十八歲而歿○入節孝室

錫諾公妻宋氏　元美公派青年守節勤儉可風光緒癸卯由采訪局彙詳得旌○入節孝室

錫禕公妻汪氏　元慈公派年二十二而寡子貞淮纔一歲家赤貧勤苦守節撫孤成立年六十三而歿○入節孝室

錫煌公妻石氏　元悉公派年二十八而寡守節撫孤至六十四歲而歿○入節孝室

錫湆公妻曹氏　元齡公派烈行詳具列傳○入節孝室

長林公妻曹氏　元齡公派青年早寡苦志守節

貞煃公妻石氏　元當公派年二十而寡守節三十一年同治癸亥八月賊至避入山谷忍飢數日得疾而歿○入節孝室

貞瑞公妻汪氏　元泗公派年二十而寡苦志守節現年七十八

貞熙公妻曹氏　元首公派錫服公之次子婦也咸豐辛酉五月粤匪竄吾村抱二歲子罵賊不辱遂遇害爵相曾文正公題奏奉　旨旌表節烈○入節孝室

貞照公繼妻程氏　元首公派年二十而寡矢志撫孤現年七十二

貞安公妻汪氏　元首公派年二十八而寡撫孤成立守節三十八年而歿邑令歐陽靄給匾旌獎○入節孝室

貞理公妻黄氏　元首公派年二十五而寡矢志守節撫孤成立歿年六十一

貞源公妻曹氏　元首公派咸豐辛酉公遇賊殉難氏撫孤守節五十餘年年八十三而歿○入節孝室

貞瑞公妻曹氏　元自公派早寡撫孤慶昌孤歿守節數十年

貞和公妻柯氏　元美公派年二十七而寡矢志守節同治甲子遇西寇不屈殉難光緒丙午由采訪局彙詳得　旌○入節孝室

貞碗公妻曹氏　元齡公派年二十八而寡矢志守節撫孤成立現年七十三歲

承桂公妻程氏　元齡公派年二十四夫遭粵匪之亂立嗣守節至七十八歲而歿

貞達公妻柯氏　元齡公派年十八而寡撫遺腹子成立守節六十四年而歿

貞袖公妻曹氏　元齡公派年二十八而寡矢志撫孤守節至五十五歲而歿

貞畯公妻宋氏　元齡公派烈行詳具列傳○入節孝室

祥霈公妻曹氏　元當公派年二十六而寡擇繼延嗣守節三十二年而歿

祥峨公妻曹氏　元當公派年二十五而寡擇繼延嗣守節四十年而歿

祥津公妻程氏　元當公派年二十九而寡矢志守節撫孤成立年至六十三歲而歿光緒己丑奉旨旌表○入節孝室

祥蛟公妻馮氏　元當公派烈行詳具列傳○入節孝室

祥醴公側室茅氏　元首公派公歿京邸氏以身殉兵部主事胡寶鐸呈報都察院移咨禮部題請旌表奉旨給建坊銀三十兩並於節孝祠內設位致祭○入節孝室

祥鴻公妻程氏　元齡公派年二十而寡擇繼延嗣守節四十五年年六十四歲而歿○入節孝室

祥椿公繼妻朱氏　元齡公派年二十二而寡矢志守節撫孤成立現年五十一歲

左列節孝十七名從宗祠節孝室譜內錄出其爲何派何時人率不可考間有查出者而系表已經付印表內分註不便再載但將其姓氏事蹟彙注於此閱者詳之

應春公妻章氏　年十八而寡撫遺腹子成立守節至五十七歲而歿見邑志列女傳○元昇公派

天鏞公妻王氏 年二十一而寡守節六十四年至八十四歲而歿奉 旨旌表入總坊

○元愷公派

天極公妻曹氏 年二十二而寡立繼守節至五十八歲而歿見邑志列女傳

天星公妻柯氏 年二十五而寡撫孤守節至八十三歲而歿見邑志列女傳

天鑑公妻程氏 年二十四而寡撫孤守節至六十七歲而歿見邑志列女傳○元齡公派

天崇公妻王氏 年二十三而寡日夜女紅苦節撫孤數十年如一日見邑志列女傳

德健公妻曹氏 早寡矢志守節

德廣公妻程氏 年二十四而寡立嗣守節至六十餘歲而歿見邑志列女傳

德淨公妻汪氏 年二十五而寡撫孤守節至六十餘歲而歿見邑志列女傳

德衮公妻曹氏 年二十而寡守節至七十六歲而歿奉 旨旌表已入總坊

錫金公妻曹氏 年十九而寡守節至七十餘歲而歿奉 旨旌表

錫標公妻曹氏 年二十七而寡立嗣守節至六十餘歲而歿○元齡公派

貞水公繼妻曹氏 烈行詳具列傳

承端公妻汪氏 年二十七而寡立姪祥露爲嗣守節至四十四而歿

柏榮公妻程氏 年二十一而寡守節至六十一歲而歿

六吉公妻曹氏 年二十一而寡守節至七十歲而歿奉 旨旌表已入總坊

順猷公妻曹氏 年二十四而寡女紅自給守節至六十餘而歿○元當公派

上川明經胡氏宗譜上卷之下

文苑

世與世不必相及也人與人不必相承也不相及相承而竟能相及相承者則文爲之耳文之義法雖繁而紀事家爲最尚彼唐文粹宋文鑑之類固非特言文已也唐宋之名物事故實傳麗其中焉馬貴與承杜氏鄭氏之後以作通攷而今之談其書者咸以爲逈出杜鄭上何哉毋亦謂馬氏之書備採各家之文因得以考覈源流爲二氏所不及耶甚矣文之不可以已也然吾又閱竹垞朱氏序閒人氏家譜謂家之詩文宜備載於譜執朱氏之言證以馬氏之例是則吾族雖一族而文苑之著録固亦宜亟亟矣惜乎舊譜簡略文辭一類盡付闕如其後載筆家雖間有作述自經兵燹亦復散佚今兹所録近作爲多雖不知

其相及於古者何如而百餘年來事物因仍則固得其大概後之覽者未必不藉此見吾族桂林一枝崑山片石焉耳作文苑一卷

序

寶祐明經胡氏宗譜序

胡里派十五世孫　如龍原乙

予讀孟子書至天生物一本之語喟然歎曰人本乎祖木本乎根不容有二本也上古姓氏之別所以嚴其防也予鼻祖昌翼公以李唐宗室爲賊温所忌避地考川始冒三公胡姓厥後無復李念者嗚呼君子背本可乎哉記曰春雨濡而怵惕秋霜降而悽愴蓋謂君子不忘本也說者謂爲人子者爲之後遽復李焉恐於胡爲寡恩也曰非也昌翼於胡而行次十七胡姓之宜後者尙衆也古人爲子爲後之說謂本支乏嗣而繼之以同姓云爾況昭宣幼沖

嗣位爭亦亡滅李氏蓋不血食也不有以續之可乎予於先人遺墨中得家譜六帙俱見殘缺失次而其存者無幾觀子春公題中王墓詩有隴西舊業今何在之句又狀元呂公溱過墓詩中王何如人胄出唐宗室皆言李而不言胡李姓之當復也明矣或又謂昌翼九月鞠於胡殆與罔極同恩也是蓋有說焉臨難而存人之孤者仁人之本心也三公於李則爲臣而其以胡易李蓋避賊溫索害冀異日盡忠以圖報耳昌翼於三公義焉父之以終其身各盡其道者也故斯圖之作李爲之首而姓猶從胡俾生育之恩撫存之義兩全也若復李本姓以續吾宗不傳之緒則俟吾族之賢士夫與吾之賢嗣世爲之爾

寶祐明經胡氏宗譜序

胡里派十五世孫　儼　景望

予考始遷祖中王延政公令吾績時愛舊縣北野山水明秀恒與

名公登玩後南家於隱張重岡之麓稱中王胡氏未幾徙居逼鎮遂以胡名鎮曰胡里四望咸以胡號焉東曰胡川西曰胡貞塘南曰胡屯嶺北曰胡落坎以懋學扁其閭爲子孫勸尋别業北野背山面水搆屋數楹顏以東麓書院令諸子講學其中故子孫不數傳遂兩地居焉世稱懋學胡氏北野胡氏隨所居地而名也予先世簡公筠公咸平間自懋學派居北野傳至南渡時屢遭兵燹我高太祖時宦于朝後歸葺北野敝廬而居之紹興戊辰基業又悉爲蜄水蕩廢曾祖十路助教子春公復家懋學北野自是無復煙爨矣予致政歸從弟如龍輩持家譜請予編次閱之派多殘缺無考幸紹興經界法行吾始遷祖中王家廟暨諸祖墓具載砧基簿爲足徵耳予因考而修之自吾而上逮高祖輩行五服之親訂其世次辨其昭穆敘其尊卑冠婚喪祭爲往來交際之禮以通其情

每歲正旦則團拜宴饗於始遷祖中王廟以周其義誨子弟以家訓務尊親睦族耕讀守分毋爲不肖以爲先人辱其散處他郡邑者未暇究信者傳疑者闕俾異時按圖尋源猶不失吾同氣連枝之義而得以親其親此又吾譜之功也

正德明經胡氏宗譜序

婺源 汪玄錫 東峰

昔臧武仲謂聖人有明德者若不當世其後必有達人孟僖子執是而觀諸孔氏知其在於仲尼使其子弟師事焉學禮以定其位彼謂禮者人之幹也其幹益厚則其蔭益遠一本之謂也故以禮觀人則因前可以知其後矣而於後獨不可以知前乎予奉使南歸拜予先隴於登源之麓道過胡里則見其環里而居之者閭屋森森然夾道而觀之者人物楚楚然予愕然停輈問之則謂世爲胡氏所居而姓其里焉者也有頃予友胡君悅者率其父老子弟

望予輣而迎焉予久欲一識其家而不知其適是鄉也見之甚喜且憫遂登其堂聚其族之父老子弟而賓主之以申通家之好則見其長者獻觴少者侍席進止趨蹌周旋揖讓恂恂乎一度於矱蓋有禮族也予竊慕焉因索其家譜以覗則又見其先世之仕也有政績可嘉農也有德行可述儒也有文章可紀湻麗沖厚之良柔慈温讓之懿藹然猶可挹而覩焉然後作而嘆曰是其先也其能以禮訓其後乎以禮爲訓而世守之固宜族之蕃而滋昌而大也豈獨孔氏爲然乎哉予固無臧武仲之知孟僖子之明而能知胡氏也猶其知孔子焉敢僭一言以繫譜之後若其文之亶事之核不冒遠以亂其眞不飾虛以欺其後誠爲一家之信史而太史唐公敘之備矣予奚容喙

康熙明經胡氏統譜序　太倉王掞

族必有譜所以溯本源別流派也然而天下之有姓多矣有姓而
敘譜牒者亦不一矣而要未有如胡氏之尤盛者也胡系出虞帝
姓肇陳公昌熾于安定歷漢魏六朝名公鉅卿代不乏人故唐太
宗命高士廉攷氏族志合二百九十三姓而胡居前列焉至昭宗
時逆巢犯闕逸幼子於輔臣胡三公家遂繼其祧而承其姓以天
潢之派續嬀水之流厥宗益茂自昌翼公明經延政公受爵而後
基肇于新安支遍於宇內王公侯伯萃於一門元勳接踵奕葉簪
纓或姻聯帝室或名魁四海指不勝屈而且理學閎儒闡大學之
傳而研義理之精者後先繼起噫嘻顧不偉歟今考水之裔某與
余忝屬亞戚郵書致余以家脩統譜而丐序余備員樞軸甄別流
品闡揚世德職分事也敢以不文辭哉夫合海內之支流而統於
一譜名賢偉士彙集總歸特歷五載數以億計是猶萬水朝宗於

海洵鉅典也誠盛事也求之寰宇疇其敢匹異日　聖天子覈門第訪名宗余敢以胡氏首列焉

康熙考川明經胡氏家乘序

關中　竇祖禹　敬傳

聞之譜法之著義近於史而亦有與史異者蓋史於古今賢否善惡無不備書所以明朝廷之大法也譜則聯祖孫族姓昭穆世系所以明鄉黨之倫序也然其意亦訪之於史故有子孫悖德玷前人之光者削而黜之猶夫史之癉惡也有光大前猷而紹述克善者褒而榮之猶夫史之彰善也若其聲名藉而非我族類亦不敢攀援而妄托焉所以清其本根無致桃枝掇李疏其脈絡必使江河異流又豈非作史者明外內之防耶然則譜之作其義簡而該其道詳而覈警勸之實於是乎在非秉公不阿者未易言修也自譜學不明而氏族多紊如王之氏一也有元城宜春邛之分焉劉

之氏一也有陶唐奉春元海之異焉其能辨而不惑者鮮矣昔朱子嘗著大宗小宗說極其詳晰其云姓爲大總腦處氏爲後來次第分别處誠以木本水源彝倫之所以攸敘而攸斁者義實係乎此也婺之北離縣三十里曰考川者實宋儒玉齋雙湖雲峯梅岩諸先賢發胤之所其鼻祖諱昌翼公唐昭宗太子也避梁之亂易李爲胡姓以明經登後唐進士隱居教授先朝勅建書院特命名儒爲山長以主之典至渥也故子孫因以明經爲氏而冠以胡姓其不覆李姓者所以守先人之志也其必氏以明經者所以别於本姓胡者也今按其譜牒明經公生三子曰延進延賓延臻是爲二世祖也延臻生二子長諱文昊次諱文晟文昊生四子譜列甲乙丙丁文晟生六子譜列戊己庚辛壬癸是爲天干十派厥後遞產七賢闡明理學炳炳烺烺今則子孫蕃衍枝葉叠遷而考水實

爲發源其諸儒文集墳墓祀典彬彬守之罔敢失墜故世愈遠而彌覺其新余奉　簡命蒞任後生員天衡天望天澤仲芳暨諸裔孫奉家刻謁余而以譜序爲請謂渠譜自嘉靖重修後至今百數十年恐世遠而不可稽欲嗣而續之余曰此重典也先人有道德文章而爲之子孫者宜體宗祖之德澤貫百世之精神一氣之通不以山川道里而間一源之合毋以形迹小故而睽余雖未見編摩大約本仁率之思以聯宗祏本義率之意以大勸懲其與史法必有合焉也若乃祖德之光輝世次之圖列前君子已詳言之余故不必復贅焉

乾隆明經胡氏族譜序

涇　趙青藜然乙

古宗子法廢而一父之子至塗人其視莫知其於我乎有甚戚者可勝數哉吾徽甯多聚族居猶有古遺風然其間或以事遷或以

時異或以戶繁口衆地狹而析處亦復不免譜系之修易所謂萃而假有廟記所謂尊祖故敬宗敬宗故收族而孝弟之心油然以生者仁人君子三致意焉按績邑上川胡氏始自明經公諱昌翼本唐昭宗子因朱温亂賴臣胡三公庇匿婺源之考川遂冒胡姓登後唐同光乙酉進士隱居教授生三子三延臻公居考川次延賓公遷歙之紫陽其長延政公乃遷績始祖公開寶末爲績邑令因居胡里鎮今胡里之爲祠者二上曰敦叙堂則祖居本派下曰天叙堂則十三世天琳公派至十五世崇祖公遷居龍塘鎮其七世全信公生忠公遷暈嶺北龍井至十二世德眞公遷楊林二十世七二公始遷上川是甯非一父子而居婺之考川遷歙之紫陽績之胡里龍塘龍井楊林上川已紛錯其不一矣而由胡里而遷者復不一由龍塘龍井而遷者亦不一由楊林遷者若葉村江塘

村胡家黨歙之竹園下更不一今覽譜系皆班班可考而風水其渙者蓋莫不順說以萃也斯固仁人君子之用心也夫由是以祖宗之世次定孫子之昭穆而下治旁治依然其同氣也稽本支之派別審析居於疑似而非我族類不虞其竄入也且祖功宗德代有達人嘉言懿行人備記載不患其有美而不知旣知而弗傳也嗟乎萬物本乎天人本乎祖彼遷徙而無可據者何必無水木之思即其祖父亦無乃念苗裔而有餘恫矣乎然則聯族類而同尊一父者其爲靈爽之式憑也可知夫易象於萃曰假有廟於渙亦曰假有廟而傳申之一以爲致孝享一以爲乃在中蓋甚懼其渙也聖人本仁孝教萬世莫切於此余固心折上川之不忘本也爲備書之

乾隆明經胡氏族譜序

同邑曹天佑尚賢

甲戌夏余奉縣大夫牟陽較公聘董修邑志緬維前哲時深景仰恐芳躅之有遺因參稽家乘載籍族譜斟酌損益以慰夙昔表章之願時上川胡生立中進而告余曰吾族派本婺之考川昌翼公系李唐昭宗子避朱温亂依臣胡常侍公後遂姓胡登後唐同光乙酉進士隱居教授號明經公生三子三延臻公居考川次延賓公遷歙之紫陽而遷績之始祖則明經公長子延政公居胡里鎮今去城南十里吾祖居也胡里有二祠上曰敦敘堂則祖居本派下曰天敘堂則十三世天琳公派至十五世崇祖公遷居龍塘其七世端五公子忠公來居翬北龍井至十二世德眞公遷楊林二十世七二公始移居上川其由胡里龍井楊林而遷他處者葢實繁有徒矣若江塘村葉村胡家黨歙之竹園皆出自楊林而總以胡里爲祖居譜乘久闕不修懼支分派衍之益散而無統也余曰

族譜之修上治下治旁治尊尊親親恩明誼美於是乎在可或緩歟胡生乃白其尊人與其族伯智甫親翁暨族中之有識見者時胡里步升志聖秉燦龍塘俊升諸君皆有志敬宗收族遂相與諏吉陳設家傳誥勅圖書告其事於祖居胡里鎮之上下兩祠齊心一力整舊排新縷析條分同條共貫年甫週而譜事駸駸乎告竣也余於邑志成書後適薄宦甯陽諸君以尋有一日之商酌走書而問序焉余謂修譜而有附勢之心則冒他人之祖爲己祖者有矣有懷利之心則濫他人之支爲己支者有矣甚至同宗共派而視若寇仇推而不顧棄之如遺者又有矣顛倒惑亂奔走醉飽數年訖無成功是皆勢利熏之使然也今諸君不附勢不懷利其源既清其流自潔不需歲月事就緒而神人和悅余覽斯譜而輾然喜也然余於此更有望焉宋元兩朝胡里最著文學武功彪炳冊

乘代有聞人厥後風亦少微矣然世族大家禮教之貽奕世未艾上川行學先生著性理圖說等書數十卷儀封張尚書嘗器重之涇上趙侍御又序其書以行世余採入志乘先生力尋正學直濂洛關閩之嫡傳豈僅不愧明經後裔云爾哉今諸君敬宗收族雅意振興則將來之振振繩繩紹家學而光而大之者又寗有量耶余忝世好因綴數行郵付胡生附諸簡末用悉修譜之原委云

靈石齋性理圖說序

涇 趙青藜 然乙

士束髮受書爲父師者早熏之以科名稍長事帖括識不及遠即號稱自立者亦不過旁攷經史冀爲世售而聖賢之道任其晦盲榛塞而莫爲省憂其或究心宋五子書必羣怪之甚且起而非笑之若梁安年友曹君尚賢告以其邑之胡先生吾悲焉先生家貧力學不能購書假於戚友一室嘯歌泊如也所著戰國策論及史

案大要本春秋之義推明紫陽書法而聖賢之用大備至其闡述性理一卷語錄上下二卷亶窺聖學底蘊多發先儒所未發卒乃困其身以終老嗟乎學非世用其爲世棄宜矣何天之曾不稍優之使抒其所抱至蒙悠悠之非笑而幾無以自解耶然吾固知先生之不求自解也蓋人能卓然自立不牽俗見不惑邪說獨尋正學於舉世弗好之日甘窮困而不悔其必有契於心者矣而天亦正恐夷而與專事帖括者比之轉無以表其學君子所性雖大行何加焉顧區區於悠悠者之非笑乎哉抑曹君書云先生曾受知於儀封張尙書當尙書撫吳時招入紫陽書院肄業於其歸也贈之序已乃并其序失去茲所錄敝笥中萬一耳然余讀之而正學微傳次第可尋乃嘆尙書之不妄許與而士生斯世得一知己即已不恨顧天竟以阨先生者阨尙書序使同湮沒焉則余即大聲

疾呼又惡知慫慫者之不愈甚其非笑也雖然是不可不什襲以俟於後

宗祠新立譜藁序

裔孫 躍 隱瀾

周禮小史掌邦國之志奠世繫辨昭穆鄭司農謂世繫帝繫姓世本之屬帝繫姓詳大戴禮世本十五卷史遷據之以作史者也吾族合修譜牒告成於乾隆之二十二年俱已鏤版藏爲家乘自時厥後葛蔓蘞生散無有紀設此時而有秉筆任續修之役者又不知循首訖尾幾經采訪吾叔某等七人同司祠事小心勤敏凡諸典籍無不守爲圭臬而尤屬意於世繫之奠今固無任斯役者也閱世生人閱人成世子孫繩繩設有不承何以善後乃仿繫姓世本之屬分男婦爲昭穆立稿二本於各主祔廟之時凡生卒年月姓氏某處以及所育子女爲人後者之類無不詳問而備書之如

內實弗如葉附枝是役也若無意於譜也者而實無非譜也未嘗盡人而書之也者而實未嘗遺一人而不書也予嘗讀史怪孟嘗君問元孫之孫為何其父曰不能知夫七世亦不甚遠而至於問而不知豈非以譜法未立歟語云惟事事乃其有備又云述者之謂明叔等於此亦惟述以備採擇後有君子從事於譜牒賡續而終之斯稿也非即所謂小史者哉

景惠公祠重訂家規序

躍 隱瀾

傳曰古聖人之治天下反古復始不忘其所由生故上治祖禰下治子孫旁治昆弟合族而食序以昭穆別以禮儀使之尊尊親親長長親親故尊祖尊祖故敬宗敬宗故收族收族故宗廟嚴然則聖人之治天下豈以自私也哉由是推之自王公以逮於庶人家法立而禮俗成洵非無因而致也景惠公之有祀產自明迄今已

二百餘年其自歲時伏臘以及清明祭掃春冬燕飲之儀咸有成規世守弗替然而事不書於方名不載於册徒以故老相傳筆之於簿而又年湮代遠簡斷編殘莫可考證善乎吾兄庭三之重訂此規也庭三爲公九世孫讀書宰制羣務事有關乎風化者多所經畫至此乃屬意於家祠倣黄門顔氏藍田吕氏重訂家規十八條謹墓田勤標祀綿水木也合雲礽酌須散勸親親也課讀書重斯文廣作人也戒董事防值年杜侵漁也是故上下而省之則昭穆明旁行而觀之則長幼序循首訖尾而閲之則勸戒備蓋自癸老現在奉行而庭三踵修而明之今益彬彬矣抑予聞之古有花樹韋家宗會法宋謝昌國取之以謂族人遠來當爲一會以會族雖無事亦當月爲之爇酒隻雞月招近局使親者無失其爲親今是役也一歲數會一會而上治下治旁治之情畢達則古聖人所

以反古復始者不於此可見哉嗚呼讀斯規者孝弟之心其亦油然生矣

溯本録序

裔孫 傳鐵花

昔宋南豐曾氏以曾子十五世孫關內侯據爲始祖歐陽文忠疑之作書引史例以諷曾子固而今世湘鄉曾文正公家譜仍祖關內侯據云據以關內侯避王莽之亂南遷爲南州諸曾之始祖夫據之事蹟不見于史册歐陽公譜牒之學號爲精審而曾氏宋有子固今有文正公皆碩學通儒卒不從其說而仍家譜之舊豈二公之學出歐陽公下哉蓋以歷代之史二十有四不過三千二百五十餘卷而自秦漢以至元明二千餘年之中散佚于兵火筆削于史臣缺略者多矣且其書非盡本諸史臣之所記史宬之所藏乃後世參考私家著録兼採稗官野史補綴成編然則史之所無

安知非修史者網羅散失尙有遺漏譜之所記安知非其子孫世守舊牒歷久而尙存昔裴松之注三國志引據博洽爲後人考證之資而華歆傳多引華嶠所作家譜歐陽公修新唐書事增於前文省於舊而李泌傳亦採李繁所作家傳是國史之缺略正賴私家之譜有記之者可據以增修也而因史册之所無遂疑譜牒之所記者概不足信豈通論哉吾家舊譜所記始祖本唐昭宗太子避朱溫亂改從胡姓二世祖仕宋卒封王爵事蹟不見於史册與曾氏始祖關內侯據略同故予作溯本錄悉從舊譜亦援曾氏祖據之例焉吾宗別派有重修家譜削去二世封爵且詆其胸臆謂必無封爵之事著論辨駁舊譜者彼其學識未必有過於宋之曾子固今之曾文正公亦祇見其不知量耳

彰善錄序

傳鐵花

一鄉之中苟有人焉好行其德以淑其身以施於人則不特鄉之秀良者得所儀型知自勸勵即鄉之頑梗不肖者亦可觀感而生愧恥之心改其不善以勉於爲善昔邵康節居洛中賢者服其德不肖者感其化陳太邱居潁川能使盜賊改行蓋鄉里之耳目最眞見聞最確善不可以欺飾而德最易於感人苟其爲人足令鄉里愛慕悅服則行一事可以爲人師出一言可以爲人法以視官長之教條號令讀法懸書僅有具文者其感格尤神焉然則鄉之賴有善人不綦重哉我族自二十世祖卜居於此歷二十餘世六百餘年雖無仕宦顯赫之人功烈謨猷著於天下而譜志所載父老所傳孝友節義芳徽懿行堪爲族人師表者代不乏人平日父以勉其子兄以詔其弟嘖嘖稱道弗衰此吾族向者善人之所以多也粵匪之亂宗祠燬於火譜牒散失老成人漸寥落如晨星而

鄉之人心風俗遂遠不古若傳等忝司祠事懼鄉先輩之善行湮沒無傳無以爲族人勸勉爰搜求志乘採輯舊聞得有善行可紀者若干人録爲一册婦人之孝貞節烈者别爲一册顏之曰彰善弁於宗祠之左特設一室以祀之庶幾樹厥風聲使鄉之人知所觀感興起而爲善云爾

胡氏義田録序

祥木　董人

自阡陌之法行而人之不平不均也久矣富者連隴畝貧則介立錐而無之曠觀典籍凡水旱偏災其茹草食人轉塡溝壑者史不絶書甚且流爲寇賊其患有不勝言者雖間有常平惠民諸倉爲救荒之預備然官治强半具文其能實事求是耶故吾謂漢代均田之政不行則范氏義田之制固爲美備矣吾族處黄蘗山之麓田疇狹隘所蓺穀恒不給十之四五一遇儉歲仰屋呼庚癸者相

櫛比又中貲者少即能負米鄰邑者亦不多艱嗷嗷之聲每塞人聽有心世道者嘗惄然憂之光緒中葉鐵花兄自東省歸與先大父及族中好義之士嘉言蘊山春暉節甫眉泉健甫諸公相與講求補救之策其時值秦晉大祲饑民相食道殣相望益大懼爲後車之覆乃集資千金有奇鑒朱子社倉成制剏建胡氏義倉置六廒以儲春貸秋收一如其法惟改加二爲加一而以耗息贍尤孤苦及鰥寡煢獨之無告者其掌守事則循范氏例擇族之長且賢者主其計司其出納焉行之數年族人咸喁喁利賴久之穀價踊貴視建倉時以倍蓰計償者或後須時於是掌守諸人懼有變更至空匱與官倉等無以繼述前人之美意也乃盡出其穀而以所出之資置沃田五十餘畝歲計田所入留二分以備不虞餘者則盡以饟族黨或爲慈善諸事業蓋倉田之制雖殊而其所以任卹

閭里者先後固猶一轍其視文正之高誼較長絜短亦不遑多讓矣嗟乎無財作力少有鬭智既饒爭時羣生芸芸都爲利昏朱門酒肉臭路有餓死莩蓋吟少陵之句而知千古之甯作守財虜不爲饋貧糧者比比皆是也此荒政之所以無㓕而不平不均之患有毋況而愈下者歟吾於是以倡舉諸公爲不可及矣義田既置典守者復籍其質劑四至以爲胡氏義田錄而屬序於予因漫書其權輿如此以詔來者

鑑平先生紀年録序

歙　吳士杰健臣

予自髫齒時負笈績溪即聞績人士稱引胡鑑平先生而未及見其人稍長就使者試至郡城得炙先生言論丰采和平溫厚固今世一儒者也心竊嚮往之然歙績雖接壤故未能數數覯先生後予又輾轉就筆他處更數寒暑不復聞問第私常往來於懷以爲

安得有文與行如先生者樂共數晨夕耶久之復客授績溪程氏培桂軒中軒故先生所嘗設帳者緬維芳躅竊幸與先生或得常過從矣不意先生前數年已歸道山志修命促聞之惻然而予自是久客績溪益習其鄉人蓋其所以稱道　生者與少聞若或一轍且言先生內行甚敦惋愉以色養事繼母終身無閒言往往有憫惜先生不祿至欷歔流涕者嗚呼先生之行感人如此然則所謂修道獲福者是耶非耶久之先生之次公曉耘以所編先生紀年錄來徵序雒誦一通始得具窺先生學行之本源益信嚮者所聞之有徵而又愈嘆造化之果於阨人也案年譜之制創於唐代其初蓋爲儒碩勳舊而作大率以其人之事實足與國史學統相表者焉今曉耘攄其哀慕作爲是錄雖不知其於年譜之體制相去者幾何然安知先生之學之行使天假以年不竟爲所謂儒碩

歟舊者耶且亦孝無已之志也曉耘幼有頭角弱冠就學使試再冠其曹有聲庠序中儻即語所謂明德後有達人者乎予故心折先生之學行又善曉耘之孝思不匱也於是乎書

跋

乾隆中王宗譜跋

裔孫 立中 其旋

中總角時聞族父老有修譜之議未見舉行歲乙亥夏家尊入詔中曰吾族自延政公由婺考川遷績居胡里鎮又分而龍井而楊林而上川世遠人繁譜不續修將益散而無紀敬宗收族洵今日之要務也遂商之族衆嗣偕族伯兆偕姪天肅詣胡里鎮并會龍塘諸宗人而謀所以修之歸而命中任其責焉胡里上祠惇敘堂下祠天敘堂龍塘惇庸堂余上川敘倫堂四祠其議於是歲之冬擇吉告其事於始祖列宗局開於上祠惇敘堂以其爲祖居也丙

子夏移局於吾家之敘倫堂而三祠之首事者皆委其勞於吾族吾族慨然任之或統司或分理尋流溯源分支別派是吾宗者不拒非吾宗者毋濫愼厥始而圖厥終是譜修於乙亥冬仲至丁丑秋而梓工告竣焉但源流雖晰詮載從簡重違諸族人速成之意於鄙心實多未慊云其時同事者胡里上祠則有有悌兆鼎叔祖等下祠則有啟榆叔祖輩龍塘則有觀秀叔祖輩吾族則兄弟行應萃應汴應蕃應進應珉應璐若海應涵雲與姪行作霖若而人至殫心瘁力始終不懈者則族伯兆偕亦與有責焉中奉家尊人命記此修譜之原委月日云爾

記

中王廟記

岳陽趙詳之

中王有廟非古也王十世孫御史中丞胡公昂創建以奉祀也經

始於建炎庚戌落成於紹興癸丑旁有厨烹調處也左右有室齋明所也徵予爲之記予莅徽事幾二載徽祠崇滛固多今毀計者七百五十餘所惟王李唐宗室竭忠相我皇宋以成帝業萬世所宜祀可無祠以奉之乎矧中丞公斯創有以繫本源之思一有以辨昭穆之次一有以重統宗之義夫螽斯蟄蟄散處鄉邑不知凡幾春雨濡而怵惕秋霜降而悽愴甯無祠報之心乎昭與昭齒而穆不敢淆穆與穆齒而昭無或紊昭穆不因之而辨乎數世不相識者會於一旦某也爲某地某公某派下某行輩歲時相接冠婚喪祭常相通散也而合疎也而親遠也懷之而近宗族不因之而一統乎此風化之本天理之在人心有不容已者也人鮮舉之公獨能爲予故表而書之以予勸也

省墓記

考水派十三世孫　次焱　梅巖

熊持登詩曰拜掃無過骨肉親一年惟有兩三辰白香山詩曰風吹曠野紙錢飛瀟瀟暮雨人歸去此皆省暮而作也昔襄陽有選人劉其姓者入京師逢一舉人語言相得藉草同飲舉人因賦詩曰荒村無人作寒食殯宮空對棠梨花明年劉歸襄陽尋訪舉人惟殯宮存焉乃知墓無子孫省拜故九京有靈而其詩如此郎此觀之省墓之禮非特子孫之所當行而亦祖宗之所深望也子孫立志不堅持登香山之句不作則祖宗魂靈如在甯不動空對棃花之句乎此句一作爲子孫者何若吾門其勉之

重建敦復堂碑記

新陽　席存泰

古之治也上則統於君下則統於宗宗有五其一爲大宗其四爲小宗白虎通云大宗率小宗小宗率羣弟凡五而人之親備矣後世宗法不立諸如繼禰繼祖繼高曾旣散無有紀而所謂別太廟

而爲世室者亦不首其義噫本之不圖支於何有家祠之設盛於開元自王珪建立專祠而宋之安陽韓氏洛司馬氏皆有之梁安胡氏最夥上川爲唐明經公之裔至七二公始遷居焉越傳九世枝葉繁茂析爲七所云六分者卽景恩公是也初公所築者曰觀音樓嘗不戒於火支孫等不忍視桓僖之災而無以支也從昆明刼灰之餘收合餘燼卽故緈而卜之既墨食卽經營攻木之工攻石之工設色之工總需錢千餘緡經始於乾隆之癸酉閱五年而藏事堂曰敦復進之有序有寢就寢而蔽於罘罳之内者有祏神所依矣廳前復擴地數十弓則植槐桂便焉嗚呼何其給也吾聞奚斯頌曾曰作新廟斯干考室曰續祖妣茲堂之建也孝子之志也然而謀夫孔多是用不集則難出其資斧若有難色以致覆頭或足見納履或踵决也則又難今諸君子能於圖功攸終豈不謂

不謬者卓哉夫暴霜露折荆棘勤作室以詒後人者祖父之志也惟塗墍茨惟塗丹雘而不能不待於後人之補葺者孫子之責也胡氏世有令德繼繼承承士食舊德農服先疇三家一堂莫遠具邇而於是奠世繫於是書昭穆於是飲食以親兄弟冠婚以成男女雖曰支也亦猶宗也詩曰君子攸芋君子攸甯吾其歌敬仲後莫與京之詞焉或曰堂成矣而若敖氏卒痡餒如之何曰安知不有捐負郭之田以爲圭潔之奉如曩時之踴躍從公者胡子躍曰善請以此記於斯堂麗牲之碑

篤慶堂增立寢樓記

裔孫躍卯君

乾隆癸丑冬之十二月敬公家祠所安木主上下兩龕俱無隙地僉謀所以化之其知者曰木主神所憑依投之於火不忍也不知者曰前此已兩行之矣今何傷然考之家禮大宗之家始祖親盡

則藏其主於墓所小宗之家高祖親盡則遷其祖而埋之未聞以火所謂火者乃禪家修煉故事吾儒弗尚也於是有欲爲[石+鄉]以葬者然葬須擇地未可猝辦堪輿家謂家祠爲地脉所鍾而樓又較吉謀於其衆仍舊址而開拓之所須資斧人皆樂輸不匝旬而告竣而凡先祖考妣幼子童孫胥列祔焉何快如之或曰今如此則善矣然支祠非宗祠可比殤主鮮主皆得入多歷年所安知寢樓不又盈滿哉予曰奉先人之主而得免於火爲幸矣仁孝之念孰無之乎至於其主之或藏或埋則以待夫後之人

重修復古樓記

躍　卯君

古制之不可復也如是哉平津客館壞爲廐庫東觀學舍鞠爲蔬圃國庠故庭墾爲老圃彼皆公卿大夫權力十此猶且不承權與而況窮鄉僻壤禪房半區多歷年所風摧雨敗非有大力者持其

後其能亘古常新哉復古樓者有明某公倡建也巍踞楊林之西與皈善菴檐牙相接貝葉曇花隱然在目而凡騷人逸士遨遊所至必登覽焉固勝概也先是乾隆二十年亦旣勤塗塈矣越於今而棟楹梁桷极檻之腐黑撓折者蓋瓦級甎之破缺者纍纍相望曰此屋不修且壞然而謀夫孔多是用不集則難一緍一粒若有難色必求妃匹則又難今也煥然一新能於前人圖功攸終豈非盛舉哉嗚呼事亦綜其大而已矣廢興成毀不可知也歌舞於前禾黍於後昔則棟撓今則棟隆人事類然而此樓其鑒焉者也予嘉耦笙叔之命而喜古制之可復也於是乎言

重建其順堂記

涇　吳　焯　拙菴

績西上庄乃胡姓聚族而居之地也其山清以曠其水環以幽其風俗孝友而朴誠謙柔而好禮胡姓出李唐後其始祖昌翼公避

朱温亂育於婺源胡常侍因遂冒胡姓其子延政公以令來績愛
績溪山水遂卜居焉歷傳至忠公復遷績西之暈北至七二公又
遷上庄子姓蕃衍代有聞人其後復分爲六分所謂其順堂者其
第二分之支祠也祠蓋建於國初而重修於道光中葉乃自咸豐
辛酉粵氛蹂躪遂遭一炬於是巋然祠寢僅餘碎瓦頹垣一望焦
土矣方夫祠之燬於火也灰燼滿閭巷震驚及祖靈胡氏族人乃
聚議私室涕泣徬徨無所籲訴及賊退而瘡痍未復物力維艱不
遑創建仁孝之念常惻惻於懷其裔孫仰春等乃慨然曰禮經不
云乎君子將營宮室宗廟爲先居室爲後又云祭器未成不造燕
器古人之立廟以祀其先也將以萃祖考旣渙之精神而使之合
也將以聚幼子童孫於寢室而愾聞僾見以展其追遠之誠也今
吾子若孫皆有屋廬以蔽風雨而烝嘗祠禴無以虔俎豆而妥祖

靈燕麥兎葵荒烟彌望其毋乃令列祖在天之靈咸有餘恫矣乎乃與族之長且賢者鴻彬瑩璐啟雅杏寶等集議而謀所以修復族人從而和之爰是審曲面勢庀材鳩工分董其事又各捐貲購祠前地以擴祠基已而族人交福善振又踵襄其間其他之賢孝者皆無不踴躍佽助以底厥成棟桷藻楹既堅且美堂廡寢室有翼有嚴始於同治丙寅而落成於光緒戊寅蓋其謀之也久而督之也勤矣予觀績邑諸鄉大都型仁講讓宗法肅然而仰春鴻彬瑩璐諸君子更能於銷沉灰燼之餘煥然力復其初即輸助諸宗人亦能以孝思纏綿鼓舞其樂事勸功之想可不謂難歟且夫妥祖靈孝也任重事勇也其宗人樂事而勸功義也祖若妣以東西分統之禮也孝以倡之勇以成之義以風之禮以肅之一舉而數善該將於是乎在詩云以妥以侑以介景福胡姓之興殆未有艾

者歟予自解組歸田久疏文翰而仰春長公鑑平讀書有文行從予遊最久藉諗顛末特嘉玆舉之有繫乎禮教也於是乎書

重建宗祠記

裔孫傳鐵花

吾族舊將五千餘人自咸豐庚申遭粵賊之難死於刀兵癘疫與饑餓者十有七八至同治甲子難平僅存千二百餘人而宗祠亦於咸豐辛酉之夏燬於賊同治乙丑冬至族人始議重建同治丙寅冬工興至光緒丙子秋工竣爲楹九十有二爲間六十有四前堂後寢左右房室廊廡略如古者家廟之制而材則取其大而堅棟樑節梲𦊨事雕刻而不施丹雘以存其樸素澤以油使潤牆垣高厚飾以堊使潔地鋪以甓緣以石使平使整皆煥然一新於是稽典禮製鉶敦籩豆樽爵以備祭器乃諏吉落成奉安　始祖二世祖　始遷祖神主於寢而祀之而族人亦各以其高曾祖禰

神主祔蓋歷十有一年之久竭千餘人之財之力而後祖宗之神靈得所憑依子孫得以申其孝享焉夫當族衰人少之日兵燹饑饉之餘無一錢一粟之積而欲籌萬金鉅費鳩工購材以興大役疇不謂難然而闔族千餘人同切尊祖敬宗收族之念財殫有不惜力竭有不顧歷久而不懈雖艱難於經始竟收效於成功乃知天下無難成之事特患人之心力有不齊而當事者不能堅忍以持之耳傳等董厥工役幸得告成以免罪戾深嘉族人知義當此衰殘凋敝之時尚能舉艱難重大之事此後休養生息日益蕃衍日益富庶凡可以嘉惠宗族如義倉義塾之類當亦不難次第爲之以推廣尊祖敬宗收族之思而益敦孝友睦婣任恤之誼也故託此以發其凡而期望於後之當事者至前此十一年中族叔祖模與事六年其子耀繼之復五年族叔貞懋與事四年族叔元與

事三年族兄祥昕與事四年族叔祖卬春錫箕與事各五年而族太叔祖鴻彬族伯貞熠宅仁族叔國琇與傳五人始終與於其事雖各有微勞皆分內事不足記也

重改宗祠寢室記

裔孫傳鐵花

吾徽名姓皆聚族而居皆有宗祠以爲尊祖敬宗修族之所歲時祭祀沿用朱子家禮而其制則與家禮之所云者不同蓋家禮所云者一家之祠堂今爲一族之祠堂其不同一也家禮始祖親盡則祧其主而藏于墓所冬至則設位而祭之今之祠堂始祖之主皆百世不祧其不同二也家禮高曾祖禰遞爲昭穆五世親盡而祧今之祠堂每室千百主滿則盡祧其不同三也吾徽宗祠與禮不合大畧不外此三者三者之中惟一堂五室中奉始祖失之僭不論親盡與否滿則盡祧失之謬無可解免餘則猶有說焉曰羣

昭羣穆咸在而不失其倫尚有尊祖敬宗修族之遺意也吾族舊祠一堂五室中爲始祖室左爲正親男室右爲正親女室東左爲旁親男室西右爲旁親女室而不序昭穆失禮之中又失禮焉咸豐辛酉燬于兵燹同治丙寅重建族伯宅仁族叔耀國琇與傳與於其事以舊制沿訛襲謬甚不合禮思有以改之謹案朱子家禮祠堂四室以奉先世神主旁親之無後者以其班附大清通禮品官之家廟庶士之寢堂皆爲四室以奉高曾祖禰室皆南向服親男女成人無後者妻先歿者子姓之成人者爲祔位東西相向是知今之祠堂必爲南向四室以奉高曾祖禰東西相向二室以奉旁親乃合乎禮也準古酌今詳詢博攷審定制度乃改舊制南向五室爲四室左二曰昭右二曰穆添設東西相向二室東曰旁親男室西曰旁親女室擬以始祖二世祖始遷楊林祖始遷上川祖

分位於四室之正中爲百世不祧之位而高曾祖禰之主昭則男右女左穆則男左女右行輩之尊者居上行輩之卑者居下易世則改題主而遞遷之五世親盡則祧使始祖常尊而不至踰制高曾祖禰常親而不至遽祧而又昭穆有序尊卑有等男女有别親疎有殺也庚戌從俗之中而仍不失乎禮意矣光緒丙子宗祠工竣將行落成禮而族有無後者欲私厚其身有妻先夫殁母先父亡者夫欲私厚其妻子欲私厚其母不欲其主入旁親室譁然以傳等新定之制爲不便并倡爲不如仍舊之説以煽惑族人於是復改爲五室如舊時之制昭穆不復序遷祧不能如禮而高曾祖禰四世同居二室地太狹主太多勢不能容後入者擠于其間遂層累而叠其趺若鱗次焉猶不能容則移行輩之卑者男位于東左室之右女位于西右室之左以高曾祖禰之尊之親降而與旁

親之無後者同室而不以爲嫌吾巖宗祠雖未盡合禮未有如吾族今日之甚者傳等言不見用徒勞而無功固不足惜惟是此次宗祠重建族人殫財竭力十餘年之久極其艱難而其高曾祖禰神主在座則擠壓而不安降等而不顧且世未遠親未盡饗祀未久又將盡祧之不惟于禮不合揆之仁人孝子之心亦必大有所不忍而傳等不任受咎也故記其大略於此以使後世知之

重改宗祠頭門記

裔孫 祥木 松臣

時勢者制事之大權因而乘之乃得以難見易而成可大之業廢興成敗之不可知也鄉邑之間衡宇相望一時宏傑崔巍其勢亦若不可動矣未幾而攲陊傾圮變爲破屋頹垣此其故何耶毋乃日中有未煑者耶故制事之道譬之良醫待其既病而攻補得宜使之霍然立效者固醫者之能也然及其未病而預爲之頤養天

和培扶元氣使之壽考康甯則事半功倍其能尤出良醫上吾族宗祠重建於同治間迄今已四十年矣棼橑堅致黝堊無華廓大閎深足嚴裸獻惟前門自承塵以上所載過重歲月既久遂有蚊頁之虞藻棁枉橈繩墨變易掌守者懼其遂圮也乃集衆會議醵金庀材爲改造之役蓋亦履霜而防漸冰者矣方事之興也羣情獻疑道謀孔多率舉春秋所書作南門者相次比甚者又衆以選事之號安因循而習故常蓋民之難與慮始也如此嗟乎自黃老清靜之旨尙而末流遂多滑耎澳涊之習自赫氏物競之學行而變本遂爲囂囂淩厲之風滄海橫流江河日下世道之莫芴積重已成又追論未雨之綢繆耶於是吾固以此舉爲難能矣是役也經始於光緒乙巳落成於光緒丁未初終凡三年資費計二千金制度略改於前屋山有峯五峯二鴟吻吻之數如其峯數門與兩

廡間架之數與舊同而棟樑則視舊加美焉至在事諸人任籌欵者則族伯節甫董理工役者則族姪遜之與族兄孝成若族兄文齋及族叔觀興亦皆左右其間也例得備書

重建毓英文會記

裔孫 祥木 董人

古者家有塾黨有庠州有序國有學學之制由來舊矣吾鄉萬峰迴抱一水環帶靈秀所鍾稱首於績溪而百十年來登科第通版籍者寥寥焉豈人文之未振歟抑山川清淑之氣閟而未發鬱而未宣歟予更事之初曠覽誌乘博稽典籍參以過庭所訓父老所傳知往昔學士經生等身著作踔郢相銜何人才之出與於古而替於今盛於前而衰於後歟蓋自康熙間剏建文會所逮乾嘉時族人雖踵事增華而二百年來棟宇朽腐兵燹頻仍其東偏有竹人家已沒蒿萊齋舍亦鄰危礫惟正廳巋然獨存然亦有堂可登

而無室可入矣薰陶摩漸此制久虛又遑論鍾天秀而產地靈耶無惑乎士氣漸頹而絃歌爾雅之風易而爲子衿佻達之習也迺者先人典守會所事輙嘗有意修造擬議未定遽歸道山其後楣棁益橈牆壁傾攲凜乎若朽索之馭六馬恒虞顛蹶時則司祠事者爲書甫鋕山錦山祝封朗山玉明等相與攷求盛衰興廢之由慨然增嘆懼會所之遂從此破壞也爰集同學者鋭意興修捐貲鳩工庀材筵日而族人士亦皆竭力贊襄其間適有祠門之役會所工遂中寢逮節甫遜之孝成文齋觀興等司祠事乃踵事焉蓋刱始於光緒庚子洎宣統辛亥工乃蕆成堂室門廡規模畧具其東南涼纖霞枕筆架貴人諸峯青稠翠疊環拱效靈暮靄朝嵐煙雲清曠族人士前席而言曰自文會摧敗以來文風凋敝於今數十餘年矣天運循環無廢不興無衰不盛使因陋就簡而不爲經

營其無乃靈秀終湮而無以復其舊乎今而後人文鼎盛繼美前
徽其在斯矣予不敏竊喜族人士之同方合志相與有成也又喜
文學之鼓舞奮興可操左券也於是援管爲識其端庶後之人
有所覽覩焉

醉經軒記

同邑 曹誠瑾懷之

醉非美辭也酒誥言酣以敎康叔賓筵言醉以儆武公祈招爲周
穆王言醉而左氏錄其詩于髡爲齊威王言醉而史記詳其諫醉
字之無甚作用也由來舊矣醉經非古辭也陸遊以醉墨題詩李
白以醉月作序醉鄉爲記王績號五斗先生醉翁名亭歐陽作滁
州太守醉字與經學之不相聯屬也亦由來舊矣自文中子首創
心醉六經之說醉字始通乎經而胡氏醉經軒之名於是乎起攷
王通以絳州之人物爲隋代之儒宗道本欲行進太平十二策於

高帝言不見用聚生徒數百人於河汾房魏諸儒皆出其門隋唐二史不爲之傳事君一篇鬱鬱然不得試用醉經二字幾幾乎無所發明矣差幸楊代以李梁後仍唐磐水以明經昌胡氏之宗徽國以說經衍婺源之派支裔不必拘安定文定棣華集江左弟兄易學莫盛於宋朝元朝雲峰並雙湖父子前明編易傳纂要者亦是嫡派國朝著儀禮析微者近在本宗上下古今而恍然於胡氏醉經軒之命名其醉字固探之先儒其經訓實本之家學也觀其蝸角一廬魚鱗千疊縱數仞而横數仞上五間而下五間滿座春風卧室高懸徐榻幾層夏屋內堂分設郇厨軒之堂舍猶夫人也不足記也又觀其苔痕堦緑草色簾青三徑菊存一畦菜好百步落英之路一泓活水之池土各樹其所宜時花時果園日設以成趣隨詠隨觴軒之囿圃亦猶夫人也不足記也統觀其四圍風致

三面空明牆不止賜之肩巷不如回之陋前逼街道近市得求後傍原田開門便種間以圖書之府政爲禾稼之場書田之外多田衣租食稅館穀之餘有穀實簏儲倉軒之實業亦未嘗不猶夫人也不足記也所不能不記者軒之主人名貞守字春暉者以考水之後昆作海濱之旅客貨殖於南北交通之市商戰於華洋雜處之場積寸累銖倚頓陶朱漸富傾囊倒篋曹倉鄴架皆書集百家諸子之精華竭一字千金之財力春暉君之購書千百卷與文中子之著書千百卷同一醉夫經也軒之賓師名傳字鐵花者以歲進士之經生作台東州之州牧當其未出隆中之日不肯濫收門下之人義利勘破關頭不課弟子以科名之學子史爲之注腳惟勵工夫於經濟之文下筆數千言李杜有光芒萬丈課徒二三子游夏不能贊一辭鐵花君之未仕而設教與文中子之不仕而設

敎同一醉夫經也軒之文子名祥麟字書甫名祥佑字吉轝與軒之文孫名在璿字衡卿者桂蘭繼美芹藻聯芳分貢樹之榮繫儒林之重二難競爽蘇軾與蘇轍多才一木難支謝安以謝玄應事託舌耕以爲業理我羣書竭心血以從公多人數斗集合三人之才藻保全兩代之書香書甫諸君之學而能文與文中子郊畤二子勔勵勃劭四孫之學而能文同一醉夫經也迄於今四世同堂一門多藝商者策名於國學工者刻畫於詞林數齡女子知書三尺孩提問字積善之家餘慶明德之後達人黃種本全球第一文明商量舊學靑氊乃吾家世傳故物廣集生徒後嗣多賢庭下三槐鬱鬱先生何許宅邊五柳依依頻年子巽孫謀書堂依舊幾度星移物換世界翻新台灣不復隸我版圖此老如何瞑目上洋不能維持市面乃公何處招魂謁學部於都門朝朝科舉問邦交於

江海處處荆榛此軒幾如裳泉剝果之僅存請經已與夏鼎商彝而並重已瑾誼關嫺婭業共詩書訪道學於儒門訂因緣於文字明經柰列萃科之選淵源本脉脉相關臨軒方從策士而來鄉士更津津樂道事之繁者撮其要情所重者生於文對酒揮毫醉之意並不在山水引書作骨經之用乃發爲文章闢司馬光不能爲四六之言藉駢體以保存國粹比周與嗣尙不止一千之字製鴻篇以編入文林

宗祠司事題名記

祥木 近仁

祠之有守也所以修祀事掌租庸治寢宇也然而鄉邑之中米鹽勃谿詼詒嵬瑣稍有不合率就質於典祠之人蓋其制畧與古鄉師族正今之地方自治等故雖前後相禪如流水之續於大川而一不得其人則非特祠產祀事之陵夷抑且一族之風教替焉祠

之有守也可不重哉是故祠守之行義若臨古絶尤庶事練核仗義敢爲職稱辦則族姓之競爭亦爲少衰矣而族人未能忘德往往歷殊世久遠猶能誦說其人不衰其墨而滑嬰洟涊者乃謗讟滂出俾不得終其任去栽轉轂間輒草亡木卒至不能舉其名字然則有志之君子審乎此其亦可決所去從也吾祠舊有題名録昉自光緒中然裁三數任而止今廣其意續而增記之匪特章往也風來也將以出入觀覽見某也有聲施畀來人某也獨無稱於後使典守者勤勤乎自省自克於二者之閒充其好惡之心以旣於實而後已是甯非列祖與同族之厚望耶至選舉及任期多循襲舊例夫固人人而知之矣故不備書

敦和堂記

祥木　董人

家祠之制始於唐而盛於宋沿及近代此典尤重所謂於古禮雖

不盡合而合族返本固亦爲聖人所首肯者吾族子姓蕃衍崇尚禮制宗祠而外又有各支祠以奉支祖歲時伏臘奉安遺容謂之廳屋或即其祖治事之堂以聚族屬須胙獻其間亦謂之廳蓋制雖不同而所以爲尊祖敬宗收族者固猶若一轍敦和堂者元當公派之支廳而初爲治事之堂者也先是元當公初無支廳及後裔乃始爲之其於祠西建凝和堂也自康熙間志柏公昆仲始也其在上碓建崇和堂也自乾隆癸酉志松公派始也至其後志枱公派亦擬別建支廳於是合議以凝和堂獨歸志艮公派而志柏公派更於柏枝亭建敦和堂焉廳祠林立其樂功興事之想各以自競也如此視古人合族返本之制相去又豈多讓耶久之凝和堂派之二房兆顏公子孫又欲別構廳宇乃於道光戊子中分堂之祀產而以敦和堂屬兆孔公派於是敦和堂遂獨爲兆孔公廳

矣廳雖庳隘然上下兩楹六間門廡堂階規模略備右有小室則厨厠在焉每元旦清明小年諸節子姓聚集其中奉祀典享餕餘敘昭穆進退趨蹌周旋揖讓儼然有先進禮樂之遺同治初族人貞炤貞度曙樓鐵花等復踵事增華補葺罅漏又就壁建龕奉安木主歲時祭祀悉如宗祠之禮所謂以聽事堂皇改爲香火祠寢者蓋至是而尊祖合族之制於焉大備矣予少受業朗山師之門得備聞堂之始末師固典堂事者因以記屬會譜工竣廹予於諸襍著都未削草重違師命卒卒書此姑以詒來者

論

論姓氏

考水派十三世孫次焱梅巖

焱謹按明經爲大唐裔安定三公載之以歸遂冒胡姓五代時中明經科世因以明經表其族焱竊謂以胡爲姓當以明經別其氏

何以言之古人有姓有氏後世混焉非也呂東萊曰姓者統其祖考所自出百世不變氏者别其子孫所自分數世一變項平庵曰姓者諸眷之所同氏者一房之所獨書紀堯之嫁女曰釐降二女於嬀汭嬪於虞蓋嬀姓中有虞氏則舜之家所獨稱也故言嬀以著姓虞以别氏後世别而爲氏者久之遂亡其本姓嗟夫此史職不修之過也古者奠世繫辨昭穆小史掌之智果别爲輔氏則太史掌之史職廢而宗法壞或避難而以疎爲束或避仇而以棗爲棘或因嘲謔而增氏爲民或因省文以減邑爲朱或因所慕而劉爲員矣或因所乘而田爲車矣或以妨父而喬爲陳矣或以尊諱而慶爲賀矣國轉爲郭奚轉爲稽步搖轉爲慕容則以聲近而訛矣京房推律陸羽筮易老子指李樹則以怪誕而稱矣至於敬字爲苟爲文殊不知敬左從苟非苟也敬右從攴非文也夏侯因官

敃滕而其孫又因外家改孫紛紛藉藉惟意之從姓氏遂謾不可究史職廢而宗法壞可勝嘆哉胡本舜裔今以明經氏表之庶有以自別於陳胡公之後不亦可乎或曰文正公嘗自朱還范明經公何不自胡還李曰張孟以幸進之恩遂冒灌氏李元亮以養息之恩遂冒駱氏忘恩背義況不爲張李者乎夫以帝王子孫而遇搶攘微子所謂我其發出狂吾家耄遜於荒逃名自全之不暇安敢立的以來衆矢與文正公本事體殊也曰今可還復其姓否明經公不克自敃其子孫烏得而敃諸身自冒之身自敃之范文正公是也曾祖父冒之則子孫不得而敃之文潞公是也故曰姓胡氏明經其庶矣乎

論始祖

考水派十三世孫次焱梅巖

按諸本多以明經爲始祖而三公附見其上發本先以三公爲始

祖其後改依諸本而以三公爲遠祖周本於譜前載一条云親奉
先公貢元面諭以三公爲始祖非是淼恭覩柳湖先生焚黄祝文
以明經爲始祖又覩積善居士熙甯間親録祖墓山水以明經爲
一代祖而以三公爲上高祖則先公之言有自來矣淼竊謂始祖
明經則於三公爲寡恩始祖三公則於明經爲失實通判撰承事
行狀與自致其墓皆曰明經遂冒胡姓謂之冒賦非爲父子審矣
安得以三公爲始祖耶稱始祖稱上高祖始明經而於三公則未
有處也且三公載明經以歸方在襁褓鞠育教誨恩均怙恃況又
行位排第十七意其鴈行必多明經公單子一身兄弟終鮮今其
行位若此蓋如今所謂義兄義弟云者其於三公當爲義父子矣
猥見欲以明經爲始祖三公爲義祖徃來於懷未敢自信一日得
太伯祖嘉定四年所作慶源圖跋讀之有義養爲子之説又一日

得時發太侍祖建中靖國元年所作積善居士墓銘亦曰義養爲子然則明經既爲三公義子則明經子孫的然當以三公爲義祖無疑矣五代史因養子立義兒傳而以李昇先過房徐温遂奉温爲義祖亦一證云

考

始祖唐太子考

考水派二十二世孫貫

我始祖明經府君按舊譜實出大唐昭宗皇帝何氏皇后之子也初以温賊計剷宗室懷滅皇嗣搖亂綱紀無所不用其極乾甯四年丁巳八月韓建盡殺諸王於十六宅十月復謂皇子皆產嬪嬙始立淑妃何氏爲皇后天祐甲子奉表遷都洛陽二月帝至陝以東都未成留止三月朔日何后產太子即我始祖明經府君也四月奏宮闕完請發車駕帝苦搖亂嘗泣語民曰吾不復爲汝主矣

何氏畏溫賊亦嘗曰大家夫婦委身全忠矣至是禍逼遣宮人諭以皇后新產未任就道請俟十月東行溫賊遣牙將寇彥卿促發帝知不能脫賊虎口與何后謀曰事急矣竊以新產子效袴中兒護以御衣侑以寶玩匿諱民間俟甯肅徵入宮彼義社胡三公時隨御遷得翼南歸婺源考水矣諱曰昌翼者以大得覆翼之義帝至洛陽尋爲溫賊所弑太子南歸神遁鬼秘絕無聞矣但岐嶷迥異鄉人疑之及讀書便以明經爲義年二十二中後唐乙酉進士三公授以御衣寶玩示以太子之實府君哭曰不能恢復皇業得罪於天況得屈節曲事他人乎遂不仕初以國法猜忌不敢以太子言然鄉人已咸以太子目之府君好仁於去邑逼衢有溪病涉府君伐木架橋濟之鄉人遂名太子橋及府君十五世孫明善以百易木更名明經橋請汪文節公澤民爲記謂府君出李唐季年

諸侯王子避亂南走匿胡氏按綱目乾甯四年諸王盡殺殊無遺類凡天下之事傳之實者無如口碑橋以太子名者口碑也記改明經而口碑不改者是太子之徵終不能掩我梅巖先生始祖論曰三公載府君歸日纔八九歲載之歸者得其實但歲字當作月字府君生越四月唐室傾覆温賊擇哀帝卽位利其幼沖年僅十三皇子十一人哀帝最後而府君又最後明年春盡殺皇子德王裕等九人於九曲池府君在隱諱僅八九月若以歲爲據則唐天祐甲子至梁乾化壬申始得九歲時梁横行天下者六七年勢如飢虎安容遺犹唐室亦如覆巢安有完卵至是哉月誤爲歲者無疑記曰南走匿論曰三公載歸其不脗合者有由也是知論者本之舊譜則梅巖先生家傳而目見耳記者仍因舊諱則文節公乃宣城人當時未知考我胡氏之譜與綱目之史安得不誤以致簋

墩程先生志府君不仕詩亦援文節公之誤如不徵其源其誤可勝言哉貫常撫卷嘆曰由百世之下知百世之上莫如譜譜者祖之徵也有徵而不書則爲棄其祖無徵而書之則爲誣其祖今不以家乘綱目徵而書之妄以諸侯王子南走匿者是誣其祖也不以三公所授及太子橋之口碑徵而顯白之反以隱諱而匿其實者是棄其祖也且譜不修謂之不孝故君子重之因而不辭僭踰歷考隱諱舛謬之不合者著爲一篇以俟博雅君子嘉靖甲辰春三月五日

引

中王録詩引　　洛陽　張　毅

凡好善惡惡之情本乎天性人孰無之但爲形生所蔽自莫能興是以聖人必於詩教之而后情得其正也予下車之初即訪遺典

以商榷民物之宜因得中王錄詩閱之多有感焉是詩作於前代名公之手皆託言韓張良漢昭烈諸忠義以寓王忠義之心與其氣節之壯因王素以此志故也然諸公比興雖同而意見反覆曲盡情狀其妙處則各有在譬匠氏之任木材美皆同而棟梁榱桷之宜各騁所見俱令人有三復之意焉蓋忠義之心有所感發固不徒誦慕而已也其有關於風化豈淺淺哉

詩

中王府君歸隱自詠

鞾鼓喧塡上將壇沙場百戰夜方闌赤心宗國撑天壯白骨潼鄉照月寒生聚十年空卧膽仇讐九世已鐫肝只今行遯歸田去肯負綱常愧宇寰

其二

碭麓風塵障碧空天涯流落恨飄蓬心懸塞北人煙舊血染江南草木紅報復初心沉歲月鬱葱佳氣羨岐豐仇亡己釋戴天恨取次仙岩角綺從

其三

萬里蜂屯鼓角悲風雲韜陣妙兵機新朝漫喜恩逾厚故國空懷淚暗揮安得卧龍仇共復免教飛鵲悵誰依宦遊飽識無多味袖拂寒烟入翠微

贈中王歸隱　李沆

腰懸龍劍躍征鞍胆畧堪登大將壇鼙鼓急催籌幄曉旌旗高揭賊營寒直教大漢犁新穴盡掃殘胡戴晉冠寵盛遥知危己漸早隨猿鶴卧青巒

錢若水

驚鱗漏網走滇滄慷慨神州嘆陸沉博浪風悲韓緒冷汨羅淵積楚愁深熊羆已兆謀王夢犬馬甯忘報國心仇項幸誅劉氏劍故鄉高蹈白雲岑

題中王墓　　李度

舊譜原註度亦唐宗室裔下車即訪王墓哭奠大書中王二字以顔其墓幸屬賦詩以見志今俗呼爲中王墓詳載府縣二志

鸞鳳梧棲共一岡分飛南北兩堪傷薊逢蘇牧恩欣厚蜀衍中山派幸長麟閣孰堪傳武節江淮誰復識睢陽塋楣爲染中王字萬古剛腸哭奠觴

侯師中

仙李蓬飄到越鄉縱横劍氣薄穹蒼心持龔節讐新篡淚乞秦師

痛楚亡侯錫非韓終去漢王封嘗宋尙存唐勸忠謾潔前修奠濡礪珍傳永不忘

周　瑞

地慘天昏草木愁干戈蜂起越城頭孤衷痛國三生在壯氣橫霄萬里秋慱淚精忠同日皎汨羅哀怨付江流中王染礪君恩重千載榮光照墓邱

王　覲

五朝腥穢日薰蒸迯掃難伸報國心忠憤釀成仇似海義聲喚起眾如林劍橫楚澤霜天舞胆落淮兇雪夜擒鑱石不堪情慘處陰陰淡鎖白雲深

展中王墓　五世孫　遇　君錫

曉風趂步到西郊纍土高封泣奠醪韓恨幸隨西楚滅晉心聊向

北窗韜春光徧野愁猶渺草色連天憾亦高日暮强歸悽更倍東流常見湧胥潮

胡里派十一世孫昂

三月清明禁火天螽斯雲集掃松阡褒封有赫榮千古匡復無成恨九泉芳草夕陽凝望裏落花啼鳥亂吟邊壺漿三奠青苔上回首淒涼倍慘然

胡里派十二世孫子春仁甫

松阡拜掃薦鉶登窀穸英英壯氣騰百戰遺勳留竹帛一彎新月挂溪籐隴西舊業今何在江左高墳古可徵仇恨尚多慚九世春秋徒自淚添痕

胡里派十四世孫幼發

萬里風雲入壯懷山城何忍聽悲笳崟看五僭移唐祚誓弁三分

屬趙家荒塚風淒春晝靜斷碑烟冷夕陽斜堪嗟千載傷心處古
木陰陰叫暮鴉

胡里派十四世孫 文明

古溪埋玉幾經秋痛國空餘草木愁碑碣亂纏藤蔓墓台池寒浸
月新鈎忠精磊落昭星漢劍氣光芒射斗牛雲老松楸棲鶴處年
年時薦不勝憂

胡里派十四世孫 午

龍種英英壓眾賢凌空壯氣浩無邊欲回天日昭忠勇迸掃妖氛
妙斡旋寂寂塚悽埋恨草蕭蕭松抹斷腸煙臨風不盡哀思淚一
滴應難到九泉

胡里派十五世孫 如龍 原乙

塞北悲笳咽故唐陰風南遞到山鄉落暉欲挽金戈試壯志空留

汗簡香北海高名今古在西山欽恨水天長百年不盡相思處鬱鬱佳城接太荒

龍塘派十五世孫 崇祖 仲智

塵起中原往事悠征鞍幾戰北山頭乾坤未報恩何極日月無居歲自流拱木依棲雲色異斷橋嗚咽水聲愁空山埋玉香風遠春雨秋霜長碧楸

胡里派十五世孫 龜符 原三

飽玩春秋識義高驅妖劍戟倚雲霄奮身楚滅伸孤節回首箕棲樂一瓢露草滴珠垂屈淚風松帶雨怒胥潮九泉觴罷愁猶渺碧草淒淒徧遠郊

宣州派十五世孫 元杲 重二

清明久雨暗山城壯氣英騰古石銘故國要期還日月羣妖亘欲

掃風霆韓心託灞侯何寵漢恨埋胡草獨青黄壤謾嗟仙夢遠寒鴉落照幾悲鳴

弔中王墓

歙　吕溱

中王墓後春草碧中王墓前春流急中王一去不復返文孫輒爲中王泣中王何如人胄出唐宗室遭鴟覆我巢完卵彝林逸分明遠接隴西支蜾蠃得負螟蛉隨譜牒昭昭著皇考後裔蟄蟄如螽斯如螽斯胡族盛烏帽蟬聯角巾雲集隱顯雖兩途總衣中王德中王靈氣猶未湮夜夜虹光照窀穸

又

先烈積陰功允協坤輿厚早已得牛眠蒼蒼乃垂祐卜此宅兆爲封丘森森百木皆松楸四時雨露得揮灑紛紛黛色如雲浮如雲浮常不變過暑耐炎熇經寒歷霜霰山有厲禁非等閒樵人牧子

皆頳顏牛羊不踐蒭萌蘖斤斧不入無凋殘四時孫子班秩秩匍

匐塚前心怵惕不知精爽在何方回首青山日西夕

上川八景

同邑章廷炯明也

曲水澄瀾

溪淨雨初晴帶圍寬匹帛和雲出空山影蘸芳草碧不覺海蟾昇

溶溶篩碎月

竹峰揷雲

何爲峰是竹如此起壓儼朝朝被絮帽眞面使人迷箇裡籠三鶴

肯使雲腳低

金山茗霧

異草毓地靈香霧蒙厓埜村女摘春歸社火焙檐下三沸入芳甕

縷縧猶篆寫

井阜松風

安得陶通明結茆與同住酌酒問于喁而誰使其怒伊人不可見

笙竽度林樹

楊林夜月

樹梢斜挂月鏡面新揩露橋影入雲深緑楊涵野渡尋思了無語

悠然此中趣

西岩瀑布

珍珠濺客忙胡所來之水銀河下九天聞自謫仙李我姑望懸泉

未暇窮原起

竦嶺積雪

寒空布玉塵有獸栖崇嶺何處鶴歸來踏碎梅花影薄暮望山村

倍增絲髮冷

慈山晚鐘

蘭若漏眞機月影散林竹轆轤吐鯨音風傳浮世局勞勞不解閑襆被幾宵宿

題玄儻公像　　　　　　　　　躍卯君

尙論古人意邈然無虞代遠與年湮惟公魯殿巋然矗至今神理猶綿綿一堂雁序聲先振有子英明邁竇燕志旣繼兮更述事析薪胥克以身肩爲奠地維親縮版曰礉曰礐形褎延罫畦相岐不數武琳宮紺宇撑雲烟新廟經營當未落諸人束手來公前楩楠杞梓任工度寢梴不覺增觀瞻急公尙義類如此克昌厥後奚疑焉農服先疇士食德雲礽奕葉矜聯翩肅穆冠裳坐東序公之精神永不薦表微闡幽在吾輩祗憑父老相流傳詮作蕪辭荅公裔儀型自此萬斯年

文

彰善室祭文

傳鐵花

嗚呼人之積善也猶長日加益而人不知其長或壹意孤行其是與流俗異趣而人不以爲善以爲狂此猶陽和布令人不知此日之可樂而咨怨風雨以及胥蕃然在爲善者孜孜汲汲日夕不遑非求媚悅乎庸衆祇自盡夫子臣弟友之常及事後而效著乃知其苦心孤詣財殫力竭有不惜者皆足以維名教之大而立道義之防是以存則心身俱泰歿則後裔其昌揆諸天道人事歷歷不爽匪爲一家之慶抑亦一族之光惜乎名不出於里黨其善行卓卓未得光輝史冊彪炳旂常然而善無微而不著特愈久而彌彰後之人溯遺徽談軼事莫不嘖嘖稱道以爲行可表而言可坊且尊崇而特祀之俾世世子孫永遠不忘仰先哲之遺範實景仰而

景行願在天之靈爽鑒茲忱悃常來格夫馨香

節孝祭文　傳鐵花

嗚呼夫婦之道義等君臣持躬維節矢志維貞六禮既成終身弗二艱苦不惜死生一致徽揚彤管褒荷　恩綸光生泉壤迹著青珉亦有幽貞潛而弗耀松竹爲心冰霜作操凡茲令德實爲坤儀事上則孝撫下則慈閨門之中實基王化正俗之原敦倫之大方今　聖主節孝呈祠况我宗族敢弗敬之謹具粢盛虔修祀事閨範壺儀永垂後嗣

酬勞室祭文　傳鐵花

君子之學有猷有爲有守達而在上當大用於天下窮而在下當小試於一鄉否則生無益於時死無聞於後寂寂然與草木同腐而人不之惜焉蓋人之有猷有爲有守者未有不能見之實事者

也我鄉宗祠之設尊祖敬宗收族皆在乎此而鄉人有爭競往往詣宗祠以評曲直司事得其人則敦本睦族排難解紛均自易易而一鄉之風俗可使復古非有猷有爲有守者曷能勝任而愉快哉夫其人爲有猷有爲有守之人而僅僅以一鄉之事覘其所學固未足以盡其才然族人感其仗義亟公輸家佐族莫不嘖嘖稱道弗衰且尊崇而特祀之以爲此皆吾族之人望也俎豆馨香世世罔替禮亦宜之以視寂寂然與草木同腐者相去不誠天壤哉敬潔粢盛以報明德神而有知其來格而來歆也

上川明經胡氏宗譜中卷之上

統系

今之爲譜者溯其初孟元始大率託自遼古以前若吳汪而推及后稷劉陳而遠追高辛是也諸如此類罄竹難書彼豈詡其木本水源有般般可考者耶然而循此志也盤弧氏族百家姓氏誰非盡出羲農即百家譜牒又誰不系羲農是率天下之家乘同爲五帝之本紀也可乎哉往者胡里道光譜於世系之首表列唐代諸帝而終之曰禮諸侯不祖天子況士庶人耶亦存其本之所來而已其言未嘗不可取而究之表唐諸帝以著明經胡氏本之所來則不得不表大野唐公以著唐諸帝本之所來又不得不表西涼武昭以著唐公本之所來更不得不表仲翔當戸以著西涼本之所來蓋唐帝表矣則自飛將下逮神堯

二十三世皆當表也上追庭堅數十世亦當表也卽庭堅以上非李氏而爲李本之所來者又無不可表也水源木本考則考矣抑其書果爲李譜耶胡譜耶將譜乘與史紀合著耶夫譜之爲譜所以收族類定親疏明等繝辨姓氏而已又何庸緐稱博引張皇幽渺者乎故胡之氏有五別明經於四胡其本原固不可以畧而李唐源流新舊史書與世本統譜具在自不必漫爲疣贅也且吾聞之邑先進胡竹村修金紫胡氏譜得受姓祖陳胡公以下系表數十世釐然鑿然而竹村乃別爲古系一卷不與其遷祖以下世系淆溷桐城方存之修衡陽彭氏龍潭丁氏二譜大旨亦不外此晚近經學如胡詞章如方炙口者久矣其纂修若是然則譜之義例顧可不知所軒輊乎嗟乎著作三長昔人所難況在譜乘也謹因乾隆譜系表参取梅巖公之言別

爲是篇而以義祖弁之傳信傳疑冀不見擯於胡方二先生耳

作統系一卷

義祖三公

名清字鑑之生唐會昌癸亥三月初五卒後唐天成丙戌五月享年八十有四事蹟見文苑配秦氏九九娘生唐會昌丙寅正月初三卒後梁開平庚午五月繼配陳氏生唐乾符庚子卒後唐長興辛卯公葬婺源考水下市宅後秦氏葬攷水下市井塢口陳氏葬大田曲尺塢山向均載墓圖

明經胡氏

一世	二世	三世	四世	五世
昌翼公 字宏遠行十七本大唐昭宗皇帝子母何后以天祐甲子三月一日生公于陝會朱温謀逆遷帝洛陽義祖三公乃得公以歸考水義養爲子遂從胡姓葬以易登後唐同光	延政公 字克修號節庵原名延進字以禮事蹟詳具列傳生後唐天成己丑十二月十五卒宋大中祥符己酉享年八十有一娶涔溪汪氏繼娶詹氏秦氏生五子合葬星源黄嵩塘	百彥公 名嶽登開寶癸酉進士第歷官翰林承旨事蹟詳具列傳娶汪氏繼娶戴氏趙氏葉氏生八子合葬通鎮橋庚山甲向	簡公 字居敬行名千三登進士第歷官至侍御事蹟詳具列傳娶閔氏繼娶汪氏秦氏生五子合葬十都龍塘胡家坦莫字三百五十七號	文安公
				文通公
				文信公
				文學公

乙酉明經進士第故稱爲明經胡氏事蹟詳具列傳卒宋咸平己亥十月初三享年九十有六娶江西德興利豐詹氏享年九十有三生三子公葬婺源本里之錫子塢夫人葬婺源高砻浮舟塘塢口山向均載墓圖

山向詳載墓圖公爲始遷績溪祖

筤公 娶汪氏生三子

筥公 娶陳氏生四子

文臻公

原深公

原溥公

原善公

四五公 名遜娶葉氏

百六公

四九公——八六公

篇公——儀公
娶汪氏生一子

簀公——百通公
娶某氏生一子

箴公——八五公
娶閔氏生二子
——八七公

箾公——寓公

娶某氏生一子

籥公——百壽公、百全公

更名符娶吳氏生二子

百祿公——濬公——傑公

名嵩字廷堅號禹焦登開寶庚午進士第授廸功郎除湖州通判陞湖州知府娶程氏繼娶汪氏生二子公與汪氏合葬進班塢程氏葬湖州府歸安縣芽塢

濬公

娶某氏生一子

汾公——念五公

名旦字天源一字德安號光裕登進士第一名授翰林院學士兼知制誥拜金紫光祿大夫娶

乙山辛向

潭渡鄭氏封一品夫人生一子合葬大石門

百英公 名嶠娶葉氏繼娶洪氏生三子葬東麓之尖溪

三乙公 名銙娶汪氏生一子公葬芸台氏葬清塘 —— 四乙公 名擇歴官河北四路助教娶宋氏

五三公 娶某氏生二子 —— 五一公

四七公

千八公 娶某氏生一子 —— 六三公

百忠公 —— 千四公 —— 庚公

名崑娶汪氏生一子

名笠娶某氏生一子　遷歙南高山

百順公——三五公——六一公

名嵩娶宋氏生一子

娶某氏生一子

延賓公——文義公

字以敬生後唐長興壬辰十一月初七官宣州刺史歷樞密副使娶某氏生一子　遷歙紫陽

其孫有名權者通判鎮江因又遷鎮江後又有遷廣信萬年石門者

延臻公——文昊公

字以福生後唐清泰甲午九月十五歿宋大中

文晟公

祥符甲寅十月亨年八十有一娶程氏生長與癸巳七月初一生二子公葬婺源焦坑口犬眠形兊山卯向

文昊公文晟公同居婺源考水本里文昊公生四子爲甲乙丙丁四派文晟公生六子爲戊己庚辛壬癸六派故統謂之十干派其後有方平斗元一桂炳文次焱等諸大儒故世又謂之七賢派

簡公長子

五世 文安公

登進士第歷官諫議大夫事蹟詳具列傳娶歙西鄭氏生五子葬輋北中王村

六世 遇公

名逼字君錫號道亨登慶歷壬午進士第累官至少保定國軍節度使事蹟詳

七世 時佐公

名端一博覽羣書領鄉薦三上春官不利退而教授鄉里著尙書訓詁數卷史

八世 龍卿公

名景明字仲仁學問該博熙寍間以策賢艮方正授蒙城主簿除著作郎遷吏

九世 証公

名世圭以明經隱居教授四方學者從遊甚衆著有懋學吟藁娶閔氏生三子

際頭

具列傳娶羅氏
閔氏汪氏鄭氏
生四子合葬胡
里後花園山向
詳載墓圖

評數百篇娶張
氏生一子合葬
胡眞塘爲胡里
本派祖

部員外郎歷官
殿中侍御史所
至有聲娶吳氏
生二子

其長子惟精號
希古自幼以講
明正學自期爲
文亦高古夐出
時輩學者稱爲
希古先生著有
希古集

進益公

全禎公
名端二又名德
與同弟全泰別
業獅塘因家焉

全泰公
名端三又名德
武

重二公

重五公

重祿公

全信公
名端五道州助教尋擢京西路提學事蹟詳具列傳娶羅氏生一子

忠公
名昭字頁臣號桂崖娶柯氏生三子合葬黄觀坦山向詳載墓圖公始遷縣西鄉輋北

煦公

昡公

昉公

榮慶公

九世 十世 十一世 十二世 十三世

忠公三子

昉公
娶沈氏生三子合葬本都李家塘撒網形山向詳載墓圖

文諒公
娶汪氏生二子合葬壺蘆嶺鐵索繫龍形辛山乙向

貴良公
娶汪氏生二子合葬李家塘撒網形山向詳載墓圖

義和公

德安公
遷上田沖

德眞公
娶馮氏生一子合葬大塢外仙人大座形山向詳載墓圖公始遷楊林

宗顏公

整公
遷宅坦後宅

日新公

日榮公

文簡公 遷南陵

仲倫公

公梓公

容公

仲甫公

澤公

仲彬公

珣公

球公

文琇公——仲宣公——承德公

承符公

德眞公子

十三世

宗顏公

娶葛氏生二子
合葬本都後里
村蛇形山向詳
載墓圖

十四世

唐卿公

娶戴氏生三子
合葬朱家冲燕
窩形畫梁案亥
山巳向

十五世

謐公

娶馮氏生二子
合葬本都白塔
路黄蛇出草形
子山午向

十六世

公羡公

娶程氏生二子
合葬下井山山
向詳載圖墓

敦朴公

娶高氏生二子
合葬大塘後申

十七世

節公

俊公

祐公

祺公（山寅向公爲葉村胡家黨諸派祖）

詵公 — 公義公
詵公 — 公善公
詵公 — 公譽公

誥公 — 公慶公

虞卿公 — 讜公 — 公君公

十七世
十八世
十九世
二十世
廿一世

度公

詠公
遂公
況公

羡公長子

節公
娶許氏生三子
合葬大塢外仙
人大座形山向
詳載墓圖

光公

汝龍公
娶葉氏生五子
合葬下井山山
向詳載墓圖

允實公

允忠公

允元公—春上舍公—萬二公
辰上舍公

允昌公
娶舒氏生二子
合葬上溪口美女獻花形山向
詳載墓圖
五十公
七二公
始遷上川詳本系

允年公
娶周氏生三子
合葬上田冲黄蛇吐氣形子山
五六公
娶江氏生二子
合葬燕窩形卯山酉向
萬一公

午向

萬三公

六一公

恩公

汝霖公

允恭公

允常公

上川明經胡氏宗譜中卷之中

本系

譜吾上川作也譜爲吾上川作則譜之系表必推本上川之始遷祖近世譜牒號精審者如懷甯王氏衡陽彭氏皆託始始遷不濫不誣足信足徵有味哉其言乎此吾宗本系所由作也故統系系始明經之爲胡本系系始上川之爲明經合是二者而吾上川明經胡氏之譜乃成雖然斯表也表之者僅嬗世著代而已否則誕忌年月與邱隴方向而已所謂嘉言善行均未嘗少概見豈當時風尚樸素實不以華耶抑知始遷祖由楊林作宅于兹祖隰祖畛載芟載柞蓋今日卜世卜年亦旣滋大未始非先德先疇以垂裕於永遠耳然則表之者世系而未表者詒謀讀斯表者固早知之矣作始遷祖以下本系表一卷

允昌公
次子

始遷一世 即二十世
二世 即二十一世
三世 即二十二世
四世 即二十三世
五世 即二十四世

七二公
娶汪氏生一子
合葬本村后岸
荷葉蓋金龜形
山向詳載墓圖

千一公
娶馮氏生二子
合葬本村后岸
荷葉蓋金龜形
山向詳載墓圖

貴一公
名祟祖字以恭
娶汪氏生一子
合葬本村后岸
蓋荷葉金龜形
山向詳載墓圖

福孫公
娶程氏生四子
合葬本村后岸
荷葉蓋金龜形
山向詳載墓圖

眞佑公
天佑公 止
德佑公 止
慶佑公

大二公

昌孫公

聖佑公 止
嘉佑公
詔佑公 止

福孫公長子

五世　即二十四世
六世　即二十五世
七世　即二十六世
八世　即二十七世
九世　即二十八世

眞佑公——順　公　摘巽公長子爲後——玄壽公　娶汪氏摘祖壽公長子爲後後生一子——佛宗公　字文斌生永樂庚子娶汪氏生三子合葬下井山山向詳載墓圖

佛宗公——普明公
　　　——普希公
　　　——普大公

太原公　娶汪氏生三子——赫　公止
　　　　　　　　　　——道中公止
　　　　　　　　　　——進中公止

福孫公四子

慶佑公　生元延祐甲寅——巽　公　名玉生至正癸——祖壽公　生明洪武丙子——滿宗公　字文敬生永樂——普仁公

正月初三辰時娶湯氏生二子合葬獅子石山向詳載墓圖

卯正月初一戌時娶汪氏生三子以長子玄壽爲順公後合葬竦嶺鄉永安橋頭廻龍顧祖形山向詳載墓圖

元　公——送安公——佛生公止
娶馮氏生二子

正月十三寅時娶程氏生二子以長子佛宗爲玄壽公後合葬下井山山向詳載墓圖

宗壽公——應德公止
娶曹氏生一子合葬下井山
娶汪氏葬村前太尉廟後

送安公
娶汪氏生一子合葬後里村

義安公止

壬寅二月初十亥時歿成化乙巳九月十二辰時享年六十有四娶馮氏生宣德丁未七月二十六戌時歿弘治丁巳十二月十九丑時享年七十有一生四子合葬下井山山向詳載墓圖

普義公

普祿公

普甯公

昌孫公次子

嘉佑公——時勝公——登原公——初應公——明宗公

時舉公止

時賢公止

晟宗公

佛宗公長子

九世　即二十八世

十世　即二十九世

十一世　即三十世

十二世　即三十一世

十三世　即三十二世

普明公
字名鑑生正統甲子娶朱氏繼娶金氏生二子葬獅子石

道清公
生天順癸未娶柯氏繼娶朱氏三娶張氏生四子葬下井山山向詳載墓圖

玄虎公
生弘治己酉娶程氏生四子合葬下井山

永生公
摘永興公次子爲後

元柏公

華生公
娶馮氏生二子

元壽公止

元久公

永啟公 生正德甲戌娶董氏繼娶方氏生二子葬獅子石

元貴公

元祖公 止

永高公 娶馮氏生二子葬下井山

元福公 止

元明公

玄豹公 生弘治甲寅娶柯氏生四子

永禮公 娶汪氏繼娶陸氏生一子

元宇公

永智公 娶某氏生一子

祉克公 止

葬下井山

永大公
娶汪氏繼娶陳氏生二子葬下井山

元本公 止

元芳公 止

永社公
娶某氏生一子葬下井山

元作公

玄獅公 止

玄象公
生弘治甲子娶汪氏繼娶鮑氏生一子丞娶吳氏生一子合葬下井山山向詳載墓圖

永洪公 止

永謙公 止
葬下井山山向詳載墓圖

克榮公 生成化癸巳娶汪氏繼娶汪氏生二子合葬獅子石山向詳載墓圖

社雄公 生正德丁卯娶馮氏生二子公葬獅子石山向詳載墓圖

永興公 生嘉靖丁酉娶鄧氏生四子以次子元柏爲永生公後葬下井山

永傑公 生嘉靖辛亥娶汪氏繼娶吳氏生四子

元爵公止 娶汪氏合葬下井山

元成公無攷 遷淮安

元考公無攷 遷湖廣

元勤公

元侃公止

元皇公

元有公

佛宗公
次子

普希公
生景泰辛未娶葉氏生四子合葬獅子石山向詳載墓圖

道環公
名允清娶朱氏生四子合葬獅子石山向詳載墓圖

社黑公
生正德甲戌娶石氏生三子葬下井山

社麟公
娶葉氏生二子葬獅子石

社鳳公
娶張氏生一子葬獅子石

永白公

永康公止

永喜公止

永益公止

永才公止

永福公
生嘉靖庚寅娶朱氏繼娶汪氏生五子葬下井

元賜公止

元大公

元啟公止

山

元珠公止

元滿公止

元武公

社京公 娶汪氏生二子葬獅子石

永芝公止

永善公止

社九公 娶程氏生五子合葬獅子石山向詳載墓圖

永漢公 元寄公止

永海公 元榧公止

永科公　生嘉靖戊申娶程氏生四子公葬棧山下氏葬下井山

元佐公

元伕公

元仕公

元多公止

永秀公

元宷公止

永安公

元符公止

元卯公止

克清公 娶朱氏生四子

社女公——永發公止

社達公 娶朱氏生一子 葬下井山——永棧公止

社全公——永廸公止

社遠公——永奇公止

客作公 娶某氏生二子

社護公 娶某氏生一子 葬獅子石——永金公止 娶程氏

社討公——永慶公止

佛宗公
三子

普大公
生天順庚辰娶
吳氏生一子

華公
娶某氏生一子

社騾公
娶某氏生三子

永長公止

永六公止

永昭公

仲生公無考

克政公止

社牙公
娶張氏生二子
葬獅子石

永邦公止
娶葉氏葬獅子
石

永顯公

元壽公止

永仲公止

滿宗公長子

普仁公 名榮生正統丙寅娶曹氏生二子公葬下井山氏葬獅子石山向詳載墓圖

道歡公 字景忠生成化戊子三月初六娶鄧氏生四子合葬獅子石山向詳載墓圖

玄積公 生成化丁未三月十二卯時娶汪氏繼娶周氏生五子汪氏葬獅子石山向詳載墓圖

遷叢灣

雙生公 無發

永祥公 娶吳氏生二子

元祚公

元相公 止

永命公 止 娶鄧氏合葬下井山

永貴公 娶某氏生二子

元浩公

元政公

永富公

元妙公 止

上川明經胡氏宗譜 本系世系表 八

玄聚公 名位生弘治癸丑娶朱氏生三子公葬下井山氏葬獅子石山向詳載墓圖

娶汪氏生三子合葬下井山

永遠公止 娶王氏合葬下井山

永良公 生正德丙子娶王氏生一子

永岳公 名治生嘉靖甲申娶汪氏生三子葬下井山

元法公止

元老公止

元春公

元白公

元泰公

元玉公

永美公　生嘉靖庚寅娶馮氏生一子合葬上溪口

元崇公

玄濇公　生弘治丁巳娶馮氏生一子公葬獅子石山向詳載墓圖

永用公　生正德庚辰娶汪氏生三子公葬獅子石山向詳載墓圖

元萬公

元碧公

元海公

玄泗公　娶汪氏生二子合葬獅子石山

永和公　生嘉靖己丑娶柯氏生二子

元久公　止

向詳載墓圖

道喜公止

永甯公 娶石氏生一子

元隆公止

元立公止

滿宗公 次子

普義公 名華生景泰壬申娶汪氏生七子合葬獅子石山向詳載墓圖

道正公 字景志生成化乙未娶王氏生三子合葬獅子石山向詳載墓圖

玄高公 生弘治甲寅娶汪氏繼娶汪氏生二子合葬獅子石山向詳載墓圖

永岩公 事蹟見善行生嘉靖甲午娶汪氏生一子葬北庄象形

元修公

百智公 事蹟見善行娶程氏繼娶王氏生一子

元位公

玄儀公 生弘治乙丑娶程氏生四子

永暘公 生嘉靖丙戌娶曹氏生二子
元旦公
元積公

永保公 娶朱氏生一子
元輅公

永瑞公 娶王氏生四子
元合公 止
元國公 止
元著公 止
元澤公 止

玄禮公　鄉飲賓名仁字克復生正德己巳歿嘉靖乙丑娶汪氏生四子公葬北庄象形氏葬堈窪頭

永多公　生嘉靖辛亥娶石氏生一子合葬北庄

元富公

永可公　生嘉靖乙酉九月十五娶石氏生二子

元會公

元燦公

永容公　生嘉靖辛卯娶程氏生三子

元福公

元眼公止

元全公止

永敘公——元攀公

生嘉靖甲午娶葉氏生一子公葬北庄象形氏葬塆窪頭

元攀公：娶洪氏合葬下井山

永留公——元恭公、元敬公、元當公

生嘉靖乙巳歿萬歷甲申娶程氏生三子公葬北庄氏葬下井山

道福公——玄達公——永賢公——元棟公

字景惠生成化丁酉八月初十娶馮氏生二子玄鎮玄相又娶張氏生二子玄達玄金公與張氏合葬垌窪頭將軍踏弩形馮氏葬獅子石山向各載墓圖

生正德丁卯娶汪氏生五子公葬崗窪頭將軍踏弩形山向詳載墓圖

生嘉靖乙酉歿萬歷丙戌娶汪氏生三子合葬歙邑窪上

永德公
生嘉靖戊子娶汪氏生二子

永亭公
生嘉靖辛卯娶王氏生三子

元科公

元安公

元報公

元景公止

元久公

元滿公

永東公

生嘉靖乙未娶程氏生五子

元招公止

元社公

元七公

元宗公止

元泗公

元周公

上川明經胡氏宗譜　卷　本系世系表　十二

玄鎮公　生正德己巳娶鄧氏生六子公葬堈窪頭將軍踏弩形氏葬棧山下金鈎捲簾形山向各載墓圖

永元公　娶張氏生二子合葬堈窪頭
觀保公

永明公　生嘉靖甲申娶汪氏生四子
元澤公　無攷
元夏公
元韜公
元貫公　止
元統公

永度公
元棣公

生嘉靖庚寅娶馮氏繼娶曹氏生二子合葬呈華塘

元潛公

永暉公
生嘉靖戊戌娶程氏生二子合葬呈華塘

元曦公

元曜公

永嵩公
生嘉靖癸卯娶曹氏生三子

元梓公

元豪公止

元欽公止

永麟公

元喬公

生嘉靖庚戌娶江氏生三子

元求公止

元騰公

永年公　生嘉靖甲寅娶江氏生三子

元盛公

元村公

元威公

玄金公　生正德辛未娶朱氏生一子繼

永大公　事蹟見善行　生嘉靖庚戌娶陳

元珠公

娶謝氏合葬獅子石山向詳載墓圖

氏繼娶汪氏生四子公葬崗窪頭將軍踏弩形山向詳載墓圖

元玉公

元珍公 止

元瑢公 止

玄相公

生正德癸酉娶朱氏繼娶江氏三娶馮氏生二子公葬崗窪頭將軍踏弩形三孺人同葬其墓前右偏山向並載墓圖

永瓊公

生嘉靖庚戌娶汪氏繼娶戴氏生三子遷般家滙

元茂公

元莊公

元葵公 止

娶馮氏合葬崗窪頭

永瑶公

元首公

元美公

生嘉靖壬子歿萬歷戊午娶汪氏生三子合葬獅子石山向詳載墓圖

元蘭公

道壽公

娶汪氏繼娶汪氏生二子合葬下碓山向附載獅子石墓圖

玄雲公止

社雲公止

道旺公

生成化乙巳娶汪氏生一子公葬獅子石山向詳載墓圖

玄考公

娶某氏生二子

永學公

娶汪氏生二子

元祥公

元孔公止

永華公止

道祿公
生弘治戊申娶汪氏生二子葬獅子石山向詳載墓圖

玄昭公
娶吳氏生四子

永惠公
生嘉靖辛卯娶曹氏生三子葬下井山

元寵公止

元芳公

元國公止

永志公
生嘉靖乙未娶馮氏生二子

元奎公

元祿公

永天公止

永法公

元武公止

娶紀氏生一子

玄昕公
娶汪氏生二子

永靖公
娶馮氏生四子

元邦公

元勤公止

元節公

元田公

永護公
娶汪氏生二子

元喜公止

元堂公止

道滿公

玄儲公

永春公

元愷公

字景恩事蹟見善行生弘治庚戌歿嘉靖丁未娶汪氏生四子合葬獅子石山向詳載墓圖

名佺生正德辛未二月初十歿隆慶辛未二月二十五娶汪氏生正德辛未十二月十五歿隆慶己巳閏六月二十二生五子合葬獅子石山向詳載墓圖

生嘉靖辛丑娶汪氏繼娶馮氏生二子丞娶張氏公與汪氏合葬毛獅灣虎形山向詳載墓圖

永夏公

字日永事蹟見善行娶程氏生四子合葬上菴鄉老五棺地鱉形明殯暗葬山向詳載墓圖

永秋公

元慷公 止

元慈公

元恩公 止　葬上溪口

元惠公

元應公 止　葬上溪口

元忻公

字濟川事蹟見善行生嘉靖戊申娶汪氏生四子合葬后岸

永時公　生嘉靖甲寅娶程氏生五子

元惇公

元愸公

元愎公

元懒公

元恒公止

元烘公

元愢公

玄侃公
鄉飲賓名侁生正德丁丑娶汪

永福公
生嘉靖甲午娶汪氏生三子葬

永餘公
生嘉靖丙辰娶馮氏繼娶舒氏生四子合葬后岸

元偉公

元聖公 止

元賢公

元大公 止

元慶公

元昇公

氏生二子公葬獅子石山向詳載墓圖氏葬下后岸

后岸

元鼎公止

元厚公

永禎公

生嘉靖己酉娶汪氏生三子合葬后岸

元黄公止

娶馮氏

元明公

元聰公

玄作公止

葬后岸灣

玄德公

永昌公

元遐公

名侒生嘉靖己丑十二月初七歿隆慶壬申十一月十二娶程氏生一子繼娶凌氏生三子合葬下井山山向詳載墓圖

元齡公 鄉飲賓字世盛號北泉事蹟見善行生嘉靖辛亥四月初六歿萬歷丁巳娶汪氏生二子合葬后岸山向詳載墓圖

元玠公 —— 永綱公 娶朱氏生二子 葬后岸

寄老公 止 葬下井山

永園公 止 葬后岸

元鳳公 —— 永茂公 娶馮氏生二子

滿宗公
三子

普祿公
名富生天順甲申娶朱氏生二子

道順公
娶馮氏生三子

傳廣公
娶某氏生二子

玄烈公
娶汪氏生一子
葬獅子石

永善公
娶王氏生二子

元來公止

元添公止

元鶴公

玄英公
娶程氏生一子
合葬獅子石

永尙公止

玄寬公
娶汪氏生一子
公葬獅子石氏葬呈金塘

永璁公
娶石氏生一子

元敬公止

玄洪公

永璋公

元鑑公

娶汪氏生四子
葬獅子石

娶某氏生二子
葬下井山

元昭公止

永化公止
娶汪氏葬下井山

永珊公
娶唐氏生一子
葬六都小坑

元鐸公止

永琇公
娶程氏生五子

元社公止

元位公止

元鈿公止

滿宗公
四子

普當公
名貴生成化癸
巳娶汪氏繼娶
程氏生四子

道常公
娶曹氏生四子
合葬獅子石

招慶公止

玄錫公
娶某氏生一子

玄欽公
娶吳氏生一子
合葬太尉廟後

玄大公止

永湼公止

永瓚公
娶某氏生一子

元賜公止

元銑公止

元錠公

本系世系表　十九

玄鏡公 娶汪氏生一子 合葬太尉廟後 —— 永壽公 止

玄鉞公 娶某氏生二子 —— 永憲公 止
永管公 止

道全公 娶某氏生三子
玄堂公 止
玄岩公 止
玄可公 止 葬獅子石

道廣公
生弘治戊午娶汪氏生一子公葬十二嶺汪氏葬獅子石

玄佳公
生正德己卯娶王氏生六子葬獅子石

永社公
生嘉靖己亥娶黃氏生一子葬獅子石

元昭公 止

永通公
娶黃氏生二子

元壽公

元珊公 止

永豐公
娶程氏生二子葬下井山

元德公 止

元汝公

永倉公

元奇公 止

永光公 娶汪氏生一子 葬下井山

元度公 娶王氏生一子 葬下井山

永祿公 生嘉靖癸亥娶汪氏生二子葬下井山

元輔公 止

元覺公 止

道信公 娶馮氏生二子 公葬獅子石氏葬后岸

玄賓公 止

玄汝公 止

初應公長子

明宗公 娶某氏生一子

宏 公 娶某氏生一子

玄芳公 名子房娶某氏生二子

永端公 娶某氏生一子

元顯公 止

永正公 娶某氏生一子

元兆公

初應公次子

晟宗公 娶某氏生一子

祿 公 娶某氏生一子

玄寔公 娶某氏生二子

永鑑公 止

永芳公 止

上川明經胡氏宗譜中卷之下

分系

系以分名著別也然舊譜雖有二門四分七房之別而言分則無以賅前門言房則無以賅一三四分其別也不備固難乎其爲分系矣夫譜之有分系也猶木之有枝榦水之有流派也吾族自始遷以來昌五世而京八世朕載繇辭蓋生息蕃庶固無有逾吾族者其後閱世十三而舊譜列系已將二百循是以降其傳者孳殖愈繁逮及今茲則每支食指多者又已數千少亦不下百數矣儻所謂本大枝繁源遠流盛者非耶故吾族雖開基於始遷而實大於十三世分系壹是始此固視二門四分七房爲尤備者況吾族作宗祠崇祭祀興文會故舊所傳皆剏始十三世祖武孫謀規模遠大是則系分於此又非僅以支派繁

盛傳矣作十三世百有五支分系表十四卷

分系一

元柏公派　元作公派　元武公派　元浩公派　元玉公派　元修公派　元富公派　元恭公派

元久公派　元勤公派　元佐公派　元政公派　元崇公派　元位公派　元會公派　元敬公派

元貴公派　元皇公派　元伏公派　元春公派　元萬公派　元旦公派　元燦公派

元明公派　元有公派　元仕公派　元白公派　元碧公派　元積公派　元福公派

元宇公派　元大公派　元祚公派　元泰公派　元海公派　元輅公派　元攀公派

十三世 卽三十二世	十四世 卽三十三世	十五世 卽三十四世	十六世 卽三十五世	十七世 卽三十六世
承生公子 元柏公	文景公	志亭公	兆博公	應造公
生隆慶戊辰娶董氏生三子葬壩兒亭	字維先生萬歷丁酉娶鮑氏繼娶黄氏生三子合葬壩兒亭	字紹先生崇禎辛未娶汪氏繼娶程氏三娶汪氏柯氏生一子合葬獅子石	字文我生康熙丁巳正月初七歿乾隆丙子六月廿一娶王氏繼娶汪氏生一子又繼娶王氏馮氏公葬下井	

志元公 娶某氏生二子 山

兆興公止

兆壽公止

志可公止 娶江氏葬下井山

文歡公 字樂然生萬歷辛丑娶曹氏繼娶方氏生一子公葬呈華塘氏葬獅子石

志卿公 娶程氏生四子葬卜井山

兆孟公 娶曹氏摘兆皐次子爲後

應遂公止 生雍正丁未

兆普公止

兆皐公

應述公止

生康熙己未娶汪氏生三子以次子應遂爲兆孟後

生雍正甲辰

應逵公止

生雍正辛亥

兆昺公止

文祥公

邑庠生名維斗事蹟見學林生萬歷辛亥娶鮑氏生一子葬下井山

志榜公

邑庠生名繼先字爾標事蹟見學林生順治癸巳娶鮑氏生三子合葬獅子石

兆爊公止

娶戴氏合葬下井山

兆焯公止

兆爑公

生康熙乙丑娶汪氏生一子

應遇公止

生雍正戊申

十七世 即三十六世
十八世 即三十七世
十九世 即三十八世
二十世 即三十九世
廿一世 即四十世

光博公子

應造公 生康熙庚子殁乾隆戊辰娶方氏節行見列女生雍正甲辰殁嘉慶癸亥摘元柯公派應善六子爲後

天產公 生雍正甲寅六月十二娶程氏生三子公葬大崗上氏葬後岸

德根公 娶程氏生三子合葬大崗上

德楢公 娶黃氏生二子

錫全公 娶王氏生一子合葬呈金塘

錫會公 娶汪氏生一子公葬大崗上氏葬芝蔴園

錫倉公 娶石氏生二子合葬大崗上

錫本公 娶王氏生三子

貞吉公

貞立公

貞士公

貞成公

貞暈公

公葬大崗
上氏
葬壩兒亭

公葬竦嶺
鄒氏
葬張家碓

貞昜公

貞是公

錫定公——貞璽公

生嘉慶己未六月十五歿咸豐庚申四月初二
娶曹氏生嘉慶丁卯三月十一歿同治癸亥二月十六生一子
公葬社土
上氏
葬壩兒亭

德林公——錫貴公——貞壽公

娶洪氏生一子
合葬墩坵

娶曹氏生四子
合葬墩坵

富壽公
貞水公
春水公

廿一世 郎四十世
廿二世 郎四十一世
廿三世 郎四十二世
廿四世 郎四十三世
廿五世 郎四十四世

錫全公子

貞吉公——祥來公——洪鉅

娶柯氏生一子合葬芝蔴園

摘元科公派祥安三子爲後

名妙生生光緒甲辰二月十三辰時

錫會公子

貞立公——祥大公止

名觀啟娶汪氏生一子合葬芝蔴園

葬芝蔴園

錫倉公長子 **貞士公** 以貞成子雙祧 葬呈華塘

祥泰 生同治辛未娶王氏生光緒辛巳生二子長子洪煌承貞成公派後次子洪焙承貞士公派後

洪焙 生宣統辛亥七月二十一辰時

錫倉公次子 **貞成公** 生道光戊子歿同治癸酉娶石氏繼娶葉氏三娶程氏生道光乙未生一子雙祧貞士公公與石氏葉氏合葬呈金塘

祥泰 生娶見前

洪煌 生光緒辛丑二月十八寅時

錫本公長子 **貞暈公** 名大愷以貞昺子雙祧

祥金 生咸豐庚申三月十三酉時娶王氏生同治己巳八月二十五

洪顯 生光緒辛卯七月二十子時

酉時生二子以長子爲貞暈公派後以次子爲貞昺公派後

錫本公次子

貞昺公

名細愷娶王氏生一子雙祧貞暈公

祥金

洪則

生光緒戊戌十月十五午時

錫本公三子

貞是公

名貞愷生道光丙申三月十三殁光緒乙巳六月初二娶汪氏繼娶曹氏又娶賀氏生同治丁卯十一月初八生三子以三子祥灶爲富壽後

祥杏公

待後

祥基

生光緒甲午十月二十娶程氏生光緒乙未

錫定公子

貞璽公

名灶茂生道光庚子十月十八子時歿宣統己酉七月二十九寅時娶汪氏生道光丁未五月二十五卯時生五子以次子祥義爲貞壽後以三子祥安爲貞水後以五子祥淦爲春水後

祥梯

生同治己巳十二月二十七戌時娶季氏生光緒丁丑十二月二十五午時歿光緒壬寅十一月十一巳時生一子繼娶樊氏生光緒己卯四月十六酉時

洪賓

名佑周生光緒戊戌十二月初一午時

祥銘公 待後

生光緒辛巳十二月二十二酉時歿光緒辛丑六月二十三未時葬社土上

錫貴公長子

貞壽公

祥義

生道光戊子娶汪氏摘貞璽次子爲後合葬墩邱　生同治壬申八月初一寅時娶曹氏生光緒壬午九月二十七巳時

錫貴公次子　富壽公——祥灶
摘貞是三子爲後葬墩邱　生光緒癸卯十月初四

錫貴公三子　貞水公——祥安
生道光乙未歿同治甲子摘貞璽三子爲後葬墩邱　生光緒丁丑七月二十七寅時娶王氏生光緒己丑六月二十巳時

錫貴公四子　春水公——祥淦
生道光辛丑歿咸豐庚申摘貞璽五子爲後葬　生光緒丁亥九月十一丑時娶石氏繼娶汪氏

華生公次子

元久公 娶章氏生二子

文台公止

文明公止

墩邱

生光緒庚寅二月二十子時

永敵公長子

元貴公 娶石氏生二子

文瑞公止

文國公止

永高公次子

元明公 名細久娶汪氏繼娶薛氏生二子以次子文宏為元宇後

文上公 娶某氏生二子遷無錫

志保公無攷

志義公無攷

永禮公子

元宇公 娶汪氏摘元明次子爲後

文宏公 娶鄧氏生三子

志興公止

志善公止

志遐公止

永社公子

元作公 娶顧氏生一子 葬下井山

文昭公止

永傑公長子

元勤公 娶汪氏生二子 葬下井山

文貢公 娶某氏生一子 遷郡城

志選公無致

文士公止

永傑公三子
元皇公 娶某氏生二子
文先公止
文好公止

永傑公四子
元有公 娶某氏生二子
文桂公止
文學公止

永福公長子
元大公 娶汪氏生三子 合葬下井山
文松公無敓 遷無錫
文柏公止

文浩公止

永福公五子
元武公　娶某氏生一子
文越公止

永科公長子
元佐公　娶洪氏生二子　合葬棧山下
文佳公止
文邦公止

永科公次子
元伏公　娶馮氏生一子
文社公止

永科公三子
元仕公　娶葉氏生二子　葬下井山
七老公　娶某氏生一子
志恕公　字元通生康熙辛巳三月十三卯時娶柯氏生
兆路公止　生雍正丁未五月初一亥時

康熙癸未十一月初六亥時生二子

兆發公止
生雍正壬子十一月二十九亥時

二老公止

承祥公長子

元祚公
生嘉靖壬子娶張氏生三子

文燦公
生萬歷辛巳娶汪氏生二子合葬下井山

志大公
娶汪氏生一子合葬下井山

兆柏公
娶某氏生一子

應鳳公

志洪公
娶馮氏生二子合葬下井山

兆時公止
娶馮氏

兆富公無攷
娶曹氏遷金山縣

文燮公　生萬歷乙酉歿順治丙申娶王氏生四子合葬獅子石

志匡公　生萬歷庚申歿康熙乙亥娶柯氏生一子公葬下井山氏葬獅子石

兆弘公　字廣毅生順治丙申歿雍正甲辰娶馮氏生六子公葬獅子石氏葬後里村

應星公

應宅公

應定公

應室公

應宗公止

應家公止

志昱公 止
葬西墓坦

志和公
生崇禎壬申娶程氏生五子公葬下井山氏葬獅子石

兆京公
娶馮氏生一子
遷江西

應東公 無考

兆亭公
生順治庚子娶某氏生一子葬獅子石

應安公

兆享公
生康熙癸卯娶王氏生一子公葬湧獅山氏葬後里村

應榮公

兆亮公

應莊公 止

生康熙乙卯娶某氏生一子合葬獅子石

生康熙癸巳

兆高公——應祐公

生康熙戊午娶王氏生二子合葬獅子石

應禎公止

生康熙甲午娶宋氏

志瑞公止

文烟公止

兆柏公子

應鳳公——城祐公無考

娶俞氏生一子遷金山縣

兆弘公長子

應星公　娶程氏生一子公葬下井山氏葬前山岡

天汝公　止

兆弘公次子

應宅公　生康熙丁巳娶王氏生康熙癸亥生三子合葬下井山

天松公　生康熙庚寅二月初七子時娶某氏摘天林三子爲後

德龍公　娶章氏生一子

錫祥公　娶程氏生一子

貞學公

天柏公　止　生康熙乙未七月初三戌時

天樹公　生雍正甲辰六月初二辰時娶某氏生一子

德榮公　娶程氏生一子

錫順公　娶程氏生一子

貞水公

兆弘公三子

應定公 字惟安生康熙己未娶余氏生一子

天桂公 止 生康熙甲申正月初十娶汪氏生雍正丁未歿乾隆乙亥

兆弘公四子

應室公 字惟宜生康熙乙丑娶程氏生康熙丙子生一子

天林公 生康熙丁酉娶許氏生三子以三子德龍爲天松後

德俊公 止 生乾隆乙亥九月十四

德利公 止 生乾隆丁丑五月初六

兆亨公子

應安公 生康熙甲戌娶舒氏生康熙庚寅生三子

天報公 止 生乾隆癸丑十一月二十九酉時

兆亨公子

應榮公 生康熙辛巳娶王氏生康熙辛卯生四子

天榴公 止 生乾隆庚申九月十二辰時

天次公 止 生乾隆丙寅八月二十二戌時

天彩公 生雍正丁未七月初三摘天形長子爲後葬下井山

德忍公 娶柯氏生一子合葬獅尾

錫富公 娶季氏生一子公葬獅尾氏葬塭頭街

貞璜公

天杉公 生雍正甲寅四月十九辰時娶馮氏摘天形次子爲後公葬後岸氏葬社土上

德棠公 生乾隆戊戌正月初一子時歿道光壬辰七月二十五午時娶王氏生乾隆壬

錫宇公 娶王氏生二子公葬獅尾氏葬呈冲坑

貞瑞公

貞珠公

子三月十九殁道光壬辰六月二十生一子公葬呈金塘氏葬獅尾

天形公

字有玉生乾隆庚申五月初五巳時娶許氏生五子以長子德忍爲天彩後以次子德棠爲大杉後以三子德耀爲元社公派天文公後

德根公

字君彩生乾隆壬子正月二十九丑時殁咸豐辛酉八月二十六亥時娶王氏生嘉慶丙寅八月二十三辰時殁同治乙丑二月初五丑時生三子以三子錫賓爲德杼後

錫家公

名玉明生道光辛卯十月十六子時殁光緒丁未五月二十七巳時娶唐氏繼娶王氏又娶王氏生道光乙未十月初五巳時殁光緒丙午十一月二十二寅時摘錫賓長子爲後唐氏葬獅尾王氏葬塔頭街

貞鑛

錫宏公——貞鈞

名慶壽生道光丙申九月二十六寅時歿宣統辛亥正月十八未時娶程氏繼娶王氏生道光丙午四月初一卯時歿光緒丙申八月十六酉時摘錫賓次子爲後

德村公——錫賓公——貞來

字緯之生乾隆乙卯十月二十八歿咸豐丙辰八月初七娶程氏摘德根三子爲後

錫賓公 名永壽生道光丙午六月二十一卯時歿光緒壬寅三月十三巳時娶葉氏生一子繼娶曹氏生同治丁卯十月二十一辰時

貞城

貞嘶公

生四子以長子貞鑛爲錫家後以次子貞鈞爲錫宏後

天保公 生乾隆丙寅十月初五辰時娶汪氏繼娶馮氏生二子合葬社土上

德慈公 娶葉氏生二子

錫田公止

錫穀公止

德忠公 娶曹氏生二子

錫喜公止

錫炳公止

兆高公長子

應祐公 生康熙丙戌娶

天琇公止 生乾隆甲戌正

汪氏生康熙甲　月二十九辰生一子

錫祥公子　貞學公 待後

錫順公子　貞水公 待後

錫富公子　貞璜公 待後

錫宇公長子　貞瑞公 待後

錫宇公次子　貞珠公 待後

錫家公子　貞鑛——祥淋

名惠長生光緒庚辰十月二十九丑時娶汪氏生光緒丁丑十二月初八生一子

名輝清生光緒戊戌八月二十丑時

錫宏公子

貞鈞

名灶惠生光緒乙酉十月十三午時娶黃氏生光緒壬午六月二十一未時生二子

祥源

名正泉生光緒癸卯十一月二十五戌時

祥沂

名沅泉生宣統己酉二月十七戌時

錫賓公長子

貞來

名成聚生光緒戊子二月初三巳時娶汪氏生光緒辛卯十一月二十六子時

十戌時

歿宣統庚戌二月二十八未時繼娶王氏生光緒壬辰十月初

錫賓公次子

貞城

名成厚生光緒癸巳正月二十九丑時

錫賓公三子

貞晰公待後

名成肇生光緒丙申十一月二十三子時歿宣統庚戌九月二十申時葬塢頭衖

永貴公長子

元浩公——文啟公止

生嘉靖己亥娶某氏生一子

永貴公次子
元政公 生嘉靖甲寅娶馮氏生二子合葬下井山
文燁公 娶曹氏生一子
志立公 止
文燧公 娶葉氏生一子
志彥公 止

永良公子
元春公 娶汪氏生二子
文曉公 名煥生嘉靖甲子娶汪氏生隆慶己巳生四子以三子志英爲文疇後合葬歙西呂村
志傅公 字志聖生萬曆己丑娶馮氏生萬曆戊子生二子合葬歙邑
兆龍公 生萬曆壬子 止
兆熊公 字昌兆生萬曆戊午娶某氏生二子合葬鄭家塢
應泰公 止
應運公 生康熙己酉 止
志芳公 止 葬下井山

承岳公長子

元白公
娶某氏生二子

文續公止

文極公止

文啈公
事蹟見善行生萬歷乙亥摘文曉三子爲後葬鄭家塢

志英公
娶石氏生一子

兆麟公止

志美公
娶馮氏生三子

兆鷄公止
葬余村岱

兆鸞公止
葬鄭家塢

兆鳳公止
葬鄭家塢

上川明經胡氏宗譜　卷之六　世系表一　元泰公孫派世系表　十六

承岳公次子

元泰公　娶某氏生一子

文巍公　娶汪氏生二子合葬余村岱山

志明公止　娶鮑氏葬下井

志盛公止　娶汪氏葬北庄

承岳公三子

元玉公　鄉飲賓名廷桃字春暘生隆慶戊辰娶汪氏繼娶沈氏生一子合葬下井山

文朗公　鄉飲賓字燦然生萬歷癸巳四月初十申時歿順治丁酉娶馮氏生萬歷癸巳歿順治丁酉生二子葬下井山

志光公　字含斯生萬歷丙辰十二月二十三寅時歿康熙丁卯娶程氏生萬歷丁巳歿康熙甲申生三子以次子兆華爲志耀後

兆魁公　字星聯生崇禎丙子二月二十三丑時歿康熙庚辰娶程氏生崇禎丙子歿康熙己卯生二子

應灝公

應沛公

兆芳公　字仕聯生順治甲午二月初七子時歿康熙己

應湆公

應漢公

卯娶馮氏生順治戊戌歿雍正乙巳生三子合葬下井山

應滿公

志耀公

字榮先生崇禎戊辰十月十六丑時歿順治癸巳娶董氏節行見列女生崇禎己巳正月十五子時歿康熙癸未摘志光次子爲後合葬下井山

兆華公

字又虞生順治辛卯七月二十六子時歿雍正己酉正月三十寅時娶姚氏生康熙癸卯五月二十二子時歿康熙辛未繼娶程氏生康熙庚子八月十二歿康熙己丑生二子葬下井山

應潤公

應沐公

光魁公長子

應灝公

字讚伯生順治

士文公

字開先生康熙

國煜公 止

生乾隆丁巳十

兆魁公
次子

兆芳公
長子

辛丑十一月初
九子時歿雍正
癸丑娶程氏生
康熙己酉歿雍
正丁未生二子

癸酉歿乾隆癸
酉娶汪氏生康
熙丁丑又娶姜
氏生康熙壬申
生一子

二月十一酉時

士武公止

應沛公
字霖若生康熙
丙辰五月二十
二子時歿乾隆
壬申娶汪氏生
康熙癸酉歿康
熙乙未生一子
葬下井山

士肰公
生康熙辛卯正
月二十二娶曹
氏生康熙癸巳
生一子

國阡公
生乾隆己未六
月十七午時娶
某氏生一子

錫欽公
娶洪氏生二子

貞旺公

貞猶公

應涫公
字爾寵生康熙
丙辰九月初十

士德公
字克明生康熙
戊子歿乾隆丙

國燦公止
生乾隆丙寅六
月初五辰時

子時歿乾隆庚午娶曹氏生康熙庚申五月十三子時歿乾隆甲戌生二子

子娶程氏生二子

國煌公 止

生乾隆己巳三月二十六亥時

士奇公

生康熙庚寅八月十二娶馮氏生康熙辛丑生一子

國炳公 止

生乾隆辛酉十二月十二娶王氏生乾隆庚申

兆芳公次子

應漢公

生康熙癸亥六月十三亥時娶黃氏生康熙丁丑三月初三生二子

士元公 止

生康熙辛丑八月十五娶汪氏生雍正甲寅

士櫟公

生雍正甲寅正月初五子時

光芳公三子

應滿公 生康熙辛未三月十五寅時娶董氏生康熙癸酉十月十五生一子

士梃公 生雍正甲寅六月十九

光華公長子

應潤公 字爾德生康熙丁丑閏三月二十三未時娶張氏生康熙甲申十月十四辰時繼娶馮氏生康熙癸未十二月二十一生三子

士彬公 字斑若生乾隆癸亥十月十五戌時娶程氏生乾隆辛酉十二月二十二戌時生一子

嘉成公 娶某氏生一子

錫焰公止

士桂公止 字清遠生乾隆己巳十一月二十三戌時

兆華公
次子

應汴公
字良璧生康熙壬午九月二十三卯時娶張氏生康熙癸巳六月三十生六子

士材公
字廷選生乾隆己巳十一月二十三戌時娶某氏生一子

世順公
娶曹氏生一子

錫森公
娶馮氏節行見列女生一子

貞芝公止

士懈公
字勝凡生雍正庚戌七月二十三卯時娶王氏生雍正辛亥八月十五丑時生三子

國煥公止
字連昌生乾隆庚午十月初八午時娶汪氏生乾隆辛未

國焠公止
字鋒美生乾隆甲戌七月初四酉時

國煒公止
生乾隆丁丑五月三十卯時

士楠公
字幹珍生乾隆丁巳九月十九卯時娶汪氏生乾隆戊午三月初三丑時生一子

國灼公 止
生乾隆丁丑八月初八戌時

士椿公
字茂祀生乾隆庚申八月二十八戌時娶汪氏生三子公葬呈冲坑巽山乾向氏葬西塋坦墩秤鉤形

國輝公
摘國榮長子爲後

錫田公
摘錫俊長子爲後

貞吉公

國榮公
娶江氏生四子以長子錫田爲國輝後以三子錫俊爲國泰後

錫啟公
娶石氏摘錫俊次子爲後

貞㮠公

錫水公
娶程氏節行見列女生道光癸

貞桂公

未八月十三歿光緒戊戌八月初一生一子合葬東山上

國泰公
生乾隆己亥四月二十六歿道光癸卯二月二十五娶姜氏生嘉慶丙辰八月初四歿咸豐乙卯十二月初十摘國榮三子爲後

錫俊公
字濟川生嘉慶丙子九月二十未時歿同治丙寅二月二十二辰時娶江氏生嘉慶己卯十月初七子時歿光緒庚辰五月十七巳時生四子以長子貞吉爲錫田後以次子貞梃爲錫敵後

貞鑾

貞峰

士棟公 止
字廷望生乾隆癸亥三月初九

丑時娶王氏

士格公——國煦公——錫宇公——貞法公
字子正生乾隆乙丑八月二十九辰時娶王氏生一子
娶葉氏生一子
娶汪氏生一子

士根公 止
字以培生乾隆戊辰三月十七酉時

錫欽公長子
貞旺公
娶季氏生二子
發林公 止
友林公 止

錫欽公次子
貞猶公——祥智公 止

娶程氏生三子

祥庚公止

祥福公止

錫田公子

貞吉公——祥霞

國學生名成生道光戊戌十二月初二酉時歿光緒辛巳正月十六亥時娶汪氏生道光癸卯七月十四亥時摘貞鑾長子爲後

祥霞 生光緒己卯正月初九寅時娶曹氏生光緒辛巳十一月十一申時

錫啟公子

貞烶公——祥湘

生道光癸卯正、名嘉祥生同治、

月初九亥時歿光緒丁亥正月初一申時娶徐氏生道光癸卯六月初六辰時歿同治癸酉六月初六生一子

丁卯正月初九酉時娶曹氏生光緒辛巳

錫水公子

貞桂公 —— **祥電** —— **洪均**

貞桂公：生咸豐辛亥十一月初八亥時歿光緒丁酉十一月十三寅時摘貞鑾次子爲後葬東山上

祥電：生光緒庚辰十二月十九午時娶方氏生光緒乙酉十月初一申時生一子

洪均：字飛鴿生光緒癸卯七月二十四卯時

錫俊公長子

貞鑾 —— **祥覓**

貞鑾：字節之生咸豐壬子正月二十七亥時娶柯氏生咸豐壬子三月初十申時生

祥覓：生光緒辛卯九月初七卯時聘柯氏生光緒丙申十月初三未時

三子以長子祥霞爲貞吉後以次子祥電爲貞桂後

錫俊公次子

貞峰——祥濱

名峰吉生咸豐丁巳二月二十六寅時娶江氏生咸豐丁巳五月二十一子時殁光緒癸巳九月二十三卯時生一子

祥濱：生光緒庚寅正月十四戌時娶曹氏生光緒壬申六月十九卯時

錫宇公子

貞法公——祥明公止

貞法公：娶程氏生一子

永美公子

元崇公——文略公——志封公——兆嘉公——應舜公

元崇公：生隆慶丁卯殁萬歷乙卯娶石

文略公：鄉飲賓字明宇生萬歷乙酉殁

志封公：邑庠生鄉飲大賓字祝三事蹟

兆嘉公：字際亨生崇禎戊寅九月初一

氏節行見列女
生一子

康熙丁未娶程
氏繼娶葉氏生
二子合葬呈華
塘

見學林生萬歷
庚申歿康熙丁
未娶汪氏繼娶
程氏生四子合
葬呈華塘

申時歿康熙辛
丑娶汪氏繼娶
汪氏生七子合
葬上溪口

兆賓公
生順治戊戌娶
柯氏生一子合
葬上溪口

應湯公止

應文公

應武公

應周公

應孔公

應曾公

應阜公

兆宗公
娶洪氏生一子

應樂公

兆甯公
字爾輯娶曹氏生二子合葬上溪口

應韜公

應略公止

志燮公
生天啟癸亥歿康熙丙戌娶程氏生一子葬呈華塘

兆復公
字如初生順治丙戌娶馮氏生三子葬上溪口

應發公

應特公無攷
遷江西

應旦公無攷
遷江西

兆嘉公長子

應舜公

天祐公止

邑庠生名有華
字華卿事蹟見
學林生康熙壬
寅歿雍正壬子
娶程氏生二子
合葬張家礁

娶汪氏

天祜公止

兆嘉公
三子

應文公

生康熙甲寅歿
乾隆丁巳娶汪
氏生二子葬上
溪口

天環公

生康熙甲戌歿
雍正甲辰娶王
氏節行見列女
生康熙癸未

德承公止

生雍正甲辰七
月十四

天璠公止

生康熙癸未八
月初三

兆嘉公
四子

應武公

字君烈生康熙
丙辰歿乾隆己
未娶章氏生三

天璋公止

生康熙丁丑十
月十七娶方氏
生康熙癸巳

子葬上溪口

兆嘉公五子

天瑜公
生康熙壬午歿乾隆甲戌娶曹氏生康熙丁酉生一子

德溯公 止
字復蘇生乾隆甲戌十一月二十六

天瑞公
字近玉生康熙乙未三月初四娶柯氏生雍正甲辰生二子

德朋公 止
字朋錫生乾隆戊辰七月二十六

德朗公 止
字明也生乾隆辛未四月二十一

應周公
娶汪氏生一子

天璉公 止

兆嘉公六子

應孔公　字仰聖生康熙壬戌八月十二娶王氏生二子

天玴公止

天玫公止　字玉文生康熙庚子正月十二

兆嘉公七子

應曾公　生康熙辛未歿乾隆庚申娶程氏生康熙庚辰生三子

天瑞公止　生康熙丙申正月二十九

天琿公止　生雍正甲辰十月初四

天珙公止　生雍正癸丑九月二十

兆賓公子

應臯公
生康熙庚申歿乾隆丙子娶唐氏生三子以次子天琦爲應樂後

天球公
生康熙甲午歿乾隆乙亥娶柯氏生一子葬大尉殿

天珍公
生雍正丁未八月十六娶曹氏生雍正乙卯生二子葬太尉殿後

德光公
生乾隆癸酉十二月十七娶某氏生一子

錫泰公
娶某氏生三子

寶銅公止

雁銅公止
娶王氏

海銅公止
娶江氏

德想公
摘德金長子爲後葬呈金塘

錫源公
娶曹氏摘錫法長子爲後葬烏龜凸

貞餘公

德金公
娶汪氏生四子以長子錫源爲德想後公葬鳳形山氏葬呈金塘

錫法公
生嘉慶癸亥歿咸豐辛酉娶方氏繼娶汪氏生嘉慶己卯歿咸豐辛酉生三子

貞鑑

兆宗公子

應樂公 摘應臯次子爲後 —— 天琦公 生康熙己亥正月二十八娶曹氏生康熙丙申生三子葬太尉殿後 —— 德灶公止 生乾隆壬戌正月三十

德二公止 生乾隆戊辰正月十七

以長子貞餘爲錫源後以次子貞春爲錫杏後方氏葬烏龜凸汪氏葬呈金塘

錫杏公 娶某氏摘錫法次子爲後合葬烏龜凸 —— 貞春公

錫行公止

德遥公 止
生乾隆甲戌十一月初五

兆甯公長子

應韜公
娶葉氏生一子

天入公 止
生乾隆丙寅

兆復公子

應發公
生康熙甲辰娶汪氏生四子葬上溪口

天獻公 止
生康熙乙丑

天孝公 止
生康熙己巳

天堯公 止
生康熙己卯

天彩公 止
生康熙壬午

錫源公子

貞餘公——祥溪

娶葉氏繼娶唐氏摘貞鑑長子爲後葉氏葬芝蔴園唐氏葬呈金塘

祥溪 生光緒癸巳七月二十二巳時

錫法公子

貞鑑——祥柴

貞鑑 生咸豐丙辰七月十七辰時娶許氏生同治己巳三月初五寅時歿宣統己酉十月初四未時生二子繼娶戴氏生光緒丁丑十月二十三巳時以長子祥溪爲貞餘後許氏葬鳳形山

祥柴 生光緒甲辰十月十八子時

錫杏公子
貞春公 待後
名春吉

永用公長子
元萬公
娶方氏繼娶洪氏生一子
文仙公
娶葉氏生二子
志蛟公 止
志鳳公 止

永用公次子
元碧公
娶柯氏生一子
文武公
娶柯氏生一子
志裕公
娶某氏生一子
兆久公 止

永用公三子
元海公
娶某氏生二子
文致公
娶柯氏生一子
葬下井山
葬芝蔴園
志有公 止
文徽公 止

永岩公子
元修公
文貴公
志儁公
兆禹公 止

生嘉靖庚戌娶曹氏生一子合葬下井山

國學生名熺事蹟見善行娶程氏繼娶汪氏生四子

志雅公 摘志耀次子爲後 娶曹氏賢行見列女生一子 — 兆箕公 止

志耀公 生萬歷庚子娶某氏生三子以次子兆禹爲志儁後 — 兆舜公 止

兆雲公 止

志雄公 名台老事蹟見善行生萬歷壬寅娶汪氏生二子合葬獅子石 — 兆尹公 字克任娶王氏生三子合葬獅子石 — 應仁公

應義公

應禮公

兆尹公長子

應仁公 字惟德娶鮑氏生二子合葬獅子石

士講公 止

士福公 止

兆尹公次子

應義公 字惟賢生康熙丁未歿康熙再壬寅娶王氏生二子以次子士訓爲應禮後合葬獅子石

士讀公 字聖功生康熙己卯娶柯氏生康熙乙丑生二子

德振公 生雍正己酉娶王氏生雍正癸丑生二子

耀新公 生乾隆甲戌娶某氏生一子

貞洽公 娶汪氏 止

錫新公 娶王氏繼娶柯氏生一子

貞南公 名佐适 止

德挺公 娶某氏生四子

錫冬公 娶程氏生一子

貞金公 名殷懃 止

兆行公 止

兆君公三子

應禮公 娶曹氏摘應義次子爲後合葬獅子石

士訓公 字景伊生康熙丙戌娶潘氏生康熙辛丑生三子

德撥公 生乾隆辛酉娶某氏生一子

德掎公 生乾隆戊辰娶某氏生一子

錫五公 娶某氏生一子

錫煥公 娶某氏生二子

錫祿公 娶王氏 止

灶泰公 娶某氏生一子

高泰公 娶某氏生一子

貞源公 止

貞法公

順法公 止

貞雲公 止

貞雪公 止

德援公止
生乾隆庚午

錫煥公長子
貞法公
娶某氏生一子
開華公止

百智公子
元位公
娶程氏生一子
文嘉公
娶某氏生一子
志定公止

永暘公長子
元旦公
生嘉靖辛亥娶鄧氏生三子
文輔公止
文弼公止
文相公止

永暘公次子
元積公
生嘉靖甲寅娶
文應公
娶某氏生一子
志祉公止

汪氏生二子
文京公 娶某氏生一子
志榮公 娶楊氏生三子
兆琥公 娶某氏生一子
應貴公止
社福公止
社忠公 娶某氏生一子 遷江西
應春公

社忠公子
應春公 娶王氏生二子
天葵公無考
天堇公無考

永保公子
元輅公 娶曹氏生三子
文靖公 娶某氏生一子
志祖公止

永多公子

元富公
事蹟見善行生萬歷乙亥娶石氏生二子葬程家坟

文順公 娶某氏生一子
志邱公 止

文超公 娶某氏生一子
志祿公 止

文芝公 娶張氏生一子合葬上溪口
志浩公 止

文蘭公 生萬歷戊戌歿康熙甲寅娶程氏生一子合葬下碓
志吉公 生崇禎己巳歿康熙乙丑娶王氏生三子合葬程家坟

兆鵬公 娶石氏生一子合葬程家坟
應爵公 止

兆鵾公 生康熙癸卯歿乾隆辛酉娶石氏生康熙丙戌生一子
應祿公

兆鶡公子

應祿公
生康熙戊寅正月初二娶汪氏生康熙辛卯生四子合葬下碓

天傑公
娶汪氏繼娶程氏生四子公葬白塔路汪氏葬上茱園程氏葬社土上

原章公止

湇章公
娶汪氏生三子葬余川横田塍

錫根公止

錫桂公止

錫森公
娶汪氏生五子

貞會公止

貞池公止
娶章氏繼娶江氏

兆鴻公
生康熙丙辰歿雍正癸卯娶曹氏生一子

應興公

濰章公
娶某氏生三子
葬社土上

錫友公
摘錫杏次子爲後
貞乾

三友公止
娶汪氏

錫杏公
名金攵生嘉慶癸酉二月二十八歿同治丁卯
貞熊公

貞定公止
世定公止
貞海公止

三月二十八娶汪氏生道光乙酉四月初一歿光緒甲辰六月初一生二子以次子貞乾爲錫友後

泮章公　娶汪氏繼娶潘氏生四子

錫槐公　娶某氏生二子

萬芬公　止

貞木公　止

錫椿公　娶葉氏生二子

貞煥公　止

貞明公　止

錫銀公　止

天付公止
生乾隆甲子娶程氏生乾隆丁丑

天儲公
生乾隆丁卯九月二十九娶汪氏生一子合葬下碓

潔章公
娶柯氏生二子公葬下井山氏葬舒家

錫錦公
娶程氏摘錫欽三子爲後公葬上萊園氏葬社土上

貞水公止
娶方氏合葬社土上

錫欽公
娶曹氏生四子以三子貞水爲錫錦公後

貞員公

貞洽公

貞亨公止

星槐公止

娶曹氏合葬社土上

天儱公止
生乾隆壬申二月初二

兆鴻公子

應興公
娶某氏生一子合葬社土上

天脩公
娶汪氏生一子合葬下紋

桂章公
娶曹氏生五子合葬下紋

太寶公
娶王氏生二子合葬下紋

年慶公止

貞木公止

星寶公止
葬下紋

八寶公止
葬下紋

進春公止

葬下紋

錫林公止

娶王氏合葬下紋

錫友公子

貞乾——祥炘

貞乾：名大雪生同治丙寅十二月初十娶汪氏生同治戊辰十二月初三歿光緒戊戌十一月二十二生一子繼娶曹氏生光緒戊寅八月十七生一子以次子祥濟爲貞熊後

祥炘：名炳泰生光緒辛卯十二月初二亥時

錫杏公子

貞熊公——祥濟

貞熊公：摘貞乾次子爲後

祥濟：生光緒乙丑六月二十五申時

錫欽公長子

貞員公——祥瑞公——洪啟

貞員公：生道光丁亥三月二十一歿同治丙寅十一月十二娶汪氏繼娶程氏以貞治子雙祧公葬社土上汪氏程氏葬下井山

祥瑞公：名功獻生道光己酉四月二十四子時歿光緒辛丑七月初二辰時娶曹氏繼娶汪氏生同治庚午十一月十六申時生四子以長子爲貞員公派後以次子爲貞治公派後以三子洪福爲元泗公派祥庚公後以四子洪燦爲元美公派祥杰後

洪啟：名院文生光緒戊子八月二十四戌時娶葉氏生光緒癸巳十二月二十申時歿宣統辛亥正月初八戌時繼娶鮑氏生光緒壬辰三月十二亥時葉氏葬社土上

錫欽公次子

貞治公——祥瑞公——洪宣

貞治公：生道光己丑九月十四歿咸豐辛酉四月二十

祥瑞公：生娶見前

洪宣：名院安生光緒辛卯十一月十七申時

永可公長子

兆璜公子

永可公次子

八娶汪氏生一子雙祧貞員公

元會公 娶程氏生二子 合葬北庄

文欽公 娶汪氏生一子 — 志羽公止

文義公 娶曹氏生一子 — 志賢公 娶曹氏生一子 — 兆璜公 娶曹氏生一子 合葬獅尾 — 應當公

應當公 生康熙戊申二月十二歿康熙辛丑娶程氏生康熙乙丑生二子以次子天秋爲元鶴公派應玉公後

士正公 生康熙辛卯娶曹氏生雍正乙巳摘元鶴公派天秋四子爲後

四喜公 娶某氏生一子

全壽公止

元燦公 — 文標公止

娶柯氏繼娶汪氏生三子

文表公　娶汪氏生四子

志佳公　止

志儀公　生萬歷辛亥歿康熙丁丑娶葉氏生二子

兆復公　止

兆蒲公　字仲美生順治壬辰歿康熙戊戌娶汪氏生康熙丁巳歿乾隆甲戌生一子

應積公　字德餘生康熙戊寅八月二十四娶張氏生康熙庚辰　止

志儒公　止

志仟公　止

文宣公

志彪公

兆發公　止

永容公長子

元福公
娶汪氏生二子

文憲公止
娶王氏生一子
合葬墹塢頭

文忠公
娶某氏生三子

志德公
娶某氏生一子

兆科公止

志誠公
生崇禎戊寅十二月二十七歿康熙壬申十二月初三娶鐘氏生崇禎癸未八月二十七生二子

兆佳公
生康熙乙卯十一月初二子時歿乾隆戊寅四月二十八辰時娶方氏生康熙乙丑正月十四子時歿乾隆辛未七月十一酉時生二子

應開公

應輪公

兆魁公止

娶某氏生一子

生康熙辛酉六月十六子時殁乾隆甲戌二月初三卯時娶程氏生康熙癸酉十月二十四殁乾隆戊寅二月初九繼娶程氏生康熙甲申九月二十丑時

志嘉公 止

兆佳公長子

應開公 字運啟生康熙壬辰三月十八子時娶黄氏生康熙丁酉八月初五卯時生二子

天懲公 止 生乾隆丙寅

天愈公 止 生乾隆甲戌

兆佳公次子

應輪公 字明仰生康熙己亥六月十五子時娶汪氏生雍正乙巳十月初四戌時生二子

天灶公止 生乾隆丙寅

天椿公止 生乾隆庚午

承敏公子

元攀公 娶葉氏生二子合葬下井山

文宇公止 邑庠生字海週事蹟見學林生萬歷乙未娶王氏葬新坟邊

文定公 生萬歷丁未娶汪氏繼娶汪氏生三子合葬前坑

志仕公 娶曹氏生四子

兆開公止

兆閭公 娶某氏生一子

應明公止

志達公 生崇禎辛未娶程氏生四子

- 兆閎公 止
- 兆閏公 止
- 兆閣公 娶程氏生一子 —— 應日公 止
- 兆闕公 止
- 兆闐公 生康熙甲子歿乾隆庚午娶汪氏生一子 —— 應瑯公
- 兆闔公 止

志熙公 —— 兆問公 —— 應照公 止

娶某氏生五子

生順治辛丑娶柯氏生三子以次子應國爲兆閑後以三子應昌爲兆閎後

生康熙壬午八月二十三娶葉氏

兆閑公——應國公

摘兆問次子爲後

兆闉公無考

遷嘉定

兆閈公——應繹公

娶王氏生一子

兆閎公——應昌公

摘兆問三子爲後

兆闓公子

應瑯公——生康熙辛丑十一月二十八娶馮氏生一子

天儁公止 生乾隆辛酉

兆閈公子

應國公——生康熙癸巳正月二十四娶葉氏生二子

天偶公止 生乾隆己巳

天儆公止 生乾隆癸酉

兆閈公子

應繹公——生康熙庚寅娶汪氏生一子

天伋公止 生乾隆丁丑

兆閎公子

應昌公——生康熙乙未四月初十娶葉氏生一子

天佩公止 生乾隆丁丑

永留公長子 元恭公 娶黃氏生二子

文信公 娶某氏生一子

志尹公 止

文仙公 止

永留公次子 元敬公 娶某氏生一子

文鰲公 止

分系二　元當公派上

永留公三子

元當公　字任宏生萬歷庚辰歿崇禎辛未娶汪氏生二子公葬歙邑棧石獅形山向詳載墓圖氏葬竦嶺脚永安磚頭

文巧公　娶程氏生四子合葬西村

志軒公　娶程氏生二子

兆端公止　生順治癸巳歿乾隆丙寅娶某氏合葬獅尾

兆燮公止　葬獅尾

志撰公　娶石氏生二子

兆可公　遷江西龍山源

應烈公無攷

應黎公無攷

兆立公止

志昂公

兆承公止

娶曹氏生一子

志眷公 止
娶汪氏合葬獅尾

文法公
字爾遵生天啟辛酉正月初八歿康熙戊午六月二十娶季氏生天啟乙丑歿康熙乙酉九月初四生四子合葬歙邑棧石獅形山向詳載墓圖

志柏公
字子殷生順治癸巳九月初五歿雍正丁未九月二十八娶程氏生順治癸巳五月十三歿康熙乙酉十月十四生二子合葬呈金塘山向詳載墓圖

兆孔公
字紹聖生康熙乙卯正月二十二歿乾隆丁巳四月十八娶程氏生康熙戊午九月十六歿乾隆丁巳九月二十六生五子合葬洪家山向詳載墓圖

應超公

應達公

應通公

應進公

應廸公

兆顏公 字汝夏生康熙乙丑歿乾隆丁酉娶汪氏生康熙癸酉生一子合葬兆庄

應瑜公

志松公 字茂先生順治戊戌九月初三戌時歿乾隆戊午娶汪氏生康熙乙卯歿乾隆癸酉生二子

兆秉公 字氏彝生康熙己卯十月初八辰時娶曹氏繼娶程氏生康熙癸未生三子

應瑋公

應琪公

應賢公

兆采公 字明五生康熙戊子三月二十三子時娶汪氏

應琯公

應瑾公止

生康熙丙戌六月二十三辰時生三子

字公懷生雍正乙卯十一月十六寅時娶汪氏生乾隆辛酉十月十八戌時

應瑛公止

字漢瑞生乾隆辛未二月二十二辰時

志栓公——兆堯公——應榮公

字蹈威生康熙癸卯歿乾隆壬戌娶季氏生康熙甲辰歿雍正乙卯生二子合葬永安橋頭

字開唐生康熙己巳歿康熙再壬寅娶曹氏繼娶曹氏節行見列女生康熙癸酉生一子

兆求公——應珽公

字我貞生康熙壬午六月初二

巳時娶汪氏生康熙庚辰十月十一酉時生一子合葬上溪口

志良公

鄉飲賓字德輝號濬齋事蹟見善行生康熙丙午十二月二十六午時歿乾隆戊辰十月二十一寅時娶柯氏生康熙丁未四月初二未時歿乾隆丁卯五月二十八寅時生四子合葬牛欄基山向詳載墓圖

兆俠公

字紹三生康熙乙丑九月二十七亥時娶柯氏生康熙丁卯四月初二歿雍正戊申十一月初一生三子繼娶季氏生康熙戊辰歿乾隆丙子

應珉公

應璸公

應瑄公

兆族公

字開宗事蹟見善行生康熙辛未四月二十一午時歿乾隆壬申十一月二十

應玿公

應瑗公

三戌時娶柯氏繼娶曹氏生康熙壬申二月二十九午時歿乾隆庚午十一月十三巳時生一子側室王氏生康熙庚寅九月十九巳時生二子公葬岸基柯氏葬芝蔴園曹氏王氏葬上溪口

兆信公

字誠交生康熙乙亥十二月二十七歿乾隆庚申三月二十二娶柯氏生康熙甲戌三月二十六生三子

應珹公

應璿公

應珆公

兆材公
邑庠生名廷鳳字儀成號東園事蹟分見學林善行生康熙戊寅九月二十二申時娶曹氏孝行見列女生康熙戊寅三月初六生二子

應璐公

應珄公

兆孔公長子

應超公
鄉飲賓字惟越生康熙丙子正月十八歿乾隆甲申二月十二娶汪氏生康熙庚辰十月二十九生三子合葬洪家山向詳載墓圖

天祀公
國學生鄉飲賓名大祿字友文號子舒生康熙辛丑四月二十九歿乾隆丙申九月初八娶馮氏生雍正甲辰二月二十八歿乾隆甲午九月二十生三子德

德潤公
國學生名燦字輝章號澤周生乾隆辛未十一月二十六寅時歿嘉慶癸酉十月初十丑時娶汪氏生乾隆丁卯十月初八子時歿道光乙酉十一月十三寅

錫朋公
邑庠武生名灶有號盐源生乾隆辛卯十二月初四歿道光庚寅正月二十八娶曹氏生乾隆丁亥十一月十九歿道光己丑七月十一生四子合葬剪刀凹

貞燧公

貞熤公

貞炤公

貞烽公

潤德深德淋側
室季氏生乾隆
戊午三月二十
一歿嘉慶辛酉
四月二十生二
子德淑德沛合
葬前坑百壽邱
山向詳載墓圖

時生四子以次
子錫袞爲德深
後以三子錫田
爲德淋後合葬
前坑百壽坵山
向詳載墓圖

德深公
生乾隆丁丑十
二月初十歿乾
隆丙申八月初
十娶汪氏節行
見列女生乾隆
丙子歿嘉慶乙
亥摘德潤次子
爲後合葬祭裏

山向詳載墓圖

錫金公
邑庠生名一鳴
事蹟見學林生
乾隆戊申正月
二十一娶程氏
生一子繼娶章
氏生一子又娶
柯氏生一子公
葬祭裏坑章氏
葬鉎頭柯氏葬
來龍上

錫袞公
國學生名大方
號彤軒生乾隆
壬寅三月初十
歿道光己亥九
月初十娶曹氏
生乾隆辛丑正
月初二歿嘉慶
己巳六月十二

貞邦公

貞忠公

貞孝公

貞全公

貞亘公

貞輝公

坑

德淑公
國學生名宇生乾隆己卯二月初八娶馮氏生乾隆戊寅七月初十生二子合葬後岸

生一子繼娶汪氏生乾隆壬子四月二十九歿咸豐庚申三月十七生五子合葬呈華塘山向詳載墓圖

錫燊公
字南村生乾隆癸丑七月初五歿道光己丑八月二十四娶汪氏生乾隆辛亥三月十二歿咸豐乙卯正月二十五生四子合葬東山上

貞操公

貞醇公

貞元公

貞璧公

貞萬公止
生嘉慶丁丑十一月三十歿道光丙申八月十四

貞魁公

貞端公

錫根公

字立平生乾隆甲寅十月二十殁道光丁亥十二月二十娶汪氏生乾隆甲寅殁同治壬戌二月二十九生一子

貞木公

德沛公

邑庠生名麟號石凡事蹟見學林生乾隆辛巳十二月十二殁道光丁酉二月初六娶曹氏生乾隆甲申七月二十八殁道光

錫炳公

生乾隆庚戌十月初二殁道光丙午十一月初三娶曹氏生乾隆戊申十月十七殁同治癸亥五月初五生三子

貞恒公

貞憓公

貞懌公

丁酉二月二十三生二子合葬前坑

錫煌公——貞炬公

娶曹氏繼娶曹氏節行見列女生一子

德淋公——錫田公——貞幹公

貞孚公

貞亮公

貞修公

貞熊公

德淋公：生乾隆丁亥七月十二歿乾隆癸卯十月初六摘德潤三子爲後葬呈華塘山向詳載墓圖

錫田公：國學生字雨亭生乾隆甲辰正月二十七未時歿咸豐庚申五月十七戌時娶汪氏生乾隆庚子十月十五歿嘉慶癸亥六月二十一生一子繼娶馮氏生乾隆丙午十二月初三亥時歿道光癸未三月二十六未時生二子

貞煜公
子又繼娶章氏生嘉慶癸亥八月二十九丑時歿咸豐辛酉三月初二卯時生三子合葬呈華塘山向詳載墓圖

天昇公
字際昌生雍正乙巳十二月十八娶程氏生雍正庚戌二月二十一生四子合葬前坑

德溥公
國學生生乾隆辛未二月十九娶柯氏繼娶石氏生四子合葬前坑石氏葬鳳形山

錫慶公
國學生名開泰娶柯氏生一子

貞尾公

錫賓公
名才娶方氏生二子合葬鳳形山

熾昌公止

吉昌公

錫宣公
娶曹氏生二子合葬鳳形山

祚昌公止

毓昌公止

錫桂公止
娶汪氏葬鳳形山

大夏公
娶某氏生一子

灶發公
娶某氏生三子

高品公止

高啟公止

高雅公

細夏公
娶某氏生二子

雲竹公

金星公止
娶汪氏節行見

列女

玉喜公 娶某氏生二子

金華公 娶汪氏生一子

廷慶公止

聯華公 名開字半塘娶某氏生一子

廷吉公止

天時公 字嘉逢生乾隆丁巳十二月二十九娶汪氏生乾隆庚申十一月二十六生一子合葬呈金塘

德壽公 國學生名煥文娶曹氏生二子

錫純公 娶曹氏生一子

灶富公

錫綱公 娶汪氏生二子

觀華公

有華公

兆孔公次子

應遠公

天晈公

德瀧公

錫桐公

貞朗公

字惟上生康熙庚辰殁乾隆癸亥娶方氏生康熙庚寅生一子合葬高塝上

國學生名俊字明逵生雍正乙卯三月初九娶程氏生雍正乙卯生三子合葬洪家山向詳載墓圖

名大龍娶曹氏摘德湆長子爲後公葬澤川馬鞍山氏葬西墓坦口新墳邊

德湆公——錫杞公——貞銘公

國學生名細龍生乾隆辛巳六月初九殁道光

娶曹氏生一子

國學生名騰芳字玉泉號端書生乾隆己亥四月二十三殁道光辛丑四月二十三娶章氏生乾隆戊戌九月初五殁道光辛丑六月十一生一子側室汪氏生嘉慶庚申七月初二殁咸豐辛酉八月初二公葬高塝上章氏葬澤川馬鞍山汪氏葬芝蔴園

壬午八月初四娶王氏生四子以長子錫桐爲德滙後合葬高塝上

錫梯公 字雲上生嘉慶戊午六月二十六歿咸豐丁巳閏五月初一娶章氏生嘉慶丙辰生五子葬芝蔴園

錫梓公 國學生字映泉娶程氏生二子

貞廉公

貞度公

貞康公 名敬春 止

貞庸公 名敬業 止

貞導公 名敬成 止

清吉公 娶汪氏 止

貞吉公 止

德溷公
娶曹氏生二子

錫梧公
名瑞泉生乾隆丙午七月三十殁咸豐庚申三月初九娶曹氏生乾隆癸卯七月十六生三子

聚興公

貞嘉公

貞仁公

錫櫝公
名慶衍生嘉慶丁巳六月初七殁咸豐丙辰十一月十六娶曹氏生嘉慶戊午十二月二十一殁同治壬戌生二子

貞善公

貞乾公

兆孔公三子

- **應通公** 生康熙癸未七月初十娶王氏生康熙壬辰歿乾隆壬申生二子繼娶汪氏
  - **天哲公** 字紹曾生雍正庚戌七月十八娶王氏生雍正辛亥生一子
    - **德泰公** 娶柯氏生二子
      - **錫基公** 娶柯氏生二子
        - **貞業公**止 名旺魁娶柯氏
        - **貞鉅公**止 名旺前
      - **錫埜公**止
  - **天智公** 一名天晛字書益生乾隆丁巳十一月十三娶汪氏生乾隆丁巳九月十九生一子
    - **黃龍公** 娶某氏生一子
      - **錫友公** 國學生娶某氏生二子
        - **承寶公**止
        - **承芝公**止

兆孔公四子

- **應進公** 鄉飲賓字從先生康熙壬辰三
  - **天旭公** 國學生名旭字日初事蹟見善
    - **德河公** 郡庠武生名端英娶程氏生五
      - **錫晶公** 郡庠增生名騰翮事蹟見學林
        - **貞卿公**

月二十九娶曹氏生康熙丁酉七月十八生一子合葬照坑蛇形岡山向詳載墓圖

行生乾隆甲子三月二十一娶程氏生乾隆甲子三月二十二生三子合葬余村岱

子合葬黃泥嶺

娶曹氏生二子

貞熙公

錫林公　字霞佩娶程氏生一子繼娶曹氏生二子合葬余村岱

貞士公

貞烈公

貞照公

錫琛公　名森林娶曹氏生一子葬芝蔴園

貞珠公

錫炎公　名炎林娶程氏繼娶曹氏生二

貞瑾公止　名華恩娶曹氏合葬劉家塘

予所言之法以袪吾所防之弊繪諸圖列諸傳冠以凡例宗約與先賢事實墓誌祠碑遷居考登科記並東西房圖傳合爲一編凡三卷俾就排印使後之人讀是譜者遵而行之觀而感之孰居乎昭孰居乎穆燦若列眉孰爲開創孰爲守成瞭如指掌前之爲祖宗記所流傳後之爲耳孫溯其自出皆司馬之力也抑亦觀察之意也因援筆而爲之序

光緒十有七年歲在重光單閼陽月既望　穀旦

同里陳予齡撰

曹氏合葬黃泥嶺山向詳載墓圖元配曹氏葬洪家

十生二子合葬余村岱

錫印公　國學生名騰輩字杏林號心齋生道光乙酉六月初六娶周氏生道光壬午歿同治戊申十月初十生一子繼娶曹氏

貞樹公

錫柄公　國學生名騰賓字桃林號理齋生道光戊子四月初八寅時歿宣統庚戌六月十八娶石氏生道光己丑八月二十三歿咸豐

貞祿

貞澤

辛酉六月二十九繼娶曹氏生道光癸卯五月十八歿光緒丁酉十一月初七生二子

德湧公——錫松公——貞彦公

德湧公 登仕郎名瑞明生乾隆壬寅三月十五歿道光乙未五月初六娶曹氏生乾隆戊戌十一月二十三歿道光乙未四月十九生一子合葬黃泥嶺

錫松公 生嘉慶辛未十月二十八歿咸豐辛酉六月初四娶曹氏生嘉慶戊辰七月十二歿道光己丑四月初十生一子繼娶曹氏生嘉慶己卯九月初十歿光緒壬寅十月初四公與繼配曹氏葬劉家塘元配曹氏葬蟹形

兆孔公五子

應廸公 字惪吉生康熙己亥六月二十八娶程氏生康熙壬寅生二子

天昆公 字序先生乾隆乙丑 止

天昈公 字陽明生乾隆癸酉 止

兆顏公子

應瑜公 字公懷生雍正丁未二月初一娶汪氏生乾隆丙辰歿乾隆丙子繼娶葉氏生二子葬前坑

天掬公 登仕郎生乾隆丁亥六月初二歿道光丁亥十一月二十九娶王氏生乾隆庚寅七月二十七歿道光庚戌二月二十三生三子以次子夏章爲天揖後

卓章公 娶曹氏生二子

錫鑑公 生嘉慶癸酉歿咸豐庚申娶曹氏繼娶曹氏三娶王氏四娶程氏生三子以三子貞敢爲錫奎後葬芝蔴園

貞有公

貞上

錫奎公 摘錫鑑三子爲後

貞敢公

佐章公　名觀元生嘉慶庚午正月二十歿道光壬寅二月二十五娶柯氏生嘉慶辛未六月二十四歿咸豐辛酉六月二十生四子

錫祿公　以錫鈺子雙祧　——貞恒

錫全公止

錫芝公止

錫鈺公　字巽介生道光戊戌四月初二歿光緒己亥二月十一娶柯氏生道光戊戌七月二十五歿咸豐辛酉繼娶鮑氏生道光甲辰七月十九生一子雙祧錫祿公　——貞恒

天揖公 娶王氏摘天掬次子爲後
- 夏章公 娶曹氏繼娶曹氏又娶柯氏生二子
  - 錫鉅公 止
  - 錫鈞公 止

兆秉公長子
- 應瑋公 生雍正己酉十一月初九巳時娶程氏生乾隆癸亥生一子
  - 天生公 止

兆秉公次子
- 應珙公 生乾隆丙辰四月二十六亥時娶曹氏生乾隆甲子丑月二十一酉時生三子
  - 天金公 娶某氏生一子
    - 觀玉公 止
  - 天細公 止
  - 天三公 止

兆秉公三子

應賢公 生乾隆庚申九月十二亥時娶曹氏生乾隆丁卯生二子葬下村社

天玉公 娶某氏生二子

德根公止

德芬公止

天聚公 娶曹氏生二子公葬竦嶺脚氏葬北庄

德建公 生嘉慶甲戌歿咸豐辛酉娶季氏生嘉慶乙亥歿同治癸亥生二子合葬竦嶺脚

錫孚公止 葬芝蘇園

錫明公止 生道光乙巳六月十四

德福公止

兆采公長子

應琯公 字西獻生雍正庚戌十月二十六娶汪氏生雍正庚戌九月十

天翹公 娶某氏生二子

德慶公止

生慶公止

兆堯公子

七生一子

應榮公 字仁甫生康熙乙未歿乾隆丁卯娶洪氏生一子

天相公 娶曹氏摘元遐公派大俊次子爲後公葬烏鴉撲地氏葬芝蔴園

德苗公 娶馮氏生一子 葬北庄岡

錫金公 名觀慶生嘉慶戊辰二月二十六歿光緒己丑二月十九娶程氏生二子繼娶吳氏生道光戊子五月初五歿光緒癸卯十月初二生一子合葬芝蔴園

貞水公 止

貞桂公 止

貞根公

兆求公子

應斑公 生乾隆辛酉三月初四娶曹氏繼娶曹氏生乾隆己未十月二十一生四子合葬烏鴉撲地

天薇公 娶曹氏生一子 葬芝蔴園

德賞公 摘德廣次子爲後

錫涵公 名潤林娶汪氏生四子

貞爰公 名廷蘭 止

貞卓公 名廷鑑 止

天泓公
娶洪氏生一子
合葬芝蔴園

德廣公
娶王氏生三子
以次子錫涵爲
德賞後合葬芝
蔴園

錫深公
名慶福娶王氏
生二子

錫俠公
名潤恩娶洪氏
生二子

貞銘公止
名廷讓

貞鈿公止

貞欽公止
名廷選娶金氏
合葬芝蔴園

貞鉦公止

貞梯公止
名廷慰葬芝蔴
園

貞桂公止
名廷釆葬芝蔴

園

天統公 娶程氏生三子以次子德炮爲天效後公葬烏鴉撲地氏葬芝蔴園

德運公 娶程氏生一子合葬芝蔴園

大成公 娶程氏生二子合葬芝蔴園

貞堂公止 名文吉生道光己亥歿光緒辛卯娶王氏合葬芝蔴園

貞定

德山公 娶某氏生一子

年成公 娶張氏生一子合葬芝蔴園

善吉公

天效公 娶某氏摘天統次子爲後合葬芝蔴園

德炮公 娶季氏繼娶王氏生一子

錫鑽公 生道光甲申娶汪氏生道光丙戌八月初五歿光緒乙亥九月初二生二子合

貞育公

貞華

兆俠公長子

應珉公 字炎上生康熙壬辰七月三十亥時娶許氏生康熙己丑正月十四卯時生三子合葬堈塢頭

天魁公 字步鰲娶石氏生三子合葬塢上

豫章公 字建侯生乾隆乙丑娶柯氏生二子合葬呈華塘

葬芝蘇園

錫泰公 娶汪氏生三子公葬呈華塘氏葬兆庄岡

聖甯公止 葬芝蘇園

聖善公

聖文公

又泰公 娶某氏生一子葬芝蘇園

聖階公止 葬芝蘇園

含章公 生乾隆丁丑娶某氏生一子公葬塢上氏葬芝

錫湄公 娶柯氏繼娶汪氏生二子合葬芝蘇園

聖桐公

聖廸公止

天組公　字綏若娶馮氏生三子合葬芝蘇園

蘇園

日章公　娶某氏生一子
交泰公　娶王氏生一子
聖吉公　娶王氏繼娶章氏合葬芝蘇園

煥章公　生乾隆丙子娶馮氏生一子合葬瑤上
錫圭公　娶馮氏繼娶曹氏生一子葬芝蘇園
聖書公

勤章公　娶叚氏節行見列女生一子合葬芝蘇園
錫蝦公止　葬芝蘇園

懷章公　娶曹氏生一子合葬芝蘇園
錫根公　娶某氏生一子合葬芝蘇園
聖智公

天縱公
生乾隆庚辰娶曹氏生一子合葬芝蔴園

求章公
生乾隆丙午二月二十殁咸豐辛酉七月二十六娶程氏生嘉慶庚申六月初八殁道光戊申三月初十生二子公葬程家塢上氏葬芝蔴園

錫恩公
名觀月生道光辛巳十月十四殁同治乙丑十月十二娶陳氏生嘉慶己卯十一月十一殁光緒庚辰七月初八生一子合葬坰塢頭

聖金

錫風公
名連月生道光乙酉九月二十娶周氏繼娶柯氏生道光丙申十月十六生四子周氏葬芝蔴園

聖錢公

聖源公

聖茂

兆俠公次子

應璸公 字玉彩生康熙庚子四月十六午時娶程氏生康熙己亥二月二十九戌時生三子公葬永安橋頭氏葬西墓坦

天綽公 名有裕生乾隆丁卯娶曹氏生三子

大永公 止

細永公 止

三永公 娶曹氏生一子

錫田公 娶曹氏生四子

元魁公 止

從魁公 止

富魁公 止

又魁公 止

聖謹

天綱公 止

天綱公 國學生生乾隆丙子二月十五娶石氏生四子合葬西墓坦

建章公 娶程氏生二子公葬西墓坦氏葬北庄

錫浩公 一名錫振娶程氏生一子合葬徽州府

貞銓公

錫豐公 止 葬芝蔴園

夔章公 摘簡章三子爲後

錫奏公 止 娶石氏

敬章公 生乾隆丁酉五月初八歿道光癸未四月二十

錫榮公 名大吉生嘉慶癸酉七月十二歿道光癸卯十

貞熙公

娶汪氏生二子
合葬西墓坦

二月二十三摘
錫順長子爲後
葬芝蔴園

錫順公——**貞煦**

生嘉慶丙子十一月十七歿咸豐辛酉六月初一娶汪氏生嘉慶己卯二月十一歿同治癸亥八月初七生二子以長子貞煦爲錫榮後合葬西墓坦

簡章公

娶汪氏生三子以三子錫奏爲彝章後

錫椿公——**貞有公**止

摘錫秦長子爲後葬芝蔴園

名有魁生咸豐甲寅正月二十歿光緒庚寅五月二十八葬芝蔴園

兆俠公三子

應瑄公
生康熙再壬寅七月初七丑時娶馮氏生康熙庚子十月十三卯時生二子

天綬公
字履安生乾隆乙丑娶汪氏節行見列女生一子

潤章公
娶曹氏節行見列女生二子

錫廷公 — 貞幹公

錫生公 止

錫光公 止

錫秦公 — 貞細
生道光丙戌十月二十二殁光緒戊戌二月初五娶曹氏生道光甲午二月二十殁宣統庚戌二月二十生二子以長子貞有爲錫榛後公葬北庄氏葬西墓坦

兆族公長子

應琊公 國學生名雲興字望如生雍正甲寅十二月二十八子時娶柯氏生雍正戊申七月二十九子

天頎公 邑武生字子長號鶴山生乾隆甲戌娶曹氏生一子公葬塘灣氏葬波林坦

佩章公 名壽大號臯華娶柯氏生一子合葬呈金塘

錫蕃公 名功奏娶汪氏摘錫格長子爲後

貞沅公

天綾公 生乾隆丙子娶馮氏生三子合葬寺後裏竹窠

瀚章公 娶程氏生二子以次子錫祿爲懋章後

錫圜公 娶曹氏生二子合葬後岸

貞㘩公

貞峨公

懋章公 娶汪氏摘瀚章次子爲後

錫祿公 娶某氏生一子

貞昳公

典章公 娶某氏生一子

生圓公止

時生四子

天顏公 字覲光生乾隆戊寅娶石氏生五子合葬塘灣

燦章公 名有喜娶曹氏生三子合葬社土上

偉章公 名金喜號卓然娶王氏生一子合葬塘灣

傑章公

錫灝公止

錫焯公 娶汪氏生一子

錫河公止

錫銑公 娶章氏繼娶曹氏生三子

錫澤公

魁基公止

貞炎公止

國正公止

自安公止

貞濤

名細壽號漢三娶曹氏繼娶黃氏生三子

名潤先摘錫格四子爲後

錫格

名松雲生道光丁酉五月二十五亥時娶曹氏生道光甲辰五月二十四卯時歿同治壬戌繼娶鄭氏生道光辛丑五月二十戌時歿光緒壬午十一月二十八寅時繼娶洪氏生道光丙午八月二十九丑時生五子以長子貞沅爲錫蕃後以四子貞濤爲錫澤後

貞渭

貞源

貞潔

天須公
名桂三娶石氏
生三子葬塘灣

佳章公
娶曹氏生一子

倫章公止

仕章公
名祥喜娶曹氏
生三子

錫永公止
名百榮

錫田公止

錫華公止
娶曹氏

錫英公
娶曹氏生一子

錫蒸公止
名雨華

貞本公止
名錢魁

仁章公
娶某氏生一子

灶華公
娶某氏生二子

貞惠

貞蘇公
止

聖章公
娶某氏生五子

壬華公
止

舜華公
止

萃華公
止

春華公
止

五華公
止

兆族公次子

天頎公　娶汪氏生一子

仲章公　娶章氏繼娶潘氏生一子

錫熙公　名上和娶周氏繼娶吳氏生一子公葬芝蔴園周氏葬程家墳吳氏葬呈金塘

貞彥公　止　名華生生同治丙寅歿光緒辛丑九月二十六娶曹氏繼娶方氏生同治庚午公葬芝蔴園曹氏葬呈金塘

應瑗公　字衛賢生乾隆乙丑三月十二卯時娶馮氏繼娶曹氏生三子公葬後岸馮氏葬芝蔴園曹氏葬堝塢頭

天燦公　娶馮氏摘天煊長子爲後合葬芝蔴園

伍章公　名起寅生嘉慶庚午正月初十歿同治乙丑八月十八娶汪氏生嘉慶庚辰二月初七歿咸豐丙辰九月十三繼娶汪氏生嘉慶己卯八月二十三歿同治庚午正月初二生一子合葬芝蔴

錫水　名永豐生道光甲辰九月十二子時娶江氏生咸豐己未四月初二申時歿宣統庚戌二月二十一卯時生一子氏葬芝蔴園

貞昌

圖

天煌公——又章公——錫生公止

娶馮氏摘天煊三子爲後葬芝蔴圖

摘原章三子爲後葬芝蔴圖

生咸豐癸丑十月初十

天煊公——原章公——錫俊公——貞均

娶曹氏生三子以長子伍章爲天燦後以三子又章爲天煌後

生嘉慶乙亥七月二十六娶曹氏生嘉慶丙子九月十三歿光緒辛卯正月初五生三子以三子錫生爲又章後公葬芝蔴圖

生道光癸卯歿光緒戊寅摘錫棟長子爲後

錫棟——貞沅

生咸豐辛亥四月二十四酉時娶曹氏生同治戊辰十一月初八辰時歿宣統己酉六月十五寅時生二子以長子貞均爲錫

兆信公長子

應珹公 字瑜上生康熙癸巳十一月十一歿乾隆辛酉十二月初九娶曹氏生康熙庚寅十一月十五生一子

天鋐公 字靜山生雍正壬子七月初九娶曹氏生雍正辛亥三月二十八生一子

用章公 字俊民生乾隆丙子娶曹氏生一子

錫緒公 娶某氏生一子

俊後

貞培公止

兆信公次子

應璿公 字重衡生康熙丙申十一月二十四子時娶柯氏生康熙乙未四月初五亥時生一子

天欽公 邑庠生字亮工事蹟見學林生雍正癸丑十月初六娶曹氏生雍正壬子繼娶汪氏生一子

大章公 娶石氏繼娶曹氏三娶葉氏生一子葬芝蔴園

錫燾公 摘錫祚次子爲後葬芝蔴園

貞銓公

兆信公三子

應玿公 字龍文生康熙

天錢公 字萬選生乾隆

宏章公 娶汪氏生一子

錫慶公 摘錫祚四子爲

貞桂公

己亥五月二十三寅時娶曹氏生康熙庚子六月十五丑時生一子

庚申正月初四娶曹氏生乾隆辛酉繼娶曹氏生五子

合葬呈金塘

後

煜章公——**錫祚公**——**貞濤**

生乾隆乙酉歿嘉慶己巳娶曹氏生乾隆壬午歿道光甲午合葬汆安橋頭

生嘉慶壬戌歿道光丁未娶馮氏生嘉慶己巳歿道光丁未生四子以次子貞銓爲錫杰後以四子貞柱爲錫慶後

貞棣

嘉章公——**錫河公**止

娶程氏生一子

端章公止

定章公止

娶黄氏

兆材公長子

應璐公

附貢生名立中字其旋號敬堂事蹟分見學林善行生康熙己亥六月初三亥時娶曹氏生康熙庚子九月初五卯時生五子公葬黄柏山氏葬芝蔴園

天頖公

生乾隆甲子十月初十娶石氏生乾隆甲子三月十七生二子

天顥公

字漢耆生乾隆己巳六月三十娶梩氏生乾隆己巳生三子合葬芝蔴園

啟章公

娶某氏生一子

錫浚公

娶某氏生一子

雲基公止

景章公

娶某氏生一子

錫華公

娶某氏生一子

七成公止

龍章公

娶石氏生四子以次子錫敬爲恒章後以三子錫恭爲會章後合葬芝蔴園

錫雅公

娶王氏生四子以次子貞玉爲錫敬後以三子貞秀爲錫恭後以四子貞學爲錫哲後

貞懋

錫哲公

摘錫雅四子爲後

貞學公止

名學魁

恒章公

錫敬公

貞玉公止

娶石氏摘龍章次子爲後合葬芝蔴園　娶程氏摘錫雅次子爲後合葬南滙縣周浦鎮　名玉魁

天願公　字適我生乾隆辛未娶曹氏生乾隆庚午生三子

會章公　摘龍章三子爲後葬芝蔴園

錫恭公　摘錫雅三子爲後

貞秀公　名秀魁　止

衍章公　娶某氏生一子

錫宣公　止

炳章公　娶某氏生一子

錫翰公　止

百章公　娶某氏生一子

建五公　止

天顯公　生乾隆甲戌娶某氏生三子

開章公　娶某氏生二子

多福公　止

多壽公止

綮章公止

煒章公
娶某氏生二子

聚慶公止

樹慶公止

天頤公止
生乾隆丙子七月二十五

兆材公
次子

應玶公
國學生鄉飲大賓名立本字仁宇號心泉事蹟見善行生康熙

天項公
邑武生名樹標生乾隆甲戌九月初七娶某氏生一子繼娶陳

觀章公
娶曹氏節行見列女生一子

錫祺公
娶章氏生二子

具泰公止

有泰公止

丙壬寅三月初七酉時歿乾隆甲寅十月十四娶程氏生雍正癸卯正月二十九午時歿乾隆丁酉七月初八生子天頒天頌側室王氏生雍正戊申五月十六歿嘉慶丁卯二月十二生子天頊天頡公與程氏合葬洪家王氏葬黃智冲

氏節行見列女生二子

高章公　娶程氏生二子
—大光公止
—順公　娶程氏生一子—助吉公止

春林公　娶曹氏生三子
—錫文公　娶周氏生一子—尙公止
—大昌公止　娶曹氏
—大基公止

天頒公　附貢生名樹桂字友仙事蹟見學林生乾隆甲
—興章公　國學生字興林娶曹氏生三子合葬照坑
—錫珂公　生嘉慶丁巳二月初七歿咸豐丙辰四月二十
—貞讓公

戊十一月初九娶曹氏生一子繼娶程氏生乾隆己丑六月初五歿咸豐辛亥十一月初十生七子公葬呈華塘乙山辛向氏葬洪家乙山辛向

鴻章公 國學生字長林娶石氏生四子合葬芝蔴園

錫璣公 三娶曹氏生乾隆乙卯九月初三歿咸豐甲寅十一月二十三生二子以次子貞誠爲錫珊後

貞魁公 娶曹氏生一子合葬呈金塘

錫珊公 名生元摘錫珂次子爲後

貞誠公

錫瑜公 娶馮氏生一子

文鶴公止 娶程氏

功吉公止

浦章公
從九品字慶林
娶程氏生五子
合葬上菴後

亮吉公止
娶某氏

殿吉公止
娶某氏

錫琮公
娶葉氏生一子

貞烈公止

年吉公止
娶某氏

敬吉公止
娶曹氏節行見
列女

安吉公止

平章公
從九品字惠林號準書娶曹氏生四子合葬布袋坵

鈞吉公止
娶某氏

忠吉公止
娶曹氏

兆吉公止
娶曹氏

孔吉公
娶季氏生一子

貞禮公止
生道光丙午

光吉公止
娶曹氏

達章公
邑庠生名羽豐字九林事蹟見

朋吉公
娶曹氏生二子

寄開公止

學林生嘉慶丁巳娶曹氏生一子繼娶江氏生一子

倫章公——從九品字寶林生嘉慶壬戌娶曹氏生六子

寄會公止

廷吉公止

錫琇公——貞鑑

名獻吉娶章氏以錫琛子雙祧合葬芝蔴園

錫琛公——貞鑑

名正吉娶某氏生一子雙祧錫琇公合葬芝蔴園

莊吉公止

象吉公止

錫珈公——貞福

名通吉生道光丙申十一月十一辰時歿光緒戊戌正月初四娶王氏生一子

從吉公止

詣章公——錫瑗公止

國學生字多林生嘉慶乙丑娶曹氏生六子合葬黄智冲

名自吉

錫球公止

名芬吉

錫璵公止

娶某氏

錫珪公止

錫瑀
名月吉

錫珩公止

謨章公——錫瑁公——貞佑

名金林字顯文生嘉慶辛未殁咸豐辛酉娶曹氏生嘉慶辛未殁咸豐辛酉生三子合葬余川村口

生道光己亥殁同治癸亥二月初九娶洪氏生道光壬寅殁同治癸亥摘錫瑑長子爲後合葬芝蘇圖

錫珽公——貞俊

國學生字水吉號湧泉生道光丙午五月二十七寅時歿宣統庚戌十二月二十卯時娶江氏生道光乙巳歿咸豐辛酉摘錫璪次子爲後氏葬芝蘇園

錫璪公——貞偹

國學生字寅吉號麗泉生道光庚戌十一月二十六午時歿光緒乙未五月初三巳時娶陳氏生咸豐丁巳正月十三丑時生三子以長子貞

佑爲錫琄後以次子貞俊爲錫珽後

天頌公

國學生字樹芳生乾隆己卯十一月十四歿道光甲申五月十六娶曹氏生乾隆辛巳四月二十四歿道光癸巳七月初二側室葉氏生乾隆壬寅五月二十五歿道光丁未七月初一生二子公葬黃智冲氏葬照坑

詔章公

國學生字待徵生嘉慶甲子十二月二十九子時歿咸豐己未二月初八戌時娶曹氏生嘉慶辛酉十月初八戌時歿咸豐辛酉六月十五卯時生五子

大醇公

生道光甲申三月初五歿道光己酉十一月初四娶程氏生嘉慶己卯三月十八歿光緒癸卯九月初九生二子公葬洪家

貞鸚公

貞鵡公

錫昭公

生道光丙戌八月十六歿光緒乙亥正月初四娶曹氏生二子

貞鷊公

貞鵲公

錫晴公

貞鶖公

國學生名雲上字日東號怫客生道光辛卯九月初七午時殁光緒乙巳四月二十九戌時娶曹氏生道光辛卯六月初四辰時殁光緒癸未七月二十午時生一子合葬黃智沖

錫暉公止

生道光丙申殁咸豐辛酉

錫明公——**貞利**

生道光辛丑十二月二十七娶曹氏生一子

舊章公　從九品生嘉慶丁丑殁道光戊申娶石氏生嘉慶丙子殁咸豐辛酉生三子公葬棗樹灣氏葬西墓坦
—— 家醇公　止　娶曹氏
—— 柏醑公　止　生道光辛丑殁咸豐庚申二月十九粵匪至團防殉難
—— 榮醇　生道光癸卯娶許氏生一子
—— —— 貞保

天頡公　國學生字樹堂娶石氏生三子
—— 堯章公　名松林娶曹氏生二子
—— —— 昌吉公　娶曹氏生一子
—— —— —— 承善公
—— —— 茂吉公　娶曹氏生一子
—— —— —— 承賓公

永林公——錫烔公——貞塽公

娶曹氏生一子 名炎吉娶汪氏

生一子

采章公——錫書公——貞燡

娶曹氏生一子 娶曹氏生一子

上川明經胡宗譜中卷之下

分系三　元當公派下

錫朋公長子

貞燧公　國學生字高輝生嘉慶戊午十二月初七歿咸豐辛酉七月初八娶曹氏生乾隆甲寅四月初四歿道光乙酉十二月十四生一子繼娶曹氏生嘉慶己未四月二十四歿咸豐辛酉九月初七生一子合葬七都石嶺

祥雲公　國學生字善基號步乾生嘉慶庚辰正月十七寅時歿光緒癸巳七月十六酉時娶章氏生嘉慶丁丑十月初一歿道光癸卯五月十四生一子繼娶汪氏生道光丁亥十一月二十五子時歿光緒丁酉九月初三酉時生一子以次子洪錦爲祥霈後公葬呈華塘山向詳載墓圖章氏

洪鐘公　國學生字毓初號省齋生道光癸卯五月初九卯時歿光緒癸卯四月十六丑時娶曹氏繼娶王氏三娶徐氏生咸豐癸丑十月初五子時生六子

恩佳　名懋松生同治辛未十月二十九子時娶曹氏生同治壬申三月二十五子時歿宣統庚戌七月十六卯時生一子氏葬芝蔴園

承達

恩俊　名懋椿生光緒乙亥五月十六酉時娶張氏生二子

承選

承達

葬七都石嶺汪
氏葬呈華塘

恩仕
名懋杜生光緒
辛巳四月十二
申子

恩位
名懋格生光緒
乙酉十月二時
五丑時

恩佐
名懋梅生光緒
戊子正月初八
卯時

恩佑
名懋六生光緒
壬辰三月初八
辰時

錫朋公次子

貞煜公—祥崑公—洪瓊公—恩和—承述

祥霈公—洪錦公—恩仲公待後

祥霈公：字善嘉生道光戊戌十二月初三歿咸豐辛酉八月初五娶曹氏節行見列女氏生道光丙申六月二十歿光緒壬辰正月二十五摘祥雲次子爲後

洪錦公：國學生字毓清生咸豐癸丑六月初七丑時歿光緒甲申閏五月十七寅時娶曹氏生咸豐癸丑十一月十八午時歿光緒壬寅三月初六子時生二子

恩仲公待後：名懋發生同治甲戌七月二十一子時歿光緒壬辰十月初二午時葬後岸

恩儀—承寵

恩儀：從九品保奨五品銜字懋金生光緒丙子十月十六辰時娶王氏生光緒庚辰六月三十子時歿光緒甲辰十二月二十九辰時繼娶汪氏生光緒甲申八月十二巳時生一子

誥贈徵仕郎字高銘號春甯生嘉慶壬戌二月十一午時歿道光甲辰四月二十九未時娶石氏生嘉慶庚申九月十七卯時歿咸豐辛酉六月初八酉時生四子以次子祥仙爲貞燧後合葬歙邑桃嶺長灣山向詳載墓圖

國學生字善增號福田生道光甲申七月初五辰時歿光緒壬寅七月初四寅時娶章氏生道光癸未五月十五酉時歿同治丙寅四月二十五亥時生三子繼室朱氏生道光乙巳八月十七午時生四子以三子洪瑛爲祥莪後以五子洪珍爲祥仙後公葬呈華塘前

字毓仁生道光丁未三月十九未時歿咸豐辛酉六月十四娶周氏生道光丙午二月十一歿咸豐辛酉六月二十八摘洪琫長子爲後

名懋鉅生光緒戊寅五月初九丑時娶石氏生光緒乙酉四月初三子時生二子

承述

洪琫——恩穗

國學生字毓釆號秀鶴生道光己酉十月二十五丑時娶程氏繼娶孫氏三娶林氏生咸豐癸丑正月初一辰時生二子以長子恩和爲洪璈後

名懋譚生光緒甲申二月二十五丑時娶汪氏生光緒己丑二月初六辰時

洪瓚公——**恩長**

字毓景生同治辛未九月十二巳時殁光緒己亥十二月二十七辰時娶石氏生同治癸酉二月初七亥時生一子

名懋生生光緒庚子正月二十三卯時

洪琳——**恩稌**

光祿寺署正字毓俊號傑甫生光緒丙子五月初四未時娶石氏生光緒辛巳四月初六丑時生一子

名懋烜生光緒癸卯七月二十七子時

洪璜

從九品字毓炳

生光緒庚辰二月十一丑時娶汪氏生光緒辛巳七月二十六未時

祥峯公

翰林院待詔字善文號嘉言事蹟見善行生道光癸巳十月二十二午時歿光緒癸巳四月二十二寅時娶周氏生道光丙申六月十六卯時庶娶季氏生咸豐癸丑十月初四午時生二子

洪濤

國學生字守瑱號壽如生同治辛未八月初九巳時娶朱氏生同治庚午正月二十九戌時生四子

恩蔭

名懋林生光緒乙未二月初七卯時

恩萃

名懋材生光緒丁酉三月二十寅時

恩著

名懋楚生光緒庚子十月二十四丑時

恩萬
名懋樋生光緒壬寅十一月十七丑時

洪灝
從九品字守琮號鴻賓生光緒癸未七月初二辰時娶洪氏生光緒辛巳十月十一午時

祥峩公
國學生字善寶生道光丁酉十月二十一歿同治癸亥六月初八聘章氏生道光戊戌十月十九歿咸豐甲寅

洪瑛
邑庠生保獎五品銜名瑾字朗山號肖瑜亦號三指事蹟見學林生咸豐甲寅二月十五丑時娶曹氏生咸豐

恩受
國學生字懋恒號眖卿生同治甲戌十一月二十一辰時娶曹氏生同治壬申五月十九酉時生二子

承訓

承諒

四月初四娶曹氏節行見列女生道光丁酉十月十二歿光緒庚子三月十七摘祥崑三子爲後

甲寅二月十一午時生三子

恩秩 從九品字懋禾號仲卿生光緒壬午二月二十六戌時娶曹氏生光緒甲申八月十一午時

恩頲 字懋囊號脫卿生光緒丁亥八月十八未時娶程氏生光緒庚寅五月十九酉時生一子

——**承詒**

錫朋公三子

貞炤公 國學生字高興號臨川事蹟見善行生嘉慶戊辰十二月十一

——**祥桂公** 國學生字善均號鈞五生道光甲午八月初二巳時歿光緒癸

——**洪權** 名毓蛟號非池生光緒辛巳十月初一亥時娶曹氏生光緒甲

——**恩威** 名誕山生光緒丙午閏四月十七未時

殁光緒癸未七月二十五娶曹氏生嘉慶乙丑二月十七殁咸豐辛酉六月二十生一子繼娶王氏生道光戊戌四月十九殁同治丙寅九月十七又繼娶王氏生嘉慶庚辰四月初十殁光緒乙亥八月十三合葬笠裏冲

卯正月初一丑時娶曹氏生道光辛卯四月十八殁咸豐辛酉六月十二繼娶方氏生道光丁未七月二十五卯時生一子洪定配室王氏生道光辛丑十一月十五子時殁光緒戊寅九月二十二子時殁配室王氏生咸豐庚申八月二十三卯時生二子洪權洪炬

申五月十八巳時生一子

洪炬——恩欽

名毓芝生光緒癸未十月初二丑時娶金氏生一子繼娶葉氏

恩欽　名誕保生宣統己酉

洪定

名毓時字灶、文號靜安生光緒丙戌二月初十未時娶石氏生光緒戊子七月初五申時

錫朋公四子

貞燈公——祥仙公——洪珍——恩科

貞燈公　字高國生嘉慶甲戌二月二十二殁道光癸巳

祥仙公　字善美生道光戊子五月十九殁咸豐辛酉七

洪珍　從九品字毓正生同治癸酉十二月初七寅時

恩科　名懋弟生光緒乙未十二月十五午時

二月二十二娶石氏節行見列女生嘉慶甲戌殁同治癸亥摘貞煜次子爲後合葬白園

月二十八娶石氏生道光丙戌二月十八殁咸豐辛酉六月初六摘祥崑五子爲後合葬白園

娶曹氏生同治癸酉十月十三申時生三子

恩秦 名懋蘇生光緒戊戌正月二十三辰時

恩稠 名懋密生光緒癸卯五月初四辰時

錫金公長子

貞邦公 名觀玉生嘉慶丁卯九月二十六殁咸豐辛亥十二月初四娶曹氏生嘉慶乙丑三月十九生一子繼娶曹氏生一子以次子

祥水公 字善洪號養源生道光辛卯七月初八辰時殁光緒戊寅八月十六辰時娶王氏生道光癸卯五月初七子時殁光緒庚辰七

洪祉公 待後 字𥳑儒生同治壬申四月十九午時殁光緒庚寅六月二十二戌時葬鳳形山

祥學爲貞孝後
合葬鳳形山

月初三卯時生
一子合葬鳳形
山

錫金公次子

貞忠公——祥煉公——洪幹

生嘉慶己卯十二月二十二歿同治丁卯八月初七娶曹氏繼娶汪氏生一子公葬鳳形山氏葬芝蔴園

字善謙生咸豐辛亥三月初三午時歿宣統庚戌六月十四申時娶曹氏生同治乙丑十月初六申時生一子

字毓濤生光緒戊子八月二十七丑時娶程氏生光緒壬辰十二月十一寅時

錫金公三子

貞孝公——祥學公 無攷

生道光己丑五月十二歿咸豐辛酉七月二十七娶汪氏摘貞邦次子爲後公葬鳳形山

生道光乙未歿咸豐庚申遷居日本

錫袞公長子

貞全公——祥鉞公——洪松公 待後

娶曹氏生一子公葬䃭嶺腳氏葬前坑蟹形

字善鑑娶曹氏生一子公葬祁門縣氏葬芝蔴園

生咸豐辛酉葬芝蔴

錫袞公次子

貞艮公——祥敷——洪順

字高吉生嘉慶丙子六月初一歿咸豐辛酉六月十一娶程氏生嘉慶甲戌八月初八歿咸豐庚申三月十五生一子公葬芝蔴園氏葬呈華塘山向詳載墓圖

翰林院待詔名數字善治號孝成生道光己酉五月十七亥時娶曹氏生咸豐丁巳閏五月初六子時側室程氏側室榮氏生一子程氏葬芝蔴園

字毓秀號久餘生光緒戊戌八月十三戌時聘黃氏生光緒丙申十二月初四寅時

錫袞公三子

貞煇公——祥欲公 待後

字高熠生嘉慶　名善積葬芝蔴

庚辰十一月十一娶曹氏生一子公葬前坑蟹形氏葬芝蔴園 園

錫衮公四子

貞操公——祥煥公待後

字高從生道光己酉四月二十九歿咸豐辛酉八月初四娶曹氏生一子公葬芝蔴園氏葬七都旺川黄茅坦 名善祿葬芝蔴園

錫衮公五子

貞馧公——祥百公待後

字高奎生道光丙戌十一月二十八歿咸豐丙辰十月初一娶汪氏生道光戊戌十一月十一未時歿宣統辛 生咸豐丁巳正月二十葬芝蔴園

亥生一子公葬
前坑

錫袞公 六子

貞元公 國學生字高椿生道光戊子二月三十歿同治丙寅正月初六娶馮氏繼娶葉氏生一子合葬西墓坦崗

祥固公 名善擇生咸豐丙辰十一月十四卯時歿光緒丙午娶曹氏生同治乙丑九月二十二申時生一子公葬西墓坦崗

洪樟公 名毓憲生光緒壬午八月二十七亥時歿光緒癸卯摘元惠公派洪培次子爲後

恩紹 名承宗生光緒丙午七月初二子時

錫燊公 長子

貞璧公 邑庠廩貢生名運昌字曙樓號堯民事蹟見學林生嘉慶甲戌六月十八歿光緒辛卯正月初七娶石氏生嘉慶辛未九月十五歿咸豐丙辰

祥城公 邑庠增生字礪卿又字楚方號赤霞事蹟見學林生咸豐乙卯三月初九歿光緒丁丑十二月二十八娶柯氏生咸豐癸丑九月二十二歿光

洪濟公 字汝舟號作楫生光緒乙亥六月二十四歿光緒乙未七月二十二娶曹氏生光緒丙子十一月初二摘元齡公派洪儒第三子爲後公葬芝

恩泉 名士敏生光緒丁未九月十三戌時

錫燊公三子

六月二十一生一子祥池余氏生道光乙未九月初六歿光緒戊子四月二十三生二子祥城祥封以三子祥封爲貞魁後合葬東山上

緒乙亥六月二十四生一子蕪園

祥池公

字漢泉生咸豐丙辰六月二十歿光緒乙亥正月初十

貞魁公——

字涵一生嘉慶庚辰十二月二十八歿同治癸亥八月十四娶馮氏繼娶曹氏又娶曹氏生道光戊戌二月十一摘貞璧三子為後合葬芝蕪園

祥封公 止

字國建號學侯縣府試屢列前茅生同治丁卯十月二十三歿光緒庚寅六月初五娶程氏生同治丁卯十二月十六歿光緒己丑六月十四合葬芝蕪園

錫榮公四子

貞端公——祥甲公——洪爵

字練青生道光己丑二月初五殁同治辛酉九月十四娶張氏繼娶程氏生道光庚寅二月二十七殁咸豐辛酉二月初六生一子程氏葬呈華塘山向詳載墓圖

字幹榮生咸豐壬子六月二十八亥時殁宣統己酉六月初九申時娶曹氏繼娶曹氏生咸豐丙辰摘祥廸次子爲後

名毓貴生光緒戊戌

錫根公子

貞木公——祥廸公——洪輝

國學生名貞字蔭庭生道光壬午九月十二殁咸豐辛酉三月初六娶程氏生道光壬午殁同治癸亥生一子合葬歙邑長灣

國學生號綿遠生道光壬寅十月二十四殁光緒甲辰娶汪氏生道光己亥八月十一殁光緒丁未五月二十六某氏生

名毓照生光緒丙申六月初四

山向詳載墓圖　二子以次子洪爵爲祥甲後

錫炳公長子

貞恒公

國學生字久成生嘉慶壬申十一月初二歿咸豐己未娶程氏生嘉慶辛未七月十三歿咸豐辛酉三月初五生三子合葬歙邑黃坑

祥珪公

奉政大夫字善言號禹昌生道光辛卯七月十八歿光緒壬午八月初一娶曹氏繼娶陳氏三娶董氏生二子公葬田嶺下曹氏葬芝蔴園陳氏葬歙邑黃坑

洪濤公 待後

名毓泉生同治乙丑四月初十歿光緒甲申八月十九葬田嶺下

洪福

名謝寶字俊山生光緒辛巳二月十四娶應氏生光緒己丑十二月初三歿光緒丁未八月初九繼娶張氏

祥鳳公 待後

字善行生道光戊戌歿咸豐戊午葬芝蔴園

祥敬公 國學生字善交生道光戊申歿光緒丁亥娶周氏生咸豐丙辰摘祥勸長子爲後

洪芙 名毓騫生光緒甲申正月初八子時娶孫氏生光緒甲申十月廿九亥時歿宣統己酉閏二月十八申時繼娶鮑氏生光緒丙申十月二十一辰時

錫炳公次子

貞憓公 從九品生嘉慶甲戌十一月二十七歿咸豐辛酉六月初九娶汪氏生嘉慶丙子六月初五歿光緒乙未閏五月十六生二子公葬廣德州里

祥治 字善養生道光丙午十二月二十七辰時娶沈氏生同治壬戌九月十八午時生一子

洪花公 待後 名毓寅生光緒癸未五月十八辰時歿光緒乙巳八月十二酉時聘汪氏合葬芝蔴園

祥勸公

洪荃

恩頤

村氏葬前坑

字善壬生道光庚戌二月十九辰時歿官統庚戌八月十三申時娶曹氏生同治丙寅九月初四辰時生三子以長子洪芙爲祥敬後

名毓賽生光緒丙戌八月十三酉時娶程氏生光緒庚寅四月二十八丑時生一子

名懋達生光緒丙午十月初十未時

洪藻

名毓瓚生光緒辛卯六月初四未時娶曹氏生光緒甲午二月十八酉時

錫炳公三子

貞懌公

邑庠生名簡字高俊號竹書事蹟見學林生道光辛巳六月初七歿咸豐辛酉娶程氏生嘉慶己卯四月初八

祥志公 待後

生道光辛丑

祥事公 止

葬芝蔴園

歿咸豐辛酉七月二十七生三子

祥知公止
葬芝蔴園

錫煌公子

貞恒公
生道光己丑歿同治壬戌娶程氏生道光丁亥生一子

祥域公待後

錫田公長子

貞幹公
名高富字殿華生嘉慶辛酉九月初九未時歿咸豐庚申九月十六戌時娶曹氏生嘉慶戊午七月初三歿同治壬戌五月二十九生三子合葬芝蔴園

祥銈公
名觀咸生道光戊午六月初十歿同治壬戌五月二十九娶曹氏生道光辛巳正月二十二歿同治壬戌五月二十四摘祥錠次子爲後葬芝蔴園

洪才公
名毓傑生咸豐丙辰正月十四辰時歿同治癸酉五月二十申時摘洪若長子爲後葬芝蔴園山向詳載墓圖

恩承公待後
名懋績生光緒乙亥七月二十六辰時歿光緒己丑八月十七戌時葬芝蔴園

錫田公次子

祥釗公止
名善長葬芝蔴園

祥錦公止
名善照葬芝蔴園

貞孚公——祥錠公——洪若公——恩永

貞孚公 字高元號利中生嘉慶辛未六月初九申時歿光緒丙子四月初九寅時娶馮氏生嘉慶戊辰二月二十二巳時歿同治甲子二月初一亥時生二子合葬芝蔴園山向詳載墓圖

祥錠公 名善學字皎庭生道光庚寅十月二十八巳時歿同治己巳九月初五丑時娶馮氏生道光戊子正月初九未時歿同治癸亥二月十二戌時生二子以次子洪才爲祥鉎後合葬芝蔴園山

洪若公 邑庠生名準字思晦號毓度事蹟見學林生咸豐壬子四月初十午時歿光緒丁亥十一月二十六子時聘程氏又聘周氏娶曹氏生咸豐壬子三月初三未時生二子以長子恩承爲洪才

恩永 從九品名懋綱號銘夔生光緒壬午七月十八未時娶曹氏生光緒丁亥十一月十三辰時

向詳載墓圖

祥待

從九品名鏞字善問號鐘宏生道光乙巳十一月二十四申時娶柯氏生道光丁未四月初七申時歿同治壬申七月二十二未時繼娶曹氏生道光己酉五月三十亥時生二子柯氏葬芝蔴園山向詳載墓圖

後程氏葬西墓坦口周氏葬芝蔴園公與曹氏合葬芝蔴園山向詳載墓圖

洪瑩

從九品名毓琇字聯奎生光緒壬午八月二十五未時娶馮氏生光緒庚辰十月二十五午時生一子

恩塘

名懋池生宣統庚戌十二月二十午時

洪璧公 待後

名毓球字桂陞生光緒乙酉五月十九子時歿光緒己亥三月十八午時葬芝蔴園

錫田公三子

貞亮公——祥鐘公——洪眞

生嘉慶戊寅正月十六歿同治丙寅七月初六娶汪氏生嘉慶己卯七月十二歿咸豐壬子正月初九生三子繼娶馮氏生道光丙戌二月十二歿光緒癸未四月十九生一子合葬東山腳扁蝠形辛山乙向加酉卯詳載墓圖

祥鐘公：字善恒生道光丁酉十月二十八摘祥聚長子爲後

洪眞：名毓性生光緒甲申三月初十巳時

祥多——洪莆

祥多：國學生名詰字善盆號祝封生道光丙午十月二十六戌時娶章氏生道光己酉三月初三寅時側室鄧氏生同治戊辰九月十一巳時歿光緒己亥正月初九亥時生二子以次子洪蔚爲祥燮後

洪莆：名毓桐生光緒壬辰五月初八卯時娶曹氏生光緒己丑正月初七酉時

祥瓌公——洪蔚公

字善洋生道光己酉十一月初四歿同治丁卯八月初八摘祥多次子爲後

名毓燧生光緒乙未三月二十六辰時歿宣統己酉十一月初九午時

祥聚公——洪奠

字善尚生咸豐甲寅十月二十子時歿光緒癸巳十二月二十五卯時娶葉氏生咸豐己未五月十一卯時生二子以長子洪鎮爲祥鐘後

名毓全生光緒戊戌八月初五未時

錫田公四子

貞修公——祥和公——洪熙公待後

生道光乙酉三月二十四歿同

字善晉生道光庚戌十一月二

名毓生生同治辛未歿光緒癸

治甲子四月初三娶曹氏生道光壬午七月初十歿同治壬戌六月十五生一子繼娶王氏生道光甲午七月初十歿同治癸亥七月十五

十歿光緒乙酉十一月二十四娶張氏生道光庚戌十一月二十三歿光緒甲申十二月十六生一子

卯三月初一申時

錫田公五子

貞熊公

國學生字高賓號渭漁生道光己丑三月十四申時歿光緒壬辰五月二十七寅時娶曹氏未婚卒繼娶曹氏生道光癸巳五月初四午時側室沈氏生道光丁未正月初十卯時歿宣統辛

祥鎰

字善相號翰章生同治庚午十二月二十五午時娶張氏生同治甲戌九月初五子時生四子以次子洪豐爲祥鉦後

洪鑠

名毓培生光緒癸巳十月初七亥時聘曹氏生光緒乙未八月廿二辰時

洪銓

名毓坪生光緒丙午十二月二十五午時

亥正月十五寅時生三子

錫田公六子

洪銘 名毓棋生宣統己酉四月二十一午時

洪豐 名毓城生光緒甲辰九月十八申時

祥鈺公 字善鱗生光緒丙子正月十二戌時歿光緒丁亥六月十三寅時摘祥鎰次子爲後

祥淵 字善餘生光緒己卯五月十一戌時

祥集公 待後 字善至生同治乙丑二月十四

貞煜 國學生字琴齋生道光壬辰娶

曹氏生二子

寅時歿光緒甲申正月二十七申時

錫慶公子

貞尾公

國學生名茂芝娶石氏生二子公葬後岸氏葬芝蘇園

祥圭公

國學生名福基生嘉慶壬申正月初一寅時娶石氏生嘉慶庚午十二月初五生一子公葬漢口義園氏葬鳳形山

祥肇

字善悅生同治丁卯娶章氏生同治乙丑

洪宅公

國學生名效仁生道光辛丑五月十八子時歿同治丙寅十月初一午時娶周氏生道光戊戌七月十六巳時歿光緒丙午九月初一寅時生一子

恩溢

生同治丙寅六月十二娶曹氏生一子

毓贊公

錫賓公次子
吉昌公
娶某氏繼娶歸氏生一子
名錦雲
——念基

——細勤公止

灶發公三子
高雅公
娶某氏生二子
——邦基公止
——許基公止

錫純公子
灶富公
娶馮氏生四子
——祥瑞公止
娶曹氏
——祥藻公止

必瑞公
生道光甲辰

國瑞公止

錫綱公長子
觀華公
娶周氏生一子
祥珮公止

錫綱公次子
有華公
娶程氏生二子
廷水公止
廷熙公止

錫桐公子
貞朗公
名霞年字亮周
生嘉慶壬申二
祥津公
字漢青號魁基
生道光辛卯六
洪馨
國學生字佩蘭
號觀儒生咸豐
名茂紘生光緒
辛卯二月二十
恩鼎公待後

月初二殁同治壬戌八月初五娶石氏生嘉慶壬申五月十三殁同治癸亥八月二十五午四子公葬張家碓氏葬芝蔴園

月二十四寅時殁咸豐己未七月二十一巳時娶程氏節行見列女生道光辛卯正月初二亥時殁光緒癸巳十一月二十二卯時生一子合葬高塝上

丁巳四月初八丑時娶朱氏生咸豐辛酉五月十六巳時生一子

六酉時殁光緒甲辰十月初七申時葬芝蔴園

祥潤公

字芝甫號樹基生道光丁酉七月二十八殁咸豐戊午七月二十二摘祥洽次子爲後葬芝蔴園

洪賓

名觀國字次香生光緒庚辰十二月初六卯時娶周氏生光緒辛巳七月十一亥時生二子

恩瀾

名茂楫生光緒辛丑四月初五丑時

恩普

名茂藩生光緒丁未三月初二申時

祥洽 國學生名綸字翰香號正基生道光甲辰六月二十一午時娶章氏生道光戊申三月初十申時生二子以次子洪賓為祥潤後

洪聲 邑庠生字禹臣號聽五事蹟見學林生光緒戊寅二月十二未時娶石氏生光緒戊寅七月十七午時歿光緒丙申八月初八卯時繼娶程氏生光緒癸未七月初十寅時生二子石氏葬高塝上

恩璧 名維燦字趙珍生光緒己亥八月二十八丑時

恩璧 名維鐸字廷珍生光緒癸卯十月初八丑時

祥渙 字麗章國學生號釀基生咸豐辛亥五月初八戌時娶王氏生咸豐辛酉十月初十亥時歿光

洪策公 名觀景生光緒庚辰五月初十辰時歿光緒甲午五月十六申時摘洪用長子為後葬芝蔴園

恩琦 名衞甲生宣統己酉三月二十辰時

緒庚辰九月十六戌時生一子繼娶石氏生同治丁卯五月初八卯時生一子

洪用公——恩琦

名觀光字作賓生光緒丙戌十二月十九辰時殁宣統辛亥七月二十九戌時娶程氏生光緒己丑正月初四亥時生一子雙祧洪策公

恩琦 年庚見前

錫杞公子

貞銘公——善性公止

名鶴年娶曹氏生一子

錫梯公長子

貞廉公——祥禮公止

瑜祥公止

名敬猷娶某氏生二子

錫梯公次子

貞度公——祥安公——洪烋

貞度公：國學生名敬明生道光乙酉十二月初十歿光緒乙未正月十三娶汪氏生道光己丑十二月二十八歿光緒己卯四月初六生一子

祥安公：名守華生同治丁卯七月十七歿光緒丁未十一月二十八娶曹氏生同治乙丑五月二十六生三子

洪烋：名嗣祺生光緒辛卯十二月二十七

洪金：名嗣淦生光緒己亥正月二十八

洪鐸：名嗣祿生光緒癸卯十二月初十

錫梧公長子

聚興公——祥泮公止

聚興公：生嘉慶癸亥九月初九撫貞嘉長子爲後

祥泮公：名潤基

錫梧公次子

貞嘉公——祥茂公止

名運興生嘉慶庚午十月十三歿同治壬戌六月二十九娶曹氏生嘉慶戊寅十一月初三歿咸豐辛酉七月十二生二子以長子祥泮爲聚後與

名金基生咸豐壬子二月十六

錫櫃公長子

貞善公——祥泰

名開元生道光壬午六月十七歿同治壬戌娶汪氏生道光辛卯九月十六歿同治癸亥擕貞乾長子爲後葬浙江衢州開化

名樟根生光緒丙子十月二十四未時娶葉氏生光緒丁丑十二月二十午時還浙江衢州

錫櫝公次子

縣華準鎮

貞乾公

名士元字錦雲生道光乙未十一月十九亥時歿光緒甲辰二月二十七申時娶曹氏繼娶馬氏生咸豐甲寅十二月二十七午時生四子以長子祥泰爲貞善後

遷浙江衢州

祥清

名樟海生光緒癸未五月初四巳時娶張氏生光緒乙酉正月初二子時生一子

洪初

名祝封生宣統己酉閏二月二十

祥淦

名樟喜生光緒乙酉九月十二卯時

祥福

名灶欽生光緒癸巳十二月十六亥時

錫晶公長子

貞卿公

名會恩娶汪氏生三子以三子發祥爲貞珠後合葬芝蔴園

毓祥公止

字守讓

作祥公止

字守導

錫晶公次子

貞照公

名壽恩字椿台生嘉慶甲戌正月初九娶周氏生二子合葬芝蔴園

懋祥

字守澤生道光辛丑

協祥公止

字守恭娶卞氏

錫林公長子

貞士公

名大文娶周氏生四子

祚祥公

字守訓娶周氏繼娶曹氏摘祥燦次子爲後

洪榮公待後

名嗣交生光緒戊子十二月十六亥時歿光緒丁未十一月二十巳時

謙祥公 止

字守益

嘉祥公 止

字守廉娶某氏

熾祥公 止

字守先

錫林公次子

貞烈公

名頌恩生嘉慶丙子十二月初一歿咸豐辛亥八月二十娶程氏繼娶馮氏三娶汪氏生道光戊子十一月十二歿咸豐辛酉七月十五生一子公葬蟹形程

祥燦

國學生名燦字守瓚號燮堂生道光己酉七月二十九酉時娶季氏生同治癸亥十二月二十一午時生三子以次子洪榮爲祚祥後

洪燾

名嗣成生光緒乙酉七月初三午時

洪熹

名嗣逵生光緒癸巳十一月初二丑時

氏馮氏葬劉家塘汪氏葬芝蔴園

錫林公二子 — 貞照公 字照恩娶曹氏生二子 — 祥桂公 字守標號艮三娶張氏生一子 — 洪葵公 待後 生光緒癸未歿光緒庚子

祥安公 止 字守定

錫琛公子 — 貞珠公 字含恩娶曹氏嫡貞卿三子爲後合葬劉家塘 — 發祥公 止 字守自

錫鏞公長子 — 貞熹公 邑庠優增生名奎照字崇恩號 — 祥虹公 國學生名瑀字守珍號待聘生 — 洪駓公 國學生字振之生光緒丁丑八 — 惠年 名思永生光緒癸卯三月初七

星五事蹟見學林生嘉慶甲戌八月二十四歿同治乙丑正月初九娶曹氏生嘉慶辛未繼娶石氏生嘉慶辛巳二月初二歿咸豐辛酉八月初十生二子三娶汪氏生道光庚寅六月十九歿宣統己酉十一月十三曹氏葬劉家塘石氏葬蟹形

錫鏞公次子

貞鏑公——**祥蛟公**——**洪駿**——**惠誠**

道光庚子十月十八子時歿光緒己卯七月二十六亥時娶曹氏生道光庚子十一月初二丑時摘祥蛟三子爲後

月二十三戌時歿光緒甲辰四月十二戌時娶曹氏生光緒戊寅正月初七巳時生一子

卯時

祥穀公——**洪駩**——**惠榮**

字守瑜生道光乙巳四月初十卯時歿同治戊辰四月初七卯時娶汪氏生道光甲辰五月十六未時摘祥綬次子爲後公葬劉家塘

名嗣秫字甫之生光緒己丑六月十一酉時娶程氏生光緒戊子四月初二辰時生一子

名思義生光緒丙午四月初三午時

誥封奉政大夫晉封通議大夫名奎熙字世恩號律均生道光壬午三月初九辰時娶程氏生嘉慶庚辰七月十六 時卒光緒丙戌二月十一申時生五子側室張氏生道光壬寅十一月初伍

歲貢生　誥授通議大夫欽加三品銜賞戴花翎臺灣臺東直隸州知州統領鎮海後軍在任候補知府名傳字守三號鐵花又號鈍夫事蹟分見仕宦學林善行生道光辛丑二月十九戌時卒光緒乙未七月初三子時娶馮氏節行見列女生道光庚子三月二十六卒同治癸亥八月二十五繼娶曹氏生道光丙午五月十二辰時歿光緒戊寅十月初二巳時生三子三

從九品名嗣稼字耕雲生同治辛未正月十四辰時娶章氏生同治己巳十一月十三卯時生二子

洪騅

國學生候選知縣名國琦字紹之生光緒丁丑八月二十三戌時娶汪氏生光緒戊寅十二月十一申時生二子

名思明生光緒己亥八月三十丑時

惠深

名思齊生光緒丙午十月二十七巳時

惠詔

名思聰生光緒庚子三月十八子時

惠詒

名思敬生宣統庚戌二月十六巳時

娶馮氏生同治癸酉四月十六寅時生一子以三子洪騂爲祥虹後元配馮氏葬前坑蟹形

洪騂

考派美國留學生名適字適之事蹟見學林生光緒辛卯十一月十七未時娶江氏生光緒庚寅十一月初八辰時

祥穀公——洪駒

國學生名瑋字守玉號漢生生道光丙午二月初二歿光緒己亥娶曹氏賢行見列女生道光戊申十一月十一生一子

洪駒：名嗣彥娶曹氏

祥紀公

字守璜生道光戊申正月十八辰時歿光緒戊子二月十八午時娶姚氏生道光庚戌三月十五丑時生二子

洪驥

名嗣業生同治戊辰五月二十八酉時○○○生一子

慈棟

生光緒戊申二月二十五寅時

洪駟

名嗣杭生光緒癸未二月二十六寅時娶王氏生光緒乙酉四月初十子時歿光緒辛丑八月初十子時繼娶鄭氏生光緒丙戌五月十一戌時

祥絃公

洪駱

廩貢生阜陽縣訓導名玠字守璪號介如事蹟分見仕宦學林生咸豐甲寅正月十五卒光緒甲辰十月十七娶朱氏生咸豐丁巳八月十六卒光緒辛卯十二月初一生二子繼娶林氏生二子以次子洪駩爲祥穀後

名嗣稷號翼之生光緒丁丑八月初三娶石氏生光緒丁丑八月初一歿光緒癸卯十一月初九繼娶周氏生光緒丁丑

洪騮

名嗣穠生光緒庚子

洪驊

名嗣稻生光緒癸卯

祥祐

翰林院待詔名守璐號吉庭生咸豐丙辰元旦

午時娶汪氏生咸豐丁巳七月十六酉時

錫印公子

貞樹公 字仁恩生道光乙巳十二月十八歿光緒丁酉七月二十二娶汪氏生道光戊申八月二十三歿同治乙丑六月二十九生一子繼娶張氏生三子

祥端 字守璠生同治乙丑六月二十一申時娶吳氏生同治乙丑生二子

洪本 名嗣結生光緒乙酉十月初八戌時

洪升 名嗣正生光緒戊子十一月十九卯時

祥棣

祥源公

祥清

錫炳公長子

貞禄

字洽恩生同治丁卯六月初五寅時娶方氏生同治丁卯十二月二十三酉時歿宣統己酉五月初五

錫炳公次子

貞澤

字明法生光緒戊寅八月十六卯時娶唐氏生光緒己卯二月十七亥時生二子

祥鐘

名得炳生光緒己亥十一月二十一戌時

祥坤

名得培生光緒壬寅十二月十

九巳時

錫松公子

貞彥公——祥燡公——洪起

貞彥公　字寵恩生道光丁亥五月初九歿咸豐庚申七月二十三娶汪氏生道光壬午十月二十六歿同治壬戌八月初四生一子公葬蟠形氏葬劉家塘

祥燡公　字守周生道光丁巳十月二十娶朱氏生咸豐己未五月二十六生一子公葬劉家塘

洪起　名嗣俊生光緒己卯十月二十二丑時

錫鑑公長子

貞有公——祥開——洪松

貞有公　以貞上子雙祧

祥開　字壽祥生光緒甲申閏五月二十四娶朱氏生光緒癸未生一子

洪松　名順來生光緒癸卯

錫鑑公次子

貞上　名士英生道光甲辰二月十三娶曹氏繼娶曹氏生一子雙祧貞有公

祥開

錫奎公子

貞敢公　名新慶生咸豐辛亥二月二十九歿光緒丁未九月二十娶汪氏生三子

祥煋　名瑞祺生光緒庚寅二月十八酉時

祥輿　名瑞輿生光緒乙未十二月十九申時

祥芝　名瑞田生光緒庚子六月初六

未時

錫祿公子

貞恒——祥濟

名恒慶生同治戊辰十二月初九娶程氏生同治甲戌十一月初十生二子以長子爲錫祿公派後以次子爲錫鈺公派

名瑞林生光緒丁未八月二十五

錫鈺公子

貞恒——祥貴

名瑞正生宣統己酉十二月二十五辰時

錫金公三子

貞根公——祥泰

名全吉生同治己巳二月二十三歿光緒丙申

名灶安生光緒丙申正月二十四

四月初八娶柯氏生光緒丙子二月十九生一子公葬芝蘇圖

大成公次子

貞定 名定吉生道光甲辰正月初四娶曹氏生道光己酉十二月初五生一子

祥灶公 待後 名準順生光緒乙酉八月十六歿光緒甲辰正月十五

年成公子

善吉公 娶汪氏合葬芝蘇園

錫鑽公長子

貞育公 生咸豐壬子歿光緒己丑十二月十八以耀吉子雙祧

祥溪 名準生生光緒丁酉十月初五寅時

錫鑽公次子

貞華——祥溪

名耀吉生咸豐丙辰十二月十八娶昌氏生同治甲戌二月十五歿光緒丁酉十二月十五生一子雙祧貞育公氏葬芝蔴園

生娶見前

錫泰公長子

聖善公——祥桂——洪岔

娶汪氏繼娶曹氏生一子合葬北庄岡

名長生生同治乙丑正月二十四娶汪氏繼娶葉氏生一子

生光緒庚寅四月十八巳時

錫泰公次子

聖文公——祥交公止

娶某氏生一子葬北庄岡

名大化

錫湄公長子

聖桐公
娶柳氏生四子
合葬九塚學堂
基

祥雲公
娶某氏摘祥亨
長子爲後合葬
九塚學堂基

洪業公
名雙福生咸豐
癸丑九月十五
殁光緒壬寅十
一月初九巳時
娶程氏生同治
丁卯四月初五
申時殁光緒壬
寅五月二十九
巳時生三子以
次子恩喜爲桂
福後

恩壽
生光緒辛卯十
一月初六子時

恩水
生光緒戊戌十
一月二十八亥
時

祥亨公
娶鮑氏生道光
乙未六月二十
五殁光緒辛丑
二月二十二生
二子以長子洪
業爲祥雲後合
葬九塚學堂基

桂福公
摘洪業次子爲
後

恩喜
生光緒乙未八
月十四亥時

善慶公止
葬芝蔴園

三慶公止

交泰公子

聖吉公——祥灶公止
娶某氏生一子

錫圭公子

聖書公——祥治公——洪穀公——恩明
名觀河娶曹氏生一子公葬芝蔴園氏葬塆止

祥治公：從九品名作霖生道光戊子四月二十五巳時歿光緒戊子二月初九亥時娶張氏繼娶汪氏生道光丁酉七月初六巳時歿宣統己酉十一月二十八申時

洪穀公：生同治己巳正月初十歿光緒乙酉十月十八摘洪澤長子爲後葬芝蔴園

恩明：名守訓生光緒癸巳十一月十六午時娶程氏生光緒丙申十月十一戌時

錫根公子

聖智公 娶某氏生一子 葬芝蔴園

祥淳公 摘祥治次子爲後

生二子以次子洪澤爲祥淳後合葬芝蔴園

洪澤 生同治癸酉四月初二酉時娶季氏生同治癸酉十二月初六亥時生二子以長子恩明爲洪毅後

恩梓 名守傳生光緒壬寅十二月十八日巳時

錫恩公子

聖金 名灶生生咸豐癸丑十二月二十辰時娶汪氏生道光戊申十二月二十四亥時生三子

祥和 生同治癸酉三月十五酉時娶鮑氏生光緒己卯繼娶曹氏生光緒壬午六月二十八巳時鮑氏葬芝蔴園

錫風公長子

聖錢公待後
名雲灶生同治癸亥十二月二十二申時歿光緒乙酉十一月二十二辰時葬芝蔴園

祥炳公
生光緒戊寅正月二十二亥時歿光緒癸巳六月十一未時葬芝蔴園

祥興——洪賓
生光緒丁亥九月十九亥時娶汪氏生光緒乙酉四月初六寅時生一子

洪賓
名肇基生宣統己酉十二月二十八子時

錫風公次子

聖源公 待後

名良灶生同治庚午正月二十一寅時歿宣統己酉十月二十二午時娶曹氏生同治壬申十一月十一巳時

錫風公三子

聖茂

名水灶生光緒丙子八月二十七巳時娶周氏生光緒乙酉三月二十六亥時

錫風公四子

聖謹

名玉灶生光緒戊寅九月初十亥時娶汪氏生

光緒戊子二月二十六亥時

錫浩公子

貞銓公 —— **祥生公** —— **洪枝**

貞銓公：名有全生道光己亥十月初四戌時歿光緒甲辰正月初六亥時娶柯氏繼娶張氏摘貞熙長子爲後合葬西暮坦

祥生公：名雲春生咸豐庚申閏三月初二歿同治庚午六月十三摘祥潤三子爲後葬芝蔴園

洪枝：名灶炳生光緒戊申十月二十四酉時

錫榮公子

貞熙公 —— **祥潤** —— **洪樾**

貞熙公：名有義生道光己亥十二月十七丑時歿宣統辛亥四月初四未時娶柯氏生道光戊戌三月十一丑時生三子以長子祥生

祥潤：名雲水生同治丙寅九月二十九寅時娶柯氏生同治庚午二月二十一酉時生三子以次子洪杜爲祥澤後以三子洪枝爲

洪樾：名允國生光緒辛卯八月初三子時聘曹氏生光緒乙未八月二十六未時

錫順公子

貞煦——祥澤公——洪杜

名有成生道光壬寅五月初七子時摘貞熙三子爲後

摘祥潤次子爲後

名灶國生光緒丁酉十月初九亥時聘汪氏生光緒戊戌六月二十一卯時

爲貞銓後以三子祥澤爲貞煦後

祥生後

錫椿公子

貞有公止

名有魁生咸豐甲寅正月二十歿光緒庚寅五月二十八辰時葬芝蔴園

錫泰公子

貞細

名細奎生同治己巳正月二十

八娶程氏生光緒丙子四月初八歿光緒壬寅六月十一繼娶馮氏生光緒乙酉十二月十五

錫廷公子
貞幹公 名細壽娶某氏生一子
——祥恩公止 名恩成娶葉氏繼娶王氏

錫園公長子
貞岻公 名竹林娶某氏生二子
——松旺公止
——陸旺公止

錫園公次子
貞峩公 名林性娶王氏生二子以次子
——祚柄公止 畱和旺

祥椿爲貞映後氏葬芝蘇園

錫祿公子

貞映公——祥椿

摘貞峩次子爲後

名灶和生同治甲戌八月十七亥時娶程氏生光緒乙亥歿光緒癸卯八月十八酉時氏葬芝蘇園

錫蕃公子

貞沅

名炳奎生同治甲子十月初六酉時娶徐氏生同治乙丑正月十二辰時

錫澤公子

貞濤——祥壽

名湧潮生同治

名毓楠生光緒

辛酉六月二十五酉時娶嚴氏生光緒乙亥六月十九卯時生一子

丁酉二月初一子時娶邵氏生光緒辛丑八月初四巳時

錫格公長子

貞渭

名濟清生同治丙寅七月初三申時娶鄭氏生同治丙寅二月初二巳時歿光緒乙未五月二十七寅時

錫格公次子

貞源

名湧泉生同治丁卯九月二十八戌時娶鄭氏生同治庚午四月初一子時生五子

祥福

生光緒癸巳十二月初七子時

祥祿

生光緒乙未五

月二十三亥時
娶錢氏生光緒
己亥五月二十
二寅時

祥喜
名炎林生光緒
庚子九月十九
申時

祥富
名汝林生光緒
癸卯八月十八
卯時

祥貴
名坤林生光緒
戊申七月二十
五酉時

錫格公三子　**貞潔**　名湧淮生光緒丙子十二月初八寅時

灶華公長子　**貞惠**

錫水公子　**貞昌**　名爾熾生光緒甲申八月初九辰時娶程氏生光緒壬辰正月十八亥時

錫俊公子　**貞均**　名觀中生光緒乙未正月初一申時

錫棣子
貞沅
名觀學生光緒己亥八月三十亥時

錫杰公子
貞銓公
生道光己亥十一月二十娶余氏生道光丁酉歿光緒丙子繼娶張氏生道光丙午生三子
祥麟
生光緒丁丑
祥鳳
祥卿

錫慶公子
貞桎公
待後

錫祚公長子
貞濤公
祥翰
洪鐸

錫祚公次子

錫雅公子

字勝山號惠澤生道光丁酉六月初三寅時殁光緒甲辰十二月二十六亥時娶石氏繼娶陸氏三娶汪氏生一子

洪鏡　上海籍邑庠生字建藩號寄飄生同治甲戌八月二十六戌時娶聶氏生二子

貞棣　生道光辛丑

貞懋　名正魁娶汪氏生道光己亥十二月初八卯時殁光緒癸巳九月十九申時繼娶馮氏生二子汪氏葬南滙縣周浦鎮三板石橋東南

祥源公　生光緒壬辰六月二十二酉時殁光緒丙午二月十五戌時

祥雲

錫珂公子

貞讓公——**祥澤公**

名文耀生嘉慶己卯正月初七歿同治丁卯十月二十一娶程氏生道光戊子十二月二十一歿光緒辛巳閏七月二十九丑時生二子以次子祥澥爲貞魁後公葬呈華塘

名金和生道光丁未二月二十八未時歿光緒辛丑正月二十四亥時

錫璣公子

貞魁公——**祥澥**

名文奎生道光丁酉九月初五歿同治癸亥二月十二娶程氏節行見列女生道光己亥九月初五歿光緒庚

從九品名金水號鐘鴻生同治戊辰二月初八戌時娶曹氏生同治辛未正月二十一亥時

寅九月初一卯時摘貞讓次子爲後氏葬呈塘華

錫珊公子 貞誠公 名細文娶某氏生一子 — 祥淋公 待後 名金泰

錫琇公子 貞鑑 名雲奎

錫琛公子 貞鑑

錫珈公子 貞福 名炳生生光緒庚辰正月初五午時娶陳氏生光緒甲申三月 — 祥鑫 生光緒庚子十一月初三亥時

十五午時生二子

祥寶
生光緒戊申三月十四戌時

錫琄公子

貞佑
從九品字濬明生光緒辛巳八月十三卯時娶石氏生光緒辛巳正月初九子時

錫珽公子

貞俊
名克明生光緒庚寅九月十二戌時娶汪氏生光緒壬辰

錫琜公子

貞偹
名庚生生光緒

壬辰五月十九子時

大醇長公子

貞鶚公 —— **祥濂** —— **洪趙**

貞鶚公：名功臣生道光壬寅八月初二歿光緒戊子四月十四娶柯氏生咸豐乙卯三月初七歿光緒丁亥二月二十八生一子

祥濂：名如燦生光緒庚辰十一月初四卯時娶柯氏生光緒癸未十月三十寅時生一子

洪趙：生宣統庚戌九月初三丑時

大醇公次子

貞鵠公 —— **祥濟** —— **洪起**

貞鵠公：名功玉字松華生道光丁未十一月二十四歿光緒戊戌七月初七娶周氏生咸豐壬子三月二十八生四子

祥濟：名如高字景生生同治庚午二月二十四卯時娶曹氏生同治辛未歿光緒庚子生一子繼娶張氏生光緒甲申四月十一亥

洪起：名離生生光緒丁酉十月初四午時

時

祥椿公 待後

名如翔生光緒丙子十一月初一未時殁光緒辛丑二月二十八申時葬芝蔴園

祥鐸

名如三生光緒壬午十月初五卯時娶王氏生光緒甲申十月十四丑時

祥範

名如謨生光緒戊子十二月初九酉時娶汪氏

生光緒丙申二月二十三寅時

錫昭公長子

貞鶮公 名俊達生道光丙午殁咸豐辛酉摘貞鵲長子為後

祥炳 生光緒甲申九月二十九卯時

錫昭公次子

貞鵲公 名俊佑生咸豐辛亥二月初十娶某氏生五子以長子祥炳為貞鶮後

祥水 生光緒丁亥五月十三巳時

祥春 生光緒庚寅十月二十二亥時

祥連 生光緒癸巳九月十二申時

錫晴公子

貞鶴公

國學生名觀祉字聲和生咸豐甲寅四月初八子時歿光緒己亥六月初五亥時娶曹氏生咸豐甲寅二月二十卯時生二子

祥標

生光緒丙申八月二十三戌時

祥培

名房均字養棠生同治癸酉九月二十酉時娶石氏生同治癸酉十月十三申時生二子

洪墉公 待後

名萬邦生光緒甲午二月十九亥時歿光緒戊申九月初一丑時葬芝蘇園

洪垣

名萬有生光緒辛丑十一月十七巳時

祥增公

名灶炯生光緒乙酉二月初五卯時歿光緒丁寅時

洪安

名萬昌生光緒丁未四月十一

未七月二十五辰時娶田氏生光緒乙酉五月二十二亥時生一子公葬張家雅

錫明公子　貞利　生同治辛未

昌吉公子　承善公　待後

茂吉公子　承賓公　待後

錫烱公子　貞塽公

錫書公子　貞燡　祥榮

生咸豐辛亥十二月二十四子時娶徐氏生同治甲子十二月初四子時生五子

生光緒癸未八月二十五巳時娶張氏

祥華
生光緒丙戌正月二十七申時

祥富
生光緒戊子六月二十三戌時

祥貴
生光緒庚寅三月初五卯時

祥根
生光緒甲午八月十六子時

恩佳子 承達
名念顧生光緒丁未十月初十子時

恩俊長子 承選
名念順生光緒庚子二月初六寅時

恩俊次子 承達
名念須生光緒壬寅正月初十申時

恩儀子 承寵
名念章生光緒丙午六月初七辰時

恩和長子	承述 名念祺生光緒乙巳八月十九酉時
恩和次子	承逑 名念杆生宣統庚戌九月二十五亥時
恩受長子	承訓 名念農生光緒戊戌二月十九亥時
恩受次子	承諒 名念簡生光緒甲辰正月初六亥時

恩穎子 承詒 名念帶生宣統己酉九月十三寅時

恩溢子 毓贊公 待後 名萬安生光緒戊子十月十六亥時殁光緒癸卯十一月初一巳時葬芝蔴園

【績溪】上川明經胡氏宗譜（中卷）

2

上海圖書館藏珍稀名人家譜叢刊

上海圖書館 編

上海科學技術文獻出版社

目録

上川明經胡氏宗譜中卷之下

分系四

元棟公派　元科公派　元安公派　元報公派　元久公派　元滿公派

元社公派　元七公派　元泗公派　元周公派　觀保公派

永賢公長子

元棟公　娶程氏生三子合葬下井山

文祿公　生萬曆甲戌娶程氏繼娶吳氏生二子

志老公　生萬曆丁酉殁順治辛丑娶某氏生二子公葬下井山

兆昌公止

兆泰公　娶汪氏合葬堈窰頭

娶某氏生二子

應乾公

應坤公

志玄公止

文才公

志學公

兆新公

應虞公

生萬歷乙酉娶張氏生三子合葬下井山

娶王氏生三子公葬下井山氏葬堈窪頭

生崇禎乙亥娶洪氏生三子

應宇公

應雷公

兆美公 娶某氏生一子 — 應育公

兆佳公止

志奇公 娶曹氏生二子合葬堈窪頭竹裡

兆英公 娶某氏生一子葬堈窪頭 — 應柏公

兆瑞公止

文諒公 止

兆泰公長子

應乾公　生康熙壬子歿雍正丙午娶程氏生康熙庚戌歿雍正辛丑生一子

天超公 止

兆泰公次子

應坤公　名賚生生康熙乙卯歿乾隆庚申娶程氏繼娶汪氏生康熙壬戌歿乾隆辛未生一子

天楷公　名字正生康熙癸巳四月二十八辰時娶程氏生康熙壬辰六月二十二繼娶洪氏生一子合葬崗窪頭丁山癸向

德宏公　生乾隆丁卯十二月十一娶張氏生二子合葬崗窪頭

錫疇公　生乾隆己亥正月初八亥時歿道光癸卯三月十三午時娶程氏生乾隆戊戌四月十八申時歿道光癸卯三月二十未時生一子

貞絢公

錫甸公——貞緯公

字維山生乾隆乙巳十一月初七歿咸豐庚申六月十五巳時娶洪氏生乾隆乙巳三月十九歿咸豐壬戌五月二十五申時生一子合葬后岸

兆新公長子　應虞公——天春公止

生康熙丙午娶汪氏生二子葬崗窪頭竹裡

天秋公——德聯公止

生康熙丁酉娶柯氏生一子

生乾隆乙亥

兆美公子　應育公——天貴公無攷

生康熙戊寅娶王氏生康熙戊子生一子遷常州武進縣鮮庄

生乾隆甲子九月初四辰時

兆英公子

應柏公 娶汪氏生二子

天梧公止 生康熙庚寅五月二十四

天桐公止 生雍正癸卯娶王氏

錫疇公子

貞絢公 娶汪氏生一子

祥樂公止 生道光戊戌十月十八亥時歿同治丁卯七月二十七巳時娶章氏

錫甸公子 —— 貞緯公 名又原字經五生嘉慶丁卯四月十九歿咸豐辛酉三月十二申時娶洪氏繼娶柯氏生嘉慶乙亥十月初九歿咸豐庚申正月二十三申時生二子

—— 祥慶公 名春育生道光辛丑正月二十八子時歿光緒庚子十一月十六未時娶柯氏生道光丁酉三初四子時歿光緒甲午九月初四巳時生一子葬崗窪頭

—— 洪星 名順一生咸豐戊午五月初七娶程氏生同治庚午

祥庭公 止 生道光丙午三月初四歿同治丁巳二月初十

永賢公次子 —— 元科公 娶汪氏生一子合葬歙邑塢上

—— 文俊公 生萬歷乙未歿天啟乙丑娶朱氏生萬歷己亥

—— 志富公 生萬歷癸丑娶楊氏繼娶汪氏生三子葬崇福

—— 兆開公 字信斯生順治庚寅娶王氏生四子

—— 應淮公

應渭公

歿順治甲午摘寺前文才次子爲後後生一子合葬下井山

兆閎公
生順治辛卯歿康熙乙酉娶程氏生順治乙丑歿乾隆己未生二子

兆闓公
字爾上生順治甲午歿乾隆甲子享年九十一歲叨受皇恩米絹娶劉氏生

應湛公

應浦公

應泮公

應澠公

應澤公止
生康熙己未歿康熙壬寅娶石氏

天祥公　字瑞徵生天啟壬戌歿康熙丁巳娶宋氏生六子

兆仕公　娶柯氏生一子合葬崗窰頭

應斌公

兆康公　字晉侯生治順甲申歿康熙辛卯娶呂氏生順

應瑞公

應珊公

應涇公　康熙壬寅歿雍正丁未生五子

應添公

應滄公

應注公

治辛卯歿康熙己卯生三子

應琇公

兆惠公 娶王氏生二子 —— 應璋公

應琰公

兆雅公 生順治甲午娶汪氏生一子 —— 應珪公

兆甫公 字君佐生順治庚子歿康熙辛丑娶汪氏生順治丙午歿雍正 —— 應善公

兆開公長子

應淮公
字崑源生康熙癸亥歿乾隆乙亥娶馮氏生康熙庚戌生四子

天茂公
字如松生康熙乙酉五月初五娶劉氏生康熙乙酉生三子

德高公止
生雍正壬子正月十四娶柯氏

德信公止
生乾隆壬戌娶高氏

戊申生一子

兆祿公
字公爵生康熙甲辰歿康熙辛丑娶汪氏生三子

應瓚公

應玉公

應全公

德烈公止
生乾隆庚午娶程氏

天藩公——德壽公——全寶公——貞海公止
字君屏生康熙丙申三月十二娶程氏生康熙再壬寅生三子
德壽公：生乾隆壬戌四月十九娶某氏生一子
全寶公：娶某氏生一子

德福公——全喜公止
生乾寅丙寅十一月十二娶某氏生一子

德延公止
生乾隆甲戌四月十一

天滿公——德祿公——全光公——杏春公止

字子光生康熙己亥七月二十二娶柯氏生雍正己酉生一子

生乾隆庚午九月二十五娶某氏生一子

娶某氏生一子娶某氏

天菊公——德明公——錫法公——貞清公

天菊公：字景陶生雍正丙午七月初二娶邵氏生乾隆戊午生二子

德明公：娶某氏生一子

錫法公：名東壽娶程氏生一子

德諒公——錫智公止

德諒公：娶某氏生一子

錫智公：娶某氏

光開公次子

應渭公：字仲相生康熙丙寅歿乾隆戊辰娶方氏繼娶柯氏生二子

天芽公——德[厂德]公——錫佳公——貞法公

天芽公：字子萌生康熙丁酉七月初六巳時娶葉氏生三子以次子德月爲天興後

德[厂德]公：生乾隆戊辰十一月二十八亥時娶曹氏繼娶高氏生三子以次子錫仁爲德欣後三子錫及爲德月後

錫佳公：生乾隆戊申十二月十一歿乾隆丙申七月二十娶汪氏生乾隆戊申歿咸豐庚申生一子合葬獅子石

天興公——德月公——錫及公——貞學公止

德欣公——錫仁公——貞慶公止

德欣公：娶某氏摘德廳次十爲後

錫仁公：娶王氏生四子以三子貞學爲錫及後因長二四子無嗣又摘錫和長子爲後

貞慶公：娶馮氏

貞桂公止

貞如公止

水慶公止

水慶公：生道光己亥四月十四巳時歿光緒癸巳娶謝氏生咸豐甲寅十月初一歿光緒癸巳六月二十

字詩可生雍正辛亥三月初七亥時娶汪氏摘天茅次子爲後

摘德廳三子爲後

娶金氏摘錫仁三子爲後

兆開公三子 —— 應湛公 娶曹氏生一子 —— 天堯公 生康熙甲午娶某氏生一子 —— 德時公 止

兆開公四子 —— 應浦公 字子注生康熙己卯娶王氏生二子

—— 天莪公 字子菁生康熙辛丑二月初二 止

—— 天盛公 名天崇字惟德娶王氏生一子 —— 德堂公 娶方氏生一子 —— 錫韓公 生嘉慶癸亥正月初六歿同治壬戌八月初一娶洪氏生嘉慶辛酉八月初十歿同治壬戌八月十四生四子

—— 貞榮公

—— 貞林公 止

—— 貞彩公 止

兆閎公
長子

應泮公
生康熙乙丑娶
王氏生五子

天蓑公
生康熙丙戌十
一月初五娶柯
氏生四子

德與公止

德興公止

德元公止

德璋公
娶某氏生一子

錫汝公止

天葤公
生康熙乙未十
一月十九娶洪

德田公止

貞元公止

氏生一子

天葳公 生康熙辛丑二月初六娶許氏生一子
—德宙公 娶某氏生二子
—秋和公 娶某氏生一子
—雲敬公止 娶柯氏
仁和公止

天蘿公 生雍正癸卯八月二十二娶汪氏生一子
—德祥公止

天蒔公止

兆閔公次子

應滙公 生康熙己巳娶程氏生康熙丙戌歿乾隆辛未生四子
—天美公 生雍正庚戌正月二十三娶某氏生一子
—來喜公止 娶某氏

天盆公止　生雍正甲寅十一月二十三

天花公止　生乾隆庚申

天蔣公止　生乾隆乙丑

兆闓公三子

應添公　字海若生康熙壬申娶劉氏擠應滄次子爲後 —— 天菘公　生乾隆辛酉三月二十四娶某氏生一子 —— 德輝公　娶某氏生一子 —— 林鶴公止

兆闓公四子

應滄公　字清可生康熙戊寅娶石氏生三子以次子天 —— 天芳公　生雍正己酉三月初五娶葉氏 —— 德好公止　生乾隆庚午十一月初十

生雍正己酉生

菘爲應滐後

一子

天裳公——德灶公——雲鶴公止

生乾隆癸亥八月二十四娶某氏生一子

娶某氏生一子

兆闓公五子

應注公——天薦公止

娶某氏生三子

天周公止

生乾隆丙寅十二月二十三

天藻公止

生乾隆戊申五月初六

兆仕公長子

應斌公——士衡公——德座公止

字憲章生康熙

娶某氏生一子

壬寅娶曹氏生三子

士錦公　生康熙甲戌摘士荷次子德温爲後
——德温公　生乾隆丙寅娶江氏節行見列女摘德湓次子爲後
——錫勇公　娶某氏生二子
——章壽公止
——慶壽公止

士主公　娶某氏生一子
——細德公止

兆康公長子
應瑞公　生康熙乙卯歿康熙乙酉摘應珊次子爲後
——士愛公　生康熙辛丑二月十六丑時娶馮氏生雍正癸卯生一子
——德燷公止　生乾隆乙亥正月初一丑時

兆康公次子
應珊公　字君璉生康熙丙辰歿乾隆丁巳娶馮氏生康
——士桯公　字石成生康熙甲午二月初三子時娶曹氏生
——德煥公止　生乾隆癸亥二月十五子時

熙庚申生二子以次子士燮爲應瑞後

一子

兆康公 三子

應琇公 字廷玉生康熙己丑歿乾隆戊辰娶程氏生康熙乙丑歿乾隆壬申生四子

士任公 生康熙庚寅娶江氏生康熙壬寅生二子

德觀公 生乾隆乙亥九月十一亥時摘德林次子爲後

錫和公 生嘉慶丁卯九月二十歿咸豐庚申二月十六娶章氏生嘉慶甲戌十二月二十三歿光緒丁丑生二子以長子爲錫仁公後

貞亭公 生咸豐丁巳正月二十九巳時

德寶公 止

士備公 生康熙甲午四月二十一申時娶汪氏生雍正

德覲公 止 生乾隆甲戌正月初七戌時葬崗窑頭

乙巳生二子

灶福公 止
葬崗窪頭

士位公——東閔公 止
生康熙丙申十月初十丑時娶曹氏生雍正丁未生一子

士伉公——大寶公 止
生康熙辛丑正月初十子時娶柯氏生乾隆戊午生一子

應珪公——士暘公——德大公——灶有公——貞章公
摘應善三子爲後

士暘公：生康熙庚子娶葉氏摘士賜次子德大十暘三

德大公：生乾隆丁卯娶某氏生三子以次子東壽爲德

灶有公：娶某氏生二子以次子貞保爲滿有後

兆雅公長子

子德新七易三
子德輝爲後

明後

德協公
生乾隆戊子六月十八歿咸豐己未九月十五娶王氏生乾隆己亥十一月二十六歿道光庚午三月初四生三子以次子可淮爲德性後

夏壽公止

可沛公
生嘉慶丙寅八月二十九歿同治癸亥四月二十娶汪氏生嘉慶己丑四月初五歿道光癸巳九月十九生一子繼娶王氏生嘉慶戊辰正月十二生一子

貞乾公

貞紅公

可潔公
生嘉慶丁丑三月初五歿咸豐辛酉六月初六娶柯氏生嘉慶

貞彩公

兆甫公 子

應善公 字維一生康熙丙子娶程氏生六子以三子爲應珪後以六子爲元柏公派應造公後

士賜公 生康熙乙未歿乾隆戊辰娶程氏生康熙乙未生二子以次子爲士暢後

德盛公 生乾隆癸亥十二月初六娶某氏生三子

可治公 娶某氏生一子繼娶某氏生一子

貞縮公止

貞緒公

福有公止

滿有公——貞保公 摘灶有次子爲後

德輝公 娶某氏生一子

可元公止

貞松公 丁丑七月初三歿咸豐辛酉四月二十四生二子

- 士錫公 生康熙戊戌七月十三娶曹氏生雍正癸卯生一子
  - 德明公 生乾隆丁丑六月二十六娶某氏生二子
    - 惟雲公 娶章氏側室某氏摘可淸次子爲後
      - 貞魁公
    - 貴雲公 娶某氏摘元曦公派錫方次子爲後
      - 順有公
- 士楊公 生雍正乙巳九月二十二娶曹氏生雍正癸丑生五子以三子爲士暢後以四子爲元玉公派天會後
  - 德性公 生乾隆丙子娶江氏繼娶洪氏摘德協次子爲後
    - 可淮公 生嘉慶庚午歿同治壬戌八月初七娶王氏生嘉慶丁丑七月初三歿咸豐辛酉四月初三生二子
      - 貞泰公
      - 貞安公

德恒公 娶某氏生二子以次子可一爲德恂後——可淋公 娶王氏賡娶某氏生一子——貞妹公止

德恂公 摘德恒次子爲後——可一公止

德照公 娶曹氏生一子——可浩公 娶某氏生二子——貞勳公
貞華公止 娶曹氏

德晌公 生乾隆己亥三月初三歿咸豐己未九月二十六娶汪氏生二子——可漢公 生嘉慶戊辰歿咸豐庚申娶汪氏生弍子以次子貞魁爲惟雲——貞瑜公止

士昜公 生雍正戊申十月十四娶曹氏生乾隆庚申生三子以三子德輝爲士暢後

手

後

可清公　生嘉慶丁丑七月初一歿咸豐己未三月十七娶王氏生道光庚寅歿咸豐癸丑繼娶陳氏生道光乙酉十月十一歿光緒丁丑正月十八生二子

貞茂

貞蕃公

兆祿公長子

應瓚公　字紹禹生康熙乙丑歿乾隆丙寅娶汪氏生三子以次子爲應玉後三子爲應全後

士荷公　字清遠生康熙己亥十月二十三娶程氏生二子以次子爲士錦後

德溢公　生乾隆辛酉娶鮑氏生二子以次子錫勇爲德温後

錫啟公　娶某氏生一子

貞祝公

兆祿公次子

應玉公——士苾公——德泰公——錫喜公——貞麒公

應玉公：摘應瓚次子爲後

士苾公：字遠馨生康熙辛丑十月二十七娶江氏生一子繼娶程氏生二子

德泰公：生乾隆乙亥正月初六歿嘉慶戊寅娶江氏生一子繼娶曹氏生一子以次子錫容爲德春後

錫喜公：娶曹氏生一子

德春公——錫容公——貞紱公

德春公：摘德泰次子爲後

錫容公：名錫烿生嘉慶丁巳八月十四歿道光己丑十月二十娶程氏生嘉慶丁巳十一月二十三歿咸豐己未六月二十六生三子

貞法公

貞桂公

兆祿公三子

應全公——士藹公——德嘉公——錫袞公——貞榮公

應全公：摘應瓚三子爲後

士藹公：字吉士生雍正己酉十二月二

德嘉公：生乾乾乙亥娶王氏生二子以

錫袞公：生乾隆辛丑九月初三娶汪氏

十亥時娶曹氏生乾隆丙子七月十七生三子

次子錫勳爲德崇後以三子錫章爲德恭後

生乾隆癸丑五月初五歿道光丙戌四月初一生一子繼娶汪氏生乾隆庚戌五月十六歿道光庚戌九月三十生一子以次子貞煌爲錫熙後

德崇公 —— 錫勳公 —— 貞幹公

摘德嘉次子爲後

娶汪氏生一子繼娶昌氏生一子

貞瑞公

德恭公 —— 錫章公 —— 貞煌公

娶王氏摘德嘉三子爲後

摘錫袞次子爲後

東壽公子

貞清公　娶某氏生一子
— 祥椿公　摘祥紅次子爲後
— 洪珏　名灶安生光緒癸巳正月十四　聘某氏生光緒癸巳十月二十四辰時

錫佳公子

貞法公　生嘉慶戊寅五月十五娶王氏生一子繼娶馮氏
— 祥福公　生道光庚子歿光緒乙巳娶江氏生道光乙巳生三子
— 洪鐸　名炳照生光緒乙亥娶曹氏生三子
— 恩廣
— 恩源
— 恩裕

洪鑑　名閏全生光緒庚辰娶程氏生一子
— 恩俊　名棣中生光緒乙巳

錫韓公長子

貞榮公 娶馮氏生一子

祥紅公 生道光戊申正月初四歿光緒癸卯娶葉氏生二子以次子洪玨爲祥椿後

洪玉 名嗣安生光緒庚辰娶汪氏生光緒甲申生二子

恩餘 名復興生光緒乙巳三月初九

恩惠 名朋興生光緒戊申八月初四

洪鎰 名閏奎生光緒丙戌六月二十六娶程氏生一子

恩妙 名妙中生光緒丁未七月二十五

灶有公子

貞章公 摘貞保長子爲後

祥高 名四貨生同治乙丑四月十二娶周氏生一子

洪光 生光緒丁酉聘黃氏娶江氏

可沛公長子

貞乾公——祥根公——洪鑑

貞乾公：生道光戊子九月二十九歿光緒丙午六月初二娶曹氏生道光丁丑正月二十九歿咸豐乙卯娶江氏生道光丙申八月十八歿光緒丙午六月紅二十二生二子以次子祥炳爲貞彩後

祥根公：生同治丁卯十月十一歿光緒丁未十二月初四娶周氏生光緒乙亥生一子

洪鑑：生光緒丙申十月二十六

可沛公次子

貞紅公——祥安——洪賓

貞紅公：生道光辛丑五月十四歿宣統己酉十二月十二娶汪氏生道光戊戌歿同治癸亥繼娶張氏生道光己亥歿

祥安：名嗣順生光緒丁丑娶曹氏生二子繼娶朱氏生光緒乙亥生三子以三子洪鉅爲元柏公派祥來後

洪賓：名舜生生光緒丙申聘洪氏生光緒丙申

同治己巳又娶汪氏生道光丙午歿光緒庚子生四子以次子祥林爲貞松後

祥交
名順成娶汪氏

洪範
名舜琴生光緒庚子

洪鐸
名瑞生生光緒丁未正月初十卯時

洪昇
名採生生宣統己酉八月三十戌時

可潔公長子

貞彩公

娶程氏摘貞乾次子爲後

祥炳公

名全吉生光緒乙亥六月十七歿宣統己酉十一月二十九娶王氏生光緒丁丑生二子

洪修

名觀泰生光緒戊戌六月十三戌時聘曹氏生光緒癸卯五月十三酉時

洪生

名利泰生宣統己酉十二月

一祥維

名順如聘程氏

可潔公次子

貞松公

摘貞紅次子爲後

祥林

名順言生光緒庚辰九月二十四娶汪氏生光緒壬午七月二十六生一子

洪鑑

名文新生光緒壬寅十二月初一

可治公次子 貞緒公——森泰公 待後
娶某氏生一子

滿有公子 貞保公——祥雲公 待後
生道光丙戌歿
同治癸亥娶王
氏繼娶洪氏生
二子以長子祥
高爲貞章後

惟雲公子 貞魁公——祥龍公 待後
娶某氏生一子

可淮公長子 貞泰公——義萬公 待後
生道光丁酉正
月初六娶王氏
摘貞安長子爲
後

可淮公次子

貞安公——義益——洪禧

貞安公：生道光辛丑五月二十六娶王氏生道光丁未十一月十三生二子以長子義萬爲貞泰後

義益：生光緒壬午娶程氏生一子

洪禧：生宣統己酉十二月十九

可浩公長子

貞勲公——祥華公止

貞勲公：娶汪氏生一子

可清公長子

貞茂——祥桓

貞茂：生道光戊申九月二十六娶余氏生咸豐庚申十月十三生二子以次子爲貞蕃後

祥桓：生光緒戊子三月十四娶程氏生光緒壬辰六月十一亥時

可清公次子

貞蕃公——祥鐸

摘貞茂次子爲後

生光緒己亥十月十四申時

錫啟公子

貞祝公

娶葉氏生一子

祥富公 止

錫書公子

貞麒公

娶汪氏繼娶曹氏生一子

祥願公

摘祥善三子爲後

洪功

名謹生生光緒己丑八月二十五娶曹氏生光緒庚寅十一月初二

錫容公長子

貞紱公

名興賓字正順生嘉慶丁丑七月初八歿光緒壬辰六月初七享年八十有六叨受皇恩米絹娶曹氏生道

祥善

字林燮生道光乙巳四月二十四娶程氏生道光甲辰十二月二十六歿光緒戊子六月初十生二子繼娶鄭

洪明

名有志生同治甲戌十月初八娶程氏生光緒辛未四月初五生二子

恩吉

生光緒庚寅十二月二十二娶曹氏生光緒壬辰

恩義

光辛巳正月初
九歿光緒丁酉
十二月初四生
二子以次子祥
開爲貞法後

氏生同治戊辰
八月十二歿光
緒丙午八月十
三生四子以三
子洪功爲祥願
後以四子洪慶
爲祥開後

生光緒丁酉八
月初一

洪亮

名灶炎生光緒
壬午十一月二
十六辰時娶曹
氏生光緒乙酉
十一月初九辰
時生二子

恩清

名春安生光緒
戊申二月二十
戌時

恩敏

名秋安生宣統
己酉八月二十
一酉時

洪纓

名立生生光緒
癸巳八月十九
聘曹氏生光緒
丙申

洪忠

名成生生光緒乙未六月十二
聘曹氏生光緒戊戌

錫容公次子

貞法公——祥開公——洪慶

貞法公：名法寶娶葉氏摘貞綬次子爲後

祥開公：摘祥善四子爲後

洪慶：名運生生光緒辛卯七月十九娶葉氏生光緒癸巳五月初八

錫容公三子

貞桂公——祥鶴——洪鍊、洪產

貞桂公：名桂寶生道光丙戌三月初七歿光緒庚子八月十八娶程氏繼娶王氏生道光乙酉十二月二十八歿宣統庚戌八月初八摘元惠公派貞和三子爲後

祥鶴：名嗣松生光緒辛巳十二月初七卯時娶汪氏生光緒乙酉三月初七寅時生二子

洪鍊：生光緒癸卯十月二十二亥時

洪產：生宣統庚戌

錫袞公子

貞榮公——祥基公——洪鐘

貞榮公：生嘉慶戊寅五月十三歿咸豐辛酉六月二十八娶曹氏繼娶汪氏生一子

祥基公：生道光戊申正月十二午時娶江氏繼娶柯氏又繼娶曹氏生道光丁未摘元齡公派祥熊四子爲後

洪鐘：名鳳鎬生光緒癸未正月十八亥時娶曹氏生光緒癸未

錫勳公長子

貞幹公——祥亦——洪星

貞幹公：娶汪氏摘貞煌次子爲後

祥亦：生光緒己卯五月二十六娶吳氏生光緒壬午生三子以長子洪芝爲祥雲後三子洪樹爲祥佑後

洪星：名振元生光緒戊申八月初四巳時

錫勳公次子

貞瑞公——祥佑公——洪樹

貞瑞公：娶曹氏生一子

祥佑公：摘祥亦三子爲後

洪樹：名振傑生宣統庚戌十二月十

錫章公子
貞煌公——祥雲公——洪芝
生道光己丑娶汪氏生道光丁酉生二子以次子祥亦爲貞幹後
摘祥亦長子爲後
名振方生光緒癸卯五月二十一戌時
二

永賢公三子
元安公——文壽公止
娶朱氏生一子

永德公子
元報公——文初公——尙明公——兆輅公止
娶汪氏生一子
娶某氏生一子
娶某氏生一子

永亨公長子
元久公——文光公止
　　　　——文邦公止
娶柯氏生二子

永亨公次子

元滿公　娶紀氏生三子

文高公　娶汪氏生三子葬王培山

志萬公　娶潘氏繼娶曹氏生一子葬王培山

兆順公　字君助生順治乙未歿康熙壬寅娶汪氏生康熙戊午生二子

應喜公

細喜公止

細萬公止

文章公止

文泰公　娶某氏生一子

志祿公　娶某氏生一子

兆求公止

兆順公長子

應喜公　字爾慶生康熙甲戌娶程氏生一子

天采公　生雍正丙寅六月二十娶汪氏生雍正壬子繼娶宋氏生一子

德文公　生乾隆乙亥三月二十娶潘氏繼娶洪氏生二子

錫耀公　娶吳氏生一子

貞啟公

錫松公

貞瑞公

貞源公

字榮星生嘉慶壬戌十月十八未時歿咸豐辛酉八月十九巳時娶余氏生嘉慶己巳二月初五辰時歿咸豐辛酉三月十八卯時生二子

錫耀公子

貞啟公——**祥禾公**——**洪均**

貞啟公：生道光己卯歿咸豐丁巳娶柯氏生一子

祥禾公：生道光己酉十月初十歿光緒戊申十月初二娶方氏生同治壬戌八月初三生一子

洪均：生光緒壬午

錫松公長子

貞瑞公——**祥龍公** 待後

貞瑞公：從九品字耀南生道光己丑十一月二十戌時

祥龍公：生光緒庚辰四月十八

娶汪氏生道光己丑三月初一辰時繼娶時氏生道光甲辰五月初八歿光緒癸巳七月初五以貞源子雙祧

錫松公次子

貞源公——祥龍公

從九品字鴻傑生道光甲午四月初八酉時歿光緒戊子十月十九子時娶陳氏生道光辛丑歿咸豐乙卯繼娶程氏生道光乙巳十月十五卯時生一子雙祧貞瑞

永東公長子

元社公——文蓋公——志福公——兆度公——應柏公止

娶汪氏生四子

娶某氏生一子　娶某氏生一子　娶某氏生一子

文皇公 娶汪氏公葬棧山下氏葬犁尖坵生二子
— 志勝公 生康熙辛丑娶江氏生一子
— 兆祚公 名貴生康熙癸巳歿雍正丁未娶曹氏生康熙乙巳歿乾隆辛未生三子
— 應明公
— 應高公
— 應貴公

— 志龍公 娶董氏生一子
— 兆德公 生康熙乙酉歿乾隆丙寅娶王氏生康熙戊辰歿乾隆甲戌生二子
— 應茂公
— 應戊公 止

文應公 — 志倫公 — 光祿公 — 應禎公 止

生萬歷甲午娶曹氏繼娶葉氏生三子

娶汪氏生二子

細柏公　生康熙丁未娶曹氏生二子

長久公——細祿公　生康熙丁丑娶程氏生一子

應歷公——兆上公　字子達生康熙丁未歿雍正癸卯娶汪氏生康熙丙午歿乾隆乙丑生三子——志謝公　字晉卿生崇禎丁丑歿康熙戊戌娶曹氏生順治甲申歿康熙己丑生二子

應標公

應榜公

應昺公——兆仁公

志京公
生順治庚辰娶某氏生二子

兆早公
生康熙辛亥歿雍正乙卯娶汪氏生三子

應旺公

應興公

應才公

兆符公
生康熙乙丑歿乾隆丙寅娶汪氏生康熙戊辰歿乾隆壬申生三子

應深公

應緝公

應昊公
字子元生康熙庚辰歿乾隆乙丑娶程氏生二子繼娶馮氏

光祥公長子

應明公　字光友生康熙己巳娶汪氏生

天閔公　生雍正丁未娶程氏生一子

德哲公止

文占公　娶曹氏繼娶楊氏生四子

志靖公止

志云公　娶楊氏生一子

兆冬公　娶某氏生一子

應轉公

志三公止

志四公止

應緑公止

兆祥公次子 一子

應高公 字重八生康熙丁丑娶王氏生一子

天廣公 生乾隆辛未三月初三娶曹氏生一子

德明公止

兆祥公三子

應貴公 字長之生康熙癸未娶程氏生三子遷岩鎮

天惠公無考 生雍正庚戌

天三公無考

天達公無考

兆德公長子

應茂公 生康熙戊子娶汪氏生二子

天教公 生雍正癸丑十一月二十八娶柯氏生一子

德保公止

光祿公次子　細柏公——天常公止
娶程氏生一子
　　　　　　　　　　天椒公止
　　　　　　　　　　生乾隆乙丑

細祿公子　長久公——天今公止
生康熙甲申娶葉氏生一子
　　　　　　　　　　天芑公止
　　　　　　　　　　生乾隆乙丑
　　　　　　　　　　天原公止
　　　　　　　　　　生乾隆丁卯

兆上公長子　應歷公——天紱公——德海公——錫樹公——貞鑒公
應歷公：字在爾生康熙庚午九月十二
天紱公：生康熙丙辰五月初七娶洪氏
德海公：生乾隆乙亥六月二十四歿道
錫樹公：字鳳岐生乾隆癸卯正月二十

娶柯氏生康熙戊辰生二子以次子天愛爲應榜後合葬犁尖垢

生康熙己亥繼娶葛氏生雍正丙午生二子以次子德虎爲天彩後合葬下井山

光丙戌二月二十八娶巢氏生一子繼娶曹氏生二子

四歿咸豐丙辰四月初七娶柯氏生乾隆癸卯四月初十歿咸豐辛酉七月十七生二子

貞鎰公

錫桴公止

錫棻公 娶程氏繼娶朱氏生二子

貞泰公止

貞魁公止

兆上公次子

應標公 字魁先生康熙庚辰娶汪氏生二子

天吉公止

天碩公——德芳公——錫盛公——貞馨公

兆上公三子

生雍正己酉十二月十四娶高氏繼娶周氏又繼娶張氏生一子

生乾隆乙亥七月十五娶章氏生一子

娶汪氏生一子

應榜公——生康熙癸未娶馮氏摘應歷次子爲後合葬上后岸

天愛公——字敬之生雍正己酉四月初九歿乾隆癸丑十二月十四娶方氏生雍正壬子二月初九辰時歿乾隆乙卯十一月初二亥時生三子合葬后岸

德寶公——生乾隆庚午十月初七娶馮氏生一子合葬崗窪頭

錫長公——生乾隆乙巳娶章氏繼娶潘氏生一子合葬崗窪頭

貞根公止　生嘉慶丙子歿同治丙寅

德贊公——生乾隆己丑七月十五歿道光乙未九月二十三娶馮氏生乾隆甲辰五月初九歿道光壬午十二月初八生三子以三子錫

錫盆公——生嘉慶乙未十二月二十三歿同治壬戌四月二十五娶汪氏生嘉慶乙丑二月二十五歿道光戊申五月十八繼娶馮氏生

貞堂公

竹爲德賞後合
葬后岸

德賞公——錫竹公——貞桂公

生乾隆庚子十
一月初二歿道
光乙酉七月十
八娶馮氏摘德
贊次子爲後生
一子葬葬下井
山

嘉慶癸亥七月
二十三歿光緒
乙酉十二月初
七生二子以次
子貞基爲錫全
後公葬張家碓
汪氏葬下林馮
氏葬崗窑頭

錫全公——貞基公止

摘錫盆次子爲
後葬崗窑頭

生嘉慶庚午六
月初二辰時歿
同治壬戌八月
十二未時娶王
氏生嘉慶乙亥
五月十九酉時
歿道光庚戌十

兆仁公長子

應昺公　字戴日生康熙甲申娶王氏生二子早故摘應興次子爲後

天求公止

天灶公　娶某氏生二子

德艮公　娶某氏生一子

德九公止

錫彬公　摘錫培次子爲後

貞林公

月初十辰時繼娶馮氏生一子葬崗窪頭

錫杏公　娶汪氏生一子

貞烈公止　生道光丙戌正月初七歿同治甲戌四月二十二葬杭州嘉興縣

光仁公次子

應昊公　生康熙丁酉娶曹氏生一子

天案公　生乾隆乙卯歿乾隆乙亥娶曹氏摘天紱次子爲後

德虎公　生乾隆戊辰十月二十三歿道光甲申十月十三娶王氏生乾隆丁丑三月十八歿道光壬辰八月初三生三子

錫堉公　生乾隆壬子正月十二歿咸豐癸丑十月十三娶柯氏繼娶程氏生乾隆己酉十月十五歿咸豐辛亥十一月初二生四子以次子貞林爲錫彬後

貞煥公

貞富公

貞桃公

錫仙公　生嘉慶乙丑十二月十七歿道光乙未八月初八娶程氏生嘉慶乙丑十二月初一歿咸豐辛酉八月初九生五子以五子貞萬爲錫光後

貞樹公

貞順公止

貞壽公

兆早公
長子

應旺公
生康熙甲戌歿乾隆丁卯娶董氏生康熙辛巳生三子

天喜公
生康熙再壬寅歿乾隆辛未娶程氏生一子

天慶公止
生雍正丙午九月十二

德順公
生乾隆庚午二月二十八娶某氏生一子

錫仁公止
娶某氏

錫光公
名再善生嘉慶丙午四月初七歿咸豐辛酉二月初五娶洪氏生嘉慶癸亥六月二十一摘錫仙五子爲後

貞萬公止
名五壽生道光己未

貞有公止
名啟高娶某氏

兆早公次子
兆早公三子

應興公 生康熙壬午娶王氏生二子以次子天灶爲應昺後
應才公 生康熙甲午娶王氏生康熙丙申生三子

天文公 生乾隆丁巳十月十七摘元祚公派天形公三子爲後
天獎公止 生雍正戊申三月二十九
天月公 娶某氏生一子

德耀公 娶某氏生二子
德玉公 娶曹氏生三子以次子錫高爲德叙後

錫金公 娶某氏生一子
錫林公止
錫林公 娶某氏生二子
錫椿公止

貞雲公止
貞滿公
貞發公止

娶程氏繼娶曹氏

天進公　娶某氏生一子
—德叙公　摘德玉次子爲後
—錫高公　娶張氏生二子
—貞九公止
—貞壽公止

天乾公止

兆符公長子
應深公　生康熙癸巳娶程氏生一子
—天畜公止　生乾隆丁卯十二月二十五日

兆符公次子
應緝公　生雍正甲辰娶程氏生一子
—天定公　娶某氏生一子
—德之公　娶某氏生一子
—錫寅公止

兆冬公子 應轉公 娶王氏生一子 —— 天時公 止

錫樹公長子 貞鑒公 名啟堂生嘉慶癸酉五月十四申時歿同治甲戌四月初八酉時娶柯氏生嘉慶乙亥十月十九歿咸豐癸酉五月初六生一子 —— 祥壽公 生道光庚子二月初八同治壬戌匪擄未回娶曹氏生道光丁酉九月十三生一子 —— 洪基 生咸豐戊午五月十九娶鮑氏生同治乙巳十二月十二擄六分元齡公派洪儒次子爲後 —— 恩煒 生光緒癸巳正月初八

錫樹公次子 貞鎰公 名啟雅生嘉慶庚辰十二月初四辰時歿光緒乙酉七月初二丑時娶程氏生 —— 祥發公 生道光乙巳七月十三午時歿光緒丙午八月十七丑時娶曹氏生道光乙巳 —— 洪福 號月祀生同治辛未正月二十四卯時娶程氏生同治戊辰十月二十一寅時

道光乙酉十月初六午時歿光緒壬寅十一月十八亥時生二子

歿同治癸亥繼娶李氏生道光戊申十一月十一辰時歿光緒戊申六月二十一亥時生五子曹氏葬崗窪頭

洪奎
名根義生光緒壬午九月二十二娶汪氏生光緒甲申歿光緒辛巳五月十八繼娶曹氏生光緒辛卯

洪鑑
名金義生光緒丁亥四月初十卯時娶曹氏生光緒辛卯

洪桂
名森義生光緒乙丑十二月十九卯時

洪松 名成義生光緒癸巳十月十一巳時

祥嘉 生同治丙寅十二月初八娶汪氏生光緒庚午十月初九生一子

洪字 名成桂生光緒乙巳正月初十戌時

錫盛公子

貞馨公 娶汪氏生三子

祥有公止

祥又公止

祥再公止

錫盃公長子

貞堂公——**祥森**——**洪源**

貞堂公：名明瑞生道光辛卯五月十三殁光緒丙午六月二十四亥時娶章氏生道光壬辰殁同治甲子繼娶柯氏生道光庚子殁光緒己丑摘貞滿次子爲後

祥森：名進財生光緒丁丑十二月初四辰時娶周氏生光緒壬午十一月二十一子時生二子以長子洪彬爲祥雲後

洪源：生宣統己酉正月初八辰時

錫竹公子

貞桂公——**祥雲公**——**洪彬**

貞桂公：生道光壬寅四月初八子時殁光緒壬寅九月初六子時娶洪氏生道光丙午二月十九亥時殁光緒乙酉十月二十九未時

祥雲公：名尚奎生同治癸酉四月二十三丑時殁光緒乙未正月二十戌時娶曹氏生光緒乙亥十二月二十三亥時殁光緒乙酉五

洪彬：生光緒庚子十二月二十四午時聘石氏生光緒乙巳正月初十酉時

生一子

月十三丑時摘
祥森長子爲後
合葬崗窰頭

錫彬公子

貞林公——**祥瑞公** 止

娶王氏生二子

祥銃公 止

錫培公長子

貞煥公——**祥寶公**

名啟茂生嘉慶癸酉十二月十八歿同治己巳十月初九娶汪氏繼娶程氏生道光壬午八月二十八歿光緒丁未八月二十九生二子公同程氏葬張家山

祥祿公——**洪安公**——**恩澤**

生咸豐癸丑六月二十三辰時歿光緒戊戌又三月二十七巳時娶周氏生同治丁卯正月二十七寅時生一

生光緒丙戌正月初三歿宣統庚戌七月十六戌時娶葉氏生光緒辛卯十一月生一子葬張家山

名家臣生宣統辛亥六月初七丑時

子葬張家山

錫培公次子 —— 貞富公 —— 祥火公 止
名啟富娶王氏
合葬笠裡沖

錫培公三子 —— 貞桃公 —— 祥鏡公 —— 洪鐸
貞桃公：名觀桃生道光戊子三月十九酉時歿光緒甲午正月十一申時娶葉氏繼娶汪氏生道光丁酉二月二十二歿光緒丁酉六月十二生一子
祥鏡公：名雲春生同治丙辰正月二十八歿光緒戊戌又三月十一娶曹氏生同治甲戌生一子公葬東山
洪鐸：名士明生光緒癸巳九月初三寅時

錫仙公長子 —— 貞樹公 —— 祥華 —— 洪儀公
貞樹公：名啟雲生嘉慶丁未歿道光戊
祥華：生道光丙午十二月二十五子
洪儀公：生光緒丁亥八月二十六歿光

申娶王氏生二子

時娶吳氏生同治乙丑九月十八午時歿光緒戊申九月十八巳時生二子以次子洪淦爲祥根後

緒戊申六月初四葬笠裡沖

錫仙公三子

貞壽公——祥根公——洪淦

名啟山生嘉慶戊寅十月初十亥時歿光緒丁酉三月初三娶郝氏生道光庚申十月初六子時歿光緒戊申九月十八生一子

摘祥華三子爲後

生光緒己亥九月十八午時

錫林公長子

貞滿公——祥寶

名滿順娶曹氏生三子以次子

名正寶

祥森爲貞堂後
公葬崗窪頭氏
葬休邑口溪

祥萬
名正萬

永東公次子

元七公
娶某氏生一子

文省公
娶某氏生二子

志壽公
娶某氏生一子

兆聘公止

志千公止

永東公四子

元泗公
娶曹氏生三子

文賓公
生萬歷丁亥娶程氏生六子以次子志祖爲文旺後

志達公
生萬歷丁巳娶王氏生二子葬崗窪頭

兆進公
字君一生順治丙戌娶曹氏生三子

應玢公

應墳公止
字渭聘生康熙辛酉歿乾隆壬戌娶程氏

應玫公

志法公 止

兆寶公——應珠公
生順治乙未娶程氏生一子

志友公——兆德公——應潔公
娶汪氏繼娶汪氏生二子
娶方氏生一子

兆至公——應清公
生順治丁酉娶曹氏繼娶汪氏生二子合葬犁尖垅

應順公 止

志伍公——兆灶公 止

娶王氏生三子
公葬下井山美
女下金盤形氏
葬犁尖坵

生康熙戊申葬
后岸

兆楚公——應美公
字爾珍生康熙
壬子歿乾隆己
巳娶王氏生二
子以次子應美
爲兆讓後公葬
后岸子山午向

兆讓公——應美公
摘兆楚次子爲
後

志赤公——兆國公——應初公
字崇華生崇禎
己卯歿康熙庚
子娶汪氏生五
子

兆國公
字君撫生康熙
丁未歿乾隆癸
酉娶馮氏生康
熙己酉歿乾隆

應道公

戊午生三子

應傳公

兆琯公——應銓公

字仲玉生康熙己酉歿乾隆丙寅娶馮氏繼娶陳氏生一子

兆貢公——應遥公

字爾賢生康熙辛亥歿乾隆甲子娶王氏生康熙乙卯歿乾隆甲子生二子

應逢公

兆惟公——應近公

應還公

字爾玉生康熙丙辰歿乾隆戊午娶柯氏生康熙甲子歿雍正辛亥生五子

應迎公

應遇公

應通公

應球公——兆章公

字有文生康熙乙丑正月初八娶汪氏生康熙乙丑生二子

應琳公

文旺公 娶曹氏摘文賔次子爲後又摘文明次子爲後

志祖公 娶汪氏生四子

兆作公止 娶曹氏

兆田公止

兆柏公

應玉公止

兆件公無考 遷嘉興

志桯公 娶某氏生三子

兆艮公止

兆成公止

兆定公

應老公止

文明公

字伯川生萬歷己酉娶汪氏生四子以次子爲文旺後公葬犁尖坵氏葬下井山

志永公止

志慨公

字既生生崇禎戊寅歿康熙戊寅娶曹氏生二子合葬犁尖坵

生康熙辛亥歿乾隆戊午娶程氏生康熙癸丑歿乾隆己未生二子合葬后岸

應祥公

兆若公

字爾祥生康熙辛酉歿乾隆癸酉娶唐氏生康熙丙寅歿雍正甲辰生二子

應怡公

應博公

兆本公

字道生生康熙乙丑七月十四娶王氏生康熙乙酉生一子

應恒公

兆進公長子

應玢公　生康熙戊午歿雍正乙卯娶馮氏生一子
——天善公　遷旌德上洪溪

兆進公三子

應玟公　字玉文生康熙戊辰十二月娶馮氏生康熙辛未歿乾隆辛未生三子
——天相公　生康熙丁酉九月十二娶曹氏生雍正辛亥生二子
——德發公　生乾隆壬申九月二十四娶宋氏生一子
——錫元公　娶某氏生二子
——貞彩公止　生道光辛卯九月二十七戌時娶曹氏生道光丁亥八月十六
　　貞彤公止　生道光丁酉九月二十七午時歿同治癸亥正

志丘公　娶程氏生一子合葬崗窪頭
——祥福公　生康熙乙丑九月十三娶某氏生一子
——應情公止　生康熙辛丑二月初一娶程氏生康熙壬寅

光寶公子

應珠公

生康熙戊辰歿雍正壬子娶王氏繼娶汪氏生康熙辛巳生一

天極公止

天杞公

生康熙庚子十二月初九娶王氏生乾隆丁巳生一子

德大公

娶某氏生一子

錫華公止

生嘉慶甲戌歿咸豐辛酉

天貴公止

德才公止

生乾隆乙亥正月二十二

月二十八

兆德公子

子

應潔公 生康熙戊午歿雍正丙午娶王氏生康熙己巳歿乾隆丙寅生二子

天立公 生康熙丁亥歿乾隆壬申娶洪氏摘天寶長子爲後

德茂公 生乾隆丙子二月二十七娶某氏生一子

錫釗公止

天寶公 生雍正乙巳八月初四娶汪氏生雍正乙卯生三子以長子德茂爲天立後

德芳公 娶某氏生一子

錫春公 娶王氏生一子

貞順公止

德芝公 生乾隆乙未三月初一歿嘉慶壬戌十月二十七娶江氏生乾隆戊戌正月十九歿嘉慶庚辰四月二十二生一子

錫禎公 生嘉慶辛酉四月十三歿同治乙丑娶汪氏繼娶曹氏生嘉慶丙寅二月初二生一子

貞路

兆志公長子 —— 應清公 —— 天台公 —— 德輝公 —— 錫銘公 —— 貞照公

- 應清公：生康熙庚午歿乾隆乙亥娶許氏繼娶戴氏生康熙癸未生一子
- 天台公：生乾隆癸亥十月二十五娶某氏生一子
- 德輝公：娶某氏生一子
- 錫銘公：生乾隆癸丑九月初三卯時歿道光甲午六月十九未時葬北庄崗娶某氏生一子

兆楚公長子 —— 應美公 —— 天敦公 —— 德水公 —— 錫裕公 —— 貞炎公
　　　　　　　　　　　　　　　　　　　　　　　　　　　　—— 貞慶公止
　　　　　　　　　　　　　　　　　　　　　　　　　　　　—— 貞高公止

- 應美公：生康熙辛丑六月二十四娶王氏生康熙己亥生一子
- 天敦公：生乾隆乙丑十一月二十娶石氏生三子
- 德水公：生乾隆丁酉八月二十六歿咸豐壬子十月十六娶朱氏生一子葬上溪口
- 錫裕公：字滿女生嘉慶庚辰二月二十歿咸豐辛酉六月二十八娶朱氏生三子公葬休邑渭橋

德求公 —— 錫進公 —— 貞懋公

字福有生乾隆庚午五月二十九歿乾隆辛卯正月十七葬前山崗

貞沐公

國學生名肇發字春萬號榮華生嘉慶甲戌正月十三酉時歿咸豐丁巳九月二十二戌時娶程氏生道光壬午五月十一未時歿光緒己丑六月十七戌時生六子以次子貞然爲錫有後四子貞財爲錫敵後公葬後岸子山午向

貞魁公止

貞金

德治公—**錫有公**—**貞然公**

德治公：字觀福生乾隆癸卯三月十七未時歿嘉慶辛亥七月二十五巳時娶宋氏生

錫有公：字正萬號廷生生嘉慶丙子五月二十九歿咸豐辛酉七月十四娶方氏生道

乾隆己丑三月初三辰時殁咸豐辛酉五月初三午時生五子以長子錫進爲德求後

光乙酉六月初二殁咸豐辛酉六月二十四摘錫進次子爲後

葬竦嶺腳

錫餘公 止

字順萬號百城生道光乙酉七月十三殁咸豐辛酉娶曹氏

錫連公 止

錫敔公——**貞財公**

字元萬生道光己丑八月初一巳時殁咸豐庚

申二月二十八葬竦嶺腳摘錫進四子爲後

兆讓公 長子

應美公 字子盛生雍正戊申四月初八娶曹氏生雍正己酉生四子

天榜公 生乾隆庚午九月十九辰時娶汪氏生一子——德和公 止

天標公 生乾隆癸酉九月二十一辰時娶某氏生一子——德種公 字壽祿娶曹氏生一子繼娶某氏——錫恒公 娶馮氏生一子——貞桼公

天楄公 字四德娶汪氏生二子以次子德薰爲天好後——德稱公 娶程氏繼娶馮氏摘德薰子爲後——錫水 名林水——貞椿

天椒公——德科公——錫洪公——貞健公

兆國公長子

應初公——天行公——德綱公——錫桃公止

字金德生乾隆乙酉正月十六歿道光己丑七月三十娶汪氏生乾隆戊戌十二月二十四歿道光庚戌十一月三十生二子

德利公——錫萬

字高馥生乾隆壬子十月十七歿咸豐己未十月二十八娶柯氏生嘉慶甲子九月初六歿咸豐辛酉六月二十生一子

字玉福生嘉慶辛酉十月二十四歿咸豐癸丑五月十二娶汪氏生嘉慶丙子十二月二十九歿光緒甲辰八月二十四子時

字長萬生道光丁酉四月二十四歿光緒辛丑四月二十六娶吳氏生道光甲辰四月二十四生三子

生咸豐癸丑九月二十三娶程氏生同治丁卯十二月二十午時生三子

貞堅

貞源

貞錦

貞彩

貞吉

光國公
次子

字有生生康熙癸酉歿雍正戊申娶某氏生一子

字恒健生雍正丙午十月十九娶王氏生雍正己酉生三子

字萬壽生乾隆丙子正月二十九娶馮氏生二子生二子

錫光公——貞滿公止

娶葉氏生一子

德之公止

德然公止

應道公

字以德生康熙辛巳娶汪氏生康熙庚寅生二子

天衡公止

天開公——德和公——錫懷公——貞達公止

生乾隆庚申九月十一娶某氏生二子以次子德義爲天基後

生乾隆辛丑歿道光癸酉娶柯氏生一子

生嘉慶戊寅歿咸豐戊午娶汪氏生一子

名上達生道光戊申

兆國公三子

應傳公——字授先生康熙壬辰五月初三娶洪氏生雍正癸卯歿乾隆庚申葬呈金塘繼娶舒氏生康熙甲午生一子

天紋公——生乾隆丙寅六月初一娶某氏生一子

德宣公——娶某氏生二子

錫金公——娶某氏生一子

貞庸公止

錫保公止

兆琯公子

應銓公——字又衡生雍正丙午九月初五娶汪氏生雍正乙巳生一子

天基公——生乾隆乙亥八月初十娶柯氏摘天開次子爲後

德義公——生乾隆丙午歿道光甲午娶某氏生一子

錫雲公止——生道光乙酉正月十二子時娶江氏

兆貢公長子

應遜公——字子玉生康熙戊子歿乾隆甲戌娶王氏生康熙癸巳歿乾隆庚申生三子以

天灶公——生雍正癸丑十一月十一娶江氏生乾隆庚申生一子

德歡公——娶王氏生二子

金林公止——娶王氏

貴林公止

兆貢公次子

天廷公 三子天煥爲元悛公派應仙後

應逢公 生康熙丙申九月二十四娶曹氏生康熙辛丑生五子

天揮公 生乾隆庚申七月初六娶洪氏生乾隆己未生一子

德珍公 生乾隆庚寅八月二十四歿道光癸卯六月二十娶曹氏生乾隆戊子十一月二十五歿咸豐辛亥十月二十四生三子

錫漢公 娶汪氏生二子

承端公

承永公

錫江公 生乾隆壬子八月三十一歿咸豐辛亥三月十六娶江氏生二子

承英公

承洽公

錫棫公 生嘉慶辛酉十一月初九歿同治壬戌八月初

承水公

天揚公 生乾隆癸亥十二月二十七娶某氏生二子

智林公 娶汪氏生二子

錫春公 娶程氏生一子

水奎公 一娶曹氏生嘉慶乙丑七月初五子時殁咸豐辛酉七月初八生一子 止

錫宣公 止

向陽公 娶某氏生一子

灶惠公 娶汪氏 止

天佑公 生乾隆甲戌五月初五娶某氏生一子

觀祝公 娶某氏 止

天佐公 生乾隆丁丑四月二十七丑時 娶某氏生二子

德捐公 娶某氏生三子

錫惠公 娶季氏繼娶某氏生一子

貞碗公 止

錫立公 止

錫芝公 止

百林公 娶某氏生一子

錫茂公 娶某氏生一子

貞雨公 止

天俠公 娶某氏生一子

重高公 娶某氏生一子

錫善公 娶曹氏生二子

貞福公 名貞閑 止

貞奎公 止

兆惟公長子

應近公——天聖公——德萬公——錫喜公——貞訓公止

應近公：字廣悅，生康熙丙戌七月初八，娶王氏，生康熙辛卯，生一子。

天聖公：生雍正癸丑六月初二亥時，娶王氏，生乾隆乙卯，生一子。

德萬公：生乾隆戊寅六月初一丑時。

錫喜公：摘錫坊四子為後。

貞訓公：名康吉，生道光己酉九月二十，歿同治甲戌十月二十六。

兆惟公次子

應還公——天鳳公——德長公——錫坤公——貞誥公止

應還公：字有循，生康熙己丑十二月二十七，娶柯氏，生康熙辛丑，生三子。

天鳳公：生乾隆甲子三月十五，娶某氏，生一子。

德長公：摘德江次子為後。

錫坤公：摘錫坊三子為後。

貞誥公：名義木，生道光癸卯正月十四。

天椅公止

天椅公：生乾隆辛未十一月十三，娶某氏。

天錦公——德江公——錫坊公——貞瑞公

天錦公：生乾隆乙亥九月初三，娶某氏，生一子。

德江公：生嘉慶丙寅正月二十四，歿道光庚戌十月二

錫坊公：生嘉慶乙亥十月初十，歿咸豐辛亥十一月初

貞俊公

十二娶程氏生嘉慶丁巳二月初九生三子繼娶季氏歿咸豐辛酉以次子錫坤爲德長後

七娶曹氏生嘉慶壬申四月初十生四子以三子貞誥爲錫坤後四子貞訓爲錫喜後

錫坦公止

兆惟公三子

應迎公 字元有生康熙乙未十一月初二娶張氏生康熙癸卯生二子

天璜公 生乾隆辛酉四月二十五娶某氏生一子

觀二公 娶某氏繼娶某氏生一子

錫法公止

細得公 娶某氏生一子

二報公止

兆惟公四子

應遇公 字裕侯生康熙己亥二月十二

天好公 娶某氏摘天楀次子爲後後生

德薰公 生嘉慶辛酉二月二十四歿道

一子

娶王氏生雍正己酉生一子

德上公止

光戊申十月初五娶張氏生嘉慶庚辰十月二十八歿同治壬戌生子錫水爲德稱後

兆惟五子

應通公——天大公——德多公——錫烔公——貞渭

應通公：生雍正甲辰正月十二娶曹氏生雍正甲寅生二子

天大公：生乾隆辛酉四月二十五娶某氏生二子以次子德眞爲天科後

德多公：娶柯氏生二子繼娶曹氏又繼娶曹氏

錫烔公：名敬順生道光己亥娶曹氏繼娶馮氏生同治戊辰三月十八生一子

天科公——德眞公——錫炳公待後

天科公：摘天大次子爲後

德眞公：娶汪氏生二子

錫炳公：名敬林娶程氏繼娶汪氏丞娶曹氏

兆章公長子

應球公 字懷玉生康熙丙申三月二十四娶張氏生康熙丁酉生二子

—天榮公 生乾隆己未二月十六娶曹氏生乾隆乙丑生一子

—德高公 娶某氏生一子

—錫林公 娶汪氏摘錫棫次子爲後

—承風公

—錫熵公止 名又順

—天苗公 生乾隆庚午十月十九娶某氏生一子

—壽吉公止 娶某氏

兆章公次子

應琳公 字玉林生康熙辛丑七月初六娶曹氏生康熙壬寅生二子

—天護公 生乾隆戊辰五月十三娶某氏生一子

—壽福公止 娶石氏

一天茱公 字灶履娶某氏生一子 ——觀响公 娶某氏生一子 ——錫松公 名六松娶某氏生一子 ——貞炳公 字景泰生道光己酉歿同治庚午 止

兆定公 次子

應祥公 生康熙己卯歿乾隆辛未娶章氏生康熙辛卯生一子公葬倫窑頭 ——天賜公 止

兆若公 長子

應怡公 字茂光生康熙癸巳十一月初五娶朱氏生康熙庚子生二子

——天睦公 生乾隆癸亥十月二十三娶某氏生一子 ——德安公 娶某氏生一子 ——錫喜公 娶某氏生一子 ——貞亮公 止

——天昭公 生乾隆己巳十二月十二娶某 ——德拱公 止

若兆公次子

應博公——天昕公止

字以文生康熙丁酉八月二十三娶程氏生雍正乙巳生一子

氏生一子

兆本公子

應恒公——天何公——德政公——錫英公止

字常菴生雍正辛亥正月十七娶汪氏生雍正癸丑生二子

娶某氏生一子　娶某氏生一子　娶某氏

天從公——德基公止

娶某氏生一子　娶某氏

錫禎公子

貞路——祥根

名路順生道光己酉九月初十娶祁氏生同治辛酉九月十八

名觀達生光緒己丑十月初六丑時

生二子以次子祥水爲貞照後

錫銘公子

貞照公——祥水

摘貞路次子爲後

名觀流生光緒丁酉六月初七辰時

錫裕公長子

貞炎公待後

生道光辛丑娶朱氏

錫進公長子

貞懋公——祥江

國學生名煒庭字森熠號位蘭生道光辛丑閏三月二十三丑時歿光緒甲辰七月初三娶曹

名成桂生光緒壬辰六月十八娶汪氏

氏生道光辛丑三月十八酉時歿光緒丙午摘貞沐次子爲後

錫進公三子

貞沐公 國學生字森泉號作蘭生道光庚戌四月二十四酉時歿宣統庚戌五月二十一娶曹氏生咸豐丁巳三月十八酉時歿光緒甲辰三月二十五生三子 庶娶蘆氏以次子祥江爲貞懋後

祥日公 名林桂生光緒乙亥十二月二十四歿光緒丁酉七月二十五娶張氏

祥芬 名苑桂生光緒丁酉四月十五

錫進公六子

貞金 國學生名豫均字森茂號蟄仲

祥海 從九品名紹昌字善桂號涵之

洪章 生光緒庚子九月十六辰時

生咸豐乙卯九月十八亥時娶葉氏生同治乙丑九月二十六申時生四子以次子祥國爲貞財後

生光緒乙酉七月初九娶周氏生光緒甲申四月十一生二子以次子洪鈞爲祥國後

祥洊

名涎源生光緒乙未五月初四娶曹氏生光緒甲午二月十三

祥炳

名聚源生光緒壬寅二月初六

錫有公子

貞然公——**祥月公** 待後

貞然公：名森鑑字仲蘭生道光甲辰十二月十九亥時歿光緒丙午三

祥月公：名汝桂生同治丁卯四月初六

殁光緒甲辰六月初三娶程氏生道光乙丑三月初三未時 娶汪氏生同治丁卯十二月初九

錫敔公子 貞財公——祥國公——洪鈞
摘貞金次子爲後 摘祥海次子爲後 生光緒乙巳十月十四

錫恒公子 貞柰公 無後

錫水公子 貞椿 名長春

錫洪公長子 貞健公——祥坤
摘貞堅長子爲後 生光緒丁酉二月初七

錫洪公次子 貞堅——祥奎

名慶松生光緒丙子正月十三申時娶汪氏生光緒甲戌五月十七申時生三子以長子祥坤爲貞健後

生光緒癸卯三月初六

祥雲　生光緒丙午二月二十一

錫洪公三子　**貞源**　名啞仂生光緒丁亥閏四月初一酉時娶吳氏生光緒丁亥

錫萬長子　**貞錦**　名觀早生光緒壬辰十月二十六

錫萬次子　**貞彩**

名觀汝生光緒乙未九月十四

錫萬三子 **貞吉** 名觀起生光緒癸卯十月二十四

錫漢公長子 **承端公** 娶汪氏 —— **祥露公** 娶程氏

錫漢公次子 **承永公** 娶葉氏生一子 —— **祥靄公**

錫江公長子 **承英公** 國學生名承泰生道光癸未五月二十五歿咸豐辛酉六月十二娶程氏生道 —— **祥揖** 名端清生道光庚戌正月二十五娶蔡氏生同治乙丑四月生二子以次子洪 —— **洪祀** 名觀春生光緒戊子十二月二十二午時娶柯氏生光緒癸巳

光丁丑九月初六歿咸豐己未四月二十生二子以次子祥鐸爲承洽後

炳爲祥鐸後

錫江公次子

承洽公 生道光戊寅四月初七歿同治己巳九月初八娶王氏生道光壬辰四月十二歿光緒戊申十月初八摘承英次子爲後

祥鐸公 摘祥揖次子爲後

洪炳 名觀燦生光緒辛丑十月十六子時

錫棫公長子

承水公 生道光戊寅十月初十戌時歿咸豐辛酉六月二十娶曹氏生道光丁丑九月

祥震公 字瑞傑生道光戊申五月初一歿光緒己亥娶汪氏生道光庚戌正月二十二

洪禮 生同治壬申十一月十一丑時娶汪氏生光緒丙子四月二十午時生二子

恩義 生光緒辛未二月二十二酉時

恩智

十九歿光緒己卯二月二十四生三子以次子祥霞爲承風後

卯時生三子以次子洪裕爲祥霞後

洪祈

生光緒己卯六月二十七卯時娶王氏生光緒甲申閏五月十六午時

生宣統辛亥三月十二未時

錫坊公長子

貞瑞公

名昌吉生道光壬申正月二十歿咸豐庚申娶

祥浩公 待後

祥霈

名瑞如生咸豐乙卯四月二十八酉時娶曹氏生同治乙丑五月初五生二子

洪祐

洪祉

汪氏節行見列女生道光甲午十月初十生一子

錫坊公次子

貞俊公——祥庚公——洪福

貞俊公　名韻吉生道光乙亥歿光緒丙午八月十一娶曹氏生道光丙午生一子

祥庚公　名觀祥摘元富公派祥瑞三子爲後

洪福　生光緒甲午娶朱氏生光緒甲午

錫烱公子

貞渭　名滿奎生光緒己丑十二月二十六

錫林公子

承風公——祥霞公——洪裕

承風公　生道光辛丑六月二十三歿咸豐辛酉十一月

祥霞公　生咸豐辛未四月初一歿同治壬申四月十三

洪裕　生光緒丙子正月二十六娶曹氏生光緒乙酉

二十三娶章氏 摘祥雲次子爲後 正月二十
摘承水次子爲後

承東公五子

元周公 娶程氏生三子

文仙公止 娶汪氏節行見列女合葬崗窪頭

文興公 娶曹氏生一子 — 志善公 娶程氏生二子 — 兆會公止

兆賓公止

文恩公 娶洪氏生一子 — 志好公 娶朱氏繼娶某氏生一子 — 兆蘇公 娶曹氏生一子 — 應金公止

承元公子

觀保公 娶張氏生三子 — 文助公 娶某氏生二子 — 志密公止

葬下井山

文海公——娶程氏生二子

志旭公——生康熙丙辰娶唐氏生一子

兆禄公止——生雍正乙巳八月初三

細旭公止

志轉公止

文首公——娶洪氏繼娶董氏生二子合葬下井山

志式公止

志試公——生康熙己巳娶王氏生一子

兆倫公止——生雍正癸卯娶葉氏生雍正己酉

上川明經胡氏宗譜中卷之下

分系五

元夏公派　元韜公派　元綂公派　元棣公派　元潛公派　元曦公派

元𤐝公派　元梓公派　元喬公派　元騰公派　元盛公派　元桴公派

元威公派

永明公長子 元夏公（娶汪氏生三子）—— 文顯公止

文勳公止

文登公（娶某氏生二子）—— 志道公止

志老公 —— 兆㫖公止

永明公次子 元韜公 —— 文通公 —— 志武公止

娶某氏生一子　娶董氏生二子

志敬公止

永明公四子

元統公　娶某氏生一子

文典公　娶馮氏生一子

志興公　娶王氏生三子合葬竦嶺腳永安礄頭

兆旺公止

兆餘公止　娶黃氏合葬竦嶺腳永安礄頭

兆友公無攷　遷休甯

永度公長子

元棣公　娶程氏生三子

文選公止

文鐸公

志綬公止

永度公次子

元濳公　娶張氏生四子

娶王氏生二子

文翰公　娶蔣氏生一子

文烈公　生萬歷壬辰娶馮氏繼娶程氏生四子公葬呈華塘馮氏葬堈塢頭

志紳公無考　遷無錫

志科公止

志召公止

志啟公止　娶程氏

志甯公止　娶張氏

志樂公——光道公——應久公止

娶程氏生三子

生康熙乙丑娶葉氏生一子

兆九公無後

遷休甯

兆逑公——應長公

生康熙乙亥六月二十一娶汪氏生康熙甲戌歿乾隆丙寅生一子

文廉公——志佩公止

娶張氏繼娶汪氏三娶鄧氏四娶葉氏生三子

志成公——兆月公止

娶黄氏生一子

志華公（生順治辛丑娶洪氏生一子）——兆頤公（生康熙癸酉娶潘氏生一子）——應郎公

文壽公（生萬歷甲辰娶程氏生五子合葬呈華塘）——志貞公（娶程氏生三子）——兆堂公（娶某氏生一子）——應惟公　止

兆棗公（娶程氏生二子以次子應西爲兆相後）——應東公

兆相公（摘兆棗次子爲後）——應西公

志智公（娶潘氏生一子）——兆金公（生康熙乙卯娶王氏摘兆宙次）——應順公

子爲後

志祥公——兆祐公止

娶曹氏生一子

志松公——兆宙公——應雙公止

生順治己丑娶曹氏生三子合葬呈華塘

生康熙乙卯歿雍正癸卯娶葉氏生二子以次子應順爲兆金後

兆密公——應盼公

生康熙丁巳歿雍正癸卯娶呂氏生一子合葬呈華塘

兆秀公——應五公止

娶馮氏生一子，生康熙甲午

志積公 生順治癸巳娶程氏生一子

兆通公 生康熙辛酉歿乾隆壬申娶王氏生二子

應春公

應秋公

文謙公 娶楊氏繼娶程氏生三子合葬堈窪頭

志郁公 娶鮑氏生三子以三子兆笏爲志郁後

兆第公 生康熙戊午娶鮑氏摘兆簡次子爲後

應澄公止 生乾隆辛酉

兆簡公 生康熙乙丑娶吳氏生二子以次子應澄爲兆第後

應潭公

志都公 娶曹氏摘志郁

兆笏公止 生康熙戊辰

應求公——兆璠公　生康熙乙丑娶王氏生二子——志郡公　娶汪氏生一子合葬堌窪頭——三子爲後合葬七都張家村

應奇公

貞綽公——錫慶公　名灶慶摘元曜公派錫交公五——德觀公　名觀福摘德仕次子爲後——天銀公　娶章氏生二子以次子德福爲

天銅公　娶汪氏生一子——德有公止

應郇公　生雍正庚戌娶某氏生二子

應長公　生康熙乙卯娶某氏生一子——天喜公　名觀喜娶某氏生一子——德春公止

兆述公子

兆顧公子

天錠後

子爲後

兆棗公子　應東公　生康熙癸巳九月二十五娶葉氏生一子 —— 天治公止　生乾隆甲子十二月初八

兆相公子　應西公　生康熙乙未十一月十九娶洪氏生一子 —— 天攀公止　生乾隆丙子二月十五

兆金公子　應順公　生康熙再壬寅娶某氏生一子 —— 天錠公　娶汪氏摘天銀次子爲後 —— 德福公止　名順福

兆密公子　應盼公　生康熙己亥六月十一 —— 天五公　娶某氏生一子 —— 德大公止

兆通公長子
應春公 生康熙乙未娶程氏生二子
天准公止 生乾隆乙丑
天光公止 生乾隆癸酉

兆通公次子
應秋公 生康熙再壬寅娶汪氏生一子
天安公 名觀象生乾隆丙子十一月十一午時生三子
孟德公 娶某氏生一子
錫林公止 名生林
德初公 娶某氏生三子
錫財公止
錫順公止
錫火公止

德仕公——錫仁公——貞東

德仕公：娶某氏生二子以次子錫慶爲德觀後

錫仁公：娶汪氏摘元幟公派錫交次子爲後

兆簡公子

應潭公——天玉公——德灶公——錫珍公止

應潭公：生乾隆丁巳娶某氏生一子

天玉公：名玉寶娶某氏生一子

德灶公：名灶連娶某氏生一子

錫慶公子

貞綽公——祥灶

貞綽公：名五春生咸豐丁巳十二月十九歿光緒壬辰十一月初六葬呈金塘

祥灶：生光緒辛卯

錫仁公子

貞東——祥鑑

貞東：名細春生道光己酉十二月二十二寅時娶汪

祥鑑：名金苟生光緒癸未七月初四子時娶王氏生

氏生咸豐戊午九月初九酉時生三子以三子祥鋃爲元耀公派進林後

光緒辛卯十二月二十八子時

祥銘 名金祥生光緒丙戌三月二十一辰時娶汪氏生光緒甲午十月二十四丑時

永暉公長子

元曦公 生嘉靖辛酉娶季氏生二子

文庚公 生萬歷癸巳娶葉氏生一子

志添公 娶馮氏生二子

兆神公 字誠如生順治癸巳歿雍正甲寅娶戴氏生一子

應詩公

兆祚公 娶王氏生三子

觀富公止 娶程氏

其久公止

文春公——志海公——兆書公——應諫公

文春公：娶葉氏，生一子，合葬呈華塘戌山辰向加乾巽。

志海公：生順治己丑，娶吳氏，生三子，合葬呈華塘戌山辰向加乾巽。

兆書公：摘兆廣次子爲後。

兆廣公——應謝公止

兆廣公：生康熙己酉，歿乾隆癸亥，娶曹氏，生康熙庚午，生二子，以次子應諫爲兆書後。

兆臧公——應碧公止

兆臧公：娶朱氏，生一子。

應岔公止

應岔公：娶王氏。

兆神公子

應詩公 字以興生康熙己巳十月二十四娶昌氏生一子繼娶汪氏生一子

天雲公 生雍正甲午十月二十六娶姚氏生二子

德廳公止 生乾隆庚午六月二十四娶某氏

天雨公止 生雍正乙巳十二月十八娶汪氏

德頃公 生乾隆乙亥五月二十四娶某氏生一子

錫方公 娶葉氏生三子以次子順有爲元科公派貴雲公後

貞有公止

何有公止

兆書公子

應諫公 生雍正癸卯娶汪氏生一子

天開公 娶章氏摘元美公派天儒公次

德時公 名家旺生嘉慶辛未十二月十

錫泰 名金正生道光甲辰十月十一

貞順

子爲後

兆娶柯氏生道光辛巳九月初三生二子合葬黃泥嶺

以錫煥子雙祧

錫煥——貞順

錫煥：名金炎生咸豐戊午七月十七亥時娶黃氏生光緒己卯生一子雙祧錫泰

錫泰繼子

貞順：名順章生光緒丁未十二月二十寅時

錫煥子

貞順：生年見前

永暉公次子

元曜公——文台公——志堯公——兆銘公——應郊公止

元曜公：生隆慶辛未娶

文台公：字孟斗鄉飲賓

志堯公：生天啟丁卯娶

兆銘公：生順治丁亥歿　葬西墓坦

程氏生三子合
葬呈華塘山向
詳載墓圖

生萬歷辛卯娶
程氏繼娶凌氏
三娶黃氏生四
子公仝程氏葬
呈華塘山向詳
載墓圖凌氏葬
堈窪頭

程氏生三子合
葬西墓坦

雍正戊申娶曹
氏繼娶曹氏生
六子前曹氏葬
堈塢頭公仝後
曹氏葬西墓坦

應鄧公止
葬西墓坦

應邵公

應邦公

應鄭公

應郡公止

兆銳公——應轍公
生順治甲午歿

應輢公
雍正乙卯娶曹
氏生順治丁酉
歿康熙甲申生
二子

兆銓公——應弘公
生康熙壬寅歿
康熙己丑娶吳
氏生康熙丙午
生一子葬前山
灣

志葵公——兆鑑公——應孝公
生崇禎庚辰娶
淩氏繼娶徐氏
生四子公葬大
崗上淩氏葬獅
子石

娶程氏摘兆洛
次子爲後公葬
西墓坦氏葬墹
窪頭

兆鎡公——應傳公
生康熙辛亥歿
乾隆乙丑娶汪

氏生康熙辛酉
歿乾隆辛未生
一子合葬呈金
塘

兆洛公——應忠公

字爾賓生康熙
甲子四月初七
娶汪氏生康熙
壬戌生四子以
次子應孝爲兆
鑑後以四子應
國爲兆泗後公
葬西墓坦氏葬
呈華塘

應家公

兆泗公——應國公

摘兆洛四子爲
後葬西墓坦

志曾公——兆鐸公——應會公

字爾公生順治甲申歿康熙丙戌娶程氏生順治己酉生三子繼娶潘氏公仝程氏葬呈華塘山向詳載墓圖潘氏葬芝蔴園

字天以生康熙辛亥歿雍正乙巳娶程氏繼娶程氏生康熙癸亥歿乾隆己巳前程氏生一子繼程氏生四子

兆錦公

字彩臣生康熙丁巳歿乾隆甲戌娶汪氏庶王氏生康熙壬申

應康公

應甯公

應唐公

應津公 止

應瀅公

應潮公 止

生雍正丙午十月十三

生二子合葬西墓坦

應碩公——兆鎰公 字衡玉生康熙丙寅歿乾隆丙寅娶汪氏生康熙乙亥歿乾隆癸未繼娶石氏生康熙庚午歿乾隆乙亥生三子

應仕公

應滸公

應美公——兆漢公 生康熙丁未歿康熙壬寅娶曹氏生康熙丁未歿康熙己亥生二子

——志周公 生順治己丑娶曹氏生順治壬辰生六子公葬西墓坦

應碌公

兆江公止

兆波公——應鼎公止
娶某氏生一子

兆澄公——應桐公止
摘兆汴次子爲後

兆汴公——應相公止
生康熙丁卯歿生雍正己酉娶乾隆甲戌娶石葉氏生乾隆癸氏生康熙辛未亥
生二子以次子應桐爲兆澄後

兆游公止

文讓公　字謙三生萬歷癸卯歿康熙己巳娶江氏繼娶王氏三娶喻氏公仝喻氏葬呈華塘山向詳載墓圖江氏葬西摹坦墩王氏葬下碓

志連公　字百城生順治乙未歿雍正辛亥娶汪氏生康熙戊戌歿乾隆己未生二子合葬呈華塘山向詳載墓圖

兆序公　字在東生康熙丁卯娶曹氏生康熙丁卯生三子合葬劉塘家

兆廩公　字有高生康熙癸酉正月二十八歿乾隆癸巳十二月二十四享年八十有一叨受皇恩米絹娶曹氏生一子繼娶汪氏生一子曹氏葬王家背後公仝汪

應賞公

應賢公

應貢公

應貂公

應灶公

氏葬和尙冲

志運公
字仲昌生順治己亥歿雍正庚戌娶馮氏生康熙癸卯歿雍正戊申生四子公葬呈華塘山向詳載墓圖

兆衡公
生康熙甲子娶石氏生康熙庚辰生一子

應洽公止
生雍正己卯三月初七娶馮氏生乾隆己未公葬棧山下

兆蘭公
字上如生康熙丁卯二月二十二娶王氏生康熙甲戌生二子合葬計里坑

應淵公

應河公

兆護公
字大臣生康熙己巳歿乾隆乙亥娶馮氏生康熙丙子生一子

應譽公止
生雍正甲辰正月十九

兆格公 字君式生康熙戊寅三月十七娶曹氏生康熙丙戌殁乾隆乙亥生三子

應佳公止 生雍正乙卯殁乾隆乙亥

應作公止 生乾隆丁巳十二月二十八

應倡公止 生乾隆己巳九月二十六

文詡公止 葬西墓坦墩

兆銘公 三子

應邵公 生康熙戊辰殁乾隆丁卯娶程

天金公 字多與生康熙戊戌正月十六

德有公 生乾隆庚午五月十八娶某氏

錫燧公 娶某氏生一子 合葬大崗上

貞福公止

氏生康熙丙子
生三子合葬西
墓坦

娶王氏生雍正
丁未生二子公
葬白圓氏葬大
崗上

生一子合葬大
崗上

德貴公止
生乾隆丙子十
二月初八丑時
娶某氏

天道公—德勝公—錫澤公—貞祿公止

生雍正癸卯二
月二十娶程氏
生雍正乙卯生
一子合葬白圓

娶曹氏生一子

娶某氏生一子
合葬大崗上

天紋公—德月公—錫根公—貞滚

生乾隆丁巳九
月十三娶程氏
生二子公葬大
尉廟後氏葬王
家背後

名大月娶程氏
生一子

名灶年生嘉慶
壬申十二月二
十三歿光緒乙
酉十月二十五
娶汪氏繼娶程
氏生嘉慶癸酉

貞浩公止
名長火生道光
戊申歿光緒癸

八月二十七歿未
咸豐辛酉八月
二十八生二子
汪氏葬大嵩上

細月公止
葬王培山

兆銘公
次子

應邦公
字定國生康熙
辛未歿乾隆庚
午娶程氏生康
熙癸酉生五子
氏葬西墓坦墩

天燃公
生康熙乙未十
月十四娶程氏
生雍正戊申生
三子合葬西墓
坦墩

德緒公
生乾隆辛未七
月二十娶曹氏
生一子

錫楨公
娶王氏生一子

貞金公

德紘公
生乾隆丙子四
月十二歿道光
辛卯四月十一
娶程氏生四子
以次子錫林爲
德純後三子錫
楊爲德緒後

錫柏公
生乾隆丙午十
月初二歿咸豐
戊午四月初四
娶汪氏生嘉慶
丙辰十一月十
一歿咸豐辛酉
四月二十四生

貞猷公

一子

錫標公——貞錦公
娶某氏生一子
葬西墓坦墩

德緒公——錫楊公——貞富公
娶某氏摘德絃三子爲後
娶某氏生一子

天鼎公——德紳公——錫樹公——貞一公
生康熙己亥十二月初二娶葉氏生雍正庚戌七月十二生一子合葬王家
名德壽生乾隆乙亥六月初二巳時歿道光壬辰十一月十八巳時娶馮氏生乾隆乙酉十一月初三歿咸豐壬午二月二十二巳時生二子以次子錫櫄爲
名高視生嘉慶辛酉四月二十六歿咸豐辛酉七月十七娶石氏生嘉慶己巳七月初二歿咸豐辛酉七月十二生四子合葬西墓坦

貞琦

全發公

德餘後合葬王家

觀發公止
生道光乙酉六月十九歿光緒丁丑十一月初五葬芝蔴園

天興公—德純公—錫林公—貞有公

天興公：生雍正癸卯二月初十娶柯氏生雍正甲寅生一子葬西墓坦

德純公：摘德紘次子爲後

錫林公：娶某氏生一子

天杰公—德祿公—錫麟公止

天杰公：生雍正壬子二月二十五娶柯氏生一子合葬西墓坦

德祿公：娶曹氏繼娶柯氏生二子公仝柯氏葬西墓坦

錫麟公：娶曹氏繼娶方氏公仝方氏葬西墓坦曹氏葬呈金塘

錫芳公—貞耀公

錫芳公：名侮芳生嘉慶

戊辰正月初十寅時歿光緒辛巳四月初三巳時娶章氏生嘉慶戊辰五月初六歿咸豐辛酉八月十六側室戴氏生道光己丑四月十五歿宣統庚戌八月二十四申時生一子公仝戴氏葬後岸章氏葬呈金塘

天烈公——德綵公——錫椋公——貞烱公

天烈公 生乾隆庚申六月十三娶柯氏生一子合葬呈坌塘

德綵公 摘德紳次子爲後葬王家背後

錫椋公 名金有生嘉慶乙亥九月二十五戌時歿光緒庚寅九月十二未時娶汪氏生道光丙戌七月初一歿咸豐辛酉七月初一生

貞烱公

貞桂公

兆銘公五子

應鄭公　生康熙乙亥歿康熙辛未娶程氏生康熙乙亥歿乾隆壬申生一子

天長公　生雍正甲辰十二月十九娶某氏生二子

德元公　娶王氏生一子

根連公　生道光戊子歿同治己巳生一子葬王培山

貞如　二子繼娶汪氏生道光丙戌八月二十九辰時歿光緒戊戌三月初一酉時公仝後汪氏葬王家背後前汪氏葬西墓坦口

德印公　娶某氏生二子

春善公止

春和公止

兆銳公長子

應轍公

天貴公止

生康熙壬戌殁乾隆戊午娶柯氏生康熙丁丑生四子

天富公——三德公——錫鑑公——貞友公止

生康熙己亥七月十九娶某氏生一子

娶某氏生一子

娶某氏生一子

天雙公——細德公——錫銘公止

生雍正乙巳十月十八娶某氏生一子

娶某氏生一子

天全公止

生雍正丁未七二月初七娶程氏

兆銳公次子

應輢公——天榮公止

字偶麟生康熙庚午殁乾隆甲

娶汪氏

子娶曹氏生康熙戊寅生四子

天田公 生康熙丙壬寅正月十九娶汪氏生雍正癸丑歿乾隆乙亥繼娶鄧氏生二子

德何公 娶汪氏生二子

錫豐公 娶程氏生二子

貞强公

貞張公

錫根公止

德佩公止

天略公 生雍正丁未正月二十六娶某氏生一子

德寶公 娶某氏繼娶葉氏生二子

錫景公 娶葉氏繼娶某氏生一子

貞旭公止 娶某氏

錫欽公 娶曹氏生二子

貞和公止 娶某氏

兆銓公長子

應弘公　字玉祥生康熙癸酉娶曹氏生康熙辛卯生三子

天思公　生雍正庚戌二月二十三娶王氏生一子
— 德位公止

天樵公止

天棋公　生雍正庚戌十月二十九辰時娶某氏生一子
— 德輝公　娶某氏生一子
— 生林公　娶某氏生一子
— 貞取公止

天椿公　生乾隆丁巳正月初五亥時娶
— 德五公　娶某氏生一子
— 細林公止

貞壽公止

光鑑公
長子

某氏生一子

應孝公——天畢公——德興公——錫章公——貞吉公

應孝公：字子明生康熙壬辰娶汪氏生雍正甲辰摘應國次子爲後

天畢公：生乾隆丁丑十一月十二巳時娶施氏生一子公葬大塘灣氏葬西墓坦

德興公：生乾隆丁酉十一月二十一卯時歿道光癸巳四月十一寅時娶王氏繼娶曹氏生乾隆丁未八月十五酉時歿道光癸巳五月初六亥時生二子合葬西墓坦遷休甯東鄉柏樹

錫章公：國學生名雲章字觀琴生嘉慶壬申八月十四辰時歿同治甲戌九月十四亥時娶汪氏生道光丁亥十一月初六寅時歿咸豐辛酉四月十六申時繼娶潘氏生道光庚子正月十三卯時歿光緒丙申十二月二十九亥時生一子合葬休甯東鄉率口前村

錫和公——貞幹公

兆鎡公子

應傳公——天星公止

生康熙乙未歿乾隆壬申娶程氏繼娶季氏生康熙再壬寅生一子葬大塘

（天星公）生乾隆壬戌七月十九

兆洛公長子

應忠公——天基公——德頂公止

（應忠公）字子亘生康熙丙戌六月二十

（天基公）摘天炳次子爲後

國學生名禮清生道光辛巳六月三十戌時歿光緒戊寅九月二十七亥時娶吳氏生道光己丑十二月初四申時歿光緒辛丑四月二十九申時生一子

八娶王氏生康熙己丑生一子

兆洛公次子

應家公——天午公止

字子齊生康熙乙未娶梅氏生一子

生乾隆甲戌二月二十六

兆泗公子

應國公——天甲公——德林公——錫成公止

字子厚生雍正甲辰娶王氏生乾隆丙辰生三子以次子天畢爲應孝後公葬呈華塘山向詳載墓圖氏葬西墓坦

生乾隆甲戌九月十八娶舒氏生一子合葬西墓坦墩

娶某氏生一子

天寅公——德麒公——錫盆公止

娶柯氏生二子合葬大崗上

娶曹氏生一子

德鎮公——錫松公止

娶汪氏生二子合葬大崗上

錫柏公止

天炳公—德煩公—錫探公止

娶曹氏摘天中次子爲後葬呈金塘

娶汪氏繼娶潘氏生一子合葬呈金塘

天中公—德順公止

娶汪氏生二子以次子德煩爲天炳後合葬呈金塘

娶柯氏

天斗公—德頌公—錫瑃—貞𡸣

摘天南次子爲後葬呈華塘山向詳載墓圖

名有金字義山生嘉慶癸酉七月初八丑時歿光緒辛巳六月二十八寅時娶

名俊發生道光甲午五月二十六午時娶汪氏生道光辛丑三月十二寅時歿

曹氏生嘉慶乙亥二月十四未時歿同治乙丑七月二十四申時生四子繼娶曹氏前曹氏葬呈華塘山向詳載墓圖後曹氏葬獅子石

光緒丙午八月二十四丑時生二子以次子貞根爲錫瑔後氏葬撒網形

錫珠公——**貞湘**

名均發字贊承生道光戊戌九月初八亥時歿光緒乙巳正月初四丑時娶汪氏生道光癸卯七月十五丑時歿光緒庚辰十二月二十九寅時繼娶周氏汪氏生三子以三子貞棠爲錫球後

貞錦

錫球公——**貞棠**

名嗣發生道光

丁未十二月二十二巳時歿同治壬戌七月二十八未時摘錫珠三子爲後葬西墓坦

錫璐公——貞鴻

名潤發生咸豐甲寅三月十七酉時歿宣統庚戌正月十三卯時娶周氏生咸豐乙卯十二月十五巳時生一子

天南公——德須公——錫琅公——貞根

天南公：生乾隆辛丑七月十二寅時歿道光己丑七月初二酉時娶曹

德須公：娶曹氏生二子葬大崗上

錫琅公：摘錫璿次子爲後

錫璀公止

氏繼娶曹氏生乾隆己亥六月初二亥時殁道光辛卯六月十七卯時生三子以次子德頌爲天斗後公仝前曹氏葬呈華塘山向詳載墓圖繼曹氏葬西塋坦

德溪公止
葬棧山下

兆鐸公長子

應會公——天杞公止
字開元生康熙丁丑娶曹氏
生雍正乙巳

兆鐸公次子

應康公——天秦公止
生康熙戊子娶葉氏生康熙戊戌生一子
生乾隆戊午六月十三

兆鐸公三子

應甯公 生康熙庚寅娶馮氏生康熙己亥生二子
—天標公 生乾隆己巳正月二十四娶某氏生一子
——灶高公止
—天榜公 生乾隆乙亥十一月十一娶某氏生二子
——灶芳公止
——雲芳公止

兆鐸公四子

應唐公 生康熙庚子十一月二十二娶馮氏生雍正丁未生一子
—天賢公 生乾隆辛未十二月十六娶某氏生二子
——灶傑公止
——灶盧公止

兆錦公長子

應瀅公—天木公—了頭公—觀來公止

生康熙庚子二月二十二娶汪氏生康熙己亥生三子

生乾隆己未二月二十一娶曹氏生一子

娶某氏生二子以次子錫高爲元首公派德鳳後

兆鎰公長子

應碩公——**天燧公**——**德祝公**止

字旣庭生康熙辛卯十月十五娶汪氏生康熙己丑側室吳氏生康熙丁酉生

生乾隆丙子九月二十卯時娶某氏摘天爕次子爲後

天傑公——**細章公**——**順慶公**止

生乾隆己巳十月二十娶某氏生一子

娶程氏繼娶季氏生一子

天棪公——**啟福公**——**材祿公**止

生乾隆甲戌四月初九娶某氏生一子

娶某氏生一子

兆鎰公次子

生一子

應仕公 字登榮生康熙甲午十月二十三娶曹氏生康熙壬辰二月二十二生四子公葬西墓坦氏葬李家塘

天杭公 生乾隆辛酉十月十二娶曹氏生乾隆己未生二子 —— 德汗公 娶某氏摘德汶次子爲後 —— 錫高公 名廷高生嘉慶乙亥十月三十寅時歿光緒乙未八月初四巳時摘錫啟次子爲後 —— 貞貴公止

天杭公 生乾隆丙寅閏三月二十七丑時娶葉氏生乾隆丙寅繼娶王氏生二子以次子德炳爲天棋後 —— 德汶公 名龍海生乾隆辛卯十月初六歿道光壬午正月二十二娶吳氏生乾隆丙午二月十四歿咸豐己未十一月二十四生三子以次子錫高爲德汗後三子錫啟爲德桂後 —— 錫廷公 生嘉慶壬申歿同治壬戌生一子葬休甯之屯溪 —— 貞水公

天棋公——德炳公止

天棋公：生乾隆己巳正月二十九酉時娶曹氏摘天杬次子爲後合葬窑上

德炳公：名玉海娶江氏合葬棧山下

天樬公——德桂公——錫啟公——貞煊

天樬公：生乾隆乙亥二月十一戌時娶柯氏生一子合葬棧山下

德桂公：摘德汶三子爲後葬棧山下

錫啟公：名廷啟生嘉慶戊寅七月初三巳時歿光緒庚寅十一月初九辰時娶汪氏生道光己丑三月二十巳時歿光緒乙亥十一月初十午時生二子以次子貞貴爲錫高後

兆鑑公三子

應滸公——天燹公——德學公——錫金公止

應滸公：字演及生雍正

天燹公：生乾隆壬申二

德學公：娶汪氏生一子

錫金公：娶江氏

辛亥十二月初一娶曹氏生雍正庚戌生二子合葬西墓坦

月十六娶汪氏生三子以次子德祝爲天燧後合葬西墓坦

天燧公——德福公——錫萬公止

生乾隆乙亥二月初一娶某氏生二子

德福公：娶某氏生一子

春陽公——廷一公止

春陽公：娶葉氏生一子

德陽公——錫火公——貞常公

德陽公：名冬陽生嘉慶辛酉十一月十七歿咸豐庚申八月十六娶曹氏生嘉慶辛酉十一月二十二歿同治甲子八月十三生二子

錫火公：生道光壬午十月初四歿咸豐庚申八月十三娶馮氏生道光丙申十月十一歿光緒丙午八月十八生一子

錫慶公——貞立公

錫慶公：生道光己酉五月初二歿同治癸亥九月三十娶汪氏生一子

兆漢公長子

應美公 生康熙戊辰摘應祿長子爲後
——天玉公 雍正乙卯十月初二娶生葉氏 生乾隆丁巳生一子
——德發公 生乾隆丙子十二月初十酉時娶程氏生一子
——錫富公 摘錫交長子爲後
——順林公

兆漢公次子

應祿公 生康熙乙酉六月初一娶曹氏生康熙甲申生三子以長子天玉爲應美後
——天壬公 生乾隆辛酉正月初三娶曹氏生一子合葬西墓坦
——有章公 摘元美公派德梁次子爲後葬下碓
——錫交公 名交福生嘉慶丁卯八月二十四歿光緒己丑六月十一娶舒氏生嘉慶丙子歿光緒癸巳十月二十九生五子以長子順林爲錫富後以四子貞東爲元潛公派錫仁後以五子貞緯爲元潛公派錫慶後
——進林公
——貞春公 名三春生道光丙午三月十九歿光緒癸巳五月二十娶柯氏公葬呈金塘

兆庠公長子

應賞公——天昊公——德政公——錫印公——貞昌公

應賞公：生康熙癸巳正月初一午時，娶柯氏，生康熙辛丑十月初六未時，生二子，合葬呈華塘

天昊公：生乾隆庚午四月初六辰時，娶程氏，生一子，公葬呈金塘，氏葬竦嶺腳王家

德政公：名歡，生嘉慶丙辰正月初七，歿同治壬戌五月初六，娶王氏，生嘉慶戊午九月十六，歿同治甲子正月十四，生四子，合葬竦嶺腳王家

天元公止：生乾隆己巳六月二十二

錫印公：名開仙，生嘉慶癸酉，歿同治甲子，以錫魁子雙祧

錫繼公止：名繼仙，生道光辛巳，歿咸豐辛酉

錫魁公——貞昌公

錫魁公：名三仙，生道光丙申，歿光緒己亥，娶某氏，生一子，兼祧錫印

錫理公——貞鏞

兆序公次子

應賢公 生康熙甲午十月二十四娶曹氏生雍正甲辰

天盛公 生乾隆戊寅娶葉氏生一子公葬王家氏葬竦

德積公 名根吉娶朱氏生三子合葬西墓坦墩

錫銘公 待後 名年仙

天重公 生乾隆癸酉四月初一午時娶洪氏繼娶張氏三娶鄧氏生一子合葬竦嶺腳王家

德基公 名細芳娶石氏繼娶江氏生三子公仝石氏葬竦嶺腳王家江氏葬呈金塘

錫柏公 待後 名有仙

名四仙生道光己亥五月二十一歿宣統辛亥七月二十二亥時摘錫磬次子為後葬社土上

錫玉公 止 名玉仙

錫有公 止 名四有

繼娶葉氏三娶馮氏摘應貢長子爲後合葬西嶺脚墓坦

錫富公止　名富仙

錫來公止　名來仙

兆序公三子 **應貢公**——**天昱公**——**德效公**——**錫守公**待後

應貢公：生康熙己亥九月二十一戌時娶柯氏生雍正己酉生二子以長卜天盛爲應賢後合葬竦嶺脚

天昱公：生乾隆己巳娶某氏生一子

德效公：名六娶曹氏生一子合葬呈金塘

錫守公：名細閃生道光丁酉歿同治丙寅葬呈金塘

兆廪公長子 **應貂公**——**天壽公**——**德光公**——**錫沛公**——**貞楷公**

應貂公：生康熙癸巳歿雍正丁未摘應灶長子爲後葬竦嶺脚王家背

天壽公：名三和字平格生乾隆乙酉歿道光丙申娶曹氏生一子合葬

德光公：名榮生嘉慶己巳九月初七歿同治壬戌正月十九娶周氏生

錫沛公：名長萬生道光乙未歿光緒癸卯六月十一辰時摘錫穀長子

後

祉土上

嘉慶丁丑正月初五申時殁咸豐辛酉三月二十四生四子合葬祉土上

爲後葬祉土上

錫穀公——貞禮

名有萬生道光丁酉正月十九戌時殁光緒丁亥正月二十六戌時娶鮑氏生道光乙巳十二月二十一申時殁光緒壬寅四月二十五申時生三子以長子貞楷爲錫沛後合葬祉土上

貞卿公 止

名景泉生光緒乙酉殁光緒壬寅三月二十三亥時葬祉土上

錫多公 止

名餘萬生道光辛丑五月初七殁咸豐己未正月二十四葬祉上土

兆稟公次子

應灶公
名灶一生雍正己酉七月十六歿嘉慶庚午五月初二享年八十有二叨受皇恩米絹娶曹氏生乾隆戊午子以長子夭壽繼娶程氏生四爲應貂後曹氏葬社土上仝程氏葬和尚冲山向詳載墓圖

天甯公
名四六字以康生乾隆壬辰歿道光丁未十二月二十五娶曹氏生一子合葬後岸

德恩公
名廷華生嘉慶乙亥歿咸豐辛酉娶王氏生二子合葬窪上

錫鉦公
名起萬生道光丁酉歿咸豐乙卯十月摘錫熙次子爲後葬後岸

貞庚

錫彰公 止
名俊萬生道光丙午歿同治壬戌正月十九葬社土上

錫水公 止
名水萬生道光丙午歿咸豐辛酉八月葬後岸

天靜公——德懋公——錫淦公 待後

名雙喜字仁山生乾隆丙申十月二十四歿咸豐庚申七月初二享年八十有五朝受皇恩米絹娶葉氏生乾隆壬子四月初四歿咸豐辛酉四月二十四生三子合葬計里坑

名汝成生嘉慶庚午十月二十八辰時歿咸豐辛酉十一月初二卯時娶王氏生嘉慶庚辰五月初二卯時歿道光戊戌四月十六生一子繼娶吳氏生道光庚寅五月初一酉時歿光緒丙午四月十四丑時生一子公全王氏葬後岸窪上吳氏葬社土上

德琴公 止

名汝林生嘉慶戊寅歿道光戊戌葬後岸塢上

名金萬字敬忠號厚堂生道光丁未正月十五戌時歿光緒戊戌十月十九戌時葬社土上

錫熙——貞廣

娶王氏生二子以次子貞庚爲錫鈺後

德載公——錫奎公 止

德載公：名載林生道光癸巳歿咸豐辛酉生一子葬縣縣城外

錫奎公：名奎萬生道光丙午歿咸豐辛酉八月

天賜公——德炳公——錫磬——貞釗

天賜公：從九品名壽喜字廷旭號廷高事蹟見善行生道隆己巳十月初四亥時歿咸豐癸丑十一月十九日辰時娶葉氏生乾隆癸丑七月二十四亥時歿道光壬午正月十八生一子繼娶馮氏生嘉慶乙丑十月二十七歿道光壬辰三月十

德炳公：監貢生名鴻彬字蔚文事蹟附見善行生道光辛巳十月初三辰時歿光緒乙未十二月初八申時娶汪氏生道光辛巳四月十七酉時歿咸豐甲寅八月十三卯時生一子繼娶曹氏生道光戊子十一月十二子時歿光緒甲辰十月十

錫磬：國學生名振玉字韻笙生道光丁未四月十六午時娶曹氏生道光乙巳二月初九戌時歿光緒癸卯七月十七亥時庶娶王氏生同治癸酉生二子曹氏葬社土上以次子貞鏞爲錫理後

三生一子三娶石氏生嘉慶乙丑四月十一寅時歿光緒壬午十二月十六亥時生一子公仝葉氏馮氏葬和尚冲山向詳載墓圖石氏葬竦嶺脚

三卯時汪氏葬和尚冲

德照公

國學生名榮炤字藜青生道光戊子十二月十五丑時歿光緒辛卯十二月十五子時娶曹氏生道光乙酉六月初八寅時歿咸豐辛酉五月十七辰時生二子繼娶馮氏生道光己亥九月二十三亥時生一子公葬程家墳窠山向詳載墓圖曹氏葬後岸

貞烱公 — **錫楷**

名森萬字士則生道光戊申九月二十八戌時聘曹氏未婚歿娶王氏生咸豐壬子十月十七寅時歿光緒癸未二月初六亥時生二子曹氏葬芝蔴園王氏葬休甯之屯溪

貞煥 — **錫樸**

名鑑萬字尚質生咸豐壬子五月十八亥時娶戴氏生咸豐癸丑七月十八歿

光緒庚子十二月二十六子時

錫爵——貞簡

邑庠生名鶴鳴字臯九一字子和事蹟見學林生同治辛未八月二十五辰時娶汪氏生同治甲戌十二月十八午時歿光緒丙午五月初七午時生二子繼娶唐氏生光緒庚辰

貞第

德杏——錫丁公

國學生名邦傑字麗文生道光己亥五月二十一午時娶馮氏

名觀松生同治辛未十一月十六丑時歿光緒乙酉五月十七

兆蘭公
長子

應淵公
字字遠生雍正甲辰十二月二十二娶曹氏生四
雍正庚戌生
子合葬東山上

天科公
生乾隆癸酉三月初二娶曹氏
生一子

天留公
娶曹氏生二子
葬芝蔴園

德懷公
娶汪氏生一子
合葬黃泥山坦

德慶公
娶曹氏生三子
葬芝蔴園

錫定公止
名定喜葬西墓

錫章公止
葬芝蔴園

細章公止
葬芝蔴園

四章公止

生道光己亥殁未時葬社土上
咸豐辛酉繼娶
王氏生道光己
亥殁光緒癸巳
五月二十子時
生一子馮氏王
氏並葬後岸

天祥公
國學生生乾隆丁丑十二月三十殁道光丙午九月二十六巳時娶汪氏生乾隆壬辰八月二十六丑時殁道光丁未六月二

德一公
國學生字文吉娶汪氏生一子公葬王家氏葬西墓坦

錫辛公
娶程氏生一子葬西墓坦墩

貞泰公止
葬西墓坦

德風公
國學生字嘉吉娶汪氏生一子葬西墓坦

錫巳公

貞桃公止

觀慶公
娶曹氏生三子葬芝蔴園

錫中公止
名日生葬芝蔴園

錫黃公止
名大生葬西墓坦

錫廣公止
名廣生葬西墓坦

葬芝蔴園

十六酉時生四
子以長子德鉅
爲天東後合葬
白塔路

娶王氏生一子
公葬白塔路氏
葬西墓坦
葬西墓坦

德行公——錫甲公——貞叙公

國學生字元吉
生嘉慶丁卯六
月二十一歿咸
豐甲辰三月初
九戌時娶汪氏
生一子公葬四
畝上氏葬西墓
坦墩

娶曹氏繼娶曹
氏摘錫寅三子
爲後二曹氏葬
西墓坦墩

葬四畝上

天東公——德鉅公——錫寅公——貞鏡

摘天祥長子爲
後葬高塝上

名觀吉號大光
生乾隆辛亥十
月初八寅時歿
咸豐辛酉四月
二十一未時娶
方氏生嘉慶乙
丑歿道光丙戌

名百生號廷虎
生道光丙戌十
一月二十寅時
歿光緒戊寅四
月二十寅時娶
曹氏生道光癸
酉十月初七午

貞鉞

生一子繼娶章氏生五子公仝方氏葬張冲口章氏葬西綦坦墩

時歿光緒庚子五月二十七未時生三子以三子貞叙爲錫甲後

錫鯉公止
名連生娶汪氏

錫雲公——**貞根公**
名雲生生道光癸巳歿光緒壬午娶某氏生一子遷如皋縣城內

錫午公止
名松生

錫未公止

兆蘭公
次子

應河公 生雍正壬子四月初四娶柯氏生乾隆戊午生四子合葬東山上

天汝公 生乾隆丁丑七月二十五午時歿道光戊戌十月十一子時娶王氏繼娶曹氏生二子合葬大崗上

會德公 生乾隆甲辰六月十七歿咸豐庚申六月十七子時娶葉氏生三子公葬大崗上氏葬棧山下

灶林公 生嘉慶癸酉歿咸豐辛酉娶葉氏生二子合葬棧山下

貞高公

貞尙公止

細林公 生嘉慶庚辰歿咸豐辛酉娶曹氏生一子

貞煥公止

喜林公 娶王氏合葬棧山下

名全生

錫酉公止 名如生

穩德公　字景交生乾隆辛亥五月二十三寅時歿道光甲辰十一月十一丑時娶曹氏生乾隆乙卯二月十九寅時歿咸豐戊午六月初六酉時生二子合葬大百里

錫明公　名根林生嘉慶甲戌歿同治壬戌娶程氏繼娶張氏生道光辛巳歿咸豐辛酉八月初二未時生四子公葬棧山下氏葬西墓坦墩

貞水公

貞啟公　止

貞奎公　止

貞櫝

錫鏻公　名瑞林字恒生生道光丁酉五月十七子時歿光緒壬辰閏六月二十巳時娶張氏生道光乙

貞灝公

貞惠

巳十一月初一丑時歿光緒丁未二月初七巳時生二子公葬大百里氏葬王培山

天濟公 娶某氏生三子

本基公 娶某氏生二子

錫桐公 止

錫椿公 止

言基公 止

徽基公 止

天富公——德藏公——錫煌公——貞桂公

天富公 娶柯氏生一子 合葬芝蔴園

德藏公 娶汪氏生一子 合葬芝蔴園

錫煌公 名大林生道光癸未歿咸豐辛亥八月娶柯氏生道光丁亥歿同治己巳三月初五午時生一子合葬芝蔴園

錫根公長子

貞滚——祥育——洪炳

貞滚 名長水生道光乙巳六月初五娶張氏生道光己亥十一月十三歿光緒乙未八月初三生一子葬來龍上繼娶葉氏生道光辛丑十二月二十八亥時

祥育 名春鑑生同治甲戌正月二十二辰時娶鮑氏生同治壬辰生六子

洪炳 生光緒壬辰八月二十五酉時聘曹氏生光緒丁酉七月十六辰時

洪禮 名壽炳生光緒甲午九月初九

三炳
生光緒丁酉十月二十

四炳
生光緒乙巳三月初九

順炳
生光緒戊申八月初七卯時

六炳
生宣統庚戌十二月初九酉時

錫楨公子

貞金公——祥津
摘貞猷五子爲後
名觀閭生光緒辛巳六月十九

亥時娶汪氏生光緒甲午五月初九巳時

錫柏公子

貞猷公 名灶猷生嘉慶庚辰十月初九子時歿光緒癸卯十二月十八巳時享年八十有四叨受皇恩米絹娶程氏生道光己丑二月初六歿同治癸亥八月二十五生二子繼娶許氏生道光甲辰十一月十一酉時生五子以次子祥洵爲貞富後三子祥庚爲貞有後五子祥濟爲貞常後

祥渚 名觀衍生咸豐辛亥九月十五巳時娶王氏生同治丙寅正月二十三酉時繼娶周氏生同治己巳四月二十辰時生三子以三子洪光爲祥洵後

洪森 名泮桂生光緒丁酉八月二十九辰時

洪光 名泮成生宣統庚戌九月二十六子時

祥開 名觀春生同治甲戌十二月二十八巳時娶柯氏生光緒辛巳二月十九丑時

六子祥津爲貞金後七子祥烈爲貞錦後

錫標公子 貞錦公——祥烈
摘貞猷七子爲後
名觀僚生光緒甲申七月初六亥時娶程氏生光緒辛卯十二月十九子時

錫楊公子 貞富公——祥洵公——洪樹
娶某氏摘貞猷次子爲後
名觀歷摘祥渚三子爲後
名泮正生光緒甲辰十一月二十一寅時

錫樹公長子 貞一公——祥興——洪安
名長喜生道光丙戌八月初一歿咸豐辛酉三月初五摘貞琦
名福興生光緒丙子九月二十一巳時娶潘氏生光緒戊寅六
名洪鈞生光緒壬寅十一月十二辰時

長子爲後葬王家

月十四子時生 二子

洪康
生光緒丁未十月二十九寅時

錫樹公次子

貞琦——祥榮

名長發生道光庚子二月二十六酉時娶鮑氏生道光己酉十月十八辰時歿光緒己丑九月十一酉時生三子繼娶汪氏生咸豐丙辰以長子祥興爲貞一後三子祥泂爲全發後

祥榮 名炎興生光緒癸未十二月初三

錫樹公三子

全發公——祥烱

生道光丙午七月二十歿咸豐

祥烱 名萬興生光緒戊子四月二十

辛酉摘貞琦三子爲後

七娶黃氏生光緒辛卯歿光緒己亥繼娶王氏生光緒辛卯十月十四寅時

錫林公子

貞有公 摘貞猷三子爲後

祥庚公 名觀容生同治丙寅三月初八卯時歿光緒戊申六月十八娶曹氏生光緒丙子八月生二子

洪騮 名泮和生光緒己亥六月二十七辰時

洪爻 名正和生光緒辛丑十一月初三卯時

錫芳公子

貞耀公 名炳炎生咸豐癸丑十月十四辰時歿宣統庚戌七月初八子

祥錦 名國基生光緒己卯十月初八寅時娶汪氏生光緒癸未歿光

時娶王氏生咸豐癸丑歿光緒乙亥繼娶喻氏生咸豐壬子十月初七辰時生一子 緒乙巳四月十二繼娶柯氏生光緒甲申

錫榞公長子

貞烱公 名長國生道光己酉四月十四戌時歿光緒己卯四月十五摘貞桂長子爲後葬芝蔴圓

——**祥大** 名惠興生光緒戊子十一月二十七辰時娶章氏生光緒丙戌七月二十一卯時

錫榞公次子

貞桂公 名廷國生咸豐壬子七月三十丑時歿光緒辛丑九月二十一辰時娶汪氏生同治乙丑八月

——**祥夫** 名再興生光緒辛卯四月初四巳時娶葉氏生光緒甲午十一月二十三酉時

三十巳時生三子以長子祥大爲貞烱後

祥爽　名灶興生光緒癸巳四月二十一巳時

根連公子

貞如　名金餘生同治戊辰二月初九午時娶汪氏生同治壬申生二子　遷旺川

祥銘　生光緒乙未十一月三十戌時聘程氏生光緒戊戌七月初九午時

祥欽　生光緒癸卯七月初十子時

錫豐公長子

貞强公　名貞長生嘉慶乙亥八月二十三歿同治壬申

祥茂　名壽加生道光甲辰二月二十三娶程氏繼娶

洪獅公　生同治辛未十月初八娶某氏生二子以次子

恩錦　生光緒庚子

九月初七娶朱氏生二子以次子祥李爲貞張後遷休甯南鄉下溪口

姚氏生道光丙午六月初七生三子以次子洪象爲祥李後

恩堂爲洪蘭後

洪蘭公——恩堂

摘洪獅次子爲後

生光緒丙午

錫豐公次子

貞張公——祥李——洪象

名貞慶摘貞强次子爲後遷休甯南鄉下溪口

名祥賜生同治癸亥二月初二娶吳氏生同治戊辰正月十五殁光緒丁亥五月二十五摘祥茂次子爲後

生光緒丙子八月十五娶吳氏生光緒癸未九月二十六

錫章公子

貞吉公——祥瑞

名貞培字鏞堂生咸豐辛亥十二月二十三寅時殁光緒癸巳十一月十七子

生光緒庚寅二月初三寅時

時娶程氏生咸豐壬子十二月二十子時生一子

錫和公子

貞幹公——祥榮

名貞順生道光己酉七月十三午時娶淩氏生咸豐辛亥正月十六生一子

生同治庚午閏十月二十一子時

錫璿子

貞艮——祥侯

名移芝生同治辛未二月初八酉時娶曹氏生同治辛未十月十四酉時生二子

名觀倍生光緒丁酉十二月初四聘曹氏生光緒庚子十月十四申時

祥楝

生光緒乙巳八

月二十七辰時

錫珠公長子

貞湘　國學生字茂堂生同治庚午十月初五丑時娶王氏生同治甲戌十月二十九丑時歿光緒戊申十月初四辰時生一子繼娶王氏生光緒丁亥八月二十二丑時

祥津　名國泉生光緒丁酉二月十二酉時

錫珠公次子

貞錦　名茂泰生同治壬申十二月初九亥時娶汪氏生光緒庚辰四月二十三丑時生二子

祥濱　名義泉生光緒甲辰十二月初二卯時聘曹氏生光緒壬寅

錫球公子

貞棠 名茂恩生光緒乙亥九月初五亥時娶張氏生光緒戊子九月二十二申時生二子

祥江 名庚泉生光緒戊申正月十九卯時

祥漁 名萬泉生光緒丙午二月二十二午時聘曹氏生光緒丁未五月十二子時

祥澤 生宣統庚戌三月二十三酉時

錫璐公子

貞鴻 名茂正生光緒己卯六月初二巳時娶汪氏生

祥麟 生光緒乙巳四月三十辰時

光緒壬午三月十一酉時歿光緒丁未四月三十丑時生一子繼娶汪氏生光緒丁亥十一月初七卯時生一子

金生 生宣統庚戌七月十一卯時

錫璟公子

貞根 名移芬生光緒乙亥九月初十戌時娶程氏生光緒甲申八月二十辰時生二子

祥鐸 名妙泉生光緒戊申十一月二十四午時

祥清 名福泉生宣統辛亥六月十一戌時

錫廷公子

貞水公 生道光丙午六

祥椿 名福有生光緒

月初三摘貞煊 辛卯十一月十
長子爲後 五丑時

錫敵公子

貞煊——祥銓

名林傑生咸豐甲寅八月十七卯時娶楊氏生同治丙寅八月十四辰時歿光緒乙未八月初四亥時生一子繼娶葉氏生同治戊辰四月十六午時生一子以長子祥椿爲貞水後

祥銓 名福光生光緒戊戌二月初四戌時

錫火公子

貞常公——祥濟——洪照

貞常公 生咸豐辛亥摘貞猷五子爲後

祥濟 名觀願生光緒己卯正月十一巳時娶汪氏生光緒丁亥七月

洪照 生光緒丁未十一月初三亥時

十九未時生一子

錫慶公子

貞立公 待後

錫交公長子

進林公 摘元潛公派貞東三子爲後

祥錕 名金高生光緒辛卯六月二十一子時娶汪氏生光緒乙未九月初六酉時

錫開公祧子

貞昌公 待後 名順昌生同治戊辰歿光緒戊戌

錫魁公子

貞昌公 待後 生歿見前

錫理公子

貞鏞

名肇昌生光緒己亥二月十五辰時

錫沛公子

貞楷公待後

名觀泉生同治壬申十月初六丑時歿光緒戊申四月十八未時娶陳氏生光緒庚辰四月二十二卯時歿光緒丁未七月初七巳時合葬社土上

錫穀公次子

貞禮

名端泉生同治甲戌十二月十五寅時娶焦氏

生光緒己卯歿宣統己酉十月二十葬社土上

錫鈺公子
貞庚
名禮仲生光緒辛丑九月二十九

錫熙子
貞廣
名禮初生光緒丁酉三月二十七卯時

錫馨長子
貞釗
名肇康生光緒辛卯六月二十六辰時聘汪氏

錫楷長子
貞烱公待後
名伯熊生同治甲戌九月二十四酉時歿光緒壬辰七月二十未時葬社土上

錫楷次子
貞煥
名仲熊生光緒己卯四月十一未時娶王氏生光緒癸巳歿宣統庚戌繼娶某氏

錫爵長子
貞簡
名輝國字默菴生光緒乙巳二月初五午時

錫爵次子

貞第

名華國字靜菴生光緒丙午四月二十三辰時

錫甲公子

貞叙公

名根妹生咸豐丙辰十月初五殁光緒丙子十月二十一摘貞鏡次子爲後

——**祥鐸**

名萬發生光緒戊寅二月二十六戌時娶汪氏生光緒己丑正月二十

錫寅公長子

貞鏡

名乾妹號惟熙生道光丙午五月二十九子時娶曹氏生咸豐乙卯生五子以次子祥鐸爲貞叙後以三子祥安爲元美公派

——**祥貴**

名春發生光緒乙亥三月初五未時娶王氏生光緒丁丑四月初八午時生二子

——**洪基**

名金善生光緒壬寅正月初二亥時

洪業

名冬善生宣統庚戌十一月十

貞璜後

七辰時

祥梭

名杏發生光緒癸巳二月十二卯時聘柯氏生光緒丙戌

祥富

名灶有生光緒丁酉十月二十五亥時

錫寅公次子

貞鉞

名坎妹生咸豐辛亥八月十一亥時娶曹氏生同治甲子九月初一午時生三子

祥開

名開發生光緒甲申三月二十七卯時娶曹氏生光緒丁亥十月初一寅時

錫雲公子

貞根公無嗣

遷如皋縣城內

灶林公長子

貞高公——祥衡

摘貞灝三子爲後葬棧山下

祥衡

名全桂生光緒甲午十一月十五丑時娶吳氏生光緒乙未七月二十卯時

祥炎

名炎發生光緒辛卯十月十六卯時聘石氏生光緒庚子

祥興

名興發生光緒甲午十二月二十九丑時

錫明公長子

貞水公——祥土

貞水公：名水助以貞擯子雙祧

祥土：名靜章生光緒戊寅七月十七聘曹氏生光緒丁酉歿宣統己酉

錫明公四子

貞擯——祥土

貞擯：名三閔生咸豐甲寅三月十七卯時娶汪氏生同治乙丑十二月初十巳時生一子雙祧貞水

祥土：生年見前

錫鏘公長子

貞灝公——祥圭

貞灝公：名鴻順字至雲生同治丙寅五月初二酉時歿光緒丁酉三月

祥圭：名靜桂生光緒戊子十月二十二子時娶章氏生光緒辛卯十

二十二卯時娶柯氏生同治庚午十月二十八卯時生四子以三子祥衡爲貞高後

二月二十二子時

祥叜 名焜桂生光緒辛卯九月二十七午時娶洪氏生光緒丙申四月初六未時

祥沅 名潤桂生光緒丁酉九月初四戌時

錫鏘公次子

貞惠 名家順字義雲生同治戊辰十一月二十四午時娶宋氏生光緒乙亥十一月

祥培 名仙桂生光緒乙未六月十五酉時

十一寅時生二子以次子爲貞梓後

錫煌公子

貞桂公 名廷順生道光丁未六月初五亥時殁光緒癸卯四月初十巳時摘貞惠次子爲後葬西墓坦墩

祥餘 名鐸桂生光緒甲辰正月初四巳時配方氏殤

永嵩公長子

元梓公 娶石氏生三子

文華公止

文藻公止

文和公止

永麟公長子　元喬公　娶某氏生一子
文敬公止

永麟公三子　元騰公　娶某氏生二子
文隱公止
文三公止

永年公長子　元盛公　娶洪氏生一子
文斗公　娶程氏生一子　合葬竦嶺腳永安礄頭
志旦公　生康熙甲午歿　光緒戊戌娶汪氏生一子合葬竦嶺腳永安礄頭
社元公止　生康熙丁丑娶柯氏

永年公次子　元村公　娶曹氏生二子
文茂公止

承年公三子

元威公——文安公——志祿公止

娶曹氏生一子　娶某氏生一子　娶張氏

文炳公止

上川明經胡氏宗譜中卷之下

分系六

元珠公派 元茂公派 元首公派
元玉公派 元莊公派

永大公長子

元珠公 娶汪氏生一子 —— 文炟公 娶某氏生一子 —— 志彭公 娶某氏生二子 —— 兆盛公 娶方氏生三子以三子應福爲兆善後公葬婺邑龍灣氏葬楓樹嶺 —— 應盆公
應祿公
兆富公止

兆盛公長子

應盆公 娶某氏生一子遷歙邑 —— 天德公無考

兆盛公次子

應祿公　字萬鐘生康熙壬午歿乾隆丙子娶潘氏生康熙丙戌生一子

——天綸公　無攷

永大公次子

元玉公　娶張氏繼娶馮氏又繼娶許氏生二子

——文惇公　娶馮氏生四子

——志進公　娶王氏生一子

————兆岸公止

——志茂公　娶程氏生一子

————兆大公止

——志林公止

——志楊公　生崇禎戊寅娶馮氏生崇禎辛巳生一子

————兆益公　生康熙丁卯娶江氏生康熙丁亥生一子

——————長閑公止　生雍正乙巳八月二十四

文星公——志第公——兆萬公——應廸公止
娶柯氏生四子
娶程氏生二子
娶葉氏繼娶程氏生一子

兆浩公——應仟公
生康熙庚戌歿乾隆壬戌娶柯氏生康熙己巳生一子

志品公——兆連公止
娶汪氏生四子

兆善公——應福公止
摘兆盛三子為後

兆和公——應鈿公
娶某氏生一子

兆浩公子

應仟公 娶某氏生一子 — 天會公 生乾隆壬申十二月十三娶某氏摘兀社公派士楊四子爲後 — 德寶公 娶某氏繼娶某氏生一子 — 可澤公 名金榮娶某氏繼娶某氏生一子 — 貞炳公

志年公 娶洪氏生一子 — 兆敦公 娶江氏生一子 — 應美公 生康熙癸巳

志才公 娶某氏生三子 — 兆盖公止

兆二公止

兆秀公止

兆慈公止

可澤公子

貞炳公 待後
生道光己亥歿
咸豐辛酉娶葉
氏繼娶曹氏

永瓊公長子

元茂公
遷殷家滙娶曹
氏生四子

文謨公
娶某氏生一子

志國公 無考

文訓公 無考

文諭公 無考

文詔公 無考

永瓊公次子

元莊公
遷殷家滙娶某
氏生一子

文誨公 無考

承瑤公
長子

元首公
生萬歷辛巳娶汪氏繼娶洪氏生四子公同汪氏葬程家坟窠洪氏葬到鈎穴程家坟山向詳載墓圖

文諫公
字諍臣生萬歷丙午正月初五歿康熙丁巳八月二十六娶曹氏生萬歷戊申九月初十歿康熙乙丑二月初六生二子公葬福建建甯府崇安縣山凹氏葬下劉家塘山向詳載墓圖

志俊公
字爾傑生天啟丁卯九月初十歿康熙己丑正月十七娶洪氏生崇禎己卯正月二十七歿康熙丙子五月十四生四子公葬上劉家塘氏葬下劉家塘山向各載墓圖

兆輝公
字德光事蹟見善行生康熙壬寅歿雍正癸丑娶鄭氏生康熙甲辰歿康熙甲戌繼娶潘氏生康熙壬子歿康熙壬午生一子又繼娶程氏生康熙丁巳歿雍正己酉生二子以次子應芳爲兆耀後公葬上劉家塘鄭氏葬下井山潘氏葬上金山程氏葬下劉家塘公及程氏山向各載墓圖

應荷公

應萬公

兆光公——**應萃公**

應蒞公

字以觀號鏗爾生康熙戊申四月十九殁雍正己酉正月三十娶曹氏生康熙辛亥四月初六殁雍正庚戌正月初七生二子

兆耀公——**應芳公**

字以榮生康熙甲寅三月初一殁康熙丙戌二月二十九娶程氏生康熙壬戌六月初四殁康熙辛丑八月初三公葬下碓氏葬下井山摘兆輝次子爲後

兆炳公——應蓊公

字虎文生康熙己未五月二十三寅時歿乾隆庚午正月初三巳時娶柯氏生康熙癸亥八月初十辰時歿康熙丁酉二月二十九丑時生三子孺人秉性貞烈能以道義規公及歿族人稱之公感其賢守義不娶公葬上劉家塘山向詳載圖

應苞公

應著公 止

志伸公——兆頎公——應明公

娶陳氏生二子

生康熙癸丑歿康熙己丑娶程氏生康熙辛酉

殁乾隆乙亥生
二子

兆牧公
生康熙丙辰四
月殁乾隆癸亥
娶程氏生二子

應朋公

應友公

應賢公止
生雍正己酉十
二月十七

文讚公止

文詠公止

文試公止

兆輝公長子

應荷公 字映日事蹟見善行生康熙庚辰八月二十二午時娶曹氏生康熙丁丑七月初十寅時生三子曹氏葬上劉家塘山向詳載墓圖

天一公 國學生名作霖字以清號誠齋生康熙庚子二月初五卯時歿乾隆辛丑十月十六寅時娶曹氏生康熙戊戌十月二十五酉時歿乾隆己丑三月初十午時生一子

合德公 字顯菴號五有生乾隆戊午八月十八戌時歿嘉慶癸巳四月二十子時娶曹氏生乾隆丁巳六月初六辰時歿嘉慶甲寅九月初二巳時生二子

錫寶公 娶王氏生二子

貞順公

貞興公 娶柯氏葬九塚 止

錫照公 娶江氏生一子

四慶公 止

天載公 字任輿生雍正丙午八月二十三申時歿嘉慶己未七月二十五未時娶程氏生雍正丁未七月初六午時歿嘉慶戊午九月

會德公 邑庠生名樹槐字庭三事蹟見學林生乾隆庚午四月二十四子時歿道光戊子正月二十四亥時娶曹氏生乾隆己卯十一

錫址公 生乾隆庚寅五月三十歿嘉慶己丑三月十二娶曹氏繼娶汪氏生乾隆壬辰九月初十歿道光癸卯二月二十生一子公與

貞符公

曹氏合葬朱家學堂汪氏葬羅侯

錫端公——貞柏公
娶曹氏摘錫府長子爲後

錫采公——貞松公
生乾隆甲辰五月初一歿道光辛巳十月二十六娶曹氏生乾隆丙午八月初五歿道光丙戌十一月二十四卯時生一子公葬朱家學堂

錫府公——貞桂公
娶王氏生二子

月初三未時歿嘉慶丁卯九月初十酉時生四子公葬九塚氏葬下碓

二十四申時生三子公葬上金山氏葬九塚

以長子貞柏爲錫端後

豫德公——錫杰公止

娶鄭氏生一子合葬九塚

懷德公——錫權公——貞恩公

娶江氏生一子

生乾隆乙卯九月十五歿道光庚戌七月二十戌時娶洪氏繼娶柯氏生一子

天培公

字字厚生雍正癸丑十二月初五辰時娶曹氏生雍正乙卯九月二十五戌時生三子

立德公——錫金公——貞瑞公

生乾隆癸酉十月二十七午時娶曹氏生一子

娶曹氏生一子

涵德公——錫法公——貞惠公

娶曹氏生一子

生乾隆乙亥七月二十一卯時殁嘉慶乙亥二月三十亥時娶曹氏生三子

錫定公止

六吉公——娶曹氏生一子

全喜公止 娶吕氏

生德公——娶柯氏生二子

錫灶公——娶汪氏生四子 繼娶曹氏

華林公

細林公止

貴林公止

高林公止

金和公止

兆輝公次子

應萬公 字定侯生康熙癸巳歿乾隆壬戌娶曹氏生康熙壬辰歿乾隆壬申生二子繼娶程氏節行見列女生康熙再壬寅歿嘉慶甲戌生一子公葬上金山曹氏程氏合葬東山上株樹灣

天建公 字汝封生雍正辛亥九月十一辰時娶汪氏生雍正庚戌十二月十九亥時生五子以次子純德爲天連後

望德公 字仰及生乾隆辛未七月初二子時歿嘉慶辛卯十二月初五午時摘杜德長子爲後

錫燦公 生嘉慶庚申四月初九歿道光丙午娶汪氏生嘉慶丙子五月二十四歿光緒戊申二月十八生一子公葬九塚

貞林公

樹德公止 字木亭生乾隆丁丑九月二十辰時

堯德公 娶曹氏生一子

錫華公止 生嘉慶甲戌六月初六歿道光辛巳三月初三

杜德公——錫煥公——貞鑑公止

杜德公：娶汪氏生三子以長子錫爍爲望德後次子錫煌爲純德後

錫煥公：生嘉慶丁卯歿道光戊申摘錫煌次子爲後

貞鑑公：生道光戊申歿同治癸亥

天連公——純德公——錫煌公——貞由公

天連公：字象乾生雍正癸丑六月二十八子時娶曹氏生雍正壬子九月初七子時摘天建次子爲後

純德公：生乾隆乙亥五月初四子時摘杜德次子爲後

錫煌公：娶王氏生二子以次子貞鑑爲錫煥後

天造公——貴德公——錫鏞公——貞仁公

天造公：字深之生乾隆辛酉九月初六丑時歿道光壬午八月二十未時娶曹氏生乾隆戊午八月初

貴德公：生乾隆辛巳正月二十八午時歿乾隆庚戌七月初十寅時娶某氏摘樂德長子爲後

錫鏞公：生嘉慶甲戌正月二十七辰時歿咸豐辛酉六月二十六未時娶汪氏生嘉慶甲戌十二月十

貞仲

四亥時歿道光
癸未九月二十
巳時生三子合
葬下碓

貞儀公

三酉時歿光緒
辛丑十月二十
八生三子公葬
下碓

易德公止

樂德公——錫銜公——貞字公

字有三生乾隆
乙未十一月二
十三丑時歿道
光丁未八月二
十九戌時娶金
氏生乾隆乙巳
七月十七辰時
歿咸豐庚申八
月初一卯時生
二子以長子錫
鏞爲貴德後、

生道光壬午三
月二十辰時歿
同治壬戌十月
十六巳時生一
子

兆光公長子

應莘公　字其拔號二存生康熙辛未四月十九娶柯氏生康熙壬申四月初一歿雍正甲寅八月十二生五子繼娶程氏生康熙乙亥

天兆公　字行以生康熙辛卯十月十二歿乾隆壬戌三月十七娶曹氏生康熙癸巳十二月二十二辰時生一子

德智公　字鏡亭生雍正癸丑二月二十八未時娶曹氏生雍正癸丑九月初九申時生一子

錫永公止　字言思生乾隆戊寅四月二十七亥時

天叙公　字典五生康熙丙申六月十八寅時娶曹氏生康熙戊戌正月二十三辰時生一子

德昌公　字盛也生乾隆甲戌十二月二十四午時娶某氏摘德音三子為後

錫邦公　字潤慶娶王氏生一子

貞妹公止

天爵公　字廷尊生雍正乙巳十一月二十五亥時娶鄭

德音公　字孔昭生乾隆乙亥正月二十一巳時娶某氏

錫文公止　名觀和生乾隆戊申十月十八寅時歿咸豐庚

氏生雍正乙卯六月十四歿乾隆乙亥九月初七生一子

生三子以三子錫邦爲德昌後

申七月二十三亥時娶汪氏生嘉慶辛酉歿同治壬申

錫瑞公——貞仕公

名觀慶

天職公——德昆公——錫餘公止

名淵字念與生雍正己酉十一月二十九戌時娶曹氏生雍正庚戌九月十二未時生一子

名德旦娶某氏生一子

天將公止

兆光公次子

應滋公——天篤公——德孝公止

字仲撫生康熙癸未五月二十娶曹氏生康熙壬午歿雍正乙卯生二子繼娶馮氏黃氏張氏吳氏

字行之生雍正丙午十月初一辰時娶曹氏生康熙辛丑十月初十歿乾隆己巳五月初四生二子繼娶汪氏生雍正庚戌十月二十九寅時生三子

字慕虞生乾隆甲子十二月初四午時

德悌公——錫股公——瑞福公止

德悌公：字予恭生乾隆辛未三月二十二丑時娶某氏生一子

錫股公：生乾隆辛卯五月歿道光乙酉十月娶柯氏生乾隆丁酉七月歿道光辛巳四月生一子

德忠公止

生乾隆丁丑七月初三巳時娶某氏

德信公止

娶某氏

德權公——錫佳公——瑞林公止

娶某氏生一子　娶某氏生一子

天秩公止

兆耀公子

應芳公——天漢公——嘉德公——錫鏡公——貞榮公

應芳公：例貢生，名遠，字西侯，生康熙乙酉八月二十七辰時，歿乾隆癸酉九月初三巳時，娶曹氏，生康熙壬午，歿康熙庚子九月十二，繼娶曹氏，生康熙癸未九月十九，歿康熙壬寅十一月十四，又繼娶汪氏，生康熙己丑七月十

天漢公：字爲章，生乾隆庚申正月二十四午時，娶章氏，生乾隆丁巳五月十八辰時，生四子，庶娶葉氏，生一子

嘉德公：生乾隆丁丑四月二十五子時，娶曹氏，生二子

錫鏡公：娶葉氏，生一子

錫鈞公——貞客公

錫鈞公：生乾隆辛亥六月二十四，歿咸豐乙卯八月初六，娶汪氏，生乾隆戊午八月十六，歿咸豐辛酉六月初九，生二子，公與氏合葬下碓

貞貴公止

名細蜜

九歿乾隆己丑十一月二十辰娶江氏生康熙戊戌三月三十子時歿乾隆己酉正月十五生二子公同江氏合葬上劉家塘山向詳載墓圖二曹氏合葬獅子石汪氏葬上金山

潛德公止
娶季氏公葬朱家學堂

勤德公
娶某氏公葬楊橋碓後

配德公
葬楊林橋碓後

美德公——錫科公待後
生乾隆癸丑歿道光庚子娶季氏繼娶汪氏生嘉慶己未歿道光庚戌生三子

錫晉公止

錫純公——貞壽公
生道光己亥六

月二十四午時娶方氏生道光己亥九月初七生一子

天汪公——恒德公——錫珍公——貞守公

天汪公：登仕郎貤贈奉直大夫名在豐字杜臣事蹟見善行生乾隆壬戌六月二十七未時歿嘉慶戊辰十二月初一巳時娶汪氏生乾隆戊午十月十九戌時歿乾隆己酉七月初七申時生六子繼娶鍾氏生乾隆癸未六月二十六巳時歿道光己酉九月二十寅時生二子

恒德公：生乾隆丁丑六月十五歿乾隆丙申六月十八娶章氏節行見列女生乾隆丁丑十月初十歿道光甲申九月初一摘餘德長子爲後公與氏合葬白園

錫珍公：國學生貤封奉直大夫名雲錦字織霞事蹟見善行生嘉慶壬戌八月初一午時歿咸豐辛酉九月十四戌時娶曹氏生嘉慶庚申五月初五亥時歿道光癸未六月初九酉時生二子繼娶汪氏生嘉慶丁丑三月十六歿道光丙申十月初三生一子又繼娶方氏生道

貞守公

貞義公

貞顧公

貞挺公

貞甲公

合明殯塇葬村
口水圳上山向
詳載墓圖

光癸未七月十
七歿道光甲辰
六月十四娶曹
氏生道光戊子
三月十一歿同
治壬戌九月十
三生二子

餘德公

議叙鹽運司知
事覃恩累贈中
憲大夫晉贈資
政大夫名正字
端齋號朗榮又
號開文事蹟見
善行生乾隆壬
午十一月二十
九辰時歿道光
乙巳九月三十
午時娶柯氏生
乾隆壬午七月
十九歿道光戊
子六月十五繼

錫熊公

國學生覃恩通
奉大夫晉封資
政大夫名大醋
字南賓生嘉慶
癸亥十二月十
四寅時歿同治
壬戌八月初五
申時娶曹氏生
嘉慶壬戌九月
二十戌時歿道
光戊申九月十
三酉時生四子
繼娶吳氏生道
光乙酉三月二

貞觀公

貞乾

貞照公

娶陳氏生乾隆乙未十一月初九申時歿咸豐庚申七月初八辰時生三子錫珍錫服錫瓚歿葬翁氏欽賜五世同堂匾額生乾隆丁酉九月十七歿同治乙丑八月十三生二子錫熊錫翰庶娶吳氏生乾隆丙午四月十六子時歿咸豐壬子七月十九酉時生三子錫麟錫琯錫璧三庶娶何氏生嘉慶壬申十二月二十二戌時歿光緒辛巳七月二十四亥時生一子以長子錫十二未時歿同治壬戌八月初五申時庶娶張氏生道光癸巳十一月二十七未時歿光緒庚子八月初四午時以次子貞謙爲錫瓚後公葬歙西鄉古城關

錫琯公——貞權公

國學生貤贈中憲大夫名雲慶字舜祥生嘉慶甲戌二月三十亥時歿咸豐辛酉六月十二申時娶程氏生嘉慶辛未三月初八酉時歿同治壬戌八月十二

貞杰公

珍為恒德後三子錫翰為諒德後四子錫服為駿德後五子錫麟為騋德後公葬歙西古城關柯氏葬村口水圳上山向詳載墓圖

申時生二子庶娶許氏

貞森公——錫璧公　國學生貤贈中憲大夫名雲瑞字蘭圃生嘉慶丙子七月初八歿道光壬寅七月二十七娶曹氏生嘉慶丙子十一月二十五歿同治乙丑三月初六生二子

貞烈公

貞謙公——錫瓚公　生嘉慶戊寅四月初一歿道光辛卯二月十五摘錫熊次子為後葬休邑南鄉巴坊

錫煥公——貞鑁公

國學生貤封中憲大夫名雲章字漢臣事蹟見善行生道光甲午二月初二寅時歿光緒庚寅六月十九戌時娶吳氏生道光辛卯三月初八亥時歿光緒戊戌五月初九午時生二子庶娶何氏生同治壬戌八月初三歿光緒己卯十一月十六庶娶沈氏生同治己巳三月二十二酉時生一子

貞沐公

貞銓

諒德公——錫翰公——貞大公
　　　　　　　　　貞木公

諒德公：娶曹氏節行見列女摘餘德三子爲後氏葬上劉家塘山向詳載墓圖

錫翰公：歲貢生覃恩貤封朝議大夫候選訓導名瑩璐號梯青事蹟分見學林善行生嘉慶丙寅三月初九辰時歿光緒戊寅正月二十八子時娶曹氏生嘉慶癸亥二月二十二丑時歿同治丙寅十二月十四午時生二子

駿德公——錫服公——貞明公
　　　　　　　　　貞熙公止

駿德公：國學生娶曹氏節行見列女摘餘德四子爲後氏葬上劉家塘山向詳載墓圖

錫服公：國學生貤封朝議大夫賞戴花翎名雲棠生嘉慶戊辰正月二十八歿未詳娶

曹氏節行見列
女生嘉慶戊辰
殁咸豐辛酉生
六子公葬休甯
沾露氏葬九塚
朱家學堂

娶曹氏節行見
列女生道光乙
酉殁咸豐辛酉
公同氏合葬九
塚朱家學堂

貞樹公 止

貞材公 止

貞濤公
國學生生道光
丙午十二月初
八殁同治丁卯
七月初九娶柯
氏生道光乙巳
十月二十四殁
光緒戊寅十一
月十六公葬休
甯西門外白卦

山氏葬休甯城內東山

貞愫公

騋德公——錫麟公——貞元公

娶曹氏節行見列女摘餘德五子爲後

生嘉慶庚午歿道光庚子娶曹氏節行見列女生嘉慶丁卯歿咸豐辛酉生一子

懋德公——錫庚公——貞煌公

生乾隆乙未閏十月十九戌時歿道光戊申十二月二十酉時叨受皇恩米絹二次娶程氏生乾隆丁酉二

誥授奉直大夫字星白生嘉慶壬戌正月二十三戌時歿咸豐癸丑三月初一亥時娶柯氏生嘉慶庚申六月

貞聚公

貞勝公

月二十八歿道光戊子十一月初二生一子公葬社土上將軍大座形山向詳載墓圖氏葬花樓

頎德公——國學生誥封奉政大夫名敬字肅臣生嘉慶辛酉十月二十八歿道光甲午十月初六娶曹氏生嘉慶己未正月二十三歿同治甲戌九月初八巳時生二子

貞一公——二十四丑時歿道光壬寅五月十一戌時生五子繼娶戴氏公與柯氏合葬社土上將軍大座形山向詳載墓圖戴氏葬呈金塘

貞安公

貞彥公——錫環公——國學生事蹟見善行誥授奉政大夫榮封三代名雲彲號佩五生嘉慶庚辰正月十五歿光緒乙亥十月十七娶馮氏生嘉慶丁丑七月十三歿道光甲辰十二月十五生二

貞奎公

子繼娶戴氏生道光戊子七月十七寅時歿咸豐辛酉六月二十五戌時生一子繼娶朱氏生道光己丑十一月初八歿同治甲戌六月二十五午時

貞堤

錫疇公——貞裕公

國學生名雲翔號壽田生道光丙戌七月初四歿光緒癸未七月十三戌時娶馮氏生道光丙戌五月初三歿同治壬戌七月初三生一子繼娶葉氏生道光

貞鑑

丙午四月初四
歿同治乙丑四
月二十九繼娶
朱氏生道光丙
午五月十五丑
時生二子

貞銘

碩德公——錫炯公——貞松公
　　　　　　　　　貞柏公

碩德公
國學生生嘉慶
乙丑十月二十
五巳時歿道光
辛卯三月初三
辰時娶曹氏節
行見列女生嘉
慶癸亥正月二
十九亥時歿光
緒辛巳八月二
十五生一子公
葬程家墳窠氏
葬笠裡冲山向
詳載墓圖

錫炯公
字明也生道光
戊子八月二十
辰時歿同治壬
戌八月二十八
巳時娶曹氏生
道光丁亥三月
二十五申時歿
同治壬戌八月
十九申時生二
子

貞松公

貞柏公

兆炳公長子

應蕃公　字企賢生康熙壬午十月三十巳時歿乾隆乙丑十二月二十一戌時娶程氏生康熙辛巳十月初九歿乾隆己未九月初十生三子繼娶馮氏生康熙壬午

天生公　生康熙辛丑二月十九子時歿乾隆庚午十一月十九辰時娶柯氏生雍正丙午生一子

德順公　生乾隆乙丑二月初二亥時娶某氏生一子

錫交公　娶某氏生一子

啟高公止

天龍公　字雲從生雍正辛亥十一月初十亥時娶汪氏生雍正庚戌五月二十七寅時生一子

德有公　娶某氏生二子

了頭公止

錫慶公止

天揆公止

兆炳公
次子

應芭公——天眷公——德澤公——錫豐公——貞杏公

應芭公：字焕彩生康熙戊子三月二十四娶柯氏生康熙戊子生四子葬上劉家塘山向詳載墓圖

天眷公：國學生字汝屬生雍正庚戌十一月二十七娶柯氏生雍正壬子歿乾隆辛未生一子繼娶汪氏生雍正乙卯生一子

德澤公：名承恩號有加生乾隆甲申二月二十一卯時歿道光甲辰十月初十戌時娶程氏生乾隆甲申二月二十一卯時歿道光甲辰十月初十戌時娶程氏生乾隆丙戌三月初八申時歿咸豐庚申六月生六子葬高圳口銅井

錫豐公：生乾隆乙卯十二月二十四歿同治己巳八月十五娶曹氏生一子

錫康公——貞貴公

錫康公：生嘉慶丙辰歿咸豐辛酉娶周氏生二子以次子貞富爲錫甯後

錫甯公——貞富公

錫甯公：生嘉慶庚申歿同治壬戌娶曹氏摘錫康次子爲後

錫政公——**貞科公**止

生嘉慶癸亥歿道光戊子娶程氏節行見列女生嘉慶甲子歿咸豐庚申摘錫泰長子爲後

貞科公：號禮同生道光丁亥八月初四歿同治戊辰十一月初二娶周氏繼娶朱氏又繼娶唐氏

錫泰公——**貞教公**止

號東山生嘉慶癸亥十二月十八歿咸豐辛亥六月二十六娶程氏生嘉慶乙亥正月十二歿咸豐辛酉六月二十九生三子以長子貞科爲錫政後

貞教公：生道光丁酉歿咸豐戊午

貞秀公止

生道光辛丑三月十九

錫鎧公 號制成生嘉慶丙寅十二月二十四歿咸豐庚申九月娶曹氏生嘉慶庚午二月初三歿同治壬戌閏八月初十生三子

貞賜公止 生道光庚子四月十六歿同治壬戌八月初七

貞財公止 生道光壬寅十二月二十四歿咸豐辛酉四月二十七

貞賟

德江公 國學生名承緒字孔殷生乾隆壬辰十二月二十四歿道光辛巳二月二十一

錫雨公 字時若生乾隆乙卯二月二十八寅時歿咸豐戊午四月二十九巳時娶曹氏

貞梅公

貞格公

娶石氏生乾隆甲午四月十八亥時歿咸豐庚申四月二十七生六子

貞楷公——生乾隆庚戌六月十一亥時歿道光乙未六月十三生三子

貞朴公——錫霞公　字蔚然生嘉慶庚申四月十六寅時歿咸豐丁巳娶程氏生嘉慶戊午二月初七子時歿咸豐丁巳生二子

貞標公　止

貞湘公——錫霑公　字仁甫生嘉慶壬戌六月二十四辰時歿光緒癸未十一月十四叨受皇恩米絹娶曹氏生嘉

貞懋公　止

慶癸亥七月二十三亥時歿道光癸未繼娶曹氏生嘉慶丁卯十月十八歿咸豐戊午三月十九生三子

生道光癸卯三月初七卯時歿同治壬申五月十九申時娶趙氏生道光庚戌十二月二十歿同治甲戌正月十二

貞理公

錫霈公——貞杜公

字廷璧生嘉慶甲子九月十八卯時歿咸豐庚申五月初一戌時娶程氏生嘉慶丁卯六月十三午時歿咸豐辛酉十一月十一亥時生一子

錫霍公——貞昭公

字荆山生嘉慶己巳六月二十丑時歿咸豐乙卯娶曹氏生嘉慶庚午二月十一申時歿咸豐庚申七月二十三生一子

錫霖公——貞棱公

從九品字希傅生嘉慶甲戌七月初十酉時歿光緒己卯五月初八娶石氏生嘉慶丁丑二月二十未時歿光緒庚子二月初三生一子庶娶孟氏庶娶周氏

貞梧

生咸豐乙卯歿光緒己亥七月十六生一子

天準公

字汝則生雍正乙卯六月十五歿乾隆娶汪氏生乾隆丁巳生四子公葬呈冲坑

德孚公

國學生生乾隆己卯二月歿道光戊戌二月初五娶汪氏繼娶汪氏生乾隆己卯正月初四歿道光壬辰正月初九生二子公葬崇福寺羅漢飄帶形山向詳載塋圖前汪氏葬九塚

錫純公

生乾隆庚子八月二十一歿道光乙未十月二十五娶汪氏生乾隆乙亥二月十七歿道光辛巳正月二十七生三子以三子貞燕爲錫前後

貞琦公

貞鏡公

錫給公

生乾隆庚戌三月二十歿道光庚子娶曹氏生乾隆庚戌六月十七歿咸豐辛

貞松公

酉六月初四生
一子

貞海公——錫組公——德鄰公

錫組公：誥封中憲大夫晉贈中議大夫字贊卿娶黃氏嫡錫紹次子爲後公葬崇福寺羅漢飄帶形氏葬嵩窪頭虎形山向各載墓圖

德鄰公：貤贈中議大夫生乾隆壬午娶柯氏生三子公與柯氏合葬崇福寺羅漢飄帶形𨊠向詳載墓圖

貞源公——錫紹公

錫紹公：國學生誥封中憲大夫晉贈中議大夫字克昭生乾隆辛亥二月十八巳時歿咸豐辛亥九月

初二寅時娶曹氏生嘉慶丙辰十一月初八子時殁道光戊子八月十四酉時生二子以次子貞海爲錫組後

錫根公——貞河公

從九品生嘉慶丁巳六月初三寅時殁同治丙寅五月二十四娶汪氏生乾隆甲寅二月十六亥時殁咸豐己未八月二十三生一子繼娶蘇氏生道光辛巳殁同治壬戌

貞侃公——錫仲公——德院公

錫仲公：國學生名雲桂字福春生嘉慶辛未歿同治癸亥十一月初二娶曹氏生嘉慶丁卯七月十六歿咸豐辛酉八月十二生一子公葬呈金塘蜘蛛結網形氏葬崇福寺羅漢飄帶形山向各載墓圖

德院公：生乾隆壬辰七月初八歿道光庚戌四月二十七娶汪氏生乾隆庚寅七月二十歿道光己卯正月十六生一子公同汪氏合葬崇福寺羅漢飄帶形山向詳載墓圖

貞燕公——錫前公——德隅公

錫前公：生嘉慶乙亥歿咸豐庚申娶石氏生道光乙酉歿咸豐辛酉摘錫純三子爲後

德隅公：生乾隆庚寅十月初八歿道光乙巳九月十五娶張氏繼娶汪氏生二子張氏葬崇福寺羅漢

錫後公 止
飄帶形山向詳載墓圖

天連公 —— 德祜公 —— 錫鴻公 —— 貞奎公

天連公：生乾隆丁巳閏九月二十八歿嘉慶己巳十二月十七娶柯氏生乾隆壬戌十二月二十五歿嘉慶戊午十一月二十九生三子公葬呈金塘

德祜公：生乾隆丙戌三月二十四歿道光戊戌十二月二十七娶柯氏生乾隆戊子歿道光壬辰四月十四摘德祥長子德裕三子雙繼

錫鴻公：生嘉慶丁卯歿道光乙卯摘錫鳩長子爲後公葬呈金塘

錫盆公 止
娶王氏

德裕公 —— 錫棹公 —— 貞雅公 止

德裕公：生乾隆辛卯五月十三辰時歿道光庚寅六月二十八丑時娶曹氏生乾隆甲午八月初七歿

錫棹公：生嘉慶庚申七月初四申時歿道光丁未七月十六戌時娶汪氏生嘉慶壬戌十二月歿道光

貞雅公：生道光辛巳娶某氏生道光丁酉

嘉慶乙丑五月初八繼娶曹氏生乾隆丙申三月十四歿咸豐辛酉五月十二生三子以三子錫盎爲德祐後

癸巳六月初七申時生一子

錫勤公——貞廷公止

錫勤公：生嘉慶丙子二月十七歿咸豐丁巳八月二十三酉時娶曹氏生道光壬午正月初十生一子公葬呈金塘氏葬崗窑頭

貞廷公：生道光丙午十一月初二歿光緒戊寅三月十九申時

德祥公——錫鵬公——貞再

德祥公：生乾隆己亥歿道光甲辰六月二十三娶曹氏生乾隆壬寅三月歿道光甲辰六月二十午時生四子以長子

錫鵬公：生嘉慶辛未歿道光己亥摘錫鳩次子爲後

錫鳩公——貞東公止

錫鳩公：生道光甲申八

貞東公：生同治壬申七

錫鳩爲德祜後
公與氏合葬呈
金塘

月初九卯時歿朙二十三未時
光緒癸卯十二
月二十二娶許
氏生道光己丑
十二月二十四
歿光緒庚辰二
月二十三生三
子以長子貞奎
爲錫鳩後次子
貞再爲錫鵬後

錫鵡公止
生道光丁亥歿
同治癸亥

錫槐公止

錫楨公止

德淑公
娶某氏生三子
公葬呈金塘

天合公
生乾隆戊辰七
月十九娶某氏
生三子公葬崗
窑頭

兆頗公長子

應明公——天旺公——德鳳公——錫高公——貞炳公止

應明公：生康熙乙酉歿乾隆癸亥娶程氏生一子

天旺公：生乾隆丙辰四月初三歿乾隆甲寅摘元美公派天泓五子爲後

德鳳公：生乾隆戊申十一月十九歿咸豐庚申三月初二子時娶潘氏生嘉慶丙辰十二月二十三歿道光戊戌九月二十戌時生一子

錫高公：生嘉慶甲申十月十八午時歿咸豐辛酉四月二十九娶王氏生道光己丑二月初八辰時歿宣統庚戌生一子公與氏合葬劉家塘

貞炳公：名長松葬劉家塘

德杜公止

德新公止

錫桐公——貞賜公止

錫桐公：娶某氏生一子

兆頗公次子

應朋公 字自遠生康熙丁亥八月十五娶汪氏生康熙戊子生二子 —— **天法公** 生乾隆戊午正月十五娶某氏生一子 —— **德福公** 止

天淡公 生乾隆庚午三月初九娶某氏生一子 —— **德祿公** 止

兆牧公長子

應友公 生康熙庚子四月二十九娶王氏生一子 —— **天忱公** 生乾隆丁丑三月十八未時娶某氏生一子 —— **德遇公** 止

錫寶公長子

貞順公 娶曹氏摘貞松三子爲後葬九塚 —— **祥霑公** 摘祥雲長子爲後 —— **洪章公** 待後

錫址公子

貞符公——國學生名端鍾生嘉慶己未正月二十八歿道光癸卯九月十八娶汪氏生嘉慶甲子歿同治癸亥摘貞松長子爲後

祥雲公——國學生名承露號立大字餘川生道光庚子八月二十三子時歿光緒丙申二月初三娶曹氏繼娶程氏生道光甲辰十月初十生三子以長子洪章爲祥露後公葬下碓曹氏葬九塝

洪泰——字炳光生光緒戊寅十二月二十三丑時娶曹氏生光緒乙亥十月初八子時生一子

恩溥——生宣統己酉八月十一

洪茂——生光緒丙戌正月初八亥時娶趙氏生光緒辛卯十二月初八子時

錫端公子

貞柏公——娶汪氏生二子以次子祥露爲貞桂後

祥震公——生道光己酉歿光緒壬午娶曹氏摘祥霦三子爲後

洪垣公——生光緒壬午十月十二歿光緒壬寅四月十八

錫永公子

貞松公 字鳴皋生嘉慶辛未九月初四殁咸豐癸丑九月二十一娶曹氏生嘉慶己卯正月二十五生三子以長子祥雲爲貞符後以三子祥霑爲貞順後

祥霦公 國學生號餘升生道光丙午正月二十九寅時殁光緒丁未正月初五戌時娶汪氏生道光丁未十一月二十六殁同治丙寅十月十七繼娶吳氏生道光戊申十二月十五亥時殁光緒辛丑十月十五子時生四子以次子洪萬爲慶昌後以三子洪垣爲祥震後

洪開公 生同治辛未七月十六辰時娶某氏生同治庚午六月二十九巳時生二子

恩澤 生光緒壬辰二月十三丑時

恩培

洪照 生光緒乙酉正月十二丑時

錫府公子

貞桂公 摘貞柏次子爲

祥露公 待後

後

錫金公子 貞瑞公——慶昌公——洪萬
貞瑞公：娶曹氏生一子 節行見列女
慶昌公：摘祥霦次子爲後
洪萬：生光緒庚辰七月初四亥時

錫法公子 貞惠公——慶咸公待後
貞惠公：娶呂氏生四子

錫灶公子 華林公——茂昌公待後
華林公：娶曹氏生一子

錫鏞公長子 貞仁公——祥八
貞仁公：字體乾生道光己亥五月三十戌時歿光緒癸卯二月十七娶
祥八：生光緒己亥三月十九

汪氏生道光丁酉十月二十八酉時歿同治壬戌七月初四卯時生一子繼娶陳氏生同治壬戌十二月十六生一子以長子祥奎爲貞字後公葬朱家學堂汪氏葬東山上

錫鏞公次子

貞仲——祥燾

貞仲：從九品字篪甫生道光丙午十二月二十七申時娶朱氏生同治壬戌十二月二十六酉時生二子庶娶王氏生同治癸酉歿光緒甲午以長

祥燾：名惠生生光緒丙申十一月初七寅時

子祥甲爲貞宇後王氏葬朱家學堂

錫鏞公三子
貞儀公 待後
生道光庚戌三月十三亥時歿光緒丙午

錫銜公子
貞宇公
生道光癸卯八月初一戌時娶朱氏生道光癸卯歿咸豐辛酉摘貞仁長子祥奎貞仲長子祥甲雙繼合葬朱家學堂
— 祥奎公 待後
生咸豐庚申
— 祥甲公 待後
生光緒癸巳

錫文公子
貞仕公
生道光戊子二
— 祥棣

月二十四亥時娶汪氏生道光癸巳十月二十八卯時歿同治丁卯十月二十七生一子

子錫鏡公

貞榮公 娶柯氏生二子葬楊林橋背後

祥基公 娶汪氏摘祥源次子爲後公葬休甯縣西門外氏葬栗園

洪柏 號柏鈞生光緒壬辰閏六月初二酉時

祥瑞公 止

子錫鈞公

貞客公 從九品號以文生嘉慶庚辰八月十三卯時歿同治庚午三月

祥源 號國賓字殿臣生道光戊申十一月二十六亥時娶程氏生道

洪松 號松濤生光緒庚寅十二月十六辰時娶王氏生光緒己丑十

恩實 號阮慶生宣統辛亥閏六月二十酉時

初八娶王氏生嘉慶庚辰六月初二申時歿同治丙寅八月二十酉時生一子合葬休甯大北門外瓠簍上

光己酉四月十六子時歿光緒戊申七月十三巳時歿娶吳氏生同治庚午正月三十酉時生四子以次子洪柏爲祥基後

月十五巳時生一子

錫純公子

貞壽　生光緒丙子十一月十三丑時娶某氏生一子

關文　生光緒丙午

洪椿　號椿霆生光緒己亥二月二十六午時娶程氏生光緒戊戌正月二十六午時

洪桐　號桐林生光緒戊申十一月二十八未時

錫珍公長子

貞守公——祥灝公——洪斌

貞守公：國學生名鳳儀字鳴岐生道光壬午六月三十午時歿同治壬戌六月三十丑時娶邵氏生道光辛巳歿同治壬戌九月初三生三子以三子祥月爲貞挺後次子祥儲爲貞頤後

祥灝公：國學生字靜波生道光丙午八月二十二卯時歿光緒戊申十月二十七亥時聘程氏娶程氏生道光己酉四月十二辰時歿宣統己酉二月十二亥時繼娶曹氏生同治壬申七月生三子以長子洪濤爲祥百後三子洪達爲祥儲後

洪斌：生光緒丁酉十一月十一午時聘葉氏生光緒戊戌十二月二十五

錫珍公次子

貞義公——祥百公——洪濤——恩詔

貞義公：國學生名鳳翥字子明生道光丁亥三月初十辰時歿同治壬

祥百公：國學生字吉浦一字觀好生於咸豐甲寅九月二十二辰時歿

洪濤：生光緒己卯九月十五午時娶程氏生光緒乙丑七月十一亥

恩詔：名福同生宣統庚戌十二月十七卯時

戌十二月初九辰時娶曹氏生道光己丑五月二十二卯時生一子　光緒甲午三月二十二辰時娶柯氏生咸豐丁巳十月十八寅時摘祥灝長子爲後　生一子

錫珍公三子

貞顧公　國學生名鳳詰字養堂生道光丙申九月二十二辰時娶馮氏生道光丁酉歿光緒庚子九月十五摘貞守次子爲後
——祥儲公　摘祥灝三子爲後
——洪達

錫珍公四子

貞挺公　娶某氏生一子
——祥月公　待後

錫珍公五子

貞甲公——祥立——·洪昌

名卯生娶姚氏生一子

生光緒壬午七月二十子時娶余氏生光緒庚辰八月二十一巳時生一子

生光緒丙午三月二十八寅時

錫熊公長子

貞觀公——祥醴公——洪宣——恩霈——毓贇

貞觀公：誥授奉直大夫覃恩晉封通奉大夫戶部貴州司員外郎兼廣東司考取景山官學教習咸豐辛亥恩科舉人名桂森字梟汀事蹟分見學林仕宦生道光乙酉十二月初五酉時歿光緒己卯九月初六寅時娶汪氏生道光乙酉十月初七午時歿道光

祥醴公：敕授承德郎覃恩晉封朝議大夫候補都察院經歷廩貢生字小汀事蹟見學林生道光甲辰五月十一巳時歿光緒庚寅十月十九申時娶章氏生道光辛丑九月初四亥時歿宣統己酉六月十六亥時生二子以次子洪艮爲祥基後繼娶茅氏節烈

洪宣：邑庠生名士彥字輔臣事蹟見學林生咸豐辛酉十二月十七亥時娶程氏生咸豐己未十月二十四亥時生二子以次子恩霖爲洪艮後

恩霈：從九品字慰農生光緒戊寅十一月二十六辰時娶徐氏生光緒乙亥十月二十五申時生一子

甲辰九月二十二未時生一子繼娶汪氏生道光甲申四月十六酉時歿同治己巳十月初八亥時生三子三娶徐氏生道光乙巳正月十二酉時歿光緒辛巳閏七月初九亥時

見列女生咸豐乙卯正月十四子時歿光緒庚寅十一月十八寅時

祥符公——洪椿

祥符公：國學生名文煜字幼汀生道光丙午八月二十三巳時歿同治丁卯八月初三酉時娶汪氏生道光甲辰二月初四申時摘祥禾長子爲後

洪椿：六品銜候選直隸州州同字芝圃生光緒癸巳三月初十辰時

祥基公——洪艮——恩霖——毓賢

祥基公：生道光己酉七月二十二歿同治癸亥九月初

洪艮：生同治戊辰九月初一未時歿光緒癸未十月

恩霖：從九品字雨農生光緒庚辰八月二十八亥時

九摘祥醴次子爲後合葬休甯城西全山

十二申時摘洪宣次子爲後

娶洪氏生光緒己卯二月初六辰時生一子

祥禾公——**洪鎮**

國學生保奬五品銜詹事府供事名文焯字少汀生咸豐辛亥八月初七巳時歿光緒己亥六月二十五卯時娶黃氏生咸豐辛亥九月初三戌時歿光緒辛巳正月二十三午時繼娶鍾氏生同治乙丑二月二十二申時歿光緒庚寅九月初七卯時三娶韓氏生同治庚午七月二十

生光緒乙未八月十九辰時

子時生二子以
長子洪椿爲祥
符後

錫熊公三子 **貞乾**——**祥光**

候選光祿寺署
正誥封朝議大
夫覃恩晋封資
政大夫賞戴花
翎名欽順字健
甫事蹟見善行
生道光辛卯正
月十五戌時聘
王氏生道光戊
子三月初八子
時生道光癸卯
十月二十四未
時娶曹氏生道
光己丑三月初
十未時歿娶鮑
氏生道光丙午
九月初一申時

國學生加捐同
知銜候選州同
加八級保奬五
品花翎請二品
封典榮封三代
字子鶴生光緒
庚辰八月初二
午時娶汪氏生
光緒戊寅二月
二十三巳時歿
娶王氏生光緒
乙酉三月初八
酉時

歿光緒己亥二月初七酉時生一子幼殤庶娶余氏韓氏生同治甲子十二月十五午時生一子

錫熊公四子

貞照公——祥鈺公——洪福

貞照公：國學生誥贈朝議大夫名桂芬字立中生道光壬辰十二月初二亥時歿咸豐辛酉三月初一巳時娶石氏生道光甲午八月初七戌時歿咸豐己未十二月初七辰時生一子繼娶程氏節行見列女生道光庚子十一月

祥鈺公：誥授奉政大夫晉封朝議大夫欽加同知銜升用同知歷任浦江縣典史桐廬縣縣丞歷辦海運京餉礦務保甲等差保舉分發浙江即補知縣字季湘事蹟見仕宦生咸豐甲寅十一月十一酉時歿宣統己酉八月十五

洪福：生光緒辛丑正月二十三丑時

十二亥時

未時娶蘇氏生咸豐辛亥八月初六酉時庶娶萬氏生同治癸酉二月十九子時生一子

錫琯公長子

貞權公——國學生名秉衡字允中事蹟見善行生道光壬辰四月二十丑時歿光緒丙午正月二十午時娶程氏生道光戊子十月初八午時歿咸豐辛酉十月二十八巳時生三子繼娶葉氏生道光癸卯六月二十未時生四子以次子祥鐸爲貞

祥宗公——國學生字伯雅生咸豐癸丑四月初六申時娶程氏生道光己酉正月十三子時歿光緒庚辰十二月三十卯時摘祥振長子爲後

洪鋆公——國學生字壽山生光緒辛巳三月二十三卯時歿光緒丙午四月二十六午時娶程氏生光緒庚辰四月十九巳時摘洪瑩長子爲後

恩深——字雨齋生光緒丁未九月二十七丑時

祥振——國學生字稺巖生咸豐戊午七

洪瑩——名保恒字月如生光緒乙酉十

杰後公葬休邑
南鄉巴跡

月初十丑時娶
金氏生咸豐丙
辰二月十三子
時歿光緒丙午
四月十二辰時
生二子以長子
洪鋆爲祥宗後

二月初二卯時
娶程氏生光緒
戊子七月初十
亥時現生一子
名恩深爲洪鋆
後

祥穀公——洪燚

字效良生同治
丁卯八月二十
七子時歿光緒
己丑二月二十
一未時娶汪氏
生同治丁卯三
月初六午時摘
祥履長子爲後

字靜山生光緒
癸巳七月初七
巳時

祥履——洪坪

國學生字坦如
生同治壬申十

字靜基生光緒
丁酉二月二十

二月初十子時　六申時
娶葉氏生同治
壬申四月初八
子時生二子以
長子洪爕爲祥
穀後

祥緒——洪賓

郡庠生字緝生
事蹟見學林生
同治甲戌十月
十八辰時娶韓
氏生同治甲戌
十一月初十酉
時歿光緒丙申
八月十八寅時
生一子繼娶朱
氏生光緒己卯
五月初二午時

字靜松生光緒
丙申八月十八
寅時

祥禔

字受祜生光緒丙子十一月二十四午時娶余氏生同治甲戌十一月初十酉時

錫瑄公 次子

貞杰公——祥鐸公——洪勳——恩煥

貞杰公 字仲伊生道光戊戌四月初七辰時歿咸豐丙辰三月十七戌時娶柯氏生道光丙申四月十入申時摘貞權次子爲後

祥鐸公 邑庠生字仲雅事蹟見學林生咸豐丁巳三月初二丑時歿光緒庚辰十月十一子時娶汪氏生咸豐乙卯四月二十入亥時生一子

洪勳 字輔成生光緒戊寅十月十一辰時娶程氏生光緒丁丑二月十二子時歿光緒庚子十二月十六巳時繼娶余氏生光緒丁丑正月三十子時生一子

恩煥 生光緒甲辰三月二十三申時

錫璧公 長子

貞森公——祥潤公

貞森公 字蔭甫生道光乙未六月十二

祥潤公 待後 名觀海字文采生咸豐丁巳十

歿同治壬戌六月十九寅時歿
月初一娶曹氏光緒乙酉五月
生道光甲午七二十二娶汪氏
月初七寅時歿生同治乙丑十
光緒丁未十月二月初五申時
十五丑時

錫璧公次子

貞烈公——祥淮

貞烈公：號志甫生道光丁酉十一月十九歿光緒丁亥七月初三娶馮氏生道光甲午十一月十九歿同治壬戌三月初四生一子繼娶周氏生道光丁未三月初三歿光緒庚子正月十四生一子

祥淮：名觀浩生咸豐丁巳五月十一娶程氏生同治戊辰八月二十八日

祥富公止　生同治辛未

錫瓚公子

貞謙公——祥泰公——洪業——恩誥

登仕郎誥贈奉直大夫名桂馨字一山生道光丁亥十一月二十八卯時歿咸豐辛酉七月初五戌時娶程氏生道光乙酉四月初七未時歿光緒戊寅正月十八巳時生三子公葬休甯城北猫兒塢氏葬休甯城西石碣菊花塘

國學生布政司理問加二級誥授奉直大夫字廷英號繼昌生道光乙巳十月初一未時歿光緒辛卯十月二十五亥時聘章氏生道光丙午二月初二歿咸豐辛酉四月二十七娶程氏繼娶程氏生道光戊申三月二十九歿同治己巳四月初一三娶鮑氏生道光己酉七月十四子時生四子以四子洪鈞爲祥瑞後公葬休甯陽山

翰林院待詔賞戴藍翎名艮鑑字敬侯生同治甲戌九月二十四子時娶金氏生同治壬申四月初八子時生一子

生光緒乙未十二月十四丑時娶佘氏

洪釗公——恩信

字昜之生光緒丙子十月二十七亥時歿光緒乙未八月十一丑時娶金氏生光緒乙亥七月初七未時摘洪文長子爲後

生光緒甲辰九月十三午時

洪文——恩仁

國學生字聶莊

生宣統庚戌十

生光緒壬午正月十一酉時娶佘氏生光緒庚辰八月二十巳時生二子以長子恩信為洪釗後

二月初二巳時

祥瑞公——洪鈞——恩禮

祥瑞公：生道光己酉七月二十二殁同治壬戌九月初九摘祥泰四子為後

洪鈞：國學生字申五生光緒戊子十一月二十午時娶吳氏生光緒丙戌四月二十一辰時生一子

恩禮：生光緒戊申正月初四卯時

祥厚——洪多——恩義

祥厚：詹事府供事議敘候選巡檢奨保花翎五品銜字涵卿生咸豐丁巳四月十七

洪多：國學生名朝報字祝三生光緒戊子七月十七酉時聘黃氏生光緒丙戌十一

恩義：生光緒丙午十一月十二丑時

辰時娶黃氏生咸豐乙卯四月二十八亥時歿光緒壬寅十一月初八子時生一子繼娶劉氏生光緒丁亥十一月十六亥時歿宣統庚戌四月二十三戌時黃氏葬休邑東山

月二十三亥時歿光緒癸卯十一月二十四巳時娶葉氏生光緒己丑十月二十八子時生二子

恩洽

生宣統己酉十二月二十四辰時

錫煥公長子

貞籛公

國學生勅封儒林郎字述菴生咸豐丙辰七月初八午時歿光緒丙戌五月二十一卯時娶汪氏生咸豐癸丑十一月初八子時歿同治壬申五月初五卯時

祥暹

國學生加翰林院待詔賞給藍翎字蓉舫生光緒壬午正月十九丑時娶孫氏生光緒壬午十月十七未時

洪序

生宣統己酉五月二十六午時

繼娶鮑氏生咸豐丙辰十月十七巳時生一子

錫煥公次子 貞沐公——祥裕
生咸豐戊午六月二十五未時歿光緒丙子七月十三戌時摘貞銓次子爲後

錫煥公三子 貞銓——祥廸
候選都司字繩五號衡甫生光緒戊子正月二十五丑時娶孫氏生光緒戊子七月初五亥時生二子以次子祥裕爲貞沐後
祥廸 生光緒乙巳十一月初一午時

錫翰公長子

貞大公

恩貢生候選教諭名沅字惇汝事蹟見學林生道光甲申四月初九子時歿光緒丁亥閏四月十八辰時娶汪氏生道光壬午四月十六亥時歿同治乙丑八月二十八申時生一子繼娶夏氏生道光丙申十月二十一子時歿咸豐辛酉五月十六酉時繼娶楊氏生道光己酉十二月十四丑時

祥棟公

考取供事生道光己酉十二月十八酉時歿光緒甲申二月二十六子時娶程氏生道光己酉七月十四子時歿光緒壬午二月二十三申時生二子以次子洪煦爲祥樅後

洪榮

生同治辛未十二月十九卯時娶楊氏生光緒乙亥八月十三申時生二子

恩燦

生光緒辛丑五月二十二巳時

恩煒

生光緒乙巳六月初九子時

祥樅公

邑庠生名月字念祖事蹟見學林生咸豐己未二月初三卯時歿光緒癸巳七月十七申時娶王氏生咸豐庚

洪煦公

生光緒乙亥二月初七辰時歿光緒戊申十月十四亥時娶吳氏生光緒辛巳二月十二丑時生二子

恩煇

生光緒辛丑四月十六申時

恩煌

生光緒乙巳十一月十二辰時

錫翰公
次子

申四月十三未
時歿光緒戊辰
三月初八酉時
摘祥棟次子爲
後

貞木公——**祥槐公**——**洪燾**

貞木公：廩貢生候選訓導名沆事蹟見學林生道光戊戌十一月二十九寅時歿光緒丙戌五月二十三戌時娶曹氏生道光己亥十二月二十未時生二子

祥槐公：邑庠生名蘇字河五事蹟見學林生咸豐戊午三月初九午時歿光緒壬辰四月十四未時娶汪氏生咸豐辛酉四月初二辰時歿光緒甲辰四月十四未時生三子以次子洪煜爲祥榕後

洪燾：生光緒庚辰三月初九巳時聘余氏

洪濤

洪濤：生光緒己丑二月十七子時

祥榕公——**洪煜**

生咸豐壬戌二月十六巳時歿光緒己亥十一月十一卯時娶陳氏生同治辛未四月初九酉時歿光緒癸未二月十六申時摘祥槐次子爲後

生光緒癸未八月十七巳時娶金氏生光緒庚寅十一月初九丑時

錫服公長子

貞明公——**祥奎公** 待後

貞明公：國學生生道光歿咸豐娶曹氏繼娶汪氏摘貞愫次子爲後公葬休甯西門外白卦山

祥奎公：生光緒丁亥十月二十三歿光緒丙午五月二十

錫服公六子

貞愫公——**祥祿**——**洪倫**

貞愫公：國學生獎給五品字詠笙生道

祥祿：號伯芳生光緒癸未十二月初

洪倫：生光緒戊申十二月二十五

光己酉五月初二歿光緒戊戌十二月初二娶汪氏生咸豐丙辰十一月十四生二子以次子祥奎爲貞明後

八聘程氏未婚歿娶陸氏繼娶周氏生光緒丁亥二月二十生一子

錫麟公子

貞元公——祥熾公止

貞元公：生道光己丑五月初五戌時歿咸豐辛酉娶曹氏繼娶石氏生道光辛卯九月十七歿咸豐乙卯十二月二十八生一子三娶程氏生一子

祥熾公：生道光己酉歿咸豐庚申

祥炘公——洪鼒公待後

祥炘公：字韻山生咸豐癸丑五月二十四午時娶汪氏繼娶某氏生一子

洪鼒公：名吉生

錫庚公長子

貞煌公——祥藻公——洪興公——恩露

貞煌公：國學生名旭初

祥藻公：生道光甲辰二

洪興公：國學生字琴山　生光緒丙申四

生嘉慶庚辰十一月十九辰時歿咸豐辛酉五月初一寅時娶曹氏生嘉慶庚辰十二月二十七戌時歿咸豐辛酉五月十五寅時生四子葬上溪口蛇形

月十六子時歿同治壬戌八月初八戌時娶曹氏生道光丙午三月初六丑時歿咸豐辛酉五月二十三寅時摘祥綬長子爲後葬呈金塘

生同治辛未六月二十二亥時歿光緒辛丑十月初五辰時娶曹氏生同治甲戌八月初一午時公葬崗窪頭

月初七辰時

祥綬

從使英俄法欽差劉大臣保獎六品名廝生道光丙午十一月十七辰時娶江氏生咸豐辛亥五月二十三寅時歿光緒壬午十一月二十一戌時生一子繼娶段氏生同治乙丑五月十六

洪淦

生光緒甲午四月十三辰時娶程氏生光緒壬辰十一月二十八寅時

酉時歿光緒壬辰閏六月初一未時繼娶曹氏生同治庚午六月二十午時生三子以長子洪興爲祥藻後三子洪棋爲祥呈後四子洪炳爲祥寅後江氏葬後岸段氏葬缸瑤頭

祥呈公——洪棋

生咸豐壬子五月初二巳時歿光緒壬辰五月 時

生光緒丙申十二月二十一丑

二十四未時摘祥綬三子爲後

葬呈金塘

祥寅公——洪炳

從九品生咸豐丙辰九月二十二戌時歿光緒庚寅閏二月十六亥時娶程氏生同治庚午八月初十子時歿光緒丁亥七月二十五申時摘祥綬四子爲後公葬宝金塘氏葬下井山

生宣統庚戌八月十四辰時

錫庚公次子

貞聚公——祥善——洪蘭公——恩福

貞聚公 從九品誥授奉直大夫名春字會周生道光癸未二月十二卯時歿光緒癸巳十一月二十四巳時娶曹氏生道光辛巳四月十七子時歿同治丙寅十二月

祥善 國學生加五品銜布政司理問請封二代奉直大夫字鋕山事蹟見善行生咸豐乙卯十月十六亥時娶柯氏生同治癸亥九月十一亥時歿光緒辛丑六月

洪蘭公 從九品字芳谷號觀開生光緒辛巳十二月初五申時歿光緒丙午八月十八辰時聘汪氏娶王氏生光緒壬午四月初五丑時摘洪枏長子爲後公葬社土

恩福 生光緒壬寅四月十一卯時

十四戌時生一子繼娶江氏公與曹氏葬學士墩白象轉湖形山向詳載墓圖江氏葬呈金塘

二十三酉時生三子繼娶曹氏生光緒丙子十一月三十卯時柯氏葬社土上將軍大座形山向詳載墓圖

上將軍大座形山向詳載墓圖汪氏葬呈金塘

洪桂

從九品字煒甫號炎開生光緒甲申七月初十酉時娶曹氏生光緒壬午二月十七戌時生三子以長子恩福爲洪蘭後

恩海

生光緒丁未九月初十酉時

恩昇

生宣統己酉十月初二辰時

洪震

從九品字春泉號三開生光緒丙戌八月三十酉時娶曹氏生光緒戊子四月二十二卯時

錫庚公三子

貞勝公——祥紅公——洪英——恩焜

貞勝公：國學生生道光乙酉十一月十九殁同治壬戌九月初九子時娶石氏生道光壬午五月十八殁同治癸亥八月二十五生一子公同氏葬呈金塘

祥紅公：國學生摘祥址次子爲後葬呈金塘

洪英：國學生保奬五品藍翎州同銜字粱臣號觀棟生光緒癸未八月十四午時娶曹氏生光緒壬午十一月二十二丑時殁光緒甲辰三月初四辰時生一子繼娶周氏生光緒乙酉三月初四午時曹氏葬呈金塘

恩焜：生光緒壬寅十二月十八申時

錫庚公四子

貞一公——祥址公——洪燮——恩紼

貞一公：例授奉直大夫賞戴藍翎名元字元階生道光己丑十一月二十六亥時殁光

祥址公：國學生名本立字丙榮保奬五品藍翎生道光己酉十月二十七酉時殁宣統

洪燮：從九品名燮字理臣號觀台生光緒庚辰八月初七子時娶曹氏生光緒丁丑

恩紼：生光緒壬寅九月十一丑時

錫庚公
五子

貞安公——祥龍——洪讀——恩澤

緒己亥二十一
辰時娶曹氏生
道光戊子正月
十一歿同治癸
亥九月二十寅
時繼娶鮑氏生
道光甲午二月
二十巳時

己酉二月初九
戌時娶張氏生
咸豐丙辰十一
月十四寅時生
三子以次子洪
英爲祥紅後

四月二十五亥
時歿光緒己亥
三月二十二申
時繼娶曹氏生
光緒甲申六月
初十亥歿光緒
癸卯十月三十
午時生一子又
繼娶周氏生光
緒庚辰十一月
二十九卯時

生宣統庚戌四
月二十一酉時

洪昭——恩濤

國學生名文硯
字鑿臣號觀爽
考入江南高等
實業學堂畢業
生生光緒丁亥
八月十四丑時
娶曹氏生光緒
丁亥八月十二
戌時生一子

生道光丙申九月二十三丑時歿咸豐辛酉七月二十五丑時娶汪氏節行見列女生道光甲午十二月二十一午時歿光緒戊戌九月二十辰時合葬呈金塘

從九品字雲閣生咸豐丁巳十月初五寅時娶汪氏生同治乙丑三月二十九寅時生一子

名觀衡生光緒戊子四月初六亥時娶張氏生光緒壬辰六月初七戌時

名肇發生宣統辛亥三月二十七巳時

錫環公長子

貞彥公——祥文公——洪英

廪貢生候選訓導名宗海號雋卿事蹟見學林生道光丁酉九月初二歿同治甲戌六月初八娶程氏生道光乙丑五月初六子時生三子

生咸豐癸丑九月十二歿同治甲戌五月十八娶周氏生咸豐癸丑五月二十巳時摘祥貴長子爲後

名作庸生光緒乙酉二月十七丑時娶朱氏生光緒癸未七月二十卯時

祥貴——洪傑

邑增生名恒善字艮甫事蹟見學林生同治丙寅二月二十亥時聘鮑氏生同治甲子九月初三娶孫氏生同治丙寅九月初八未時生五子以長子洪英爲祥文後

生光緒丁亥二月初四未時娶朱氏生光緒乙酉十月初三子時

洪祖
生光緒己丑十二月初五亥時

洪振
生光緒丙申十二月二十四戌時屯溪兩等小學堂考取高等肄業生

洪藻
生光緒丙午六月三十寅時

錫環公次子

貞奎公——國學生名文照號聚星生道光己亥六月初十丑時歿光緒庚子六月初三申時娶馮氏生道光戊戌七月二十五卯時歿同治甲戌六月二十五卯時繼娶章氏生咸豐丙辰八月二十五子時歿娶吳氏生同治己巳七月初四寅時生一子

祥春 生光緒己丑十一月十九亥時娶程氏生光緒辛卯三月初六亥時

祥徵公 待後

錫環公
三子

貞提

國學生保奬五品監翎名鑚號柳門生咸豐乙卯六月初八子時娶章氏生咸豐癸丑六月初二歿光緒戊戌二月初五繼娶吳氏生同治庚午七月初十歿光緒庚子五月二十一生一子三娶柳氏生光緒丁丑八月十四生一子

祥鏞

生光緒乙未二月十七

祥瑞

生光緒甲辰七月二十二辰時

錫疇公
長子

貞裕公 待後

生咸豐癸丑十一月初二歿同治乙丑三月二十七

錫疇公次子

貞鑑

國學生名邦憲號以三字華欽生同治丙寅七月十一卯時娶吳氏生同治甲子七月十二丑時

錫疇公三子

貞銘

國學生名邦佐號鼎言字華勳生同治己巳十月二十七辰時娶曹氏生同治丁卯四月初五申時歿光緒丁未二月十七子時繼娶汪氏生光緒丁亥正月初五申時

錫焵公長子

貞松公 國學生名春森字仰堂生道光戊申五月三十午時歿宣統庚戌正月二十四娶曹氏生道光乙巳十月初七亥時歿光緒丙申三月十二未時生六子繼娶曹氏生同治乙丑五月公與曹氏合葬笠里冲山向詳載墓圖

祥鑑 邑庠生保奬藍翎五品銜名國衡字文齋號平如事蹟見學林生同治丁卯正月二十一子時娶曹氏生同治丁卯五月二十亥時生五子

洪度 字審甫生光緒壬辰三月十七子時娶曹氏生光緒庚寅八月十九巳時

洪彬 字均甫生光緒戊戌九月初七申時

洪桂 字砥甫生光緒辛丑七月二十四戌時

洪吉 字廸甫生光緒甲辰六月二十

六酉時

洪奎
字星甫生光緒戊申五月十四辰時

祥禮
從九品名國楨字謹齋生同治戊辰十二月二十五寅時娶曹氏生同治戊辰九月二十四申時生一子

洪開
字菊圃生光緒甲辰九月初九丑時

祥鈞
國學生名國鈞字秉成生同治辛未四月十九丑時娶曹氏生

洪釧
字滬生生光緒丙午六月初十丑時

同治癸酉九月初四戌時生一子

祥瑩　國學生保舉六品加捐縣丞名國瑞字子振生同治癸酉十一月十四辰時娶鮑氏生光緒丁丑九月初五酉時生一子

洪鐘　字聲如生光緒己亥十月初二未時上海縣吳淞口漁業兩等學堂考取高等肄業生

祥運　生光緒辛巳正月初七丑時娶汪氏生光緒戊子九月二十丑時

祥英
名國英字美如生光緒癸未六月三十亥時娶周氏生光緒辛卯五月十七未時

錫豐公子　貞杏公——祥法公 待後
娶曹氏生一子

錫康公長子　貞貴公——祥彦公 待後
娶柯氏生一子

錫康公次子　貞富公 待後
娶某氏

錫鎧公三子　貞賟——祥惠
生道光丁未十　生光緒壬午娶

二月二十六酉時娶江氏生咸豐丁巳七月初九子時生一子

柯氏生光緒癸未

錫雨公長子 **貞梅公** 生嘉慶甲戌正月十一寅時娶朱氏生嘉慶甲戌三月初十寅時生一子 —— **祥源公** 待後 生道光丁未十一月十九午時

錫雨公次子 **貞格公** 生嘉慶戊寅三月十六丑時歿咸豐辛酉娶曹氏生道光庚寅十一月二十一未時生一子 —— **祥深公** 待後

錫雨公三子 **貞楷公** —— **祥湧公** 止

生道光乙未六月初七卯時娶某氏生一子

生同治甲子十月初四申時

錫霞公長子

貞朴公 —— **祥水公**止

貞朴公：生道光辛巳五月二十六酉時歿光緒乙亥娶曹氏生道光辛巳歿咸豐庚申生一子

祥水公：生道光丙午十一月十三子時

錫霑公長子

貞湘公 —— **祥煥公** —— **洪楫公**待後

貞湘公：生道光庚寅正月十六寅時歿咸豐庚申四月二十辰時娶曹氏生道光乙未歿咸豐庚申十一月生一子

祥煥公：摘祥瑞長子爲後

洪楫公：生光緒辛卯七月十五子時

錫霑公三子

貞理公　生道光丙午十一月初九亥時歿光緒乙亥十月十七娶黄氏節行見列女生咸豐辛亥九月十二寅時歿宣統辛亥八月生一子

祥瑞公　生同治己巳十二月二十六巳時歿光緒丙午二月初五娶石氏生同治丁卯六月初八辰時生三子以長子洪楫爲祥煥後

洪炘　生光緒庚子八月十四酉時

洪爔　生光緒甲辰七月初四戌時

錫霈公子

貞杜公　生道光丁未十一月二十四申時娶某氏生一子

灶玉公　待後

錫霍公子

貞昭公　生道光丁未五月二十五未時　娶某氏生一子

祥法公

洪樹

娶姚氏生道光庚戌十一月二十五未時

錫霦公長子

貞校公——祥泮

生道光丁未十一月二十三巳時歿同治壬戌六月二十三戌時摘貞梧子爲後

祥泮生光緒庚子四月二十六

錫霦公次子

貞梧

生光緒戊寅八月三十丑時娶曹氏生同治甲戌二月十五申時生一子爲貞校後

錫純公長子

貞琦公——祥鑑——洪慶

錫純公次子

貞鏡公——祥學公——洪安

生嘉慶辛未十月十五歿同治乙丑八月二十二娶汪氏生嘉慶乙亥三月十八歿同治壬戌正月初三

名大奎生道光丙午五月二十八午時娶曹氏生道光戊申四月歿光緒癸卯正月十二摘祥學次子爲後

錫給公子

貞松公——祥英公——洪鉅

生嘉慶乙亥五月十五歿咸豐庚申九月十六娶曹氏生道光戊子十一月初六戌時生一子

生道光庚戌十月初七亥時歿宣統己酉九月初七娶曹氏生咸豐乙卯十二月二十五未時生一子繼娶某氏生二子以次子洪慶爲祥鑑後三子洪鉅爲祥英後

生光緒乙亥十月二十二戌時娶曹氏生光緒丙子

錫組公子

國學生生道光壬午歿咸豐辛酉六月二十娶葉氏生道光庚戌二月初三歿咸豐庚申九月二十七生二子

摘祥學三子爲後

祥蔚公止

貞海公——祥椿公——洪湛——恩曜

貞海公：光祿寺署正銜誥封中憲大夫晉贈中議大夫名鍷熙字眉泉事蹟見善行生嘉慶己卯閏四月初七辰時卒光緒癸巳九月初一未時娶趙氏生道光癸未四月初四子時歿光緒辛卯十一月初四戌時生一子繼娶周

祥椿公：南滙縣附貢生捐同知銜賞戴花翎誥授奉政大夫晉贈朝議大夫字蔭仙事蹟見學林生咸豐己未六月十二亥時卒光緒丙午二月二十五子時娶周氏生咸豐戊午正月二十五寅時歿光緒辛卯七月十二申時生

洪湛：南滙縣附貢生捐知州銜隨帶加二級字硯鋤事蹟見學林生光緒甲申娶朱氏生光緒癸未生一子

氏生道光辛丑生一子公與趙氏合葬松江府南滙縣五十六圖東圩田

一子繼娶奚氏生咸豐辛酉三月初一申時歿光緒壬寅五月初八巳時庶娶陳氏生同治壬申

祥清——洪濟

南滙縣附貢生捐運同銜隨帶加二級字滌仙事蹟見學林生同治丁卯娶黃氏生同治癸亥三月十四子時歿光緒丙戌九月二十九申時繼娶黃氏生同治己卯九月初一寅時歿光緒乙未八月二十

二午時三娶閔
氏生同治壬申
生一子

錫紹公
長子

貞源公——**祥達公**——**洪魁**——**恩域**

貞源公：從九品名源熙字孔江號碧泉生嘉慶丙子十二月二十七午時歿咸豐辛酉三月初十遭西匪亂拒逆殉難邮贈雲騎尉娶曹氏節行見列女生道光甲申十一月十六申時歿光緒庚辰七月初五未時生三子以次子祥棣爲貞侃後三子祥鐸爲貞烋後公與氏合葬后岸明瓚暗

祥達公：國學生名士棋生道光癸卯正月十四申時歿光緒己亥八月初九卯時娶柯氏生道光己亥歿同治癸亥繼娶曹氏生道光乙巳十月初八巳時摘祥棣長子爲後

洪魁：名定魁號慰臣生同治癸酉三月十六寅時娶汪氏生同治己巳十月十八子時生一子

恩域：生光緒丙申正月初四子時

葬山向詳載墓圖

錫根公子

貞河公 國學生字元熙生道光丁未娶石氏生道光甲辰八月初八戌時歿咸豐庚申二月二十三子時生一子

祥滌 生同治戊辰娶某氏生二子

洪章

洪緒

錫仲公子

貞侃公 生道光庚寅三月歿道光丙午九月摘貞源次子爲後公葬呈金塘蜘蛛結網形山向詳載墓圖

祥棣 國學生名士本字蓴庭生道光丙午十一月二十戌時聘曹氏生道光丙午歿同治乙丑娶程氏生咸豐辛亥九月初二辰時生五子以長子

洪盈 名定安號濟臣生光緒庚辰二月十九巳時娶程氏生光緒壬午正月十二子時生一子

恩榮 生宣統己酉閏二月初四辰時

洪旭

洪魁爲祥達後

名壽安號鑑臣生光緒壬午五月初五戌時娶程氏生光緒甲辰六月二十六申時

洪培

名順安號棟臣生光緒庚寅二月二十二丑時娶汪氏生光緒辛卯

洪聯

名全安號樑臣生光緒丙申十一月十四卯時娶鮑氏生光緒壬辰十月初十寅時

錫前公子

貞杰公——祥鐸公——洪潔——恩溥

貞杰公：生嘉慶己卯娶鮑氏生道光癸巳歿道光己酉繼娶洪氏生道光戊子歿咸豐辛酉摘貞源三子爲後

祥鐸公：生咸豐癸丑十二月十三巳時歿光緒庚寅三月初七巳時娶趙氏生咸豐丁巳九月十六酉時生一子

洪潔：生光緒丙戌正月初七午時娶朱氏生光緒壬午十一月十一子時歿光緒乙巳二月十六未時繼娶程氏生光緒庚寅三月十一午時生一子

恩溥：生宣統庚戌九月三十酉時

錫鴻公子

貞奎公 待後

生同治丙寅二月二十一辰時

錫鵬公子

貞再——妙安

貞再：生同治己巳二月二十三亥時娶曹氏生光緒甲申生一子

妙安：生宣統庚戌十一月十六寅時

恩霈子 毓贊
生光緒庚子六月初九酉時

恩霖子 毓賢
生光緒己亥二月二十三酉時

上川明經胡氏宗譜中卷之下

分系七

元美公派
元蘭公派

永璠公次子

元美公 生萬歷庚寅十月十一歿康熙庚申二月初九娶石氏生三子合葬前山崗山向詳載墓圖

文誠公 生萬歷己酉娶王氏生一子公葬程家墳窠山向詳載墓圖

志任公 生崇禎庚辰娶王氏生三子

兆眉公止

兆育公止

兆挺公 生康熙庚申娶舒氏生二子

應舉公止 生康熙丙壬寅

應譽公止 生雍正辛亥

文諺公
娶汪氏生六子
合葬程家墳窠

志伊公
娶程氏生四子
以次子爲志位後

兆忠公
字仲甫生康熙
乙巳殁雍正庚
戌娶程氏生康
熙壬子殁乾隆
壬申生一子

應龍公

兆恩公
生康熙己酉殁
康熙庚子娶某
氏生一子

應寶公

兆蔭公
娶某氏生二子

應田公止

應可公

志儼公

兆賜公

應禎公

生順治乙酉歿康熙乙酉娶汪氏生順治丁亥歿康熙乙未生四子以四子兆周爲志伍後合葬程家墳窠

應祥公　生康熙乙卯歿乾隆己巳娶王氏生康熙乙卯生三子葬程家墳窠

應成公

應榜公止 —— 兆思公　字仲本生康熙乙丑歿乾隆壬申娶石氏生康熙己巳生二子合葬程家墳窠

應環公

應積公 —— 兆忍公　生康熙丁卯十二月十六歿乾隆丙子七月初九寅時娶柯氏

志俚公
生順治丙戌歿康熙丙申娶葉氏生四子

兆憲公
生康熙辛亥娶葉氏生二子

兆慶公
生康熙甲寅歿乾隆辛酉娶曹氏生康熙戊午歿乾隆戊辰生三子

應瑄公
生康熙癸未生一子合葬程家墳窠

應玉公

應儀公

應修公

應仲公 止
字玏烈生雍正癸卯歿乾隆己止

巳

兆欽公止
娶程氏

應添公——兆釗公
生康熙甲戌殁
雍正庚戌娶曹
氏生康熙乙酉
殁乾隆丁卯生
二子

應洄公

應採公——兆威公
字子重生康熙
癸亥殁雍正乙
巳娶程氏生康
熙辛未摘兆巖
次子爲後合葬
才子墩

志倲公
生順治乙未殁
康熙辛巳娶王
氏生順治乙巳
殁乾隆甲子生
二子合葬程家
墳窠

兆巖公——應揚公

字與敬生康熙癸酉四月十四娶黃氏生康熙丁丑歿乾隆戊辰生二子以次子爲兆威後合葬才子墩

志伍公——兆問公——應預公止

娶曹氏摘志儼四子爲後合葬前山崗

生康熙庚午歿乾隆丙子十一月初九娶王氏生一子合葬程家墳窠

生康熙丙申娶洪氏

志位公——兆恕公——應握公止

娶石氏摘志伊次子爲後

生康熙庚申歿乾隆辛酉娶柯氏生康熙壬午生一子

字玉山生康熙再壬寅九月十三娶江氏生乾隆己未

文訪公
字公行生天啟甲子十二月初七歿康熙庚辰十一月初七娶石氏生四子公葬程家墳氏葬前山崗山向各載墓圖

志偉公
字幼魁生順治丙戌八月初三歿康熙戊戌正月十七娶曹氏生順治甲申二月初一未時歿康熙甲戌十月二十三亥時生三子合葬才子墩山向詳載墓圖

兆璽公
字爾孟生康熙丙午歿乾隆丙寅娶葉氏生三子公葬程家墳氏葬前山崗山向各載墓圖

應鑾公

應鏊公

應溞公 止
字文和生康熙癸巳娶張氏生康熙庚子

兆鑋公
字廷選生康熙辛亥十一月二十八歿雍正乙卯十月二十五娶石氏生康熙丁巳歿康熙甲午繼娶葉氏生康熙辛未歿乾

應盤公

應鎣公

隆癸酉生二子公葬下碓石氏葉氏葬前山崗山向詳載墓圖

應鎏公

應鍫公

兆璧公

字楚玉號連城生康熙庚申六月初八娶柯氏生康熙壬戌生三子公葬前山崗氏葬程家墳山向各載墓圖

應鋻公

志僎公

生順治癸巳歿康熙辛巳娶某氏生一子葬前山崗

兆裴公

生康熙壬申歿乾隆癸亥娶黃氏生康熙庚申生一子

應鍙公

志侶公止
娶曹氏葬下井山

志佐公
字輔卿生康熙壬寅歿康熙庚戌娶汪氏生二子

兆聖公
字惟先生康熙己巳娶汪氏生康熙丁丑歿乾隆丙辰生一子
——應元公

兆充公止
字弘德生康熙己卯歿乾隆丙辰

兆忠公子

應龍公
字子現生康熙戊子五月二十五娶馮氏生雍正戊戌
——天滿公
娶某氏生一子
——德章公
娶汪氏生一子
——錫灶公
字灶多娶馮氏生三子
——貞啟公止

根吉公止

順吉公止

兆恩公子

應寶公 字惟善生康熙庚子十月十四娶汪氏生康熙己亥生一子 —— 天樂公 娶某氏生二子 —— 德高公 娶張氏生一子 —— 錫柏公 娶王氏生二子 —— 貞爲公止

貞開公止

德亮公 娶王氏生一子 —— 錫順公止

兆蔭公次子

應可公 遷休甯 —— 天蘇公 無攷

兆賜公長子

應禎公 生康熙癸酉摘應成次子爲後 —— 天禮公 娶某氏生二子 —— 德拱公 娶某氏生一子 —— 錫白公止

德振公——錫紅公止
娶某氏生一子

兆賜公次子
應祥公——天信公止
生康熙丙戌歿乾隆壬申娶白氏生康熙乙未生一子

兆賜公三子
應成公——天燁公——德水公——錫清公止
生康熙庚子娶某氏生二子以次子天禮爲應禎後
天燁公：娶某氏生二子
德水公：娶某氏生一子
德火公止

兆思公次子
應環公——天仁公——根喜公——錫業公——貞亮公止
字玉連生雍正戊申五月二十八娶石氏生雍正癸丑生二子
天仁公：生乾隆庚申六月初八娶某氏生一子
根喜公：娶某氏生二子
錫業公：名觀業娶曹氏生二子公葬上庵腳氏葬社土上
貞奎公止

合葬后岸

天義公
生乾隆乙亥六月十二娶汪氏生二子葬后岸

德林公
娶石氏生一子公葬獅子石氏葬后岸

德基公
生嘉慶庚申正月初四歿咸豐丁巳五月二十九娶汪氏繼娶曹氏公與曹氏葬后岸汪氏葬前山崗

錫閔公 止
名觀閔

錫培公
娶朱氏生二子公葬前山崗氏葬崗窪頭

錫明
名仙妹生道光庚子五月十三巳時娶吳氏生道光戊申歿宣統己酉八月二十一亥時生二子葬后岸

觀星公 止
生道光戊申

觀點公 止
葬前山崗

貞嗣

貞財

兆烈公子

應積公生雍正丁未九月十一娶程氏生二子公葬程家墳棄氏葬后岸

天品公娶葉氏繼娶汪氏又繼娶曹氏生二子公葬后岸葉氏葬前山裡岡汪氏曹氏葬前山外岡

德通公止　葬前山岡

德福公止　葬前山岡

天旺公名入旺生乾隆癸酉三月二十七歿道光戊戌八月初一娶王氏繼娶程氏又繼娶曹氏生一子公與王氏曹氏葬后岸程氏葬前山裡岡

德祥公名德喜生道光丁亥五月二十歿光緒乙酉十月二十八娶程氏生道光癸未七月二十一生一子

錫太名長大生咸豐丙辰二月十三酉時娶程氏生同治戊辰正月初七廿時摘元昇公派錫煊三子爲後

貞鐸

兆憲公長子

應瑄公字德和生康熙

天道公止

壬午二月初十娶汪氏生康熙庚寅生一子

兆憲公次子

應玉公 生康熙癸巳娶江氏生一子
——天高公 生乾隆丁卯娶某氏生一子
——德灶公 娶某氏生二子
——錫耀公止
錫交公止

兆慶公長子

應儀公 字鳳來生康熙戊寅正月十五娶黃氏生康熙丙戌生五子
——天氷公止
天江公止
天浩公止

天波公止

天油公止

兆慶公次子
應修公 字以安生康熙乙未五月十三娶王氏生雍正丙午生一子
——天錦公止

兆釗公長子
應添公 生雍正乙巳九月二十九娶某氏生一子
——天東公 娶某氏生一子
——煥德公止

兆釗公次子
應洞公 生雍正壬子二
——天賜公止

月十六娶張氏生二子葬程家墳

天炳公——娶王氏繼娶程氏生一子

德金公——名根法生道光戊子娶汪氏繼娶葉氏生道光壬辰生一子公葬下碓

錫惠公待後——生同治癸酉歿光緒戊戌葬大竹凹

光威公子

應採公——生乾隆戊午八月初八巳時娶石氏生五子公葬黃花嶺氏葬白圍中崗上山向詳載墓圖

天河公——名必有生乾隆甲申四月初三歿咸豐癸丑四月十九娶程氏生二子公葬白圍中崗上山向詳載墓圖

德康公——名心育生嘉慶癸亥十月初八歿咸豐辛酉四月二十一娶石氏生嘉慶丙申正月三十歿同治癸亥八月初四生三子葬下碓

錫啟公——葬社土上以錫長子雙祧——貞華

錫長公——名珊山生道光戊戌十二月初七歿同治癸亥二月十八生一子雙祧錫啟——貞華

錫茂公 止
葬社土上

德宣公
名興生嘉慶癸酉歿咸豐辛酉七月十四娶石氏生道光甲申歿同治乙丑四月初八生三子合葬呈金塘

錫祝公 止
名長富生道光甲辰八月初四辰時歿光緒壬寅六月初二丑時葬社土上

水富公 止
葬社土上

三水公 止
葬社土上

天桂公
娶黃氏繼娶石氏生三子以次

德艮公
生一子 名芳興娶潘氏

錫金公 待後

子德田爲天泗
德

德旺公止
名興旺娶江氏

天儒公
名芬德生乾隆戊戌十月十三未時歿道光乙未六月初一娶曹氏生乾隆丙午正月三十歿同治壬戌十月初一生三子以次子德時爲元曦公派天開後公葬白圍中崗上山向詳載墓圖氏葬大崗上

德義公
名家林生嘉慶丙寅十月初九酉時歿咸豐丙辰三月十八亥時娶江氏生嘉慶己卯九月初一歿光緒己丑五月十二巳時生三子以次子錫振爲德廩後合葬白圍中崗上山向詳載墓圖

錫囿公
名善枝生道光戊戌十一月初二辰時歿光緒己亥三月十四巳時娶王氏生道光癸卯二月十七戌時歿光緒己亥三月二十二亥時生八子

貞鐸公

貞澤

貞燦公

貞釋

貞繹

貞潭

貞績

貞績公止

貞紘公

錫禮

名善禮生咸豐甲寅二月初八丑時娶柯氏生同治丙寅十一月十六巳時生四子

貞紡

貞事

貞恩

兆嚴公子

應揚公 字玉明生康熙辛丑正月二十一娶石氏生雍正壬子生三子

天淮公 生乾隆辛未十二月初四娶汪氏生一子

德光公止

天湖公 生乾隆甲戌閏四月二十一娶程氏生一子

德治公 娶方氏生一子

錫林公 娶洪氏生二子

貞尙公

貞水公止

德廩公 名家高生嘉慶甲戌十一月十二歿咸豐辛酉娶江氏生道光丙戌五月初五摘德義次子爲後合葬下井山

錫振公 名善振生道光壬寅九月十七辰時歿光緒丙午閏四月十二巳時娶石氏繼娶柯氏生道光甲辰八月二十五寅時生一子

貞翥

天泗公 字在魯生乾隆丙子十一月十九巳時摘天桂次子爲後 — 德田公 止

天泮公 字登榮生雍正甲辰二月十四娶王氏生雍正庚戌生五子合葬程家墳窠 — 德本公 娶王氏合葬蔴田生一子 — 錫高公 娶某氏生一子 — 觀旺公

德大公 娶某氏生四子 — 錫順公 止

錫福公 止 名壽福

錫喜公 止 名壽喜娶張氏葬下碓

應鑾公 字在衡生康熙甲戌十一月初四歿乾隆丙子十二月十四娶鄧氏生康熙丁丑生三子以次子天海爲應鑾後合葬蔴田

兆壟公長子

灶壽公止

德棟公——錫福公——貞恆公止

娶某氏生一子

娶王氏生一子

葬北庄崗

德粱公——長福公——貞聚公止

娶曹氏生二子

以次子錫变爲

元曜公派有章

後

生乾隆己未十

月初七殁同治

辛未四月十一

娶曹氏繼娶周

氏生二子公葬

程家墳窠氏葬

下井山

娶王氏繼娶程

氏

正聚公

德桂公——錫珍公止

娶某氏生一子

天池公　生雍正戊申八月二十二娶汪氏生乾隆戊午生二子葬蘇田

德長公　娶程氏生一子合葬蘇田

錫傑公　娶曹氏生二子公葬程家墳窠

貞水公止

貞立公止

德二公　生乾隆己酉歿道光庚戌娶汪氏生二子合葬蘇田

錫雀公　名大雀生嘉慶丙寅歿道光乙未娶汪氏生嘉慶丁卯歿同治壬戌生一子公葬九塚氏葬下碓

貞璜公

細雀公　娶王氏生三子合葬九塚

貞閑公止

貞廷公止

兆鑾公長子

應鎜公 字夏璉生康熙辛丑二月十九歿乾隆癸卯娶洪氏生雍正己酉七月二十三歿乾隆戊子三月二十八生四子以次子天演爲應鎏後合葬后岸

天泓公 生乾隆己巳五月十二子時歿嘉慶乙亥十一月二十九丑時娶江氏生乾隆甲戌五月初九寅時歿嘉慶庚辰五月二十四酉時生六子以次子信德爲天潺後四子讓德爲天清後五子德鳳爲元首公派天旺後合葬下碓

義德公 娶柯氏生二子以次子錫川爲善德後合葬劉家塘——錫谷公 娶汪氏生一子公葬劉家塘氏葬前山崗——貞壽公止

善德公 摘義德次子爲後葬劉家塘——錫川公 葬芝蔴園 止

滿德公 生乾隆癸丑九月十二寅時歿道光甲辰十月二十二子時娶汪氏生嘉慶癸亥二月二十七卯時歿咸豐辛酉四月二十二巳時生二子公葬后岸氏葬呈——錫楫公 名五喜生道光丁亥八月二十一卯時歿光緒丙戌二月初二丑時娶程氏生道光乙未四月二十八巳時歿光緒戊戌正月初三子時生二子以次子貞鑑——貞炎

兆鑾公次子

應鑾公——天演公——德財公——錫梅公——貞水公

天潯公——信德公——錫寶公止
摘天泓次子爲後葬后岸　葬前山崗　葬前山崗

天清公——讓德公——錫黄公止
摘天泓四子爲後葬后岸　葬前山崗　葬芝蔴園

錫庭公——貞鑑
名六喜生道光乙未十二月十八午時歿同治壬戌二月十三巳時摘錫楫次子爲後葬劉家塘

爲錫庭後　金塘

生雍正戊申歿乾隆壬申娶王氏生乾隆丙辰摘應盤次子爲後合葬前山崗

字崑源生乾隆甲戌七月初六酉時娶汪氏生四子合葬下碓

名進財生乾隆壬子十二月十七子時歿咸豐庚申八月二十六亥時娶王氏生嘉慶庚申四月初五子時歿咸豐庚申五月二十八寅時生四子以次子錫李爲德建後三子錫蔭爲德杒後

名金梅娶石氏摘錫開長子爲後公葬下碓氏葬芝蔴園

錫開公——貞奎

名福印生道光辛丑二月二十二申時歿光緒戊申十二月初八娶王氏繼娶曹氏生道光癸卯歿光緒戊戌十一月初一酉時生二子以長子貞水爲錫梅後王氏葬芝蔴園

德業公——錫淮公——貞春公

生乾隆乙卯歿

名和尚生道光

光璧公
長子

應鋈公——天洵公——進德公——錫謨公——貞和公

應鋈公：字去非生康熙庚寅十一月十八娶柯氏生康熙甲午生二子

天洵公：鄉飲賓字望蘇生乾隆癸亥七月十三歿嘉慶甲子七月初五

進德公：字正興生乾隆壬午三月十五歿道光辛丑二月初八享年八

錫謨公：生乾隆辛亥四月十一歿道光庚戌七月二十娶王氏生乾隆

咸豐壬子娶葉氏生嘉慶辛未歿同治壬戌生一子公葬芝蔴園氏葬蔴田

乙巳九月初九子時歿光緒辛卯娶王氏生道光己酉十二月二十辰時生一子公葬后岸

德建公——錫李公止

德建公：娶某氏摘德財次子爲後遷嘉定縣周家浜

錫李公：葬芝蔴園

德枋公——錫蔭公止

德枋公：摘德財三子爲後葬前山崗

錫蔭公：葬芝蔴園

公葬永安橋背
後山向載墓圖
柯氏葬程家墳
山向載墓圖

娶程氏生乾隆
辛酉十月十一
歿道光壬午五
月十三生五子
合葬永安橋背
後山向詳載墓
圖

十叨受皇恩
米絹欽賜九品
頂戴娶程氏生
乾隆丙戌四月
初二歿道光丙
午五月二十生
三子以三子錫
萬爲興德後合
葬永安橋背後
山向詳載墓圖

辛亥十一月二
十歿同治壬戌
五月二十一生
一子公葬永安
橋背後山向詳
載墓圖氏葬下
井山

錫訓公——貞連公止

生乾隆癸丑五
月二十四歿咸
豐辛酉三月二
十八娶曹氏生
嘉慶丁巳十月
十一歿道光辛
巳二月初十繼
娶葉氏生嘉慶
乙丑五月二十
歿咸豐丁巳七
月初八公葬永
安橋背後曹氏
葬前山嶺葉氏
葬下井山

名連和生道光
甲午五月初五
酉時歿光緒戊
申八月十四娶
葉氏繼娶黃氏
生道光壬辰九
月初二寅時歿
光緒丙午二月
十七合葬下井
山

大德公——錫善公 止

大德公：生乾隆丙戌十一月十二殁道光辛巳十月初十娶江氏生乾隆己亥十月初十殁道光癸未九月初十合葬永安橋前山向
附載墓圖

錫善公：一名閔生嘉慶壬戌正月二十四殁咸豐庚申四月二十四娶程氏生嘉慶丙子七月二十八殁同治壬戌十月二十合葬下井山

成德公——錫印公——貞照公
　　　　　　　　——貞泮公

成德公：國學生誥贈奉直大夫生乾隆庚寅二月二十五卒嘉慶辛未二月二十七娶曹氏節行見列女生乾隆甲午九月二十三卒咸豐庚申二月二十四享年八

錫印公：從九品覃恩誥封奉直大夫名卬春字蔭林事蹟見善行生道光丁亥四月二十九申時卒光緒乙未正月二十五戌時娶曹氏生道光甲申九月初十卒同

十有七擴敬德次子爲後合葬永安橋前山向附載墓圖

治壬戌五月二十一辰時生一子繼娶曹氏生道光壬寅七月二十三卒同治戊辰八月初六辰時三娶宋氏生道光壬寅八月二十四申時卒光緒丙申七月初三申時生二子以次子貞澤爲錫祥後公殯上濟橋蟹形前曹氏殯楊林橋下後曹氏葬永安橋背後山向詳載墓圖宋氏殯風乎亭大路西

興德公——錫萬公——貞泉公

生乾隆乙未九月二十歿嘉慶癸酉四月初十娶汪氏生乾隆辛丑三月二十八歿嘉慶丁丑十月初八摘進德三子爲後合葬永安橋前山向附載墓圖

從九品名象春字時春生嘉慶己未八月初四申時歿同治壬戌六月十五午時娶柯氏生嘉慶甲子九月十九巳時歿同治壬戌□月十二辰時生一子公殯前坑氏葬永安橋後山向詳載墓圖

敬德公——錫誥公——貞炳公

敬德公

國學生覃恩誥贈奉直大夫名樹聲字景棠一字五興事蹟見善行生乾隆壬寅二月十一未時卒咸豐乙卯七月初四戌時

錫誥公

國學生名彩春字楓林事蹟見善行生嘉慶己卯十一月二十六歿同治壬戌六月初五娶宋氏節行見列女生道光辛巳五

貞炳公

娶宋氏生乾隆己酉七月初五卒嘉慶壬申七月初十繼娶王氏生嘉慶丙辰五月二十一卒同治壬戌五月十三酉時生三子以次子錫印爲成德後公葬程家南朱氏永安橋背後山向各載墓圖王氏殯楊林橋下

月二十四巳時歿光緒乙巳二月十三辰時生一子

錫祥公——貞澤

國學生名廷春字杉林生道光乙未十一月二十三寅時歿同治乙丑五月初五卯時娶柯氏生道光乙未二月初十歿咸豐己卯五月初三繼娶曹氏生道光丁酉九月初四歿同治壬戌五月廿一摘錫印次子爲後公與曹氏殯后岸

柯氏葬永安橋背後山向詳載墓圖

貞玉公——錫嘉公——盛德公——天沆公

錫嘉公：生嘉慶壬申六月初一歿同治壬戌六月十二娶柯氏繼娶馮氏摘錫功長子爲後後生一子公與馮氏合葬下碓柯氏葬呈金塘

盛德公：娶王氏摘仁德長子爲後公葬永安橋背後氏葬永安橋山向各載墓圖

天沆公：名學李生乾隆庚午七月二十八娶王氏生四子合葬永安橋背後山向詳載墓圖

貞鑑公

貞成公——錫功公——仁德公

錫功公：名策功字拱林生嘉慶庚辰四月二十八寅時歿宣統己酉八月初九辰時享年九十叨受皇恩米絹欽賜

仁德公：生乾隆丙午七月二十八歿咸豐辛酉三月二十七娶程氏生乾隆戊申十一月十一歿咸豐辛酉五月初五

生四子以長子錫嘉爲盛德後合葬永安橋背後山向詳載墓圖

八品頂戴娶王氏生道光壬午三月十二歿同治癸亥五月二十七生四子繼娶洪氏生道光乙未正月十三未時歿光緒甲辰十月初五亥時生一子以長子貞玉爲錫嘉後三子貞鈞爲錫衡後四子貞敏爲錫桐後五子貞瀓爲錫衡後公與洪氏合殯大塢王氏葬唐家庄

錫衡公——貞鈞公

字有林娶曹氏摘錫功三子爲後

錫桐公——貞敏公
字和林娶石氏
摘錫功四子爲
後

錫林公——貞富公止
名壽林娶顧氏
生一子合葬下
井山

定林公止

楚德公
娶程氏生二子
公葬下井山氏
葬永安橋背後
山向詳載墓圖

錫銜公——貞澈
字福林娶程氏
摘錫功五子爲
後公葬下碓

喜德公
生嘉慶庚申四
月二十三歿咸
豐辛酉五月初
六娶潘氏生嘉
慶丁巳十月十
八歿咸豐辛酉
六月十五生二

子以次子錫柏爲舉德後合葬永安橋背後山向詳載墓圖

兆璧公次子

應鋆公　字名金生康熙甲午九月三十娶汪氏生康熙壬辰生二子合葬程家墳山向詳載墓圖

天濟公　生乾隆癸亥三月初十娶王氏生乾隆壬戌生一子合葬才子墩

經德公止　葬才子墩

天沖公止　生乾隆乙丑九月二十六娶程氏合葬程家墳

兆瑩公三子

應鋻公　字汝剛生康熙戊戌六月初五娶王氏生雍正

天清公　字得一生乾隆癸亥九月初九娶葉氏生一子

聞德公　娶某氏生一子

錫春公待後

丁未生四子合葬永安磡對面

合葬呈金塘

錫夏公止

天洽公　生乾隆丙寅十一月十三娶王氏生二子——全德公止　娶某氏
政德公止

天湜公　生乾隆庚午十月二十二娶某氏生一子合葬永安橋對面——舉德公　摘喜德次子爲後——錫柏公　國學生名滙春字發林生道光戊戌八月十二殁光緒乙亥二月初二娶曹氏生道光庚子七月十六摘錫九公長子爲後葬下碓——貞樹

天滌公——攄德公——錫九——貞固

娶潘氏生一子繼娶張氏公與潘氏合葬永安橋對面張氏葬呈金塘

攄德公：國學生名守身生嘉慶己巳十二月二十二未時歿光緒乙亥十二月十七子時娶汪氏生嘉慶辛未歿咸豐辛酉繼娶石氏生道光戊戌九月三十生一子公殯下碓汪氏葬呈金塘

錫九：名觀碁生同治戊辰四月初九申時娶曹氏繼娶王氏生同治癸酉八月二十七子時生二子以長子貞樹爲錫柏後

兆裴公
子

應鋆公——天海公——德枌公——錫喜公——貞有公止

應鋆公：生雍正戊申歿乾隆甲戌摘應鋆次子爲後

天海公：名東汪生雍正壬子九月二十三娶舒氏生乾隆壬戌生二子

德枌公：摘德松子爲後

錫喜公：娶張氏繼娶程氏生一子

德松公止

娶汪氏生一子爲德枌後

兆聖公子

應元公
字聯三生雍正戊申正月十九娶曹氏生雍正癸丑生二子

天汪公——又基公止
摘天汝三子爲後

天汝公——灶輝公止
娶某氏生三子以次子德基爲元泗公派天從後以三子又基爲天汪後

錫明長子

貞嗣
名承煥生同治壬申十二月二十一酉時娶程氏生光緒庚辰六月三十歿光緒乙未六月十三繼娶曹氏生光緒癸未五月初七卯時生一

祥金
名印發生光緒丙午閏四月二十九丑時

錫明次子

貞財——祥光

子

名仲煥生光緒庚辰八月初十巳時娶曹氏生光緒戊子十一月十三生一子

名正發生宣統庚戌十月二十四未時

錫大子

貞鐸——祥柏

名恒鐸生光緒壬辰四月初一午時娶汪氏生光緒壬辰七月十六子時生一子

名視宣生宣統辛亥七月十五酉時

錫啟公子

貞華——祥徵

名月清生咸豐己未八月十四巳時娶程氏生同治己巳十一

名旭初生光緒辛卯八月初三未時娶汪氏生光緒癸巳

月二十七生二子長子祥徵承錫啟公派後次子祥森承錫長公派後

錫長公子
貞華——祥森
生娶見前
生光緒乙未八月二十卯時

錫圈公長子
貞鐸公——祥和
名乾奎生同治丁卯四月二十午時歿光緒甲辰以貞澤子雙祧

錫圈公次子
貞澤——祥和
名泉奎生同治己巳四月二十四寅時娶某氏生一子雙祧貞鐸

錫囤公三子 貞燦公 待後

錫囤公四子 貞釋——祥鈞
名智奎生光緒乙亥二月二十七寅時娶周氏生光緒壬午生一子
祥鈞 名細鈞生光緒甲辰

錫囤公五子 貞繹——祥周
名信奎生光緒丁丑五月二十七辰時娶汪氏生光緒己丑歿光緒癸卯九月初一繼娶余氏生光緒乙酉十一月十一辰時生一子
祥周 名灶盛生宣統己酉八月初七午時

錫匯公六子

貞潭

名苑奎生光緒壬午五月二十一寅時

錫圖公七子

貞績

名明奎生光緒乙酉五月十三亥時

錫禮長子

貞絃公——**祥錦**

名會奎生光緒乙酉六月二十八歿光緒癸卯十月初六摘貞紡子爲後葬下井山

名蓮保生宣統辛亥八月二十二未時

錫禮次子

貞紡

名九奎生光緒戊子娶柯氏生

光緒己丑歿光緒乙巳十一月二十二繼娶鮑氏生光緒壬辰閏六月初四亥時生一子爲貞紘後

錫禮三子

貞事

名萬合生光緒庚子十月初三卯時

錫禮四子

貞恩

名萬恩生光緒丙午六月初八巳時

錫振公子

貞翥

名維奎生同治甲戌七月二十四未時娶程氏

祥純

名閏生生光緒辛丑十月十八辰時

生光緒乙亥十一月十一巳時生二子

祥棋 名潤權生宣統庚戌八月初十卯時

錫林公長子

貞尚公 待後

錫高公子

覩旺公 娶某氏生一子葬下井山

祥至公 止

長福公次子

正聚公 生道光乙巳九月十四申時娶周氏生道光戊申十月十五丑時歿光緒癸卯生一子合葬北庄崗

祥林公 待後 生同治甲戌十月十八子時歿光緒甲午葬北

庄崗

錫雀公子

貞璜公——祥安——洪義

貞璜公：生道光丁亥八月十八子時，歿宣統己酉八月二十四，享年八十有二。娶葉氏，生道光戊子七月初七，歿光緒丁丑十月十五。摘元曜公派貞鏡三子爲後。公與曹氏葬下碓葉氏葬九塚。繼娶曹氏，生道光乙酉十二月二十四辰時，生一子。

祥安：名三法，生光緒庚辰十月十一酉時。娶汪氏，生光緒乙酉十二月二十四辰時。

洪義：名炳成，生光緒甲辰十月十八子時。

錫楫公子

貞叟——祥鉽

貞叟：從九品，字炳文，生同治丁卯三月十八辰時。娶柯氏，生同治己

祥鉽：名麗生，光緒丁未五月十七丑時

巳二月十八辰時側室朱氏生光緒庚寅六月二十一酉時生一子

錫庭公子

貞鑑 字樸卿生光緒乙亥五月初四辰時娶汪氏生光緒己卯九月十七卯時生二子

祥芝 名培之生光緒辛丑二月十二未時

祥芬 名誦之生光緒戊申二月二十一戌時

錫梅公子

貞水公 摘貞奎長子爲後 葬芝蔴園

祥鐸公 待後 名瑞鐸

錫開公子

貞奎

名貞閎生同治庚午七月十七辰時娶曹氏生光緒乙亥繼娶汪氏生同治壬申十二月十三寅時生三子以長子祥鐸爲貞水後

祥桂

名觀桂生光緒丙午十一月十三丑時

祥楷

名觀法生宣統庚戌十二月初二巳時

錫謨公子

貞和公

生道光辛巳七月十一未時殁咸豐乙卯四月二十五巳時娶柯氏節行見列女生道光戊子四月初六寅時殁同治甲子三月十三摘貞泉次子爲後合葬

祥源公 待後

生同治己巳二月十二亥時

錫印公長子

下井山

貞照公——**祥吉公**——**洪賚**

貞照公：邑廩生字棨奎一字鑑平事蹟見學林生咸豐壬子六月初六午時歿光緒癸巳四月十三戌時聘曹氏未婚歿生道光己酉六月初八巳時歿同治己巳七月初二繼娶馮氏生咸豐乙卯正月初六亥時歿光緒辛卯正月初九巳時生三子三娶曹氏生咸豐辛酉正月二十歿光緒己亥十月十五戌時公與馮氏

祥吉公：國學生名紹祖字象南號鼎臣生光緒癸未十一月二十五子時歿光緒戊申十月十三亥時娶程氏生光緒壬午七月十一寅時以弟祥木子雙祧公殯風乎亭大路下

洪賚：名守大字伯子一字福保號菊生生宣統庚戌九月十三卯時

祥木——**洪賚**

祥木：邑廩生字近仁更字董人號松臣又號曉筠事蹟見學林生光緒丙戌八月初五巳時娶石氏

洪賚：生年見前

後曹氏合葬大塲山向附載墓圖前曹氏殯上濟橋蟹形

生光緒戊子十月初五巳時生一子與兄祥吉雙祧

祥魚——**洪鐘**

國學生名維祖字次牧號躍臣生光緒辛卯正月初四巳時娶曹氏生光緒壬辰三月二十九生一子

名啟瑞生宣統庚戌九月初四丑時

錫印公三子

貞泮公——**祥夔**

國學生候選布政司理問字渭奎一字芹之生同治辛未六月初五寅時卒光緒庚子八月初一丑時娶曹氏

從九品名纘祖字佩蘭號周臣生光緒庚寅十月初四寅時娶曹氏生光緒戊子十一月二十一巳時

生同治庚午正月初八寅時歿光緒丙申八月二十六申時生一子繼娶章氏生同治辛未九月二十三寅時生一子公殯大堨曹氏殯風乎亭大路下

祥運 名純祖字際唐號會臣生光緒己亥十二月二十八寅時娶曹氏生光緒丁酉二月初七子時

子錫萬公

貞泉公 從九品名錦城字惠川一字根和生道光甲午五月初十辰時歿光緒丙午八月二十酉時娶石氏生道光壬辰七月十五子時生二子以次子爲貞和後公殯前坑

祥杰 從九品字士毓號彥齋生咸豐丁巳六月三十巳時娶汪氏生同治甲子九月十二卯時摘元富公派祥瑞四子爲後

洪燦 名守高生光緒戊戌十一月二十二卯時

錫誥公子

貞炳公

布政司理問銜名貞雲字聚廷生道光甲辰十二月二十二子時歿宣統辛亥二月初三丑時娶曹氏生道光辛丑九月初二寅時生二子

祥校

邑庠生名家庠字教之一字積學號筱庠事蹟見學林生同治戊辰三月二十九子時娶程氏生同治己巳八月二十五寅時生六子

洪範

從九品名守箕生光緒庚寅八月初二巳時娶程氏生光緒戊子二月初四寅時

洪篇公待後

本邑東山高等官小學堂肄業生名守箴生光緒癸巳十月十三卯時歿宣統辛亥三月初三辰時葬上店對面乙山卯向

洪籌

名守策生光緒

丙申十一月初六亥時娶王氏生光緒丁酉十一月十六子時

洪簪

名守笏生光緒乙亥九月初九未時

洪符

名守節生光緒辛丑十二月二十三申時

洪籍

名守籙生光緒丙午正月初九辰時

祥淕
從九品名家康字積間號俊章生同治辛未七月十七卯時娶汪氏生同治癸酉九月初九寅時生四子

洪英
從九品名守煥生光緒庚寅十月初二酉時娶程氏生光緒壬辰十一月十九生一子

恩衡
名振權生宣統辛亥九月十八寅時

洪藻
名守致生光緒癸巳正月十八午時娶曹氏生光緒甲午十二月二十七寅時

洪藩
名守成生光緒丁酉十二月二十八午時

洪萱

名守之生光緒癸卯十一月初四子時

錫祥公子

貞澤

邑庠生保獎五品賞戴藍翎字潤奎一字厚生號潤氏事蹟見學林生同治己巳六月二十七巳時娶汪氏生同治己巳七月十八卯時生五子

大猷

從九品名繩祖字灶嘉一字克臣號其武生光緒己丑六月初三巳時娶程氏生光緒丁亥九月初一未時歿光緒乙巳八月十八亥時繼娶曹氏生光緒辛卯六月卜一未時程氏葬前坑

大鈞

旌陽三溪兩等學堂甲班屢次考取優等肄業

生字灶善一字秉臣號以政生光緒乙未二月二十七申時娶章氏生光緒癸巳正月二十一戌時

大亨 字灶泰一字階臣號花圃生光緒戊戌閏三月初八寅時

大振 字灶鐸一字教臣號文宣生光緒壬寅二月二十五亥時

大業

字灶富一字廣臣號有之生宣統己酉二月初六申時

錫嘉公長子

貞玉公——祥鐘公

貞玉公：生道光己亥三月二十二未時，歿光緒乙巳十一月十八娶江氏生道光甲辰五月初九卯時，歿光緒丁未十一月二十六生三子以三子祥煇爲貞鑑後葬下井山

祥鐘公：名士兵生同治乙丑歿光緒戊申四月二十八葬下井山

祥森：名士烝生同治癸酉七月初七戌時

錫嘉公次子

貞鑑公——祥煇公

貞鑑公：名奎羅摘貞玉三子爲後

祥煇公：名士傳生光緒丙十歿光緒甲午葬下井山

錫功公子

貞成公——祥松

從九品字允平號茂奎生咸豐壬子六月二十六寅時歿宣統庚戌八月十八寅時娶許氏生咸豐壬子六月二十九子時生二子以次子祥熠爲貞敏後

名春鶴生光緒壬午二月二十五酉時

錫衡公子

貞鈞——祥楫

名金奎生咸豐甲寅九月十七丑時娶王氏生同治戊辰生一子

名春桂生光緒壬辰八月初七聘曹氏生光緒壬寅歿宣統庚戌九月二十一申時

錫桐公子

貞敏公——祥熠

名多奎生咸豐丁巳四月十八辰時歿光緒丁未十月二十摘貞成次子爲後

名春灶生光緒辛卯二月十二寅時

錫銜公子

貞澈

名水奎生同治丙寅七月初二未時

錫柏公子

貞樹

名承庭生光緒辛卯九月二十四子時

錫九子

貞固

名承高生光緒己亥十二月十二酉時

永瑤公三子

元蘭公 娶馮氏生三子

文燦公止

文言公止

文玄公止

上川明經胡氏宗譜中卷之下

分系八

元祥公派　元芳公派　元奎公派　元祿公派　元邦公派
元節公派　元田公派　元愷公派　元慈公派

永學公 長子 — 元祥公 娶某氏生二子
- 文禮公 止
- 文正公 娶某氏生一子 遷旌邑葛家地 — 志忠公 娶鄭氏生二子
  - 兆府公 無攷
  - 兆州公 無攷

永惠公 次子 — 元芳公 娶某氏生一子 — 寄社公 止

永志公 長子 — 元奎公 娶汪氏生三子 — 文采公 娶葉氏生二子 — 志貞公 娶某氏生一子 遷滁州 — 兆民公 無攷

- 志道公 生康熙甲戌娶馮氏生二子
  - 兆信公 娶某氏生二子遷歙邑
    - 應福公
    - 應廣公 無攷
  - 兆義公 生康熙戊戌娶曹氏生二子
    - 應宇公
    - 應路公

兆信公長子

- 應福公
  - 天百公 無攷
  - 文楊公 止
  - 文寬公 止

娶吳氏生二子

天貴公無考

兆義公長子　應宇公——天法公——德甚公止
生康熙己巳娶汪氏生一子
娶曹氏生一子

兆義公次子　應路公——天浩公——德桂公止
生康熙癸酉娶程氏生一子
娶汪氏生一子
生乾隆丁丑

永志公次子　元祿公——文柏公止
娶某氏生一子

永靖公長子　元邦公——文英公止
娶張氏生二子

文珠公——志岳公無考
名社老生萬歷

辛亥娶黄氏生
二子
遷廣信府

志亨公
生順治戊戌三月初十辰時殁乾隆戊午正月二十五丑時娶張氏生康熙辛亥八月初十申時殁乾隆壬申九月十九未時生二子公葬上饒縣菓子套

兆有公
字騰蛟生康熙己丑二月十四卯時娶葉氏生康熙丙申四月二十七卯時生五子以次子應全爲兆繼後

兆繼公
字聲遠娶周氏生乾隆丙辰正

應保公 無攷
生雍正甲寅五月二十二子時

應福公 無攷
生乾隆己巳十月二十八辰時

應禄公 無攷
生乾隆甲戌三月初六辰時

應壽公 無攷
生乾隆丙子八月初一子時

應全公 無攷

永靖公三子

元節公——娶某氏生一子

文梓公——娶汪氏生一子遷廣信鉛山縣石溪

志龍公——字際飛生順治乙酉七月三十戌時娶張氏生順治壬辰九月十四辰時生四子合葬沈家洲

兆俊公無致　字華章生康熙癸丑十二月二十六酉時

擒兆有次子爲後

兆興公無致　字伯章生康熙庚申五月十九午時

兆吉公——字德章生康熙丙寅閏四月初八未時娶陳氏生康熙辛巳七月十二酉時生四子

應鵷公

應鴻公

應鶡公無致

月初七子時

字孔臚生雍正庚戌九月二十六亥時

應鴉公 無嗣 字孔鳳娶王氏

兆泰公——應麟公

鄉飲賓字裕章生康熙己巳閏三月二十三辰時殁乾隆壬申八月初九酉時娶任氏生康熙壬申五月初三戌時殁乾隆甲子十二月二十七未時生二子公葬横石金猫

應鵬公

兆吉公長子

應鵷公——天煌公 無嗣

字孔文生康熙辛丑十一月初七戌時娶鄭氏生雍正己酉五月二十七午時生一子

字元壽

兆吉公
次子

應鴻公

字孔雲生雍正丁未十一月十四戌時娶曹氏生雍正辛亥二月十一子時生一子

天耀公 無考

字元福

兆泰公
長子

應麟公

字孔端生康熙庚寅二月初四午時歿乾隆丙寅八月初十午時娶陳氏生康

天登公 無考

字元芳生乾隆丙辰正月二十二未時娶陳氏生乾隆丙辰十月二十七辰時

熙癸巳六月二十六申時生二子

光泰公
次子

應鵬公
字孔超生康熙丁酉八月二十八辰時娶張氏生康熙庚子二月初六子時生二子

天科公 無攷
字元發生乾隆乙丑十月二十七子時

天光公 無攷
字元馨生乾隆己巳九月十五戌時

天輝公 無攷
字元榮生乾隆甲戌閏四月初七午時

永靖公
四子

元田公
娶某氏生一子

文光公 止

永春公長子

元愷公　娶汪氏生一子合葬后岸
- 文良公　娶程氏繼娶曹氏三娶汪氏生五子合葬后岸灣明𧸘暗葬地鰲形山向詳載墓圖
  - 志日公　娶某氏生一子
    - 兆智公　娶某氏生一子
      - 應王公　無致
  - 志月公　娶某氏生一子
    - 兆甲公　娶某氏生一子
      - 應松公　無致
  - 志辰公　娶王氏生五子公葬窪上氏葬毛獅灣虎形
    - 兆璠公　止
    - 兆熙公　止
    - 兆琪公　生康熙癸丑歿雍正戊申娶洪氏生康熙丙子生二子合葬窪上
      - 應梓公
      - 應杲公
    - 兆瑯公　止

志朗公

生崇禎壬午歿康熙丁酉娶石氏生五子合葬土菴腳老五棺

兆禮公——**應望公** 無攷

娶朱氏生一子遷杭州城公葬毛獅灣虎形

兆第公 止

娶程氏合葬毛獅灣虎形山向詳載墓圖

兆留公——**應趙公**

事蹟見善行生康熙癸丑歿乾隆己巳娶葉氏生康熙己未歿康熙再壬寅摘兆轉次子應趙爲後繼娶鮑氏生康熙壬申歿乾隆庚午生二

應視公

應祮公

子葉氏葬后岸

兆富公止

葬毛獅灣虎形
山向詳載墓圖

兆轉公——應謙公

生康熙己未四
月二十一亥時
殁乾隆丙子十
一月初九寅時
娶鮑氏生康熙
丁亥殁雍正甲
寅生三子以次
子應趙爲兆留
後

應讓公

兆來公——應仲公

生康熙甲子殁
乾隆辛酉娶汪

兆珙公長子

應梓公 生康熙丙申四月二十七娶章氏生雍正庚戌生二子合葬窪上

天爝公 生乾隆壬申正月初一娶某氏生一子公葬窪上

德清公止 葬毛獅灣

天烽公 生乾隆甲戌六月初一娶程氏生一子合葬窪

德煦公 娶葉氏生一子合葬窪上

錫陽公 生道光壬辰八月二十五歿光緒乙未十一月

貞鏡

志炤公 娶某氏生二子

兆清公止

兆洋公止

應俊公 氏生康熙己巳生二子合葬毛獅灣虎形

上

十一娶王氏繼
娶汪氏生道光
己亥九月初九
申時生五子公
葬劉家塘王氏
葬窪上

貞杰公
貞昭
貞鐸
貞鍇

兆珙公
次子

應杲公——天桂公——德鏞公止

生康熙再壬寅
三月初一娶許
氏繼娶王氏生
一子合葬窪上

娶某氏生一子
葬毛獅灣

葬毛獅灣

兆留公
長子

應趙公——天柏公——德有公——錫杉公——貞月公

生康熙辛卯三

生乾隆戊午八

娶葉氏生二子

娶汪氏生一子

月初十娶葉氏生康熙丁酉生二子公葬毛獅灣

月初十娶程氏繼娶汪氏生二子合葬毛獅灣

合葬岱上

德富公——長順公止
娶方氏生三子

長高公止

長田公止

合葬岱上

錫松公——貞能公
名潤喜生嘉慶甲戌五月十二戌時歿同治癸亥娶曹氏繼娶馮氏又娶曹氏生嘉慶庚午五月二十五歿同治壬戌十一月十四生一子公與後曹氏各葬岱上

兆留公次子

應視公
生康熙辛丑二月十五娶王氏生康熙己亥生四子合葬呈冲降

天鈞公
生乾隆辛酉十月十九娶某氏生二子

德和公止

德寶公
娶程氏生二子

錫妹公止
娶程氏

天夏公
生乾隆壬申六月十九娶汪氏生三子合葬張冲犬形

德興公無考
名興德

德根公
娶柯氏生一子合葬張冲灘

水喜公止

德有公
名興有娶某氏生一子合葬后岸

雨喜公止

天鏞公　生乾隆癸亥八月十九娶王氏生三子

德連公　娶某氏生三子

錫金公止　名金妹

錫法公止

錫多公止　名多法

保法公止

德永公止

觀永公止

天鐶公——德輝公——錫璋公——貞倣公

生乾隆乙亥十一月初五娶葉氏生三子合葬呈沖崗

娶柯氏生三子以三子錫明爲德風後公葬背陰塢氏葬后岸

娶王氏生二子公葬前山崗氏葬后岸

貞儆公

錫敔公
娶王氏生三子合葬前山崗

貞傑公止
葬后岸

貞俊公止
葬后岸

貞位公止
葬后岸

德菊公
娶程氏生二子

章財公止

章興公止

兆留公三子

應祜公　字定吉生雍正己酉四月初十娶曹氏生雍正戊申生二子合葬后岸

天錄公　生乾隆庚午正月二十五娶王氏生二子合葬后岸

德堂公　生乾隆壬寅六月初三歿咸豐庚申二月二十二娶曹氏繼娶曹氏生乾隆壬子十月二十九歿同治壬戌九月二十八生三子合葬后岸

錫樹公　摘錫銓次子爲後葬窪止

貞林公

錫銓公　生道光癸未歿同治壬戌娶汪氏生二子繼娶曹氏生二子以次子貞林爲錫

貞泰公

貞炭公止

天池公　娶王氏生一子

德風公　摘德輝三子爲後

錫明公止　娶曹氏

德炳公　娶王氏生二子

錫水公止

九林公止

貞灰公止

樹後汪氏葬后岸

錫鈞公——貞湧

貞灶

貞松

名錫寶生道光丁酉四月十九亥時歿宣統庚戌九月初一亥時娶柯氏生道光己亥九月二十八丑時生四子以四子貞源爲錫榮後

德基公——錫枝公——貞立公止

娶柯氏生三子公葬后岸氏葬歙邑堨田

生一子葬窪上

錫槐公止

葬窪上

天鍾公——德典公——錫鏡公——貞旭公

天鍾公：名天驊，生乾隆壬申七月十八，娶程氏，生三子，合葬后岸

德典公：娶曹氏，繼娶曹氏，生二子，以次子錫元爲德銀後，公與前曹氏合葬黃泥崗

錫桂公 止

錫鏡公：名鏡寶，娶程氏，生一子，合葬歙邑塌田

德金公——錫連公——貞明

貞亮

德金公：娶柯氏，繼娶江氏，生嘉慶丙辰九月二十九，歿道光丙午二月二十一，生二子

錫連公：名善林，生道光辛卯七月初三丑時，歿光緒乙未二月二十七未時，娶葛氏，生道光丙午四月十二辰時，生二子

兆轉公長子

應謙公　生康熙丁亥正月二十九娶楊氏生康熙丁酉生一子

天體公　生雍正庚戌六月三十娶汪氏生雍正辛亥生一子

德海公　名德尚生乾隆丙子十月十九卯時娶某氏生一子

錫瑜公　娶曹氏生二子

功慶公止

功禮公止

兆轉公次子

應讓公　字允恭生雍正丙午二月二十五娶曹氏生雍正甲辰生二子

天眉公　生乾隆庚午八月二十八娶某氏生二子

德至公止

德甫公止

德銀公　摘德典次子爲後葬前山崗腳

錫元公止　名寶元

錫運公止　名昭林

天冒公 生乾隆丙子二月二十六娶某氏生一子 —— 德輝公 娶某氏生一子 —— 錫水公 娶汪氏生一子 —— 貞全公 止

兆來公長子

應仲公 字仲篪生康熙庚子十一月二十八娶曹氏生康熙己亥生二子合葬毛獅灣虎形 —— 天企公 生乾隆癸亥二月二十六娶曹氏生二子合葬毛獅灣 —— 德袞公 娶葉氏生二子 —— 錫榮公 名桂喜生道光甲申六月十九酉時娶曹氏繼娶葉氏摘錫鈞四子爲後公與葉氏合葬社土上曹氏葬劉家塘 —— 貞源公

錫富公 止

德裳公 生乾隆癸卯十 —— 錫義公 生道光丁亥五 —— 貞水公

月初二歿道光戊戌四月十九娶曹氏生嘉慶辛酉十二月初二歿咸豐辛酉八月二十五生三子

月十二歿同治壬戌娶王氏繼娶某氏生二子以次子貞火爲錫符後合葬前山崗

錫箕公——貞祿

名喜法生道光庚寅九月初五巳時歿光緒庚子十月二十四申時娶周氏生道光庚寅八月初八寅時歿光緒辛巳八月初四寅時繼娶張氏生道光丙午五月初五歿宣統庚戌正月十八生二子

貞本公

天淪公——德袞公——錫瑜公——貞謙公
　　　　　　　　　　　　　　　貞取公
　　　　　　　　　　　　　　　貞旭

天淪公：生乾隆辛未二月初八娶江氏生一子公葬窖上虎形氏葬后岸

德袞公：生乾隆甲午十月二十二申時娶江氏生乾隆甲寅十一月二十七申時歿道光己酉正月二十五酉時生一子合葬上嶺

錫瑜公：名桂法號誠美生道光戊子四月十四子時歿光緒甲辰十月二十七娶汪氏生道光乙亥歿光緒乙亥四月十三生二子繼娶汪氏生道光丙午六月十五歿光緒辛巳正月十二生三子以五子貞昶爲元惠公派錫瑚

一錫符公——貞火公

錫符公：生道光乙未十月初三歿咸豐庚申摘錫裘次子爲後葬前山崗

兆來公次子

應俊公 字用章生雍正庚戌正月二十六娶曹氏生雍正己酉生一子

天潮公 生乾隆甲戌三月十八娶某氏生二子

德表公止

德乂公 娶某氏生一子

錫泊公（無考）

貞錩公 後公與前汪氏合葬窰上後汪氏葬后岸

錫陽公長子

貞鏡 名敬奎生咸豐戊午九月初八午時娶程氏生同治壬申二月十六亥時生二子

祥興 名憲林生光緒壬辰二月初八巳時娶惶氏生光緒乙未正月十一巳時

祥光 生宣統辛亥四月十五巳時

錫陽公次子
貞杰公 待後
名炎奎生同治丁卯四月二十六歿光緒丙戌六月初七葬裡崗

錫陽公三子
貞昭——祥寶
名定奎生同治戊辰十一月初五酉時娶曹氏生光緒辛巳四月初八寅時生一子
祥寶 名憲文生宣統庚戌二月初七巳時

錫陽公四子
貞鐸
名正奎生同治庚午七月初一寅時

錫陽公五子
貞鍇——祥泮

名合奎生光緒庚辰九月二十二寅時娶曹氏生光緒辛卯生一子

名憲芹生宣統己酉十二月初七寅時

錫杉公子

貞月公——**祥深公**止

生道光丁酉歿同治癸亥娶某氏生一子

錫松公子

貞能公——**祥鑑公**——**洪錢**

名月能生道光己亥十月十九歿光緒庚辰七月二十七娶曹氏生道光戊申正月十六申時生一子公葬下岱

生光緒戊寅十二月二十五午時歿光緒壬辰五月初一酉時摘元惠公派祥立次子爲後葬窪上

名金錢生光緒乙酉十一月十三卯時娶程氏生光緒戊子十一月二十二辰時

錫璋公長子

貞儆公 娶王氏生二子 合葬后岸

禶爕公止 葬后岸

禶瑩公止 葬后岸

錫璋公次子

貞傚公 生道光己丑三月二十八戌時歿光緒丙子四月初九未時娶汪氏繼娶汪氏三娶曹氏生道光癸巳四月初三卯時歿光緒乙巳八月二十五未時生一子 合葬背陰塢

禶鴻 名廷吉字麗生生同治戊辰八月二十四申時娶汪氏生同治己巳八月十六卯時生一子

洪源 生光緒丙申七月十二酉時

錫樹公子

貞林公 待後

錫銓公長子　貞泰公待後
葬窪上

錫鈞公長子　貞湧
名水達生同治庚午六月二十九未時娶程氏生同治庚午閏十月初六

錫鈞公次子　貞灶
名利達生同治癸酉十月初一未時娶季氏生同治癸酉十月十三丑時生二子以次子祥祺爲貞源後
　祥熤
　名如興生光緒戊戌正月初三戌時

錫鈞公三子　貞松
名三達生光緒丙子十二月二
　祥根
　名如燦生光緒己亥正月初一

十一子時娶程氏生光緒辛巳八月十七丑時生三子

申時

錫鏡公子

貞旭公——祥湧

名廷泰摘貞明長子爲後

祥湧 生光緒壬辰七月二十四未時

祥耀 名如象生光緒甲辰九月十一巳時

祥鳳 名如翔生宣統辛亥閏六月二十四酉時

錫連公長子

貞明——祥順

名桂泉生同治乙丑八月初五戌時娶俞氏生同治丁卯正月

祥順 生光緒乙未八月二十三

十二寅時側室費氏生同治癸酉十一月二十未時歿宣統己酉五月二十三寅時生三子以長子祥湧爲貞旭後

祥海　生光緒丁未五月十六卯時

錫連公次子

貞亮——名桂福生同治庚午三月初三娶張氏生光緒壬午五月初二生一子

祥金　生光緒己亥五月十八未時

錫榮公子

貞源公——名茂達生光緒辛巳十二月二十四亥時歿光緒丁酉摘貞灶

祥祺　名如振生光緒庚子九月二十三丑時

次子爲後葬麻雀塢

錫褻公子

貞水公待後

錫箕公長子

貞祿

名細黑生光緒壬午正月二十一寅時娶汪氏生光緒戊寅八月初十巳時娶汪氏生光緒乙酉十月十七酉時前汪氏葬麻雀塢

錫箕公次子

貞本公待後

名妙得生光緒甲申六月初五歿光緒乙未八

月十九葬前山崗腳

錫符公子 貞火公 待後

錫瑜公長子 貞謙公——祥慶

生咸豐癸丑六月二十午時娶汪氏摘貞旭長子爲後合葬麻雀塢

名灶德生光緒辛丑二月初六

錫瑜公次子 貞取公——祥開

生咸豐丁巳五月二十八摘貞旭三子爲後葬前山崗

名安德生宣統庚戌五月二十六戌時

錫瑜公三子 貞旭——祥衍

名耀彩字增輝
生同治己巳正
月十六亥時娶
程氏生同治己
巳正月歿光緒
壬午十月繼娶
柯氏生同治辛
未二月二十二
歿光緒乙未十
一月二十七三
娶許氏生光緒
丙子六月十四
歿光緒丁酉四
月二十五四娶
汪氏生光緒己
卯十月生三子
以長子祥慶爲
貞謙後三子祥
開爲貞取後程
氏葬板樹坑松
樹坪柯氏許氏
合葬窪上

名金德生光緒
壬寅七月二十
五寅時

錫瑜公四子
貞錩公 待後
生光緒丙子五月二十六丑時
葬窑上

永夏公長子
元慈公
娶程氏生二子
合葬荷葉盖金龜形

文章公
娶某氏生三子

志開公
娶某氏生三子

兆璧公 止

兆聘公 無考
遷江西

兆令公
生康熙庚申娶某氏生一子

應煜公

志求公
娶某氏生一子

兆朔公 止

志叙公

兆蘇公 止

娶某氏生一子

文柏公
生萬歷己亥歿康熙甲寅娶章氏生二子公葬后岸大葬基山向詳載墓圖氏葬作公塘

志治公
生崇禎戊寅歿康熙丙子娶高氏生崇禎己卯歿康熙丁未生二子合葬上溪口

兆洪公
生康熙壬寅歿康熙壬辰娶曹氏生康熙丙午歿雍正戊申生二子合葬上溪口

兆悅公
生康熙乙卯歿康熙戊戌娶程氏生一子繼娶汪氏生康熙壬戌生二子

應康公

應度公

應璋公

應瑄公

應珀公止
生康熙甲午十一月初八娶程氏生雍正丙午

志洽公——兆渭公——應盆公
生崇禎癸未娶程氏生二子繼娶曹氏公與程氏合葬上巷腳曹氏葬荷葉蓋坌龍

兆渭公
字遇文生康熙丙午歿乾隆壬戌娶石氏生康熙丁未歿康熙丙戌生一子

兆畧公——應廣公
　　　　　應慶公
　　　　　應庭公
字有韶生康熙辛酉歿雍正乙卯娶曹氏生康熙丙寅歿乾隆甲戌生三子公葬上溪口氏葬上庵腳

兆令公子
應煜公——天三公——德和公止
生雍正辛亥娶某氏生一子

天三公
娶某氏生三子

德和公
名高和

貞淵公止——章源公——德蒙公

章源公：娶某氏生一子

德蒙公：名春和　摘德海長子爲後

德高公止

德高公：名蒙和

貞起公——錫魁公——德榮公——天福公——應康公——兆洪公

錫魁公：娶王氏生二子　以次子貞華爲錫達後　合葬長塘

德榮公：生雍正壬子四月二十一子時　娶王氏生三子　合葬呈冲坑

天福公：生康熙戊子四月十一　娶曹氏　生康熙甲午十月二十六生五子　合葬呈冲坑

應康公：生康熙乙丑十月初一　娶程氏　生康熙庚午生二子　合葬上溪口

兆洪公：長子

貞富公——錫元公

錫元公：娶王氏生二子　以次子貞安爲錫光後　合葬上庵脚

德順公　生乾隆甲子十二月初八辰時娶宋氏生二子公葬張家山蝦蟆塘氏葬社公井

錫光公　摘錫元次子爲後葬長塘
—貞安公

錫進公　生乾隆癸巳十二月二十四歿道光己酉四月二十九娶汪氏生乾隆庚午歿咸豐辛酉七月十九生二子公葬社公井氏葬前山崗腳
—貞偉公
—貞斐公

錫更公　娶汪氏生四子公葬張家山氏葬裡崗
—貞煌公　葬裡崗　止
—貞餘公

貞美公

貞枝公止　葬裡崗

德仁公　生乾隆己巳六月十七丑時娶汪氏生四子以次子錫遠爲德海後合葬梅家山

錫成公　娶汪氏生三子以次子貞興爲錫袞後公葬張家山

貞發公

貞菊公無攷

錫祜公　娶曹氏生一子

貞雲公

錫袞公　娶程氏繼娶曹氏摘錫成次子

貞興公

為後公葬后岸程氏葬窪上曹氏葬裡崗

德鋑公——錫透公——貞海公

生乾隆乙亥二月十三歿嘉慶己巳正月二十娶程氏繼娶馮氏生乾隆乙未二月二十六歿咸豐癸丑十一月初三生二子公葬社土上程氏葬呈冲坑馮氏葬前山崗

錫透公——貞沐公

生嘉慶壬戌九月初三歿咸豐辛酉三月十一娶程氏生嘉慶丁卯二月十二歿同治癸亥正月二十生三子以次子貞河為錫通後公葬后岸塘背后氏葬社土上

錫通公——貞河公

生嘉慶丁卯九月初三歿道光癸巳三月十一

兆悅公 長子

應璋公——天吉公——德涯公——錫顓公——貞濟公

兆洪公 次子

應度公
生康熙戊辰歿乾隆乙丑娶程氏生一子繼娶汪氏生康熙庚申

天裕公
生雍正丁未七月二十一娶程氏生雍正乙巳歿乾隆壬申生二子

德連公
娶某氏生一子

錫達公
摘錫魁次子爲後

貞華公

德大公 止

天旺公 止
生雍正己酉七月二十五娶洪氏繼娶曹氏生雍正辛亥

德細公 止

摘錫透次子爲後葬社土上

生康熙戊寅殁雍正庚戌摘應瑄長子爲後 — 生乾隆庚申四月二十八娶王氏生乾隆戊午生一子 — 娶某氏生一子 — 娶曹氏生一子合葬裏崗

兆悅公次子
應瑄公 生康熙辛卯十二月初七娶程氏生康熙庚子生二子以長子天吉爲應璋後
——天明公 娶王氏生一子公葬呈冲坑氏葬上嶺
——德海公 娶馮氏生二子以長子章源爲德蒙後後次子殤復摘德仁次子爲後公葬呈冲坑氏葬上嶺
——錫達公 娶程氏生一子公葬裏崗氏葬上嶺
——貞壽公

兆渭公子
應盆公 字友三生康熙丙寅正月二十一娶曹氏生康熙甲戌生四子
——天煜公 生康熙癸巳四月二十一殁乾隆乙亥娶柯氏生康熙甲午生一子
——德進公止 生乾隆己巳十一月初六

天灼公 生康熙庚子十二月十一娶張氏生康熙庚子生一子
—— **德遂公**止 生乾隆甲戌四月二十九

天煥公 生雍正丙午六月十五娶吳氏生雍正甲寅生一子
—— **德退公**止 生乾隆乙亥三月十四

天燭公 生雍正壬子十二月二十五娶程氏生乾隆庚申生一子
—— **德連公** 娶某氏生二子
—— **錫柏公** 名柏林娶柯氏生三子
—— **章棋公**
章根公止
章桂公止

兆畧公
長子

應廣公
生康熙丙戌歿乾隆庚申娶周氏生康熙癸未歿乾隆壬申生一子

天喜公
生雍正丙午十月十三娶汪氏繼娶曹氏生雍正乙卯生二子

德如公止
生乾隆乙亥十一月二十

德意公
娶某氏生一子

錫金公
娶石氏繼娶汪氏生一子合葬窪上

貞順公

錫林公
名壽林娶汪氏生三子合葬岱止

貞桂公止
名高桂娶周氏合葬岱上

貞保公止
名高保葬前山崗脚

貞亮公止
名高亮

兆署公
次子

應慶公——生康熙甲午四月二十六娶王氏生康熙甲午生二子合葬上菴鄉

天雲公——生乾隆庚申九月二十五娶汪氏生乾隆庚申生一子合葬窰上

德萬公——生乾隆丙戌三月初六歿嘉慶丁卯十一月二十三娶柯氏生乾隆壬午十一月初三歿嘉慶丙子十二月十一生四子合葬翟上

錫福公——生乾隆癸卯九月初七歿咸豐己未三月二十三娶柯氏生乾隆己亥十二月初八生五子以三子貞杏爲錫全後

貞本公

貞木公

貞珠公

貞財公

錫祿公——生乾隆戊申四月初七歿咸豐壬子五月初三娶汪氏生乾隆辛亥三月二十六歿道光癸巳十月初三生三

貞杰公

貞桂公

貞瑞公

天再公　生乾隆庚午六月十九娶某氏生二子

德麟公　娶汪氏生三子

錫横公　娶王氏生二子

貞成公止

貞立公無攷

錫禕公　生嘉慶壬戌四月初三歿道光辛巳八月十三娶汪氏節行見列女生嘉慶庚申三月初三歿同治壬戌六月十二生一子合葬窪上

貞淮公

錫全公　摘錫福三子爲後葬窪上

貞杏公　子合葬窪上

兆晷公三子

應庭公 生雍正丙午十二月十五娶汪氏繼娶葉氏生二子 雍正庚戌生

天佐公 生乾隆己巳十月十五娶曹氏生一子公葬上溪口

德脩公 娶汪氏繼娶黃氏生一子

錫福公 生嘉慶癸酉九月二十七丑時歿光緒乙亥八月二十二未時娶倪氏生三子公葬漢口高廟

貞棟公

貞樑公

德召公 娶鮑氏繼娶程氏生二子

錫禮公止

錫祀公止

錫祜公止

錫齊公 娶汪氏生一子

貞寶公止

貞材公

山嶺

天仕公——德源公——錫紫公——貞國公

娶程氏生四子

生乾隆甲辰十二月十六娶汪氏繼娶許氏生一子

生嘉慶癸酉四月十九歿同治壬戌正月二十三娶曹氏繼娶曹氏生道光戊子十月初二歿宣統庚戌五月初八生二子以次子貞壽爲錫全後前曹氏葬上嶺

德寶公止

娶汪氏

德貴公——錫全公——貞壽公

娶汪氏生一子　摘錫紫次子爲後葬上嶺

德又公止
名又貴

錫奎公子

貞起公　娶許氏生一子合葬裏嵩
——祥林公　娶鮑氏摘祥養長子爲後合葬裏嵩
——洪甸公待後　名細尚生同治辛未九月二十一歿光緒辛卯七月十九葬裏嵩

錫元公子

貞富公　娶王氏繼娶柯氏生二子以次子祥耀爲貞安後公與王氏合葬上菴腳
——祥輝公止

錫光公子

貞安公 摘貞富次子爲後

祥耀公止

錫進公長子

貞偉公 生嘉慶丙寅歿咸豐辛酉娶曹氏生嘉慶甲戌歿同治癸亥生三子公葬前山崗脚氏葬裡崗

祥桂公 摘祥養次子洪畦祥立長子洪鈺雙繼葬裡崗

洪畦公待後 名中基生同治癸酉十一月十三未時歿光緒戊戌八月二十五葬裡崗

洪鈺公待後 名金祿生光緒癸未二月十一歿光緒癸卯二月初六娶王氏生光緒甲申

祥養——洪畐——恩浩

名灶柱生道光庚子正月十三辰時娶汪氏生道光己亥八月初十午時生三子以長子洪甸爲祥林後次子洪畦爲祥桂後

名根祿生光緒丁丑十二月初一亥時娶張氏生光緒戊寅九月二十三子時生二子

名嗣榮生光緒辛丑六月二十三辰時

恩讓

名嗣舜生宣統己酉正月十九卯時

祥立

名三柱生道光戊申娶江氏生咸豐己未十月十七未時生五子以長子洪鉦爲祥桂後次子洪錢爲元愷公派祥鑑後

洪釗

名金盆生光緒庚寅六月十七辰時娶柯氏生光緒庚寅閏二月二十八卯時

洪福

名定益生光緒乙未正月十八未時

錫進公次子

貞斐公——祥培——洪嗣——恩煥

貞斐公：生嘉慶壬申七月初二寅時，歿同治壬戌閏八月初三午時。娶曹氏，生嘉慶丙子十月十一，歿同治壬戌閏八月二十一。生一子。公葬上菴脚，氏葬裡崗。

祥培：名仙友，生道光己亥十二月十八午時。娶鮑氏，生道光庚子八月初七亥時，歿光緒壬寅六月初七亥時。生一子。

洪嗣：名觀昭，生同治癸酉二月十二丑時。娶曹氏，生光緒丙子二月初二辰時。生一子。

恩煥：名妙安，生宣統辛亥五月初三申時。

洪華：名定桃，生光緒癸卯七月十九申時。

錫更公次子

貞餘公——祥發公止

貞餘公：娶汪氏，生一子。繼娶王氏，公與

祥發公：名祥吉

汪氏合葬裡崗
王氏葬曹家坟

錫更公三子

貞美公 生嘉慶戊寅九月十九歿咸豐辛酉十二月二十六娶王氏生道光丙戌二月二十二歿光緒壬午八月十九生一子合葬上菴腳

——祥秦 生咸豐甲寅十二月初七辰時娶江氏生同治辛未八月十六生一子

——洪啟 名惠生生光緒戊戌十一月初七辰時聘汪氏生光緒壬寅十一月十二寅時

錫成公長子

貞發公 娶汪氏生一子合葬上菴背后

——祥高公待繼 葬裡崗

錫祜公子

貞雲公 娶柯氏摘貞興

——祥水 名細清字靜泉

——洪驄 名桓貴生宣統

錫衮公子

次子爲後合葬
䄇崗

庚戌十一月二
十九未時

號潤生生同治
庚午閏十月十
二午時娶程氏
生光緒戊寅正
月十一歿光緒
己亥二月二十
四繼娶柯氏生
光緒壬午九月
初十午時生一
子程氏葬䄇崗

貞興公——祥河

生道光丁亥歿
光緒辛巳娶汪
氏繼娶石氏生
道光丁酉三月
十一歿光緒乙
酉九月十二生
二子以次子祥
水爲貞雲後公
與石氏合葬呈
冲坑汪氏葬上

名運清生同治
丁卯九月十一
戌時娶方氏生
光緒丙子十一
月十七辰時

嶺

錫透公長子

貞海公——祥森公——洪渡

貞海公：生道光己丑二月初四歿同治壬戌八月初三娶馮氏生一子公葬社土上

祥森公：摘祥信長子爲後葬社土上

洪渡：名汝昌生光緒甲午五月初五寅時娶馮氏生光緒癸巳正月初四申時

錫透公次子

貞沐公——祥仙公——洪林

貞沐公：生道光癸卯二月初四歿同治壬戌六月二十八摘貞河三子爲後葬社土上

祥仙公：名三幹生同治庚午十二月初五歿光緒乙未三月十三摘祥信次子爲後

洪林：名汝壬生光緒丙申十月二十一子時

錫通公子

貞河公——祥信公——洪驥

貞河公：名和順生道光甲午四月初三歿光緒壬午十

祥信公：名立幹生同治丙寅十二月初九辰時歿光緒

洪驥：名汝騏生光緒己亥五月二十六寅時

一月十四娶程氏生道光癸巳九月初八歿咸豐辛酉三月二十八繼娶馮氏生道光辛丑九月初八歿同治甲戌三月二十八生三子以三子祥仙爲貞沐後公與程氏合葬社土上

丙午七月二十七戌時娶汪氏生同治辛未六月初七午時生三子以長子洪渡爲祥森後次子洪林爲祥仙後公葬社土上

祥佺——洪保

名連幹生同治戊辰四月十七酉時娶曹氏生同治庚午六月二十丑時生一子

生光緒丙申正月二十八申時聘曹氏生光緒戊戌

錫達公子

貞華公——祥芝公止

娶某氏生一子

錫顥公子

貞濟公
娶某氏生一子
公葬裡崗

祥嵩公止
葬上菴腳

錫遠公子

貞壽公
娶柯氏生一子
公葬裡崗氏葬
上嶺十八棺邊

祥瑞公待後
名獻嘉生道光
己亥十月二十
巳時歿同治壬
申十二月初十
申時娶汪氏合
葬外崗

錫柏公長子

章楳公
娶某氏生一子

祥星公止

錫金公子

貞順公
名五九摘貞烋
三子爲後

祥廷公
名廷鶴生道光
己酉閏四月二
十九巳時歿光

洪脩
名衡鑑字鏡如
生光緒乙亥十
月初十子時娶

恩盛
名茂林生光緒
戊戌八月二十
二卯時

錫福公長子

貞本公——祥吉公——洪盛公——恩鐸

緒壬辰三月二十七午時娶曹氏生咸豐壬子十月十八丑時生三子

汪氏生光緒戊寅三月二十九巳時生一子

洪杞

名衡度生光緒己卯十二月初九巳時娶程氏生光緒甲申六月初十酉時

洪椅

名衡餘生光緒庚寅十二月二十二戌時娶王氏生光緒乙未十一月二十一戌時

生嘉慶辛酉七月二十五歿同治壬戌娶汪氏生嘉慶丁卯歿同治壬戌四月二十二繼娶洪氏摘貞木三子爲後公與汪氏合葬裡崗

名明祥生道光庚戌九月十一歿光緒乙未十二月十三娶馮氏生咸豐癸丑七月初九歿光緒癸未五月二十二生三子繼娶張氏生咸豐癸丑七月二十二以次子洪安爲祥繼後公與馮氏合葬外崗

生同治辛未三月十八歿光緒丙午正月二十二娶王氏生同治辛未七月十五生一子

生光緒癸巳三月十九亥時

洪珊公——**恩采**

生光緒丁丑八月二十歿光緒辛丑正月初十摘洪安次子爲後

生光緒戊申四月十二酉時

錫福公次子

貞木公

生嘉慶丁卯歿咸豐丁巳娶汪氏生嘉慶丁丑歿道光壬寅繼娶葉氏生道光

祥元公 無攷

名起祥生道光庚子十二月十一歿咸豐庚申十月二十葬裡崗

錫福公三子

壬午正月二十歿同治癸亥八月二十六生三子以三子祥吉爲貞本後合葬裡崗

祥任——洪振

名任祥生咸豐甲寅二月初二卯時娶陸氏生同治癸亥五月初十歿光緒戊申十一月初三子時生一子

洪振：生光緒甲申八月十六酉時

貞珠公——祥繼公——洪安——恩光

貞珠公：生嘉慶壬申十一月十七歿咸豐庚申六月二十娶曹氏生道光壬午二月二十歿同治癸亥八月二十六生一子合葬外崗

祥繼公：生道光丙午三月初十酉時歿同治癸亥九月初五未時摘祥吉次子爲後葬中崗

洪安：從九品名開宇字洪爾號映齋生同治甲戌二月二十五丑時娶曹氏生同治甲戌七月十三申時生二子以次子恩釆爲洪珊後

恩光：生光緒庚子二月初二亥時

錫福公四子

貞財公——**祥浩公**——**洪鉅公**——**恩錢**

貞財公：娶柯氏生二子合葬裡崗

祥浩公：名金祥生道光庚戌四月二十三辰時歿光緒庚辰六月初七娶崔氏生咸豐癸丑五月十一申時歿光緒辛丑七月十二生一子合葬裡崗

洪鉅公：生光緒戊寅五月初六戌時歿宣統己酉正月十九娶汪氏生光緒壬午四月初五生一子公葬上菴鄉

恩錢：名森鐸生光緒甲辰十一月十四辰時

祥哲公止

祥哲公：名高祥生咸豐丙辰二月初七丑時歿光緒乙酉十月二十四葬裡崗

錫祿公長子

貞杰公——**祥鶴公**——**洪戌**

貞杰公：名若成生嘉慶

祥鶴公：名長鶴生道光

洪戌：名銜保生光緒

壬申九月二十子時歿光緒乙酉九月初十未時娶汪氏生嘉慶甲戌七月十五寅時歿光緒辛丑十一月二十七巳時生三子以三子祥廷爲貞順後合葬岱上

戊戌九月初五子時歿宣統己酉五月初六子時娶朱氏生道光丙午七月十一卯時歿宣統己酉二月初八未時摘祥進長子爲後

癸未十一月初五午時娶程氏生光緒辛卯四月初六申時

祥進

名進鶴生道光辛丑八月十六子時娶程氏生同治乙丑五月二十五申時生三子以長子洪戌爲祥鶴後

洪僖

名衡興生光緒己丑十月十九寅時聘程氏生光緒丁酉十二月二十四酉時

洪信

名衡信生光緒癸巳八月十六卯時

錫祿公次子 貞桂公——祥玉公止

娶汪氏生一子 合葬前山崗

祥玉公 名玉鶴葬前山崗

錫祿公三子 貞瑞公——祥鐘公——洪量

貞瑞公 名瑞成生道光丙戌十月十八歿光緒乙酉九月二十娶方氏生道光乙酉六月二十九繼娶汪氏生道光丁酉七月二十歿宣統己酉二月十八戌時生二子

祥鐘公 摘祥興子爲後 葬窰上

洪量 名衡準生光緒辛丑六月二十四卯時

祥興 名順昌生同治甲戌二月二十三未時娶曹氏生光緒戊寅十一月二十一辰時生一子爲祥鐘後

錫全公子 貞杏公——祥美公——洪榮

生嘉慶壬申二月初五亥時歿同治癸亥十一月初八午時娶洪氏生道光辛巳八月十一卯時歿光緒壬寅七月十二未時生五子公葬七都寺后李菜園嶺虎形氏葬上店對面

生道光庚子三月初四寅時歿同治丙寅八月三十摘祥喜長子爲後葬七都寺后李菜園嶺虎形

祥喜　名財源生道光甲辰二月二十四娶汪氏生道光丁未九月十三歿光緒癸未四月十八繼娶王氏生同治丙寅九月初八生三子以長子洪榮爲祥美後汪氏葬窖上

祥富

名士桂生光緒戊子十一月十七娶程氏生光緒辛卯十二月十九巳時

洪金　名士達生光緒辛卯五月十三

洪鑫公　待後　生光緒甲午二月十八葬堈窪頭

洪鈞

名琹源生道光乙巳九月三十娶汪氏生咸豐乙卯生三子

洪謙

洪興

祥貴公——洪來

摘祥正長子爲後

名開廷生光緒丙申十月二十五

祥正——洪有

名金源生咸豐壬子八月十六娶周氏生同治丙寅三月初一

名鴻廷生光緒己亥正月二十亥時聘王氏生光緒己亥十二

歿光緒乙巳二月初九辰時月二十五生三子以長子洪來爲祥貴後

洪鐸 名三廷生光緒壬寅九月二十九丑時

錫禕公子

貞淮公——祥桃公——洪賓

貞淮公 生道光辛巳六月二十八歿同治甲子五月十六娶汪氏繼娶方氏生道光辛卯四月十一生一子公葬前山崗汪氏葬窖上

祥桃公 名炎祥生咸豐甲寅正月初四辰時娶邱氏生同治己巳正月十二子時生一子

洪賓 名來拜生光緒丁酉十二月十八酉時

錫福公長子

貞楝公——祥麟公待後

貞楝公 娶黃氏繼娶柯氏生一子合葬

祥麟公 葬漢口金龍嶺

漢口金龍嶺

錫嵋公次子

貞樑公
娶張氏生三子
合葬漢口金龍嶺

祥富
名鑑臣生同治
癸酉七月十一
巳時娶某氏生
同治癸酉七月
初九辰時生二
子

洪仁
名大雙生宣統
己酉十一月初
五亥時

洪義
名小雙生宣統
己酉十一月初
五亥時

祥貴公 待後
葬湖南長沙城
外

祥發公 待後
葬漢口金龍嶺

錫福公三子

貞材公　娶黃氏生一子合葬漢口金龍嶺

祥光　名錦臣生光緒壬辰八月二十四辰時

錫紫公子

貞國公　名壽高生咸豐壬子七月十八歿光緒庚子十二月十三娶柯氏繼娶高氏生同治戊辰六月二十一生四子以四子祥俊爲貞壽後公與柯氏合葬窖上

祥貴　名富興字雲芝生光緒丙戌七月十五亥時娶江氏生光緒戊子八月十六午時

祥沐　名灶與生光緒丁亥十二月十四丑時

錫全公
子

貞壽公——**祥俊**
擒貞國四子爲
後葬窪上

祥俊
名俊興生光緒
乙未八月初二
丑時

祥淦
名考興生光緒
壬辰三月初六
辰時

上川明經胡氏宗譜中卷之下

分系九　元惠公派

豕夏公
三子

元惠公
娶張氏生二子
合葬后岸大葬
基山向詳載墓
圖

文護公
生萬歷丁巳娶
曹氏生二子公
葬上菴脚底

志鈿公
字爾旻生崇禎
乙亥歿康熙壬
申娶程氏生四
子繼娶程氏生
一子合葬上菴
脚底

兆擢公
字有朋生順治
庚子歿康熙庚
寅娶汪氏生順
治己亥歿雍正
甲午生六子合
葬后岸大葬基
山向詳載墓圖

應麒公

應麟公

應鳳公

應凰公

應鶴公

應鶡公

兆偉公 字仲俊生康熙乙巳殁康熙壬辰娶曹氏生康熙甲辰殁康熙庚辰生一子

—— 應桂公

兆僴公 字子年生康熙癸丑殁康熙再壬寅娶程氏生二子

—— 應來公

—— 應求公 生康熙甲午娶程氏生雍正乙卯 止

兆俶公 字德儀生康熙丙辰殁雍正乙巳娶汪氏生二子

—— 應栻公

—— 應棊公 生康熙辛卯九月初七娶程氏 止

生雍正乙巳

應樹公——兆倣公 字漢州生康熙辛酉殁康熙再壬寅娶曹氏生康熙戊午生三子

應材公

應楣公

應樞公——兆願公 字相然生康熙丁巳殁乾隆丁卯娶曹氏生康熙丙辰殁康熙壬辰生三子繼娶洪氏合葬土金山石門——志鑰公 字爾隼生崇禎己卯殁康熙辛巳娶程氏繼娶周氏生順治癸巳殁康熙己丑生三子公葬作公塘二氏合葬后岸大葬基

應杰公

應柽公

應森公——兆顯公

字榮光生康熙辛酉六月十一歿乾隆丁亥十一月初二娶曹氏生康熙丙寅十月十四歿乾隆壬午七月二十九生二子公葬石門裡中墩寅山申向加艮坤

應樵公

兆黙公

字思恭生康熙乙丑六月二十四娶鄧氏生康熙庚午生二子公葬劉家塘山向詳載墓圖氏葬后岸塘明殯暗葬

應杏公

應李公

文熺公——**志春公**——**兆苗公**——**應壐公**

文熺公：字仲晦生崇禎己巳歿康熙庚辰娶王氏繼娶汪氏亟娶柯氏生四子公葬上庵鄒底明欑暗葬王氏柯氏合葬后岸大葬基山向詳載墓圖汪氏葬荷葉蓋金竈

志春公：字歲先生康熙丁未歿康熙丁亥娶馮氏節行見列女生康熙乙巳歿乾隆丙子享年九十有二叨受　皇恩絹米生四子以次子兆宙爲志棟後公葬上巷鄒底明欑暗葬氏葬后岸大葬基山向詳載墓圖

兆苗公：字君秀生康熙戊辰七月十三娶柯氏生康熙己巳十月十二生二子合葬五都馮村飯籮岱飛鵝貼壁形山向詳載墓圖

應環公

兆實公——**應瑛公**

兆實公：字茂杉生康熙己卯二月二十二酉時娶葉氏生康熙癸未十一月初四戌時生四子合葬後岸

應璨公

應璉公

應璦公

應値公—兆莊公 字以敬生康熙甲申六月二十四娶曹氏生康熙壬午生一子

應伋公—兆瓚公 字玉三生康熙丁丑歿乾隆庚申娶汪氏生康熙戊寅生二子公葬上溪口

—志夏公 字爾榮生康熙己酉歿康熙辛卯娶柯氏繼娶葉氏生康熙丙辰歿乾隆丙子生二子公葬上溪口

應仲公止 生雍正甲寅三月十八

應侃公—兆琇公 字懷玉生康熙戊子娶汪氏繼娶王氏生康熙戊戌生三子

應倈公止 生乾隆丁丑六月二十七寅時

應會公止

娶章氏繼娶曹氏

志秋公　字西成生康熙壬子歿康熙辛卯娶何氏生康熙癸丑歿乾隆癸酉生三子

兆當公　字惟進生康熙庚午歿乾隆壬戌娶鮑氏繼娶汪氏三娶程氏四娶程氏生康熙丁丑生一子

應年公止　生雍正壬子十二月二十四

兆寅公　字開明生康熙甲戌歿乾隆壬申娶曹氏生康熙丙子生二子

應代公止　生雍正甲辰十一月初六

應修公止　生雍正戊申十一月初七

兆宅公

應仂公

字素安生康熙丁亥四月二十六娶汪氏生康熙癸巳生三子

志棟公——**兆宙公**——**應典公**

志棟公 字宇成生康熙甲寅歿康熙丙戌娶汪氏節行見列女摘志春次子爲後公葬后岸大葬基山向詳載墓圖氏葬上溪口

兆宙公 字洪若生康熙甲戌十月初八娶程氏生康熙丁丑生三子公葬上溪口氏葬后岸

應佳公止 生乾隆辛酉十二月初一

應休公止 生乾隆甲子十月十六

應典公

應興公

應與公止 生雍正壬子娶曹氏生雍正乙卯

兆擢公
長子

應麒公
字爲聖生康熙庚申十一月初十娶洪氏生康熙辛酉歿雍正乙卯生四子合葬上庵脚底地鱉形山向詳載墓圖

士傳公
字授先生康熙庚辰娶汪氏生康熙乙酉歿乾隆庚申生二子繼娶洪氏生康熙戊寅

國蔡公止
生雍正丙午

國茂公
生雍正庚戌娶汪氏摘國柰長子爲後公葬岱上

錫漢公
摘錫江次子爲後葬前山崗

貞福公

士義公
生康熙丙戌歿乾隆甲戌娶曹氏繼娶季氏生三子

國宙公止
生乾隆壬戌九月十五

國家公止
生乾隆甲子六月十九

國宇公止
生乾隆辛未五

月二十八

士禮公 字節文生康熙庚寅八月十八娶洪氏生二子
— 國甯公止 生乾隆戊辰八月二十一
— 國宋公止 生乾隆壬申三月初六

士瑛公 字美如生康熙己亥正月二十九娶張氏生雍正戊申生一子葬前山崗
— 國森公 字高九生乾隆壬申十一月十二娶程氏生二子以長子錫漢為國茂後公葬岱上氏葬后岸十八棺明殯暗葬
— 錫江公 生乾隆癸巳歿咸豐庚申娶鮑氏生二子以次子貞福為錫漢後公葬后岸十八棺明殯暗葬氏葬前山崗
— 貞煜公

兆擢公次子
應麟公
— 士明公 — 國祿公 — 錫陽公 — 貞富公止

字遇聖生康熙癸亥六月二十五娶汪氏生康熙壬戌生二子

字顯卿生康熙辛卯十二月初十娶汪氏生雍正乙巳生一子

生一子

名世福娶柯氏　娶馮氏生一子　娶柯氏

士昭公——國定公——興法公止

士昭公：字親穆生康熙甲午五月十五娶葉氏生雍正丁未生一子

國定公：生乾隆甲戌四月十五娶某氏生一子

興法公：娶馮氏

兆擢公三子

應鳳公——士仁公——國興公止
　　　　　　　　——國典公止

應鳳公：生康熙丙寅殁雍正甲午娶曹氏生一子

士仁公：生康熙乙酉娶洪氏生二子

兆擢公四子

應凰公——士靖公——國安公止

應凰公：生康熙庚午殁雍正甲午娶某氏生一子

士靖公：字爾位生雍正甲辰九月初十娶季氏生雍正甲寅生一子

國安公：生乾隆辛未十月十四

兆擢公五子
應鵠公 生康熙乙未歿雍正甲午娶某氏生一子
——士位公 無嗣 遷五都馮村

兆擢公六子
應鵾公 生康熙己卯歿乾隆壬戌娶某氏生一子
——士松公 止 生雍正丙午十二月二十七

兆偉公子
應桂公 字子丹生康熙壬申七月初十娶程氏生康熙丁丑歿雍正乙卯生二子
——士維公 生雍正乙巳三月初二娶曹氏生雍正丁未生一子
——國勝公 生乾隆戊辰九月三十娶某氏生二子
——四旺公 娶某氏生二子
——貞伐公 止
——貞代公 止
——錫鈺公 娶某氏生二子
——世萬公 止
——三萬公 止

士富公止
生雍正辛亥五月二十八

兆佩公長子
應來公 生康熙丁亥娶某氏生一子
——士閔公止 生雍正癸丑

兆俶公長子
應栻公 生康熙癸未歿乾隆壬申娶某氏生一子
——士友公止 生乾隆乙丑九月十一

兆倣公長子
應樹公 生康熙己卯歿康熙庚戌摘應材次子爲後
——士亮公止 生雍正甲寅十二月二十九

兆倣公次子
應材公——士高公——德星公——錫猷公——貞桂公

字廷棟生康熙壬午正月二十八娶王氏生二子繼娶程氏生二康熙辛卯生二子以次子士亮爲應樹後

生雍正壬子二月初二娶汪氏生乾隆丁巳生一子

娶楊氏生二子

士亭公
生乾隆辛酉娶某氏生一子

德壽公
娶馮氏生一子

士亭公
生乾隆庚午娶某氏生一子

德福公
名萬壽娶曹氏生三子

貞和公—錫根公
名有根娶某氏生一子合葬前山崗
娶章氏生一子合葬前山崗

貞昌公—錫標公
娶曹氏繼娶汪氏生二子

貞華公

貞成—錫柏公
摘錫茂長子爲後葬前山崗

貞簽公—錫茂公
生三子以長子貞成爲錫柏後

兆攸公三子

應楣公 字若眉生康熙丙申三月初三娶曹氏生雍正丙午生一子 —— 士炯公 生乾隆乙亥六月二十六 止

兆願公長子

應樞公 生康熙丁丑歿雍正甲寅娶曹氏生康熙甲申生四子以次子天霖爲應柱後

天震公 生雍正癸卯二月二十二娶曹氏生雍正乙巳生三子

德興公 生乾隆甲子八月初九娶某氏生一子 —— 灶月公 娶某氏生二子 —— 章高公

章貴公

德發公 生乾隆己巳十月十七娶某氏 —— 灶鐸公 娶某氏生二子 —— 章祿公 止

錫連公 摘錫茂三子爲後 —— 貞全公 三子貞全爲錫連後葬前山崗

生二子

章喜公止

德萬公
娶某氏生四子

家鹿公止

家法公止
娶程氏

錫家公止

家啟公
娶曹氏生一子

永和公止

孟慶公止

天再公
娶某氏生三子

象賢公
娶某氏生一子

家祥公
娶汪氏生一子

貞化公止

兆願公次子

應烝公　生康熙辛巳六月十七娶姜氏生康熙辛卯生二子公葬后岸塘氏葬呈沖坑

天庠公　生乾隆己未正月十六娶曹氏生二子合葬上菴𨚗底

德柏公　娶汪氏生一子繼娶江氏生一子以次子錫與爲德松後公與江氏合葬劉家塘汪氏葬上菴𨚗底

錫炳公　生嘉慶癸亥十月初九子時娶曹氏生嘉慶丙寅十一月初七戌時生四子合葬曹家灣

貞瓚公

貞珮公

貞水公

貞林公

天明公　娶某氏生一子

德和公　娶某氏生一子

順吉公止

有賢公　娶某氏生一子

景祥公止

福賢公　娶曹氏生一子

渭陽公止

天庫公　生乾隆丁卯四月初五娶曹氏生二子合葬呈冲坑

德松公　摘德柏次子爲後葬上菴腳底
——錫興公　娶程氏生一子合葬劉家塘
——貞順公

德珍公　摘德珠長子爲後葬窪上
——錫楠公　娶曹氏摘錫榉長子爲後公葬窪上氏葬岱上
——貞代公止

德珠公　娶汪氏生三子以長子錫楠爲德珍後合葬岱上
——錫榉公　娶汪氏生二子繼娶程氏以長子貞代爲錫楠後合葬窪上
——貞爲公止

錫梗公　生道光丁酉十二月二十戌時歿光緒甲午八月初十戌時娶
——貞林

兆顯公長子

應森公——天誠公——德鑑公——錫順公——貞椿公止

兆顯公三子

應桂公　生康熙癸未歿康熙甲辰摘應樞次子爲後

——天霖公　生雍正丙午六月十五娶柯氏生雍正甲辰生二子

——德積公　名德泰生乾隆丙寅八月初八娶某氏生三子

——榮瑞公止　汪氏繼娶王氏生道光戊戌二月十二子時歿光緒己亥七月初十巳時生一子公與王氏合葬裡崗汪氏葬岱上

——曲瑞公止

——有瑞公止

——德安公　娶某氏生一子

——世壽公　娶某氏生一子

——生老公止

字樹蕃生雍正甲辰二月十五歿乾隆丙辰十二月二十九娶汪氏生康熙辛丑七月十六歿乾隆丙午正月二十六生二子合葬馬鞍垳

字以信生乾隆庚申九月十六娶汪氏生乾隆壬戌生二子繼娶程氏二氏合葬下深泥干

娶汪氏生一子葬深泥干

名觀定生嘉慶乙丑十二月二十八歿光緒戊寅二月初三娶王氏生嘉慶辛酉生一子繼娶王氏生嘉慶癸酉三月十七歿同治辛未六月初三叅娶汪氏生道光戊戌三月初八公與後王氏合葬深泥干前王氏葬窪上

生道光甲辰二月二十九歿同治庚午十月十四娶曹氏合葬前山崗

德渠公——錫友公止

娶曹氏生一子　葬窪上
合葬深泥干

天謙公——

德炫公——嘉培公——灶桂公止

字受𥄉生乾隆丁卯正月十八歿道光庚寅九月二十七娶汪氏生乾隆戊辰二月二十八歿嘉慶辛未三月十五生三子

娶汪氏生三子

娶曹氏生二子

灶中公止

嘉連公——貞俊公止
娶某氏生一子

嘉基公止

德烝公——錫地公——貞賓公
名經邦字君盛生乾隆丙申五月十五歿道光丁酉二月十二娶程氏生乾隆壬辰七月十三歿咸豐戊午十一月二十一享年八十有七生三子葬前坑蟹

字兆先生嘉慶戊辰四月十八歿咸豐辛酉三月初一娶石氏生嘉慶庚午三月二十九歿同治己巳四月二十二生一子公葬社土上

形

錫堂公 邑庠生名維翰字西林事蹟見學林生嘉慶癸酉歿咸豐庚申娶曹氏繼娶石氏生嘉慶癸酉歿咸豐戊午生三子

貞宷公

貞寅公

貞寮公

錫鈺公 名伯全娶曹氏繼娶江氏生二子丞娶張氏

魁和公止

茂和公止

德烜公 娶汪氏生四子繼娶某氏公與汪氏合葬深泥干

保林公 娶汪氏摘錫富長子爲後

貞松

友林公止

兆顯公次子

應樵公——字子超生雍正辛亥五月二十八娶曹氏生雍正丁未生二子

天佳公止 生乾隆癸酉三月初八

天借公止 生乾隆丙子三月二十九

錫富公——生嘉慶丙子四月十一歿光緒丙申十月十四娶程氏繼娶汪氏生道光庚子二月初三生二子以長子貞松爲保林後

貞榴

錫貴公止

兆奭公長子

應杏公
字聖壇生康熙再壬寅十月初七娶曹氏繼娶王氏生雍正壬子生四子以次子天煕爲應李後公與王氏合葬十八棺曹氏葬深泥干

天煕公
生乾隆辛未六月二十九娶某氏生一子

德順公
娶曹氏生四子

錫章公
名章壽娶洪氏摘錫林長子爲後

廷清公止

錫耀公止
名耀章娶曹氏公葬前山崗

錫林公
名章林娶王氏生二子以長子廷清爲錫章後公葬前山崗

廷高公止

錫煌公止
名福章葬前山崗

天輝公（娶汪氏生一子 繼娶汪氏生三子合葬麻雀塢）——德煥公（娶程氏生三子 以次子錫仁爲德潛後三子錫泰爲德俊後公葬麻雀塢氏葬毛獅灣）——錫智公（娶程氏生一子 合葬麻雀塢）——生和公止

德炳公（娶曹氏生一子 公葬麻雀塢氏葬前山崗）——錫敬公（娶程氏生二子 公葬前山崗）——萬和公止

金和公止

德潛公（娶鮑氏摘德煥次子爲後公葬前山崗）——錫仁公（娶曹氏生一子 合葬前山崗）——根吉公止

德俊公（娶曹氏摘德煥）——錫泰公（生嘉慶庚辰娶）——貞治公

程氏生三子繼三子爲後合葬前山崗

娶曹氏三娶季氏公與季氏合葬社土上曹氏葬麻雀塢

木水公 止
生道光己酉歿同治癸亥葬麻雀塢

咸水公 止
葬麻雀塢

天煒公
娶汪氏繼娶葉氏生一子公葬后岸十八棺汪氏葬后岸明瓚堷葬

德舜公
名章舜字紹堯生嘉慶癸亥歿咸豐辛酉娶柯氏生嘉慶庚申歿同治壬戌生二子公葬岱上氏葬毛獅瀰明瓚暗葬山向均載墓圖

錫旺公
生道光甲申歿咸豐辛酉娶章氏生三子以次子貞蓮爲錫富後公葬毛獅瀰明瓚暗葬氏葬岱上山向均載墓圖

貞和公

貞桂公

兆黙公次子　應李公——天聚公止
應李公：生雍正乙巳歿乾隆丙寅摘應杏次子爲後
天聚公：生乾隆丁丑十月二十未時

兆苗公長子　應璽公——天族公——德國公——錫裕公——貞栗公止
應璽公：名旺德字爾玉生康熙丙申十一月二十四娶汪氏生康熙丙申十一月二十九生六子公葬后岸馬鞍坵酉山卯向氏葬來龍上
天族公：生乾隆丁巳十二月十六歿乾隆戊申三月十一娶曹氏生雍正乙卯二月十六歿嘉慶甲戌正月十一生九子合葬后岸十八棺寅丙加亥巳向
德國公：國學生名宗耀字汝豐生乾隆乙亥六月十七卯時歿嘉慶戊寅十二月十八巳時娶汪氏生乾隆丁丑五月初八卯時歿道光癸巳十二月三十未時生四
錫裕公：生乾隆丙申三月十八歿乾隆辛亥四月初七摘錫裘長子貞栗錫裘長子貞樵雙繼葬前山崗
貞栗公止：葬前山崗
貞樵公

錫祥公——貞榮公

錫富公——貞連
錫富公：娶鮑氏摘錫旺次子爲後合葬深泥干

子

生乾隆辛丑九月初八巳時歿道光己亥正月初五酉時娶汪氏繼娶季氏生一子遷上海縣

錫袞公——貞鏞公

從九品名運字庭艮生乾隆甲寅十月初六歿同治癸亥三月十九娶季氏生嘉慶乙丑八月十四歿同治甲子十二月二十三生四子以長子貞栗爲錫裕後

貞鑫公

貞修公

錫裘公——貞桂公

德圓公——錫瑞公——貞幹公止

德圓公：國學生名宗季字定谿生乾隆己卯二月初三歿道光壬午正月初八娶汪氏生乾隆己卯十二月二十六歿嘉慶庚申二月初十生四子繼娶葉氏生乾隆

錫瑞公：娶周氏生一子公葬窰門口氏葬麻雀塢

錫福公止

錫理公止

貞楠：國學生名振衣字燦英生嘉慶辛酉三月十四歿咸豐庚申七月二十七娶葉氏生嘉慶己巳八月十三歿光緒甲申十月初四生三子以長子貞樵爲錫裕後合葬湖菱塘

丁亥八月二十七歿道光乙巳正月二十四生一子以三子錫班爲德淇後公葬燕窩形葉氏葬后岸

德囿公　娶呂氏生五子合葬后岸十八棺

錫珙公　娶曹氏生一子葬窪上

貞懋公止　娶曹氏合葬窪上

錫富公　娶曹氏繼娶余氏生一子合葬前山崗

貞發公

錫玉公　國學生娶章氏生三子合葬后岸

貞昶公

貞順公止　葬后岸

貞立公止　葬前山崗

錫容公止
葬后岸

錫惠公止
葬后岸

德固公——錫煌公——貞吉公

錫慶公
生嘉慶丙子正月二十二寅時殁同治癸酉八月十九酉時娶馮氏生道光辛巳八月初五寅時生四子公葬后岸寸八棺

——貞灶公
貞有公止
葬窪上
貞鏡公
貞水

字鉅川生乾隆壬辰正月十三殁道光丁亥五月十五娶曹氏生乾隆乙未七月二十二殁道光丁亥十二月初十生二子

娶石氏節行見列女生一子

貞堂公

錫炳公

國學生字秀山號壽林事蹟見善行生嘉慶戊寅十一月十三亥時殁同治甲戌七月二十八酉時娶曹氏繼娶汪氏生道光丁亥八月十五戌時側室唐氏生道光辛丑十月初六辰時殁光緒丙午九月二十九辰時生二子公葬呈冲坑荷花塘

貞堡

德圖公——錫海公——貞林公

娶曹氏生一子公葬后岸氏葬前山崗

貞在公　名大雲生嘉慶辛未九月二十一歿同治癸亥八月二十六娶曹氏生嘉慶戊寅二月二十八歿光緒戊申十月十一生三子公葬前山崗

貞芳公

天興公　生乾隆庚申正月十九娶柯氏生乾隆丁巳生二子公葬后岸十八棺
—德汪公　娶某氏生三子以三子錫明爲德新後
　—錫瑕公止
　—錫純公止
—德新公　摘德汪三子爲後
　—錫明公止

天魁公—德注公—錫源公—貞銓公

生乾隆乙丑八月二十三娶曹氏生一子公葬岱上燕窩形山向詳載墓圖氏葬栗裡沖

生乾隆乙未二月初九歿嘉慶甲戌五月初六娶柯氏生乾隆癸巳四月二十二歿咸豐戊午正月十一生四子公葬岱上燕窩形山向詳載墓圖

生嘉慶庚申歿咸豐辛酉娶柯氏生二子合葬后岸上十八棺

貞鑑公止

娶王氏葬后岸

錫炬公——**貞守公**

誥封奉直大夫生嘉慶癸亥十月三十卒咸豐辛酉三月十七聘曹氏未婚卒迎柩葬前山崗繼娶高氏生嘉慶乙丑正月十二亥時卒光緒丙申十月十八卯時生一子

錫渲公止

葬前山崗

天命公 生乾隆丁卯十一月十九娶汪氏生三子公葬后岸氏葬上嶺塘

德浩公 娶曹氏生一子公葬后岸氏葬前山崗

德澤公 娶洪氏生二子以次子錫全爲德沛後合葬后岸

錫芳公 名伯芳 止

錫昭公 娶汪氏生二子

錫景公 生嘉慶庚辰八月初二歿光緒己亥三月二十一娶汪氏繼娶汪氏生道光丁亥十月十四午時歿光緒乙巳三月初八丑時生二子以次子貞明爲錫全後前汪氏葬后岸

觀順公 止

福順公 止

貞和公

德沛公——錫全公——貞明公

摘德澤次子爲後
葬前山塢

摘錫景次子爲後
葬前山塢

天魁公止
生乾隆甲戌八月初六

天鐸公
娶汪氏生三子

德淇公——錫班公——貞恒公

摘德圓三子爲後

字彬如生嘉慶丙辰五月三十歿咸豐丙辰六月二十娶汪氏生嘉慶丙辰十二月二十二歿咸豐甲寅四月初三生二子

貞沐公

德燠公——錫明公——貞水公

兆苗公次子

應璟公——天武公——德聖公——錫枋公——貞遠公

貞近公

應璟公：字爾先生康熙己亥五月二十五娶曹氏生康熙庚子歿乾隆丙寅生二子繼娶程氏生雍正癸丑生二子合

天武公：生乾隆庚申十月二十二娶曹氏生乾隆戊午生三子以次子德聰爲天文後三子德聯爲天全後合葬后岸

德聖公：生乾隆庚辰七月初十歿嘉慶庚辰十月十四娶王氏生乾隆庚辰四月二十二歿道光己亥三月十二生一

錫枋公：生乾隆辛丑二月二十二辰時歿同治壬戌五月初六辰時娶曹氏生乾隆乙巳閏五月初六亥時歿道光丁

德準公止　葬社土上

娶某氏生一子公葬前山崗

生嘉慶丁卯十月十八歿同治癸亥九月初二娶張氏生二子繼娶張氏公葬前山崗前張氏葬后岸後張氏葬上海縣斜橋

貞林公止　葬前山崗

葬后岸十八棺

廿八棺

子公葬曹家灣氏葬岱上

酉三月十二卯時生二子公葬曹家崗氏葬后岸

天文公
生乾隆壬戌十二月二十二娶汪氏摘天武次子爲後公葬前山崗氏葬岱上

德聰公
生乾隆己丑十月十三歿道光戊申十月二十六娶程氏生乾隆癸巳三月十三歿道光己丑四月二十六生三子以次子錫柏爲德聯後合葬前山崗

錫桂公
娶汪氏生三子合葬后岸十八棺

貞鍠公

貞鋌公 止
娶曹氏公葬前山崗氏葬社土上

貞西公

貞裕公
□□□
娶汪氏生于嘉

天全公 生乾隆丙子閏九月初九娶葉氏摘天武三子爲後合葬上嶺岸
德聯公 娶汪氏摘德聰次子爲後公葬社土上氏葬后
錫柏公 娶朱氏摘錫槐長子爲後合葬后岸十八棺
貞銑公 慶丁丑八月二十一歿咸豐甲寅七月二十八生二子繼娶徐氏生道光戊子十二月二十四酉時以長子貞銑爲錫柏後公葬裡崗汪氏葬前山崗

天嘉公 邑庠生名鑑廷事蹟見學林娶曹氏生三子合葬后岸上嶺塘
德俊公 娶曹氏生一子合葬前山崗
錫富公 娶汪氏生一子合葬前山崗
貞廣公 葬前山崗 止

兆實公長子

應璵公　生雍正甲辰二月初九娶汪氏生康熙己亥歿乾隆庚午繼娶汪氏生雍正己酉生四子

天蘁公止　生乾隆丙寅四月二十二丑時

天著公止　生乾隆甲戌五月初三丑時

天芝公　娶程氏生一子 —— 德方公　娶某氏生一子 —— 錫吉公止

德備公　娶汪氏生一子合葬上嶺塘 —— 錫貴公止　葬前山崗

德立公　名元掌娶馮氏生一子公葬后崗岸氏葬前山崗 —— 錫根公止　名炳茂葬前山

光實公次子

應璨公——天英公——德炳公——清吉公止

天繼公娶汪氏生五子

德國公摘德祝長子爲後——錫暹公止

德祝公娶曹氏生三子以長子錫暹爲德國後三子錫祿爲德福後——錫瑚公生道光丙申娶汪氏生道光丁酉摘元愷公派錫瑜五子爲後合葬窪上——貞昶

德田公止

德順公止

德杏公止

兆實公
三子

生雍正戊申四月二十七娶汪氏生雍正己酉生一子

生乾隆癸酉九月初八娶某氏生一子

娶葉氏生四子

應璉公
生雍正甲寅十二月二十九娶汪氏生雍正丙辰生一子

天嵩公
名天佐生乾隆丙子九月初六子時娶某氏生二子

德柏公
名章柏娶程氏生三子

德松公
名章松娶柯氏生三子

啟吉公止

隆吉公止

宗吉公止

啟和公止

加和公止

六二公止

冬和公止

兆實公
四子

應璦公
生乾隆壬戌正月初七娶汪氏生五子合葬后岸十八棺

天柏公
娶汪氏生二子以次子德錦爲天機後合葬后岸

德朋公
生道光辛巳二月二十七歿咸豐辛酉七月二十八娶洪氏生嘉慶己卯六月初八歿光緒乙未七月二十三摘德珍三子爲後公葬劉家塘

錫貫公
名細英生道光己酉正月初五歿光緒戊申八月二十八娶鮑氏生同治丙寅十一月初五生二子

貞榜

貞榮

壽和公止

月和公無攷

天機公
摘天柏次子德錦天梯長子德珍雙繼葬后岸

德錦公
摘德珍長子爲後葬前山崗

錫雲
名淑華生道光辛丑娶曹氏葬禈崗

天梯公
娶曹氏生三子以長子德珍爲天機後合葬后岸十八棺

德珍公
娶鮑氏生三子以長子錫雲爲德錦後三子錫貫爲德朋後合葬前山崗

錫會公
名大英
待後

德政公
娶王氏繼娶葉氏以德教子雙祧合葬前山崗

錫杜
名釆華生同治戊辰八月二十丑時娶程氏生同治癸酉三月十三巳時

德教公
生道光丁亥五月二十八歿光緒甲申正月二十娶洪氏生道光甲午二月二

錫杜
生娶見前

兆莊公子

應值公　生乾隆丁巳十二月十三娶汪氏生雍正乙卯生三子

天根公　娶張氏生一子葬后岸

德恩公　娶鮑氏繼娶葉氏生一子葬前山崗

恩華公止

十二歿光緒乙未二月初四生一子與德政雙祧公葬后岸

天湘公止

天葵公　娶曹氏生二子

德福公　娶汪氏摘德祝三子爲後

錫禄公止　娶汪氏

德林公止

天星公

德和公

灶閔公止

娶某氏生一子

娶程氏生一子

天葛公 娶某氏生一子 —— 德珪公 止

兆瓚公長子

應伋公 生雍正丁未正月初四娶汪氏生雍正癸丑生二子

—— 天興公 娶某氏生二子

—— —— 啟保公 娶某氏摘貴保長子爲後 —— 長法公 摘錫思三子爲後 —— 貞新

—— —— 貴保公 娶某氏生二子以長子長法爲啟保後 —— 炳法公 止

—— 天財公 娶某氏生二子

—— —— 長壽公 止

—— —— 林壽公 止

兆塝公長子

應侊公 —— 天彰公 —— 德讓公 —— 錫思 —— 貞惠

生乾隆庚午七月二十三娶某氏生一子葬中崗

摘天賦三子爲後葬中崗

生嘉慶戊午十一月二十六歿同治壬戌八月初一娶葉氏繼娶宋氏生嘉慶丁丑正月十三歿同治甲子十二月二十六生二子以長子錫恩爲德謙後合葬窪上

名三根生道光丁未十月二十八丑時娶程氏生道光己酉五月二十生三子以長子貞煜爲錫恩後三子貞新爲長法後

兆宅公長子

應仂公——萬貴公——振友公止

生雍正辛亥十月十五娶曹氏生乾隆戊午生一子

娶某氏生二子

來友公止

兆宙公長子

應典公——天貢公——德訓公——錫桂公——貞大公止

生雍正癸卯娶程氏生雍正己酉生五子以三

生乾隆庚午娶汪氏生三子合葬社土上

娶汪氏生三子以次子錫棉爲德讀後合葬社

娶王氏生四子以四子貞林爲錫楻後合葬社

名茂法葬社土上

子天賚爲應興
後公葬后岸灣
地鱉形氏葬窖
上

土上

土上

德讀公
名桂福娶汪氏
繼娶洪氏三娶
王氏摘德訓次
子爲後合葬社
土上

錫棉公
名雙旺娶曹氏
生三子合葬社
土上

錫楻公
名元旺摘錫柱
四子爲後葬社
土上

貞木公止
名順法葬社土
上

貞森公止
名春法葬社土
上

貞林公止
名友法葬社土
上

貞海公止
名何法葬社土
上

貞炳公止

名炳法葬社土上

貞菊公止
名菊法葬社土上

德詩公
名全福娶汪氏生二子繼娶汪氏公葬社土上前汪氏葬后岸灣後汪氏葬窰上

錫梁公——貞荷
名從旺摘錫枅長子爲後葬窰上

錫枅公——貞善公止
名林旺生道光己丑七月初九殁同治壬戌九月二十娶程氏生道光甲申七月二十殁光緒戊申二月初五生二子以長子

名善法葬窰上

天員公 止
生乾隆甲戌

貞荷爲錫梁後
合葬社土上

天貯公
娶葉氏生二子
合葬窰上

德謨公
名起福娶方氏
生一子合葬窰
上

錫椿公
名從喜娶程氏
生二子合葬窰
上

貞法公

貞利公 止
名利法葬窰上

德諧公 止
葬窰上

天賦公
名細佐娶曹氏
生一子繼娶朱
氏生二子以三

德謙公
名杏福娶程氏
摘德讓長子爲
後合葬窰止

錫恩公
名年根生道光
丁酉九月十五
歿光緒乙巳四

貞煜

子德讓爲天彰後合葬窪上

月二十六娶馮氏摘錫思長子爲後合葬中崗

兆宙公次子

應興公 生雍正戊申二月二十六娶程氏生雍正癸丑上

天資公 名大佐娶石氏生二子公葬窪上

德鏜公 字壽先號光金生乾隆己酉歿咸豐己未娶鮑

錫富公 摘錫貴長子爲後葬窪上

貞治公止 名端法生道光癸卯正月十七歿同治壬戌正

德謹公 名梅福字慎修生嘉慶丙辰十二月十七卯時歿咸豐丁巳八月初三酉時娶葉氏生嘉慶甲子十月初九申時生一子公葬窪上

錫本 名灶根字訓成生道光乙未正月初一酉時娶鮑氏生道光丙申繼娶王氏生道光甲辰丞娶曹氏生道光己酉三月十三辰時生二子鮑氏王氏合葬前山崗

貞正

貞其

摘應貴三子爲後合葬窆上

氏生二子合葬前山崗

月初十娶王氏公葬前山崗

貞泮公

錫貴公 名雙慶生道光甲申七月十一歿咸豐己未六月初八娶汪氏生道光甲申十一月二十五繼娶程氏生道光丁亥正月十七酉時歿宣統庚戌六月十六申時生五子以長子貞治爲錫富後三子貞浙爲錫木後四子貞水爲錫梓後公與程氏合葬前山崗汪氏葬窆上

貞注公 止 葬前山崗

德欽公　娶汪氏繼娶王氏生三子合葬窪上

錫材公　名松慶生一子葬窪上 — 貞雨公　止

錫木公　摘錫貴三子爲後 — 貞淅公　名三法生道光己酉九月十七葬前山崗　止

錫梓公　摘錫貴四子爲後 — 貞水公　止

錫漢公　子

貞福公　摘貞煜次子爲後 — 祥言公　名兆雲生道光甲午生一子 — 洪鑑公　名鑑盛摘洪瑞次子爲後 — 恩濤　從九品名恩餘字振善號文波生光緒癸未十二月十八寅時娶曹氏生光緒庚辰四月初八 — 毓淳

巳時生一子

錫江公子

貞煜公——祥雲公——洪瑞公——恩澤——毓驊

名觀祝字耀光生嘉慶癸亥歿咸豐辛酉娶汪氏生嘉慶癸亥歿咸豐庚申生二子以次子祥言爲貞福後合葬前山崗

生道光癸未娶曹氏生道光辛巳歿同治癸亥生一子葬前山崗

從九品字春盛號月樓生道光乙巳三月十二寅時歿宣統庚戌二月初七寅時娶柯氏生咸豐癸丑五月初三辰時歿光緒癸卯十二月十二未時生二子繼娶程氏生咸豐丁巳九月二十二以次子恩濤爲洪鑑後公與柯氏合葬風乎亭路下山向詳載墓圖

從九品字振鐸號潤泉生光緒丙子六月十三子時娶王氏生同治甲戌四月初九申時歿光緒丙申六月十一卯時繼娶程氏生光緒乙亥六月二十三辰時生二子側室丁氏生光緒己丑五月初四寅時生一子王氏葬裡崗

毓騏

毓騶

錫猷公子

貞桂公——祥遠公止

錫根公子

娶曹氏摘貞和長子爲後 名和尚

貞和公——生五子以長子祥遠爲貞桂後三子祥鶴爲元科公派貞柞後五子祥繼爲元齡公派貞愻後葬前山崗

祥順公——名嗣順摘祥閔次子爲後

洪水 生宣統己酉六月初一

祥田公止 名嗣田

錫標公長子

貞昌公——摘貞成長子爲後葬前山崗

祥安 生同治癸丑五月十一卯時娶曹氏葬前山崗

錫標公次子

貞華公——娶曹氏摘貞成次子爲後公葬前山崗氏葬后

祥閔——生光緒乙亥八月十一辰時娶江氏生光緒戊時

洪鐸 生光緒乙巳十一月二十二酉

岸

寅六月十四辰時生二子以次子洪水爲祥順後

錫柏公子

貞成——祥如

生咸豐癸丑七月十七子時娶曹氏生咸豐辛亥正月十三辰時生五子以長子祥安爲貞昌後次子祥閔爲貞華後四子祥全爲貞蜜後五子祥運爲貞全後

生光緒甲申三月初十戌時娶葉氏生光緒丙戌二月十七戌時

錫茂公子

貞蜜公——祥全

摘貞成四子爲後葬前山崗

生光緒己丑九月二十四申時聘汪氏生光緒

戊戌三月十四寅時

錫運公子　貞全公——祥運　摘貞成五子爲後　生光緒乙未八月十七卯時

灶月公長子　章高公——祥吉公止　娶某氏生一子

灶月公次子　章貴公——祥化公止　娶某氏生一子

錫炳公長子　貞璜公——祥鈞——洪榴——恩典
生道光庚寅娶汪氏摘貞珮長子爲後合葬湖菱塘背後
名廣華生咸豐壬子十二月初六申時娶淩氏生同治丙寅四月十三辰時生三子
名明照號楚珩生光緒壬午五月十四亥時娶柯氏生光緒丙戌八月二十二亥時生二子
生宣統己酉閏二月二十六丑時
恩禮　名餘典生宣統辛亥五月初一

寅時

錫炳公次子

貞珮公

生道光癸巳歿光緒乙亥娶章氏生一子繼娶汪氏生道光己酉十月初二子時生三子以長

祥永

名觀永生同治丁卯十月二十四亥時娶葉氏葬劉家塘

洪鐸

名明鐸生光緒乙酉正月二十二亥時娶葉氏生光緒甲午

洪耀

名明光生光緒己丑八月初七辰時娶汪氏生光緒庚寅二月十八申時繼娶馮氏生光緒壬辰

錫炳公
三子

子祥鈞爲貞璜後三子祥法爲貞順後公葬劉家塘章氏葬湖淩塘

貞水公
從九品名湧泉事蹟見善行生道光乙巳九月二十二辰時歿光緒戊申七月二十九申時娶曹氏生道光甲辰六月二十九亥時歿同治庚午九月二十三

祥有
生同治辛未十二月二十八亥時娶柯氏生光緒己卯九月十九丑時生二子

洪在
名明星生光緒辛丑六月二十六午時

洪渚
名洲生宣統庚戌正月十三辰時

祥瑞
從九品字三堆號竹軒生同治戊辰三月初八戌時娶王氏生同治己巳十月二十二歿光緒戊申八月初十巳時側室孫氏生光緒甲申十二月十一子時

洪燦
名觀寄生光緒戊申八月二十八巳時

巳時生一子繼
娶陸氏生咸豐
己未五月初三
午時生四子以
次子祥暉爲貞
林後曹氏葬劉
家塘

生一子王氏葬
劉家塘

祥庭公 待後

從九品字三方
生光緒癸未十
月初七辰時歿
光緒乙巳十月
二十五巳時

祥育

名三長生光緒
甲午四月初七
未時娶王氏生
光緒乙未

祥泰

名三啟生光緒
戊戌閏三月二
十三子時聘汪
氏生光緒丙申

九月十一酉時

錫炳公四子

貞林公——**祥暉**——**洪煥**

貞林公：生道光戊申摘貞水次子爲後 葬曹家灣

祥暉：從九品名景雲字三元生光緒己卯九月初十辰時娶汪氏生光緒戊寅五月十九巳時殁宣統庚戌三月二十六巳時生一子繼娶汪氏生光緒癸巳八月十七酉時

洪煥：名旺夏生宣統庚戌三月十九辰時

錫興公子

貞順公——**祥法公**——**洪鏡**

貞順公：娶江氏摘貞珮三子爲後合葬劉家塘

祥法公：生同治己巳九月二十五未時殁光緒戊戌六月二十亥時娶汪氏生一子合葬背陰塢

洪鏡：名明亮生光緒戊戌三月初三酉時

錫梗公子

貞林

生同治癸酉八月初十子時娶汪氏生同治戊辰正月十九

錫地公子

貞賓公

名中和號位南生道光癸卯五月十九殁光緒癸巳九月二十八娶石氏生道光壬寅十二月初八殁咸豐辛酉六月二十四繼娶林氏生咸豐丙辰六月初四生一子石氏葬社土上

祥鈞

名春耇字文淵生光緒丙戌正月二十八娶崔氏生光緒丁亥六月初四生一子

洪椿

名福根生宣統己酉四月初四

錫堂公長子 貞宷公——祥麟公止
國學生名致和 名阿大
字元臣生道光
辛卯歿光緒乙
亥娶汪氏摘貞
寅長子爲後

錫堂公次子 貞寅公——祥寶公止
名喜和娶馮氏
側室某氏生三
子以長子祥麟
爲貞宷後三子
祥福爲貞寮後

錫堂公三子 貞寮公——祥福公止
名靜和摘貞寅
三子爲後

保林公子 貞松——祥佳
名長和生同治 生光緒乙未正

丁卯六月初九　月二十六
卯時娶汪氏生
同治辛未八月
十二歿光緒丙
申八月十二生
一子繼娶汪氏
生光緒丁亥十
一月十二

錫富公子

貞榴

名焰和生同治
庚午十一月十
三亥時娶汪氏
生同治甲戌五
月初二歿宣統
己酉四月二十
四繼娶葉氏生
光緒癸未四月
初十丑時

錫泰公長子

貞治公 待後

名水和生道光

乙巳殁宣統己酉九月初四娶劉氏繼娶某氏公葬麻雀塢

錫旺公長子
貞和公——祥源——洪仁
生道光甲辰殁同治癸亥娶程氏摘貞連長子爲後公葬岱上氏葬前山崗
祥源：從九品字浩澤號瀚生生光緒乙亥八月二十二卯時娶程氏生同治辛未六月二十九卯時生一子
洪仁：國學生字以乾號集庭生光緒乙未十二月十一卯時娶程氏生光緒癸巳三月初二未時

錫旺公次子
貞桂公待後
名桂和葬前山崗

錫富公子
貞連——祥潤公——洪森

從九品字連和號節甫事蹟見善行生道光己酉正月初六辰時娶柯氏生道光戊申歿咸豐庚申繼娶方氏生道光戊申十月初十子時生四子以長子祥源爲貞和後柯氏葬前山崗

從九品字仲澤號子玉生光緒辛巳閏七月十二午時歿光緒丁未五月初五子時娶柯氏生光緒壬午六月初六申時生二子以次子洪鈺爲祥澧後

名以坎生光緒戊戌九月十五午時

祥澧公——洪鈺

從九品字三澤號盆泉生光緒甲申四月初八辰時歿光緒丁未九月初九辰時娶曹氏生光緒乙酉三月初四巳時摘祥潤次子爲後

名以艮生光緒壬寅六月初三辰時

錫裕公次子

貞樵公 名春林字文輝生道光癸巳十二月十九丑時歿光緒甲午九月二十四未時娶石氏繼娶程氏生道光甲辰七月初二亥時生一子公葬湖

祥光公 待後 名觀昌生同治癸酉十一月十六丑時歿光緒乙未五月初四未時葬湖菱塘

祥澍 國學生字季澤號盐謙生光緒己丑正月二十六酉時娶曹氏生光緒戊子九月二十二生二子

洪疇 名以洛又名以鑑生光緒戊申七月初四卯時

洪海 名以淮生宣統庚戌正月二十四亥時

菱塘石氏葬前山崗

錫祥公子 貞榮公 名延林娶某氏生一子——祥令公止

錫衮公長子 貞鏞公 名炳生道光戊戌娶曹氏摘貞修次子爲後葬社土上——祥渡公 名汝楫生同治癸酉十月二十九丑時摘祥濟長子爲後葬前山崗——洪溢 名厚興生光緒丙申正月二十二

錫衮公次子 貞鑫公 字功幹號星輝生道光甲辰二月十四歿同治壬戌三月二十一娶黄氏摘貞修三子爲後合山崗——祥筏公 名汝炎生光緒丁丑十一月初三卯時摘祥濟次子爲後葬前——洪滋 名恕興生光緒己亥三月初四

葬前山崗

錫衮公三子

貞修公 國學生字慶祥號成業生道光丁未五月初七歿光緒甲午五月初三聘曹氏未婚歿繼娶程氏生道光戊申五月二十三生三子以次子祥渡爲貞鏞後三子祥筏爲貞鑫後曹氏葬裡崗

祥濟 從九品字汝舟生同治壬申五月二十三巳時娶曹氏生同治壬申四月初七生四子以長子洪溢爲祥渡後次子洪滋爲祥筏後

洪巳 名乙興生光緒乙巳五月十九

洪熙 名彤興生光緒丁未九月初一

錫裘公長子

貞桂公 生道光丙申十二月二十一歿咸豐丁巳六月二十三摘貞楠長子爲後葬前

祥銘公 名灶金生同治戊辰二月十五午時歿光緒丙申正月二十五丑時娶王氏生

洪發 生光緒癸巳十月十一酉時聘程氏生光緒己丑歿光緒癸卯十月初五繼娶

山崗

光緒丙子六月二十七辰時生一子公葬湖菱塘

葉氏生光緒乙未正月初十巳時程氏葬社土上

錫裘公次子

貞楠

名和林生道光戊戌十一月初六亥時娶曹氏生道光癸卯三月初八歿光緒辛丑八月初二生三子以長子祥銘爲貞桂後葬湖菱塘

祥富公 待後

名灶有生同治庚午十一月初七歿光緒壬辰七月初十葬湖菱塘

祥火公 止

名灶安生同治癸酉十一月初七歿光緒乙未六月十八葬湖菱塘

錫富公子

貞發公——**祥仁公** 待後

摘貞昶長子爲 葬后岸

後葬前山崗

錫玉公長子
貞昶公 名生林娶程氏生一子繼娶周氏生一子以長子祥仁爲貞發後二氏合葬后岸
祥義 名寶寶生同治癸亥十一月十七亥時娶程氏生同治丙寅十一月初八巳時殁光緒丙午八月十七午時生二子
洪金 名觀金生光緒戊子十一月十一寅時
洪火 名觀火生光緒壬辰九月十九戌時

錫慶公長子
貞灶公 娶王氏擒貞鏡次子爲後合葬窪上
祥珍 生光緒辛丑十一月二十二子時

錫慶公三子
貞鏡公 生咸豐癸丑二月初三辰時殁
祥浩 生光緒丁酉七月二十三申時

光緒乙巳六月初十戌時娶王氏生光緒丙子五月二十一卯時生三子以次子祥珍爲貞灶後

祥玉 生光緒乙巳十二月初五子時

錫慶公四子 貞水 名生水生咸豐己未六月二十八午時

錫煌公子 貞吉公 摘貞堡次子爲後葬前山崗

——祥源 名茂盛生光緒丁未七月十一戌時

錫炳公長子 貞堂公 從九品字庭吉號鈞甫生同治

——祥彩 名茂光生光緒戊子六月十八

癸亥四月初四子時殁光緒壬寅六月初七申時娶柯氏生同治甲子十二月十八子時生一子

子時聘程氏未婚殁繼娶章氏生光緒丁亥正月二十一子時殁光緒丙午八月二十九卯時三娶曹氏生光緒壬辰十一月初四申時

錫炳公次子　**貞堡**——**祥繡**

從九品字寶吉號曜暉生同治癸酉十月初七酉時娶曹氏生同治癸酉六月初八未時生二子以次子祥源爲貞吉後

名茂金生光緒甲午五月十三辰時聘曹氏生光緒甲午五月二十四亥時

錫海公長子　**貞林公**——**祥庚公**——**洪勛**

國學生字貞春號煥章事蹟見善行生道光戊

國學生字舜欽生同治己巳正月初五巳時殁

生光緒庚寅三月二十八戌時娶汪氏生光緒

戌三月十六子時歿光緒丁未二月十八寅時聘汪氏未婚歿生道光甲辰三月十三歿同治壬戌三月初二繼娶馮氏生道光壬寅十月十五卯時生四子以次子祥生爲貞芳後汪氏葬前山崗

丁亥十月二十九酉時

光緒乙巳正月初七申時娶汪氏生同治癸酉四月初一子時生三子以次子洪錦爲祥沐後三子洪成爲祥奎後

祥奎公——洪成

國學生字慕超生光緒庚辰四月二十卯時歿光緒戊申七月初八戌時娶馮氏生光緒辛巳十一月十五未時摘祥庚三子爲後

洪成 生光緒辛丑十一月十七卯時

祥鈺——洪桂

國學生字子棐生光緒壬午三月二十寅時

洪桂 生宣統庚戌八

月二十巳時娶金氏生光緒丙戌十二月初六亥時生一子

錫海公次子

貞在公——**祥沐公**——**洪錦**

貞在公：名連春字紹唐生道光丙午十月二十二巳時歿光緒丁未十一月二十三酉時娶曹氏繼娶葉氏生道光丙午八月十三巳時生一子曹氏葬前山崗

祥沐公：名善昌生光緒辛巳四月十一卯時歿宣統辛亥二月十三巳時娶季氏生光緒乙酉六月十九申時摘祥庚次子爲後

洪錦：生光緒己亥二月二十卯時

錫海公三子

貞芳公——**祥生公**待後

貞芳公：名雙春生咸豐丙辰八月二十二戌時歿宣統己酉九月十八

祥生公：生光緒丙子二月十二寅時歿光緒壬辰六月初八申時

亥時摘貞林次子爲後

錫源公長子

貞銓公 娶王氏生二子葬后岸 —— **祥漢公** 摘祥佑長子爲後 —— **洪第** 邑庠生名在璿字子科號衡卿事蹟見學林生光緒己丑六月初六卯時娶程氏生光緒丙戌九月十三卯時

祥有公止

錫炬公子

貞守公 國學生誥封奉政大夫名春暉字玉亭事蹟見善行生道光庚寅九月初七巳 —— **祥麟** 附貢生欽加運同銜字書甫號筱暉又號伯石事蹟見學林生咸豐丙辰十一 —— **洪耕公** 名子種字心畬生光緒庚辰七月初十申時歿光緒乙巳八月十三巳時娶何 —— **恩詔** 生光緒庚子九月二十六

時卒光緒甲申五月二十九卯時娶汪氏生道光乙未六月十一辰時生一子側室顧氏生道光甲辰十月十五卒光緒戊寅三月二十生二子二側室張氏三側室汪氏生同治癸亥六月初七公葬岱上燕窩形山向詳載墓圖張氏葬栗裡冲

月十二寅時娶曹氏生咸豐癸丑歿光緒癸卯生一子繼娶汪氏生光緒己卯十二月二十九卯時生一子側室孫氏二側室葉氏曹氏孫氏合葬栗裡冲

氏生光緒庚辰歿光緒丙申繼娶汪氏生光緒癸未歿光緒丙午摘元齡公派洪學次子爲後公葬栗裡冲二氏合葬窪上

洪斗

名子眉生宣統辛亥七月十九申時

祥仁公

藍翎同知銜名寶麟字萬成號瑞清生同治乙丑十月十三午時卒宣統己酉七月十八戌時娶曹氏生同治甲子六月初五

洪畬

國學生字子蕤號樹楓生光緒癸未十一月二十五巳時娶周氏生光緒甲申十月初九亥時生一子

恩杜

名嗣棠生宣統庚戌八月二十五子時

卒光緒丙戌八月二十五生一子繼娶曹氏生同治戊辰十一月十九寅時側室梁氏生二子

洪範 名子九生光緒癸卯八月十二

洪祉 名子厚生宣統己酉四月二十

二

祥佑公 邑庠生字三寶號吉麟事蹟見學林生同治庚午六月二十八寅時歿光緒甲午九月初七辰時娶曹氏生同治戊辰十二月初七亥時生二子以長子洪第為祥漢後——洪甲 國學生名在璣字子鼎號鏡瑩生光緒壬辰四月初六卯時娶曹氏生光緒庚寅十一月十七巳時

錫景公子

貞和公——祥樹——洪禧

名金和生咸豐壬子五月二十七歿光緒丁未正月二十二娶曹氏生道光戊申九月二十六生二子以次子祥邦爲貞明後

名萬達生光緒丁丑十月二十六戌時娶王氏生光緒庚辰五月二十一子時生一子

名厚福生光緒庚子閏八月初四子時

錫全公子

貞明公——**祥邦**

貞明公：生咸豐丙辰二月初三繼貞和次子爲後葬荷葉蓋金龜

祥邦：名必達生光緒乙酉三月初八卯時娶曹氏生光緒庚寅十二月二十五申時

錫班公長子

貞恒公——**祥水公**——**洪金**

貞恒公：國學生名廷獻娶葉氏繼娶洪氏生一子公葬上菴背后

祥水公：名觀雄生咸豐丁巳四月二十未時歿光緒丙午八月三十巳時娶柯氏生同

洪金：名汝礪生光緒癸巳九月初五亥時聘曹氏生光緒戊戌二月十二巳時

治乙丑二月十三丑時生一子

錫班公次子

貞沐公——祥安——洪昌

生道光庚子九月二十歿光緒庚寅十二月三十四娶蔣氏生道光乙巳五月十八歿光緒戊子十一月二十九生二子以長子祥仁爲貞水後合葬上菴背后

祥安：名義雄字介眉生同治癸酉二月十七亥時娶鄒氏生同治庚午二月十九生三子以長子洪鈞爲祥仁後

洪昌：名毛頭生光緒甲午十二月十八子時

洪范：名受禮生光緒甲辰三月初三未時

錫明公長子

貞水公——祥仁公——洪鈞

貞水公：摘貞沐長子爲後葬前山崗

祥仁公：摘祥安長子爲後

洪鈞：名阿隆生光緒壬辰八月二十七午時聘曹氏未婚歿葬前山崗

錫枋公長子

貞遠公　生嘉慶丁卯歿光緒乙亥娶汪氏生嘉慶庚午歿同治癸亥生五子合葬前山崗

祥鏡公　摘祥鑑長子爲後葬前山崗

洪城　名觀雲生同治甲戌十月十六亥時娶程氏生光緒丁丑八月二十七申時生一子

恩正　名義水生光緒庚子六月十二午時

祥鑑公　名定春生道光乙未六月初六戌時歿光緒甲辰九月二十五寅時娶徐氏生道光丁未十月三十丑時生三子以長子洪城爲祥鏡後次子洪鑄爲祥元後公葬前山崗

洪培　名三孟生光緒壬午十二月十一戌時娶王氏生光緒甲申八月十七子時生三子以次子恩紹爲元當公派洪樟後三子恩訓爲洪鑄後

恩全　名義順生光緒癸卯十月二十三

錫枋公次子

貞近公——祥元公——洪鑄公——恩訓

貞近公 生嘉慶庚午九月十四歿同治癸亥十一月十八娶曹氏繼娶柯氏生一子公與柯氏合葬前山崗曹氏葬后岸

祥元公 摘祥鑑次子爲後葬前山崗

洪鑄公 名觀鑄摘洪培三子爲後

恩訓 名義佳生宣統庚戌八月十四子時

祥森公止 葬前山崗

祥錦公止 葬前山崗

祥鈞公止 葬前山崗

錫桂公長子 貞鍠公——祥法公 待後
以貞西子雙祧 名耕莘
葬前山崗

錫桂公三子 貞西公——祥法公 止
生道光戊戌娶
巫氏生道光癸
卯生一子與貞
鍠雙祧公葬社
土上

錫槐公子 貞裕公——祥慶
名廷茂生咸豐
辛亥四月二十
三戌時殁宣統
庚戌六月十四
寅時娶汪氏生
道光丁未四月
十二申時殁宣
統己酉八月十
八戌時生二子

名觀敬生光緒
戊寅七月二十
二丑時娶王氏
生光緒丙戌四
月二十卯時

以長子祥紳爲貞銑後合葬裡崗

錫柏公子

貞銑公　摘貞裕長子爲後葬社土上

祥紳　名觀祥生同治辛未八月二十娶汪氏生光緒戊寅七月二十四午時生二子

洪重　名鈞餘生光緒己亥十一月初十辰時

洪綉　名錦餘生宣統庚戌十月十二寅時

錫瑚公子

貞昶　名三荅生光緒己卯三月二十娶柯氏繼聘汪氏未婚歿三娶鮑氏生光緒己

丑六月初八祔
氏葬窰上

錫貫公長子
貞榜
名安林生光緒
丙申十二月初
四聘方氏生光
緒戊戌二月

錫貫公次子
貞榮
名士光生光緒
壬寅十月二十
二

長法公子
貞新
名淦法生光緒
庚寅四月二十
二

錫思子
貞惠

名聚法生光緒丁亥正月二十六丑時娶洪氏生光緒戊子正月二十七辰時

錫梁公子

貞荷——祥煥

名又法生道光甲辰五月二十未時娶汪氏繼娶曹氏亟娶王氏生一子三氏合葬窖上

名立明生光緒癸巳九月初九卯時

錫椿公長子

貞法公——祥銀

摘貞煜次子爲後葬窖上

名立銀生宣統己酉二月二十

錫恩公子

貞煜——祥金

名汝法生光緒戊寅九月初一

名立金生光緒壬寅十一月二

十七寅時未時娶汪氏生光緒壬午四月十七申時生二子以次子祥銀爲貞法後

錫本長子 **貞正** 名貴仙生光緒戊寅十月初六丑時娶柯氏生光緒丙戌九月十三生二子

祥何 名何隆生光緒丙午九月初二

祥林 名柏隆生宣統己酉十一月十三

錫本次子 **貞其** 名富仙生光緒甲申四月二十二巳時娶曹氏生光緒甲午正月二十三

錫貴公長子 貞泮公

名亮法生道光乙巳八月十八歿光緒辛巳七月十九娶汪氏生道光丁未正月初八酉時生一子

祥豫

名立誠生同治癸酉四月初十亥時娶程氏生光緒癸未八月二十二生二子

洪學

名彬元生光緒丁未八月初一辰時

洪煦

名恒元生宣統己酉九月二十六

恩濤子 毓淳

名開鵬生光緒乙巳三月初五巳時

恩澤長子 毓驊

名開隼生光緒庚子七月二十一戌時聘程氏

生光緒庚子九月初七午時

恩澤次子

毓騏

名開驥生光緒丙午閏四月初三未時

恩澤三子

毓騧

名開虞生宣統己酉六月二十八午時

上海圖書館 編

上海圖書館藏珍稀名人家譜叢刊

【績溪】上川明經胡氏宗譜

（中卷下卷末卷）

3

上海科學技術文獻出版社

目録

上川明經胡氏宗譜中卷之下

分系十

此譜以各種鈐記爲憑如全部無一印記者即以私譜論

元忻公派 元恭公派

元惇公派 元愢公派

元恢公派 元愇公派

元悛公派 元賢公派

元憿公派 元慶公派

永秋公長子

元忻公 娶汪氏生二子

文舉公止

文寛公止

永秋公次子

元惇公 娶李氏生一子合葬九龍廟

文隆公 生萬歷乙巳娶楊氏生三子合葬歙邑五里牌

志儒公 娶某氏生一子

兆標公 娶朱氏生一子

應榮公

志俊公 生崇禎癸未歿康熙辛巳娶何氏生四子合葬許家塢

兆松公 字伯林生康熙甲辰歿乾隆丁巳娶程氏生康熙甲寅歿雍正

應現公

丁未擿兆柏次子爲後合葬黃藥山墩下

兆柏公

字子青生康熙己酉殁乾隆丁巳娶鮑氏生康熙乙丑殁乾隆庚戌生三子以次子應現爲兆松後

應瑫公 止

生康熙辛卯正月初二娶程氏

應怡公 止

字爾悅生雍正庚戌二月十五

兆桂公

事蹟見善行生康熙乙卯殁乾隆甲戌娶曹氏生三子合葬美女採花

應瀧公

應冬公

應餘公

兆標公 子

應榮公——天貴公 無攷

志傑公 娶某氏生二子 遷徽州府

兆桂公 生康熙壬戌娶程氏繼娶程氏丞娶董氏生一子四娶曹氏公葬岩下坪美女採花四氏合葬黃蘗山梅樹下——應透公

兆棟公 無攷

兆梁公 生康熙壬申娶潘氏生二子——應昌公 無攷 生雍正辛亥

應祥公 無攷 生乾隆丁巳

兆松公子

生康熙辛亥娶張氏生一子 遷徽州府

應現公

字顯卿生康熙丙申十二月初七娶鄧氏生康熙戊戌生二子合葬后岸灣

天昌公

字爾盛生乾隆丙寅八月二十二歿嘉慶丙子三月初三娶曹氏生三子合葬后岸

德諒公

生乾隆辛卯十一月初二歿咸豐辛亥二月十三娶王氏繼娶朱氏生乾隆丙午正月二十八歿道光壬辰九月十五生三子以次子錫科爲德詢後公與朱氏合葬后冲王氏葬荷葉蓋金龜

錫利公

生嘉慶丙子三月初一歿光緒庚子十二月二十三娶洪氏生嘉慶壬申十月初四歿道光庚戌正月初二生二子繼娶汪氏生道光辛巳十一月初二歿光緒甲午八月初八生二子以次子貞煥爲錫科後洪氏葬荷葉蓋金龜

錫和公 止

葬荷葉蓋金龜

貞雲公

貞炳公

貞龍公

德詢公　摘德諒次子爲後葬荷葉蓋金龜
錫科公　摘錫利次子爲後葬前山崗
貞熉公止　名易高

德諄公　娶曹氏生二子合葬后岸灣
錫侒公　以錫祥子雙祧葬窪門口
貞教公

錫祥公　生一子與錫侒雙祧
貞教公止

天景公　名慶雲生乾隆甲戌四月初四娶曹氏生二子合葬前山崗
德詠公　娶某氏生二子
錫瑜公止
錫珍公止

兆桂公
長子

應瀧公
生康熙庚子娶方氏繼娶汪氏摘元悛公派應泌三子爲後

天禎公
娶鮑氏生三子

德評公
娶汪氏生一子合葬前山崗

錫珮公止
娶汪氏合葬前山崗

德大公
娶程氏生二子

錫洪公
娶王氏生四子

貞福公止

貞祿公止

貞禧公止

貞祺公止

錫荀公
娶潘氏生二子

金水公止

銀水公止

德慶公 娶汪氏生一子
錫根公 娶梅氏生一子
全敔公止

三慶公止

兆桂公次子
應冬公 生雍正甲辰歿乾隆丙子娶程氏摘元悛公派應藕次子爲後
天甯公止 生乾隆庚申八月十五卯時

兆桂公三子
應餘公 生雍正甲寅娶方氏繼娶汪氏生三子
天輝公 生乾隆庚子八月初二歿道光丙申六月二十
德甯公 娶王氏生二子
錫海公 名灶金娶汪氏生一子又摘錫汝長子爲後
貞桃
貞念

娶張氏生乾隆庚子十月初二歿咸豐辛亥三月初三生二子

錫汝公——貞俞
名灶林生道光辛卯十二月初二卯時歿光緒己亥十二月二十五卯時娶許氏生四子以長子貞念爲錫海後三子貞全爲萬一後四子貞會爲錫春後

德陞公——錫春公——貞會
德陞公：名睦娶某氏生一子
錫春公：娶某氏摘錫汝四子爲後

天泰公
娶程氏生二子

德光公
娶王氏生三子

萬一公——貞全公
娶宋氏摘錫汝三子爲後

兆柱公子

應透公
生雍正甲寅娶王氏生二子合葬捧杵臼洪明

天吉公
娶程氏生二子

天芳公
娶張氏生二子合葬鶴樓墩

德豐公
娶江氏生一子

德禮公止
娶鮑氏

德茂公止
娶江氏

德本公
娶程氏生三子葬鶴樓墩

萬成公止

萬美公止

康耀公止

錫圓公
以錫圓子雙祧　葬漆樹灣

貞佺公止
葬漆樹灣

堂

錫囿公　生道光丁亥十二月初二娶江氏生一子與錫圓雙祧

貞佺公　止

錫圓公　止　葬漆樹灣

德利公　止　娶鮑氏繼娶王氏

天蘄公　娶曹氏生二子公葬揷杵凼洪明堂

德福公　名長福生乾隆甲寅十二月二十七歿咸豐庚申六月十九娶潘氏生乾隆乙卯二月初二歿

錫爐公　名東閑生嘉慶甲戌二月初二歿咸豐庚申五月二十七娶汪氏生道光壬午十月初八歿光

貞歴公

錫利公
長子

貞雲公——祥滿

名昜雲摘貞炳

名水餘生光緒

咸豐庚申六月十三生三子以三子錫金爲德祿後合葬核桃灘

緒戊戌閏三月二十八生三子以次子貞麗爲錫傳後三子貞林爲錫金後合葬核桃灘

錫傳公——貞麗

名春閔娶江氏摘錫爐次子爲後合葬核桃灘

德祿公——錫金公——貞林公止

娶汪氏繼娶潘氏摘德福三子爲後合葬核桃灘

名生金摘錫爐三子爲後葬核桃灘

葬核桃灘

次子爲後

辛巳十月初十娶曹氏生光緒丙戌十二月二十三

錫利公次子

貞炳公

名昜純生咸豐辛亥十月初十殁光緒甲午十二月初五娶方氏生道光己酉六月十五殁光緒甲辰十二月十六生二子以次子祥滿爲貞雲後

祥餘

生光緒丁丑十月十一娶朱氏生光緒戊寅十月十六申時生三子

洪星

名觀奎生光緒癸卯七月十二巳時

洪木

名觀盆生光緒乙巳九月十三亥時

洪鈺

名觀二生光緒戊申五月初七巳時

錫利公三子

貞龍公——祥源

名易蛟生咸豐丁巳二月十三殁光緒壬寅正月初四娶柯氏生同治乙丑八月二十八午時生二子以次子祥幹爲貞教後

祥源　名潤餘生光緒庚寅九月十七卯時聘王氏生光緒癸巳二月十四

錫佞公子

貞教公——祥幹

名灶尙摘貞龍次子爲後葬窪門口

祥幹　名順餘生光緒癸巳二月十八午時

錫海公長子

貞桃——祥根

生同治癸亥娶某氏生一子

祥根　生光緒丁未十一月三十巳時

錫海公次子

貞念 名細花生同治戊辰娶潘氏生光緒辛巳生二子

祥源 名觀沅生光緒丙午八月二十一申時

祥清 名觀清生宣統己酉

錫汝公子

貞俞 名桂花生同治庚午娶潘氏生光緒己卯

錫春公子

貞會 名士桂生光緒丁亥娶潘氏生光緒庚寅

萬一公子

貞全公——祥水

名桃花生一子

祥水：名春水生光緒丙午二月初四卯時

錫爐公子

貞歷公 待後

名志光生道光癸卯九月初二歿宣統庚戌五月娶賴氏

錫傳公子

貞麗——祥樹

名豐成生咸豐甲寅閏七月二十六辰時娶金氏生同治壬戌正月初五卯時生一子

祥樹：名海寶生光緒辛卯五月二十九酉時娶潘氏生光緒辛卯二月三十寅時

永秋公三子

元恢公 娶某氏生一子公葬獅子石

文祖公止

永秋公四子

元憸公 娶桯氏生三子合葬后岸

文福公 生萬歷甲寅娶吕氏生一子合葬后岸

志愷公 生順治乙酉殁康熙己卯娶程氏生六子合葬來龍山

兆瓚公止 葬后岸

兆璒公 生康熙戊申娶項氏生一子合葬欅樹下

應學公

兆琯公 生康熙癸丑娶黄氏生康熙甲子生二子

應年公

應泌公

兆安公

應仙公

生康熙戊午七月初一辰時歿乾隆庚申六月十一子時娶程氏生康熙戊辰九月二十九寅時生三子合葬來龍山

兆標公

生康熙壬戌歿乾隆戊午娶程氏生康熙辛未生四子

應伊公 止

生康熙戊戌九月十三娶葉氏生雍正癸卯

應才公 止

生雍正癸丑四月初四

應藕公

應賁公

應蓰公

應溢公

文禮公

生崇禎辛未歿
康熙癸卯娶王
氏生順治丙戌
歿康熙庚寅生
三子

志恩公

生康熙丙午歿
乾隆甲子娶方
氏生康熙丙辰
歿乾隆甲戌生
二子

兆榜公

生康熙乙丑歿
乾隆戊午娶王
氏生康熙甲戌
生三子公葬歙
邑山樹嶺腳犀
塲坦虎形氏葬
歙邑屋基銀硃
砦獅子嘯天形

應淇公

應溶公

應澳公

兆來公

生康熙丁亥六生雍正壬子八
月二十三娶汪月初七
氏生康熙丁亥
歿乾隆癸酉生
一子

應灶公 止

兆厚公

生康熙乙未九生乾隆乙亥二
月二十五娶王月十九

應橋公 止

氏繼娶方氏生康熙辛丑生一子

志澤公止
娶王氏

志芳公
生康熙乙丑歿乾隆甲戌娶王氏生康熙己巳歿雍正癸卯生一子

兆燭公止
生康熙癸巳娶汪氏

文祉公
生崇禎丁丑娶王氏節行見列女生二子合葬黃蘗山梅樹下乙山辛向

志亨公
生康熙戊申歿乾隆戊午娶王氏生康熙庚申歿乾隆丁巳生一子合葬后岸

兆敬公
字以莊生康熙戊寅五月二十三娶汪氏生康熙甲申生三子公葬后岸

應遊公

應廷公

十八棺背後

應遷公

志熙公 生康熙癸丑歿乾隆戊午娶曹氏生康熙甲子生三子

兆銑公 生康熙乙酉娶劉氏生康熙辛卯生二子

應大公 生乾隆庚午 止

應二公 生乾隆甲戌 止

兆錢公 生康熙甲午娶程氏生康熙甲辰生一子

應灶公 生乾隆乙亥 止

兆鋥公 生康熙庚子娶葉氏生雍正乙巳生二子

應旺公

應映公

兆璒公子

應學公——天遥公止

生康熙辛巳娶汪氏生一子葬檡樹下

天遥公：生乾隆丁卯

兆瑁公長子

應年公——天禄公——德二公止

生康熙己丑娶洪氏繼娶程氏生三子

天禄公：生乾隆壬戌娶洪氏生二子以次子德寶爲天高後

天高公——德寶公止

生乾隆己巳娶某氏摘天禄次子爲後

天起公——德建公——百福公止

生乾隆乙亥娶某氏摘天元次子爲後

德建公：娶汪氏生一子

兆琯公
次子

應泌公
生雍正乙巳娶季氏生雍正乙巳生六子以三子天禎爲元惇公派應瀧後

天溢公
生乾隆癸亥娶麗氏生三子以次子德有爲天煥後三子德錢爲天禮後

德金公
娶某氏生一子

錫敏公止

天滋公
生乾隆丙寅娶曹氏生三子

德喜公
娶潘氏生一子

錫教公止

德春公
娶潘氏生三子以三子錫位爲德義後

錫淮公止

錫佳公止

德義公
娶程氏摘德春三子爲後

錫位公
娶某氏生一子

貞和公止

天秎公　娶程氏生二子
—德堅公　娶程氏生二子
——錫滄公止
——連高公止
—德基公　娶宋氏生一子
——錫泰公止　娶宋氏

天禮公　娶潘氏摘天溢三子爲後
—德錢公　娶許氏生三子
——錫寶公　娶陳氏生一子
———貞芳公
——又星公止　娶談氏
——富星公止

天元公
—德昌公
——錫本公止

兆安公長子

應仙公 字玉佩生康熙丙戌六月初六娶王氏生康熙戊子摘元泗公派應遥長子天煥應淇次子天灴雙繼後自生一子合葬后岸

娶洪氏生二子以次子德建爲天起後

天煥公 娶曹氏摘天溢次子爲後

天灴公 生乾隆乙亥二月十八娶程氏生二子公葬來龍山美女形氏葬鶴樓墩

娶潘氏生一子

德有公 娶潘氏生一子 葬鶴樓墩

德仁公 生乾隆癸卯十二月十七歿咸豐己未十月十二娶潘氏生乾隆乙巳七月十三亥時歿同治甲子正月二十丑時生五子以四子錫昌爲德瑞後五子錫品爲元齡公派雙德後合葬烏飯坑羅漢形

錫濟公 娶芮氏生一子 葬鶴樓墩

錫榮公 娶吳氏生二子合葬土地塘

錫貴公 生嘉慶己巳正月二十四歿同治甲子十月十六娶許氏生嘉慶丁丑十月二十九歿光緒壬

燮章公

貞士公

貞賓公止

貞理公

貞球

寅正月十九生七子合葬烏飯坑羅漢形

貞珠

松財公止

永茂公止

細狗公止

金魁公止

錫富公

生嘉慶庚午十月二十二歿咸豐辛酉十一月十八娶潘氏生

貞釗公

嘉慶丁丑二月十六殁同治甲子正月初四生二子以次子貞鈓爲錫金後合葬鶴樓墩

德舉公
娶潘氏生三子

錫爐公
娶某氏生四子

進基公止

桂基公止

文基公止

雲基公止

錫眾公
娶某氏生一子

茂基公止

兆標公長子

應藕公
生康熙乙未十二月十二娶汪氏生康熙壬辰生三子以次子天甯爲元恃公派應冬後

天定公 止

天寶公
生乾隆癸亥九月初五娶程氏生一子

德曠公
娶程氏生二子

錫輿公
娶潘氏生二子

貞慶公

貞衍公 止

錫興公

大亮公 止

天烇公 止
生乾隆丁卯十一月二十一亥時娶曹氏生乾隆乙丑正月寸一卯時

錫廷公 止

娶某氏生二子

細亮公止

兆標公次子

應蕢公
生康熙庚子二月二十三娶葉氏側室周氏生康熙己亥生二子

天嶺公
生乾隆甲戌六月二十五娶程氏生三子

德根公
娶程氏生一子

錫綵公止

德桂公
娶某氏生二子

錫榮公止

錫鸞公止

德松公
娶某氏生一子

錫煥公止

天開公
娶某氏生二子

德林公
娶趙氏生一子

錫泰公
娶汪氏生一子

金福公止

兆樑公三子

應葹公
生雍正丙午五月二十九娶宋氏生雍正癸丑生一子

天星公
娶葉氏生六子

德錞公
娶某氏摘德鉥子爲後

錫松公止

德森公止
娶汪氏

德鉥公止
娶高氏生一子爲德錞後

德錦公止
娶潘氏

德海公無攷

德江公止

兆標公
四子

應溢公
生雍正己酉八
月初八娶汪氏
生雍正乙巳生
六子

天明公
娶汪氏生一子

德章公
名觀章娶程氏
生一子

來其公
止

德鈞公
止

天曉公
娶鮑氏生二子

灶章公
娶某氏生二子

康泰公
止

永泰公
止

福章公
娶某氏生一子

茂生公
止

天眼公
娶葉氏生三子

德宣公
娶某氏生一子

錫鈿公
摘錫釧次子爲
後

貞陪公
止

天旺公止

天暐公止

天照公 娶某氏生二子——德宏公止

德寬公止

德賓公 娶程氏生一子——錫釧公 娶王氏繼娶許氏生二子以次子貞陪爲錫鈿後——貞隆公

德悖公 娶潘氏生一子——錫鉌公止

兆榜公長子

應淇公 生雍正丙午娶季氏生雍正乙巳生五子以次子天灯爲應仙後公葬來龍山氏葬金坑橋頭

天倉公 生乾隆辛未七月二十娶程氏生一子

德瑞公 摘德仁四子爲後

錫昌公 生嘉慶乙亥六月初二歿道光壬寅十月十六娶王氏生嘉慶丁丑二月十九歿道光壬寅十二月十九生一子合葬鶴樓墩

貞美公

天夏公 娶曹氏摘天玉三子爲後

德明公 娶鄭氏生一子公葬祁門縣花橋

錫金公 摘錫富次子爲後葬祁門縣花橋

貞鉉公止

天秋公 娶某氏摘天玉四子爲後後生一子

德祥公 娶某氏生一子公葬屋塢坦

正泰公止

光榜公次子

應溶公
生乾隆戊午正月十五娶曹氏

天惇公
娶章氏摘天懷三子爲後

德錡公
娶周氏摘德釧長子爲後

錫輝公止

天玉公
娶程氏生六子以三子德明爲天夏後四子德祥爲天秋後

德旺公止

德時公止

德林公止

壽芳公
娶某氏生一子

連生公止

灶芳公
娶某氏生一子

祉生公止

生乾隆壬戌生六子以六子天惟爲應旺後

天懷公——德鏡公止

娶程氏生三子以長子德釧爲天愾後三子德錡爲天惇後

娶潘氏

天性公——德浩公止

娶楊氏生二子以次子德法爲天愾後

天恒公——德銘公——錫水公無攷

摘天悅長子爲後

娶某氏生一子

天悅公——德廉公——錫海公無攷

娶葉氏生五子以長子德銘爲天恒後

娶某氏生一子

兆榜公三子

應澳公 娶某氏生一子
— 天惼公 娶某氏摘天性次子德法天懷長子德釧雙繼
— 德法公 摘德釧次子爲後
— 錫嵩公止 名伴嵩葬來龍山

德釧公 娶吳氏生六子以長子錫輝爲
— 萬盛公止 葬來龍山

德遐公 娶某氏生一子
— 錫惠公止

官玉公 娶某氏生一子
— 敬泰公無嗣

灶玉公 娶某氏生二子
— 炳泰公止 娶許氏
— 義泰公止

兆敬公
長子

應遊公
生雍正己酉六月初三娶葉氏生乾隆戊午生四子葬后岸

天得公止

天儀公
娶汪氏生一子

德懋公
娶汪氏生三子

錫雲公
摘錫雷長子爲後

貞昌公止

錫雷公

貞以公止

德錡後次子錫當爲德法後葬來龍山

高盛公止
葬來龍山

高富公止
葬來龍山

貴盛公止
葬來龍山

娶季氏生二子
以長子貞昌爲
錫雲後

錫電公
娶潘氏生一子
—貞林公止

天俊公
娶朱氏生三子
—德惠公
娶潘氏生一子
—錫鑒公止

德恩公止

德忠公
娶伍氏生二子
—錫紹公止
錫茂公止

天信公
—德豐公
—錫滋公
—貞福

生乾隆戊戌正月二十一歿咸豐辛酉八月二十四娶葉氏生乾隆丙申九月二十歿咸豐丁巳九月二十六生五子合葬陰山

名和順娶江氏生二子合葬陰山

德潤公

名義順娶潘氏生四子合葬水口廟外

名成芳摘錫源長子爲後葬陰山

錫彬公 止

名成正

錫經公 —— **貞久**

名成書摘錫錄長子爲後葬來龍山脚廳屋後

錫林公 止

錫隆公 止

錫淮公 止

德量公——錫照公——貞禮公

德量公：名智順娶石氏生一子合葬陰山

錫照公：名成章娶葉氏摘錫源三子爲後公葬陰山氏葬墩下

德益公——錫錧公——貞林

德益公：名同順生嘉慶甲戌九月二十一歿同治癸亥八月二十四娶季氏生嘉慶丁丑歿咸豐己未六月十九生二子繼娶曹氏合葬水口廟外

錫錧公：名成憲生道光乙巳五月十六申時歿光緒丁亥七月二十一戌時娶潘氏繼娶汪氏摘錫錄次子爲後公葬旌邑蓮塘里辛山乙向潘氏葬水口廟外

錫錄公——貞生

錫錄公：名成元生咸豐乙卯十一月十

五戌時歿光緒辛卯七月二十未時娶潘氏生同治丁卯九月二十五申時生三子以長子貞久爲錫經後次子貞林爲錫錧後公葬旌邑江村楊村心辛山庚向

德重公——錫源公——貞祿

德重公：名景順生道光辛巳十月二十六歿光緒戊寅三月初八娶江氏生道光辛巳正月十六歿同治癸亥十月三十生一子合葬墩下

錫源公：名成立生道光乙巳二月十九酉時娶潘氏生咸豐辛亥六月十九戌時生四子以長子貞福爲錫滋後三子貞禮爲錫照後四子貞大爲元齡公派錫符後

兆敬公次子

應廷公
生雍正甲寅二月十三娶潘氏生乾隆辛酉生一子

天徵公
娶馮氏繼娶汪氏生二子

德恕公
娶高氏生三子

錫淩公止
公葬陰山

錫坦公止

錫域公止

德意公止

兆敬公三子

應遷公
生乾隆壬戌七月初三娶某氏生四子

天善公
娶郝氏生四子

德順公止

德正公止

德具公止

兆鋥公
長子

應旺公
生乾隆己巳摘
應溶六子爲後

天保公止

天東公止

天足公
娶程氏生一子

天惟公
娶宋氏生五子
以次子德鑽爲
天彰後

德永公止

德演公止
娶汪氏

德鏞公止
名庸福

德倫公
名喜福娶汪氏
生一子

錫叙公止
名春法

德崧公止
名順福

德崇公——錫芝公止
名連福娶朱氏
生一子

兆銓公
次子

應映公——天彰公——德鑽公止
生乾隆壬申娶　摘天惟次子爲　名長福
某氏生一子　後

錫寶公
子

貞芳公——祥杠
摘貞珠六子爲　名祥壽生光緒
後　庚子九月初四
子時

錫濟公
子

燦章公——祥桐公待後
摘貞珠次子爲　名祥水生光緒
後　辛卯五月

錫榮公長子

貞士公——**祥椿**

貞士公：名經魁摘貞球長子爲後葬鶴樓墩

祥椿：名祥興生光緒丁亥八月十二辰時

錫貴公長子

貞理公——**祥棟**

貞理公：娶潘氏摘貞珠四子爲後合葬鶴樓墩

祥棟：名祥根生光緒丙申六月初八戌時

錫貴公次子

貞球——**祥梧**

貞球：名正財生咸豐癸丑二月初二午時娶吳氏生同治乙丑正月二十六子時生三子以長子祥椿爲貞士後三子祥楊爲貞隆後

祥梧：名懷興生光緒庚寅十一月初十亥時

錫貴公三子

貞珠

名生財生咸豐乙卯六月初五卯時娶潘氏生同治庚午二月初六卯時生七子以長子祥柏爲貞釗後次子祥桐爲燮章後四子祥棟爲貞理後五子祥梓爲貞美後六子祥杠爲貞芳後

祥榆

名祥祝生光緒癸巳六月二十九戌時

祥機

名祥友生光緒甲辰十二月初五申時

錫富公子

貞釗公

娶許氏摘貞珠長子爲後合葬鶴樓墩

祥柏

名祥林生光緒己丑七月二十五子時

錫與公長子

貞慶公 娶潘氏生二子

祥熙公止

燕熙公止

錫釧公子

貞隆公 名鴻福生咸豐辛亥九月初九摘貞球三子爲後

祥楊公待後 名祥賓

錫昌公子

貞美公 摘貞珠五子爲後葬黃毛坪

祥梓 名祥福生光緒戊戌二月十五亥時

錫滋公子

貞福 名廣大生同治庚午六月初三

祥橋 名茂清生光緒癸卯五月二十

錫經公子

申時娶項氏生光緒己卯七月十四酉時生二子

午時

祥榆
名茂餘生光緒戊申二月初二子時

貞久
名震生光緒乙酉七月初五申時娶潘氏生光緒丁亥九月二十三子時生二子

祥仁
名和興生光緒戊申十二月十六申時

祥禮
生宣統庚戌十二月十六子時

錫照公子

貞禮公 待後
名正大生同治甲戌正月十五

戊時葬漆樹灣

錫錧公子

貞林　名富生生光緒戊子九月十六申時娶潘氏生光緒戊子三月初三子時生[illegible]子

祥義　名永興生宣統己酉閏二月十八丑時

錫錄公子

貞生　名灶生生光緒辛卯十二月二十二亥時娶項氏生光緒甲午二月十三申時

錫源公子

貞祿　名文大生同治辛未十一月十

祥鑑　名連興生光緒壬辰四月十四

五戌時娶程氏生光緒乙亥十一月初七辰時生三子

午時娶程氏生光緒甲午九月十二辰時

祥鈞公 待後
葬漆樹灣

祥銘
名連輝生光緒丙午三月二十一寅時

永時公長子
元懒公——文韜公 止
娶汪氏生一子

永時公三子
元烘公——文恭公 止
娶程氏生一子

永時公四子 元偲公 娶某氏生一子 — 文益公 娶某氏生一子 — 志執公 止

永時公五子 元愇公 娶程氏生三子 — 文學公 止

文衍公 娶某氏生一子 遷江西 — 志乾公 無嗣

文藻公 止

永餘公次子 元賢公 娶馮氏生一子 — 文順公 止

永餘公四子 元慶公 娶柯氏生一子 合葬后岸灣 — 文積公 生順治乙未歿康熙戊子娶程 — 志仲公 生康熙辛未歿乾隆乙亥娶王 — 兆倍公 生雍正癸卯十二月十九娶某 — 應東公

氏生二子

氏生康熙己卯
歿乾隆乙亥生
二子

氏生一子

兆佾公
生雍正甲寅三
月十三娶王氏
生乾隆丁卯生
一子

應福公

志琹公
字玉金生康熙
丁亥正月二十
八娶汪氏生康
熙丁酉生六子
合葬后岸長塘
明壙暗葬

兆昇公止
生乾隆丙辰十
一月二十四葬
前山崗

兆昺公止
生乾隆壬戌五
月二十八葬前
山崗

兆昱公 止
生乾隆丙寅八月初九葬前山崗

兆晟公 止
生乾隆壬申四月初八葬前山崗

兆晃公 止
生乾隆乙亥四月三十葬前山崗

兆濕公——應爵公
名祿祝生乾隆己卯八月初九歿道光甲辰四

月二十一娶程氏生乾隆庚午正月十九殁乾隆戊戌繼娶朱氏生乾隆辛卯十月二十二殁道光庚戌正月二十六生一子公與朱氏合葬下前山崗程氏葬上前山崗

兆倍公子

應東公　名東壽娶汪氏生三子

天香公　止

天特公　娶葉氏生一子

德根公　止

天妹公　止

兆佾公子 — 應福公 娶唐氏繼娶程氏生一子 — 天慶公 止

兆㵽公子 — 應爵公 名世有生嘉慶辛酉十月二十四歿道光庚戌正月初一娶汪氏生四子公葬前山崗氏葬栗裡沖口庚山甲向加酉卯 — 天傑公 娶葉氏生嘉慶己卯十一月十九歿光緒壬寅十二月十一子時生二子以次子德爕爲天杏後 — 德初公 名春水生道光乙巳二月十三丑時歿光緒丁未十一月十二子時娶吳氏生咸豐乙卯七月初七寅時生三子公葬后岸長塘

錫熾 生光緒辛巳三月十一申時娶汪氏生光緒戊寅五月二十二生二子 — 貞桂、貞松

錫蔭 名嗣述生光緒甲申五月十一辰時娶張氏生光緒壬辰六月十八生一子 — 貞讓

錫富 名嗣貴生光緒

乙未三月二十二亥時

天蓀公
名從慶生道光丙戌二月初二歿同治甲子六月十四娶汪氏生道光丙戌摘天棟次子爲後合葬歙邑岩寺

德春
從九品名澤霖字煦之號雨如生同治丙寅十一月二十七辰時娶葉氏生同治辛未正月十八丑時生二子

錫璜
字潤光號渭賢生光緒壬辰四月二十八子時聘程氏生光緒癸巳十二月十八寅時

錫珽
字潤華號搢卿生光緒甲午十月十七辰時聘曹氏生光緒丙申三月十四子時

天棟公

名順慶生道光己丑正月十五寅時歿光緒庚子三月二十三亥時娶程氏生道光戊戌九月初九生四子以次子德春爲天恭後公葬栗裡冲口庚山甲向加酉卯

德茂公

生咸豐丙辰十二月十四子時摘德依長子爲後葬前山崗

錫琮

名潤寶字以錦生光緒甲申七月二十九午時娶董氏生光緒己丑十一月二十五卯時

德依

名春狗生咸豐己未三月十七丑時娶柯氏生同治丁卯十二月二十三丑時歿光緒丙午九月初四巳時生四子以長子錫

錫琪

名潤庠字樹輝生光緒丁亥四月十一丑時娶汪氏生光緒壬辰十二月二十八戌時

琮爲德茂後葬栗裡冲丑山未向加癸丁

錫玢
名潤栄字燦章生光緒庚寅十二月初九午時娶鮑氏生光緒丁酉七月初八辰時

錫璠
名潤美字魯玉生光緒癸巳十一月二十八亥時

德銓
生光緒己卯二月二十九巳時娶高氏生光緒戊寅八月十六

錫璘
名潤彬字石輝生光緒丁酉十二月初十午時聘高氏生光緒

子時生三子

乙未二月二十八戌時

錫璞

名潤治字贍山生光緒乙巳二月初七戌時

錫琛

名潤林字獻其生宣統己酉十一月二十三寅時

天杏公

名萬慶生道光壬辰摘天傑次

德㷷公

名灶生生咸豐乙卯十二月十

錫林

名嗣任生光緒壬寅四月二十

子爲後

三卯時歿光緒八戌時
丁未七月十七
午時娶柯氏生
同治丁卯六月
初六酉時生一
子公葬后岸長
塘

錫熾長子

貞柱
名海聚生光緒
戊戌七月二十
五午時

錫熾次子

貞松
名海冬生光緒
丙午十一月十
九戌時

錫蔭子

貞讓

名惟敬生宣統庚戌十月十三丑時

上川明經胡氏宗譜中卷之下

分系十一

元昇公派　元厚公派　元明公派
元聰公派　元退公派　元齡公派一

永福公長子

元昇公　娶洪氏生四子

文仁公　娶王氏繼娶葉氏摘文儀次子志霞文傑次子志成雙繼

志霞公　娶某氏生二子

兆發公止

兆達公　娶林氏生二子

應榮公止　生康熙壬午　殁乾隆甲戌

應郡公止　生康熙乙未

志成公　娶黄氏生二子

兆宦公止

兆壽公

應春公

生康熙癸丑歿乾隆甲戌娶洪氏生康熙丁卯生二子

應根公止
生雍正辛亥四月初四娶呂氏生乾隆壬戌

文德公止

文儀公
娶王氏生四子以次子志霞爲文仁後合葬寶劍出匣形

志彩公
娶某氏生二子

志雲公
娶某氏生三子

兆禎公止

兆祿公止

兆林公止

兆惟公止

兆定公 止

志寅公
娶項氏繼娶王氏生一子

兆順公
生康熙戊寅正月二十七亥時娶汪氏生康熙甲申生一子遷歙邑信翰

應壽公

文傑公
娶潘氏生五子以次子志成爲文仁後

志通公
生崇禎庚午歿康熙壬申娶汪氏生順治甲申歿雍正戊申生一子

兆元公
生康熙乙卯歿乾隆甲戌娶曹氏生康熙丙寅歿乾隆丁卯生三子

應永公

應達公 止
生康熙戊戌四月二十八

應相公

志保公 止

志上公 止

志柏公 止

兆壽公長子

應春公 生康熙戊子歿雍正乙卯娶章氏生康熙丙申 生一子

天灶公 止 生雍正癸丑十一月二十三

兆順公子

應壽公 娶葉氏生二子

天賜公 止 生乾隆乙丑十一月十八

天爵公 止 生乾隆庚午七月十四

兆元公長子
應承公　生康熙甲午三月二十娶曹氏繼娶曹氏生康熙庚寅生一子
天育公無敎　生乾隆辛未五月二十七遷上海縣

兆元公三子
應相公　生康熙壬寅八月初二娶葉氏生雍正癸丑生二子
天俊公　娶曹氏生五子
丙德公　娶某氏生一子
錫妹公止
丙大公止
福祿公　娶某氏生二子
觀妹公止
正妹公止
丙之公止

滿九公 娶洪氏生一子 — 長慶公止

祿俊公 娶某氏生一子 — 德恒公 娶宋氏生三子 — 錫吉公 名永吉娶某氏生一子 — 觀端

錫煊公 名壽吉生道光戊申三月十五亥時娶錢氏生道光丙午歿光緒丁未二月二十生三子以次子貞季爲三吉後三子貞託爲元美公派錫大後合葬前山崗 — 貞仁

錫吉公子　觀端　生同治癸酉

錫煊公子　貞仁　名根鶴生光緒甲申三月二十三戌時

三吉公子　貞季　名根季生光緒丁亥三月二十戌時

永福公三子　元厚公—文苗公—志琯公止

三吉公—貞季　摘錫煊次子爲後

永禎公次子

娶汪氏生二子

元明公

生萬歷庚戌歿順治庚子娶汪氏生萬歷壬子歿順治壬辰生四子

文富公

文環公止

志璽公止

赤時公止

志琊公

生順治戊子歿康熙辛巳娶曹氏繼娶鮑氏丞娶葉氏生一子

兆詩公

生康熙壬申歿乾隆戊辰娶程氏繼娶汪氏生康熙戊戌生二子

應朗公止

生乾隆辛酉十一月十四

應月公止

生乾隆乙丑四月二十

志璉公止

娶潘氏生一子

娶葉氏生二子
合葬獅子石

娶程氏

志多公
摘志忠三子爲
後

兆西公
生康熙己丑正
月十八娶某氏
生二子

應魁公

應支公止
生乾隆癸酉九
月十三

兆西公
長子

應魁公
生乾隆乙丑十
二月初八娶某
氏生一子

天朗公
名灶興娶某氏
生二子

金壽公
娶某氏生一子

細閔公止

銀壽公
娶某氏生一子

觀有公止

永禎公
三子

元聰公
娶汪氏繼娶吳
氏生二子公與
吳氏合葬后岸

文擢公
娶葉氏生三子
公葬下井山氏
葬后岸

志忠公
生康熙己酉歿
乾隆庚申娶葉
氏生三子以三

兆才公
字君幹生康熙
癸未七月初九
娶汪氏生康熙

應位公

應價公

汪氏葬下井山

攀龍公 止

子兆西爲志多後合葬后岸

志德公 止

志平公 止

乙未生三子合葬后岸

應傚公

兆東公——應房公

生康熙丙戌二月十二娶馮氏生康熙戊子歿乾隆辛酉生一子

兆才公長子

應位公 生乾隆庚申七月十九娶某氏生一子合葬后岸

天相公 娶某氏生一子 公葬后岸

德琴公 娶曹氏生一子 合葬岱上

錫鈿公 娶汪氏生一子 合葬岱上

貞太公

兆才公次子

應價公 生乾隆甲子七月初三娶方氏生二子合葬下碓

天桂公止

天杰公 娶程氏生一子 合葬下碓

德山公 娶程氏繼娶石氏生一子合葬后岸

錫基公 娶曹氏生一子 合葬后岸

火太公

兆才公三子

應傚公 生乾隆乙亥十二月十七娶江氏繼娶馮氏生三子公與江氏合葬后岸馮氏

天梯公 娶某氏生一子

德柯公 摘德熖長子爲後葬下井山

錫正 名觀熖生同治癸酉三月二十一子時娶周氏生光緒乙亥八月二十四酉時

貞琪

貞鴻

葬張沖背後

歿光緒丁未七月十五辰時繼娶章氏生同治癸酉六月初六寅時生二子周氏葬岱上

天棟公——德鐘公止

天棟公：娶吳氏生一子合葬后岸

德鐘公：娶程氏

天森公——德熠公——錫春——貞熾
　　　　　　　　　　　　——貞煇

天森公：名灶和生乾隆癸丑六月二十六歿道光壬寅十月二十八娶曹氏生嘉慶壬戌歿咸豐庚申生二子合葬岱上

德熠公：名榮壽生道光己丑十月十三歿光緒庚寅九月初二娶程氏繼娶葉氏丞娶張氏生道光庚子二月初三生二子以長子錫正爲德柯後

錫春：名貞熘生光緒丙子十月十一未時娶王氏生光緒庚辰正月二十七寅時生二子

德壽公止 生道光戊戌

光東公子

應房公 生雍正甲寅六月十五娶馮氏生乾隆己未生一子

天樵公 娶洪氏生一子

德貴公 娶柯氏生三子

錫瑞公止 名萬富

錫端公止 名萬成葬曹家坟堂

錫通公止

錫鈿公子

貞太公待後

錫基公子

火太公待後

錫正長子 **貞珙** 名國昌生光緒己亥正月初九申時

錫正次子 **貞鴻** 名運昌生宣統己酉九月初八亥時

錫春長子 **貞熾** 名嗣昌生光緒戊戌十月初十酉時

錫春次子 **貞煇** 名採昌生光緒乙巳正月二十五午時

永呂公長子

元退公
字廷輝生萬歷庚辰娶汪氏生二子合葬后岸山向詳載墓圖

文耀公
字含光生萬歷辛丑歿康熙戊辰娶曹氏生萬歷壬寅歿順治庚寅生三子合葬后岸山向詳載墓圖

志廣公
字士弘生崇禎己巳歿康熙己丑娶曹氏生崇禎辛未歿康熙庚辰生四子合葬窰上

兆文公
字開周生順治辛卯娶王氏生五子合葬窰上

應魁公止
娶某氏合葬前山崗

應光公止
娶某氏合葬后岸灣

應輝公

應斗公止
生康熙庚午歿乾隆己未娶王氏合葬麻雀塢

應滿公止
生康熙甲戌歿

乾隆辛未娶汪
氏生康熙丁亥
合葬前山崗

兆武公——應和公
字功烈生順治
戊戌殁雍正己
酉娶汪氏生康
熙癸卯殁乾隆
丙辰生二子公
葬窰上

應睦公

兆全公——應傑公
生康熙甲辰殁
雍正庚戌娶汪
氏生康熙丁未
殁乾隆辛酉生
四子公葬窰上

應盈公

應科公

應祖公

兆鍾公　字以萬生康熙辛亥歿乾隆丁巳娶王氏生康熙丙辰歿康熙丙子繼娶程氏生康熙丁卯歿乾隆乙亥生六子公葬后岸王氏葬垌窪頭

應洪公

應潢公

應滇公

應海公

應汪公

應洋公

志均公
字仲平生崇禎戊寅歿康熙庚寅娶曹氏繼娶張氏丞娶曹氏生二子合葬岱上

兆賢公
生順治己亥歿康熙庚寅娶曹氏生康熙丁巳歿康熙丁酉生一子合葬岱上

應儷公

兆韶公
生康熙丙辰歿雍正己酉娶許氏生康熙辛未歿乾隆己未生一子合葬岱上

應佾公 止
生康熙癸巳四月二十一娶汪氏生雍正乙卯

志舜公
字有虞生崇禎庚辰歿康熙庚午娶曹氏生順治甲申歿康熙丙戌生四子

兆禹公
字子賢生康熙甲辰歿康熙甲申娶曹氏生康熙乙卯歿雍正乙巳生二子

應夔公

應葆公

兆啟公　生康熙戊申歿雍正甲寅娶程氏生康熙癸亥歿乾隆辛未生三子以次子應玉爲元鶴公派兆柳後氏葬社壇上

應珍公

應琨公

兆澤公　字子潤生康熙丙辰歿雍正乙卯娶程氏生康熙辛未歿乾隆己未生二子

應憲公

應生公　止　生雍正乙巳六月初一娶程氏生雍正壬子歿乾隆癸酉

文秀公 字仲升生萬歷庚戌殁康熙辛未娶程氏生一子合葬后岸山向詳載墓圖

志清公 娶曹氏生三子

兆通公 字于達生康熙甲子殁乾隆壬戌娶汪氏生康熙乙亥生三子

應恩公 止 生康熙再壬寅正月十九娶江氏生乾隆庚申

應恕公 止 生雍正甲辰九月二十一娶江氏生乾隆己未

應悲公 止 生雍正戊申殁乾隆丁卯

兆玉公 娶曹氏生一子

福祥公 無殁

兆琦公

應國公 止

娶曹氏生二子

應各公 生康熙庚午七月十二娶曹氏

兆琰公 娶方氏生一子
應愛公

兆文公三子
應輝公 生康熙丁卯娶程氏生一子合葬荷葉蓋金龜
天閔公 生雍正戊申娶某氏生一子合葬窪止
德河公 娶某氏摘德聖次子爲後合葬窪止
錫樹公 娶洪氏生三子
觀福公
灶福公止
福壽公止

兆武公長子
應和公 生康熙辛未歿
天伋公 生雍正癸丑三
德聖公 娶曹氏生二子
錫楓公 娶王氏生一子
貞友公

乾隆戊辰娶曹氏繼娶王氏生康熙甲戌摘應睦次子爲後合葬窪上

月初六娶葉氏生四子合葬窪上

以次子錫樹爲德河後合葬窪上

合葬茗堂菴

德現公 止

葬窪上

德高公 止

葬窪上

德然公 止

葬窪上

兆武公次子

應睦公

生康熙丙子殁乾隆庚申娶曹氏生康熙辛巳生三子以次子天佽爲應和後

天民公

生雍正甲辰十一月二十三娶張氏生乾隆丙辰生一子

德祿公 止

生乾隆乙亥五月初二

天都公　生乾隆丁巳八月二十八娶季氏生二子葬窪上

德寶公　娶某氏生二子合葬麻雀塢

錫敔公　娶程氏生一子各葬麻雀塢

貞雲公

錫祺公　娶某氏生一子公葬麻雀塢田背後

金友公止

德楠公　娶曹氏生二子合葬窪上

錫炎公　娶曹氏生三子合葬窪上

瑞黄公止　葬窪上

瑞燃公止　葬前山崗

瑞炳公止　葬前山崗

錫福公 娶程氏生二子合葬前山崗
貞坦公止 娶曹氏合葬窑上
貞培公止 葬前山崗

兆全公長子
應傑公 生康熙己巳十月二十四娶江氏生康熙乙丑生一子合葬窑上
天樞公 字象辰生康熙再壬寅七月二十七娶曹氏生雍正戊申生二子
德粽公止 名德昭生乾隆戊辰六月二十二娶姚氏
德萬公 名德時生乾隆甲戌正月二十九娶某氏生一子
錫倫公 娶汪氏繼娶程氏叒娶汪氏生二子
貞昶公
貞諒公止

兆全公次子
應盈公
天柱公
德英公止

兆全公
三子

生康熙甲戌四月初五娶王氏生康熙壬午歿雍正丙午生一子繼娶汪氏生康熙庚午合葬窑上

生雍正甲辰八月初四娶曹氏生雍正丁未生二子

名德棟生乾隆甲戌六月二十三

德元公 娶某氏生一子 —— **錫根公** 娶汪氏生一子 —— **貞木公** 止

應科公 生康熙甲申二月二十三娶汪氏生康熙癸巳生二子合葬窑上

天倉公 生乾隆丙辰十一月初六娶程氏生乾隆丁巳生二子葬窑上

德觀公 娶柯氏生三子合葬獅子石

錫銅公 娶曹氏生二子以次子灶茂爲金春後公葬麻雀塢 —— **貞灶公** 止 葬麻塢雀

錫銀公 娶馮氏生一子葬岱上 —— **本立公** 止

金春公 摘錫銅次子爲後 —— **灶茂公** 止

德政公
娶程氏生乾隆壬寅十月十一歿咸豐乙卯七月二十三生一子

錫金公
生嘉慶癸亥三月十八歿咸豐辛酉五月十三娶程氏生嘉慶戊辰八月初四歿道光甲辰四月十一生三子繼娶程氏以次子貞士爲錫安後公葬背陰塢程氏葬麻雀塢

貞富公止
生道光辛卯葬裡崗

貞桂公

天再公
生乾隆己巳正月初十娶汪氏生二子

德烇公止
娶程氏

德煌公
娶汪氏繼娶汪

錫順公
生道光庚寅七

貞彬

光全公
四子

應祖公
字有珍生康熙
丁亥八月初四
娶曹氏生康熙
壬辰生四子合
葬張家山

天禁公
生雍正癸丑六
月二十三娶王
氏生乾隆丁巳
繼娶柯氏摘天
彬長子爲後公
與柯氏合葬劉
家塘蜈蚣形

天麥公

德江公
摘德方長子爲
後葬窖上

德時公

錫慶公
摘錫顯次子爲
後葬麻雀塢

錫烋公

貞磯公

貞硯公

氏生一子合葬
背陰塢

月二十九酉時
歿光緒乙亥十
月二十八卯時
娶汪氏繼娶王
氏生道光丁酉
七月初五卯時
歿光緒庚辰四
月三十酉時生
二子以次子貞
喜爲錫珙後合
葬上嶺

生乾隆丙辰十二月初三娶章氏繼娶朱氏摘天彬次子爲後合葬劉家塘

摘德方三子爲後葬麻雀塢

摘錫顯三子爲後葬麻雀塢

天彬公——**德方公**——**錫顯公**——**貞碗公**

天彬公：生乾隆辛酉十一月二十四娶曹氏生三子以長子德江爲天禁後次子德時爲天棽後公葬窰上

德方公：生乾隆丁未二月初五巳時殁咸豐辛酉五月二十七巳時娶馮氏生乾隆丙午四月二十七辰時殁咸豐壬子五月初八戌時生三子以長子錫慶爲德江後三子錫杰爲德時後公葬劉家塘氏葬窪上

錫顯公：生嘉慶戊辰九月十九寅時殁咸豐辛酉六月十六戌時娶黃氏生嘉慶己巳六月初五寅時殁同治癸酉九月二十四巳時生三子以次子貞磯爲錫慶後三子貞硯爲錫杰後合葬劉家塘口

天楚公 止

兆鍾公長子

生乾隆己巳十一月二十九

應洪公 生康熙壬午十月十八娶吳氏生康熙丙申生四子以次子天枕爲應汗後

天村公 生乾隆己未七月二十三娶汪氏生二子

德崇公 娶汪氏生一子

錫文公 止

德友公 娶柯氏生一子

錫珙公 娶馮氏摘錫順次子爲後

貞喜

天東公 名天東生乾隆己巳七月三十娶某氏生一子

德煙公 娶某氏生一子

錫矩公 止 娶程氏

天梯公 止 生乾隆乙亥正月二十二

兆鍾公次子　應潢公——天桄公止

生康熙丙戌九月初三娶曹氏生康熙庚子生四子以次子天根爲應汪後

天桄公止　生乾隆癸亥六月初七

天柢公止　生乾隆丁卯六月二十一

天柯公止　生乾隆辛未五月初一

兆鍾公三子　應滇公——天栢公止

字汝淸生康熙庚寅七月初四娶程氏生雍正甲辰生一子

天栢公止　生乾隆壬申七月初九

兆鍾公四子　應海公——天梁公止

字白川生康熙癸巳二月初十娶曹氏生雍正乙巳生一子 生乾隆甲戌三月十六

兆鍾公五子

應汪公——天枕公止
生康熙戊戌殁乾隆癸酉摘應洪次子天枕應潢次子天根雙繼
生乾隆丙寅十月二十四
天根公止
生乾隆乙丑八月二十一

兆鍾公六子

應洋公——天栗公止
字德恩生雍正甲辰八月十六娶程氏節行見列女生雍正庚戌生一子
生乾隆甲戌七月初九

兆賢公子

應儷公　字德成生康熙戊子十二月初三娶趙氏生康熙辛丑殁乾隆丙寅繼娶方氏生雍正戊申生一子趙氏葬歙邑篁衕呈睦塘

——天珈公　生乾隆壬申九月二十六娶某氏生一子合葬窪上

——德眞公　娶柯氏生一子合葬窪上

——錫安公　摘錫金次子爲後

——貞士

兆禹公長子

應夔公　字典樂生康熙丙子五月十三寅時娶曹氏生康熙辛卯殁乾隆丁巳生一子

——天儒公止　字汝爲生乾隆丙辰正月初八亥時

兆禹公次子

應葆公　生康熙己卯九月二十三娶劉氏生康熙戊戌

——天俊公　生乾隆丁巳十月初十娶汪氏生乾隆庚申生

——德田公　娶某氏生一子

——錫法公止　娶某氏

生三子以次子天仙爲應珍後

二子以次子德苗爲元當公派天相後

天位公 止

生乾隆丁卯七月十九

兆啟公長子

應珍公

字儒席生康熙己卯八月初六娶程氏繼娶曹氏生康熙戊戌摘應葆次子爲後

天仙公 止

生乾隆癸亥九月二十二

兆啟公次子

應琨公

字崙山生康熙丙申正月十五娶汪氏生雍正

天相公

娶某氏摘天袞長子爲後

德行公

摘德根長子爲後葬前山崗脚

錫長公

摘錫雨長子爲後

貞純

甲辰生三子合
葬前山崗腳

天袞公——德杏公——錫雨——貞粹

天袞公：娶某氏生二子
以長子德行爲
天相後

德杏公：生嘉慶丁卯娶
王氏生一子合
葬前山崗腳

錫雨：名雨桂生咸豐
壬子六月初五
娶吳氏繼娶柯
氏生同治丙寅
八月初二生三
子以長子貞純
爲錫長後三子
貞清爲錫華後

天裘公——德正公——錫華公——貞清

天裘公：娶曹氏生三子
合葬前山崗腳

德正公：娶汪氏生二子
繼娶某氏三娶
某氏

錫華公：娶洪氏摘錫雨
三子爲後

細華公止

德加公止

娶曹氏合葬前

兆澤公長子
應憲公　生康熙甲午五月十八娶曹氏生雍正丙午生一子
天齊公止　生乾隆癸酉五月二十一

兆琦公長子
應各公　生康熙辛巳歿乾隆甲戌娶王氏生康熙辛卯生二子
天沛公　生雍正壬子二月初七娶汪氏生乾隆己未生二子
大夏公　摘細夏長子爲後
金旺公　摘錫旺長子爲後
貞玉公

細夏公　娶某氏生三子
錫巷公止　葬汪洋坦

山崗腳
德根公　娶程氏生二子以長子錫長爲德行後葬石門裡
錫林公止

以長子金旺爲大夏後葬窪上

錫旺公——貞八公止
娶江氏生二子以長子貞玉爲金旺後公葬曹家坟堂氏葬社土上

天淯公止
生乾隆庚午二月初十

兆琰公子
應燮公——天伸公止
生康熙辛卯歿乾隆乙亥娶葉氏生一子

錫榭公長子
覲福公——祥奎——洪功

摘貞友次子為後

名桂生生光緒庚寅五月二十二戌時娶鮑氏生光緒庚寅生一子

名承業生宣統庚戌十一月二十七酉時

錫楓公子

貞友公 生道光己亥十月十五歿光緒丙午八月十三寅時娶董氏生道光戊申歿光緒乙巳八月十八申時生二子以次子祥奎為觀福後合葬茗堂菴

祥杰 名利生生同治壬申十二月十五辰時娶周氏繼娶程氏生同治癸酉五月初六卯時生一子周氏葬裡崗

洪駿 名福狗生光緒癸卯十二月十八巳時

錫啟公子

貞雲公 生道光己丑歿光緒己卯娶曹

祥焰 名觀彥生同治癸酉九月二十

洪裁 名大發生光緒丁酉三月十四

氏生道光丁亥歿光緒乙巳八月初四巳時生一子合葬窪上

三娶王氏生光緒庚辰三月初十巳時生一子

錫倫公長子

貞昶公——祥水公止

娶曹氏生一子

錫金公次子

貞桂公——祥林

生道光戊戌八月十八戌時歿光緒庚子正月二十七申時娶楊氏生道光戊申十一月十九歿同治壬申九月二十六酉時繼娶王氏生咸豐乙卯十二月二十一子時生一子公葬裡崗

生光緒壬午十二月十九娶楊氏生光緒丙戌十月初七

楊氏葬外崗

錫順公子

貞彬 名融彬生同治己巳十二月二十八戌時娶汪氏生光緒丁丑七月二十七巳時生一子

祥熹 名觀利生光緒丁未十月二十七午時

錫慶公子

貞磯公 生道光丁酉五月二十五丑時歿宣統辛亥正月十三辰時娶唐氏生道光己酉摘貞碗次子爲後公葬劉家塘

祥金 從九品字春田號錦齋生同治丙寅二月二十三子時娶張氏生同治庚午十二月十三歿光緒戊申正月初二寅時生二子繼娶曹氏生光緒丁丑六月二

洪郁 生光緒戊戌八月十二戌時

十六申時以次子洪鋼爲祥有後張氏葬岱上

錫杰公子

貞硯公——**祥有公**——**洪壽**

貞硯公：生道光壬寅正月初十戌時歿光緒己丑十二月二十五卯時娶孫氏生道光己酉二月初四戌時歿光緒丙子六月二十七丑時生一子公葬竦嶺腳氏葬劉家塘

祥有公：摘祥興次子洪壽祥金次子洪鋼雙繼葬栗樹園

洪壽：名觀富生光緒丙申二月十七子時娉王氏生光緒戊戌九月初五未時

洪鋼：生光緒壬寅三月初三辰時

錫顯公子

貞碗公——**祥興公**——**洪學**

貞碗公：生道光甲午八月十三巳時歿同治丙寅五月

祥興公：名春山生咸豐庚申閏三月初四丑時歿光緒

洪學：名觀敏生光緒戊子七月初九子時娶曹氏生

十九巳時娶晋氏節行見列女生道光己亥三月初三生二子以次子祥金爲貞磯後公葬劉家塘

丙午二月初三未時娶汪氏生同治戊辰七月十九寅時歿光緒乙巳九月二十五巳時生二子以次子洪壽爲祥有後合葬檡子墩

光緒辛丑五月初十丑時歿光緒丙午六月二十五巳時繼娶曹氏生光緒戊子九月前曹氏葬栗樹園

錫珙公子

貞喜

名生錦生光緒乙亥

錫安公子

貞士

名貞茂生道光甲午十月十一娶曹氏生一子

祥高

生光緒丙戌正月十九卯時

錫長公子　**貞純**　名花子生光緒戊戌十二月初一子時

錫甫子　**貞粹**　名五一生光緒壬寅正月十八申時

錫華公子　**貞清**　名黃河生光緒丙午九月二十戌時

金旺公子　**貞玉公**　待後

永昌公次子

元齡公——文煥公——志仁公——兆振公——應桓公

元齡公 字廷聘號任卿事蹟見善行生萬歷辛卯正月十六歿康熙甲寅二月十一娶程氏賢行見列女生五子合葬后岸山向詳載墓圖

文煥公 鄉飲賓字維章號泰庵事蹟見善行生萬歷壬子歿康熙甲寅娶唐氏生萬歷甲寅歿康熙壬申生二子合葬深泥干

志仁公 字善長生崇禎乙亥歿康熙戊申娶王氏節行見列女生崇禎丁丑歿康熙己丑生一子合葬后岸塘

兆振公 字子興生康熙戊申歿康熙戊戌娶曹氏生康熙己酉歿乾隆壬戌生二子合葬石門裡

應桓公

應梗公

志環公——兆鍹公——應禎公

志環公 字象震生順治戊子歿雍正壬子娶汪氏生順治庚寅歿康熙壬辰生五子合葬深泥干

兆鍹公 字仲明生康熙癸丑五月初三歿乾隆丙子享年八十有四叨受 皇恩絹米娶唐氏生康熙辛亥歿雍正丁未摘兆鍮次子爲後

應禎公

兆鐳公——應恭公

字聲遠生康熙丁巳歿雍正乙卯娶程氏生康熙癸亥生一子合葬深泥干

兆鑲公——應龍公

字景之生康熙壬戌二月初十娶汪氏繼娶張氏生康熙壬午生一子

兆鋂公——應積公

字占先生康熙庚午歿乾隆庚午娶曹氏生康熙壬午歿乾隆丁卯生三子以次子應禎爲兆鎧後

應秋公

文簡公——志敏公

字浚如號隱溪生萬歷乙卯歿康熙辛未娶程氏生一子繼娶朱氏生三子公與朱氏合葬后岸程氏各葬后岸

志敏公——兆儀公、兆佐公

字有功號遺安生崇禎庚辰歿康熙丁酉娶戴氏生一子繼娶曹氏生三子公與曹氏合葬后岸繼戴氏葬曹家墳堂

兆銖公——應連公

字寶光生康熙癸酉歿乾隆辛未娶洪氏生康熙甲申生一子

兆儀公——應正公

字象可生康熙戊申歿康熙辛未摘兆佐長子爲後葬曹家墳堂

兆佐公——應運公、應培公

名行學字爾輔號逸莊事蹟見學林生康熙戊午歿乾隆乙丑娶周氏生四子繼娶曹氏以長

子應正爲兆儀後合葬窖上

應達公止

生雍正乙卯

兆侃公——應承公

字汝亘生康熙癸亥歿康熙丙申娶馮氏摘兆仲次子爲後合葬窖上

兆仲公——應德公

字位中號揆一事蹟見學林生康熙丁卯二月二十七娶程氏生康熙甲子歿乾隆己未生二子以次子應承爲兆侃後合葬窖上

志銳公
生順治癸巳歿康熙甲午娶程氏生二子

兆嵩公
生康熙庚申歿生雍正壬子雍正甲寅摘光欽次子爲後

應開公 止

兆欽公
生康熙丙寅歿雍正乙卯娶江氏生二子以次子應開爲兆嵩後

應一公 止

志望公
字儼然生康熙庚戌歿雍正乙巳娶汪氏生康熙庚申歿雍正癸丑生二子合葬岱上

兆銅公
字如金生康熙丙戌十月十五娶曹氏生康熙癸巳生二子合葬岱上

應徵公

應黴公

兆鐵公

應亂公

生康熙甲午八月十一娶程氏生康熙戊戌生二子

志哲公 止

文韶公

字惟美號樸齋生萬歷己未歿康熙辛巳娶汪氏生萬歷庚申歿康熙己卯生七子合葬后岸山向詳載墓圖

志點公

字聖與號醉巖生崇禎辛巳歿康熙戊子娶曹氏生崇禎辛巳歿順治庚子繼娶葉氏生順治丁亥歿康熙戊子三娶董氏生順治甲午歿雍正乙巳生三子公與葉氏董氏合葬窪頭塘曹氏葬后岸

兆伊公

字仲摯生康熙壬戌歿乾隆己巳娶曹氏生康熙壬戌歿康熙辛卯生二子繼娶夏氏生康熙丁巳歿乾隆壬申生二子公與夏氏合葬呈華塘曹氏葬后岸

應植公

應格公

應杆公

應橪公

兆仰公——應楓公

字仲高號景山生康熙己巳歿雍正壬子娶曹氏生康熙庚午生二子公葬后岸氏葬下菴背後

應根公

兆二公止

葬前山崗

志球公

字鳴玉號序東事蹟見善行生順治甲申十一月十五歿康熙庚寅六月初六娶石氏生順治己丑十二月初三歿康熙辛卯

兆俊公——應暢公

字德位生康熙己酉歿雍正乙巳娶曹氏生康熙丁未歿康熙丙壬寅生一子合葬后岸亥山巳向

七月二十三生
四子合葬后岸
山向詳載墓圖

兆傑公——應苗公

附貢生名英字漢三號竹岡事蹟見學林生康熙乙卯歿康熙庚子娶汪氏生康熙癸丑歿康熙戊寅繼娶程氏生康熙辛酉歿康熙庚子生五子公與程氏合葬張家山辛山乙向汪氏葬深泥干冲仙寅向

應思公

應留公

應識公

應畢公

兆代公——應畧公

字繩祖生康熙丁巳歿康熙己卯娶曹氏節行見列女生康熙丁巳歿乾隆戊

辰生一子合葬窖上

兆侯公

字覓公生康熙庚申八月二十一戌時歿乾隆戊午正月二十四巳時娶周氏生康熙壬戌六月二十五歿乾隆丙辰六月二十三生六子合葬窖上

應畛公

應福公

應璠公

應甲公

應男公

應界公

志恒公 字士望生順治丁亥歿雍正癸卯娶汪氏生順治辛卯歿雍正戊申生三子合葬上菴腳

兆伸公 字進達生康熙庚戌歿乾隆丙辰娶葉氏繼娶王氏生二子

應模公

應標公 止

兆僎公 字薦公生康熙甲寅歿乾隆己巳娶汪氏生康熙乙卯歿乾隆乙亥生二子合葬岱上

應梧公

應柞公

兆衍公 字慶如生康熙丙辰歿雍正癸丑娶汪氏生康熙乙卯歿雍正癸丑生八子合

應楷公

應枋公

葬后岸馬鞍坵

應棟公

應樸公

應棗公

應楫公

應樋公

應槤公

志雅公——兆侣公——應富公

字瑜量生順治辛卯殁雍正甲辰娶曹氏生順

兆侣公：字孟友生康熙己未十二月二十九娶汪氏繼

應當公

治壬辰歿雍正甲寅生三子合葬上菴腳

娶曹氏丞娶柯氏生康熙己卯九月二十九生三子合葬上菴腳

應元公

兆釗公

字嗣康生康熙戊辰歿雍正丙午娶黄氏生康熙壬申生三子

應槐公

應桔公

應榧公

兆珏公

字重玉生康熙甲戌八月二十一娶周氏生康熙癸酉歿乾隆癸酉生四子合葬上菴腳

應本公

應棣公

應杞公止

字南有生雍正丁未七月初一娶曹氏生雍正乙卯合葬呈金塘

應檀公 止

字爾馨生雍正壬子八月二十四娶汪氏生乾隆壬戌合葬下碓

志暉公

邑庠生名經字爾光事蹟見學林生順治甲午歿康熙乙丑娶程氏生四子

兆儒公

字席珍生康熙己未娶柯氏生康熙丁卯生二子

應權公

應桃公

兆倩公

字端先生康熙

應桂公 止

生康熙丁酉二

戊辰十二月初
九娶曹氏生康
熙己巳生一子

月十二

兆儈公
字汝中生康熙
癸酉十二月十
九娶曹氏生康
熙庚午生三子

應柳公 止
生康熙壬辰娶
曹氏繼娶張氏
丞娶柯氏

應桐公

應楣公 止
生雍正丙午娶
曹氏

兆儼公
字若思生康熙
庚辰正月初八
娶汪氏生康熙

應棚公 止
生康熙再壬寅

癸未殁乾隆癸酉生一子

志珽公

字廷玉生順治丁酉殁雍正甲辰娶曹氏生順治丁酉殁雍正癸卯側室汪氏生康熙庚戌殁雍正乙巳生一子合葬上菴鄉

兆便公

字更安生康熙戊寅八月初九娶曹氏生康熙甲戌殁雍正甲寅生二子繼娶程氏

應枋公

應榜公

志琪公

邑庠生名之上字爾璧號素菴事蹟分見學林善行生順治辛丑殁雍正乙卯娶曹氏生順治辛丑殁乾隆癸

兆伉公

字又亘號儷先生康熙庚午殁乾隆庚申娶曹氏生康熙己巳殁乾隆丁丑三月二十二酉時生三子

應薇公

應芹公

應葆公

亥生四子合葬
呈華塘

兆偦公——**應荂公**

字智甫號梅軒生康熙癸酉八月十七寅時娶曹氏生康熙乙亥歿雍正乙巳生一子繼娶柯氏生康熙癸未生二子

應菼公

應華公止

字實先號晚榮生乾隆甲子九月十七

兆倓公——**應蕬公**

字景光生康熙戊寅歿雍正乙巳娶余氏生康熙戊寅生一子合葬上巷腳

兆佼公——**應著公**

文建公止
葬下后岸

應芝公
字振家生康熙甲申四月初五娶柯氏生康熙丙戌生二子

文修公
字德源號善菴生崇禎辛未歿康熙辛巳娶程氏生崇禎庚辰歿康熙乙酉生四子合葬后岸山向詳載墓圖

志珩公
字渭珍號近溪事蹟見善行生順治戊戌七月初五歿雍正乙巳九月初八娶汪氏生順治丁酉十一月二十五歿雍正丁未十月二十八生三子合葬后岸

兆鈞公
字惟和號醉翁生康熙戊午歿乾隆癸亥娶曹氏繼娶曹氏生康熙辛酉歿雍正壬子三娶馮氏四娶程氏五娶曹氏生一子

應江公

兆鎧公
字制成號樸翁

應濤公止
字若波生康熙

事蹟見善行生康熙庚申十二月十二歿乾隆甲戌四月十八娶曹氏生康熙庚申五月初六歿雍正癸丑正月二十六生一子早歿摘兆鈘長子應治爲後繼娶朱氏生康熙癸巳四月十四生一子側室高氏生康熙癸未十月十七合葬裡崗

乙未歿雍正壬子葬前山崗

應治公

應漍公

兆鈘公

邑庠生名卓然字子兼號立峯事蹟見學林生康熙庚辰五月

應涵公

應濡公

初二歿乾隆己未十二月初十娶曹氏生康熙丙子十二月二十二生三子以長子應治爲兆鎧後

志瑆公

字如玉號琢軒生順治辛丑歿雍正癸丑娶曹氏生康熙乙巳歿康熙庚寅生六子繼娶王氏合葬后岸

兆鐸公

字子振號敬亭生康熙壬戌歿雍正乙巳娶曹氏生康熙癸亥歿乾隆癸酉生三子合葬后岸

應濟公

應淯公

應澡公 止

字浴德生康熙戊戌十月十八

兆鋊公

名鑰字子受生康熙乙丑歿乾

應洵公

隆甲戌娶柯氏
生康熙癸酉生
三子

應漕公止
字周遠生雍正
庚戌十二月初
二

應浗公止
字川上生雍正
乙卯四月十八

兆鉅公
字子剛生康熙
己巳二月初五
娶曹氏生康熙
丁丑歿乾隆乙
亥生二子合葬
后岸

應源公

應流公止
字如川生乾隆
丙辰十一月初
十

兆鏞公
字子戌號素心

應瀚公

生康熙辛未十月十三娶曹氏生康熙甲申生二子

應澳公止
字其羣生乾隆癸亥二月二十八

兆鋗公
字子封生康熙乙亥歿雍正癸丑娶曹氏生一子

應深公止
字方舟生康熙辛丑九月二十五

兆釧公
字子環生康熙壬午歿乾隆戊午娶某氏生一子

應派公止
字欽巨生雍正乙卯八月二十

志璋公
字殿璧號松崖生康熙丁未歿

兆守公
名高字惟一生康熙庚午歿乾

應溥公止
字又長生康熙辛丑十一月十

乾隆戊辰娶曹氏生康熙乙巳歿康熙丁卯生三子繼娶馮氏生康熙丙午歿雍正乙巳合葬荷花塘

隆癸酉娶曹氏生康熙丁丑生三子

五娶曹氏生乾隆丁巳

應澍公 止

字霖若生雍正己酉十一月二十五

應泳公 止

字含如生乾隆壬戌五月十九

兆寬公

字洪若號平山生康熙癸未四月十一娶曹氏生康熙甲申生一子

二

應灌公 止

字清可生康熙己亥正月二十

兆彩公　字鳳五號竹林生康熙丙戌二月初四娶汪氏生康熙癸巳生三子合葬荷花塘

應顯公止　字耀先生雍正壬子十二月初十

應賡公止　字虞載生乾隆戊午五月初三

應靜公

志瑄公　字弘玉號石巖生康熙戊申歿雍正庚戌娶曹氏生康熙丙午歿康熙再壬寅生三子以三子兆柳為元鶴公

兆鉉公　字鼎臣號菊庄生康熙丁卯歿乾隆庚申娶程氏生康熙甲戌生三子以三子應漢為兆鑄後

應涱公止　生康熙己亥歿乾隆癸亥

應法公

派志歡後

兆鑄公——應漢公止

字子鎔生康熙己巳歿康熙庚寅摘兆鉉三子爲後

字雲章生雍正乙卯九月十三

上川明經胡氏宗譜中卷之下

分系十二　元齡公派二

兆振公長子

應桓公 字仲相號柏軒生康熙辛未歿乾隆丁卯娶程氏生康熙辛未生二子合葬堈窪頭

天默公 國學生名丙照字又輝號竹居生康熙己亥二月二十八子時娶曹氏生康熙己亥十一月二十申時生二子公葬北庄嶺氏葬作公塘

德廣公 字公如生乾隆甲子七月初七娶程氏生乾隆癸亥摘德璽長子爲後公葬來龍上氏葬前山嶺

錫靖公 娶曹氏生一子合葬堈窪頭

承守公

德璋公 字如璧生乾隆丙子十月十六巳時娶汪氏生二子合葬上菴腳

定泰公 摘錫春長子爲後葬前山嶺

承林公

錫春公 娶柯氏生三子以長子承林爲定泰後合葬前

承棓公

承桂公

山崗

天照公
字又明生雍正癸丑十月二十八寅時娶曹氏生雍正己酉十月初二亥時繼娶馮氏生五子公與馮氏合葬來龍上曹氏葬作公塘

德璽公——錫太公——承立公
德璽公：娶馮氏生二子以長子錫𤧫爲德廣後合葬前山崗
錫太公：娶汪氏繼娶葉氏生一子公與汪氏合葬前山崗汪氏葬岱上

德瑩公——錫佐公——伯法公止
德瑩公：娶張氏生二子合葬窪上
錫佐公：娶曹氏生一子合葬窪上

錫俊公止
葬前山崗

德瑜公——錫代公——細閔公止
德瑜公：娶汪氏生二子以次子錫傑爲德珙後合葬前
錫代公：娶汪氏生一子合葬前山崗

兆振公
次子

應梗公
國學生名陞榮
字級三號松軒
生康熙癸酉殁
雍正甲寅娶曹
氏生康熙丙子
生二子合葬石
門裡

天燾公
字以介生雍正
癸卯二月初七
酉時娶曹氏生
康熙庚子七月
初十亥時生四
子合葬作公塘

山崗

德珙公
娶程氏摘德瑜
次子爲後合葬
窪上

錫傑公
娶黃氏生一子
公葬前山崗氏
葬窪上

春法公止
葬北庄崗

德班公止
葬前山崗

德璿公
字玉衡生乾隆
甲子正月十一
丑時娶馮氏生
一子

錫經公
娶曹氏生一子
合葬前山崗

承會公

德璨公
字玉光生乾隆
戊辰正月十八

錫緯公
娶汪氏生一子
合葬上庵背後

承歡公

子時娶馬氏生一子合葬上庵背後

德珮公

字玉聲生乾隆辛未八月初三亥時娶曹氏繼娶曹氏叁娶程氏生六子公與二曹氏合葬前山崗程氏葬裡崗

錫綏公

娶汪氏生一子

承訓公

錫絅公

娶曹氏生三子合葬上碓橋

承蔭公

承聖公

承柾公

錫紘公

生乾隆丙午殁道光甲午二月二十六娶汪氏

承詠公

承教公

生乾隆辛亥五月初五殁道光甲午六月二十四生五子以三子承鼎爲錫約後合葬前山崗

承格公 止
葬裡崗

承舉公 止
葬裡崗

錫約公——承鼎公
娶曹氏摘錫紘三子爲後合葬前山崗

錫繩公——承順公
生嘉慶庚申八月初四殁咸豐辛酉三月初三娶曹氏生嘉慶庚申八月初四繼娶高氏生嘉慶癸亥七月十

一生一子公與高氏合葬作公塘曹氏葬裡崗

錫紳公

郡庠生事蹟見學林生嘉慶乙丑十二月二十九歿咸豐丙辰五月初十娶曹氏生嘉慶丁卯十月十六歿咸豐庚申四月二十一生三子公葬作公塘氏葬前山崗

承敬公

承平公

承鉞

德璲公

邑增生名躍字卯君號隱瀾事蹟見學林娶余氏繼娶汪氏生

錫紱公

娶柯氏生二子

承治公止

承弓公止

二子

錫組公　國學生字侶璣生嘉慶癸亥二月初一寅時歿同治壬戌八月十七酉時娶曹氏生嘉慶丙寅二月初二寅時歿同治壬戌閏八月十七生三子

承蓋公止

承烔公止　生道光壬辰十一月二十六歿同治乙未九月十九葬裡崗

承熺公止　生道光壬寅十一月十九亥時葬裡崗

天煦公　字以和生雍正壬子六月十四丑時娶曹氏生雍正壬子八月

德瑛公　生乾隆戊寅五月二十七戌時歿乾隆癸丑三月初四酉時娶

錫緯公　生乾隆癸卯二月初五辰時歿咸豐乙卯十月十八戌時娶曹

承海公

承法公

十九子時生二子合葬外崗

馮氏生乾隆丁丑九月二十寅時歿乾隆乙未十一月十三卯時繼娶程氏生乾隆丁亥十月初十寅時歿道光丙戌四月十三亥時生二子合葬深泥干

德瑆公——錫緒公——承長公

氏生乾隆壬寅四月初六丑時歿道光庚戌七月初十亥時生三子合葬前山崗

承泳公止 生道光辛巳四月初三午時歿道光己酉九月十七未時葬窪上

錫繼公 生乾隆丙午五月二十一歿咸豐辛酉五月初十娶柯氏生乾隆乙巳十一月二十五歿道光丙申六月十七生四子合葬呈坤坑上木橋頭

承河公

承江公

承洲公

承涇公

郡庠生名均號尚平事蹟見學林生乾隆辛巳六月初五歿嘉慶辛未十二月初五娶汪氏生乾隆庚辰正月二十七歿道光庚子十二月二十八生四子公葬上庵腳氏葬前山崗

生乾隆己亥六月十六歿嘉慶戊午六月十七娶柯氏生乾隆丁酉三月十一歿道光丙戌四月十二生一子

錫素公 —— **承材公**

字福慶號庠之生乾隆庚子歿咸豐丙辰娶汪氏生乾隆辛丑歿咸豐辛酉生四子以三子承松爲錫綱後

承椿公

承楷公

錫綱公 —— **承松公**

娶汪氏摘錫素三子爲後

錫絜公——承棟公

名菊慶生乾隆戊申二月二十七歿咸豐己未十二月十一娶曹氏生乾隆己酉正月二十一歿咸豐辛酉五月十五生五子以次子貞銀爲錫吉後合葬前山崗

全安公止

葬前山崗

金安公止

葬前山崗

承權公

兆鎧公子

應禎公——天明公止

字占瑞生雍正戊申六月二十六娶某氏生一子

生乾隆己巳七月二十五丑時

兆鐳公子

應恭公——天蘭公——德仲公——錫烝公——貞綵公

字克讓生康熙

生乾隆癸亥七

生乾隆丙午四

生嘉慶庚午十

乙酉六月二十一娶程氏生康熙辛丑生三子合葬后岸

月初二娶曹氏生二子以次子德春爲天葭後

月二十一歿同治壬戌四月二十八娶江氏生一子繼娶王氏生嘉慶己未四月十一歿同治壬戌九月初三生三子以次子錫根爲德春後公與王氏合葬裡崗江氏葬后岸灣

二月三十摘錫桂長子爲後

錫樹公——**貞維**

生道光辛巳九月初二巳時摘錫桂次子爲後葬裡崗

錫桂——**貞給**

名細閔同治甲子投　曾爵相麾下奮勇擊賊保舉六品庚午歲以平甘肅靈州功由　左爵相保舉把總賞戴藍翎辛未請假回籍生道光戊戌十月二十四卯時娶葉氏生咸豐丁巳六

月二十四亥時
歿光緒辛巳五
月十五丑時生
三子繼娶丁氏
生道光庚子歿
光緒戊戌七月
初六辰時以長
子貞綵爲錫杰
後次子貞維爲
錫樹後葉氏葬
后岸灣丁氏葬
裡崗

天葭公——德春公——錫根公——貞綠公

天葭公：生乾隆癸酉十一月二十九摘天蘭次子爲後葬裡崗

德春公：摘德仲次子爲後葬裡崗

錫根公：娶汪氏繼娶董氏公與董氏合葬裡崗汪氏葬窪上生一子

天華公——德光公——錫槃公止

天華公：娶葉氏生一子合葬后岸

德光公：娶曹氏生一子葬裡崗

兆鑲公子

應龍公 字在田生雍正庚戌五月十三娶王氏生乾隆辛酉生一子
——天順公 娶葉氏生二子
————德亮公止
————德貴公止

兆鏳公長子

應積公 字餘慶生雍正甲辰七月十二娶曹氏生雍正己酉生一子
——天茹公 娶柯氏生二子
————德位公 娶柯氏生一子
——————觀雄公止
————德仕公止

兆鏳公次子

應秋公 字爾賞生雍正甲寅十月初四娶曹氏生雍正甲寅生一子
——天渚公 娶某氏生一子
————德佳公止

兆銖公子

應連公 字乾山生雍正
——天養公 娶洪氏生二子
————德偉公 娶某氏生一子
——————錫敬公止

乙卯八月初四娶某氏生一子

德傑公止

兆儀公子

應正公——天洛公——德興公——錫觀公——貞珠公

應正公：字克端生康熙壬午歿雍正丁未娶程氏節行見列女生康熙甲午歿乾隆壬子摘應德次子為後公葬窰上氏葬后岸

天洛公：字營周生乾隆己未二月二十五娶張氏生乾隆庚申七月生一子合葬曹家坟

德興公：娶鮑氏生一子合葬曹家坟

錫觀公：摘錫雲次子為後葬窰上

兆佐公長子

應運公——天卯公——德祀公——錫榮公——貞利

應運公：生雍正甲辰娶曹氏生二子以長子天寅為應培後合葬將軍灘

天卯公：生乾隆丙子九月娶程氏生二子以次子德祥為天寅後合葬將軍灘

德祀公：生乾隆辛亥七月初一歿同治壬戌三月初四娶曹氏生乾隆乙卯六月十二歿同治壬戌八月十九生二子

錫榮公：名章福生道光乙未十二月初九申時娶葉氏繼娶殷氏生二子以長子貞餘為錫明後葉氏葬窰上殷氏葬

以次子錫明爲 后岸塘
德祥後公葬曹
家坟堂氏葬窆
上

兆佐公次子

應堷公——天寅公——德祥公——錫明公——貞餘公

應堷公：生雍正戊申摘應運長子爲後葬將軍灘

天寅公：摘天卯次子爲後葬窆上

德祥公：摘德祀次子爲後葬曹家坟堂

錫明公：摘錫榮長子爲後葬窆上

兆侃公子

應承公——天潢公——德錦公——錫雲公——貞木公止
　　　　　　　　　　　　　　　　　　　貞元公止

應承公：字克紹生康熙癸巳歿乾隆壬戌娶柯氏摘應德三子爲後合葬窆上

天潢公：字公胄生乾隆辛酉十二月初二娶程氏生乾隆丙辰正月生一子合葬窆上

德錦公：娶曹氏生一子合葬曹家坟堂

錫雲公：娶曹氏生三子以次子貞珠爲錫觀後合葬曹家坟堂

貞木公：葬窆上

貞元公：葬窆上

兆仲公子

應德公——天浩公——繼興公止

應德公：字克明號竹巖生康熙丙戌娶

天浩公：邑廩生名爕元字贊廷號重齋

繼興公：生乾隆乙丑五月十七子時葬

程氏繼娶程氏
生康熙戊子歿
乾隆戊辰生四
子丞娶曹氏以
次子天洛爲應
正後三子天潢
爲應承後公與
曹氏合葬窰上

又號龎夫事蹟
見學林生雍正
己酉十一月十
六辰時娶曹氏
生雍正乙巳十
二月十六酉時
生三子合葬窰
上

窰上

泰興公止
生乾隆戊寅正
月十一亥時葬
窰上

長興公止
葬窰上

天湆公止
字還初生乾隆
丁卯二月二十
七

兆銅公
長子

應徵公——**天演公**——**德糧公**——**錫湯公**——**貞柏**

應徵公：
生雍正壬子五
月十四娶汪氏
生乾隆庚申生

天演公：
娶汪氏繼娶程
氏生四子合葬
毛獅灣

德糧公：
娶程氏生三子
合葬麻雀塢

錫湯公：
聘柯氏未婚歿
摘錫沿長子爲
後公葬麻雀塢

一子合葬毛獅灣

錫淦公——貞椿公

摘錫沿三子爲後葬麻雀塢

錫沿公——貞泰

名柯永生道光己酉五月初二卯時歿光緒己亥十二月初七巳時娶程氏生同治丙寅六月十六卯時生四子以長子貞柏爲錫灝後次子貞楠爲錫漢後三子貞椿爲錫淦後公葬前山崗

德綜公——錫清——貞菊

生嘉慶乙丑四月十八歿咸豐丙辰六月十九娶汪氏生嘉慶己卯八月初五未時歿光緒庚子五月三十卯時生一子合葬窪上

名繼華生咸豐辛亥正月三十申時娶程氏生咸豐丙辰正月初二巳時生三子以次子貞花爲錫湘後

貞⿱艹錢

德精公——錫漢公——貞楠公

德精公　娶曹氏繼娶程氏生三子曹氏葬前山崗程氏葬毛獅灣

錫漢公　娶江氏摘錫沿次子爲後氏葬前山崗

錫江公　止　娶程氏

錫河公　止

兆銅公 次子

應徽公 生乾隆庚午四月十三娶葉氏生六子以四子天濟爲應徽後合葬岱上

天洽公 娶某氏繼娶某氏生二子葬后岸灣

天澎公 生乾隆庚子十二月二十三娶季氏生二子以長子德喜爲天祥後合葬窖上

德燦公 娶汪氏繼娶王氏生一子公與汪氏合葬毛獅灣王氏葬窖上 —— 錫湘公 摘錫清次子爲後 —— 貞花

德元公 名有元娶某氏生一子公葬裡崗 —— 錫村公 待後

啟元公 娶某氏生一子 —— 錫壽公 止

德揮公 名祿元生道光己亥五月十七歿光緒甲辰九月十五娶王氏繼娶汪氏生二子以次子錫炳 —— 錫棠 名立信生同治庚午二月三十未時娶王氏生同治庚午十一月十七丑時生一子 —— 貞海

爲德喜後王氏汪氏各葬窖上

天波公——德華公——錫全公——貞林

天波公：娶某氏生一子

德華公：娶王氏摘德亚次子爲後

錫全公：摘錫青長子爲後

天湛公——德中公——錫卣公——貞本

天湛公：生乾隆癸丑六月二十二娶方氏繼娶程氏生嘉慶癸亥二月初七生二子合葬前山崗

德中公：名灶松生道光庚子十一月初六寅時殁光緒辛丑八月初五未時娶曹氏繼娶汪氏生道光己亥二月十六辰時生三子以三子錫仁爲德和後公葬前山崗

錫卣公：名交信生同治丙寅七月二十八辰時殁光緒己亥十月十四丑時娶周氏生同治甲戌八月二十五亥時生一子公葬前山崗

錫孚公 待後

生光緒丙子六月二十一葬前山崗

德和公——錫仁

德和公：名灶壽同治甲子投　曾爵相麾下奮勇擊賊保舉六品頂戴生道光甲辰二月二十七歿光緒壬寅八月初五娶柯氏繼娶江氏摘德中三子爲後合葬前山崗

錫仁：名義信生光緒壬午十月初四申時

天祥公——德喜公——錫炳公待後

天祥公：娶潘氏摘天澎長子爲後合葬窪上

德喜公：娶葉氏摘德揮次子爲後合葬窪上

錫炳公：名生信生同治壬申七月十六歿光緒丁未五月初二娶曹氏

兆鐵公子

應甪公
生乾隆癸酉五月二十七摘應徽四子爲後

天濟公
娶某氏生三子

德正公
娶汪氏生二子以次子錫全爲德華後

錫青公
名和信娶某氏生二子以長子貞林爲錫全後

細林
生光緒丁丑公葬窪上

大元公止

國元公止
娶柯氏

兆伊公長子

應植公
字景曹生康熙丙戌娶馮氏生康熙辛巳生三子合葬窪頭塘

天燭公
從九品字玉輝生雍正己酉七月十九丑時歿嘉慶乙丑正月十七巳時娶曹

德玲公
國學生生乾隆辛未十月二十九巳時歿道光辛巳四月二十七巳時娶柯氏

錫浩公
娶汪氏生三子合葬劉家塘

貞栻公

貞福公

氏生雍正丁未八月初七歿嘉慶癸亥三月三十生三子

生乾隆壬申十月二十四子時歿道光庚子十一月二十五未時生二子

德垠公　生乾隆甲戌娶曹氏生二子合葬剪刀凹山向詳載塋圖

錫治公　國學生名振愷字錫川生乾隆甲辰二月十四戌時歿咸豐辛亥四月二十三卯時娶汪氏生乾隆辛丑七月二十四亥時歿道光辛丑十一月二十一亥時生四子

錫渻公　娶曹氏節行見列女摘錫漢長子爲後合葬楊林礄下

貞雅公

貞梁公

貞選公

貞達公

貞遠公

貞全公

錫漢公

娶汪氏生一子繼娶周氏生一子又娶葉氏生一子以長子貞全為錫淯後公與汪氏合葬堌窪頭周氏葬黃蘗山

貞合公

貞金公 止

葬黃蘗山核桃灘田內

德多公 止

天煋公

生雍正乙卯六月初七娶季氏生乾隆庚申生五子以四子德里為天宋後合葬窪頭塘

德座公

娶某氏生一子

錫金公

娶某氏生三子

貞寶公

貞閔公 止

名閔

貞三公 止

德堂公

娶某氏生一子

錫考公

娶某氏生三子

貞華公

貞玉公止

名玉珍

德至公

生乾隆壬寅十二月十四歿咸豐庚申七月初五娶柯氏生三子合葬后岸灣

錫林公

生乾隆乙卯六月初五歿同治壬戌五月十七娶王氏生嘉慶丙辰十月初六歿同治壬戌四月二十六生三子公葬西墓坦氏葬西墓坦

貞嘉公

貞喜公

貞喆公

錫森公

娶汪氏繼娶鮑

貞水公

氏生一子合葬
西墓坦口

錫禾公

生嘉慶丙寅八月二十四丑時歿同治壬戌七月初一酉時娶王氏生嘉慶己巳十二月初十卯時歿光緒辛丑二月十五丑時生五子公葬呈冲坑

貞善公

貞吉公

貞士公 止

名玉芳生道光己亥九月初八歿咸豐庚申十一月十五葬呈華塘窪上

貞古公 止

名四芳生道光丙午五月十六歿咸豐辛酉正月二十一葬劉

貞木公
家塘

德重公
娶曹氏生七子公葬上庵鄒氏葬岱上

錫芝公
娶曹氏生三子以次子貞休爲錫慶後三子貞紹爲錫英後合葬劉家塘

貞桂

錫茂公
摘錫菊長子爲後葬窪上

貞坦公

錫菊公
娶曹氏繼娶葉氏生二子以長子貞坦爲錫茂

貞灶公

後公與曹氏合葬劉家塘葉氏葬西墓坦口

錫英公——貞紹公

娶程氏摘錫芝三子爲後合葬劉家塘

錫勤公——貞烜公

摘錫順長子爲後葬劉家塘

錫慶公——貞休公

摘錫芝次子爲後葬劉家塘

錫順公——貞雲公

娶章氏生一子

兆伊公次子

天烱公　生乾隆乙丑娶某氏生一子
—德飛公　娶程氏生一子
—錫法公　娶葉氏生一子繼娶王氏生一子以長子貞烜爲錫勤後合葬岱上
—貞慟公　止

應格公　字致知生康熙辛卯娶王氏生一子
—天朱公　摘天煋四子爲後
—德里公　從九品名鵬萬號宗魯生乾隆丙申歿咸豐癸丑娶曹氏生一子繼娶汪氏三子繼娶王氏四娶洪氏曹氏葬后岸汪氏王氏合葬汪洋坦洪氏葬劉家塘
—錫玉公　國學生名振瑞字朗山生嘉慶戊午歿咸豐辛酉娶汪氏生一子繼娶曹氏生三子公葬窪上汪氏葬汪洋坦曹氏葬呈華塘背後
—貞祿公
　貞裕公
　貞祝公
　貞袖公

光伊公三子

應杆公
字次裙生康熙壬辰九月二十八娶王氏繼娶葉氏生康熙癸巳生二子三娶吳氏生康熙甲午生三子四娶程氏公與王氏吳氏合葬岱上葉氏程氏合葬烏鴉撲地

天江公
生乾隆丁巳七月十八娶曹氏生乾隆丁巳生一子

德光公
娶程氏生一子

錫坦公
娶汪氏生一子

貞欽公止
娶汪氏繼娶程氏

天河公
生乾隆壬戌九月二十五娶曹氏生一子繼娶程氏公與曹氏合葬岱上程氏葬上溪口

德財公
娶汪氏生二子公葬呈金塘氏葬岱上

錫垣公
娶汪氏生一子公葬呈金塘氏葬岱上

貞灶公止
娶王氏繼娶黃氏公與黃氏合葬呈金塘王氏葬芝蕪園

錫庸公
名大任娶汪氏繼娶程氏三娶曹氏四娶程氏生一子公與後程氏合葬岱上前程氏葬窑上汪氏曹氏合葬

貞愷

天湖公
生乾隆甲子七月十二娶某氏
生三子

德貢公
名貢德娶某氏
生三子

錫祚公止
呈金塘

錫焯公止
娶阮氏

錫祿公止

德木公止
娶石氏

德以公止
名以德娶王氏

天海公

德佃公

錫雨公止

生乾隆丁卯十二月十五娶曹氏生一子合葬岱上

娶林氏生一子名清來葬劉家塘

天淮公——德佳公——錫清公——貞孔

天淮公：生乾隆癸酉十月初三娶王氏生一子合葬岱上

德佳公：名定恩娶程氏生四子合葬岱上

錫清公：名大猫摘錫瑞長子爲後葬岱上

錫楷公——貞年公

錫楷公：名細猫摘錫瑞三子爲後葬岱上

錫瑞——貞海

錫瑞：名三猫生道光己酉七月初一丑時娶許氏生同治乙丑九月二十四未時生

兆伊公
四子

應𣗬公
字染善生康熙甲午殁乾隆丙寅娶曹氏生康熙甲午生二子合葬上庵脚

天祥公
生乾隆辛酉十一月初九娶柯氏生二子公葬上庵脚氏葬金黃坑

德甫公
娶汪氏生三子公葬上庵脚

錫環公止
名四猫葬岱上

三子以長子貞孔爲錫清後三子貞年爲錫楷後

錫盈公
娶程氏生一子

貞松公

錫月公
娶柯氏生二子合葬窑上

貞幹公

貞桃公

錫明公
娶方氏生一子

貞本公止

德樹公
娶曹氏生四子
合葬獅尾上

錫美公
娶曹氏生二子
合葬社土上

長壽公止
葬前山崗

珍壽公止
葬前山崗

錫猷公
娶錢氏摘錫書
次子爲後合葬
金黃坑

貞連

錫書公
娶王氏生二子
以次子貞連爲
錫猷後合葬前
山崗

貞順公止
葬前山崗

錫祐公
娶柯氏生一子
葬窪上

獻壽公止

公葬社土上氏
葬金黃坑

兆仰公
長子

應楓公
字近宸生康熙丁酉正月初三娶王氏生康熙庚子生一子合葬窰門口

天晸公
娶葉氏生三子公葬下菴氏葬深泥干

天祿公
生乾隆乙丑十一月二十娶吳氏生二子合葬上菴腳

德本公
娶許氏生一子

錫託公
娶柯氏生一子

四壽公止

德杰公止
娶汪氏公葬窰上

德炳公
娶汪氏生二子以次子錫惠爲德煊後合葬裡崗

錫堂公止
葬裡崗

德燓公
娶程氏繼娶葉氏生三子公葬

錫堅公
名連吉生嘉慶己卯十二月十月十六

貞培公止
生同治丙寅九

毛獅灣程氏葬
裡崗葉氏葬劉
家塘

二娶洪氏生道
光辛卯四月十
四歿同治壬戌
正月二十繼娶
王氏生道光癸
未十二月十三
生一子合葬劉
家塘

錫基公——貞坎公 止

生道光辛卯三
月十三娶汪氏
生道光乙巳正
月二十生二子
以次子貞乾爲
錫廸後合葬劉
家塘

生同治丙寅七
月三十葬窪上

錫廸公——貞乾公

摘錫基次子爲
後葬劉家塘

兆仰公次子

德熺公——錫惠公——灶興

德熺公：名德俊娶曹氏摘德炳次子爲後公葬劉家塘氏葬上菴背后

錫惠公：名慶吉生道光庚寅娶某氏生一子合葬上菴背後

應根公——天昊公止

應根公：字旣立生康熙再壬寅十月初十娶季氏生雍正己酉生三子合葬下庵背後

天昊公止：生乾隆戊辰三月十三

天旻公止：生乾隆丙子正月十二

三鼎公止

兆俊公子

應暢公——天恩公——德元公止

兆傑公
長子

字遂生生康熙
戊寅十月初五
娶汪氏生康熙
丙子殁乾隆庚
午生二子

應苗公
名鳳翔字秀先
生康熙庚辰九
月初七殁乾隆
己巳娶曹氏生
康熙辛巳十二
月初一繼娶汪
氏生康熙辛巳

字欽承生康熙
戊戌八月十五
娶曹氏生康熙
丙申生二子

天懋公止
生雍正癸丑八
月十二娶曹氏
生雍正乙卯

天銀公止
生雍正丁未三
月初十娶戴氏

天鎮公止
字汝安生雍正
戊申二月二十

生乾隆戊午七
月十九

德亨公止
生乾隆辛未正
月十八

殁乾隆丁巳生
三子

兆傑公
次子

應思公
字聖孫生康熙壬午殁雍正乙卯娶曹氏生康熙癸未殁乾隆壬戌生二子

天銓公 止
生雍正甲寅九月初七

天鏡公
字明如生雍正癸卯三月初七娶曹氏生康熙再壬寅生二子

天鎖公 止
生雍正癸丑五月十二

德澤公
生乾隆甲子十月初一娶某氏生一子

錫田公 止

德沛公
生乾隆壬申十月初三娶曹氏生一子

錫善公 止

光傑公三子

應留公
國學生名鳳起字仲張號鵬南生康熙辛卯十一月二十二娶曹氏生康熙己丑五月二十一生三子合葬深泥干申山寅向

天銑公
邑庠生名廷位字聲遠號履安又號半軒事蹟分見學林善行生乾隆辛酉正月十七歿道光癸未三月二十四享年八十有三娶曹氏生乾隆丁巳七月二十三歿乾隆戊戌六月十八生三子以次子德源爲天鏃後合葬張家山辛山乙向

德湋公
名湋德生乾隆丁丑十月十六娶曹氏生乾隆甲戌八月十四生三子合葬后岸

錫楚公
號鎮南娶汪氏生六子以五子貞熙爲錫枋後六子貞炘爲錫標後合葬下深泥干

貞輝公

貞耀公

貞會公止
娶周氏

貞晃公止

錫楓公
生乾隆辛丑四月二十八歿道光庚戌十一月十六娶石氏生乾隆乙巳五月十二歿咸豐辛

貞煒公

貞烜公

酉六月十二生 二子合葬下深泥干

錫枋公 摘錫楚五子爲後葬黃泥崗 —— 貞聚公 娶汪氏 止

德沾公 娶汪氏生一子 —— 錫標公 娶曹氏摘錫楚六子爲後 —— 貞炘公

天銑公 生乾隆甲子五月十七摘天銑次子爲後葬學士墩 —— 德源公 歲貢生名宗翰字右屏號西園事蹟見學林生乾隆壬午五月初二歿道光庚子九月初七娶曹氏生乾隆壬午三月二十七 —— 錫樞公 邑庠生名振采字少文號畫山事蹟見學林生乾隆甲辰十月二十六申時歿咸豐辛酉五月二十午時娶程氏生乾隆癸卯 —— 貞炎公

貞惠公

歿道光丙戌十
一月三十生三
子合葬學士墩
巽山乾向

八月初六生二
子合葬學士墩
巽山乾向

錫椅公

從九品名丙燦
字印渠事蹟見
善行生乾隆乙
卯五月十九歿
同治丙寅四月
二十二娶程氏
生嘉慶己未正
月初一歿咸豐
辛酉七月初八
生五子合葬學
士墩

貞焯公

貞憲公 止

名養吉生道光
己丑六月十四
歿咸豐乙卯十
二月初二娶王
氏合葬前山崗

貞忠公 止

名蘊吉生道光
癸巳六月初五
歿咸豐乙卯十
月初七葬前山
崗

貞懿公 止
名隆吉生道光丙申八月初十殁同治甲子正月十六葬前山崗

貞慈公

錫樂公
邑增生名振雅字錫枝號易蘭又號魯田事蹟見學林生嘉慶庚申九月初三亥時殁咸豐辛酉八月二十三丑時娶汪氏生嘉慶癸亥十月十四未時殁咸

貞慰公

貞愈公

貞卯公

豐辛酉八月十七子時生三子合葬學士墩巽山乾向

天鏵公——德渚公止

生乾隆乙丑十二月初三辰時娶曹氏生五子

德澳公止

德滐公止

德衍公止

德溆公——錫名公止

娶某氏生一子

光傑公四子

應鏹公——天倫公——德注公止

字君邦生康熙乙未十月十一娶曹氏生康熙乙未生二子

生乾隆乙丑娶曹氏生一子

天章公止

生乾隆辛未

光傑公五子

應畢公——天鈾公——德灒公——錫桂公——貞元公

字君萬生康熙丁酉六月二十三娶章氏生康熙乙未生二子

字含遠生雍正甲寅十月初六娶汪氏生雍正庚戌生一子合葬上庵腳

生乾隆乙亥娶曹氏生二子葬上庵腳

娶孫氏摘錫棠長子爲後葬窪上

錫棠公——貞松公

名大火娶曹氏生三子以長子貞元爲錫桂後

貞寶公止

葬窪上

天錦公——德浩公——錫賓公——瑞林公止

字綉文生乾隆丁巳九月二十七娶曹氏生乾隆丁巳九月十二生一子合葬前坑

娶某氏生一子公葬呈金塘

娶某氏生一子

兆代公子

應畧公 字君偉生康熙乙亥歿雍正乙巳娶曹氏節行見列女生康熙乙亥生一子

天經公 字仲義生康熙辛丑十一月初九娶汪氏生康熙辛丑生二子

德順公 名輝壽生乾隆辛未四月初六亥時娶曹氏生一子

啟發公 字華亭娶曹氏生一子

全慶公止

德祝公 名祝壽娶曹氏生二子

□□□ 娶某氏生二子

錫桓公止

貞興公止

貞尚公止

兆侯公長子

應昣公
字涵萬生康熙辛巳歿乾隆丙辰娶曹氏生康熙庚辰生三子合葬上庵腳

天健公
鄉飲賓字體乾號爾康生雍正戊申十二月二十九娶王氏生乾隆辛酉十月二十九生四子以三子德渟爲天任後合葬前坑

德津公
國學生生乾隆辛巳十二月初四娶汪氏生二子繼娶葉氏側室陳氏生乾隆辛卯十一月二十生三子合葬深泥干

錫棫公
徵仕郎娶曹氏生一子繼娶葉氏

貞煦公

錫槐公
國學生名槐字樹三娶章氏生四子合葬前坑

貞明公

貞旦公

貞昕公

貞晴公止
名純吉娶汪氏合葬劉家塘

錫栩公

國學生字景舟號和喜生嘉慶丁巳九月初二未時歿咸豐丙辰正月初六子時娶汪氏生乾隆乙卯十月初九未時歿咸豐辛酉九月初十卯時生五子合葬深泥干

貞駿公

貞旭公

貞皓公

貞早公 止

生道光己丑十月二十二歿咸豐甲寅七月初七未時葬劉家塘

貞暐公 止

生道光己亥二月二十八歿咸

豐庚申二月十一亥時葬劉家塘

錫杜公——貞暘公止

錫杜公：名四喜娶曹氏繼娶陳氏生一子合葬劉家塘

貞暘公止：名開吉葬劉家塘

錫霖公——貞智公止

錫霖公：生嘉慶己巳九月十二酉時歿咸豐辛酉十二月初七巳時娶汪氏生嘉慶丁卯十一月二十卯時歿咸豐辛酉六月十七寅時生二子合葬劉家塘

貞智公止：名代吉生道光辛卯七月十七歿咸豐丙辰九月二十三辰時葬劉家塘

貞暇公止：名遂吉葬劉家塘

德洪公
娶某氏生三子

竝喜公
娶某氏生一子

貞吉公止

春喜公
娶某氏生二子

順吉公止

倘吉公止

泰喜公
娶某氏生一子

報吉公止

德洄公
名耀旺生乾隆己亥正月初三歿嘉慶丙寅九月十九娶王氏節行見列女生乾隆戊戌六月

錫桴公
郡庠生世襲雲騎尉名咏芬字虹舟事蹟見學林生嘉慶戊午九月初十歿咸豐庚申二月二

貞曉公

貞晟公

十九歿咸豐乙
卯三月二十七
生二子合葬蟹
形

十六娶石氏生
乾隆乙卯二月
十九歿咸豐辛
酉六月初七生
二子公葬蟹形
氏葬前山崗

錫楙公——**貞昭公**止
娶馮氏

從九品名承芬
字幹清生嘉慶
甲子五月二十
三歿咸豐癸丑
九月十三娶汪
氏生嘉慶癸亥
九月初九歿咸
豐丁巳四月二
十一生一子側
室陳氏生二子
公葬前坑汪氏
葬前山崗陳氏
葬劉家塘

貞炷公止

貞晌公止
名正吉葬劉家塘

天保公——連陞公——四九公止

字爾定生雍正辛亥九月二十四酉時娶某氏生四子以三子高陞爲天任後

娶某氏生一子

桂陞公——春慶公止

娶某氏生一子

進陞公——梅慶公止

娶某氏生一子

天任公——德渟公——錫梅公——貞曙公

字爾重生雍正甲寅二月二十八摘天鍵三子德渟天保三子高陞雙繼葬呈金塘

鄉飲賓字聚文生乾隆庚寅十二月二十歿道光丁酉九月十五聘王氏未婚歿繼娶王氏生乾隆辛卯九月初七歿嘉慶辛未七月十六生二子豸娶汪氏

名交喜娶石氏生一子公葬蘇圍黨

錫模公——貞熒公

承德郎名模字方楷號範亭事蹟見善行生嘉慶庚申四月十

生一子公與後王氏汪氏合葬呈華塘背後巽山乾向前王氏葬后岸

貞煊公

八丑時歿同治辛未十一月十八丑時娶方氏生嘉慶壬戌正月初七歿咸豐辛酉九月十八生二子繼娶汪氏側室卞氏公與方氏合葬呈華塘背後巽山乾向汪氏卞氏俱葬窪上

錫杭公——**貞照**

國學生名杭字運江生道光壬午三月二十六歿同治乙丑五月初一娶汪氏生道光壬午五月二十五歿光緒壬辰五月二十三側室尹氏

生道光癸未十二月十六歿光緒戊子十二月初八生一子公與汪氏合葬栗裡沖口

高陞公 娶柯氏生二子

春和公 止

壽慶公 止

兆侯公次子

應福公 字君錫生康熙癸未十二月初七娶曹氏生康熙癸未二月初五歿乾隆丙辰六月十九繼娶唐氏生康熙癸

天鍾公 止 字受祿生雍正丙午八月十九子時娶黃氏繼娶劉氏生雍正辛亥十二月二十四亥時

酉十月初十生
二子

天鑾公止
生乾隆丙辰六
月初三寅時

兆侯公
三子

應璠公
字有璵號春齋
生康熙己丑十
月十四娶汪氏
生康熙丁亥十
月初七歿雍正
壬子正月二十
六生二子以次
子天銘爲應甲
後公葬上庵鄉
氏葬深泥干

天鑑公
字在茲生雍正
丁未九月十七
娶程氏生乾隆
庚申生一子合
葬東山庵

德湇公
娶曹氏生一子
合葬毛獅灣虎
形

錫楨公
娶汪氏生一子
繼娶吳氏生二
子叅娶曹氏生
一子公與汪氏
合葬毛獅灣虎
形吳氏葬深泥
干曹氏葬荷葉
蓋金龜

功烈公

功熹公

功杰公

功默公

兆侯公
四子

應甲公
字有科生康熙

天銘公
字又新生雍正
娶某氏生一子

德梓公

錫餘公止

兆侯公
五子

壬辰三月二十一歿雍正乙卯七月十一娶王氏生康熙癸巳十二月二十六摘應璠次子爲後

庚戌九月初八娶王氏生乾隆戊午七月二十六生一子

應男公
字子同生康熙甲午六月二十一娶柯氏生康熙乙未生三子

天鎰公 生乾隆己未正月二十一娶某氏生一子 —— **嘉喜公** 娶某氏生一子 —— **觀壽公** 止

天銜公 生乾隆丙寅九月二十八娶某氏生一子 —— **德運公** 止

天釗公 生乾隆庚午六月十七娶某氏 —— **春德公** 止

兆侯公六子

應界公　字子經生康熙庚子七月十八娶曹氏生康熙庚子生二子

天錡公　生乾隆庚申七月十八娶某氏生一子

壽星公　娶某氏生一子

萬喜公止

生一子

天錩公止　生乾隆癸酉正月初一

分系十三　元巘公派三

兆仲公長子

應模公　生康熙辛未八月二十三娶曹氏繼娶戴氏生康熙癸酉生二子

天瑞公　生雍正庚戌三月初五娶某氏生四子

德雨公　娶某氏生四子

榮珍公止

錫榮公止

四緯公止

黄緯公止

德冰公止

德雪公止

雙德公
娶吳氏繼娶某氏生一子又摘元俊公派德仁次子錫品爲後

殿全公止

錫品公
娶許氏繼娶許氏生二子

康才公止

佛才公止

天助公止
生雍正壬子七月初五娶黃氏生乾隆戊辰

兆僎公長子

應梧公—天灶公—德名公—錫由公止

字貌奇生康熙甲戌歿乾隆乙亥娶曹氏生康熙乙亥生四子

字公媚生康熙甲午九月十九娶程氏生康熙庚子生一子
娶某氏生一子

天燦公——德誠公——木信公——貞卿公上
字公明生康熙己亥十二月十六娶石氏生康熙再壬寅生一子
字惟一生乾隆甲子十二月二十八娶某氏生二子
娶某氏生三子
貞瑞公止
貞華公止
和信公止

天煜公——德讚公——錫積公——貞路公止
字公耀生雍正丁未三月初九娶曹氏生雍正乙卯生一子
字惟揚生乾隆乙亥十一月二十二娶某氏生一子
娶曹氏生三子
貞發公止
正發公止

天烈公——德巖公——錫鶴公——明正公止
字承武生雍正壬子四月二十
娶柯氏生一子
娶鮑氏生三子
明法公無考

二娶洪氏生乾隆辛酉生一子

光僎公 次子

應柞公 字其湑生康熙庚辰二月初五娶柯氏生康熙癸未十月十三生五子合葬岱上

天炳公 字景光生康熙辛丑九月初九歿乾隆甲午娶程氏生雍正甲辰歿乾隆壬寅生三子合葬后岸塘

德誼公 生乾隆己巳九月二十七未時娶汪氏生三子葬劉家塘崗

錫禮公 生乾隆丙午歿道光癸巳娶汪氏生乾隆己酉歿道光丙申生二子合葬九塚窪上

錫祿公 止 葬呈金塘

錫裕公 娶汪氏生一子合葬呈金塘崗

明輝公 止 遷山東燕臺

貞霞公

貞霖公

貞雲公 止 娶某氏葬前山

德諴公——錫啟公——貞萬公

德諴公：生乾隆癸酉二月十五未時娶曹氏生一子合葬呈華塘

錫啟公：娶程氏繼娶汪氏生五子公與汪氏合葬前山崗程氏葬上庵背後

貞萬公

貞水公 止 名成水

貞鑫公 止 名金鑫娶程氏

貞財公 止 名光財

貞采公

德護公——錫佳公——貞立公

德護公：生乾隆丙子九月十九申時歿道光癸未九月

錫佳公：字晉亭生乾隆乙未歿咸豐庚申娶柯氏繼娶

十五娶程氏生乾隆丁亥十一月十五子時歿咸豐辛酉三月初七寅時生三子以次子錫遠爲德怡後葬羅睺

曹氏生乾隆壬寅歿同治癸亥生二子

貞言公

錫侯公

字晉功生嘉慶丙寅四月二十歿咸豐辛酉六月二十六辰時娶程氏生嘉慶辛未十一月十三歿咸豐辛亥十一月十六卯時生二子公葬前山崗氏葬前山崗腳

貞亮公

貞交公止

生道光壬寅十月初十未時歿咸豐辛酉八月二十三巳時葬前山崗

天煥公—德諫公—錫交公—章喜公止

字景文生雍正甲辰十一月初八娶曹氏生雍正己酉生三子

天熺公　生雍正己酉十一月二十九娶程氏生乾隆丁巳生二子

生乾隆戊辰十一月二十八娶某氏生一子

娶某氏生二子合葬前山崗腳

德漣公止　生乾隆壬申六月十一酉時

德証公止　生乾隆丙子正月初七丑時

德譜公　娶某氏生一子

俊福公　娶周氏生二子公葬前山崗氏葬長塘

葬前山崗腳

貞喜公止　葬前山崗腳

貞續公止

貞謐公止

德璿公 止

天烜公 生雍正甲寅二月十一亥時娶柯氏生二子

灶如公 娶朱氏生一子

褣盛公 娶朱氏生一子

貞榮公

德加公 娶某氏生一子

褣福公 娶某氏生一子

林旺公 止

天熾公 生乾隆丙辰十一月十七申時娶某氏生一子

全喜公 娶某氏生五子

錫炎公 名有福娶某氏生三子

貞定公 止

貞景公 止

細景公 止

光衍公
長子

應楷公——天輝公止
生康熙甲戌歿
乾隆己巳娶許
氏生一子葬前
山崗

生乾隆戊申五
月十六

智福公止
娶程氏

承福公止

永福公止

華福公止
娶曹氏

兆衍公次子

應枋公

生康熙己卯七月初四娶王氏生康熙癸巳生四子以四子天興爲應棟後

天美公 止

生雍正辛亥九月二十一亥時

天發公 止

生乾隆丁巳十二月十六子時

天有公 止

生乾隆辛酉十月十六丑時

兆衍公三子

應棟公

生康熙癸未十月初三娶王氏生康熙戊戌歿乾隆壬申生二子合葬后岸

天盛公

生乾隆丁巳正月二十九娶葉氏生三子合葬后岸長塘

德章公

國學生字章德生乾隆庚子正月二十三歿嘉慶己巳九月二十八娶汪氏節行見列女生乾隆丁酉正月十

錫吉公

國學生字履祥生嘉慶甲子十二月二十二歿同治甲子十一月初六辰時娶王氏生嘉慶己巳四月初五歿

貞貴公

貞賢

貞贇公 止

三歿咸豐丁巳
四月二十生一
子公葬后岸長
塘氏葬窖上

道光戊子十月
十六繼娶周氏
生嘉慶辛未十
一月十一歿同
治壬戌閏八月
二十六生三子
合葬窖上

名暢華生道光
庚戌九月十六
申時歿光緒甲
申正月二十二
丑時葬后岸

德林公
娶汪氏生二子
以次子錫庶爲
德建後公葬后
岸塘氏葬王家
築

錫慶公
娶曹氏生二子
合葬王家築

貞福公止
葬王家築

貞祿公止

德建公
娶曹氏節行見
列女摘德林次
子爲後公葬后
岸長塘氏葬王
家築

錫庶公
娶程氏繼娶汪
氏生二子合葬
王家築

善福公止

興福公止
葬王家築

天再公

名天三生乾隆甲子四月二十八娶汪氏繼娶成氏生二子

德新公

國學生字滌齋號源明生乾隆甲辰歿道光壬寅娶曹氏生乾隆甲辰歿同治壬戌生六子

錫範公

娶曹氏摘錫策長子爲後

貞水公

錫簡公

國學生娶程氏生一子

貞艮公

錫笏公

摘錫笏長子貞錠錫籙長子貞智雙繼葬后岸

貞錠公

貞智公

錫策公

名舜年生嘉慶戊辰娶馮氏生嘉慶辛未生二子以長子貞水爲錫範後

貞嘉公止

生道光甲午娶[illegible]氏

錫筠公——貞銘公

從九品娶程氏生二子以長子貞錠爲錫笏後公葬王家槃

錫籙公——貞仁公

從九品名殿華生嘉慶庚辰歿道光辛丑娶周氏生二子以長子貞智爲錫笏後公葬王家槃

德沂公——錫篪公——貞愫公

國學生名鶴林字景曾號六壽生乾隆辛亥歿咸豐辛酉娶曹氏生嘉慶庚申

名祥年生道光壬午歿咸豐辛酉娶曹氏生二子以次子貞泉爲錫篤後葬王

生七子

家桀

錫篤公——貞泉公止
國學生字丙年生道光乙酉娶馮氏摘錫篪次子爲後

錫笙公——貞致公止
名瑞年生道光丁亥歿咸豐辛酉娶馮氏生道光丁亥生一子葬王家桀

錫第公——貞興公止
名萬年生道光辛卯娶周氏生一子葬王家桀

錫符公——貞大公止

名信年生道光癸巳歿同治癸亥娶汪氏生道光丙申摘元俊公派錫源四子爲後各葬王家築

錫節公止

國學生名度標字禮庭號華年生道光丙申歿同治壬申娶曹氏繼娶黃氏葬王家築

錫籛公止

名樹年娶汪氏

兆衍公四子

應樸公——天體公——德潔公——錫福公——貞樹公

應樸公：生康熙丙戌，殁乾隆癸酉，娶王氏，生康熙辛丑，生一子，合葬裡崗

天體公：生乾隆壬戌九月十八，娶汪氏，生三子，合葬東山庵

德潔公：生乾隆辛丑，殁道光己丑，娶呂氏，生乾隆壬寅，殁道光己丑，生三子，合葬窰上

錫福公：生嘉慶丁卯，殁同治壬戌，娶王氏，生道光壬午，殁光緒丁丑，生四子，以次子貞幹爲錫祺後，三子貞篁爲錫裕後，四子貞培爲錫圭後，合葬窰上

錫裕公——貞篁公

錫裕公：生嘉慶己卯三月初一，摘錫福三子爲後，公葬裡崗

錫褚公止

錫褚公：生道光丙戌五月十三，殁咸豐

辛酉十月十六
娶汪氏

德絜公——錫祺公——貞幹公

名壽祥娶葉氏
生一子合葬裡
岡

摘錫福次子爲
後

德古公——錫圭公——貞培公止

生乾隆辛亥十
一月初六歿咸
豐辛酉六月十
六娶汪氏生嘉
慶庚申八月十
七歿咸豐辛酉
八月初八生一
子合葬前山崗

生道光丙戌六
月二十四丑時
歿咸豐辛酉八
月初六戌時娶
洪氏生道光乙
未五月初六寅
時歿光緒己亥
三月初七寅時
摘錫福四子爲
後公葬前山崗

葬窐上

兆衍公
五子

應棗公——天灝公止

字棨生生康熙戊子十一月初一娶曹氏生康熙甲午歿乾隆丁巳繼娶程氏生雍正甲辰生三子以次子天沛爲應楫後三子天清爲應樋後

生乾隆辛酉五月二十三娶葉氏生乾隆丁卯

兆衍公六子 應楫公——天沛公 止

生康熙壬辰摘應棗次子爲後

生乾隆甲子七月二十七

兆衍公七子 應樋公——天清公 止

生康熙甲午歿乾隆丁卯摘應棗三子爲後

生乾隆乙亥十月初八

兆衍公八子 應槤公——天興公 止

兆侶公
長子

生康熙己亥八
月十二摘應枋
四子爲後

應富公——天喜公——德照公——錫邦公——貞善公

生康熙庚子九
月二十九娶柯
氏生一子合葬
呈金塘

生乾隆甲子十
月初十卯時娶
程氏生一子合
葬呈金塘

生乾隆丙寅閏
三月十八子時
娶曹氏生四子
合葬呈金塘

娶曹氏生三子
以次子貞瑞爲
錫成後三子貞
春爲錫恒後葬
呈金塘.

錫成公——貞瑞公

摘錫邦次子爲
後葬呈金塘

錫恒公——貞春公

娶鮑氏摘錫邦
三子爲後合葬
呈金塘

錫棪公——貞海

名先慶生道光癸未十二月初八殁光緒乙巳十二月十九娶汪氏生道光丁酉三月十三卯時殁光緒乙巳七月初七戌時生一子合葬呈金塘

兆侶公次子

應當公——天炳公——德發公止

生雍正丙午四月十一娶曹氏繼娶曹氏生一子

娶汪氏生六子

名大發葬芝蔴園

德高公——長豐公止

名高發娶某氏生一子公葬芝蔴園

德洪公止
名多發

德泗公止
名宜多

德瀧公止
名念多

源成公止

兆侣公
三子

應元公——天生公——德夋公——自立公止
生乾隆丁巳娶某氏生一子
娶某氏生一子
娶某氏生一子

兆釗公
長子

應槐公——天街公止
字植三生康熙
字爾徐生乾隆

庚寅十二月十六娶周氏生康熙乙未生二子

戊午六月十五娶周氏生乾隆辛酉

兆釗公次子

應桔公

字運汲生康熙乙未十二月二十二娶洪氏生康熙己亥生四子

天衢公 止

字爾達生乾隆丙子三月十三

天曙公 止

字曉東生乾隆庚申正月十九

天煜公 止

字燦然生乾隆癸亥四月初七

天禧公 止

字元新生乾隆己巳四月二十八

天院公止
生乾隆乙亥十二月二十七

兆釗公三子

應榧公
字文木生雍正甲辰九月初四娶洪氏生雍正乙巳生一子

天家公止
生乾隆乙亥五月初九辰時

兆珏公長子

應本公
字爾立生康熙丁酉八月二十一娶王氏生康熙戊戌殁乾隆乙亥繼娶汪氏生四子以次子天近爲應棣後公與王氏合葬上庵塢汪氏葬

天遠公
字廣若生乾隆壬戌九月二十五娶某氏生一子

泰有公
娶王氏生一子公葬石門裡氏葬上庵塢

先林公
娶某氏生一子

貞維公無攷
生咸豐辛亥遷武義

天逼公止
生乾隆甲戌七月初九娶柯氏

上溪口 合葬呈金塘

天運公 娶某氏生一子 公葬呈金塘

灶有公止 葬呈金塘

兆珏公 次子

應棣公 字如山生雍正癸卯十二月二十一娶汪氏生雍正庚戌摘應本次子爲後合葬獅子石

天近公 生乾隆辛未七月二十四娶曹氏生三子合葬后岸

德森公 娶汪氏生二子以次子錫銓爲德源後合葬后岸

錫鋒公 娶王氏生一子合葬上溪口

貞壽公

德源公 摘德森次子爲後葬呈金塘

錫銓公 生嘉慶甲戌歿咸豐辛酉娶柯氏生道光癸未歿光緒甲辰生二子合葬下碓

貞煌公

貞炘

德炫公

錫銀公

貞永公

光儒公長子

應權公 字汝衡生康熙甲午娶柯氏生康熙己亥生三子以次子天享爲應桐後

天永公止 生乾隆癸亥八月二十

天平公 生乾隆乙亥二月二十五娶曹氏生一子

德明公 娶程氏繼娶曹氏生三子

五壽公 娶某氏生一子

貞貴公止 娶曹氏

五六公止 娶程氏

六二公止

娶汪氏生二子公葬窪上氏葬下碓

娶某氏生二子以次子從吉爲錫鈸後

錫鈸公 摘錫銀次子爲後葬下碓

從吉公止

兆儒公 次子

應桃公 生康熙戊戌娶汪氏生雍正丁未生一子

天太公 止 生乾隆壬申六月十四

兆儈公 次子

應桐公 字㮣材生康熙己亥娶季氏摘應權次子爲後

天亨公 止 生乾隆丁卯七月初三

兆便公 長子

應枋公 字從琿生康熙丁酉七月二十娶曹氏生康熙甲午生二子

天烜公 生乾隆丙辰十一月十七娶石氏生雍正壬子生二子合葬上庵腳

德俊公 生乾隆丙子二月二十娶程氏生一子合葬窪上

錫吉公 娶程氏生一子早歿又摘菊慶次子貞銀爲後合葬窯上

貞惠公 止 葬前山崗

貞銀公

德怡公

錫逵公

貞書公

娶石氏摘德護次子為後公葬呈金塘氏葬前山崗

娶程氏生三子公葬呈金塘氏葬前山崗

貞會公止 名林漲娶馮氏合葬上庵鄉

貞林公

天焠公 生乾隆辛酉正月二十四娶方氏繼娶程氏生三子合葬荷葉蓋金龜

德所公 娶曹氏生一子合葬荷葉蓋金龜 — 錫喜公 娶戴氏繼娶程氏摘錫長次子為後合葬窪上 — 文光公止

德順公 娶柯氏生一子合葬窪上 — 錫慶公止 葬呈金塘

德仟公 — 錫長公 — 貞泰公

兆便公
次子

應榜公
字爾標生雍正癸卯四月十七娶曹氏生康熙再壬寅歿乾隆戊辰繼娶宋氏生雍正甲寅生三子

天燦公
一名天炷生乾隆庚午九月十四娶吳氏生一子

天授公
一名天煌生乾隆壬申十二月初二娶葉氏生三子以次子德愷爲天泰後

娶戴氏生一子繼娶葉氏合葬荷葉蓋金龜

德憧公
娶葉氏繼娶程氏摘德惇次子爲後

德恒公止

德惇公
生嘉慶戊辰五月初一子時歿光緒丁亥十月

國學生娶汪氏生一子側室某氏生一子以次子文光爲錫喜後汪氏葬荷葉蓋金龜

錫炳公止

錫圭公
生同治甲子五月二十八午時歿光緒辛卯三

貞全

十三娶吳氏生
道光丙戌十月
十六未時歿光
緒庚寅五月初
八生二子以次
子錫炳爲德憧
後

月初六娶湯氏
生同治甲子五
月十六丑時生
一子

兆伉公
長子

應薇公
字垣一生康熙
戊子十一月初
四歿乾隆丁丑
二月十六娶曹
氏生康熙戊子
生二子

天表公 無考
字明揚生雍正
丁未六月十六
娶汪氏
遷上海縣

天派公 止

天泰公
一名天燁生乾
隆乙亥正月二
十摘天授次子
爲後

德愷公
娶某氏生一子 名秋覛

錫振公 無考

生乾隆甲子六月初十

兆伉公次子

應芹公——天蒸公止

字聖喜生康熙戊戌七月二十六娶程氏生雍正甲辰生一子

生乾隆辛酉十月初八

兆伉公三子

應葆公——天台公止

生雍正甲辰五月初十娶曹氏生康熙再壬寅生一子

生乾隆乙丑十一月初四

兆偦公長子

應荂公——天棐公止

字景純號又榮生康熙己亥八月二十一娶柯氏生雍正壬子生一子

字公輔生乾隆壬申十二月十三辰時

兆倩公次子

應蔟公 字慕韓號輯五生雍正庚戌十月十四娶汪氏生雍正壬子生一子

天廸公止 字惠吉生乾隆甲戌九月二十三子時

兆倓公子

應葱公 字蒼玉生康熙庚子十一月初五娶王氏生康熙己亥歿乾隆丁卯繼娶淩氏叁娶馮氏生雍正庚戌歿乾隆癸酉四娶王氏生乾隆己未生二子公與後王氏合葬深泥干王氏淩氏馮氏合葬麻雀塢

天朗公 生乾隆乙酉十月初一歿道光乙巳十月二十五娶柯氏生乾隆癸未七月十三歿道光庚子十一月二十六生六子以三子德華爲天朔後

德猷公 娶曹氏生一子

錫文公 娶汪氏生二子

啟慶公止 娶曹氏

餘慶公止

德宏公 娶汪氏生四子以四子錫萬爲德遠後公葬后岸氏葬劉家塘

錫嘏公 娶汪氏生二子合葬麻雀塢

貞慶公

貞文公止 娶王氏公葬西墓坦口氏葬上

庵腳

錫成公 生嘉慶己巳九月二十五歿咸豐辛酉七月初七娶汪氏生嘉慶辛未八月二十四歿同治甲子二月二十九生四子葬黃毛灘

貞惠公

貞雅公

貞紹

貞桂

錫水公 娶洪氏繼娶柯氏生一子公葬上庵腳二氏合葬裡崗

貞愛公

德遠公——錫萬公——貞品公止

德遠公　娶曹氏摘德宏四子爲後公葬后岸塘氏葬劉家塘

錫萬公　娶曹氏生一子　合葬劉家塘

貞品公　葬岱上

德樂公——錫廷公——貞坦公

德樂公　生嘉慶丙辰三月二十三歿咸豐辛酉三月初二娶汪氏生嘉慶己未四月初二歿同治癸亥七月二十一生五子

錫廷公　生嘉慶戊寅四月初六午時歿同治壬戌八月十九巳時娶汪氏生嘉慶丁丑四月十六巳時歿同治癸亥十二月十六未時生五子葬麻雀塢

貞鳴公

貞閣

貞安公止　名四慶葬呈華塘

貞啟公止
名五慶葬麻雀塢

錫紀公
娶王氏生四子
公葬洪山橋氏
葬上金山

貞梅公

貞鵬公止
名鵬慶

貞清公止
名清慶

貞鴻公止
名鴻慶

錫金公
娶曹氏生二子

貞儀公

貞煌公 止
名煌慶

錫雲公——貞雁
國學生名長廷事蹟見善行生道光乙未四月十九戌時歿光緒丙戌十一月初九丑時娶鮑氏生道光乙未十月初五歿光緒庚辰六月二十四生三子繼娶汪氏生道光辛丑十二月二十九巳時

貞鸞

貞林

錫誠公——貞全公 止
娶周氏生一子　名全慶

葬麻雀塢

德永公

生嘉慶己未正月十七歿咸豐己未四月初七娶柯氏生嘉慶庚申歿咸豐庚申二月初二生三子

錫範公——貞具公止

娶汪氏生一子合葬裡崗

名具慶葬裡崗

錫祝公——貞樹公

生道光丙戌十二月十三歿咸豐戊午四月二十七娶曹氏生道光戊子九月二十五歿同治乙丑七月初八生三子

貞根公

貞君公止

名君慶葬裡崗

錫祀公——貞東公止

娶曹氏生一子合葬裡崗

名東慶葬裡崗

兆俊公長子

應著公　字希呂生雍正癸丑娶曹氏生雍正壬子生一子

天朔公　娶某氏摘天朗三子爲後合葬后岸
— 德華公　娶曹氏生二子
— 錫亭公　止
— 錫亮公　名亮月　止

天勳公　名仲生乾隆乙亥九月二十二辰時娶某氏生一子
— 德貴公　名雙貴娶某氏生一子
— 錫水公　名細水娶某氏生三子
— 六保公　止
— 從林公　止
— 日林公　止

兆俊公次子

應芝公　邑庠生名繩武事蹟見學林生乾隆甲子歿道
— 天樵公　名忠喜娶曹氏繼娶曹氏歿娶汪氏生二子合
— 德家公　名任生摘德容次子爲後葬劉家塘
— 錫仁公　國學生名碩字象飛號靜山生道光乙未六月
— 貞茂

光辛卯享年八十有八娶曹氏生五子合葬上金山青坑舍墩圻壬山丙向加亥巳

葬劉家塘卯山酉向加甲庚

天相公

名玉喜娶汪氏生二子合葬劉家塘卯山酉向加甲庚

德宋公止

葬劉家塘

德宇公

字觀海號壽猷娶曹氏摘德容三子爲後合葬劉家塘卯山酉向加甲庚

初八丑時歿光緒辛卯六月初八娶方氏生道光戊戌三月初三歿同治辛未九月二十九繼娶顧氏生咸豐乙卯正月二十三子時生三子以三子貞吉爲錫俊後

貞煦

錫俊公

國學生名俊字景陶號廷傑生道光庚子九月初九歿光緒甲申三月初二娶洪氏生咸豐辛

貞熙

貞吉

德宙公止
名高猷

亥四月初八歿
光緒辛巳閏七
月十三生一子
又摘錫仁三子
爲後

天杰公
名厥喜生乾隆
辛卯歿咸豐壬
子娶汪氏繼娶
曹氏生一子汪
氏葬七都上田
冲狗尾巴子山
午向曹氏葬五
都戴家𡊨獅形
艮山坤向加寅
申

德容公
邑增生名如斗
字仰之號鏞生
事蹟見學林生
嘉慶己巳正月
初九未時歿同
治壬戌閏八月
十七酉時娶馮
氏生嘉慶庚午
十二月十九巳
時歿咸豐辛亥
八月十四巳時
生三子繼娶呂

錫偉公
名衍祥生道光
庚寅七月初七
歿光緒戊戌三
月初三娶程氏
生道光乙未歿
同治甲子繼娶
章氏生道光戊
申歿光緒甲辰
生二子

貞惟

貞順

錫佐

貞梓

氏生道光辛卯十月二十六巳時歿光緒戊申二月初三戌時生二子側室傅氏生道光壬辰七月十五午時歿光緒丙午十月二十八生一子以次子錫仁爲德家後三子錫俊爲德宇後四子錫僎爲德安後公與馮氏昌氏合葬風乎亭壩窰頭嶺壬山丙向加子午

從九品字勛臣號正朔生咸豐乙卯正月初一巳時娶唐氏生同治丁卯十月十八歿光緒辛巳閏七月二十四繼娶汪氏生同治丁卯六月初一生一子唐氏葬劉家塘

錫佑公——貞綬

字熙堂號承啟生咸豐己未十一月初七亥時歿宣統己酉二月十八娶程氏生同治癸亥十二月二十四子時摘錫僎次子爲後

天植公
名集喜娶汪氏生一子側室周氏生一子合葬竦嶺脚卯山酉向加甲庚

德安公
名安生摘德容四子爲後葬竦嶺脚

錫俁
從九品名冠羣字槐卿號明達生咸豐癸丑六月十八午時娶戴氏生同治乙丑十一月二十子時殁宣統庚戌五月十二午時生三子以次子貞綬爲錫佑後

貞紳

貞組

德定公止
名定生葬竦嶺脚

天灶公
名灶炎娶某氏生一子

德元公
名八元娶某氏生二子

錫柏公止

兆鈞公子

應江公 字旣三號濬川生康熙再壬寅二月初七娶曹氏生康熙戊戌生四子

天曉公 字東曙生乾隆壬戌娶某氏生二子

天曜公 字宇輝生乾隆乙丑娶某氏生二子

德純公 摘德炳長子爲後

德炳公 娶柯氏繼娶某氏生三子以長子錫義爲德純後三子錫印爲德熺後

德熺公 摘德炳三子爲後

德宏公

錫穀公 止

錫義公 止

錫本公 止

錫印公 娶鮑氏生一子

貞水公 止

錫潮公 止

天昭公 字明周生乾隆戊辰娶某氏生一子

德燕公 止 摘德燮次子爲後

天旼公 娶某氏生三子

德燮公 娶程氏生二子以次子錫潮爲德宏後

錫湧公 娶曹氏生一子

貞元公 止

德烈公 止

德照公 止

兆鎧公次子

應治公
例貢生名若海字南溟號省齋生康熙辛丑八月二十九娶柯氏生康熙戊戌七月十七生三子

天材公
字任賢生乾隆乙丑九月二十九申時娶柯氏生乾隆庚申十二月二十七卯時生二子

化鵬公
邑庠生事蹟見學林娶汪氏生一子

錫榮公
娶汪氏生一子

貞監公止

壽全公
娶馮氏生一子

錫易公止

天極公
字建中生乾隆戊辰三月十三午時娶某氏生一子

壽祿公
娶某氏生二子

錫沐公
娶石氏生一子

順富公止
娶石氏

細恒公
娶某氏生一子

順監公止

天楫公
字作舟生乾隆壬申七月二十六寅時娶曹氏生一子合葬后

壽封公
娶程氏生二子合葬后岸

錫穀公
娶程氏生一子合葬前山崗

順興公

兆鎧公 三子

應涃公 國學生名泰字東山號舒齋生雍正乙卯五月十二娶柯氏生雍正癸丑十一月二十九生四子合葬裡崗

天棣公 字聯輝生乾隆癸酉正月十八辰時娶曹氏生二子合葬長塘

岸

德茂公 名大菊娶馮氏生一子公葬荷葉蓋金龜氏葬燕窩形

錫慶公 娶王氏生三子公葬荷葉蓋金龜

錫麟公止

細菊公 娶曹氏生一子

錫憲公 娶曹氏生三子

中緒公止

百緒公止

貴緒公止

貞亮公止 葬前山崗

文亮公止 葬前山崗

功亮公 止

天梓公
娶曹氏生三子
公葬長塘氏葬
燕窩形

吟竹公
娶馮氏生一子
合葬曹家坟堂

錫初公 止
葬曹家坟堂

吟賓公
娶曹氏生四子
合葬長塘

高林公
娶曹氏生一子
合葬長塘

貞鏡公 止

長林公 止
娶曹氏節行見
列女合葬雞公
塘

雨林公 止

天棓公
邑武生名廷曜字平階事蹟詳具列傳娶曹氏生五子合葬呈華塘背後

德協公
名華菊娶曹氏生二子合葬荷葉蓋金龜

錫彪公
摘錫彭長子爲後葬前山崗

貞幹公止
名年吉葬前山崗

錫彭公
娶何氏生三子以長子貞幹爲錫彪後合葬荷葉蓋金龜

貞韓公止
名年瑞

年眾公止

吟旺公
娶曹氏生二子合葬荷葉蓋金龜

漢林公
娶曹氏生一子合葬荷葉蓋金龜

貞尚公止

凡妹公
娶曹氏生一子

貞立公止

才林公
娶曹氏生一子

貞大公止

德慥公——錫㗊公——貞烋公

名華英號鳳安生乾隆辛丑正月二十七歿咸豐丙申十二月二十八娶曹氏生一子公葬呈華塘氏葬燕窩形

名和慶號汝純生嘉慶庚辰五月二十八歿同治乙丑九月初八娶曹氏生嘉慶己卯四月二十四歿光緒己亥九月二十七生三子以三子貞照爲錫明後合葬岱上燕窩形

貞櫄公止

名灶邦娶曹氏合葬前山崗

德悈公——錫明公——貞照

從九品娶馮氏繼娶王氏生一子合葬前山崗

國學生號運中娶曹氏摘錫㗊三子爲後合葬前山崗

德慵公——錫勳公止

邑庠生名象辰號建山事蹟見學林娶曹氏生二子合葬前山崗

錫烈公止

名輝慶

德㦕公

從九品字印心號華親生嘉慶乙丑九月十二歿咸豐辛酉九月十五娶曹氏生嘉慶壬戌六月十一歿同治癸亥九月初九生二子公葬后岸氏葬上萫背後

錫功公——貞森公

國學生字敏之號以慶生道光甲申六月十四歿同治乙丑十月初五娶曹氏生道光戊子正月初二歿咸豐辛酉八月十八以錫勤子雙祧合葬上萫背後

錫勤公——貞森公

國學生號仕慶生道光丁亥十月二十二歿同

治壬戌九月二十一娶程氏生道光戊子七月初六歿光緒丁未正月十八酉時生一子與錫功雙祧公葬上菴背後

天杞公

國學生娶曹氏生三子合葬后岸

德僃公

生乾隆戊申七月二十六歿嘉慶己巳三月十四娶曹氏生乾隆戊申四月初五歿嘉慶丁卯四月十七繼娶柯氏生嘉慶丙申十一月十三歿道光乙未六月初八生一子合葬后岸

錫益公

娶柯氏生二子繼娶朱氏三娶程氏以次子貞峰爲錫瓚後合葬前山崗

貞嵩公止

生道光辛丑六月初八歿同治戊辰五月初七

德雅公——錫瓚公——貞峰公止

娶曹氏生一子 摘錫盐次子爲後

合葬后岸

德織公——錫緒公止

娶曹氏生五子

合葬后岸

錫袞公止

錫荷公止

錫著公止

錫蔓公止

兆鈸公長子

應涵公　字敬先號警齋生雍正己酉五月初四娶曹氏生雍正丁未十二月初八生二子

天格公　字汝能生乾隆乙丑正月初一子時娶某氏生一子

德績公止

天栻公　娶某氏生一子

德雪公　娶某氏生一子

錫澎公　娶某氏生一子

貞瑞公止

兆鈸公次子

應濡公　字洵美號思齋生雍正癸丑四月十六娶曹氏生雍正辛亥十月二十七生一子

天樣公　字汝模生乾隆辛未十一月初七娶某氏側室某氏生一子

德論公　娶某氏生二子

錫瓚公　娶某氏生一子

貞基公止

錫璋公　娶某氏生一子

貞業公止

兆鐸公長子

應濟公　字爾匡生康熙癸未九月初二

天椿公　生乾隆乙丑九月十二娶王氏

德準公　生乾隆己亥十二月初四歿咸

錫善公　生嘉慶丙寅十二月十五歿咸

貞水公

娶曹氏生康熙
丁酉生二子合
葬后岸

生一子合葬后
岸

豐戊午八月二
十七娶高氏生
乾隆戊子七月
初七歿嘉慶戊
寅五月二十二
生三子合葬后
岸

豐己未四月二
十七娶宋氏生
嘉慶庚午二月
初五歿光緒戊
子十月二十三
生一子合葬上
嶺

錫高公——貞木公

生嘉慶戊辰二
月初二歿咸豐
戊午九月十四
摘錫鳳長子爲
後葬裡崗

錫鳳公——貞炳

生嘉慶乙亥九
月十一歿咸豐
辛酉四月二十
八娶柯氏生道
光丁亥五月二
十歿光緒己卯

正月二十生二子以長子貞木爲錫高後合葬上嶺

天楸公

生乾隆丁丑五月初四卯時娶馮氏生二子公葬窰上氏葬后岸

德發公

生乾隆己亥十二月初四歿咸豐戊午八月二十七娶某氏生一子早歿又摘德炎長子爲後合葬后岸

德炎公

娶程氏生四子以長子錫書爲德發後合葬后岸

錫木公 止

名灶木葬后岸

錫書公

摘錫平長子爲後葬禪崗

貞金

錫會公

名錫叙生道光辛丑二月初六娶蘇氏繼娶汪氏生咸豐丙辰五月初一子時歿光緒癸未十月十六申時生

貞端公 止

名季奎生光緒庚辰十月十六寅時歿光緒戊申十月初六未時葬前山崗

一子合葬前山崗

錫平公——貞玉

生道光甲辰十一月二十三歿光緒丙申十二月初十娶裴氏生咸豐辛酉十月十八生二子以長子貞金爲錫書後公葬前山崗

錫章公止

生道光庚戌歿光緒乙未葬前山崗

光鐸公次子

應淯公——天柢公止

字如溱生康熙乙未十一月二十六娶程氏生雍正丁未生一子

生乾隆丙子七月二十四

兆鎔公長子

應洵公 字信孚生雍正癸卯十二月二十三娶柯氏生雍正乙巳生二子

天森公 止 生乾隆乙丑九月二十九

天樵公 止 生乾隆甲戌五月十六

兆鉅公長子

應源公 字有本生雍正己酉十月初八娶程氏生二子合葬后岸

天桔公 娶汪氏繼娶曹氏生二子合葬后岸荷葉蓋金龜形

德玄公 娶王氏生三子合葬后岸

福年公 止 娶王氏

財年公 止

肇年公 止

德爆公——錫恒

生嘉慶壬申三月二十八歿咸豐庚申二月二十一娶汪氏生道光戊子十一月二十四歿光緒丙午八月初三生一子公葬后岸氏葬前山崗

邑武生名仁忠號尚奎生咸豐癸丑十一月二十九

天柏公 止

兆鏞公長子

應瀚公——天梅公 止

字爾浩生雍正

生乾隆甲戌

甲辰九月初三
娶曹氏生雍正
辛亥生一子

兆彩公
三子

應靜公
字永甯生乾隆
己巳七月十二
娶孫氏生五子
公葬王家槳氏
葬荷花塘

天玉公
娶柯氏生乾隆
辛亥十一月二
十三殁咸豐辛
酉六月二十一
生三子以次子
德富爲天炳後
三子德方爲天
監後葬岱上

德壽公
名壽春摘德財
長子爲後

錫長公
名連長摘錫禁
長子爲後

貞渾

天炳公
娶某氏摘天玉
次子爲後合葬
前山崗

德富公止
名富春

天監公

德方公

錫禁

貞淦

光鉉公次子

應法公——天枋公止

天挺公止

天隆公——德財公——錫壽公待後

娶某氏生一子公葬王家桀

娶某氏生二子以長子錫長爲德壽後公葬前山崗

娶某氏摘天玉三子爲後合葬荷花塘

名長春生道光丁亥十月初一巳時殁光緒癸卯七月十七丑時娶洪氏生道光丁未五月十七巳時殁光緒庚子十二月初一戌時生一子合葬荷花塘

名柏清生同治乙丑十一月二十五子時娶汪氏生同治己巳七月初五未時生二子以長子貞渾爲錫長後

字爾執生雍正戊申六月十九娶汪氏生乾隆丁巳生一子

生乾隆丙子閏九月二十九午時

上川明經胡氏宗譜中卷之下

分系十四

元齡公派四　元玠公派　元鳳公派　元鶴公派　元鑑公派
元錠公派　元壽公派　元汝公派　元度公派　元光公派

錫靖公子

承守公　娶洪氏生一子　合葬堈窪頭

年智公　摘祥善長子爲後葬深泥干

洪禮公　摘洪基次子爲後葬前山崗

恩義　名觀鐸生光緒庚辰十月二十七子時娶張氏繼娶柯氏生光緒庚辰九月十一巳時張氏葬前山崗

定泰公子

承林公　生嘉慶乙丑二月十六歿咸豐辛酉三月十一娶季氏生嘉慶

祥熺公止

祥炳公止

己巳七月二十三歿同治壬戌閏八月二十八生三子合葬前山崗

祥炬公 名奎年 止

錫春公長子 承梧公 娶柯氏生一子合葬前山崗
— 祥輝公 止

錫春公次子 承桂公 娶黃氏生一子合葬前山崗
— 祥均公 止

錫太公子 承立公 生嘉慶壬戌正月十一歿道光丙午十二月十一娶曹氏生嘉慶戊午二月初四歿咸豐壬子
— 祥善公 名高年生道光乙酉五月初五歿光緒丙子八月十九娶黃氏生道光丁亥十二月二十八歿
— 洪基公 名雅基生道光己酉正月二十歿光緒庚子十一月初七娶程氏生道光丙午十一月十二歿
— 恩波公 待後 名觀春生同治甲戌七月三十子時歿光緒丁未八月初五寅時娶汪氏生光緒丙子四月十

十二月二十七生一子合葬上后岸

光緒壬辰十二月十四生二子以長子洪禮爲年智後公葬岱上氏𦵏深泥干

光緒乙巳八月二十三生三子以次子恩義爲洪禮後

八戌時

恩紹 名觀廷生光緒乙酉十一月二十一子時娶汪氏生光緒己丑

錫經公子

承會公 娶程氏摘承訓長子爲後合葬裡崗

祥致公 號雲千生道光庚寅閏四月二十七娶王氏繼娶馮氏生道光丙申七月初十生一子

洪順公 名善盆生同治庚午二月二十九生一子

恩隆 名細輝生光緒甲午

錫緯公子

承歡公 娶程氏繼娶汪氏生三子合葬上庵背後

祥富公止 葬上庵背後

祥善公止

名尙文葬上庵背後

友文公止

葬上庵背後

錫綏公子

承訓公——祥嘉公——洪鶴

生嘉慶丁卯正月二十歿同治壬戌八月初三娶汪氏生嘉慶庚午二月十二歿咸豐辛酉閏八月十八生二子以長子祥致爲承曾後

名錦文生道光丙申五月二十九娶洪氏繼娶季氏生道光乙巳八月十六生一子

名鶴

錫絢公長子

承蔭公——祥雲公待後

摘承聖長子爲後葬禪崗

錫絢公次子

承聖公——祥林公待後

娶柯氏生二子以長子祥雲爲承蔭後合葬裡崗

錫絢公三子

承桯公——祥欽——洪寅

承桯公：生道光丁亥正月初七娶程氏節行見列女生道光癸巳七月十六巳時歿宣統庚戌十二月初八申時摘承順三子爲後

祥欽：名榮文生光緒乙亥二月初一寅時娶汪氏生光緒己卯九月十八戌時生一子

洪寅：名觀海生光緒戊戌四月十九卯時

錫絃公長子

承詠公——祥暉公——洪思公待後

承詠公：娶曹氏生嘉慶辛未四月十六歿同治癸亥八月二十五繼娶

祥暉公：名鴻文生道光丁酉正月二十四巳時歿光緒辛巳二月二十

洪思公：名種淑生光緒戊寅五月初十巳時葬裡崗

曹氏生嘉慶甲戌十二月二十四生二十以次子祥浩為承鼎後公與前曹氏合葬前山崗後曹氏葬裡崗

五丑時生一子

葬裡崗

錫紘公次子

承教公

號受盆生道光丙戌三月二十入歿光緒己卯九月十六午時娶程氏生道光戊戌七月初四歿咸豐辛酉六月十二繼娶王氏生道光丁未生二子程氏葬裡崗

祥幹公 待後

名觀華生同治辛未十一月十六午時歿光緒壬辰三月十六亥時娶柯氏繼娶汪氏合葬裡崗

祥明公 止

名灶華生光緒己卯三月二十三亥時歿宣統庚戌二月十八

戊時葬裡崗

錫約公子

承鼎公——祥浩公待後

承鼎公：生嘉慶庚辰十月十六歿同治癸亥六月初七摘承詠次子爲後葬裡崗

祥浩公：名汝文生道光己酉六月十四申時歿同治辛未七月二十一酉時葬裡崗

錫繩公子

承順公——祥禮——洪鈞

承順公：生道光乙未十月初四亥時歿光緒丁未九月十四午時娶汪氏生道光甲辰四月十三申時歿光緒丁未九月二十一巳時生三子以三子祥欽爲承柱後

祥禮：名灶文生同治戊辰十一月初七卯時娶汪氏生同治癸酉二月初四酉時生二子以次子洪昌爲祥祉後

洪鈞：名觀福生光緒癸卯正月二十戊時聘汪氏生光緒戊申

祥祉公——洪昌

祥祉公：名啟文生同治癸酉六月十四

洪昌：名觀種生光緒乙巳八月十八

午時歿光緒癸巳二月二十戌時摘祥禮次子爲後葬裡崗

午時

錫紳公長子

承敬公——**祥福**——**洪樹**

承敬公：生道光丁亥十一月初七歿道光己酉閏四月二十七摘承平長子爲後葬裡崗

祥福：從九品號觀榮生同治乙丑八月初七子時娶黃氏生同治丙寅十月初五申時歿光緒庚子九月十九戌時生一子繼娶曹氏生光緒庚辰七月初四子時

洪樹：生光緒丁酉十月十六申時

錫紳公次子

承平公——**祥寶公**待後

承平公：生道光乙未十一月二十九歿光緒丁酉三月

二十七娶王氏生道光庚子八月十二歿咸豐庚申四月十六繼娶程氏生道光甲辰八月十二辰時生三子以長子祥福爲承敬後三子祥泰爲承鉞後公葬休邑西鄉九都石蕩里

錫紳公三子

承鉞——祥泰公 待後

名金品生道光壬寅三月初三辰時娶吳氏生同治丁卯三月初六午時摘承平三子爲後

錫緯公長子

承海公——祥晸公——祥誥公 待後

生嘉慶丁卯十一月二十八酉時歿道光戊戌四月初三未時娶曹氏生嘉慶丙寅七月十八巳時歿道光丙戌四月二十九酉時繼娶程氏生嘉慶己巳六月初十辰時歿咸豐辛酉八月二十八未時生一子公與曹氏合葬窪上程氏葬上窪上

名章賜生道光庚子正月二十五戌時歿光緒乙巳正月三十丑時娶程氏生道光己亥十一月二十九亥時歿光緒乙巳二月初一亥時生二子以次子洪謨爲祥啟後

名泰安生同治辛未二月二十一歿光緒癸巳正月初三娶程氏生同治甲戌十一月二十四

錫緯公
次子

承法公——祥啟公——洪謨——恩鏞

承法公：生嘉慶己巳十二月二十五子時歿咸豐乙卯九月初八酉時

祥啟公：生道光乙巳六月二十五丑時歿同治壬戌五月初四辰時摘

洪謨：名泰明生光緒己卯三月十二亥時娶馮氏生光緒壬午十一

恩鏞：名汝淇生光緒丙午三月十一寅時

錫繼公長子

娶曹氏生嘉慶癸酉十月十四卯時殁咸豐辛酉七月二十九未時摘承洲長子爲後合葬前山崗

祥最次子爲後 月初六丑時生 葬前山崗 一子

承河公——祥旦公待後

名連雲生嘉慶戊辰十一月初九殁光緒乙未十二月二十五享年八十有八娶程氏生嘉慶庚午十二月二十二殁咸豐癸丑正月二十九生二子以次子祥暢爲承江後公葬外崗氏葬石橋頭

生道光丁酉二月二十六殁同治壬戌八月初三

錫繼公次子

承江公

名正雲，生嘉慶庚午五月初六，歿同治癸亥六月十九。娶汪氏，生嘉慶庚辰三月初四，歿咸豐辛酉五月初七。摘承河次子爲後。合葬石橋邊。

祥暢公 待後

生道光丙午三月十一，歿同治壬戌正月初四。

錫繼公三子

承洲公

邑庠生，名希澡，字步瀛，事蹟見學林。生嘉慶癸酉七月十五丑時，歿光緒己丑九月初九亥時。娶章氏，生道光癸未九月十一，歿咸豐庚申十二月初十。生二。

祥曦公 待後

生道光戊申六月十二，歿同治癸亥七月初三。葬前山崗。

祥宣公 待後

名崇信，生光緒丙子八月十一未時，歿光緒戊

錫繼公四子

子繼娶方氏生道光癸巳五月二十五辰時以長子祥啟爲承法後後次子祥曦早歿復摘承涇三子爲後公與章氏合葬呈冲坑

申四月初八戌時娶汪氏生光緒辛巳十一月初二申時公葬前山崗

承涇公

名發雲生道光丙戌二月十二卯時歿光緒庚子九月十四戌時娶汪氏生道光己丑三月初八歿同治壬戌三月十四生一子繼娶何氏生道光甲辰五月二十歿同治丁

祥浩公

生道光己酉三月十六歿同治甲子六月二十葬前山崗以弟祥宏子雙祧

洪樹

名灶樹生光緒丙申十月十一戌時聘馮氏生光緒癸巳

祥宏公

名崇禮生同治壬申八月二十八歿光緒丙申

洪樹

生聘見前

卯八月初九又娶章氏生道光丁酉六月十八歿光緒丙午二月十三亥時生二子以三子祥宣爲承洲後公與章氏合葬呈坤坑汪氏葬石橋邊何氏葬外崗

生一子與兄祥浩雙祧葬前山崗

錫緒公子

承長公——祥履公——洪萬公——恩俊

承長公：字洽嵩號震初生嘉慶丙辰二月初五歿道光戊申十月二十六娶柯氏生乾隆辛亥四月初四歿咸豐辛酉六月十七生一子合葬深泥干

祥履公：生道光丁亥九月十七娶曹氏生道光戊子十月二十生一子公葬作公塘

洪萬公：生道光戊申十二月初一歿同治癸亥二月初二摘洪煜次子爲後葬前山崗

恩俊：名觀傑生光緒辛丑六月二十五亥時

錫素公長子

- **承材公** 號廷棟生嘉慶辛酉殁道光己酉娶曹氏生嘉慶辛酉殁同治壬戌摘承椿長子爲後葬岱上
  - **祥昕** 名士學字敏卿生道光丁酉三月二十七酉時娶曹氏生道光丁酉十二月初九未時殁光緒乙巳正月初九子時生三子以次子洪騮爲祥哲後三子洪駿爲祥熙後
    - **洪江** 從九品字友于號棣畛生同治戊辰八月十四巳時娶汪氏生同治庚午十一月二十三寅時生二子
      - **恩壽** 名汝康生光緒乙未七月十一午時聘石氏生光緒戊戌九月二十九午時
      - **恩玉** 名汝成生光緒甲辰二月二十八午時

錫素公次子

- **承椿公** 號茂廷生嘉慶丁卯殁同治壬戌娶曹氏生嘉慶辛未殁咸豐辛酉生二子以
  - **祥哲** 名士彬生道光辛丑九月十六丑時娶柯氏摘祥昕次子爲後葬岱上
    - **洪騮** 名棣畬生同治癸酉八月十四午時娶王氏生光緒丁丑七月二十三寅時生
      - **恩讀** 名汝廣生光緒己亥八月十一亥時聘汪氏生光緒辛丑七月初十巳時

長子祥昕爲承材後合葬岱上

二子以次子恩量爲洪駿後

錫素公三子

承楷公 字景裴生嘉慶甲戌歿咸豐己未娶汪氏生嘉慶丁丑歿咸豐辛酉摘承松次子爲後合葬岱上

祥熙公 名士結摘祥昕三子爲後葬岱上

洪駿公 名棣發摘洪騮次子爲後葬前山崗

恩量 名汝衡生宣統辛亥正月二十九戌時

錫綱公子

承松公 娶曹氏生二子以次子祥熙爲承楷後葬岱上

祥熊公 名士林生道光戊申十二月初九酉時歿光緒庚子五月二十八卯時娶曹氏生道光丙午十月十九未時生

洪燮公 名鳳翔生同治戊辰八月初八亥時歿光緒丙申五月二十八摘洪煜長子爲後葬裡崗

恩澤 名觀鴻生光緒己亥六月初五巳時聘曹氏生光緒庚子正月二十五戌時

五子以四子洪鐘爲元科公派祥基後

洪煜　名鳳桃生同治甲戌七月十五酉時娶曹氏生光緒辛巳九月十二亥時生三子以長子恩澤爲洪燮後次子恩俊爲洪萬後

恩樹　名觀金生光緒壬寅十二月二廿六戌時

洪列公　待後　名鳳鳴生光緒庚辰正月二十三亥時殁光緒戊戌八月二十七葬毛獅灣

洪瑞

名鳳儀生光緒丁亥二月十八亥時娶王氏生光緒己丑十月二十三辰時

錫槩公長子

承椋公

生嘉慶戊辰四月十六歿道光己亥九月十六娶程氏生嘉慶戊辰四月十九歿咸豐辛酉八月初一生三子合葬前山崗

祥信公

生道光丁酉歿咸豐辛酉六月初九娶程氏生一子合葬裡崗

洪沅

名觀雅生咸豐甲寅八月二十一酉時娶蔡氏生同治丙寅二月二十歿光緒壬辰十一月初三繼娶江氏生同治辛未七月初四辰時生一子蔡氏葬裡崗

恩重

名紹綱生光緒丙申二月十三亥時

祥佳公 止

錫絜公四子

承權公　字景茂生嘉慶庚辰二月初二歿同治癸亥九月娶程氏生道光丁亥正月二十七生二子合葬祁嶺

祥傳公止

祥任公止

祥俊公止

錫烋公子

貞綵公　名定生生同治癸酉正月二十四申時歿宣統己酉十月十一亥時娶石氏生光緒戊寅九月十八未時生二子

祥松　名灶度生光緒丁酉十二月二十二戌時

祥鑫　名鉦度生光緒

乙巳十月十六丑時

錫樹公子

貞維 名定餘生光緒乙亥七月十五巳時娶汪氏生光緒壬午十月初七未時生一子

祥頤 名春度生光緒乙巳正月二十七酉時

錫桂子

貞給 名定環生光緒丁丑九月十六辰時娶曹氏生光緒甲申九月十九午時生一子

祥楓 名蓉度生宣統庚戌九月二十丑時

錫根公子

貞緣公 待後

錫觀公子 貞珠公待後
娶汪氏合葬背陰塢

錫榮子 貞利
生光緒丙戌正月初九戌時娶程氏生光緒辛卯十月二十亥時

錫明公子 貞餘公待後
生光緒癸未九月二十葬窪上栗樹下

錫湧公子 貞柏
名觀照生光緒

錫淦公子

錫沿公子

錫清長子

壬午九月十一子時娶柯氏生光緒壬辰

貞椿公 待後

名金泰生光緒戊子二月初一丑時歿光緒丁未三月初八巳時

貞泰

名觀泰生光緒甲午十一月二十八酉時

貞菊

從九品名菊號茂珍生光緒乙亥九月二十四

祥嶼

名昌渡生光緒乙未二月十五酉時

辰時娶汪氏生同治甲戌八月十八未時生二子

祥金
名定渡生光緒丙午四月初十卯時聘汪氏生宣統己酉十二月初九子時

錫清三子

貞䕒
名觀珍生光緒甲午十月二十八戌時

錫漢公子

貞楠公 待後
生光緒乙酉三月十八辰時歿光緒己亥正月十三葬前山崗

錫湘公子

貞花 —— 祥喜

名國珍生光緒壬午四月十一寅時娶程氏生光緒壬午十月十一寅時生一子

名玉渡生光緒丙午三月初十亥時

錫棠子

貞海

名光鴻生光緒甲午四月二十八巳時聘曹氏未婚歿生光緒甲午六月十二寅時歿宣統庚戌七月初四葬窪上

錫全公子

貞林

錫卣公子

貞本

名嗣熊生光緒庚子閏八月二十五寅時

錫青公子

細林

錫浩公長子

貞栻公——祥育公止

娶程氏摘貞福長子爲後公葬窪上氏葬社土上

錫浩公次子

貞福公——祥奎公止

娶葉氏生二子以長子祥育爲貞栻後公葬裡塢

錫浩公三子

貞雅公——祥泰公——洪池公 待後

娶汪氏生四子

娶王氏生一子

祥高公 止

祥有公 止

祥水公 止

錫治公長子

貞梁公——祥鴻公——洪澤——恩哲

貞梁公：生嘉慶庚午七月二十二子時歿道光丁亥十月二十酉時摘貞遠長子爲後葬窖上

祥鴻公：名肇彬生道光丁酉五月十八丑時歿咸豐戊午正月初三巳時娶程氏節行見列女生道光

洪澤：國學生名震號澤甫字厚田生同治戊辰四月十六寅時娶程氏生光緒乙亥七月初五丑時

恩哲：名聚中生光緒辛丑四月初二未時

乙未十二月十四申時歿光緒壬寅六月初四未時摘祥供長子爲後
生一子

錫治公次子 —— 貞選公 —— 祥淦公止

貞選公：摘貞達次子爲後葬窪上

錫治公三子 —— 貞達公 —— 祥柏公 —— 洪鉞公待後

貞達公：生嘉慶甲戌七月二十一卯時歿道光辛卯五月二十四卯時娶柯氏節行見列女生嘉慶甲戌四月初二亥時歿光緒甲午十月二十丑時生二子以次子

祥柏公：名和泰生道光辛卯六月二十四卯時歿同治癸亥十月十一巳時娶曹氏生道光丁亥十月十三亥時歿道光戊申六月二十巳時繼娶柯氏生道光癸巳

洪鉞公：名觀益生咸豐丙辰五月三十亥時歿同治庚午五月二十辰時葬劉家塘

洪烈 —— 恩榮

洪烈：名錦田生同治辛未九月二十

恩榮：名聚東生光緒癸卯十月十七

祥淦爲貞選後

三月二十四亥時歿同治壬戌五月二十辰時生一子早歿又摘祥拱長子爲後公與柯氏合葬劉家塘曹氏葬深泥干

入娶汪氏生光緒乙亥正月初九歿光緒甲午九月初二繼娶沈氏生一子汪氏葬祭頭坑

錫治公四子

貞遠公

國學生名國楨字新雅生嘉慶丁丑六月二十五亥時歿同治癸亥八月二十五酉時娶曹氏生嘉慶乙亥五月初三亥時歿道光壬寅十月十九未時生二子繼娶汪氏生道光丁亥三月二十六卯時歿

祥供

名肇積生道光辛丑正月二十亥時娶程氏生道光辛丑十月十四寅時歿光緒戊戌十月二十六巳時生二子以長子洪澤爲祥鴻後

洪澡

國學生字厚載號楚善生光緒辛巳十二月十五巳時娶程氏生光緒甲申九月初一申時歿光緒丁未七月初十未時繼娶汪氏生光緒乙未十月初八午時

錫渲公子

道光庚戌二月
十九巳時生一
子叁娶曹氏生
道光己丑十一
月十六巳時歿
同治癸亥八月
二十八未時以
長子祥鴻爲貞
梁後公與後曹
氏合葬窰頭塘
前曹氏葬涔泥
干

貞全公

生嘉慶辛未十
月初二歿同治

祥拱公

名肇基生道光
己酉六月十九
丑時歿光緒丁
亥九月二十申
時娶程氏生道
光己酉九月初
九辰時歿同治
癸亥九月十九
辰時繼娶程氏
生道光己酉三
月十二酉時歿
光緒辛卯六月
十九未時生三
子以長子洪烈
爲祥柏後

洪鑪公待後

名錦光生光緒
戊寅正月二十
四歿光緒甲辰
九月初二葬劉
家塘

洪祉

名錦帆生光緒
癸未十二月十
四亥時

祥楷公

娶王氏繼娶王
氏生三子以次

白然公待後

葬堈窰頭

壬戌十月初九
娶曹氏生一子
繼娶呂氏生嘉
慶乙亥七月二
十四歿同治癸
亥三月初十子
時生四子公葬
黃櫱山二氏合
葬堈窪頭

子日然爲祥模
後三子月然爲
祥槐後前王氏
葬堈窪頭

祥榴——洪熙公 待後
名茂章字惟喬
生道光丙申五
月十三亥時娶
曹氏生道光癸
巳九月十二亥
時生一子
葬黃櫱山

祥模公——日然公 止
摘祥楷次子爲
後葬芝蘇園

祥槐公——月然公 止
摘祥楷三子爲
後葬窪上

錫漢公長子

貞合公

娶汪氏生二子
合葬黃蘗山

祥槙公止
葬窑上

祥桂公止

祥椿公
從九品名明章生道光庚戌二月二十九歿光緒壬午四月二十五娶朱氏生道光己酉三月二十七繼娶朱氏節行見列女生咸豐辛酉八月二十三生一子公與前朱氏合葬風乎亭

洪政公
名槐生生光緒戊寅七月二十六卯時歿光緒丙午三月十四娶王氏生光緒癸未擠洪學三子爲後

恩適
名觀成生光緒甲辰七月初一申時

錫金公長子　貞寶公　娶某氏生一子　祥聖公　待後

錫考公長子　貞華公　名玉華娶汪氏生二子　祥樹公　待後
祥琇公　待後

錫林公長子　貞嘉公　名聯芳生嘉慶己卯三月二十三歿光緒乙未五月二十二娶曹氏生嘉慶己卯十月初八歿咸豐壬子六月初六生一子合葬西墓坦　祥江　名灶祥生道光丙午八月二十二娶張氏

錫林公次子

貞喜公 名玉豐娶董氏生四子以次子祥梧爲貞水後三子祥有爲貞喆後公葬窪上

祥環公 名大環葬劉家塘 待後

祥廷 生同治戊辰八月三十午時娶許氏生同治癸酉十二月初一卯時生三子

洪錦 生光緒己丑九月二十六酉時娶劉氏生光緒己亥十月二十九未時

洪均 生光緒丁未十一初四申時

洪運 生光緒己酉九月十四申時

錫林公三子

貞喆公——祥有公 待後

名玉惠摘貞喜三子爲後葬劉家塘

名細環葬西墓坦口

錫森公子

貞水公——祥梧公 待後

娶汪氏摘貞喜次子爲後合葬西墓坦口

名易祥葬劉家塘

錫禾公長子

貞善公——祥友公——洪鍊

名秀芳生道光戊子八月初六歿同治癸亥三月二十一娶宋氏生一子合葬呈華塘窖上

名黑生咸豐甲寅十月二十摘祥立次子爲後葬窖上

名運興生宣統辛亥閏六月二十九戌時

錫禾公次子

貞吉公——祥合

名玉高生道光

名觀禮生光緒

壬辰正月十六　己亥九月十九
歿光緒壬午正　未時
月初八摘貞木
次子爲後葬西
墓坦口

錫禾公五子

貞木公
名任芳生道光己酉三月二十一寅時歿光緒甲辰四月初三亥時娶王氏生同治壬戌二月十三歿光緒庚子八月十八生子二子以次子祥合爲貞吉後

祥立
名觀瑞生光緒庚辰七月二十五辰時娶曹氏生光緒癸未四月十六子時生二子以次子洪鍊爲祥友後

洪鑑
名運衡生光緒丙午二月初一子時

錫芝公子

貞桂
名元芳生道光丁酉九月初九

祥河公 待後
名有水生同治乙丑七月十八亾

午時娶汪氏生道光甲辰十月二十四丑時生六子以四子祥善爲貞紹後五子祥義爲貞烜後六子祥士爲貞雲後

歿光緒丁亥十月初二娶王氏公葬劉家塘氏葬王橫山

祥益

從九品字有全生同治戊辰十二月初三娶曹氏生光緒丁丑十二月二十四

祥經——洪鐸

邑武生名全字三傳生同治辛未六月十九娶汪氏生光緒壬辰六月初七生一子

生宣統己酉五月二十二寅時

錫茂公子

貞坦公——祥梧

貞坦公：名富芳摘貞灶次子爲後葬劉家塘

祥梧：名正桃生光緒戊子四月二十七娶曹氏生光緒乙未三月十七巳時

錫菊公子

貞灶公——祥棣公 待後

貞灶公：名觀芳生道光癸卯閏七月初五殁光緒癸巳六月二十二娶汪氏繼娶方氏生咸豐甲寅二月初五寅時生二子以次子祥梧爲貞坦後汪氏葬劉家塘

祥棣公：名祥永生光緒乙酉十一月二十三殁光緒丙午十月十五葬劉家塘

錫英公子

貞紹公——祥善——洪賢

貞紹公：名士芳摘貞桂

祥善：名春全生光緒

洪賢：名寶託生宣統

四子爲後葬劉家塘

戊寅正月初十娶王氏生光緒丁亥生一子

己酉九月二十五亥時

錫勤公子

貞烜公 摘貞桂五子爲後葬岱上

祥義 名東全生光緒庚辰十二月二十二戌時娶王氏生光緒己丑四月二十八生一子

洪安 名興託生光緒戊申五月十七辰時

錫慶公子

貞休公 名來芳生道光癸卯十月十一辰時歿光緒丙午二月二十五娶趙氏生咸豐丙辰五月二十九辰時生四子

祥福 名章根生光緒辛巳九月初四子時娶曹氏生光緒己丑三月二十酉時生一子

洪有 生光緒戊申十二月初二酉時

錫順公子

貞雲公
摘貞桂六子爲後葬岱上

祥金
名章榮生光緒丁亥四月初七寅時娶某氏

祥太
名灶榮生光緒甲午二月二十七酉時

祥榮
生光緒戊戌三月初十亥時

祥士
名士全生光緒丙戌五月二十六娶汪氏生光緒辛卯六月二

錫玉公長子

貞祿公——祥采公待後

娶柯氏生一子公葬前山崗氏葬劉家塘

名觀渡

錫玉公次子

貞裕公——祥聚公——洪皎

娶曹氏生一子公葬窖上

名觀琹生咸豐甲寅十一月二十九子時歿光緒甲午四月初十未時娶呂氏生同治丁卯二月初一辰時歿光緒辛卯三月三十巳時生一子公葬劉家塘

名燦生生光緒乙酉七月初四子時

錫玉公三子

貞祝公——祥友

名敵敬生道光乙巳正月十四辰時歿光緒壬辰閏六月十二未時娶石氏繼娶程氏生道光丁未十一月十二寅時歿光緒丁未三月二十七卯時生四子公葬窪上

名觀狗生同治庚午四月初八娶汪氏生同治戊辰葬劉家塘

祥鞍
名觀木生光緒戊寅六月初四酉時娶吳氏生光緒丁亥正月十三酉時

祥驥
名觀佳生光緒辛巳

祥巳
名益生生光緒乙酉

錫玉公四子

貞袖公——**祥旭**——**洪騏**

貞袖公：名啟貴生咸豐辛亥閏八月二十歿光緒丙子正月二十四娶曹氏節行見列女生道光己酉五月二十四歿光緒癸卯十二月初二生一子公葬窪上

祥旭：名觀美生同治甲戌十月十三辰時娶葉氏生光緒乙酉六月十五子時生一子

洪騏：名渭卿生光緒壬寅六月十八午時

錫庸公子

貞愷——**祥炳**

貞愷：名永壽生同治丙寅十二月十三寅時娶黃氏生同治甲戌三月十七午時歿光緒辛丑七月十八戌時生一子葬岱上

祥炳：名福奎生光緒辛卯二月十二辰時

錫清公子 貞孔 名順坤生光緒丙戌七月二十六丑時

錫楷公子 貞年公 待後 名順年生光緒癸巳八月十四未時歿光緒戊申正月初七亥時葬劉家塘

錫瑞子 貞海 名順泉生光緒辛卯三月二十二未時

錫益公子 貞松公——祥衔公 待後 摘貞幹長子爲後

錫月公長子

貞幹公——□□□

生道光戊戌正月初十丑時歿光緒甲申正月二十九丑時娶曹氏生道光丙申十月十八巳時生三子以長子祥街爲貞松後以三子祥定爲貞桃後公葬窖上

錫月公次子

貞桃公——祥定公止

娶董氏摘貞幹三子爲後

錫猷公子

貞連

名連壽生咸豐丙辰九月十一

錫迪公子

貞乾公 名韻泉生同治己巳正月初一娶王氏生光緒丁丑二月生一子公葬劉家塘

祥積 名餘慶生光緒丁未正月初一辰時

錫惠公子

灶興 一名永發生光緒己卯十月二十四子時

錫楚公長子

貞輝公 生嘉慶庚申歿光緒丁丑娶程氏生三子合葬下深泥干

祥地公 名泉達生道光辛卯五月十五歿光緒壬辰七月二十四娶王氏生道光乙未十一月十八生一子公葬窪上

洪裔公 待後 生同治丁卯十一月二十八歿光緒癸未十一月十三葬窪上

祥坦公 止

祥垣公 止

錫楚公次子

貞耀公 娶汪氏生一子

祥字公 止

錫楓公長子

貞煒公 生嘉慶戊辰正月二十五歿咸豐辛酉五月二十娶曹氏生嘉慶庚午十一月二十歿同治癸亥二月初四生三子合葬岱上

祥揩公 摘祥墉長子爲後葬窪頂上

洪績 名時茂生同治辛未娶查氏

祥墉公 名森順娶王氏生二子以長子洪績爲祥揩後

洪材 名時育生同治癸酉九月十一

錫楓公次子
- 貞烜公　娶汪氏生二子合葬窑頂上
  - 祥城公止
  - 祥蜜公止

錫標公子
- 貞炘公　娶鮑氏生一子葬窑上
  - 祥旬公止

錫樞公長子
- 貞炎公　名暉吉字象昇生嘉慶辛未十一月初九娶汪氏繼娶石氏生道光癸未殁咸
  - 祥愷公止
  - 祥松公止

祥坎公止

豐辛酉六月十
五生二子叅娶
汪氏生道光庚
寅九月初六前
汪氏與石氏合
葬學士墩後汪
氏葬王家槳

錫樞公
次子

貞惠公——祥淬公——洪桂

郡庠生世襲雲
騎尉名國賓字
遠鴻號敬菴事
蹟見學林生道
光丙戌七月初
六歿咸豐辛酉
六月十二摘貞
卯長子爲後葬
學士墩

世襲雲騎尉名
日贊字舒泰生
同治丙寅正月
初八歿光緒庚
寅三月二十四
辰時娶程氏生
同治癸亥五月
十四申時歿光
緒壬寅九月二
十五申時生一
子

世襲雲騎尉字
爾棣號秉章生
光緒丙戌二月
初四子時娶程
氏生光緒戊子
三月初十巳時

錫椅公
長子

貞焯公——祥基公——洪學公——恩波

邑增生名宅仁
字心齋號孟鄰
事蹟分見學林
善行生嘉慶庚
辰十月十二歿
光緒庚寅閏二
月十二娶曹氏
生道光甲申七
月十九歿咸豐
辛酉六月二十
二生一子繼娶
曹氏生道光辛
卯二月二十歿
宣統庚戌五月
十三前曹氏葬
學士墩

名庸行字奠邦
生道光戊申五
月二十歿光緒
辛丑五月二十
五娶汪氏生道
光庚戌十一月
初九歿光緒乙
酉九月初七生
二子繼娶黃氏
生同治庚午十
一月生一子

邑庠生名瓚字
時敏號遜之事
蹟見學林生同
治壬申二月三
十子時歿宣統
庚戌六月十二
午時娶石氏生
同治甲戌七月
初九子時生五
子以次子恩詔
爲元惠公派洪
耕後三子恩遍
爲洪政後

名觀瀾生光緒
丁酉十月初十
巳時

恩宴

名觀穀生光緒
丙午七月十一
卯時

恩馳

名觀武生宣統
己酉四月二十
五辰時

洪耕——恩壽

名益敏字紹尹
生光緒癸未二
月初三寅時娶
曹氏生光緒辛
卯十二月二十

名觀壽生宣統
辛亥正月初五
午時

錫椅公
五子

貞慤公——祥繼

從九品字恭吉號義卿生道光戊戌十一月初七戌時歿光緒丁酉九月初一辰時娶石氏生道光己酉三月初二午時摘元惠公派貞和五子爲後公葬前山崗

祥繼　名嗣桃生光緒己丑二月二十六申時娶程氏生光緒辛卯九月二十七申時

一子時生一子

洪謨

名高敏生光緒庚寅三月初四辰時

錫樂公長子

貞慰公

邑庠生名國昇字勤齋事蹟見學林生道光丁亥五月二十八歿光緒丁亥四月初十娶曹氏生道光己丑九月十二歿咸豐辛酉八月初五生一子繼娶葉氏生道光戊申六月二十辰時生一子曹氏葬毛獅灣

祥堯公

名均泰生道光戊申十月初九子時歿光緒己亥正月初三卯時娶汪氏生咸豐辛亥十一月十六摘祥奎長子爲後公葬裡崗

洪述

名爾繼生光緒乙未九月十七午時

祥奎公

邑庠生名光贊字恒泰號月如事蹟見學林生同治戊辰八月二十二寅時歿光緒丁未十月二十六巳時娶王氏生同治己巳七月初七歿光緒辛丑七月

洪業

名爾緒生光緒戊戌二月十九未時

洪驥

二十五生二子名爾騏生光緒乙巳四月初五午時繼娶黃氏生同治甲戌十一月十六巳時歿光緒戊申十一月十九生一子以長子洪述爲祥尭後王氏葬窖上

錫樂公次子

貞愈公

國學生名國春字企亭生道光庚寅正月二十六午時歿光緒己卯閏三月初四辰時娶曹氏生道光甲午二月初二歿咸豐辛酉九月初一生一子繼娶張氏生道光戊戌十一月二十六

祥星公

國學生字嘉泰生咸豐丙辰十月二十九歿光緒庚辰四月初九娶謝氏生咸豐丙辰十月二十五子時歿光緒丁丑五月二十八申時生一子合葬毛獅灣

洪藻

名淦欽生光緒丁丑五月二十六寅時娶王氏生光緒乙酉八月二十九卯時

歿光緒壬寅二
月十六寅時生
二子曹氏葬毛
獅灣

祥坡公——洪英

邑庠生字運泰　名汝欽生光緒
號紹蘇事蹟見　庚子九月十六
學林生同治癸　午時
亥十一月十九
酉時歿光緒癸
卯正月二十四
未時娶王氏生
同治戊辰六月
二十三歿光緒
甲午五月十五
繼娶程氏生光
緒戊寅十一月
十一巳時生一
子王氏葬麻雀
塢

祥琳

名貴泰字雲軒
生同治辛未二
月二十七午時

錫樂公
三子

貞卯公

邑庠生名國琇字仲瑩事蹟分見學林善行生道光辛丑八月十四申時歿光緒庚寅十月二十七戌時娶曹氏生道光丙午歿光緒丙戌十月二十五寅時生五子以長子祥萍爲貞惠後

娶程氏生同治甲戌九月二十二申時

祥津公 待後

名潤泰生同治辛未

祥淖公 待後

名毅泰生同治癸酉十二月十九子時歿光緒丁未

祥漳公 待後

名駢泰生光緒丁丑正月初十寅時歿光緒壬寅

祥渾 名濬泰生光緒癸未正月十九寅時娶吳氏生光緒壬午五月初五午時

錫桂公子
貞元公 名元吉娶曹氏生一子公與氏各葬前山崗
—祥雲公止

錫棠公長子
貞松公 名靜吉號靜庭娶馮氏生二子合葬窖上
—祥星公止
—祥義公止 名彥泰娶汪氏

錫棫公子
貞煦公—祥垣—洪鈞—恩榮

徵仕郎生嘉慶癸亥五月初一歿道光己酉八月二十二娶汪氏生嘉慶庚申歿咸豐辛酉六月生一子

翰林院待詔名翘字秀林生道光丙申十一月三十娶柯氏生道光丁酉歿咸豐辛酉繼娶張氏生道光己酉二月十八寅時側室方氏生道光庚戌摘祥銓三子爲後柯氏葬前山崗

名聚中生光緒壬午六月二十一卯時娶程氏生光緒甲申十二月二十五巳時生二子

生光緒甲辰八月初九卯時

恩富

生光緒戊申十一月十九丑時

錫槐公長子

貞明公——立章公止

娶曹氏繼娶曹氏生一子

錫槐公次子

貞旦公——瑞基公——洪儒——恩垣

貞旦公：生嘉慶乙亥十二月初二歿咸豐庚申二月十

瑞基公：國學生號林順娶徐氏生一子側室黃氏公與

洪儒：名觀院生光緒丙子三月初七午時聘戴氏未

恩垣：生光緒庚子七一月二十丑時

九巳時娶曹氏
生嘉慶壬申九
月初六歿道光
丁酉正月初十
繼娶江氏生一
子公與曹氏合
葬深泥干

黃氏合葬劉家
塘

婚歿繼娶程氏
生光緒乙亥九
月二十六辰時
生三子以次子
恩煒爲元社公
派洪基後三子
恩泉爲元當公
派洪濟後

錫槐公
三子

貞昕公——昌順公止

名敬吉娶曹氏
生一子合葬劉
家塘

錫綢公
長子

貞畯公——祥銓——洪濟——恩銘

名欽吉娶宋氏
節行見列女生
嘉慶乙亥十月
初八申時歿咸
豐辛酉七月十
四寅時以貞旭
子雙祧公葬深

從九品字鴻基
號兆舟生咸豐
甲寅九月二十
八亥時娶王氏
繼娶程氏生咸
豐甲寅二月十
三卯時歿光緒

名時寶生同治
癸酉閏六月初
六午時娶曹氏
生同治癸酉正
月初五歿光緒
己亥十月初六
繼娶汪氏生光

生光緒甲辰四
月二十七戌時

泥干氏葬劉家
塘

甲辰四月十七
酉時生卯子長
子洪濟承貞睃
公派後次子洪
若四子洪勅承
貞旭公派後以
三子洪鈞爲祥
垣後

緒乙酉正月初
三亥時生一子
曹氏葬劉家塘

錫栩公
次子

貞旭公——**祥銓**

娶王氏生一子
繼娶馮氏生道
光辛卯五月初
九卯時歿光緒
丁酉十一月初
十申時生一子
與貞睃雙祧合
葬深泥干

祥銓：生娶見前

洪若

名萬錢生光緒
己卯二月初七
寅時娶汪氏生
光緒癸巳三月
十二子時

洪勅

名聚典生光緒
丁亥四月初九
亥時娶程氏生
光緒乙未四月

二十三寅時

錫栩公三子		
貞皓公	祥𤨖	洪進
名祿吉字朗亭生道光癸未三月十二寅時歿同治甲子九月初五丑時娶王氏生道光乙未八月初八寅時歿光緒甲辰十二月十六未時生一子公葬劉家塘氏葬來龍上	名銀順生咸豐戊午正月二十八丑時娶王氏生同治丁卯正月十八辰時歿光緒丁酉六月初三辰時生一子氏葬來龍上	名聚保生光緒己丑五月初四辰時娶張氏生光緒己丑十一月十八巳時

錫桴公長子	
貞曉公	祥坦公待後
名惠吉字旣明生嘉慶丁丑正月初六歿咸豐辛酉五月二十	

八娶章氏生嘉慶丁丑二月十三歿咸豐辛酉六月初三生一子葬前山崗

錫梓公次子

貞晟公

世襲雲騎尉字任吉號向明生道光辛巳五月二十二娶王氏生嘉慶己卯六月初六歿光緒甲辰二月十九生四子合葬石門裡

祥址

世襲雲騎尉名信順生道光戊申二月十一申時娶徐氏生咸豐乙卯四月初十酉時

祥境公止

祥壂公止

祥㘴公止

錫梅公子

貞暑公
名謙吉娶曹氏
生一子各葬窑
上

祥華
名高順字頌如
生道光壬寅十
月二十卯時娶
方氏繼娶曹氏
生道光癸卯四
月二十四卯時
生二子方氏葬
窑上

洪疇
從九品字叙九
號禹興生同治
戊辰六月二十
一戌時娶程氏
生同治庚午十
月二十三未時
生二子

恩澤
名光燚生光緒
壬辰七月十九
酉時

恩周
名光鑫生光緒
己亥二月初二
子時

洪昊
名禹時字昭夏
生光緒甲申九
月三十戌時娶
汪氏生光緒壬
辰六月二十八
亥時

錫模公長子

貞棨公

名瑞吉生道光丁亥十一月十六歿道光乙巳七月十二摘貞煊長子爲後葬窪上

祥埜公

國學生名卓字湧泉生咸豐戊午五月初十辰時歿光緒丁酉十一月二十五酉時娶馮氏生咸豐丁巳十二月二十三子時生五子側室徐氏以四子洪綱爲祥熊後

洪緒

從九品字景周號纘祖生光緒癸未四月二十四酉時聘馮氏未婚歿繼娶曹氏生光緒庚辰十一月二十四巳時生三子以次子恩銘爲洪繹後

恩沛

名仁壽生光緒乙巳十一月初五寅時

恩浩

名仁駿生宣統己酉正月二十一酉時

洪紀

名述祖生光緒乙酉四月二十五寅時娶曹氏生光緒甲申十一月十四巳時

洪繹公

名嗣祖生光緒

恩銘

名仁澤生光緒

錫模公
次子

戊子二月二十
四寅時歿光緒
戊申十二月二
十四辰時娶曹
氏生光緒庚寅
二月二十五午
時摘洪緒次子
爲後

丁未四月二十
三丑時

貞煊公——祥熊公——洪綱

附貢生名耀字
蘊山號燦堂事
蹟分見學林善
行生道光丁酉
九月二十五申
時歿光緒庚寅
三月初十午時
聘馮氏未婚歿

名載章生同治
己巳十二月二
十五辰時摘祥
埜四子爲後葬
窑上

名嗣清生光緒
庚寅三月二十
八巳時娶曹氏
生光緒庚寅四
月二十八丑時

洪統

名榮祖生光緒
壬辰六月二十
八寅時聘馮氏
生光緒甲午

錫杭公子

生道光乙未七月十二歿道光丙午十二月二十四繼娶曹氏生道光丙申五月十七酉時歿宣統辛亥七月初四亥時生二子側室潘氏以長子祥埜爲貞熒後公與馮氏合葬竦嶺腳洪家坟

貞照

郡庠生名寶鈞字焕吉號卧雲事蹟見學林生咸豐丙辰十一月二十三娶程氏生咸豐丁巳正月初一辰時側室某氏䲣貞炳四子爲後

祥和

名家順生光緒癸卯正月二十三巳時

錫楨公長子

功烈公 娶汪氏生一子

祥森公 名有林摘祥波長子爲後葬荷葉蓋金龜形

洪炳 名禹夔字辛甫生光緒乙亥十二月初一子時娶王氏生光緒丁丑九月二十三歿光緒乙巳十月二十一生一子

恩成 名國錢生光緒庚子九月初十亥時

錫楨公次子

功熹公 娶程氏生三子合葬黃泥崗

祥聖公 止

祥順公 名合順 止

元順公 止

錫楨公三子

功燕公

祥波

洪煜

字仿魏生嘉慶壬申三月初十歿光緒丁丑十一月十三娶汪氏生嘉慶庚辰十二月十六歿光緒癸卯正月初五生一子公葬深泥干氏葬窪上虎形

名必順字安瀾生咸豐癸丑正月二十五戌時娶汪氏生咸豐辛亥四月十七丑時生二子以長子洪炳爲祥森後

名禹全字欽甫生光緒甲申六月初四戌時娶程氏生光緒丙申十二月二十五子時

錫禎公四子

功默公——**祥里公止**

娶王氏生一子合葬窪上

錫禮公長子

貞霞公——**祥泰公**——**洪森**

生嘉慶辛未七月初七歿咸豐丙辰正月二十二娶曹氏生二子以次子祥洽

國學生號福田生道光庚子十二月二十三丑時歿光緒癸巳五月初二辰時

名潤庚生光緒己丑四月初八丑時娶鮑氏生光緒己丑九月初九

為貞霖後合葬后岸

娶鮑氏生道光己亥二月二十八巳時歿宣統己酉十月初一酉時生一子合葬栗裡冲

錫禮公次子

貞霖公——祥洽公止

生嘉慶戊寅歿咸豐辛酉娶江氏生道光丙戌歿咸豐辛酉摘貞霞次子為後合葬劉家塘

錫啟公長子

貞萬公——祥宗

名桃萬娶汪氏摘貞采長子為後

從九品字東如號福元生光緒丁亥七月十七寅時娶鮑氏生光緒乙酉七月十九酉時

錫啟公五子

貞采公——祥信

錫佳公
長子

名灶炎字鳳翔生道光戊戌十一月二十六卯時歿光緒甲辰十二月初七戌時娶曹氏繼娶賈氏三娶章氏生同治丁卯二月十一巳時歿光緒辛丑正月十八寅時生二子以長子祥宗為貞萬後合葬前山崗

名義元生光緒癸巳五月初四酉時娶周氏生光緒甲午四月初三辰時

貞立公

名學禮摘貞言長子為後

祥鑑公

生咸豐甲寅二月十七辰時歿光緒戊申二月初五丑時娶傅氏生同治乙丑八月二十六未時生二子

洪鑰

生光緒癸未五月初四卯時

洪度

生光緒庚寅十月初十子時

錫隹公次子

貞言公——祥鈞公——洪波

名學庸生道光壬午歿同治壬戌娶石氏繼娶曹氏生道光辛卯生二子以長子祥鑑爲貞立後

生咸豐己未三月初十戌時歿光緒戊戌十月廿四子時娶汪氏生同治庚午二月初九寅時生一子

生光緒庚寅六月二十四辰時娶楊氏生光緒甲午九月二十七酉時

錫侯公長子

貞亮公——祥來

名學明生道光庚子三月二十六卯時歿宣統己酉九月十八未時娶鮑氏生道光丁酉十月初六亥時生一子公葬前山嵞

名震泰生光緒辛巳四月初八卯時娶葉氏生光緒癸未四月二十二卯時

郁

裕盛公子

貞榮公——祥水公止

娶鮑氏生二子

祥云公止
名云水

錫吉公長子

貞貴公——祥鑑公止
葬前山崗

生道光戊戌八月初八歿同治癸亥正月十四娶曹氏生道光乙未十月初五歿光緒庚辰十二月二十九生一子合葬窪上

錫吉公次子

貞賢
名明華生道光甲辰八月二十三子時娶馮氏生道光甲辰十一月二十四

錫範公子

貞水公——娶曹氏繼娶曹氏生一子公與前曹氏合葬張家碓

祥鉒公——名肇邦生咸豐甲寅三月初二歿宣統己酉十月三十娶曹氏生咸豐戊午十一月二十二生二子

洪熙 名鳳池生光緒辛巳六月十七

洪森 名鳳鐸生光緒丙戌四月二十二聘王氏未婚歿生光緒癸巳五月初五歿宣統庚戌四月十二繼娶王氏生光緒丙申十月二十一前王氏葬王家築

錫簡公子

貞艮公——國學生名功謙字臣章娶曹氏繼娶某氏三娶

祥莫公止

某氏生一子四
娶汪氏公與汪
氏合葬王家橥

錫笏公
長子

貞錠公

國學生名寶臣
字楚珍號效善
生道光戊戌四
月初五辰時歿
光緒丁未正月
初三辰時娶曹
氏生一子繼娶
程氏生道光己
酉九月初三寅
時生五子以次
子祥淦爲貞銘
後三子祥輿爲
貞愫後五子祥
生爲貞仁後曹
氏葬王家橥

祥楷公

名嗣邦生咸豐
丙辰十月十四
娶金氏摘祥愷
長子爲後合葬
王家橥

洪權

名光燦生光緒
庚子十一月十
八辰時

祥愷

名彥禎字樂記
生光緒辛巳九
月初三未時娶
王氏生光緒辛
巳二月十二未
時歿光緒乙巳
四月初十辰時
生二子繼娶江
氏生光緒己丑

洪瑾

名光玠生光緒
癸卯二月初六
子時

洪瑜

十一月二十一寅時殁宣統己酉二月十一未時終娶汪氏生光緒丁亥六月初二子時生一子以長子洪權爲祥楷後王氏葬背陰塢江氏葬王家棠

名光月生宣統庚戌八月二十二申時

錫笏公次子

貞智公——祥焰公——洪榴公止

生道光壬寅娶

名振邦娶汪氏

祥柏——洪麟

名彥雲生光緒丁亥正月十九子時娶汪氏生光緒戊子十二月十三未時生一子

名光琪生光緒丙午八月初九未時

曹氏繼娶曹氏　生一子繼娶曹
生道光壬寅生　氏公葬王家築
一子公葬王家　汪氏葬上菴背
築後曹氏葬上　後
菴背後

錫筠公子

貞銘公——祥淦

生道光己酉摘
貞錠次子爲後

名彥邦生光緒
乙亥二月初七
午時娶王氏繼
娶許氏生同治
癸酉四月十七
子時王氏葬擇
居下

錫籙公子

貞仁公——祥生公——洪禧

摘貞錠五子爲
後葬王家築

名彥祥生光緒
癸未十一月二
十二歿光緒戊
申八月二十二
娶曹氏生光緒

生宣統己酉正
月十六巳時

丙戌三月十一生一子公葬背陰塢

錫篪公子
貞懐公 摘貞錠三子爲後
——祥興 國學生字益廷號福邦生光緒丁卯七月二十巳時娶曹氏生光緒丁卯十一月三十申時

錫福公子
貞樹公 生道光壬寅六月初六卯時歿咸豐甲寅摘貞篁長子爲後
——祥熊 名肇蘭生光緒乙酉九月初八寅時娶曹氏生光緒壬辰正月十三戌時

錫裕公子
貞篁公——祥枝

名尚倍生咸豐辛亥三月初四卯時歿光緒癸卯十月二十三申時娶葉氏生同治丙寅十二月二十生三子以長子祥熊爲貞尉後三子祥桂爲貞幹後公葬裡崗

名肇根生光緒己丑正月十六酉時

錫祺公子

貞幹公 生道光壬寅摘貞篁三子爲後葬窰上

祥桂 名肇成生光緒辛卯九月二十一卯時

錫邦公子

貞善公 待後

錫成公子

貞瑞公 待後

錫恒公子

貞春公 待後

錫桉公子

貞海——祥芝

貞海：名觀均生同治辛未六月初十酉時娶曹氏生同治甲戌四月二十卯時生一子

祥芝：名瑞生生光緒己亥十月初七辰時聘汪氏生光緒壬寅十二月初二卯時

錫鋒公子

貞壽公——祥泮公——洪模

貞壽公：娶某氏生一子

祥泮公：摘祥謙長子爲後

洪模：名寶森娶朱氏

錫銓公長子

貞煌公 待後

貞煌公：名觀雄

錫銓公次子

貞炘 名友雄生道光己酉十一月二十八丑時

錫銀公子

貞永公 名觀永娶柯氏生一子公葬下碓氏葬芝蘇園

祥謙 名滿慶字受仁生同治丁卯九月二十一娶曹氏生同治庚午九月二十一生二子以長子洪模爲祥泮後

洪楷 名杏森

錫吉公次子

貞銀公 生一子葬上庵腳

祥根公 摘祥烱長子爲後

洪宣 生光緒戊子二月初五酉時娶程氏生光緒己丑七月十六亥時生一子

恩金 名星臣生宣統辛亥六月二十六卯時

錫遠公長子

貞書公　名學信摘貞林長子爲後

祥烱　名灼華字錦堂生咸豐丙辰十一月十五亥時娶鄭氏生同治丁卯七月二十生五子以長子洪宣爲祥根後

洪灶　名棣宣生光緒庚寅八月初六寅時娶曹氏生光緒庚寅九月初六申時生一子

恩同　名舒臣生宣統辛亥正月三十卯時

洪樹　名引宣生光緒甲午五月二十申時聘張氏生光緒丙申十二月初六酉時

洪水　名垂宣生光緒戊戌四月十九辰時

洪業 名度宣生光緒辛丑三月二十三辰時

錫遠公三子

貞林公——祥彩

貞林公：名學林生道光丁亥九月十九歿光緒己卯十二月十三娶王氏生道光丁酉八月十二歿光緒丙午四月二十乇三了以長子祥烱爲貞書後三子祥煥爲貞泰後

祥彩：從九品字阮華生同治己巳十月二十八亥時娶汪氏生同治壬申九月初六

錫長公子

貞泰公——祥煥

貞泰公：國學生名拱照字聚星娶曹氏摘貞林三子爲

祥煥：保奬五品銜名鈞華號可卿生于光緒乙亥二

後

月初二寅時娶曹氏生光緒庚辰十一月十六亥時殁光緒丙午八月十二申時繼娶程氏生光緒癸巳八月十七戌時

錫圭公子

貞全

字辟力生光緒庚寅三月初三辰時娶季氏生光緒癸巳八月二十四亥時

錫瑕公長子

貞慶公——□□——**洪起**

娶石氏生二子繼娶張氏以次子祥富爲貞愛後公與石氏合葬麻雀塢

生一子

洪起：名宣泰生光緒癸未十二月初一娶曹氏生光緒戊子三月初十

錫成公長子　貞惠公——祥思
生道光庚寅摘貞紹長子爲後

錫成公次子　貞雅公——祥安
生道光丁酉摘貞紹次子爲後

錫成公三子　貞紹——祥邦
　　　　　　　　——祥傑
生道光癸卯娶汪氏生四子以長子祥思爲貞惠後次子祥安爲貞雅後遷福建建甯府城內

錫成公四子　貞桂——祥認

從九品名灌字贏泉號慣慶生道光丙午七月十一娶杜氏生咸豐己未十二月十三生一子

名金鏞生光緒戊子三月初一娶曹氏生光緒己丑十一月十一

錫水公子

貞愛公——祥富公待後

摘貞慶次子爲後葬裡崗

名順盈葬裡崗

錫廷公長子

貞坦公——祥善公待後

生道光丁酉十二月初五巳時歿光緒戊子八月二十二巳時娶曹氏摘貞閣長子爲後公葬張家山氏葬呈華塘

名社銘生光緒戊子二月初六葬張家山

錫廷公次子

貞鳴公——**祥質**

摘貞閣三子爲後葬麻雀塢

祥質：名銀銘生光緒丙申二月二十七辰時

錫廷公三子

貞閣——**祥貴**

貞閣：名三慶生咸豐辛亥正月十九辰時娶張氏生同治甲子十二月十二巳時生三子以長子祥善爲貞坦後三子祥質爲貞鳴後

祥貴：名灶銘生光緒癸巳正月初七辰時娶曹氏生光緒癸巳三月十二酉時

錫紀公長子

貞梅公待後

名鵲慶

錫金公長子	貞儀公 待後 名鳳慶娶曹氏合葬后岸塌培	
錫雲公長子	貞雁 名雁慶生咸豐乙卯九月三十戌時娶鮑氏生咸豐丙辰十月十六丑時歿光緒甲午十一月十九生一子	祥禮 名義發生光緒壬午九月二十四娶曹氏生光緒丙戌八月初八亥時
錫雲公次子	貞鸞 名鸞慶生咸豐丁巳十月二十六午時娶曹氏生咸豐丁巳五	祥珍 名士濤生光緒丁亥閏四月三十娶汪氏生光緒庚寅閏二月
		洪桃 名燦輝生宣統庚戌八月初五丑時

月初五生一子

二十六生一子

錫雲公三子

貞林　從九品號脩慶生同治癸酉五月二十三巳時娶汪氏生同治癸酉十二月十二卯時歿光緒壬寅十二月十八申時生一子繼娶汪氏生光緒乙酉四月三十巳時前汪氏葬麻雀塢

祥鈺　生光緒庚子十一月二十巳時聘王氏生光緒丁酉四月二十九未時

錫祝公長子

貞樹公　國學生誥封奉直大夫名樹字敏卿號樹慶生道光甲辰十月初三歿光緒甲

祥泮　國學生　欽加同知銜字欽明號厚安生光緒丁丑八月三十卯時娶曹氏生

洪壽　名松柏生光緒戊申二月初一

辰十一月十七丑時娶曹氏繼娶邵氏生咸豐辛亥四月初十歿光緒辛巳十二月初三生一子丞娶曹氏生同治乙丑八月二十二歿光緒乙未十一月初八生一子四娶曹氏生同治庚午七月初三午時公與邵氏又曹氏合葬荷花形

光緒丁丑生一子

祥庚公 從九品字位西號厚康生光緒乙酉三月二十四未時歿光緒戊申五月十八辰時娶王氏生光緒庚寅十二月十三生二子

洪𤏡 名唱如生宣統己酉二月初六

洪僥 名和如生宣統己酉二月初六

錫祝公次子

貞根公 待後

名根慶葬裡崗

錫仁公長子

貞茂

名松林生光緒乙亥十月初九戌時娶程氏生光緒甲申閏五月二十七戌時

錫仁公次子

貞煦

名炳林生光緒戊寅十二月二十七申時

錫俊公長子

貞熙

名誠發生同治甲戌十一月十六卯時

錫俊公次子

貞吉

名吉林生光緒甲申十二月二十三酉時

錫偉公長子 貞惟
名大順生光緒庚辰四月初一子時聘葉氏未婚歿生光緒甲午歿宣統己酉十月繼娶汪氏生光緒癸巳十月二十五

錫偉公次子 貞順
名六順生光緒己丑二月初七申時

錫佐子 貞梓
蘇省鐵路學堂最優等畢業生郵傳部覆試記名留部候用名

錫佑公子

桂芬字志蟾號秀林事蹟見學林生光緒己丑十一月十九聘汪氏生光緒甲午正月初二

貞綬

名家驥生光緒壬辰六月初七戌時娶曹氏生光緒戊子九月十九卯時

錫俠長子

貞紳

從九品字電晴號家駿生光緒癸未九月二十四子時娶曹氏生光緒甲申五月初八亥時生。

祥沅

名元駒生宣統辛亥正月初六戌時

一子

錫俅三子
貞組
名家騏生光緒戊戌七月二十七子時

錫穀公子
順興公——灶愛公止
娶汪氏生一子

錫報公長子
貞烝公——祥輝
名灶本字俊先生道光辛丑十月十八歿宣統己酉十月十一娶馮氏生道光戊戌二月初二歿同治癸酉三月二十六繼娶金氏生咸豐乙
名耀泰生光緒乙巳十二月十一亥時

卯十一月二十
八歿光緒辛丑
七月三十亥娶
曹氏生咸豐甲
寅五月初三摘
貞炳五子爲後
公葬岱上燕窩
彤馮氏金氏合
葬前山崗

錫明公子

貞照——祥鐸

貞照：名道本生咸豐癸丑六月二十戌時娶馮氏生咸豐乙卯七月初七子時生一子

祥鐸：名福金生光緒己亥二月十六寅時

錫功公子

貞森公——祥阮——洪浩

貞森公：從九品名森字樹長號杏菴生

祥阮：名渭桃生光緒庚寅正月初八

洪浩：名廣泉生宣統庚戌九月十八

錫勤公子

咸豐癸丑九月二十戌時殁宣統己酉十一月十一卯時娶馮氏生同治乙丑十一月初七亥時生三子長子祥阮承錫功公派後次子祥階三子祥憓承錫勤公派後

戌時娶汪氏生光緒辛卯正月十四子時生一子

寅時

貞森公

生娶見前

祥階

名季桃生光緒癸巳正月十六亥時聘柯氏生光緒乙未四月初六午時

祥憓

名根桃生光緒

乙未十一月初五戌時聘程氏生光緒丁酉七月十六卯時

錫善公子

貞水公——祥斌

生道光甲辰四月十九歿光緒甲午十月二十一娶蘇氏生咸豐丙辰二月初六歿光緒丙子十一月十六摘貞炳長子爲後合葬前山崗

名松泰生光緒丙戌十月初二戌時娶周氏生光緒丙申九月二十四巳時

錫高公子

貞木公——祥庚

生道光丁未七月二十七歿同治甲子正月初二摘貞炳次子

名星泰生光緒壬辰四月二十一丑時聘曹氏生光緒乙未四

爲後葬裡崗　月二十三寅時

錫鳳公子

貞炳　名細閑生咸豐辛亥十二月初三娶程氏繼娶柯氏生同治戊辰二月十七巳時歿光緒戊子十一月十三生一子丞娶曹氏生同治壬申十二月二十八亥時生五子以長子祥斌爲貞水後次子祥庚爲貞木後四子祥和爲貞照後五子祥輝爲貞杰後程氏葬前山崗柯氏葬上嶺

祥麒　名昭泰生光緒甲午十一月初五卯時

祥炤　名螢泰生光緒戊申九月初十辰時

錫書公子

貞金

名定煥生光緒丙戌五月十五

娶汪氏生光緒庚寅三月二十三

錫平公子

貞玉

名定盆生光緒壬辰十二月二十

錫長公子

貞渾

名全興生光緒丁亥六月初九巳時

錫禁子

貞淦

名水興生光緒乙未五月初五

巳時聘周氏生光緒丁酉七月

永綱公長子

元玠公

娶程氏生二子葬后岸

文遂公

娶某氏生一子

志福公 無孜

娶潘氏生四子遷歙邑中堂嶺腳

文都公 止

永茂公長子

元鳳公

娶張氏繼娶程氏生二子

文輝公 止

文郁公 止

永茂公次子

元鶴公

娶曹氏生四子

文雅公

字儒尙生順治

志歡公

字慶如生康熙

兆梆公

摘元遐公派兆

應玉公

戊戌娶曹氏生一子

壬戌歿雍正庚戌娶程氏摘元齡公派志瑄三子爲後

啟次子爲後葬前山塢

文式公止

文紹公止

文烱公

字含光生順治丁酉歿康熙甲午娶王氏生一子葬下井山

志憲公止

字又章生康熙壬申娶曹氏生康熙辛未

兆柳公子

應玉公

娶汪氏摘元會公派應當次子爲後葬李家塘

天秋公

字成實生康熙丙申二月初二娶潘氏生康熙乙未生三子

德山公止

德嵩公止

德崇公止

永璋公長子

元鑑公　娶某氏生一子

文全公　娶某氏生三子

志高公　娶某氏生二子

兆吉公　娶某氏生一子

應益公止

兆育公止

志富公止

志貴公止

永琇公五子

元錠公　娶汪氏繼娶陳氏生二子

文禮公　娶某氏生一子

志横公止

文政公 娶某氏生一子

志福公 生康熙甲午娶鄭氏生三子遷旌邑葛家地

兆州公 無攷 生乾隆己巳娶江氏

兆埈公 無攷 生乾隆辛未

兆府公 無攷 生乾隆乙亥

永通公 長子

元壽公 名伯壽娶某氏生一子

文汝公 止

永豐公 次子

元汝公 娶某氏生一子

文壽公 娶某氏生一子

志柯公 生康熙戊辰歿乾隆己未娶周氏生三子

兆眷公 生康熙己亥娶曹氏生一子

應高公 止 生乾隆甲戌

承光公子

元度公　娶葉氏生二子　合葬下井山

文成公　娶葉氏生三子　葬梘下坑

志等公　生順治丙申歿　康熙戊戌娶汪　氏生一子

志往公　娶某氏生一子

兆爾公止　生雍正癸卯

兆生公止　生雍正壬子娶　王氏

兆惠公　生康熙庚申歿　乾隆丁巳娶汪　氏生康熙辛未　生一子

兆保公　生康熙丙寅歿　乾隆庚申娶汪　氏生二子以次　子應善爲兆伯　後

應有公

應美公止　生雍正癸卯五　月十一歿乾隆　丙子娶程氏生　乾隆丁巳

志進公
生雍治己亥歿康熙己丑娶王氏生康熙庚戌歿乾隆癸酉生二子公葬辰山頭

兆桂公
生康熙甲戌八月二十九娶汪氏生康熙丁亥生一子

應五公止

兆柏公
生康熙壬午歿乾隆乙亥摘兆保次子爲後

應善公止
生雍正丙午十月初九

文立公
娶柯氏生二子葬梘下坑

志梅公
娶某氏生一子

兆閔公
生康熙丁丑歿乾隆丙子娶潘氏生康熙丙戌生一子

應黑公止

志桃公止
娶某氏

兆惠公子

應有公 生康熙甲午八月二十五娶曹氏生康熙丁酉生二子

天炤公 止

天焙公 止

永正公子

元兆公 娶吳氏生二子

文直公 無考 遷無錫

文豹公 無考 遷無錫

上川明經胡氏宗譜下卷之上

宅墓

此譜以谷登鈐記爲憑如全部無一印記者即以私譜論

果字號元首公派祥鈞領

周禮冢人掌公墓之地辨其兆域而爲之圖又墓大夫掌凡邦墓之地域爲之圖令國民族葬而掌其禁令此墓圖之所仿也而地官各職如造都鄙正地域嬓宮室比閭州黨之制蓋尤詳乎其言之他若土訓掌道地圖道地慝質人掌稽市之書契其所以治民成務者無微不至甚矣哉古聖王之垂制也自秦漢以來更阬火歷兵刦成制蕩然凡所爲宅墓者人自爲役家自爲謀於是陵夷兼幷之事起風水迷信之習尚而遺規遂不可復覩乃者歐美交通開其宅墓經營頗與吾國曩時不謀而合禮失而求諸野固亦吾輩所恥也謹勒成村圖祠圖幷始祖以下各墓圖附之於譜而以買價質劑經理所載者分詳其內庾

後之覽者得以推測方向考鏡地勢稍存周禮之遺意焉惜廹於時日繪圖既未開方而印又仍舊法未免爲談歐美學者齒冷耳作宅墓一卷

陽宅圖小引

予家世處績溪覃山中自宋元以來六伯餘年樓屹左東衛獅球西峙黄柏前矗諫嶺後列竹峰帶九襟山蓋不彫繪景物坿會風水而談景物風水者固無以加也至郊遂間雖少田野然沃土之民逸瘠土之民勤古人已言之矣安知吾村之四塞山疑非即相厥攸居之溪心耶仰思作宅之勞弥啓先閭之望展圖泚筆期與族人士共勉之

祥木敬撰并書

續西上川胡氏

世居陽宅之圖

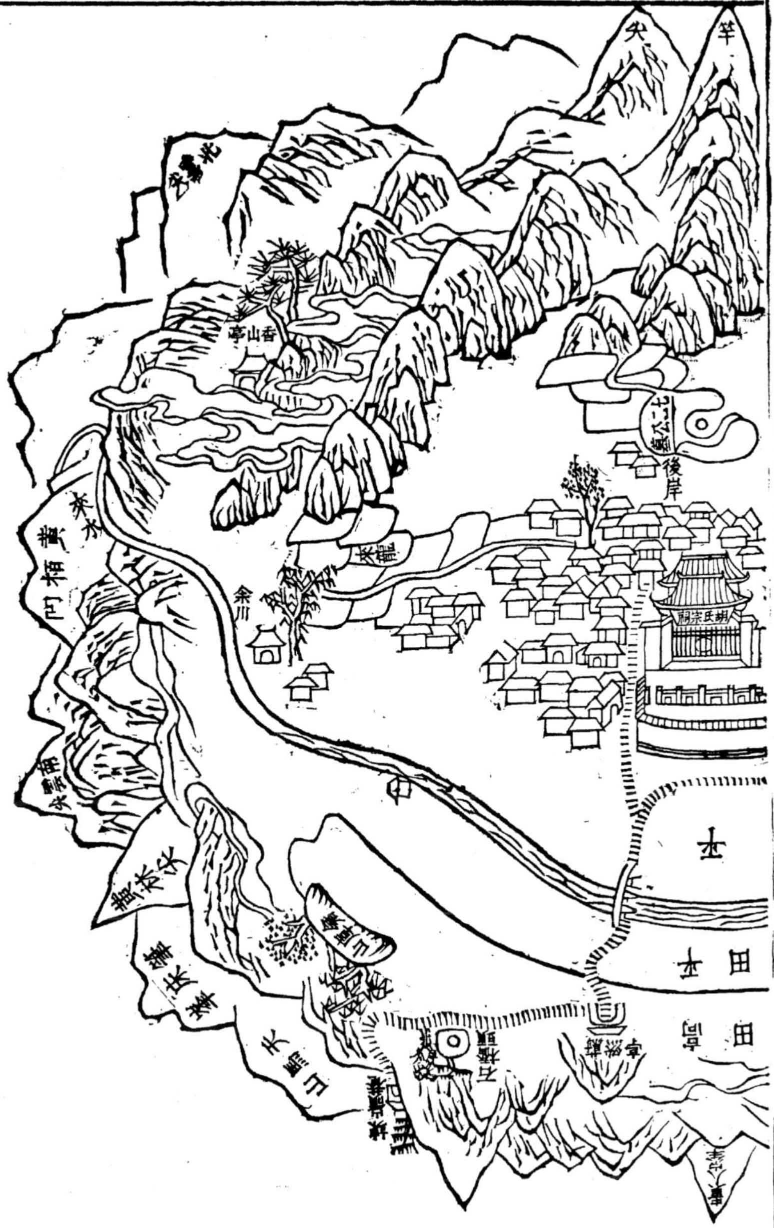

宣統辛亥

宗祠圖

左璿敬篆

川明經胡氏宗譜　宅墓

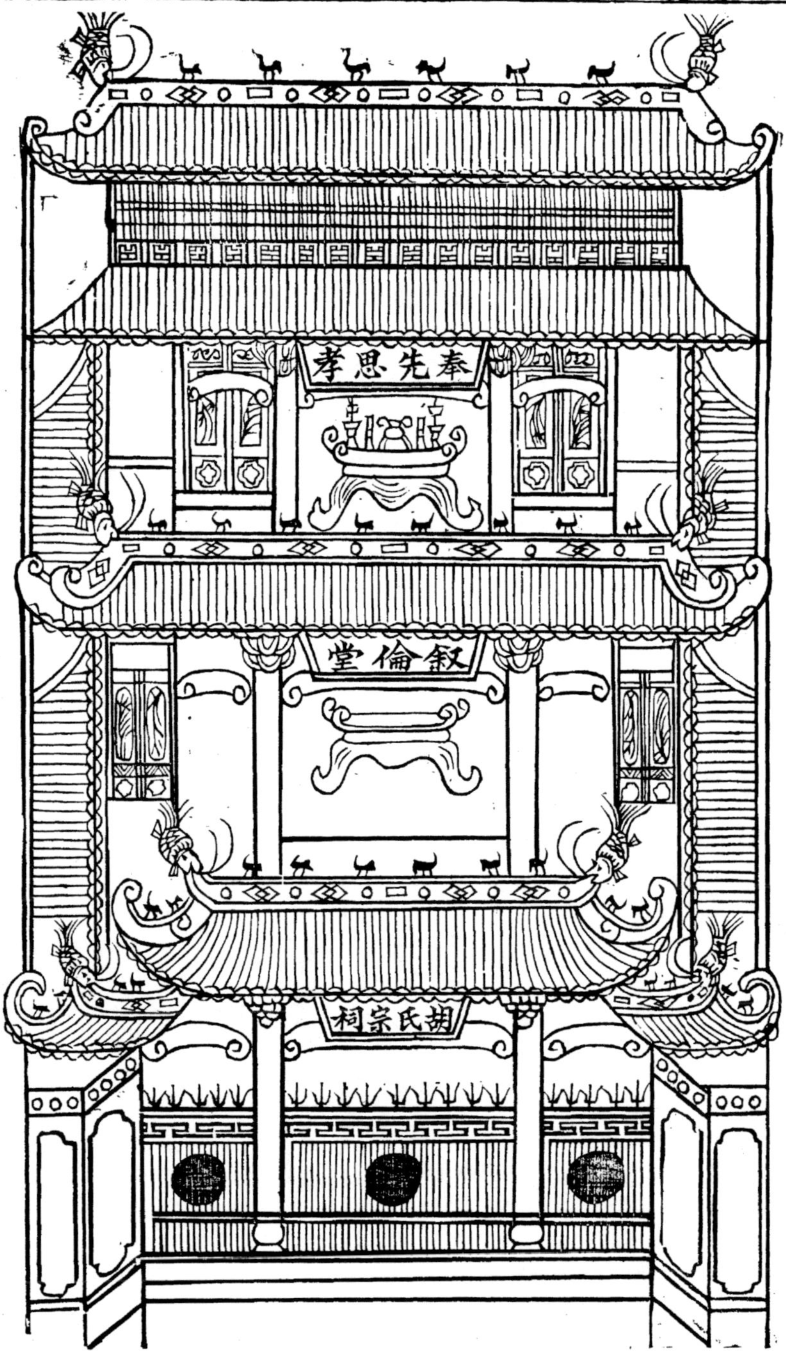

果字號□□公□□□領

辛亥秋月

墓圖

祥木書

婺邑考水三市墓圖

圖分正附二穴
正穴爲義祖三
公墓坐落下市
宅後虎形巽山
乙辰穴辛向元
辰水迴南附穴
爲配夫人秦氏
墓坐落下市井
塢口巽山乙辰
穴辛向

婺邑考水曲尺塢盤龍形墓圖

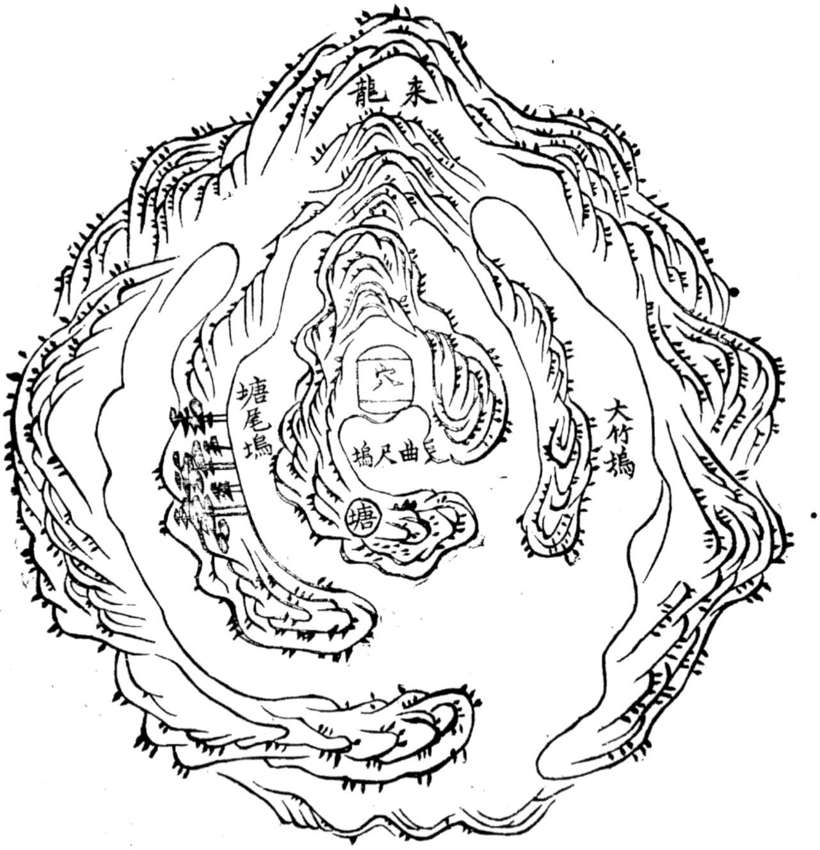

義祖三公繼配夫人陳氏墓坐落婺邑考水曲尺塢盤龍形經理己字七百七十號墳地六分墳山二畝又七百七十一號墳山一畝荒山十五畝

婺邑考水黃杜塢金釵形墓圖

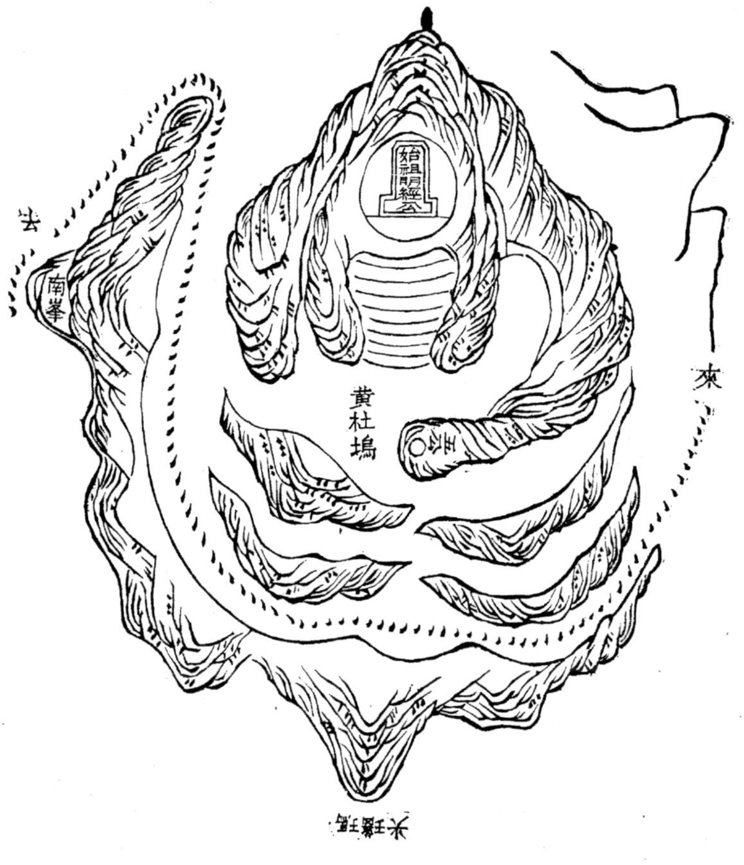

始祖明經公墓坐落婺邑考水土名黃杜塢又名錫子塢金釵形對鏡案兌山甲卯向經理係金坑保長字一千零六十二號荒山一畝零三厘五毛荒地一畝零八厘三毛墳山一畝荒山十一畝

婺邑考水美女梳妝形墓圖

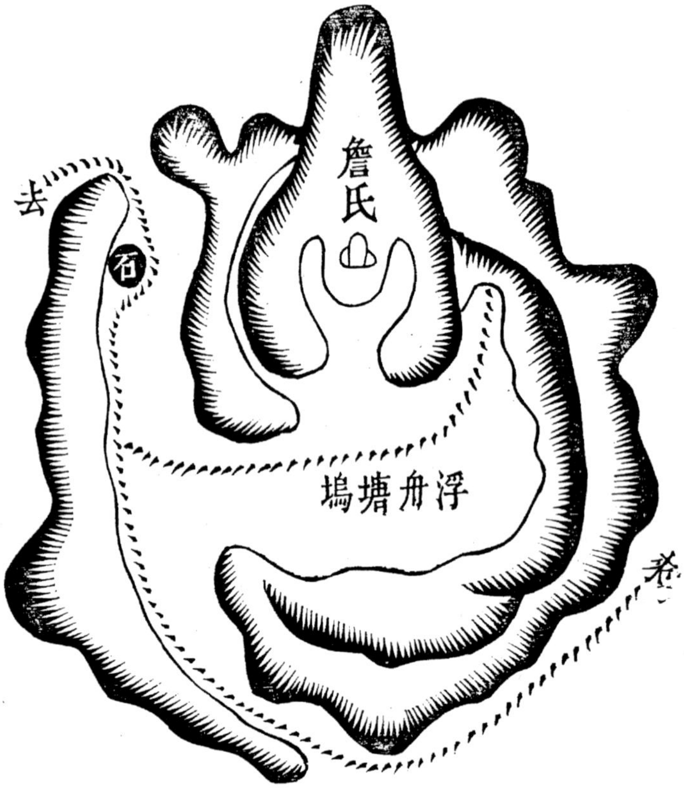

始祖妣明經公配詹氏夫人墓坐落婺邑考水土名高倉浮舟塘塢口美女梳妝形牙梳案庚山甲向經理保高倉保靡字一千六百七十五號墳山一畝又一千六百七十四號山五畝又一千六百九十二號山四畝

胡里星源黃嵩塘墓圖

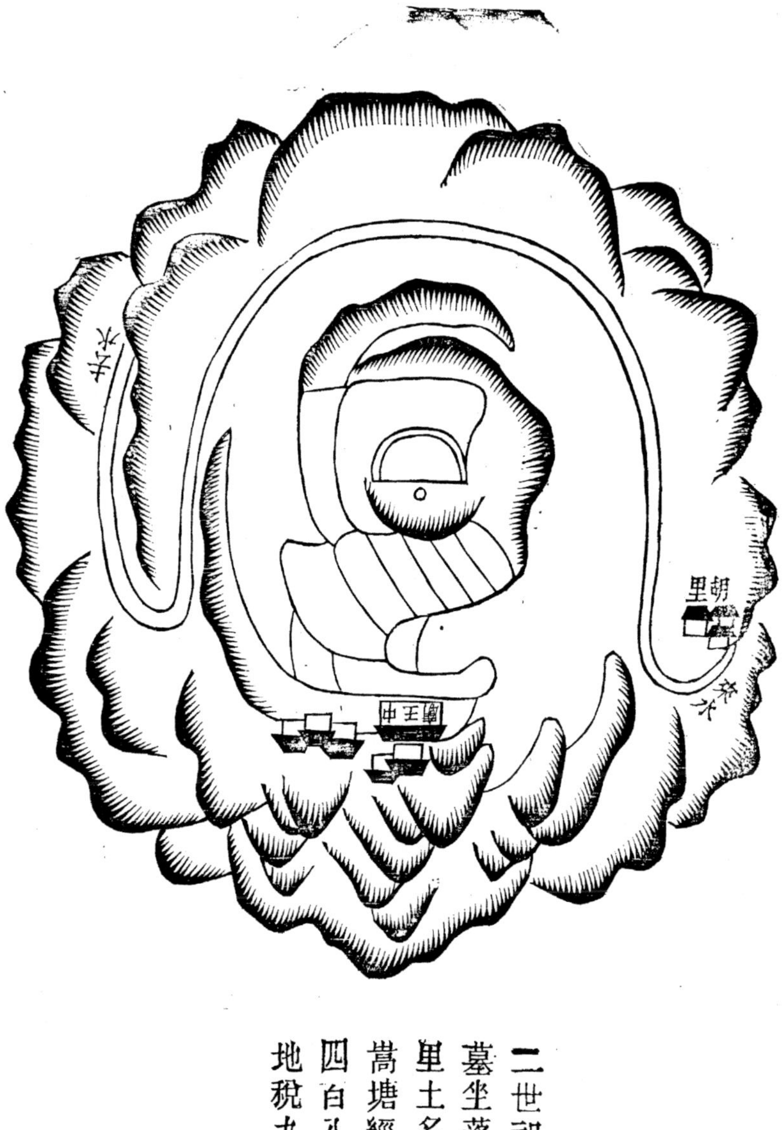

二世祖延政公墓坐落績邑胡里土名星源黃嵩塘經理染字四百八十七號地稅九釐壹毛

胡里後栗山後花園墓圖

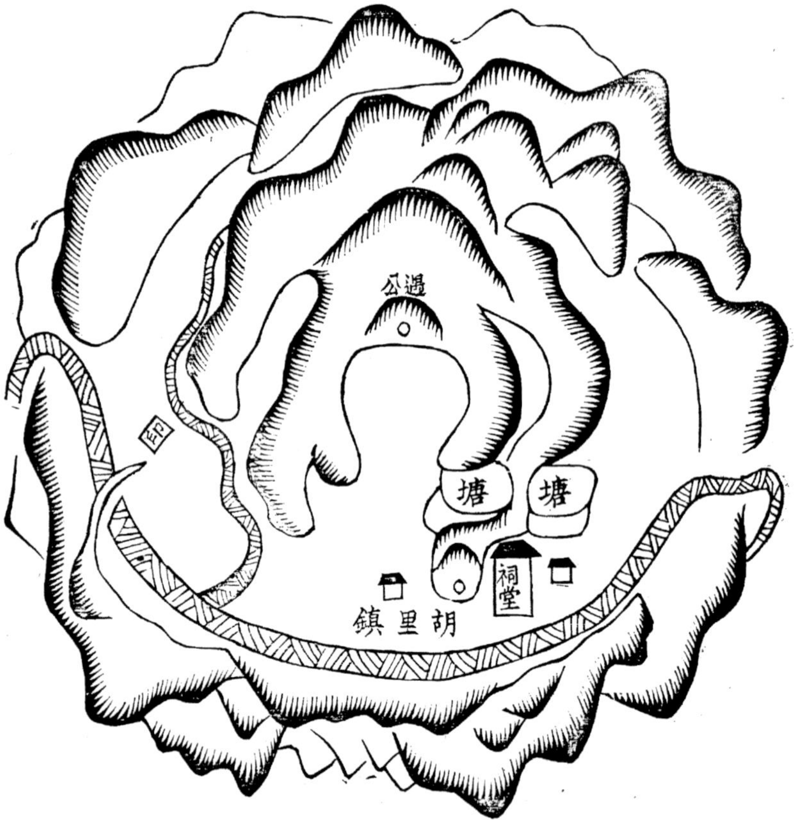

六世祖遇公偕孺人羅氏閔氏汪氏鄭氏墓坐落績邑胡里土名後栗山後花園經理羊字七十二號地稅一分五釐歸胡里下祠胡天叙堂完納

龍井黃觀坦白鶴下田形墓圖

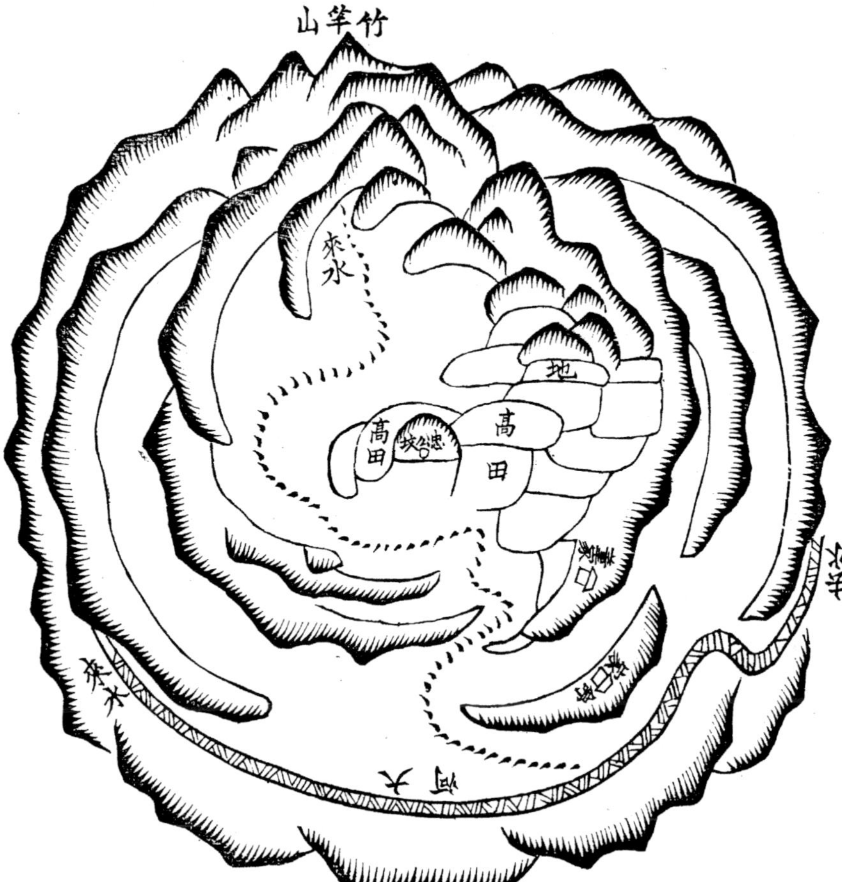

八世祖忠公偕孺人汪氏墓坐落績西本都龍井土名黃觀坦白鶴下田形又名蟹形子山午向經理萬字一百二十九號

李家塘撒網形墓圖

九世祖昉公偕
孺人沈氏暨十
一世祖貴艮公
偕孺人汪氏墓
坐落緒西本都
土名李家塘撒
網形壬山丙向
經理身字六百
十七號地稅一
分六釐四毛歸
上川九甲胡宗
祠戶完納

大塢外仙人大座形墓圖

十二世祖德眞公偕孺人汪氏暨十七世祖節公偕孺人許氏墓坐落績西本都土名大塢外仙人大座形臍穴亥山巳向經理賴字三百零五號山稅七分八釐四毛歸江塘村胡汝源戶完納

後里村蛇形墓圖

十三世祖宗顏公偕孺人葛氏墓坐落績西本都土名後里村又名紫荆樹下蛇形辛山乙向經理盖字五百三十六號墳地稅一分四釐二毛歸九甲胡宗祠戶完納又同號墳地稅六釐七毛歸十甲胡廷獻戶完納舊譜又載乾隆七年被宅坦胡紹泰等毀俾圖佔控稟縣主肅公將親勘胡紹泰等揣此號實係上川全業伊毫無分髮難以抵敵伊浼十排柯某王某某胡某等來求和立有議墨二紙載明日後不得侵害各執一紙爲據

上溪口美女獻花形墓圖

十九世祖允昌公偕孺人舒氏墓坐落績西本都土名上溪口美女獻花形亥山巳向經理此字八百八十五號墳地稅一分九釐二毛歸九甲胡宗祠戶完納

后岸荷葉蓋金龜形墓圖

二十世祖七二公偕孺人汪氏暨二十一世祖千　公偕孺人馮氏二十二世祖貴一公偕孺人汪氏二十三世祖福孫公偕孺人程氏墓坐落績西本都土名后岸荷葉蓋金龜形酉山卯向經理身字四百二十九號地稅貳分五釐歸九甲胡宗祠戶完納

永安橋迴龍顧祖形墓圖

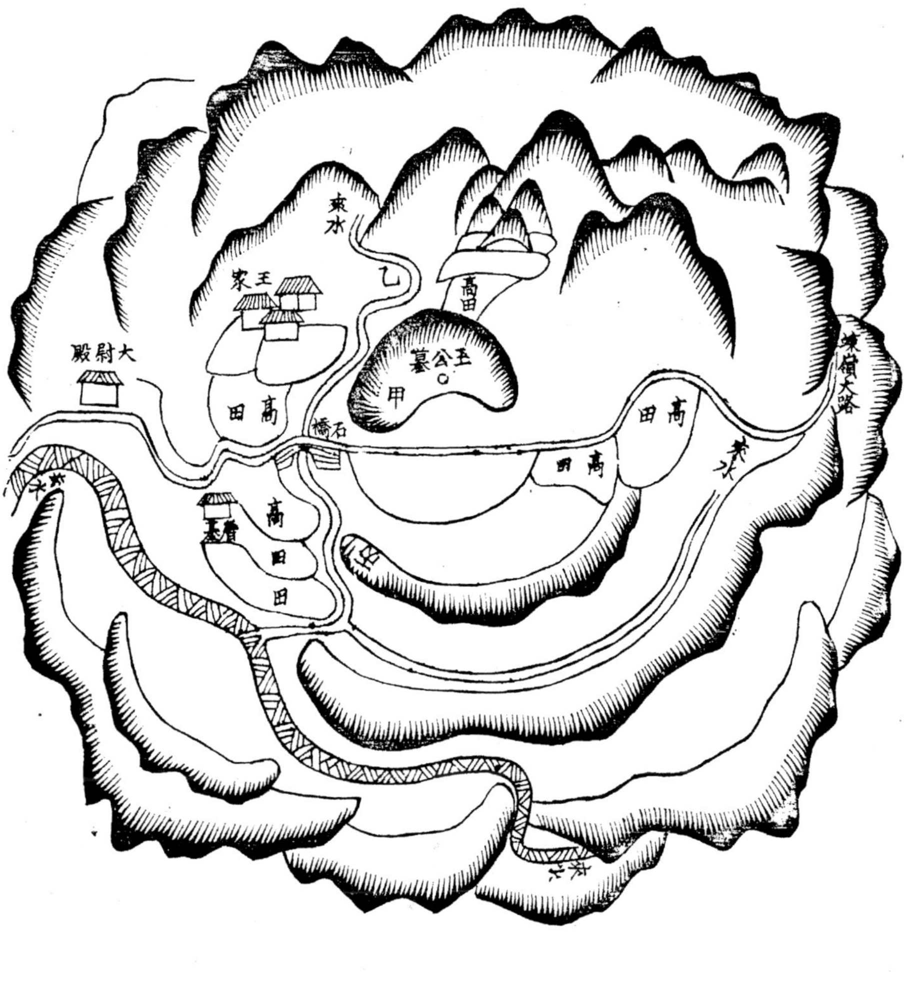

圖分甲乙丙三穴坐落績西本都竦嶺腳土名永安橋頭迴龍顧祖形甲穴巽山乾向墓二十五世祖玉公偕孺人汪氏乙穴另有墓圖丙穴墓三十八世祖大德公偕孺人江氏成德公偕宜人曹氏興德公偕孺人汪氏盛德公孺人王氏經理惟字四百七十號地稅三分歸九甲胡宗祠戸完納

下井山獅形墓圖

圖分甲乙丙丁戊己庚七
穴坐落績西本都土名下
井山獅形巽山乾向甲穴
墓十六世祖公羡公偕孺
人程氏乙穴墓十八世祖
汝龍公偕孺人葉氏丙穴
墓二十六世祖祖壽公偕
孺人程氏丁穴墓二十七
世祖佛宗公偕孺人汪氏
滿宗公偕孺人馮氏戊穴
墓二十九世祖道清公孺
人張氏三十世祖玄象公
偕孺人汪氏鮑氏吳氏三
十一世祖永謙公己穴又
名上穴入墓三十世祖玄
德公偕孺人程氏凌氏其
餘附葬者甚多庚穴又名
下入穴墓碑剝落名諱己
不可攷經理惟字二百十
九號山稅五畝五分一釐
七毛歸九甲胡宗祠戶完
納

獅子石獅形墓圖

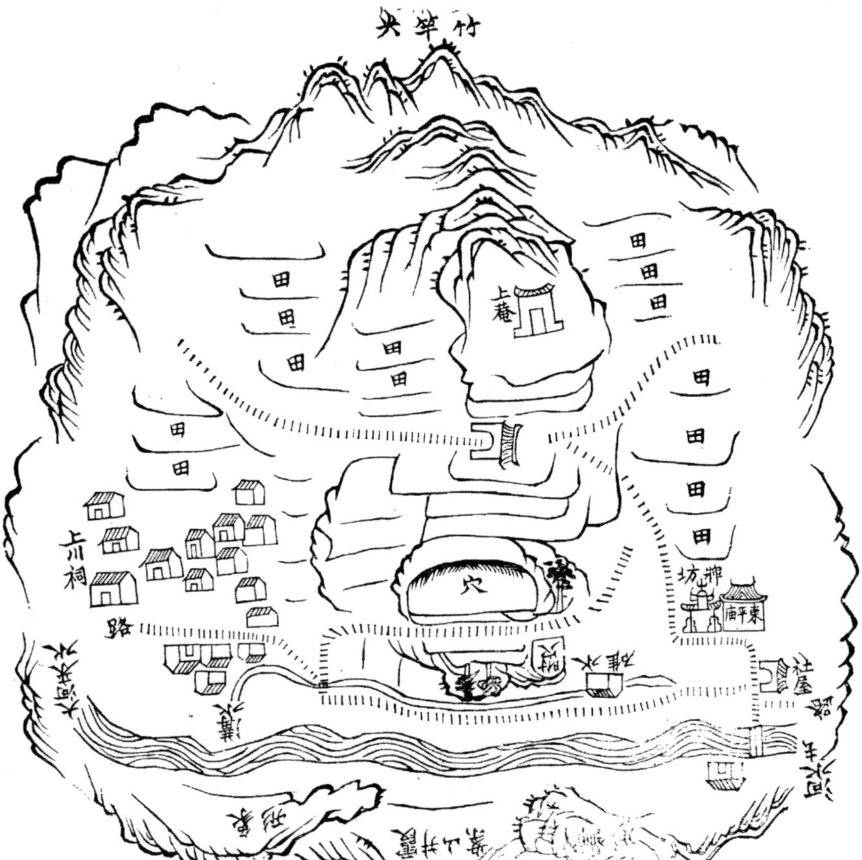

圖分正附二穴坐落績西本都土名獅子石獅形正穴乾山巽向墓二十四世祖慶佑公偕孺人馮氏暨二十八世祖普希公偕孺人葉氏普仁公孺人曹氏普義公偕孺人汪氏克榮公偕孺人汪氏汪氏二十九世祖道環公偕孺人朱氏道歡公偕孺人鄧氏道正公偕孺人王氏道福公孺人馮氏道錄公孺人汪氏道旺公道滿公偕孺人汪氏三十世祖社雄公社九公偕孺人程氏玄積公孺人汪氏玄聚公孺人朱氏玄滔公玄泗公偕孺人汪氏玄高公偕孺人汪氏汪氏玄金公偕孺人朱氏謝氏玄儻公偕孺人汪氏玄侃公三十一世祖永用公永瑶公偕孺人汪氏附穴巽山乾向墓二十九世祖道壽公偕孺人汪氏汪氏經理此字三十七號地稅五分四釐五毛又三十八號地稅二分七釐二毛歸九甲胡宗祠戸完納

將軍踏弩形墓圖

圖分甲乙二穴坐落績西本都土名坰塢頭將軍踏弩形乾山巽向甲穴墓二十九世祖道福公偕孺人張氏暨三十世祖玄達公玄鎮公玄相公三十一世祖永大公乙穴墓玄相公孺人朱氏江氏馮氏經理蓋字五百七十九號地稅三分七釐七毛又五百七十六號地稅一畝八分七釐五毛又五百七十號地稅二釐二毛歸九甲胡福戶完納

棧山下金鈎轉簾形墓圖

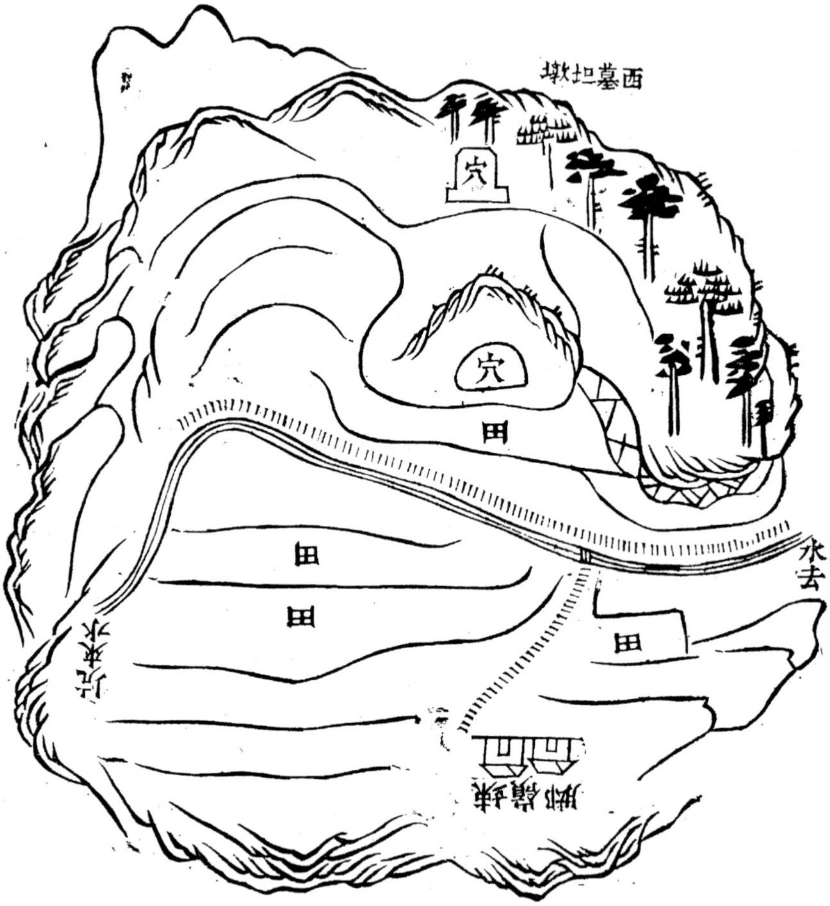

圖分上下二穴坐落績西本都土名棧山下下穴乾山巽向墓三十世祖玄鎮公孺人鄧氏暨三十六世祖應洽公上穴土名郎西墓坦墩又名栗園乾山巽向墓三十三世祖文讓公孺人江氏文詷公經理常字等號墳地稅貳釐歸九甲胡玄鎮戶完納

呈華塘墓圖

圖分正附五穴坐落績西本都土名呈華塘正穴乾山巽向墓三十一世祖永暉公偕孺人程氏暨三十二世祖元曜公偕孺人程氏附穴壬山丙向墓三十一世祖永度公偕孺人馮氏曹氏又附穴乾山巽向墓三十三世祖文台公偕孺人程氏文讓公偕孺人喩氏三十四世祖志普公志運公又附穴墓三十三世祖文春公三十四世祖志周公三十五世祖兆洛公孺人汪氏三十六世祖應國公三十七世祖天南公偕孺人曹氏天斗公三十八世祖德頌公孺人曹氏又附穴庚山甲向墓三十四世祖志連公偕孺人汪氏三十五世祖兆鎰公經理常字等號墳地稅貳釐歸九甲胡玄鎮戶完納

毛獅灣虎形墓圖

三十一世祖永春公偕孺人汪氏暨三十五世祖兆第公偕孺人程氏兆富公墓坐落績西本都土名毛獅灣虎形寅山丙向加亥巳經理身字等號地稅壹分歸九甲胡永春戶完納

上菴脚底地鱉形墓圖

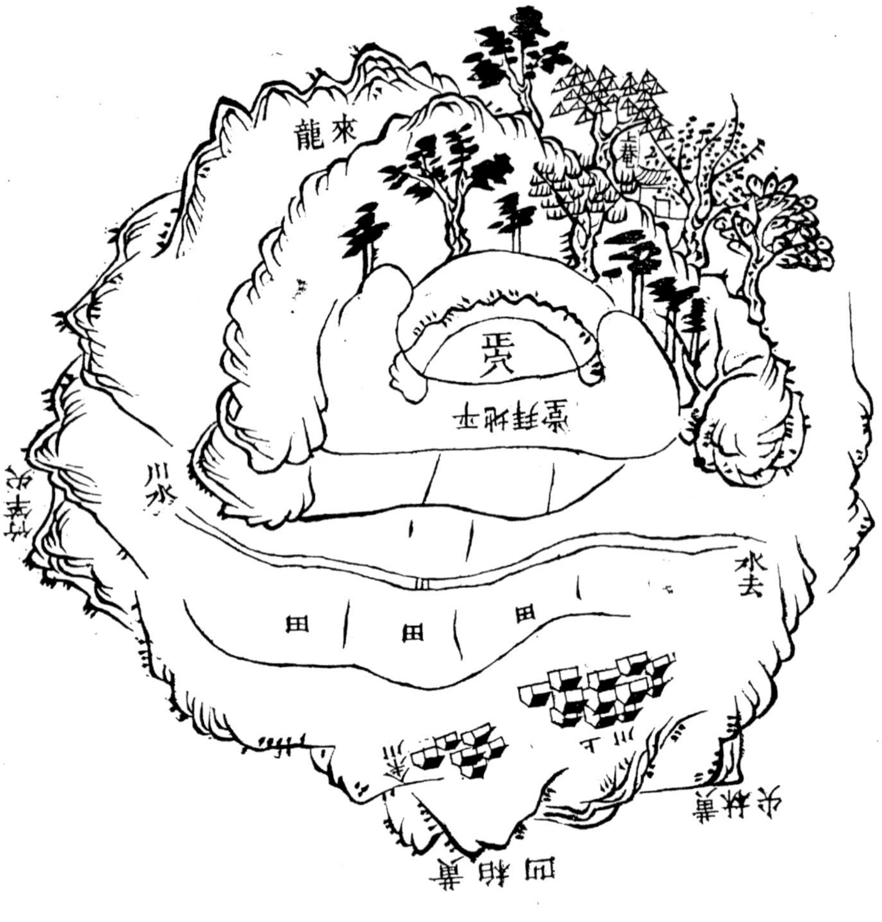

三十一世祖永夏公偕孺人程氏暨三十三世祖文艮公偕孺人程氏曹氏汪氏三十六世祖應麒公偕孺人洪氏墓其餘附葬者甚多不能遍載坐落績西本都土名上菴脚底又名老五棺地鱉形寅山申向加艮坤經理身字等號地稅壹分歸九甲胡永夏戶完納

后岸塘墓圖

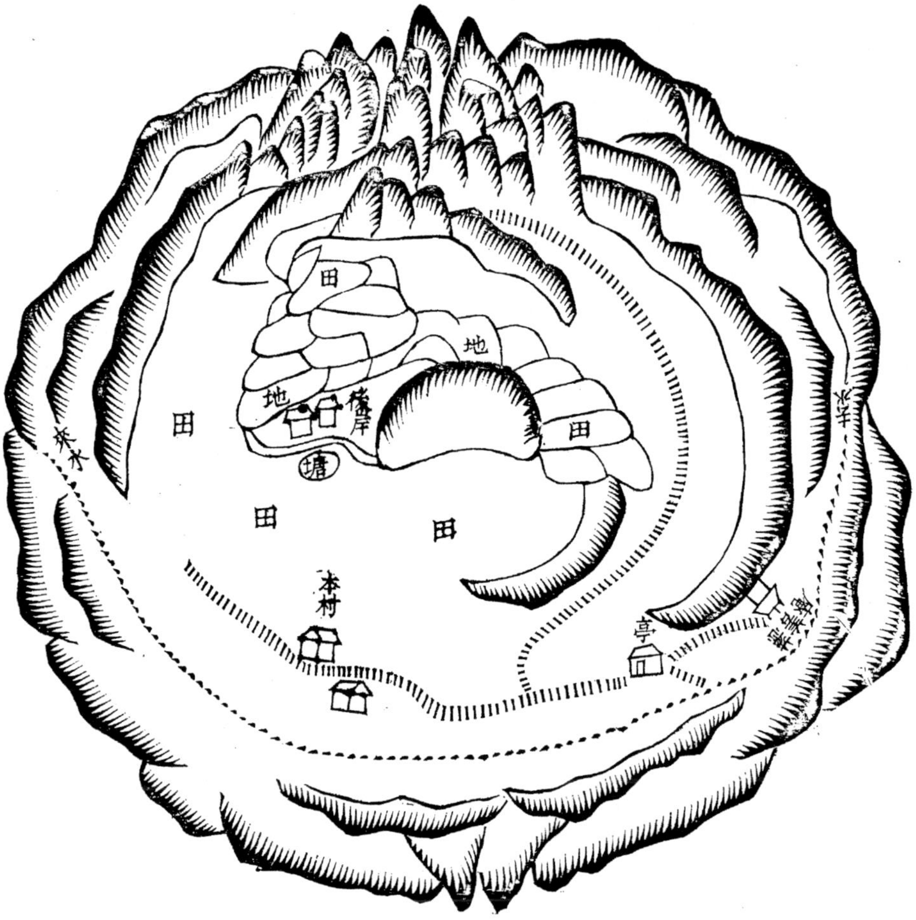

三十一世祖永昌公偕孺人汪氏暨三十二世祖元遐公偕孺人汪氏元齡公偕孺人程氏三十三世祖文耀公偕孺人曹氏文秀公偕孺人程氏文韶公偕孺人汪氏文修公偕孺人程氏三十四世祖志球公偕孺人石氏墓坐落績西本都土名后岸塘丑山未向經理此字二百二十五號田稅三分五釐又身字四百四十六號地稅三釐二毛歸九甲胡世盛戸完納

彩石仙人大座形墓圖

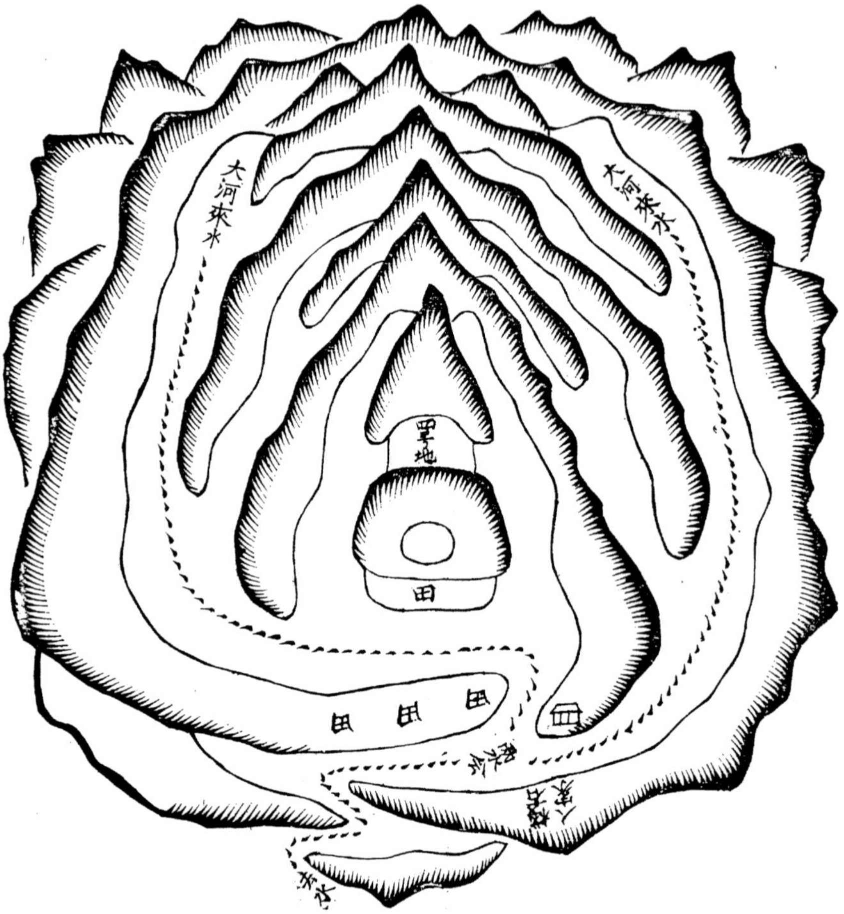

三十二世祖元當公暨孺人季氏墓坐落歙東彩石對面土名劉家坦又名苦竹坦仙人大座形一名獅形壬山丙向經理收字二千八百八十四號地稅九分又二千八百八十五七八九等號俱全業共地稅三畝二分五釐四毛共山稅一畝一分一釐六毛與歙北許維斗均買同扦胡祖居左許祖居右各立墓碑又左邊胡許共一總碑

程家墳墓圖

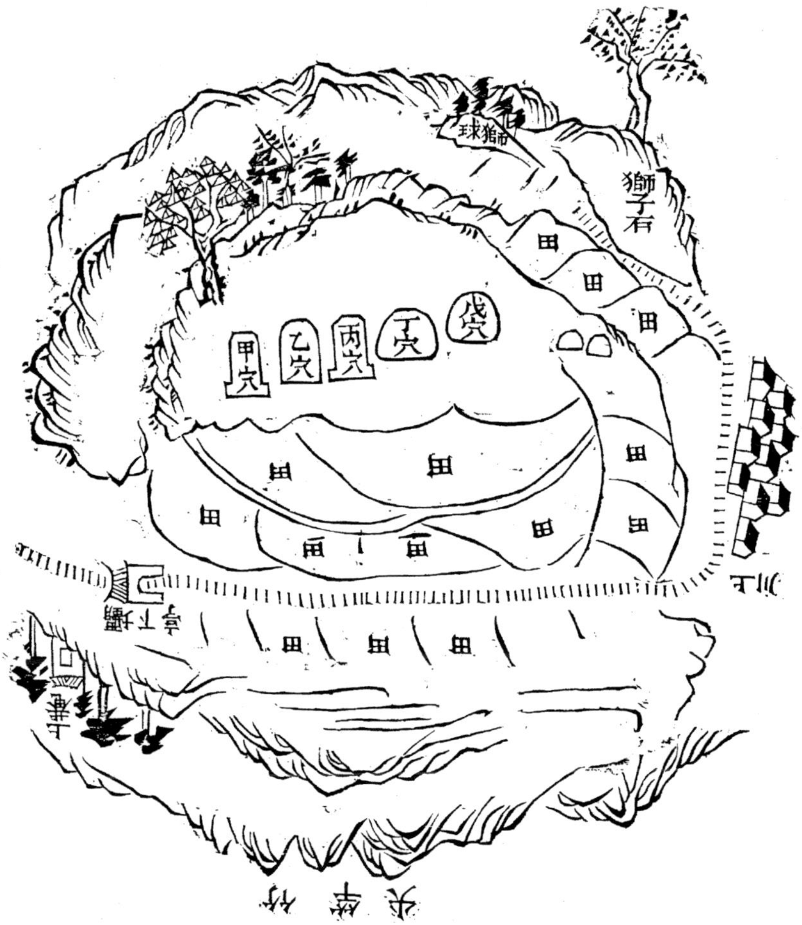

圖分甲乙丙丁戊五穴坐落績西本都土名程家墳甲穴墓三十二世祖元首公其餘附葬甚多不及備載乙穴墓三十二世祖元首公孺人汪氏丙穴巽山乾向加亥巳墓三十三世祖文訪公文誠公孺人王氏三十五世祖兆璽公兆璧公孺人柯氏丁穴墓三十八世祖德照公碩德公戊穴巳山亥向加巽乾墓三十六世祖應鎣公孺人柯氏三十八世祖敬德公丙戊二穴經理此字七號墳地稅四釐歸九甲胡幼魁戸完納

才子墩虎形墓圖

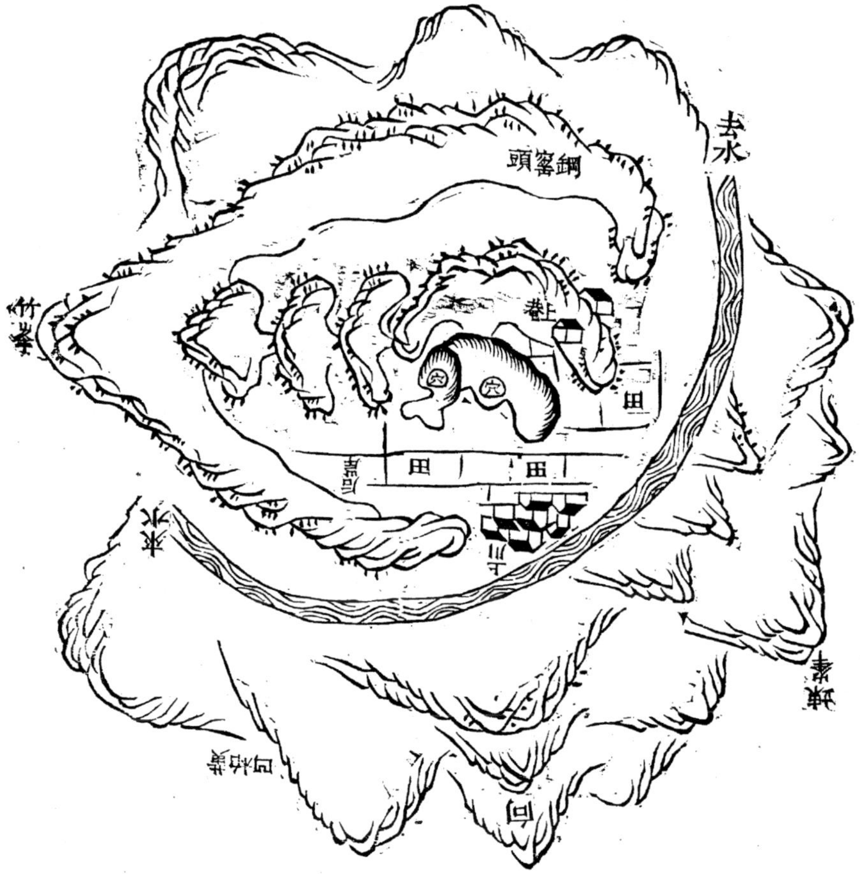

圖分正附二穴坐落績西本都土名才子墩又名前山崗虎形正穴癸山丁向加子午墓三十二世祖元美公偕孺人石氏暨三十三世祖文誠公三十四世祖志偉公偕孺人曹氏志佐公孺人汪氏三十五世祖兆鑾公孺人石氏三十六世祖應元公附穴辰山戌向墓三十三世祖文訪公孺人石氏三十四世祖志佐公三十五世祖兆鑾公孺人葉氏兆璧公經理身字壹百十九號墳地稅二厘貳絲五忽又身字壹百十八號山稅壹分三釐歸九甲胡幼魁戶完納

后岸大葬基墓圖

三十二世祖元惠公偕孺人張氏暨三十三世祖文柏公文熺公孺人王氏柯氏三十四世祖志春公孺人馮氏志棟公三十五世祖兆擢公偕孺人汪氏墓其餘附葬者甚多不及備載坐落績西本都土名后岸大葬基乾山巽向加戌辰經理身字等號地稅壹分歸九甲胡元惠戶完納

劉家塘蛇形墓圖

三十三世祖文諫公偕孺人曹氏暨三十四世祖志俊公孺人洪氏三十五世祖兆輝公孺人程氏墓坐落績西本都土名劉家塘蛇形壬山丙向加亥巳經理身字等號地稅貳分歸九甲胡志俊戶完納

呈金塘荷包形墓圖

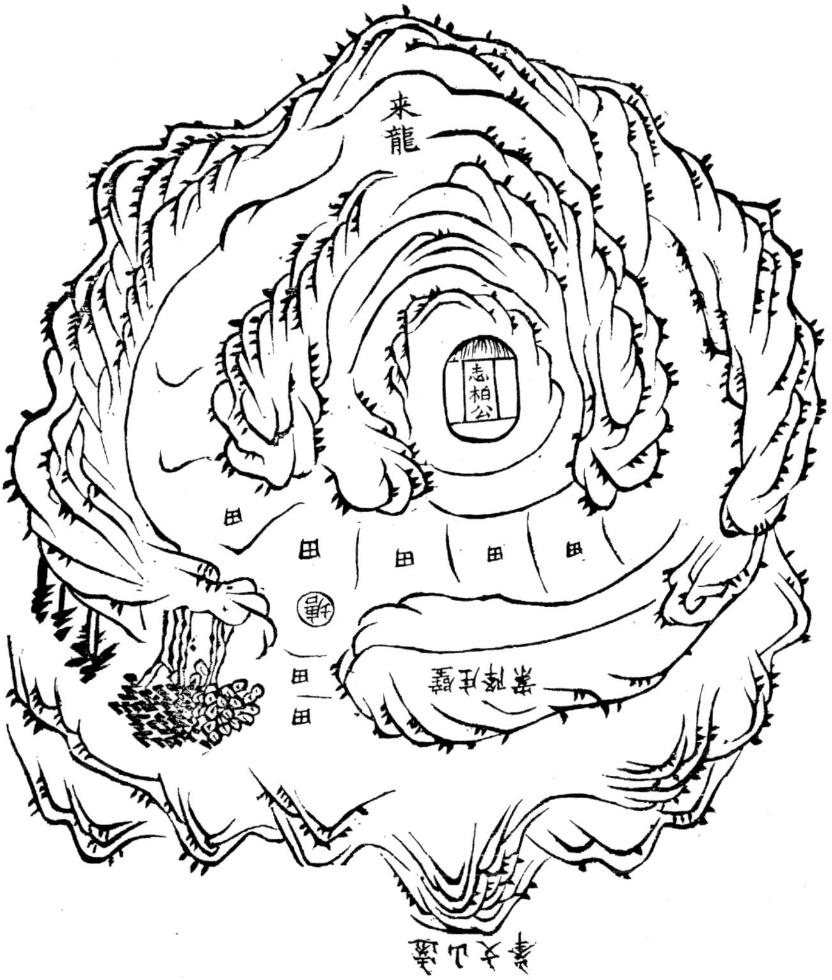

三十四世祖志柏公偕孺人程氏暨三十七世祖天時公三十九世祖錫純公墓坐落績西本都土名呈金塘荷包形巽山乾向經理惟字等號地稅二毛歸五甲胡志柏戶完納

劉家塘仙弓形墓圖

三十四世祖志俊公暨三十五世祖兆輝公兆炳公三十六世祖應芳公偕孺人江氏應苞公孺人柯氏應荷公孺人曹氏三十八世祖諒德公孺人曹氏駿德公孺人曹氏墓坐落績西本都土名劉家塘仙弓形癸山丁向加丑未經理身字等號地稅壹分歸九甲胡志俊戸完納

前坑洪家墓圖

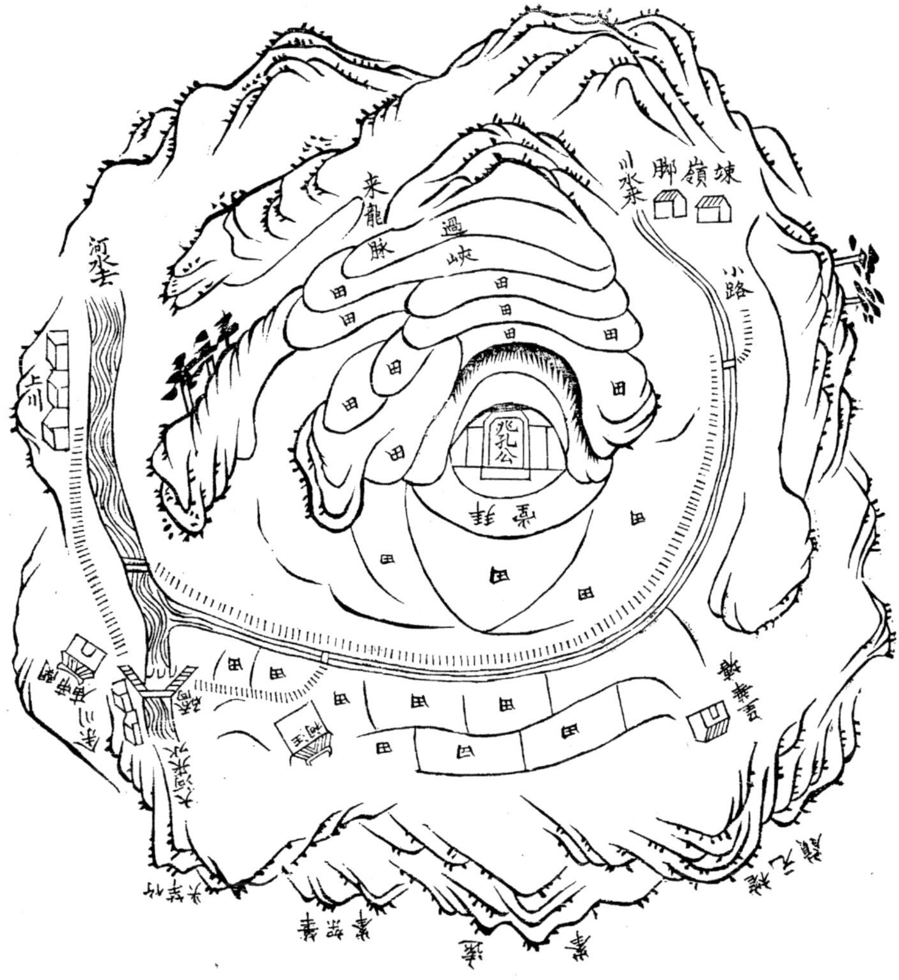

三十五世祖兆孔公偕孺人胡氏暨三十六世祖應超公偕孺人汪氏三十七世祖天皎公偕孺人程氏三十八世祖德江公偕孺人曹氏墓坐落績西本都土名前坑洪家乙山辛向經理常字等號墳地稅二釐三毛歸五甲胡嘉言戶完納

劉家塘墓圖

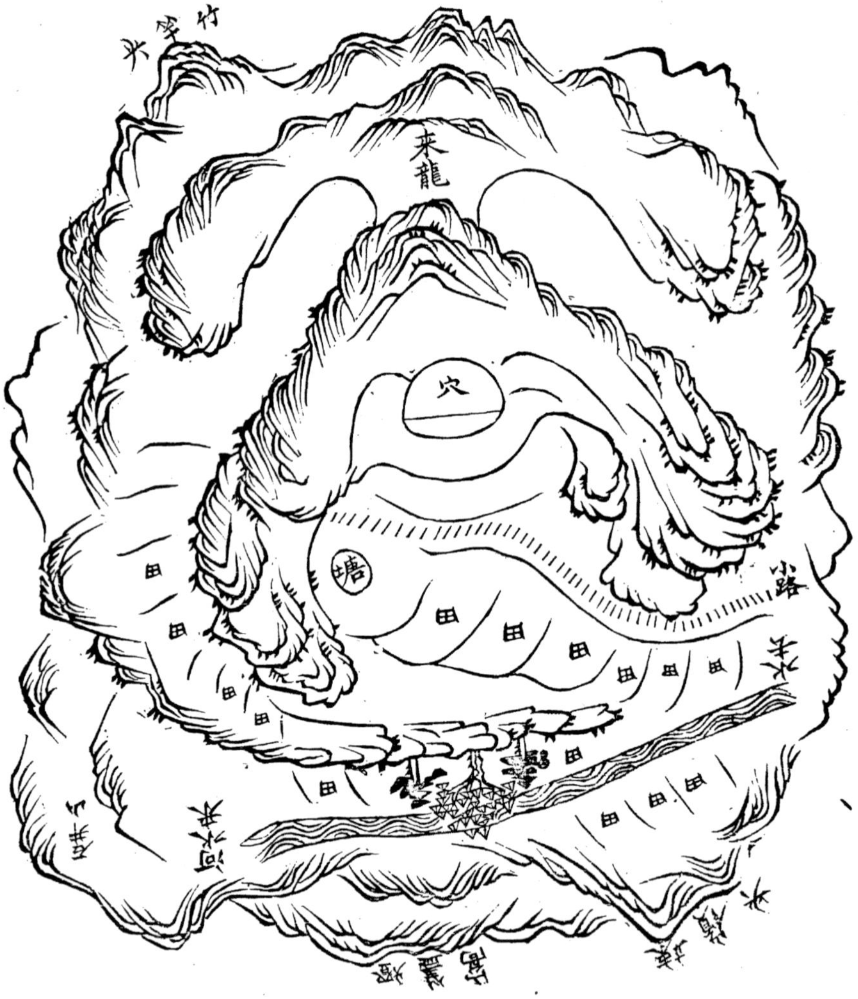

三十五世祖兆
黙公墓坐落績
西本都土名劉
家塘丑山未向
加癸丁經理身
字等號地稅五
釐歸九甲胡貞
連戶完納

馮村飯籮岱飛鷺貼壁形墓圖

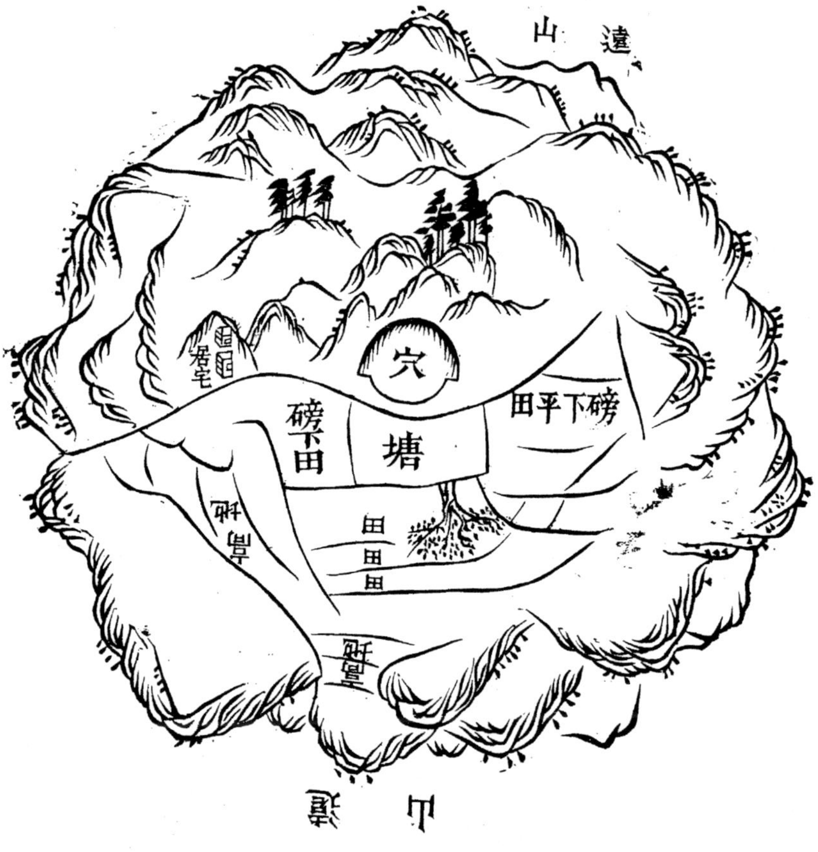

三十五世祖兆苗公偕孺人柯氏墓坐落績西五都馮村土名飯籮岱飛鷺貼壁形經理發字五十一二三四九號墳地稅五釐

照坑蛇形墓圖

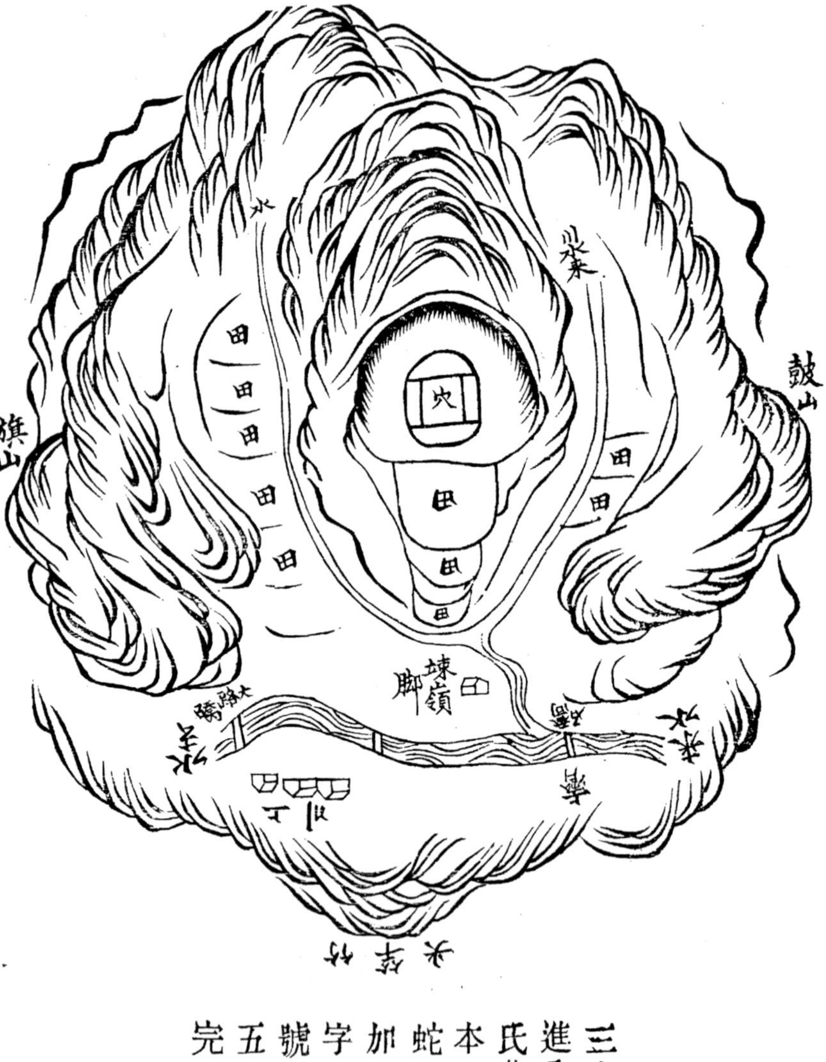

三十六世祖應進公偕孺人曹氏墓坐落績西本都土名照坑蛇形巳山亥向加丙壬經理鞠字四百五十九號田稅八分歸五甲胡德湧戶完納

王家嶺和尚冲墓圖

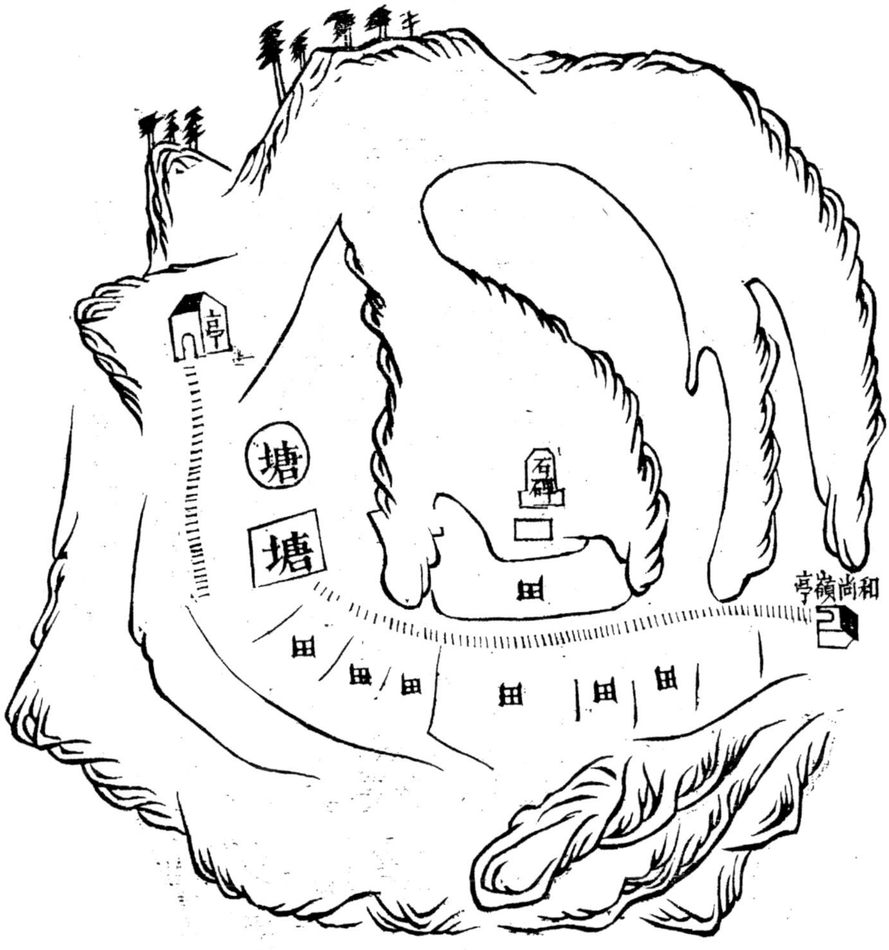

三十五世祖兆稟公偕孺人汪氏暨三十六世祖應灶公偕孺人程氏暨三十七世祖天賜公偕孺人葉氏馮氏墓坐落績西七都王家嶺土名和尚冲經理木字四百三十九號地稅六分歸五甲胡廷旭戶完納

白圍凹龜形墓圖

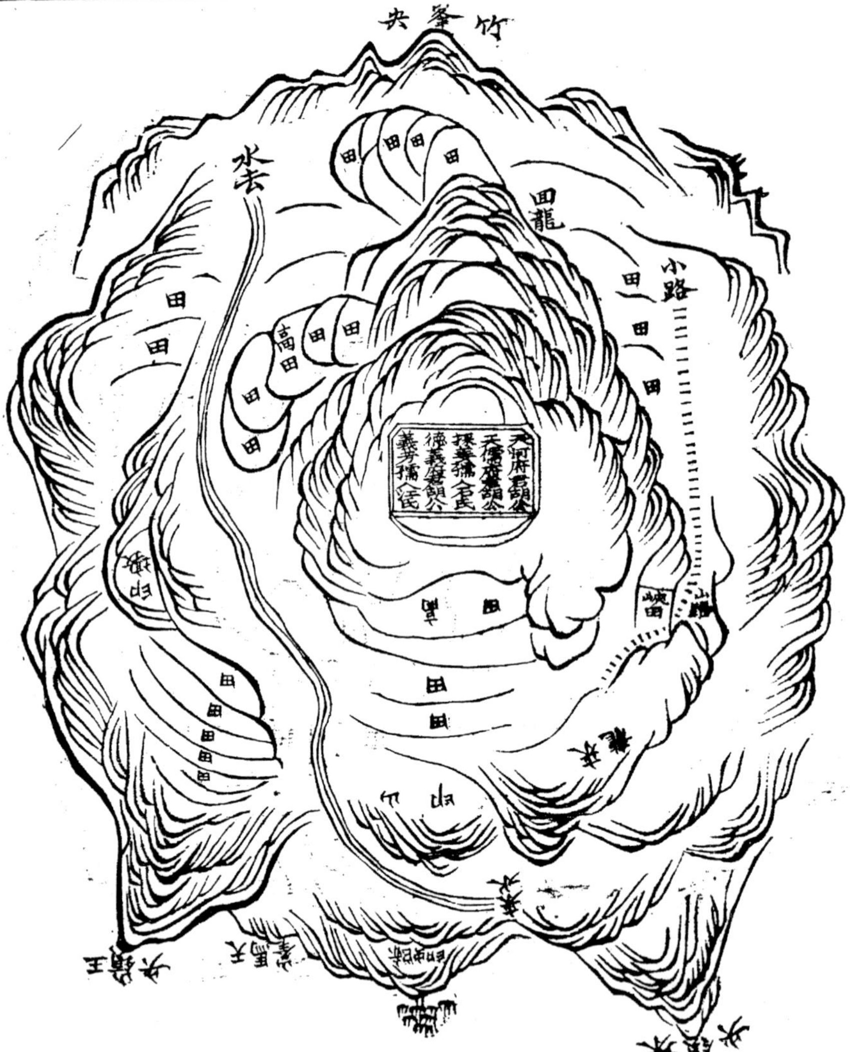

三十六世祖應採公孺人石氏暨三十七世天儒公天河公三十八世祖德義公偕孺人江氏墓坐落績西本都土名白圍凹龜形壬山丙向加亥巳經理當字五百八十九號山稅六釐歸九甲胡儒興戶完納

永安橋後墓圖

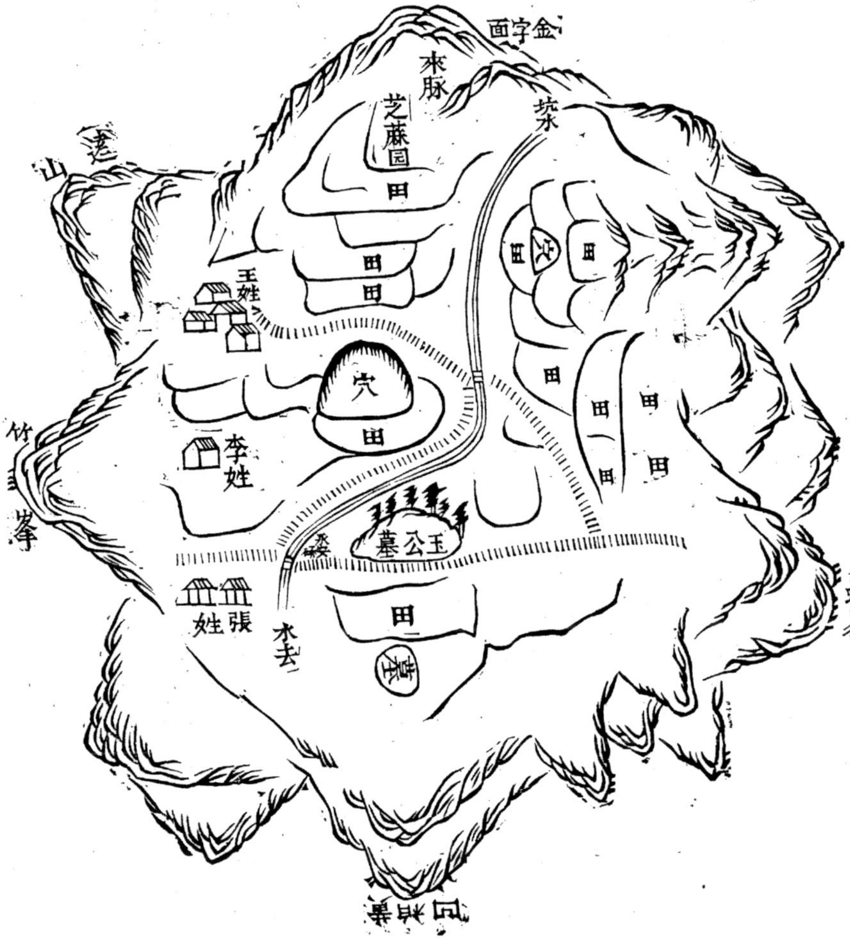

圖分正附二穴坐落績西本都土名永安橋後正穴墓卯山酉向加乙辛三十六世祖應鋈公暨三十七世祖天洵公偕孺人程氏天洸公偕孺人王氏三十八世祖進德公偕孺人程氏敬德公孺人宋氏盛德公仁德公偕孺人程氏楚德公孺人程氏喜德公偕孺人潘氏三十九世祖錫模公錫訓公錫印公繼配孺人曹氏錫萬公孺人柯氏錫祥公孺人柯氏經理鞠字壹百三十七號又壹百四十七號墳地稅壹分貳釐歸九甲胡幼魁戶完納附穴土名大塌又名桃木塢墓四十世祖貞照公偕繼配馮氏三配孺人曹氏暨貞泮公經理惟字四百十一號墳地稅壹分歸九甲胡連城戶完納

前坑蟹形墓圖

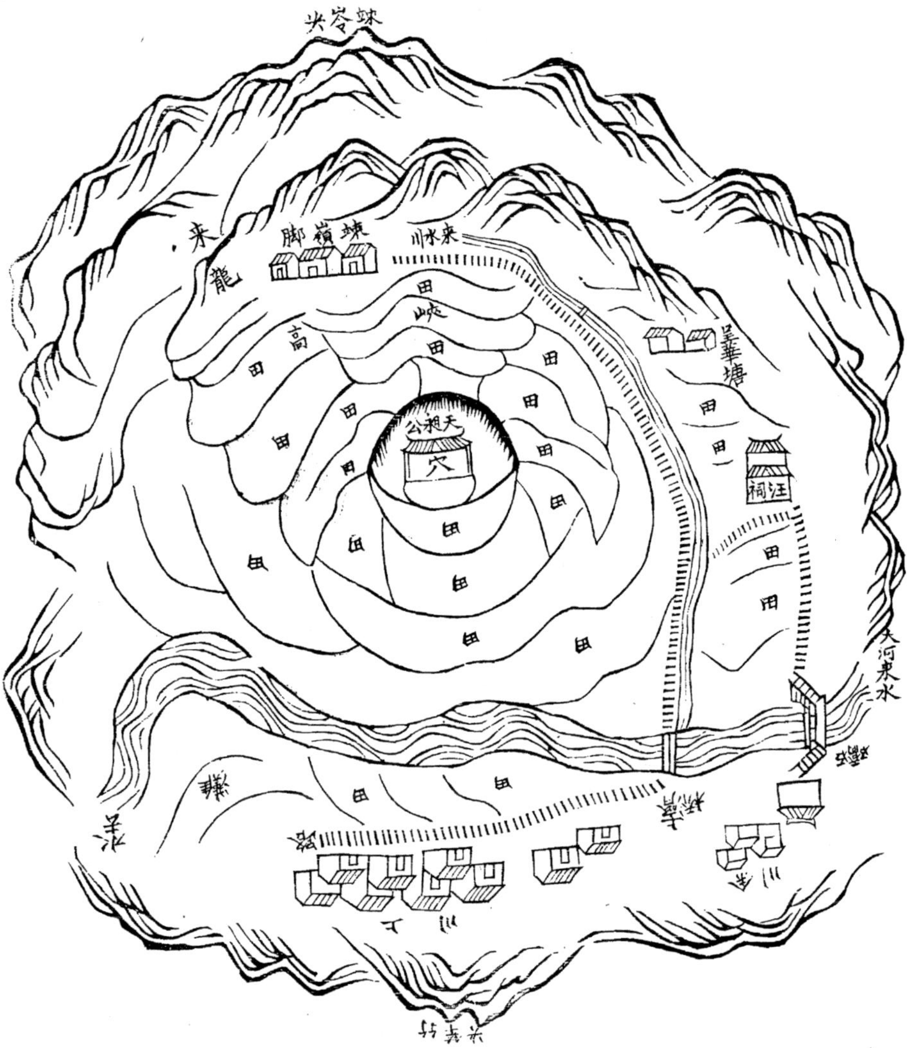

三十七世祖天昶公偕孺人馮氏季氏暨三十八祖世德潤公偕孺人汪氏墓坐落績西本都土名前坑蟹形丁山癸向加未丑經理常字等號田稅二錢五分九釐歸五甲胡天昶戶完納

余村岱荷花形墓圖

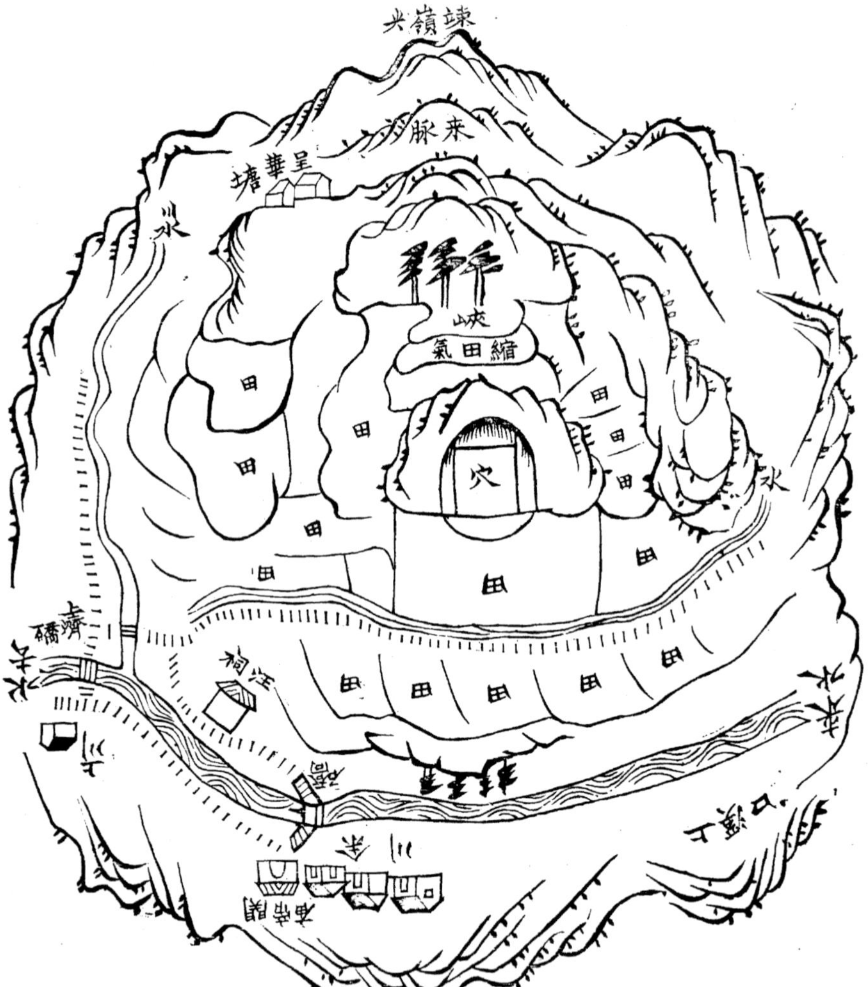

三十七世祖天旭公偕孺人程氏暨三十九世祖錫鏞公偕淑人曹氏錫林公偕孺人曹氏程氏四十一世祥蛟公繼配淑人曹氏墓坐落績西本都土名余村岱荷花形巽山乾向加辰戌經理常字壹百八十一號田稅三分五釐歸五甲胡耕雲戸完納

上川水圳上墓圖

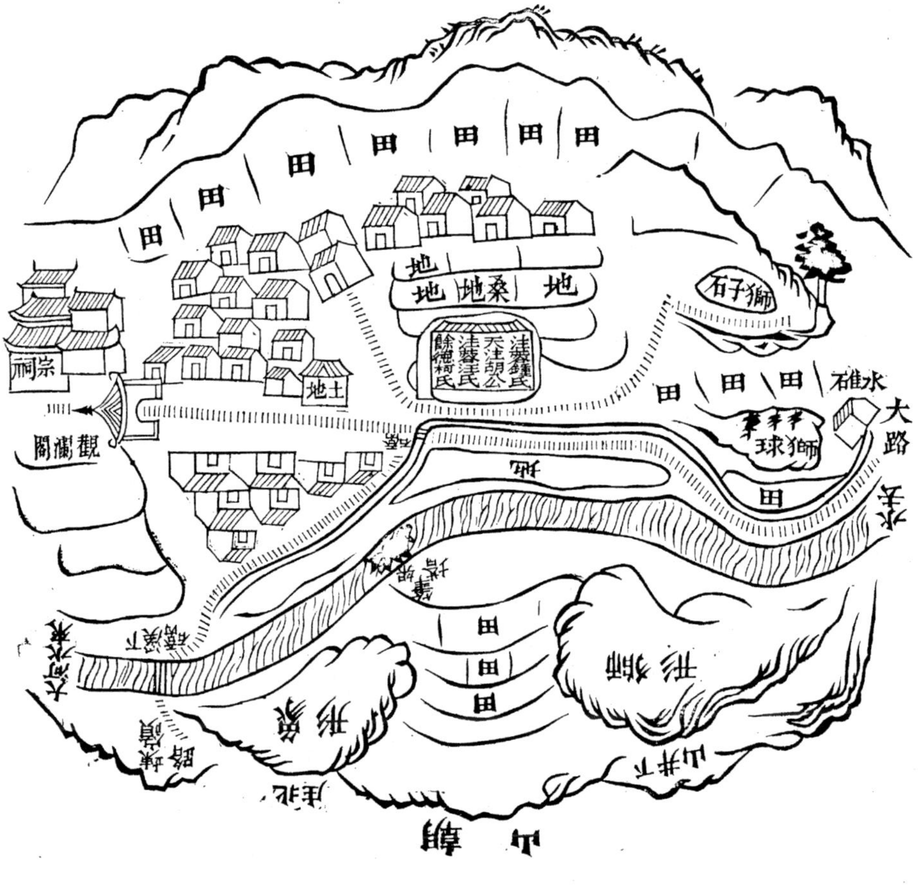

三十七世祖天淦公偕孺人汪氏鍾氏曁三十八世祖餘德公孺人柯氏墓坐落績西本都上川土名水圳上亥山巳向加乾巽經理此字等號地稅壹分歸九甲胡天淦戶完納

岱上燕窩形墓圖

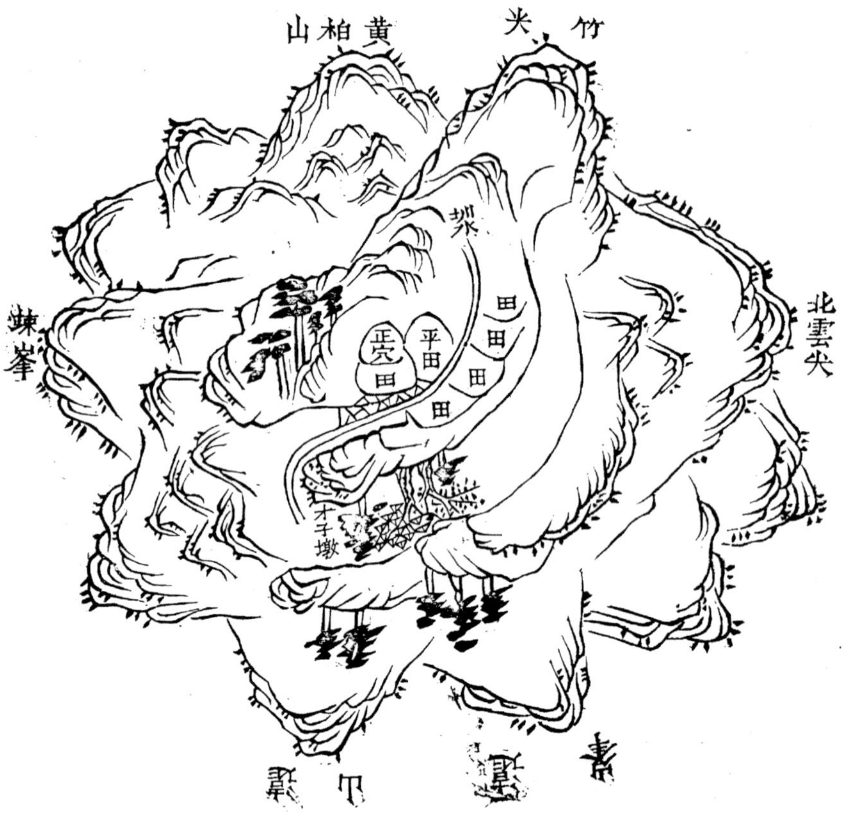

三十七世祖天魁公暨三十八世祖德注公四十世祖貞守公墓坐落績西本都土名岱上燕窩形庚山甲向加申寅經理此字四百零一二號地稅壹分歸九甲胡醉經軒戶完納

呈華塘墓圖

三十八世祖德淋公暨三十九世祖錫鍪公偕孺人曹氏汪氏錫川公偕孺人汪氏馮氏章氏錫金公孺人程氏四十世祖貞艮公孺人程氏貞端公孺人程氏四十一世祖祥璺公墓坐落績西本都土名呈華塘丁山癸向加子午經理常字六百零五號田稅壹畝五分二釐歸五甲胡德潤戶完納又常五百三十二四五六號田稅六分五釐歸五甲胡錫田戶完納

黄泥嶺鳳形墓圖

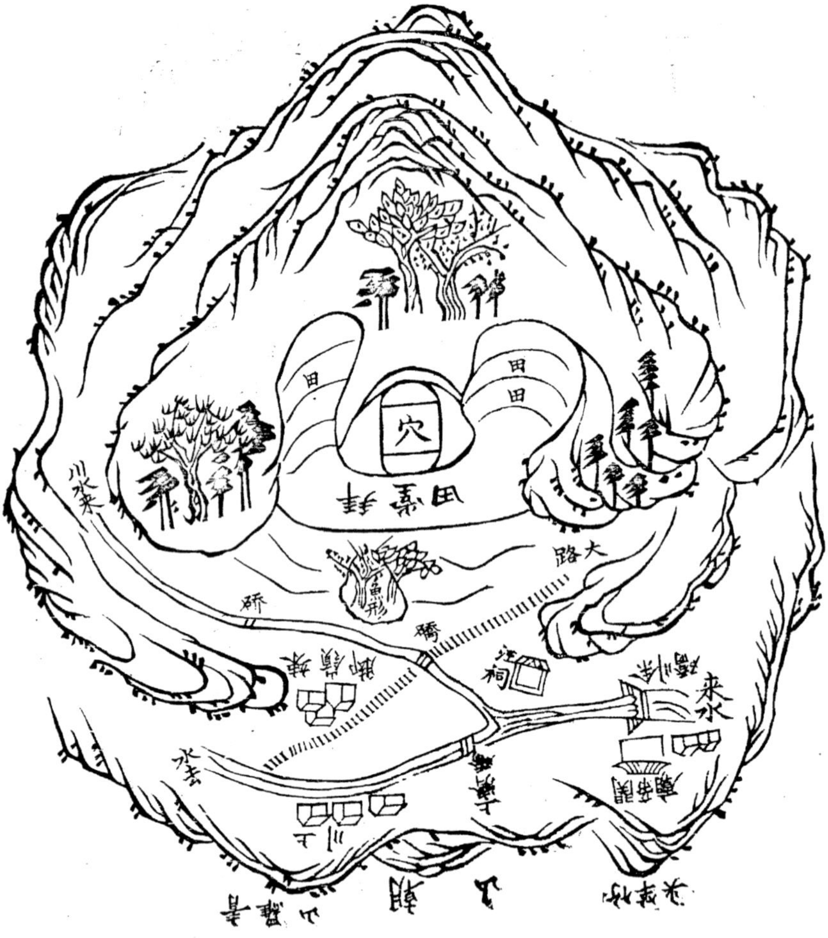

三十八世祖瑞傑公偕淑人曹氏瑞英公偕孺人程氏瑞鳴公偕孺人曹氏墓坐落績西十都土名黄泥嶺鳳形丁山癸向加未丑經理鞠字等號田稅七分歸五甲胡紹之戶完納

社土上將軍大座形墓圖

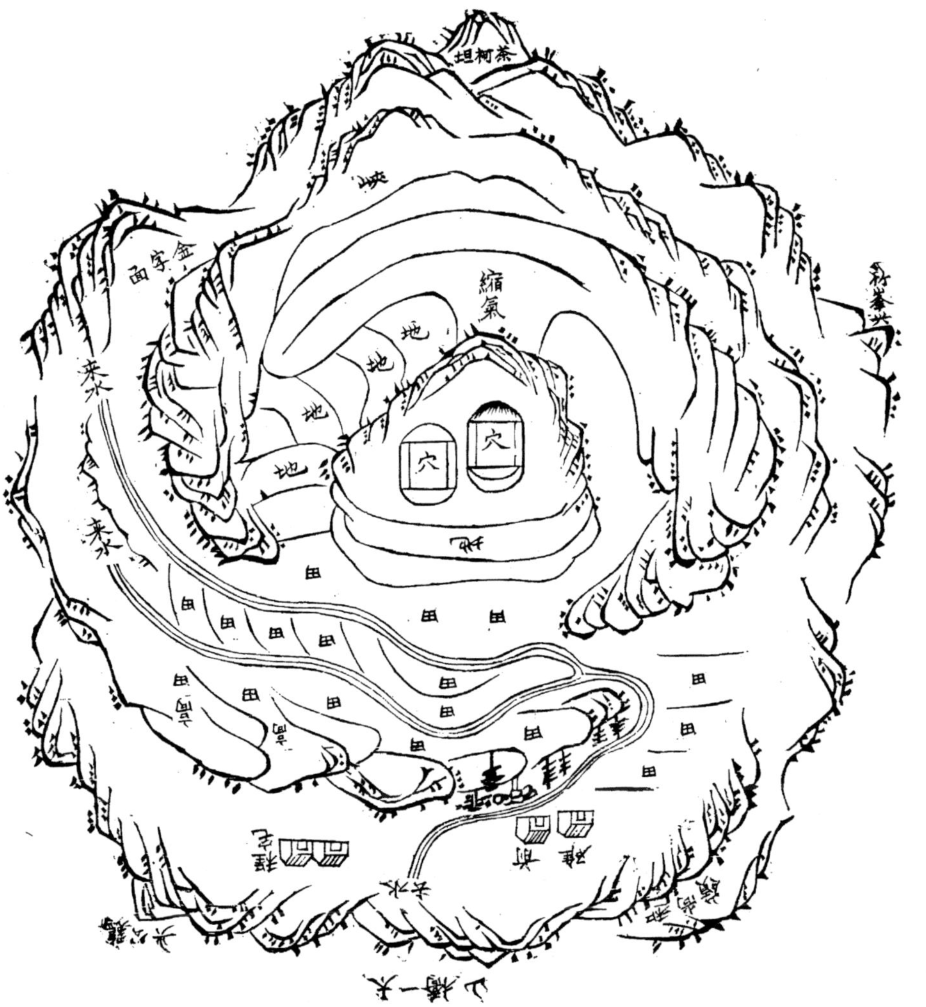

圖分東西二穴坐落績西本都土名社土上將軍大座形庚山甲向東穴墓三十八世祖懋德公暨三十九世祖錫庚公偕孺人柯氏四十一世祥善宜人柯氏西穴墓四十二世洪蘭公經理惟字等號地稅壹分入釐歸九甲胡貞聚戶完納

笠裡沖荷花形墓圖

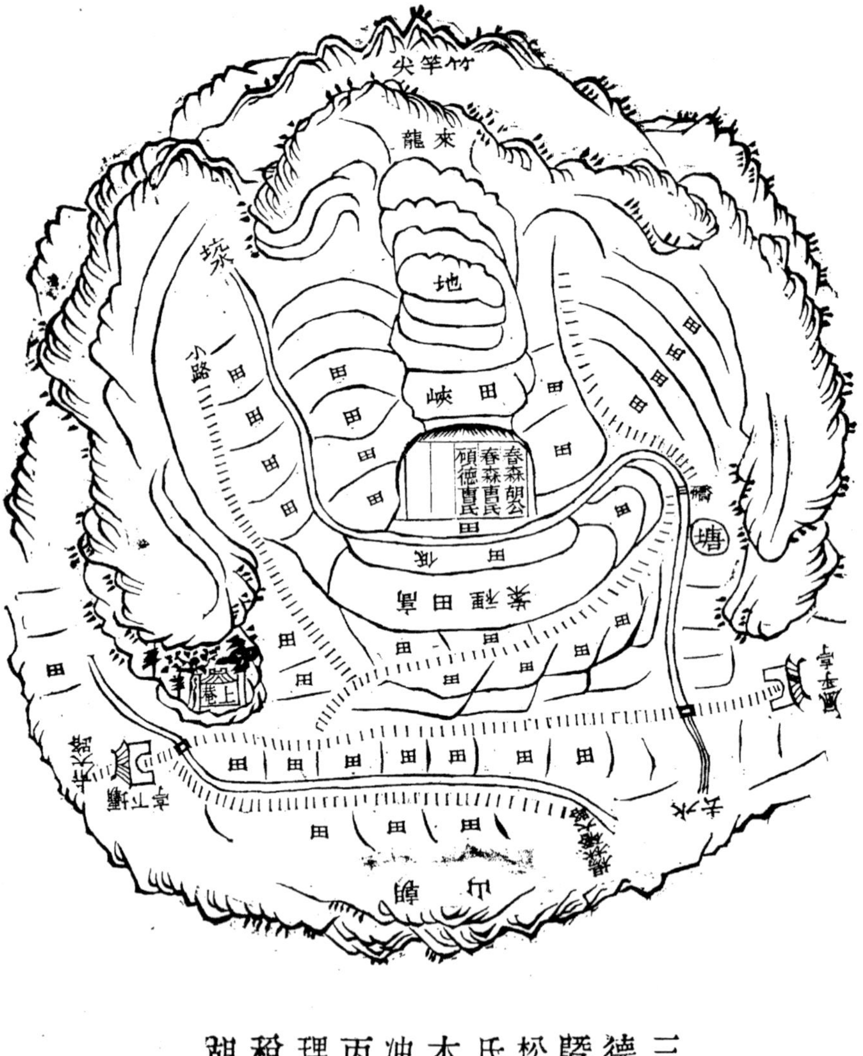

三十八世祖碩德公孺人曹氏暨四十世祖貞松公偕孺人曹氏墓坐落績西本都土名笠裡沖荷花形壬山丙向加亥巳經理蓋字等號地稅壹分歸九甲胡貞權戶完納

和尚嶺羅漢飄帶形墓圖

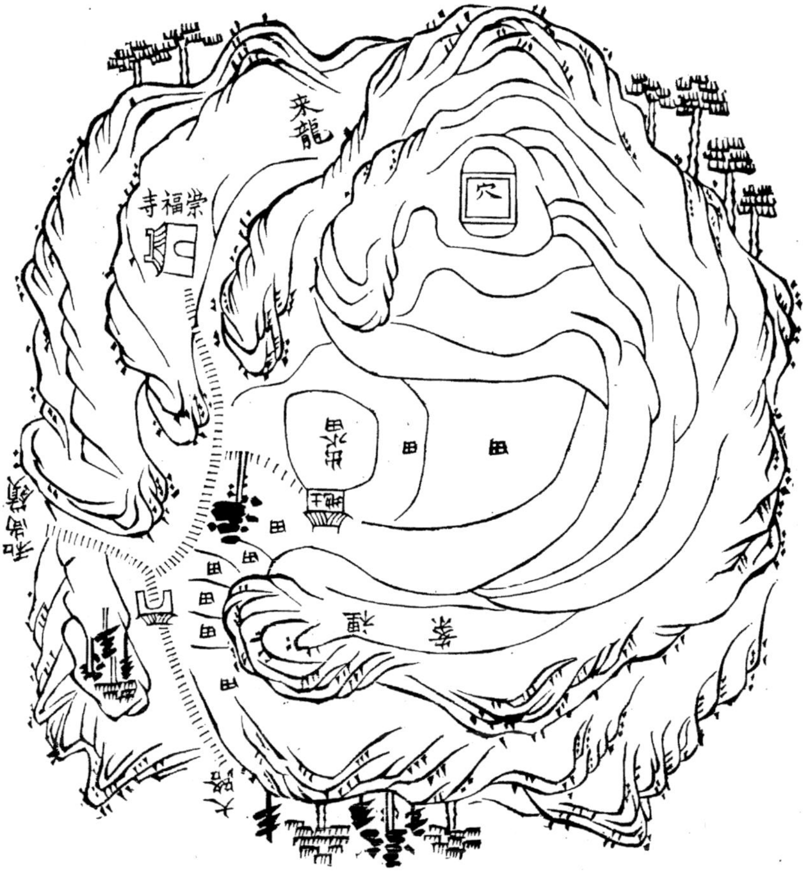

三十八世祖德鄰公偕孺人柯氏暨德院公偕孺人汪氏德隅公孺人張氏德孚公三十九世祖錫組公錫仲公孺人曹氏錫給公偕孺人曹氏錫根公孺人汪氏墓坐落績西七都土名和尚嶺羅漢飄帶形寅山申向加艮坤經理木字等號地稅壹分歸九甲胡祥達戶完納

岱上墓圖

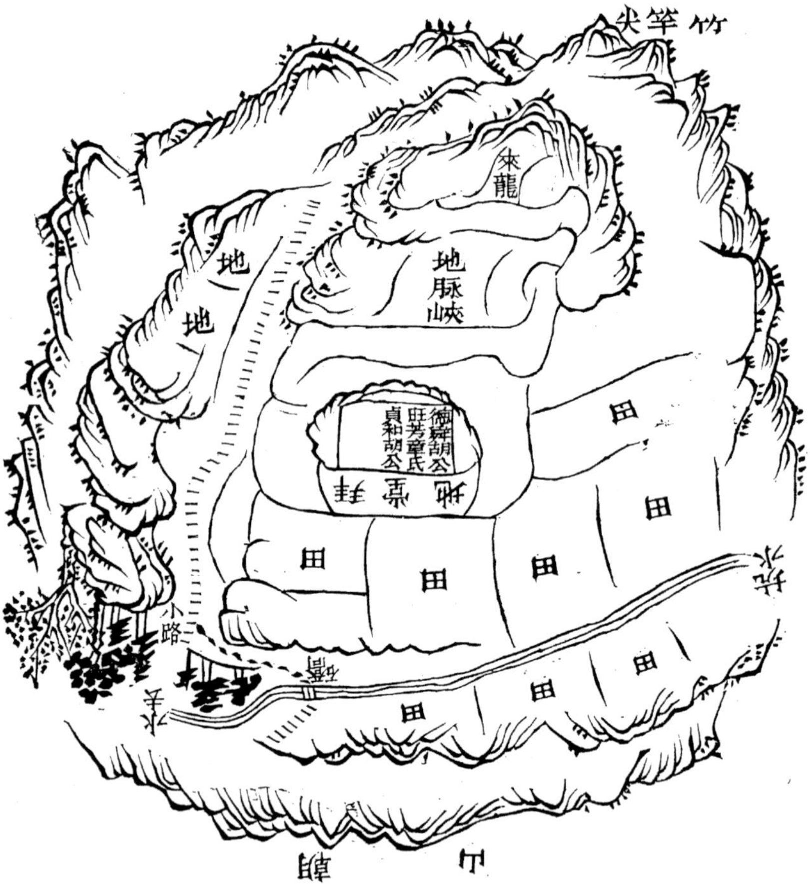

三十八世祖德舜公暨三十九世祖錫旺公孺人章氏四十世貞和公墓坐落績西本都土名岱上申山寅向加庚甲經理身字等號地稅五釐歸九甲胡貞連戶完納

毛獅灣墓圖

三十八世祖德舜公孺人柯氏暨三十九世祖錫旺公墓坐落績西本都土名毛獅灣庚山甲向加寅申經理身字等號地稅五釐歸九甲胡貞連戶完納

剪刀凹仙人大座形墓圖

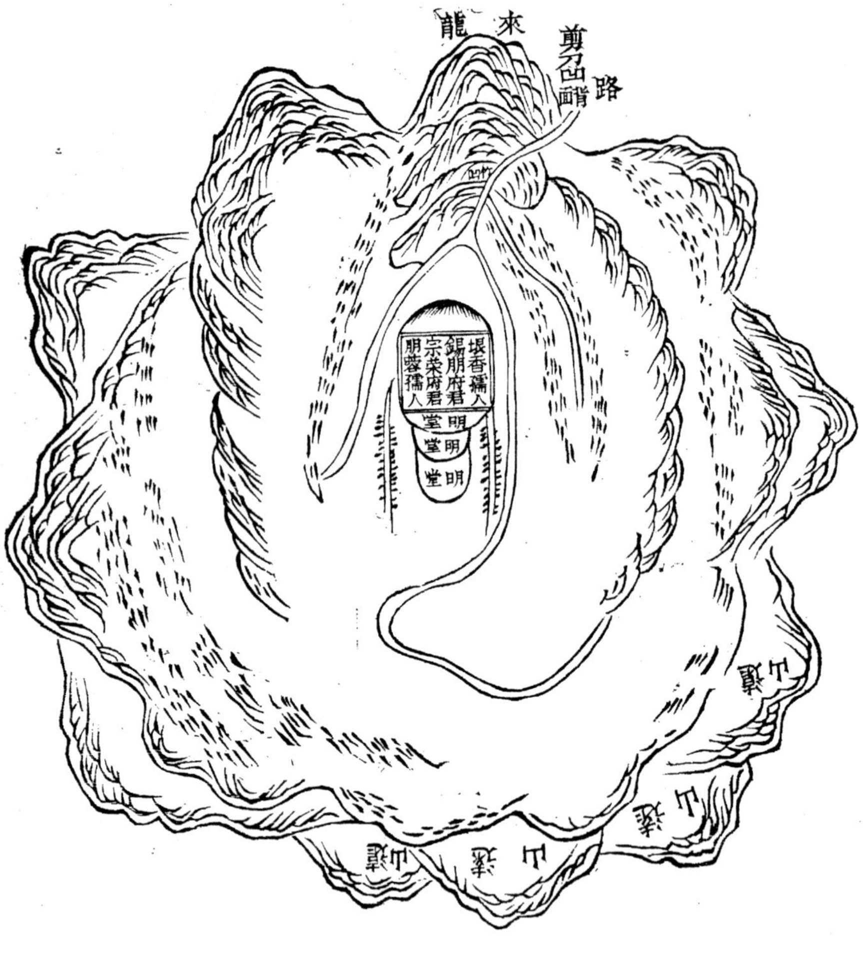

三十八世祖德垠公偕孺人曹氏暨三十九世祖錫朋公偕孺人曹氏墓坐落歙邑六都土名剪刀凹竹凸下仙人大座形癸山丁向經理冬字一千三百六十七等號山稅二分歸王全高戶完納四至立有界碑

前坑蟹形墓圖

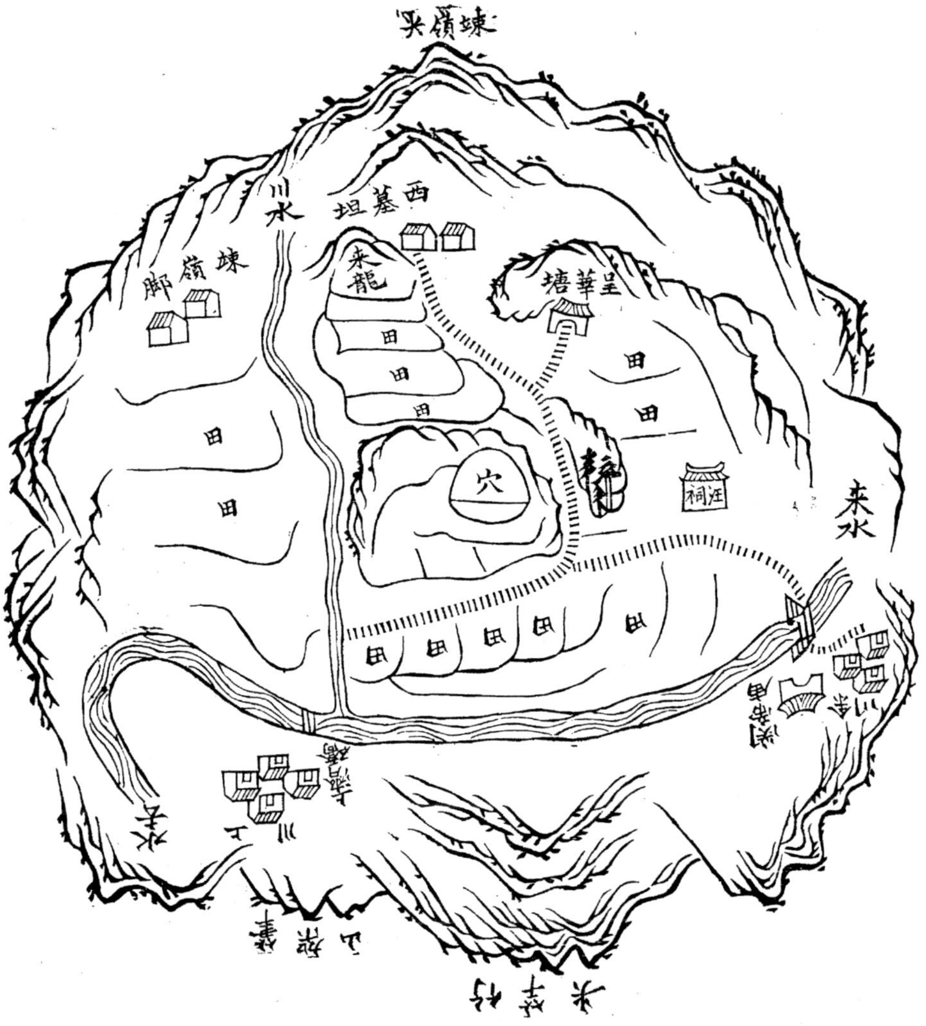

三十九世祖錫印公孺人周氏暨四十世奎照公偕孺人石氏貞樹公孺人汪氏四十一世祥蛟公淑人馮氏墓坐落績西本都土名前坑蟹形丁山癸向加未丑經理常字等號田稅一分四釐歸五甲胡德湧戶完納

堈窰頭虎形墓圖

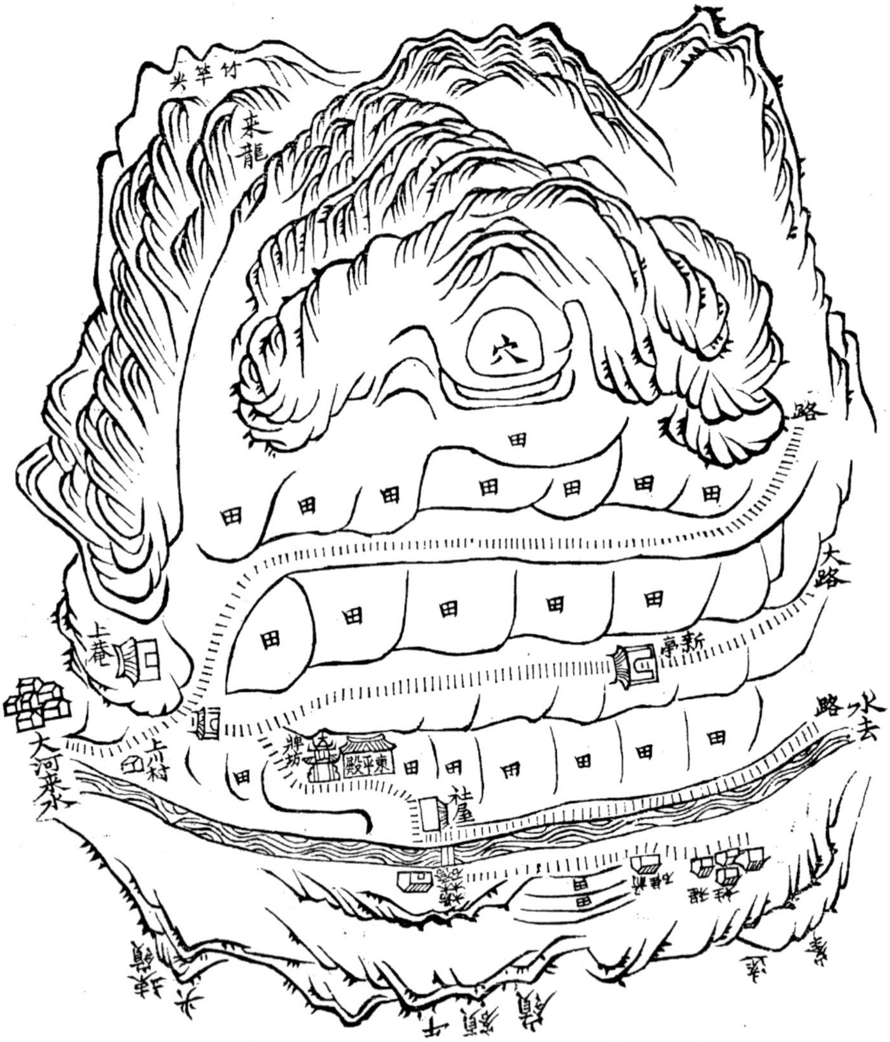

三十九世祖錫
組公孺人黃氏
暨四十一世祥
棣孺人曹氏墓
坐落績西本都
土名堈窰頭虎
形壬山丙向經
理蓋字等號地
稅壹分歸九甲
胡其順堂戶內
完納

呈金塘蜘蛛結網形墓圖

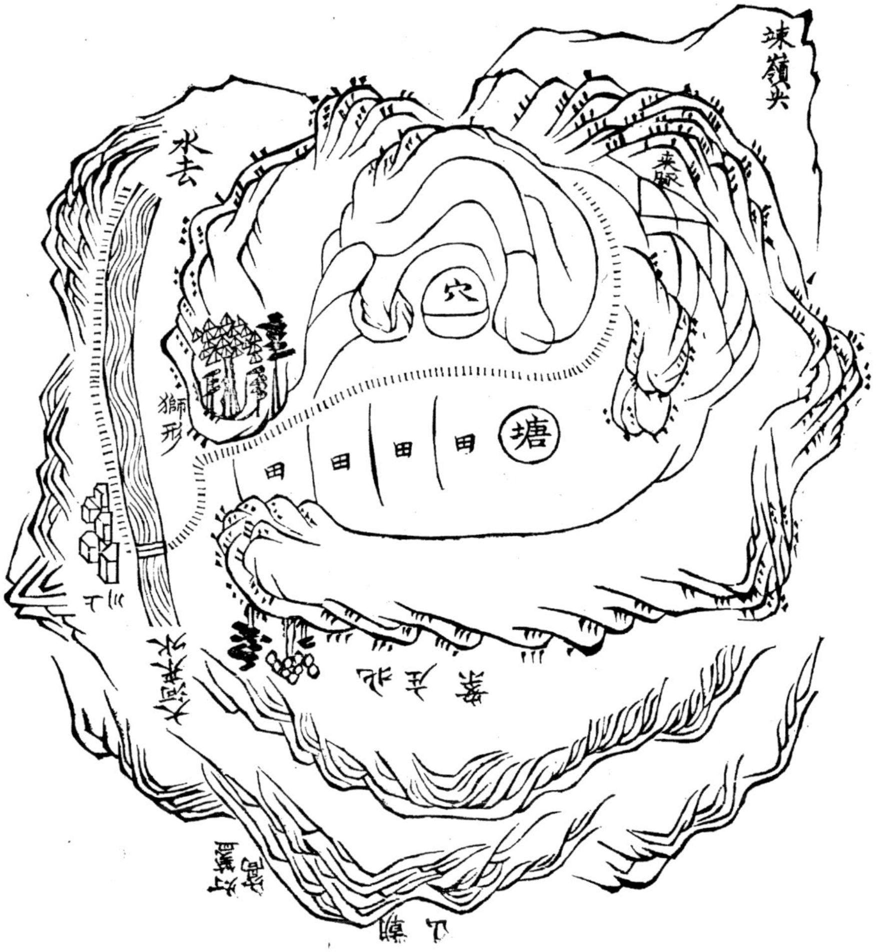

三十九世祖錫仲公暨四十世祖貞侃公墓坐落績西本都土名呈金塘蜘蛛結網形甲山庚向加寅申經理惟字等號地稅壹分歸九甲胡祥達戶完納

歙邑長灣羅漢現臍形墓圖

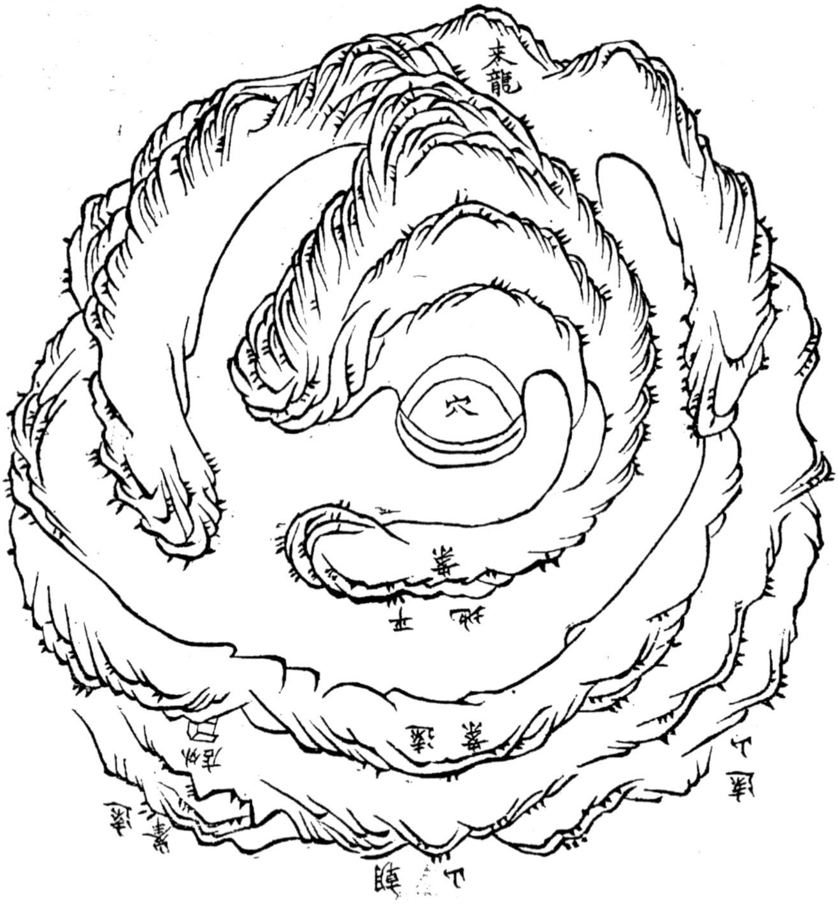

三十九世祖錫根公偕孺人汪氏暨四十世祖貞煜公偕孺人石氏貞木公偕孺人程氏墓坐落歙邑桃嶺對面土名長灣又名威坑羅漢現臍形甲山庚向加卯酉

芝蘇園犀牛望月形墓圖

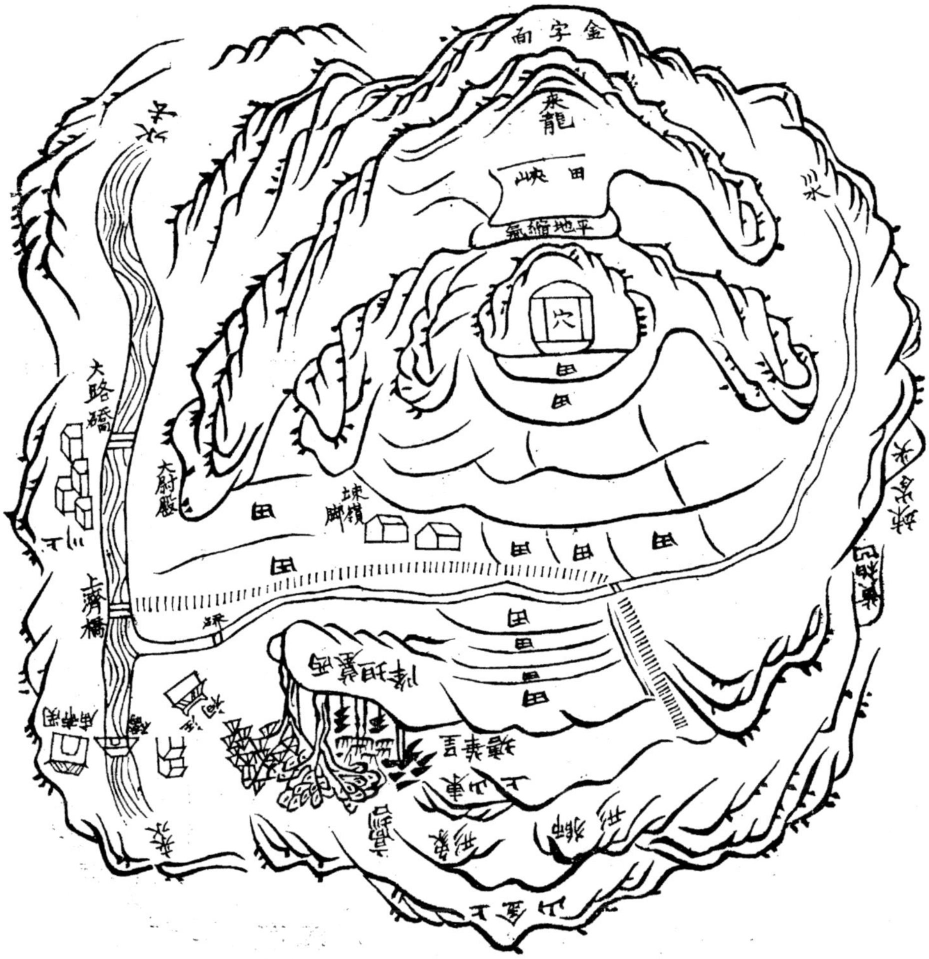

四十世祖貞孚公偕孺人馮氏暨四十一世祥錠公偕孺人馮氏祥待孺人何氏曹氏四十二世洪若公偕孺人曹氏洪才公墓坐落績西本都土名芝蘇園犀牛望月形乙山辛向加辰戌經理惟字等號地稅二分歸五甲胡善間戶完納

東山脚蝙蝠形墓圖

四十世祖貞亮公偕孺人汪氏馮氏暨四十一世祥多側室鄧氏墓坐落績西本都土名東山脚蝙蝠形經理常字貳伯二十七號田稅七分歸五甲胡梳封戸完納

學士墩白象轉湖形墓圖

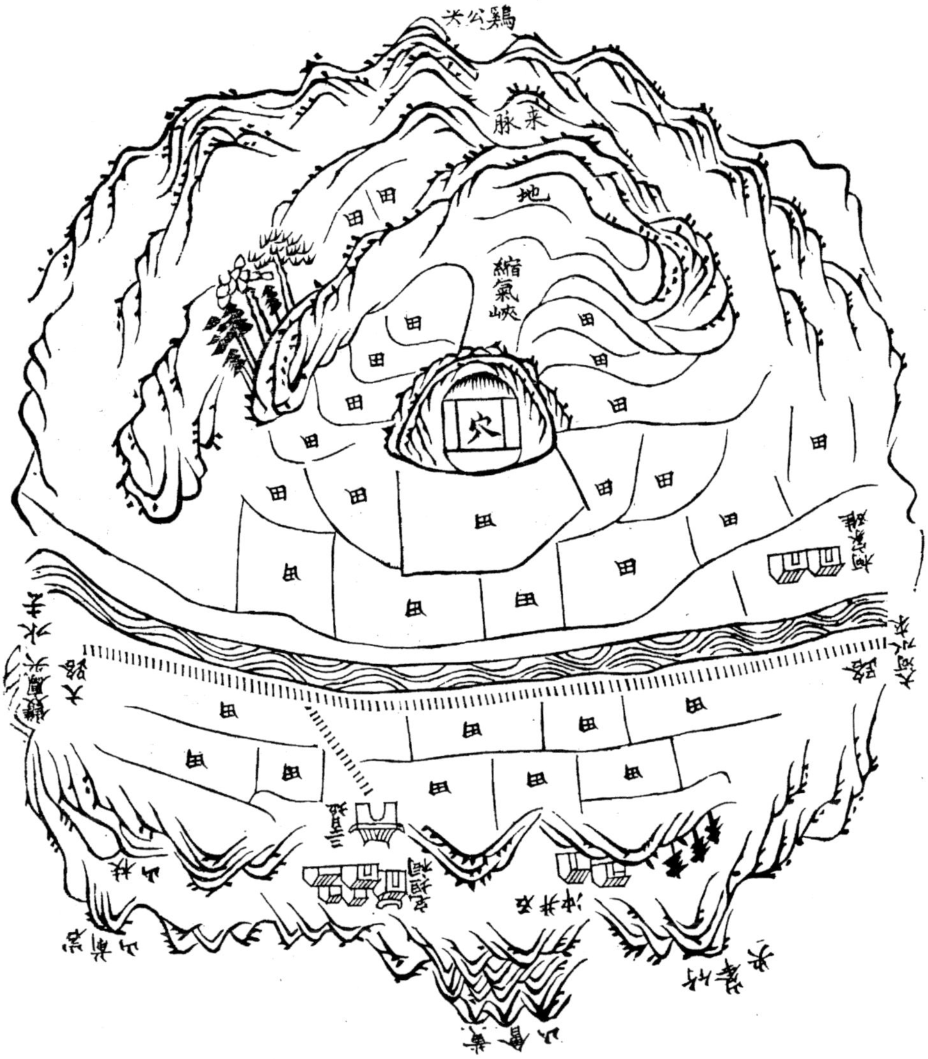

四十世祖貞聚公偕宜人曹氏墓坐落績西本都土名學士墩白象轉湖形丙山壬向加巳亥經理敢字等號地稅二分歸九甲胡文會戶完納

后岸長塘梁上燕形墓圖

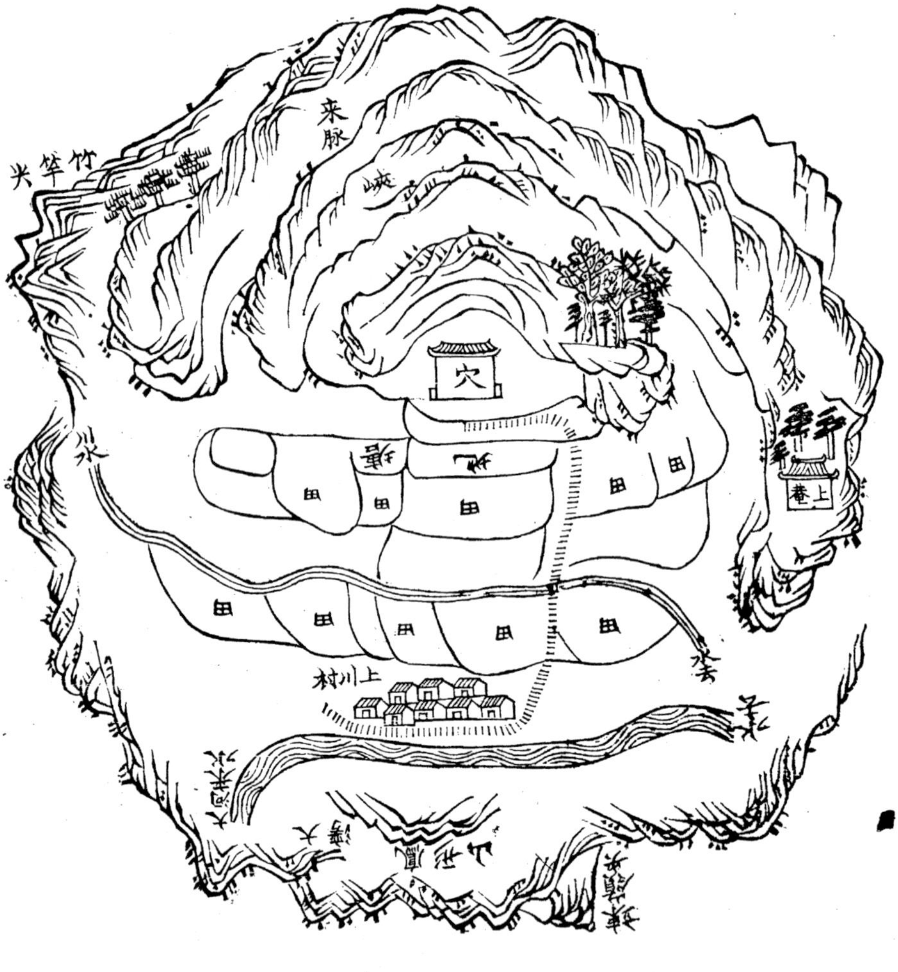

四十世祖貞源公偕孺人曹氏墓坐落績西本都土名后岸長塘梁上燕形丑山未向經理身字等號地稅五釐歸九甲胡志倹戶完納

風乎亭蝙蝠形墓圖

四十二世祖洪瑞公偕孺人柯氏程氏墓坐落續西本都土名風乎亭蝙蝠形乾山巽向經理方字等號地稅五釐歸九甲胡月樓戶完納

上川明經胡氏宗譜下卷之中

規訓

今天下動言合羣矣顧亦知晩近之人積泮渙便私利喜夸詐其羣殊未易言合乎蓋以中國言獨有合族一法爲稍得羣之近似耳吾徽甯多大族族大者率萬千人少亦以百十計類能崇尚敬讓敦重氣誼湻風古處畧得先哲之遺故中國今日言合羣者未必不當自合族始也合族之道在徃昔爲最著即周禮一書中若鄉師鄉老黨正族師閭胥之職所謂讀法保息相受相賙相賓者蓋不憚再三言之其規則至繁以密中世族第之論起而家法尤尚今以史傳考之則韋氏花樹會法杜氏家戒夏侯氏兄弟誥張融門律顔之推家訓穆崇家令張烈八務七識六怒五懼之條藍田呂氏約之類不可勝道雖其間或督

子孫或勵同族然率稱於當時傳於後世蓋族之所以合者固非一朝一夕之故矣舊譜有家規十二條具體而微光緒初鐵花先生等更考古訓揆鄉情創爲祠規二十四條其於古昔合族教令雖不知其何如然固吾一族之合羣法也謹幷錄原文而以宗祠祭器祭品附之祭器亦鐵花刱行也作規訓一卷

舊譜家訓十二條

積陰德

積善餘慶作善百祥自求多福者易書詩之垂訓也夫報施必非無本而昌熾實有其基禍福無門惟德所召然所云德者仁慈隱惻實體諸躬而爲人所共覩也至於存心舉事並無一毫自估便宜而凡賙人之困扶人之危成人之婚活人之命一切利人濟物不求人知此則所謂陰德也積累深厚有不發祥自身昌大其後

者鮮矣昔溫公曰積金與子孫子孫未必能守積書與子孫子孫未必能讀不若積陰德於冥冥之中以爲子孫長久之計此實家訓中第一要義敬誌之毋忽

惇孝友

詩云哀哀父母生我劬勞欲報之德昊天罔極此尼山孝經一書所爲作也顧鞠育之恩誼彌窮卽孝養之天職當盡苟能揚名顯親備物養志尚矣下此而謹身寡過菽水承歡亦未必非孝蓋孝道不一大約以體親心代親勞贍親養三者爲切要至於垂暮之年來日苦短尤當及時自盡庶免後悔若夫手足至親尤宜戒相殘敦式好昔之人如九世同居大被同眠灼艾分痛豈非以凡今之人莫如兄弟乎或聽枕畔之偏言因財物之細事以致小而鬩牆大而雀角不友甚矣可不戒哉

重婚姻

王化起於閨門大道造端夫婦婚姻者人道之始可不重歟側聞昔人緒論如嫁女必當勝吾家娶婦必求不若吾家又嫁女擇佳婿娶婦求賢淑又婚姻而論財夷虜之道此虞北海王河汾程伊川諸先生之言也吾族人當奉爲圭臬守而勿替倘有不孝子弟貪財滅義不別清汚若娼優僕隸等類妄爲結納玷辱宗祊者族衆當令其改適否則以家法從事又有於襁褓時輕許爲婚幷指腹爲婚者及其旣長或因家貧或因惡疾甚致興訟者多矣今後男女爲婚必俟其長庶無後悔

愼喪葬

昔賢雖不許預凶事然倉卒所需難免不貽後日之悔禮從宜使從俗以今日論凡一應衣衾棺槨附身附棺之物不妨先事辦咸

庶可盡情盡禮昔曾子曰愼終孟子亦曰惟送死可以當大事正此意也在禮士踰月而葬大夫三月而葬乃今人每每高攢以待卜地竟有延之數十百年而不葬者而徽池各屬尤甚此皆酷信風水所致不知卜地不過爲昌後計耳然欲以祖殁之骸骨爲後人獲福之具固已惑矣至吉穴難逢久之攢傾棺朽露骨拋骸爲人子孫又何忍也嗣後凡有親殁者卽當安葬如必欲卜地亦須急於尋求早安魂魄毋得悠忽以干不孝之罪

正嫡庶

妻妾之分不可不謹妻之爲言齊也於夫有敵體之義妾之爲言接也於夫有服事之義故妻雖陋不可過輕妾雖美不可過寵家道之興廢實肇於此倘有寵妾凌妻者投鳴族長當共斥之至有一種妬婦夫無子而不容娶妾自甘敗絶深可痛恨大抵婦人之

見不廣其言至偏男子非明而能斷鮮不爲所惑以至僨事所謂牝鷄司晨惟家之索也故義門鄭氏家規切切以毋聽婦人之言爲戒

嚴祭祀

父母既葬罔極深恩何忍遽釋故忌日必哀與夫春露秋霜以迄歲時伏臘恒動人子以風木之感內宜盡志外宜盡物也至於祭不欲數數則煩祭不欲疏疏則怠列祖列宗雖遠毋忘凡子姓於值祭之期齊集宗祠起伏興拜以致如在之誠有嬉笑失儀者罰無故不到者罰如此日子弟或當應試或出外經商者不在此例祭畢飲福依齒序坐對尊長作揖辭歸貪飲亂事者責

端蒙養

易曰蒙以養正聖功也言教之貴豫也子生五歲便當令入鄉塾

穿深衣作長揖坐立進退教以儒者風度凡孝經小學諸書先令熟讀日講古人故事以端其志趣久則少成若性異日必爲偉器若幼時姑息縱其嬉遊蕩其心性恐子弟已壞培養無基後雖欲教之無論抗悍不馴即稍知悔悟終是少年習氣未除難以語於聖功之正矣

尊師道

善養子者必厚其阿保善教子者必重其師傅師道不知所尊而欲子弟之成難矣故豐膳饌隆禮節雖謂之尊而積誠不足以感之猶虛拘也必也情文備至而遲久觀成使居西席者必思所以酬東道則殫心訓誨而大有造於我子弟矣不然揮升斗之餘責旦夕之效是待師傅直工役視之則誨我子弟亦兒戲視之已耳安望其從容教育相與以有成哉雖然擇師亦要焉知所尊而不

知擇是欲其子之齊語而使楚人傳之也得乎

睦親黨

凡族繁則勢易睽勢睽則情日疎大率類然然椒聊瓜瓞從其朔皆一本也其或非禮相干亦當以大度含忍之勿與校至於族間有事忿爭猶同室之鬬也當與平心調處諭以至情而爲彼永絕訟端其在本人尤當禀命宗長靜聽區分縱少有不平亦宜解忿息爭委曲順從即此便是曲體祖宗之心而爲敦睦之道矣萬勿輕訟公庭以一時之不忍小則徒費錢穀大則破產傾家況傷同本之誼使子孫世世相讐難以修好愼之戒之

勵名節

三代以上惟恐其好名三代以下惟恐其不好名名固所以勵天下之人也雖然名者實之賓節之不立名胡由成男兒以忠孝成

名女子以節烈成名是固在人之克自樹立而非作而致之也如有此等高誼昭垂史册顯耀宗祊祠中當特置一座以配享祖祀俾後之人慕而效之以相激勸或派下有品行悖謬寡廉鮮耻身名不顧者姑與再三勸之而亦未遽絶之也若其怙惡不悛甘爲敗類則大書某也無良擯出祠外生死永不與入庶人知所戒而莫之犯如此則惕勵有典而風俗可漸湻矣

崇樸儉

作法於儉子孫猶奢況作法於奢乎每見富貴之家一飲食也足支數月之糧一衣冠也足費中人之産尤而效之曷其有極所以祖基雖厚一再傳而子孫貧不能守者奢失之也奢豈可訓哉然世有矯奢之失或至數米而炊其細已甚則又不免貽蟋蟀之誚焉不知儉非一意鄙吝之謂蓋節以制用量入爲出但使豐約得

宜不爲濫觴無益之舉而惟常存古樸之風以示後人則所謂質心行質事而萬年垂裕之道已具於此伊訓曰愼乃儉德惟懷永圖其是之謂歟

黜異術

凡僧尼巫覡之屬最易蠱惑人心不可與之入門小則滋禍福之惑大則爲姦盜之媒不嚴絕之是養亂也程伊川曰居官者凡異色人等皆不宜與之相接巫祝媼尼之類尤宜疎絕誠以其有妨於官守也居官且然矧庶民之家乎

新定祠規二十四條

序昭穆

一凡高曾祖考四室神主謹遵朱子家禮高曾祖考迭爲昭穆五世而遷此係初定之例與現時祔廟規制不同其因革詳見拾遺

一凡高曾祖考皆以嫡配其繼娶者無論有子無子皆配入祠

若嫡無子而妾有子其妾亦附入祠若嫡有子而其妾之子

賢亦准其母附入祠須倍牌資若妾無子暨有子而夭殤者

不准入祠

一凡旁親二室若伯叔曾祖若伯叔曾祖母若伯叔祖若伯叔

祖母若伯叔若伯叔母若兄弟若兄弟之妻若子姪若子姪

之妻之成人無後者男統於東女統於西以行輩爲序四世

而遷其年十五以下未成人者不准入祠

嚴宗法

一凡派下子孫有抱異姓子爲後暨以女壻外甥爲後者本身

華出毋許入祠子孫永遠毋許入祠

一凡派下子孫有不幸無後者必須於親房中以序繼立一人

爲後親房無有然後求諸遠房若親房子不願爲之後而爲之求諸遠房者聽若親房子以序當爲之後而貪圖遠房家產棄此繼彼者不許入祠

一凡序繼長房無後必以次房之長子繼次房無後必以長房之次子繼長房無次子然後以次求之三四房有不以序者毋許入祠

一凡派下子孫有嫡長房不幸無後者雖無家產其親房務必爲之立後若嫡長房無後而次房只一子者准其一子雙承若次房無後而嫡長房只一子或三四房只一子者准其於遠房擇繼不准雙承

敦倫常

一凡派下子孫有不孝於其父母祖父母者革出毋許入祠

一凡派下子孫有恃强逞暴無禮於其親長者革出毋許入祠

一凡派下子孫有同姓爲婚暨娶奴僕之女爲妻者革出毋許入祠

一凡派下子孫有無故嫁妻者革出毋許入祠

維風教

一凡派下子孫有忠孝節義得　旌表者准於祠内建竪匾額其神主入彰善室永遠不遷

一凡派下子孫有善行堪爲族人師表者其神主入彰善室永遠不遷

一凡派下子孫有盜賣祖宗祭産及侵佔祖墳盜砍祖墳蔭木盜竊祖宗祭器財物者有爲盜賊及窩藏盜賊者革出毋許入祠

一凡派下子孫有姦佔族人妻女者革出毋許入祠

一凡派下子孫有賣其女或賣其兄弟叔伯子姪之女與人爲婢妾暨爲娼婦者革出毋許入祠

一凡派下子孫有爲親長而强逼孀婦改嫁者有非親長而主遣孀婦改嫁或拐賣他人妻女者革出毋許入祠

一凡派下子孫有作姦犯科死於官刑暨自戕其生死於非命者均革出毋許入祠

一凡派下子孫有爲他姓證訟誣害族人者革出毋許入祠

崇祭祀

一凡祭祀春以春分日舉行冬以冬至日舉行高曾祖禰用牲旁親用庶饈一切儀節謹遵朱子家禮有無故不到及怠慢失儀者罰

一凡派下子孫有不祀其祖考者革出毋許入祠

重職守

一凡宗祠司事之人必須闔族耆老生衿公舉其司事有功者其神主准附入酬勞室永遠不遷

一凡司事之人辦理一切事務必須恪守祠規如有徇情舞弊查出即紀過一次三次紀過不許再行辦事如有盜賣宗祠田産侵隱宗祠財物者並出毋許入祠

一凡派下子孫有恃强逞暴故意作難毆辱宗祠司事人者革出毋許入祠

附列祭器陳設次序

祭品

登之實以黍稻　鉶之實以太羹和羹　籩之實以菓

品若梨栗棗柿菱蓮芡橘桂圓龍眼之類擇其時新者而用其六　豆之實以葅醢一曰韭葅用韭菜清水煮熟加鹽切齊長約一寸一曰菁葅用菁菜清水煮熟加鹽切齊長約一寸一曰筍葅用竹筍或乾筍清水煮熟加鹽切齊作方塊一曰芹葅用芹菜清水煮熟加鹽切齊長約一寸均以整潔爲度酌取時宜而用其三　一曰魚醢用鮮魚一曰醓醢用豚肩均方三寸加油及五味炙熟一曰脾析用羊百葉切絲一曰豚拍用豚肩中五花肉切片均用油加五味炙熟以肥鮮馨美爲度酌取時宜而用其三

上川明經胡氏宗譜下卷之中

存舊

今天下皆競言新矣謀國是者策維新之政令談學説者圖日新之智識講新制作新民聽輿人之誦舍其舊而新是謀者比比然也族譜何爲而存舊耶乃者譚瀏陽嘗謂六書訓詁凡以古字諧聲者其字大都義訓庸劣如所舉枯苦固故之類計難僂指古之不可從也明矣然以文典論古又舊之代名詞也古義若此舊義可知族譜何爲而更存舊耶且以舊譜言竇旃正德胡里譜康熙統譜已都蓋闕今唯乾隆譜稍有殘帙耳然聞乾隆修譜時於舊譜已未之前覩則乾隆譜之所以爲舊者可知書三寫魚爲魯帝爲虎其舊政不必爲眞舊矣雖然不有舊也其何以新新者又對舊而言之也知舊而後知新知舊之所

以爲舊而後知新之所以爲新是故舊譜可因者因之不可因者仍其文於此可讀者讀之不可讀者彙其語於斯於舊既未失其眞於新因更參其義斯族譜存舊之所由作歟然吾於此尤有感焉自人惟求舊與率舊章仍舊貫之說爲世之守舊者藉口於是不揣其端不求其末惟舊之欲聞從事於茲其以此嘖嘖者屢矣吾又安得瀏陽其人者辭而闢此積習也作存舊一卷

中王故父胡昌翼母詹氏勅命一道

奉

天承運

皇帝勅曰朕思封贈大臣而推恩必及其所生也爾卿中王胡延政故父昌翼乃唐昭宗之太子也惟爾持身謹厚德性賢良

修行於家庭教子有義方故特封爾故臣胡昌翼爲唐王贈曰昭宗太子李玫胡氏奮第庸登同光進士避難復隱晉宣不仕訓子功成經明六藝唐室唐封王爵王嗣以赫寵靈芳名不死爾配詹氏淑德令儀茲惟刑于之化惟爾賢能用封貤於官號以彰爾德今特封爾詹氏夫人爲王妃誥曰臣以體國愛民爲忠婦以佐夫訓子爲義故賢其子者以顯其親今封寵錫父母均焉

開寶二年二月十日下

績溪縣令胡延政勑命一道

奉

天承運

皇帝制曰自古豪傑之才有大功於世者皆崇爵以顯之惟爾

胡延政大唐宗室五季僭僞王亦乘特倡義旅討賊以圖恢
復特朕猶未受禪顯德己未天命有歸王知安命就義乾德
甲子從劉光義討蜀破松木三會巫山等寨敗走蜀將武守
謙等而取其城乙丑說王全斌克劍門佐劉光義取萬施開
忠四州運籌圖策西討東征峽中郡縣悉定朕追念爾李唐
宗室用勵相我國家特封中王以表爾中興之志仍賜附居
田地五千畝甲士朱子京李玄保等千餘人墾作供給以寓
朕念功憫故之意可欽哉

乾德四年四月一日下

中王胡延政妻汪氏誥命進封一品夫人

奉

天承運

皇帝勅曰家道之正利於女貞國典所封先於內助闡爾中王

胡延政妻汪氏毓自名宗嬪於巨族卓有賢行佐其良人竭

效厥官加爾能助是用進封爾爲一品夫人祇承誥命之榮

益懋相成之德

開寶二年二月十日下

湖南江西安撫使胡遇勅命

奉

天承運

皇帝勅曰朕思廣源州之亂必選經緯才兼之臣禦之以保生

靈朕無憂矣今聞湖南江西安撫使臣胡遇韜經濟美文武

全才命卿督軍克復廣源滅寇凱還爵位高遷今特命湖南

江西安撫使臣胡遇領軍速赴廣源討賊回朝重爵加褒以

慰朕懷欽哉

至和元年九月二十日行

湖南江西安撫使胡遇追贈太師謚忠勅命

奉

天承運

皇帝勅曰朕自卽位以來時值多艱遭逆不道皆賴忠良之力以致危而轉安具官胡遇才兼文武問學深淵以爾安撫克復廣源身陣完節謚爾忠賢今特贈爾太師謚加曰忠慰爾

幽靈而偉歟欽哉

嘉定元年二月二十四日下

唐中王延政公墓誌銘

王諱延政字克修本李唐宗室以父昌翼値朱温篡弑之禍避考

川冒胡姓王遂承其氏幼倜儻有大志好誦春秋知復讐大義恒以仇耻未雪爲憾常歎曰使吾得志當迅掃腥穢以還正統顯德二年淮南盜避天兵走新城昌化嘯聚刼掠歙績受禍而績尤慘知州事歐達募壯士以禦之王首與焉率壯士千餘人分屯於耿家新田山日則操練夜則分番設伏以擒賊賊遁竄國王又領壯士扼於大石門烽火相望無日不備且招徠俊乂陰圖恢復以償厥志迨我皇宋受命慨然歎曰秦滅矣艮復何爲遂無異志乾德二年率衆從劉光義討蜀破松木三會巫山等寨十二月說光義勿舟渡練江從閒道達浮梁以濟頓兵白帝廟西而以戰棹攻其後可必取也光義從之遣王佐張廷翰與蜀將武守謙等戰於猪頭鋪守謙果敗王等乘勝取其城三年春光義復遣王覘萬州還過益光聞大將王全斌縱酒不恤軍事因說全斌以取蜀之策從

之果破劍門欲留幕與計軍事王以還報辭復從光義二月佐光義謀取萬施開忠四州蜀平秋八月光義以王畀上於朝恩勅績溪縣令三載太祖采察其政通人和賜更進名政遂表稱謝云禮樂願游斗邑尚慚蒙化淺德功效魏姓名何幸錫恩隆又云韓亡於內史五世戴不共之讐新報於春陵三輔遂更生之願太祖義其人而深嘉之敕以中王表其中興之志也爰績溪通鎮山水因家於隱張重岡之麓姓其地曰胡里鎮以學古爲傳家計建屋數楹中設講堂扁曰懋學傍搆兩齋左曰明體右曰適用前搆一軒曰禮門爲子孫講讀之所規約大石門之沃壤百餘畝歲歛以充學費每月旦考其成以示勸其行樂也鑿池構亭顏以遠觀亭之前列隱張諸峯松陰覆巖夜虛生白繪其景曰月巖秀松峯下小石山曰石龍頂泉水瀉出山頂而下題曰石龍噴玉一水自北逶

迤而來環帶左右題曰胡州練水右有潭曰古溪渦磧肖牛夜月
乘釣題曰古溪釣月時與名公撫景樂亭中詠明哲保身之句以
自適晚尤愛夾溪山水濇化庚寅春構書院於東山之麓靜玩其
中築行樂亭於書院之左面池開鑑光影徘徊童冠倡和悠然山
徑慈公準過之有靈源發九嶺錦雲生東屏中有箕山翁逍遥物
外身之句志趣出塵類如此□□□□□□□□□□□
□□娶浮溪汪氏繼詹氏秦氏五子曰嶽官翰林承旨曰嵩湖州
府判曰嶠曰崑曰崙俱潛弗耀諸孤先於咸平戊戌歸葬於星源
黃嵩塘今以天聖戊辰仲秋季望之吉改葬胡里鎮之古溪墅來
徵予言予與嶽同官御史臺曾獲誦王遺墨因稔識其賢予惟王
出處與韓司徒張文成頗相類蓋文成以世相韓始終爲韓而託
遊赤松王以唐宗室始終爲唐而雅意林壑君親義重三綱繫焉

故慰叙而銘之曰五季僭僞草竊烽起糜爛曷勝伊誰拯弭惟爾唐孫義旗向服讐滅恨消衷銘皇德噫嘻哲人特作特止帝善其謀崇秩褒美忠精英氣天壤循環奚必首邱流寓郎安溪潛燥剛幽壤中藏於千萬世赫其有光天聖戊辰宣聖四十五代孫龍圖閣待制孔道輔撰

御筆題昌翼公像贊

昌翼姿奇君父王嗣懿德惟卿嚴光並志開寶己巳歲仲春月

御讚賜中王臣胡延政

顓頊之胤太宗之苗源流派遠金枝玉條卿之奇才文經武韜孟知祥篡掃滅奏朝勅封中王錫爵慰勞李玫爲胡奕世名標開寶二年二月十一日

御讚賜太師故臣胡遇

天生奇碩盡忠報國定亂廣源賴卿功復更首朕傷榮哀存歿完節全名先皇遺囑謚加像讚永彰爾德治平元年五月十六日

中王考異

世謂中王爲青州考川人物不知古之明哲者欲奮忠義以立大功於世未有不深遠其身家之慮逃名易姓以保其全范蠡之更姓陶張良之託赤松皆此意也中王延政公好游俠爲其父嗔責棄家更名牟進詐冒他郡人物應募以禦寇欲藉首事以還唐其陰懷忠憤有不可以語人者幸我太祖高皇帝誕膺景運天命歸眞五代篡竊遺孽踵相就戮王之忠憤少攄矣然猶隱其貫籍不以告人彼親見王守信等諸勳舊猶保全杯酒之釋翊疏遠叨倖能保而不殆乎此中王之世人罕識其爲婺産者然婺與績嘗時不敢相親意者兩地各愼密自重恐泄俱禍也忠智之防患固如

是哉

熙甯二年己酉孟春望後一日監察御史梅溪陳薦書

通鑑牟進辨

按延進卽牟進本大唐李姓父因亂隱婺源考川冒胡姓延進氏旣承胡以少鞠牟氏又從牟此卽古人易姓藏名脫禍之遺知也范蠡以陶易范張良從赤松遊二子苟非託以逃則長頸烏喙必不少貸而誅夷葅醢之慘良其能免乎此延進之識所以高人數等也然通鑑云軍士向韜謂降卒牟進今以孔公道輔誌延政墓考之進本劉光義平蜀謀臣一旦受遣覘敵遺聞王全斌以大將縱酒恐其敗事獻以取蜀全策使全斌持久厭苦之餘而得取勝之道戰志斯奮宴氣自消此忠於謀國者也向韜寡識鄙夫見其煢影來依遠陳蜀道險易有類降卒遂以降卒目之而史襲誤向

非孔公目覩信筆託石不朽則延政忠義之心千古莫白也故爲之辨以訂前史誤書之非舊譜此篇未著撰人姓氏

胡里龍塘上川三宅圖小引

汪纘緒

攷之載籍所傳如公劉遷邠周公卜洛古人於營度之事率以形勝爲兢兢我邑明經巨族唐室世胄也迄宋開寶二年勅封延政公爲中王賜居胡里之地食邑四千戸寵遇隆矣其鄉廓乎有容水秀山明圖開八景以至東西南北若嶺若塘若坎皆得以胡名肇居發祥之所逾出尋常於此益信天家恩賜之愼重不苟也其支分之龍塘與翬北之上川彼此正堪輝映龍塘背山臨水地屬通衢時來長者之車憑眺以之臨徃低徊而不能去至君竹峯聳其北清溪繞其南西峙金山東環獅石宅上川者造物君闢斯土以有待焉蓋雖不必以形勝相詡而胥宇相度不肯以苟且從事

者咸得古人遷卜之至意因類紀之以使覽斯圖者朗若列眉云

績溪明經胡氏宗譜敘

中州何達善子兼

余涖新安八載知郡事最悉郡屬多唐宋故舊俗尚重宗誼講世好家搆祠宇歲時俎豆其間其子姓宗族各有譜牒澄澈源流序以昭穆肅以家規儼然尊祖敬宗收族之遺意甚盛事也茲績之胡里龍塘上川諸胡鳩宗修譜乞余爲序予閱胡氏世繫其遷績始自胡里之延進公延進公者婺人也從劉光義平蜀有功令績溪晉秩唐中王賜籍於績從而家焉而是譜之修必上溯於唐之昌翼公公本昭宗子冒臣胡常侍姓匿於婺之考川避朱温亂也延進公乃其冢子改李爲胡實始於公則與陳胡公之後漢之廣晉之威唐之杲諸君子本不相涉而其源清矣再由胡里龍塘龍井楊林而他遷者不可更僕其附近而確有可稽者族雖單微必

爲註明本末表章前蹟示不遺也若他族之本不同祖者雖奕葉簪纓不肯妄牛枝節以相附會而其流潔矣按家譜之作歐蘇最著蘇氏則寓宗法於譜法之中自高祖而上高祖之義遂遷凡五世以降族人則又別自爲譜而未免於畧歐氏辨源見流采史記表鄭氏詩譜之例其圖始高祖迄元孫爲五世而上五世之元孫即爲下五世之高祖蟬聯而下譜世增而不世變九族之親備焉今胡氏譜法大率宗歐其規條之縝密筆削之謹嚴以示勸懲維風教居然爲一家法美矣善矣曾何忝唐宋故舊家聲耶現今紳士碁布書香絡繹果有能克自振拔又安知無陳胡公之後理學名臣與璦銓諸公爭烈者乎則是舉也闡揚先德引翼後賢於是乎在渠止於尊祖敬宗收族之文具云爾哉予故不辭而綴數語於譜首

贈中王歸隱詩　　學士　竇儀

隴西季運恨遭窮炎鼎曹移海内昏忠節氷霜寒冦胆陣圖貔虎壯邊屯親恩地厚深慚負國賊天同直欲吞仇恨已消尋舊隱月巖高卧半窗雲

侍讀　呂文仲

轉日回天戟獨揮乾坤重整在今時秦仇若早降劉劍韓相應無擊浪椎寸舌幸能師帝業一編端不負心期白雲回首鄉心切莫遺皇華後路追

展中王墓　　胡里派十三世孫太守　天瑞

天北風狂起戰塵王孫南避出神京擊秦義膽終身憤佐漢天戈四海平荒塚淒迷埋晉恨斷流嗚咽訴韓情年年雨露多悲感一奠椒漿淚暗傾

胡里派十三世孫通判　天啟

乾坤流寓幾經霜萬里干戈欲再唐火廢東周欣晉復龍扶西漢爲韓亡恩纔鐵券追王李氏已仙松不姓張千載孝思揮淚處斷雲荒塚卧殘陽

胡里派十四世孫樞密　思誠　元質

故宮今日黍離離一夜關情一度悲楚憤欲伸秦帥乞韓恩圖報漢籌施孤忠萬古光中月完節千年口似碑愁海不禁何處是斜陽芳草斷腸時

胡里派十四世孫秘撰　應明

匹馬侵晨拜墓間漫漫正氣藹林端秦仇天共期先滅漢鼎奸遺誓早還萬古綱常山岳重百年志節斗牛寒哀施地墜應無已歲歲蒸嘗永不刊

胡里派十四世孫徽制　應輝

蜀未興劉表共依時艱甯忍顧多違雲淒雨泣山河碎木落風波世事非壯志一生仇誓滅眞忠千古日爭輝空山幾度長流淚世恨漫漫積九嶷

毗陵　裔孫樞密　宿

遥持使節抵徽陽烏鳥私情戀故鄉恨積誓天生罔戴恩銜封裔死難忘江河遠派思宗海風木淒懷泣奠觴回首毘陵專思切白雲終日水天長

胡里派十五世孫將仕郎　儼　景望

仇欲雄吞志豈卑血駒惆悵未逢時山青不壯南行邑雲白空長北顧思啇豆歸周因子抱楚歌泣漢爲韓悲胡川謾訝三閭操萬淚春秋滴水涯

上川明經胡氏宗譜下卷之下

拾遺

天不能無歲差贏縮卽不能不置閏地不能無華離甌脫卽不能不制堘庸故贏朒離脫者天地之經之遺也而閏與堘庸則拾其遺也以書契論易爲最古乃繫易者識遺補賸亦卽掇其迺於雜卦循襲于後而乙部之書雜録更繁稽彼義法則蕞脞之言要何害載筆家之傳麗耶且吾族自始遷以來歷二十五世六百餘年之久存殁計無慮億萬聚處今尚四五百戸村地面積亦可四三方里事故不爲不緐賾矣譜雖有世表以定親尊傳記以垂法則然而孝子不匱舉凡釣游之蹟家衖之傳畸說瑣談苟繫宗邦未嘗不爲起敬起孝者一助昔景王譏忘祖典錢氏書撰舊聞一輊一軒已然前鑒是則纂諜乘者固非僅

區區序昭穆揚世德焉明矣顧木生也晚不獲盡撰杖侍諸前輩又粵氛以後家世簿籍都已蕩失永懷宗府良用憮然雖間就花樹豆棚以耳作目兼參身歷要不過存十一于千百耳緬維識遺數典之義輒復執筆詮次坿諸存舊之後此物此志固亦左氏謂歸餘於終者也作拾遺一卷

乾隆修譜特雖係中王派下各村同修今以敬堂公之跋考之實吾族擔任其責其時若兆偕應萃應汴應蒞應進應珉應璿若海應涵雲與及作霖諸公皆與修理譜系蓋吾族在譜局者實倍蓰胡里龍塘等族而敬堂公又任纂修事故其跋云然光緒初衆議續修譜乘令各廳自爲續理系表維時在事者前門及積慶堂敦和堂凝和堂之系爲鐵花公修理其順堂之系爲貞仁公貞松公修理敦復堂之系爲步瀛勤齋心齋仲瑩諸公及書甫兄修理後

譜事雖未果而各系表均犄就緒此次重修譜牒所有同治以前
之世系猶賴其稿爲藍本故說者謂光緒初理系譜諸公實大輅
之椎輪爰揭其名於此亦所謂春秋善善之意焉
乾隆譜於吾族始遷祖以下諸府君均未載生卒年月近見族人
追遠譜中乃咸有之未知可確信否或謂從胡里道光續修譜錄
出然胡里譜何以載吾族支祖恐其說猶未盡然故族中雖家載
諸府君誕忌而譜中仍未敢闌入姑具載於此以質後之博雅者
七二公生宋乾道癸巳二月初二寅時歿嘉定壬申正月十五亥
時春秋四十歲千公生嘉定壬申九月初八午時貴一公生端平
丙申正月初一辰時福孫公生咸湻甲戌九月十六丑時
楊林舊有宗祠在東平廟之前坐東南朝西北頹廢已久其基今
已成田屬吾族祠中故老乃謂楊林祠爲吾族初建之祠後以形

家者言始遷營今祠其說頗失實盖楊林祠自爲始遷楊林祖之祠今祠自爲始遷上川祖之祠第楊林今無他族卽謂其祠亦吾族之祠也亦可

吾族宗祠剏建於萬歷間道光十三年更折而構造之始終七年乃蕆事是爲舊祠未幾粤人一炬頓成焦土同治間重建迄光緒丙子落成卽今祠也模式頗與舊異舊祠正寢東爲能幹室爲配享能幹室正寢西爲必先室（舊謂旁親爲必先不審何義今其順堂猶仍之）爲酒醴室今則東改爲旁親男室西改爲旁親女室舊祠寢室有三階今則東西階畧廣於舊而無中階舊祠中堂兩廊不納主今則東西廊有彰善酬勞兩室惟門楣及正寢制度今舊兩祠相彷彿然聞今祠竣工時鐵花先生考定家禮通禮弁會典諸制正寢分立高曾祖禰四室遞爲遷祧後以族丁持議不合復改遵舊祠原式

其詳見鐵花重改寢室記中惟四室制雖改而祠祭猶設四席今尙不易

家祠之制始唐王珪自是人始各能伸追遠之意後儒乃執庶人無廟之說輒相詆諆抑知王道本人情禮有殺于古厚于今者從其厚可也吾族向隆斯制宗祠而外有篤慶堂敬公祠也俗稱後門老屋其順堂景惠公祠也俗稱二分廳敦復堂景恩公祠也俗稱六分廳餘慶堂永東公祠也敦和堂兆孔公祠也以上各祠均祔主不祔主者則永夏公派有繼述堂元遐公派有壽傳堂文韶公派有作求堂志良公派有凝和堂志球公派有思濟堂志仁公派有有裕堂又永秋公派亦有義和堂在黃蘗山廳祠林立蓋古人合族返本之制吾族固庶幾近之矣

舊佛宗公亦有祠謂之前門老屋邇來僅存頹垣而普仁公派有

積慶堂玄鎮公派有敦厚堂在常溪之濱今亦蕩無遺址予嘗疑舊譜二門四分七房之別類由並建支祠而起又往時水曲溝有玄相公祠元美公亦有祠在下碓遭刼以後咸鞠爲茂草可惜也始遷祖上莊府君二諱皆數目字其以下數世之諱亦多類此木按俞樾春在堂隨筆中引德清蔡氏家譜有前輩書小字一行云元制民無職者不得取名止以行第及父母年齒合制爲名此制於元史無徵然證以明太祖所稱先世之名正是如此其爲元時令甲無疑見在紹興鄉閭頗有以數目字爲名者如夫年二十三婦年二十二合爲四十五生子卽名四五或名五九五九四十五也又洪邁夷堅志載陽武四將軍事云訪漁之家無有知之者亦不曾詢其姓第按言姓第不言姓名疑宋時里巷之民亦無名也上莊府君並以下數世猶在宋時其爲此制固無疑然予謂俞言

上海圖書館藏珍稀名人家譜叢刊

則未盡萬石君之子以甲乙名其後賀八劉四之類更難枚數蓋
自漢而後已久有此制矣

景惠公初葬下井山萬歷中乃改葬綱窑頭即乾隆譜所謂將軍踏弩形是也聞遷葬時掘得骷髏數節鏽鐵胄一具始知前此已有葬者然穴已啟計無復之乃移葬骷髏於穴前左數笏地并祝之曰君讓地於吾祖今而後祀吾祖請先推食君以永享萬斯年故今日展景惠公墓者必先具麥飯寓錢祀左偏蓋不忘所自且亦不令若敖氏獨餒於泉臺也

永秋公始耕黄蘗山時晝出夕歸數十里若戸庭説者謂其孺人常晡後臨牕遠眺每見公歸有雙燈前導率以爲常一夕忽失燈孺人怪之比公歸便具道所以且曰君頃作事得毋有欺心者乎不然不失燈也公瞿然頓憶道中曾爲再醮立劑者作一字嗜曰

將毋是耶急返删之於是孺人見其復歸則燈仍如故矣未曾憶昔人傳記載段文昌夜行有雙燭前引又劉沔月黑捉生有雙燭炤之之說或此事亦不盡誣也舊又傳公前身實虎星之精又有駈鹿怪一事恐更屬齊東之言不復贅

明社旣屋後遺民猶時舉義旗順康之際南方郡縣朝秦暮楚故爲之吏者旅進旅退類多不率官箴相傳是時旌德令某以酷聞會元葵公以事道旌聞逆旅中有嫗哭甚哀公就詢之悉其夫與子被令陷害事公旣稔令惡至是髮頓指乃僞爲廵方也使者抵令署按諸貪虐狀辭具服於是勒令還省行次翁嶺公復自計曰如此憒憒何足臨民吾甯使彼一家哭不可更使逆旅哭矣卽手刃令而歸此事父老頗嘖嘖予於旌志向雖觕涉然未及究此不悉亦載其崖略否世傳公之軼事頗多意公爲人固負氣而好任

俠者歟
文歡公喜佛法樂施與嘗捐金造觀世音釋迦地藏諸佛金身供奉慈善菴之樓采薇子時寓吾鄉有觀世音像記蓋爲公作也采薇子者勝國遺民不以名貫傳蓋即八大山人畫網巾先生之流鼎革後避地吾鄉授徒邑誌畧載其人然世殊尠知者予常溪璪談申曾詳著之往時父老謂吾族文風實開自采薇子幼時過庭亦聞此語意者祝三爾標爾光爾璧諸公固嘗受業於其門耶
應芝公已列學林其曾孫槐卿又述公一事言公於知非後曾因病夢至一處儼如世所傳森羅殿狀殿上一王者瞽靚公稽籍似謂勾卒之誤因温語遣公且曰而至此亦大不易宜俾而一靚冥獄庶而傳語世人好猛省也已而有卒導觀各處卒以公苦眼眚就取眸子一篋置公前囑公自擇公取其光滑者易之覺後眼光

頓明於昔囬念夢中游境亙用惴惴於是施盂飯紙馬爲度孤之舉終其身弁令子孫毋輟也尋謂本朝精內典者如袁簡齋紀曉嵐王禹卿諸公於釋氏第取因果二字爲稍近理餘如九幽六道等說咸斥其無稽自屬確論況歐化東漸凡荒誕學說更在屏放之例槐卿前居停尋家喋喋善口人方之談天衍是事也其然豈其然乎

應正公未婚妻程氏貞孝已見列女孺人小字鴉頭故至今談奇節者無不曰鴉頭姑或稱圈帽姑以孺人來歸時尚垂髫常戴劉海圈帽故也又父老嘗述吾鄉一帶司麻痘之神實爲孺人相傳孺人歿後有五都某甲之孩患麻痘氣息僅屬衆揣其必死藉草置小籃中既而有嫗欵其門自言上莊人索孩診視因摩挱而推挲之隨手竟愈顧嫗亦辭去其家感再生恩次日具禮踵門酬謝

而在吾村詢訪數日杳無嘔耗族人有詰其狀者則言之歷歷所談乃與孺人貌殊無異於是眾咸齚舌歎咤不已孺人成神語蓋本此其說雖誕然亦足見孺人之節行久爲人企仰也

贊廷卯君庭三諸先生皆以詩文著乾嘉間族人於斯爲盛同時邑中諸名士如章廷炯廷獻曹文正文在胡匡衷皆與往來莫逆爲文字之交曹有懷胡贊廷同年句云嗟我牢騷同落魄羨君骯髒足高歌亦極傾倒贊廷詩集爲章廷炯校定然今弁所著麗夫隨筆均不傳卯君庭三亦無成書行世殊可惜也

木本生曾祖景棠公已見善行公性平易內無城府外無崖岸人多樂就之公小字五興時有排難解紛賴三興之謡盖謂公與臨川公弁敦復堂派某公也道光中公爲祠司事時族中械鬭之風頗甚公周旋婉導無不感服既而期滿當受代族眾請留公不可

眾曰微公吾輩自此多事矣公若以成例爲嫌必受代則令族眾署狀更舉公可乎於是公不得已更爲祠司事如初故至今舉司祠事者有耆衿簽名舉管約此例實自公始也

錫森公妻馮孺人殉烈事略時猶聞人道之聞程季常武斷一鄉固虎而冠者逆知孺人之姑懦孺人又一弱女子以爲必亦讋其威不能抗故方嗾人餂誘夜分復率羣小爲擄刼之舉殊不意孺人之遽以身殉也孺人既身殉其後程姓被罪者絞一人流三人徒十八人而吾族持訟事者聞達章公與有力焉子和叔祖又有馮烈婦行云皓皓山頭石清清井中水冰凍石不泐風定波不起烈婦懼爲強暴汚閉門慷慨投繯死　烈婦誰姓馮氏家住楊林西貞靜聞鄉里十八賦于歸殷勤相夫子蚤歲悲黃鵠無兒竟何恃一心矢志獨守貞孝奉姑嫜藉十指　程家豪惡名季常魚肉

鄰里如虎狼董卓窺見皇甫室挽媒來說徒誇張一說婦不移再說婦色變忽然色膽大如天遂爾逞強來威逼　暮夜無人知破扉入其室糾率衆羽黨恃强負之出婦號一何哀豪惡一何狂鄰右羣驚起械鬬在道旁惡黨走且奔相顧皆倉踉　婦號歸室不住被橫辱將誰訴飲鴆鴆何有投波又難步三尺布帛竟懸梁脫身遽赴黃泉路　里人爲不平相率訟之官官符旁午緝捕急惡黨聞之心膽寒逼孀改適律有禁按律懲治焉能寬一紱三軍十八徒天網恢恢漏也難　九重天子褒貞烈　詔許建坊光綽楔峨峨亘與竦峰齊萬古千秋不磨滅至此迢迢七十年久聞父老相流傳我爲作詩表其事行看載入采風編

村東有石橋跨常溪曰楊林汪士鐸記績溪山水所謂楊林橋風景絕佳者也先是鐵花公官臺灣時嘗夢至楊林橋南忽覩層樓

訝非往昔所有拾級躡屣登之見樓上無他物惟張楹帖云忠臣烈婦皆千古月色溪聲共一樓醒而異之是時倭氛甚惡而公元配馮淑人前殉粵寇之難公每以夢境語人意殊不懌已而割臺議定公內渡竟卒於廈門厥後公子買橋南地欲如夢境造之并懸此聯而祀公夫婦其中以人事卒卒至今尚因循未果也

吾族自十三世以前經商者頗少其後則文諫公於閩兆孔公於上海漢三先生於廣其商業皆焜燿一時逮道咸間端齋公起遂以開文墨業名天下同時族人列肆上海者又有萬字招十三肆皆兆孔公派也鼎字招九肆皆志俊公派也而餘派亦稱是同光之際則上海有貞海公之鼎茂玉庭公之萬生瑞貞春公之松茂南京有方楷公之恒有三溪有先猷父蔭林公之景隆跗鄂相銜業並素封故族遂以善賈名然邇來亦少陵夷矣向所著者今或

似落落晨星後起亦尠第上海瑞生和耳當商業發達之日而吾族反退遜於前此則何歟故著興替之概願與族人共勉之又吾族旅食者以上海一帶爲最多率常數百人聞始商上海者卽兆孔公然則今滬地族僑宜祀公爲哥侖布矣

近頒學制凡圖畫醫藥之事皆列學科而譜中學林一門則於族人之善此者猶未闌入蓋以從前醫畫範圍小與今異且學林所列率有籍於官故不敢以此亂其例也惟將來教育普及圖畫醫藥之術定階學堂後之續修自不妨著録今則姑就所見聞者筆之於此康雍乾間逸莊先生旣以績學著而舊譜又言兆仲公亦工醫著有心録稿今其書已佚兆侃公則工畫蓋先生諸昆從其各自競以學如此猗歟盛哉後族中有半塘公亦以畫名醫則又有兆璠公錫璧公亦見舊譜此外故老無徵不知擅其學者復有

幾人晚近以來則心齋先生亦知醫然非專門專於醫者韵生月如禹臣數人而已畫則尤不數覯今惟國賓兄雅喜撇蘭閒作他畫亦露蒼勁而元首公派又有穉巖者旅休甯開其狀花卉羽毛之屬特工請潤筆者相錯然予故未見其畫殊不能品隲也其他藝術如形家則以爾遵公爲最且後裔世其學其曾孫從先公又兼通星家言能占風雨筮時日焉餘若德方德茂二公并畫山先生與近之金正等均亦喜講青烏而予僚壻遜之更擅其術自言讀堪輿書可百餘部云又澤數族祖能推命蓋族中此學尤夥然大都自鄶以下矣又予季父芹之公特喜姑布子卿之術予則謂自醫畫以下各藝類屬荒渺無裨世用適足長迷信之風後之子姓雖不學可也

吾邑自汪節以勇力著於唐後其風頗盛秀水高孝本續溪雜感

詩中乃詳著而痛斥之未知彼時吾族亦爾否然拳勇二字始於詩經韓退之文亦有勾卒贏越之術是古人未嘗不重此特視習之者如何耳父老數言吾族在乾嘉道間頗有以斯技名者若庭三德瑆德喜采章灶有仁德德炳觀旺諸公其尤著也聞德瑆力能舉階石而觀旺揮拳所向墻墉為穿其勇鷙蓋出天授德炳公則予及見之恂恂如不能言見者莫知為拳勇云

予曾祖景棠公雅重士類有知人鑒道光中公嘗自吳貿茶返會旌德呂文節公賢基以假歸自京師儎公舟一見如舊公語人曰今天下雖無事然如呂君者其必以忠義著矣文節故清素既歸幾不能家時公已營別業三溪近其居几器用財賄之屬相逼也已而文節命其季賢城與蔭林公申婚約焉曰胡公長者其援繫之蓋其見重如此然文節後以粵寇之難竟授命舒城公前所稱

忠義之言果驗

明馮從吾作馮氏族譜有外傳蓋以處母黨并女之出嫁者予謂譜與國史體裁各殊外傳自可不必惟見聞所及有奇蹟媺行卓絕一時者固亦不可湮沒因附著於此以諗來哲按桐城方宗誠柏堂文集有程烈婦傳云烈婦姓胡氏績溪人父雲衢太學生年十八歸于程夫曰光輔是時粤逆常竄擾徽州光輔從父兄避居安慶旋遷金陵習賈未幾兩兄病卒受父命復肄業詩書婦事舅謹日勉夫勤學以纘兩兄之緒敬兩姒少寡守節家事煩碎多一身任之不以爲勞同治六年光輔歸徽州應童子試入縣學返寓染痁疾誤食方藥疾革謂婦曰爾將何依對曰君必不死我生死當與君相依耳婦侍疾夜不解帶日惟飲薄糜及夫卒遂絕食飲泣拜舅前自謂婦不孝不能終舅養年少無嗣遇世變恐爲舅累

故既以死許吾夫矣惟願得舅一言以夫伯兄光國第三子爲夫後婦死無恨家人驚悼延戚里泣勸再三婦答曰吾旣許吾夫義不食吾言也時天溽暑人不堪婦渴餓靜默容節如平常將卒前二日沐浴更衣拜夫主訖復拜辭祖宗及舅轉拜兩姒託以善養撫孤自是遂閉目不語七月六日亥時卒年二十一自絕粒至卒凡六日室中時覺異香濆溢久之始散云安徽江蘇兩省人士聞之咸敬異旣往吊旋以狀請爵相曾公爲特奏聞於　朝得旌按烈婦字品霞爲錫環公之女烈行震動一時其時名流如上元梅紹箕江甯汪士鐸瑞安孫衣言海甯李善蘭德清戴望臨川李聯琇均有詩文紀其事詳見程氏旌表烈婦錄

又榮星公女字月仙歸余村汪君立樹未婚而汪客死因矢志不嫁節行爲遠近所欽宣統庚戌年六十三乃卒卒後吾族致齋致

奠予又效徐庾體爲之傳云旌表貞孝胡氏邑庠生如斗之女也得天獨厚生具異資寢地以還事多媺行云絃辨出知焦桐入耳之聲大雪吟來擬飛絮因風之狀木蘭織常當戶玉環生可作楣故謝傅多情偏憐少女乃左嬌陟屺尚在稚齡咏有女之如雲嘆無母兮何恃爰是年裁易齒媒即問名洎雁采既行遂鸞軿速駕蓋其歸于汪也身雖出閤婚尚待年見此良人且緩畫眉筆墨未爲新婦已調洗手羹湯事姑闈而著孝聲睦築里而烝和氣方謂佳期諏定好擬百年何圖噩夢驚來變生一旦以甯馨之次道患消渴於文園夢斷藁砧撤瑟遥傳逆旅望空花燭鼓琴永絕倡隨而貞女恥作未亡期在必死廹以慈親泣諭加之眾戚哀留不得己因義及情守貞以孝援武王之載木主權共結禰比共姜之賦柏舟誓深截髮當其帷堂以哭露紛而從憫得孤棲對靈衣而舉

案相依共命恃養息以應門寡女千絲聲聲悲調湘妃蘐竹滴滴淚痕況乎產屬中八炊難巧婦蘋蘩不備胼胝奚辭以故孟家之井臼親操并州之剪刀頻舉牽蘿補屋淒涼子美之詩剜肉醫瘡慘淡東中之咏至若二月絲與五月穀尤多三更火而五更鷄㴱辛苦於丁年每未眠而申旦一月得四十五日此語何輸畢生之六十三齡其勤不懈事殊共覯志益可悲而乃徧歷艱辛心盡九柯十匠偏多舛午日逢五角六張蓋頁螟子以雙祧遂吐繭絲而自縛愛河已竭貪壑難填終使尉號摸金書翻胠篋人而無恥命也如何於是返璧趙庭還珠合浦仲愼仍歸諸葛宏微獨嗣壽萱扳彼眼釘開吾眉鑠自茲以後汔得少休然而燭淚雖乾是成灰之候春絲既盡卽將死之時蔗境未嘗蓬山已召烏虖傷矣特是閨闈乃風化之始節義爲治世所褒名教尙存實賴堅持之操入

心未死久欽不字之貞是則貞女謚盡柔腸縱劬勞於卌載而宗全夙志足炳勛於千秋敢播芳規用貽來禩同時族中學界又各搦管濡毫作聯弔輓予作宗祠輓聯云小娥豈願以貞名乎但赤繩已繫卽白璧難汚五十年辛苦備嘗是孝子忠臣莫奈何之事大家竟從茲仙去矣念女節既完實母宗所仰千萬戸馨香敬獻統二門六分皆相率而來厚生叔聯云百年既訂一諾難渝未婚妻本未亡人項脊生尙昧此旨志矢龍憐教勤螟嗣爲貞女更爲賢母中壘尉應傳遺型書甫兄聯云奇節攷金閨取投繯墜嶺絕粒引刀試較之操懍冰霜安勉終成霄壤隔芳魂歸玉府看耀族榮宗型方訓俗端賴此光爭日月姓名總覺古今香又代某輓聯云六禮早成盟最難堪六珈未御六牖銜哀六秩守登三六月泉臺見夫壻一棺今永蓋知歷盡一世淒風一生苦雨一心貞不二

一天冰雪作肝腸夘山師聯云在昔最淒涼劇憐笄戴麻髽糙催繐帳當前卽印證且看竹峰明月常水清流子和叔祖聯云嚴霜烈日有千秋最難堪雁幣纔交鵾絃未鼓玉骨冰肌寒六月依舊是釵鸞復合鳳鏡重圓

又達章公有女名嫻者歸旺山石姓家不中資而女以婉嫕勤儉聞久之其夫卒自念又無子息因卽絕粒不食以殉遠近咸欽其貞烈焉

元首公派有涵卿者爲予諸昆行亦善堪輿憶昔在休有留別涵卿詩曰抵掌氣如虹天眞爛熳同銜杯稱李相察地是楊公塵世掀髯笑雲山具眼通何當重聚首跋涉共扶筇可以見其人矣

遺像蓋創於秦漢間所謂音容常在肸蠁如聞令見者忽生孝弟之心亦禮之善物也吾族此制最尙歲時誕日則奉安先容於堂

璧晨昏享祀一如逮存者其無眞容則繪數木主旁綴景物而題
先諱於主位亦於堂張之然不若像眞容者多舊傳明經府君中
王府君安撫府君佛宗公滿宗公景惠公玄鎭公昆仲及玄儒公
父老謂玄相公之容實冠方巾元美公志柏公志良公往時咸有遺容自道
咸以來膠絹都歸水火可惜也今族衆所藏先容雖多而具漢官
威儀者但存永昌公元退公兩軸吉光片羽致足寶貴矣
族衆祭先率焚紙角紙角者餬紙爲袋緘以紙薄而外書其祖諱
與己名若函扎狀凡清明小年及誕忌時薦皆用之舊宗祠分至
二祭亦用此光緒初鐵花以其鄙陋且煩第焚錫薄與紙然各廳
祀事則猶襲用至今
族人稱祖先率曰某府君或無後而長老乃卒者人稱之亦然若
稱長中殤則爲官人無服殤則爲朝奉予按顧炎武日知錄中府

君爲漢人太守之稱官人則南人所以稱士人者又唐時凡有官者方得稱官人若朝奉之名則自宋人之朝奉郎職官名始又趙吉士寄園寄所寄中謂明太祖以之稱吾徽人者故至今有徽州朝奉之語吾族率稱此等名詞未免不典且以老幼分別亦無意義然禮從宜使從俗況吾邑各鄉類皆如此姑仍其舊可也

吾族祀産最多自宗祠支廳下逮近代各家無不畢有每清明時派下集子姓展塋兆具粢盛焚紙錢乃計産所入孫子餕其餘焉其子姓展墓以景惠公元當公爲盛率常百數十人二公胙較豐故也然予謂産入有限而子姓日衆不如敦復堂僅頒耆衿之胙可持久遠又其順堂每届清明子孫有初成丁者例必納爆竹如干數於夜餕時即廳前燃爇響雷鞺鞳煙焰驀騰相傳倫貞馮孺人生前喜此故祀時以此侑之亦嗜芰掛劍之意也

其非祀產而亦爲公眾所有者則惟會產會之名吾族亦多其間若禁山會牛會茶會文會於民生固爲有裨而社會度孤會太子會觀音關帝汪公等會則不第虛牝金錢且於迷信侈靡之風實階之厲高孝本績溪雜感詩有云獨當祈賽時比戶輸金銀或持赤白旛逐疫遶城闉或云迎太子儀仗亦繽紛翦綵作故事花燈極鮮新總爲巫覡惑入蜡義不聞儆賦任悉索一會費千緡爲賽神會發也而吾族邇來太子賽會尤極豪舉有非高詩所能彷彿萬一者此村眾所以彫敝也社會則濫觴於宋羅願新安志中謂蘇文定公轍謫令吾邑與民相從爲社民甚樂之其後里中輒社輾轉益廣髫時聞舊有鄉諺云一年三次鬧兩社一清明然則其弊亦可想見今雖其風少戢然予謂會眾能各以會所入作救貧救荒興學諸事祀產多者其子孫亦量舉辦則非特無損抑更有

益惜乎積習之不破也

羅願新安志載績溪爲鄉十而縣西得其三爲里二十有六而縣西得其九蕭山縣志謂元初改鄉爲都改里爲圖於是舊鄉里名遂不復稱今惟僧道醮疏中尚沿襲用之蓋亦餼羊之僅存者然其名吾村以修仁鄉守節里是則未免循名而失實不可不辨蓋嘗攷之縣西三鄉新華鄉當得今四都與下五都之地楊山鄉當爲今上五都與六都之地而修仁鄉則爲吾七入兩都羅志於興福院屬之守節里是守節爲今七都地明甚第未卜吾村於常溪歸善兩里果何屬耳然予謂雖無實據而吾村瀕於常水即以常溪名於古當無不合者自康熙以來縣府各志於唐宋鄉里名稱均未確證今附此條知考古者所不能廢也

楊林橋之側有廟額曰溪口南園社爲右屏先生所書蓋以祀社

也社之名其來最古然有二義管子方六里名之曰社又史記孔子世家索隱曰二十五家爲社大率社即鄉里之名號而里社有祀則自漢書高祖禱豐枌榆社始今吾鄉一帶一村必有一社廟族衆常於三元中和小年諸節及生日咸詣享祀然南團之名則不知何自取義□子和族祖謂古社皆爲壇以祀予按韓退之文猶言社祭土句龍佐享其位所不屋而壇是則唐時里社尚以壇祀不知何時乃改屋也

楊林橋蓋剏建於明代而重修於康熙之季爾璧先生有重修楊林橋記今碑刻猶勒社廟後其文規橅醉翁亭記頗失之優孟故考文者向未著錄又舊傳橋下有龍潭往時歙東禱雨者皆於此取水云

吾村舊傳有朱氏楊氏鄧氏數族遞嬗居此光緒初年鄧氏子姓

尙有存者故老又傳鄧氏有香火堂在十字街一帶而今則亡矣
子和先生嘗得綱鑑殘本上題天啟二年鄧藎之藏蓋鄧之族在
明時猶有能讀書者若朱楊二姓聞尤先鄧居此其時代已不可
攷然志乘於此數姓均尠著列想聚處固未蕃碩歟
吾族在嘉道時人可五六千居戶鱗次東連下碓楊林南西盡常
溪北瀕後岸吾家向亦居下碓洎楚玉公乃遷祠衖老宅然居下
碓者維時尙多自道光丁酉丁未疊發大水戶口漂歿繼經粵寇
族人逃亡者十七八居室亦大半遭燬邇來雖生養經營四五十
年於茲而四郊猶多殘址遠不如嘉道時矣
宗祠楹聯昔人競傳溧陽史氏武進莊氏崑山徐氏爲最均見梁
章鉅楹聯叢話然予謂亦數族簪纓特盛故詞易名貴耳吾祠楹
何在兵燹前無論矣今所張者皆光緒初所作率誥誡敎勉之語

寢室膴楹云訓俗始鄉隅孝友睦姻任卹明經紹家學易書詩禮春秋爲曙樓先生所書堂皇云五百年敎沐新安家禮稟成編俎豆馨香先正範四十世派延唐室明經始受姓詩書遺澤後昆賢爲翰林院編修廣東學政興化劉熙載譔書出聯云云葢美吾族祭用家禮也又家法重名門知孝弟本爲人瑞官箴在經術惟賢才可濟時艱爲湖南巡撫督辦甯古塔軍務吳縣吳大澂撰篆又尊祖故敬宗損貲伊川紫陽諸書足成典禮明經須講學傳註春秋通鑑而外別自名家爲臺灣分巡道吳縣顧肇熙撰書又卌一世派演明經惟子子孫孫永矢敬恭勿忘祖德宗功迄今日聿新堂構千餘人時來習禮胥親親長長咸敦孝悌端賴父詔兄勉期後昆大振門楣爲雲間何秋士孝廉瑾譔八分書又堂皇屛門光緒初就槧　仁廟聖諭十六條於其上其字則祥鐸公筆也

又宗族稱孝鄉黨稱弟作事可法德義可尊彰善室聯也其額爲
一鄉善士又我心匪石不可轉也雖則如荼惟其忍之節孝室聯
也額云巾幗完人又足以當大事爲其賢也此謂爲仁人不亦重
乎酬勞室聯也額字乃惠於宗公並爲曙樓先生所書
各支祠廳亦多有聯然惟其順堂鏤以木質髹以金漆寢室云奉
先思孝明德惟馨堂屏云其無逸禮耕義種勿助勿忘順乎親兄
友弟恭盡倫盡性均集經語並爲湘舲先生所書又屏列竹峰秀
氣擢四門枝葉帶環揚水榮光綿百代簪纓爲安徽學政仁和洗
祖懋撰書其云揚水者頗失考蓋常水下游與登水徽溪合乃爲
揚之水此則當作常水又云廟貌森嚴百世簪纓永聚人文丕煥
四房枝葉齊榮爲四川綦江縣知縣胡里宗人大爚譔書而未署
欵前楹云七葉分榮立廟與竦山並峙一門衍慶奉先偕常水長

流則錫煥公篆書又隸書一聯和氣致休祥百世簪纓綿德澤豐年多黍稌四房孫子奉明禋其篤慶堂與各廳楹帖率書以色箋歲時更換不可億計其尤者如篤慶堂云篤守前休詩禮相傳家之寶慶垂後裔孫曾克庇世其昌乃月如作敦復堂云率性自敦倫須知弟友子臣不是虛存名目爲仁由復禮即此視聽言動亦有實在工夫爲鐵花作繼述堂云繼士農工賈之薪傳敦崇本業述孝弟忠信之美德垂訓後人又繼勤儉温恭其不忒述典謨訓誥永無愆均書甫作作求堂有舊聯云作德裕孫謀一本七枝並茂求仁繩祖武千秋萬派流光予家敬義堂亦擬集經句云敬其所尊入則孝義以方外居之安

祠中扁額爲貞大公所書者堂則叙倫堂寢則奉先思孝與前門胡氏宗祠三額閒書胡氏宗祠時倉卒付髹者未遑抉擇故筆法

以此額爲殿後鐵花兄宦游東省時曾請吳大澂督部篆書四字
筆力遒勁司事者擬更易之卒卒未果也今第摹其本藏祠中又
寢樓上有額曰木本水源欵題晦翁旁有小印曰東軒蓋朱子所
作者其卷向藏清華塘方氏光緒初鐵花借槧懸之他如文會所
篤慶堂餘慶堂敦和堂作求堂繼述堂類皆右屏先生手蹟凝和
堂欵題李穆堂先生敘其順堂則貞大公書也而堂之門景惠公
祠額與敦復堂景恩公祠數額其爲何人手筆今均無攷予嘗臆
測景恩公祠與敬公家祠額似爲一人手筆敦復堂額字亦相類
未審果否思濟堂額則畫山先生書畫山行草頗佳妙而此額則
殊未工然祠廳各匾額弁楹帖書法儘有夐絕者嘗與同人議擇
其尤仿攝影法縮小而以玻璃印勒附譜後則奇蹟永傳未始非
一美舉惜費殊繁大惟有殷企後哲以成此志耳

吾族僻處山陬田疇狹少惟服農力穡乃可自立道咸之間子姓既蕃近村一二十里無不闢墾種黍植茶殆鮮曠土自經兵燹山野荒蕪邇來雖稍稍開拓然視前特僅十一二耳

兵燹以來向之所謂書屋家塾咸已蕩無遺址讀書者率安硯各支廳中其後先大父始築敬業書屋於常水之濱面山臨水致有幽趣玉亭公繼搆醉經軒於後村邊屋室庭榭視敬業爲備所藏書如通志堂學海堂及各經義疏類多詁經之編故以醉經名書甫兄嘗作軒中楹帖數對如云醉卧在陳編如與古人相對飲經腴多異味願偕後輩共加餐又醉翁之意不在酒經籍以外便無文皆極渾成其後嘉言公亦建來新書屋於十字街然僅屋三楹且近市多囂視前二軒未免瞠乎後矣

志珽公派錫長公性慷慨嗜義若渴賈虎林時會營兵以缺餉事

枝梧且釀成叵測矣公微聞其事卽傾囊出蓄積百五十金持詣營官以獻事得解公謂人曰吾儕以貿遷爲務卒有桴鼓其能安然無恙乎吾此舉非敢自謂急公實所以保生業也旣而有司高公義具以聞得優予議敘焉

予和族祖喜綱羅舊聞族中軼事最爲諳悉茲將其筆記數則繕錄於左以爲談族事者助焉

奇音孺人鄧氏爲玄鎭公德配墓在棧山下前向山田層疊如簾墓前有石如鈎蟠曲形家名金鈎轉簾相傳卽公之庄屋屋後有石筍日生鹽少許可供數人之食有石槽出水夏月取以飲豚可不病貲爲竦嶺鄉李姓居住僱之從不得適孺人歿卽將靈柩安厝屋內已而卜之大吉由是遂成孺人塚

文法公字爾遵墓在歙邑劉家坦先是公生本貧困以販米爲生

計常肩米往棧石出糶有老嫗貧甚日向公貸米以炊公不之吝
一日嫗病延公至其家備述病將不起貧無以償願將餘地書券
作抵公夙精地理相之果吉壤也乃營為窀穸遷葬其父元當公
母伍倫汪孺人孺人遺柩舁至石橋頭索斷重不可舉遂於石橋
頭卜兆葬焉厥後文法公暨孺人季氏皆祔葬劉家坦

亂前宗祠春冬二祭祭畢除耆紳餕餘外另有給胙之例有房胙
有產胙有班胙批屋入祠者謂之房胙批田入祠者謂之產胙年
七十以上叨受　皇恩者謂之班胙惟班胙則照受　皇恩次數
遞加均於是日按名頒發亂後此例遂廢

文詔公元配汪孺人生七子諸孫繞膝極含弄之樂一日孺人自
其親戚家回入村過木器店見木工製小棺一具云係其幼孫將
夭用以附身者孺人不之信至家而其幼孫果置筐中奄奄垂絕

矣孺人呼其名親抱之一撫而愈人謂孺人生存從不見家中破敗之事殆不誣歟

鄉人謂自來膂力過人能勝重任者必推文景公公爲建廈負梁木一株從山中歸因卸肩不慎擊傷一足醫不愈遂成跛臨殁謂子若孫曰爾輩脱遇困阨售此屋願留廳事以便歲終懸吾遺像是吾志也兵燹後遺像雖失其屋已轉售他派而廳事仍係其子孫己業里之人嘗指其梁相謂曰是昔文景公所負者也

舊譜載志松公字茂先父疾割股以進又兆材公妻曹氏于歸年幼會割股以療姑疾按志松公爲文法公父子兆材公妻又爲志松公之姪婦孝子孝婦出於一門里人咸嘖嘖稱之

又守璋公妻曹氏隨夫寓居上洋夫疾割股事見適之詩稿

應進公字從先讀書不求科舉專心研究奇門六壬地理之術兄

應超公嘗責之曰汝所學非所用何益乎公隨答曰今晚三更時有賊自後門邊牆挖壁盡傢之已而果然人傳兆孔公墓及天昶公等墓皆公手扦

村前石壩毀於乾隆末年鬨村前因改壩與村後人涉訟爾時建議必改者首推德壽公及天旭公德壽公名煥文富於資性尤慷慨一切用欵率其所甃壩賴以成道光戊子乙巳兩次水冲族人猶先後捐貲重修迨同治丁卯大水又被冲去比時祥峯公出資修砌上首十餘丈其下首百餘丈至今年深月久沙礫高擁而壩遂不可爲矣

粵匪之亂族人之殉難者不少卽婦女之罵賊不屈而死死最慘酷者亦何可勝計錫服公妻曹氏貞熙公妻曹氏婦姑罵賊同日捐軀已經裕巡撫會爵相詳奏請旌外此如貞春公妻汪氏貞和

公妻柯氏錫珽公妻江氏均先後殉烈貞春公妻錫琎公妻死時年均十七並未成婚至若天静公妻葉氏被賊擊斃於竦嶺德時公妻汪氏頸遭賊及米漿入口卽從脰出延數日死雁銅公妻王氏被縛於文會庭柱焚死皆其昭昭在人耳目者也

亂前宗祠寢室常有大蛇蟠伏其中往往有見之者每開祠門必先將手向門拍之蛇卽避去亂後建祠人於破瓦頽垣中見小骷髏一具疑卽蛇首云

萬歷間爲建祠與程姓搆訟任卿公之妻程孺人方新來歸卽慫恿公出持訟事案决後族人咸稱孺人明大義凡遇演戲外坦許公派安置婦女坐機兩排據舊祀譜文修公又批田兩秤爲祠坦

坦上各分祖墓均移於下井山獅子石永安橋等處

太子廟旁有貞孝坊大書故儒童應正未婚妻程氏卽吾族所謂

程貞女是也其節行已見列傳予嘗作貞女詩云九歲歸胡面所天相傳兩髩未垂肩傷心鸞鳳分飛日仍是他人在室年姑嫜終養入泉臺又痛階前玉樹摧食蓼茹荼偕寡媳百般苦況備嘗來冰清玉潔出塵囂天與遐齡偏後凋不使德門終乏嗣眼看蘭蕚竟承祧如此幽光合請旌柏舟彤管永留名巍巍華表今猶峙贏得行人拜女貞

祠東毓英文會爲志良公志珙公所創建鄉先輩譜稿謂作興文會者有立中公燮元公廷位公天篤公天漢公視公煦公佩紳公等但視公煦公佩紳公不審爲何派人何行輩老成不作斯亦無從進質耳府志學校謂毓英文會在上川祠東建於乾隆初年爲族中士子肄業之所歙人吳華孫題其堂曰聚星學師月有課兵後尚存有人猶記其聯云鍾毓聚精華文字直從黃絹寫奇英徵

磊落姓名行看碧紗籠光緒庚子因損壞太甚折去重建具載重

建毓英文會記

舊譜細註謂兆炳公妻柯孺人能以道義規公及殁族人稱之公

感其賢守義不娶後見兆炳公派某撰錫紹公行略謂公娶曹宜

人嫻靜寡言涉詩書工鍼黹潔滫瀡奉盤匜曲盡婦道殁年三十

二公感內助之賢誓不再娶此咸女子之佼佼者

村口太子廟側有皈善菴爲永巖公建毗連有文帝祠有關帝祠

有復古樓見前人手撰倡建文帝祠啟重修復古樓記髮逆之亂

頓遭一炬迄今垂五十年仍是一片荒土甚至舉其名人罕有知

者吁可慨也夫

吾族自三十六世以上均無一定排行祇以先取者爲主三十七

世以下始有天德錫貞祥洪恩毓善良等字使人一誦而知行輩

之次第然亦多有避其先世名諱用別字代者如志柏公派恩字用惠字代避貞字行諱也毓字用承字代避洪字行諱也志艮公派德字用章字代避志艮公諱也貞字用聖字代避天字行諱也文俊公派天字用士字代避天祥公諱也志赤公派貞字用承字代避德珍公諱也錫祥公派祥字用大字代避錫祥公諱也晉仁公派天字行改作國字元惠公派天字行改作士字德字行改作國字尤不勝枚舉

玄佺公諱位臨殁前一夕忽取筆自書其手曰安徽績溪入都上川胡某囑兒孫入殮時勿爲洗滌兒孫不解其故殁後數十餘年有一人來吾里云某處人生前卽公時兒輩已卽世孫曾等不之信旣而攘臂示人乃有文在手與公所書相同詢以來此何爲云欲自收骸骨外葬以福爾後耳孫曾輩不之許遂去聞公茲事毋

惑乎昔人有輪迴之說也

亂前村中有咸正堂即志良公派兆材公支廳也志良公派另有文武學堂在觀瀾閣下今爲其後嗣住宅又見前人序傳云上川綏翁延寻設帳於上川之竦雲書屋今則不知遺址何在滄桑一變門額不存言念及此真令人感慨係之矣

咸豐庚申二月髮逆竄擾北入都各鄉紳民結團自衛吾鄉則推咏芬公奎照公率團丁堵禦於中潭之三門亭惜團丁不知兵見賊騎直前衝突遂潰散是日吾鄉殉者六人元柏公派爲大慶公元當公派爲柏酷公元濳公派爲順五公元齡公派爲金發公仍二人則已無從稽攷後有知者當附錄之以誌死難之烈未幾而啄芬公與國賓公均以駡賊不屈同時遇害又是年邑令某公來入都邀仝程公履坦募集義勇玄金公派貞炳公應募充當什長

後竟被殺於旺川之新橋云

敬公家祠派下各戶集股置田立有清甯會田租所入爲臘祭先祖元旦祀神之用又有篤慶堂老清明頭租產雖微由宗祠司事人執管用以爲春冬二季祀費

吾鄉僻居翬嶺之西黄蘗山之麓亂前人煙繁密恒仰給於他邑偶遇凶歲覔食維艱然邇時尚義者甚衆每冬月間往往煮粥以啜飢者元當公派則有德壽公德淑公惠林公元首公派則有錫珍公錫環公錫烱公元齡公派則有四旺公錫治公方楷公德新公以上十餘家不僅仗義急公輸家佐族即論其邺貧濟困尤鄉人所稱道弗衰者也

上川明經胡氏宗譜末卷

領譜字號

天字號叙倫堂藏
地字號敦和堂領
元字號凝和堂領
黄字號其順堂領
宇字號敦復堂領
宙字號元柟公派貞璽公領
洪字號元祚公派天形公領
荒字號空
日字號元當公派天豝公眾領
月字號元當公派祥崑公領

盈字號元當公派祥蛟公領

昃字號元當公派祥甲公領

辰字號元當公派洪福領

宿字號元當公派貞懋領

列字號元科公派天祥公領

張字號元泗公派文旺公領

寒字號元泗公派貞金領

來字號元曜公派貞湘領

暑字號元首公派貞乾領

往字號元首公派祥泰公領

秋字號元首公派貞權公領

收字號元首公派祥淮領

冬字號元首公派祥善領

藏字號元首公派祥址公領

閏字號元首公派貞堤領

餘字號元首公派貞海公領

成字號元首公派祥棣領

歲字號元美公派錫禮貞翥合領

律字號元美公派錫印公錫祥公合領

呂字號元美公派貞雲公領

調字號元愷公派志朗公眾領

陽字號元慈公派祥佺領

雲字號元惠公派文護公眾領

騰字號元惠公派文熺公眾領

致字號元惠公派洪瑞公領
雨字號元惠公派貞水公領
露字號元惠公派祥瑞領
結字號元惠公派貞連領
爲字號元惠公派祥濟領
霜字號元惠公派貞春公領
金字號元惠公派錫炬公領
生字號元惠公派祥安領
麗字號元惇公派兆桂公來孫貞麗領
水字號元悛公派德潤公德益公合領
玉字號元遐公眾領
出字號元齡公派祥銓領

崑字號元齡公派錫啟公領

岡字號元齡公派貞錠公領

劍字號元齡公派貞全領

號字號元齡公派貞樹公領

巨字號元齡公派錫佐領

闕字號空

珠字號元齡公派貞森公領

稱字號元首公派洪宣領

夜字號元齡公派文韶公罳領

光字號

果字號

跋

古者重氏姓故有同姓異姓庶姓之別以天揖時揖土揖為之禮奠世繫辨昭穆史氏掌之自秦罷侯封而命氏別族之禮廢自魏入中原而中外之姓雜肰無辨隋唐而後官之譜局復沮不行由是世家寖迷其本始多而亡統遠而離宗棼棼肰不可勝原矣雖然有王者起

則合族返本之道舍譜諜其又何由耶吾族舊譜纂自乾隆中葉洎道光間與光緒初年又迭擬系稿獨惜紙劫之後道光稿已全佚而乾隆譜亦殘袠僅存數十年来族人士雖時以賡續相勸勉而一念年湮代遠事繁費窘之難又無不望之却步者邇遜之為宗祠筦理嘗語予曰茲事體大然光緒稿猶可徵也

有志竟成古人豈欺我哉有為者亦若是耳予與朗山皋九厚生等亟韙其言於是祠首節甫等因集子姓詢謀僉同遂以光緒戊申告廟開局洎宣統辛亥秋藏事時閱四載費可千緡計成族譜二十八卷其於古小史所領雖未知其何如然昭穆辨親疏明氏姓別庶孽遂復古人合族返本之道歟是役也發凡

起例博採廣搜其功當以纂修近仁為最分修則澤霖臯九厚生文齋朗山禹臣遜之衡卿文波等亦各分道揚鑣惟麟首列其中乃坐擁虛名毫無實績諸君以吾一日之長不見擯於局外幸也然而亦殊自愧矣

宣統辛亥秋月裔孫祥麟拜譔

胡印祥麟

書庚

後序

桐城方存之有言士讀聖賢書所學何事達而在上則先憂後樂能與天下因宜若似足草茅亦當植徽貽慶播芳風於鄉族其論若柯有案理識其趣之予不敏少承先人儆常讀鄉國史頗聞昔賢緒餘私竊以有建立遺之不何康之弁幅間固所階進既更多加特走歷墟益選騃年藝無將居

溪念懺懼內恩未嘗不引責以之庚子弟兔
務堔以乾隆譜為本展讀序四謹古遂集
以為世國步趨歐蘇之初祧也附予序牒
等來惆宗府典籍遭劫亡泯罔追狀執予
刈大恩日月更久帝憲載淵劃世變、滂
多益慨然里採輯文獻搜絜壽黎禮之來
哲而來附所司參考算之省世久之蹟之著
首祠務稍滕口賡續多因留言以謀支庶與

論大同於是並諮書甫足考舊其子簡纂修
屬予而自與朗山師等分任系表聆綠年
歲克底厥成所並之費已捐館舍矣嗟乎人
子遜敬若先士之抱所學而能自立者其亦渴
日就辰訖是役也諸父昆季不左右其間而受
煩理劃料量章牘衡御之力為獨多寔匡
予不逮予不敢軒自表襮特私章先舉敘
宗盟萬族類於方氏之旨固庶幾其有合

後序　二

也故援筦譔其端厓丞叢凡起例予已筆之以弁名门今列第仿蘭臺例爲敘傳於後

於赫王言有貴其光載揚載顯厥爲家祥敘誥勅一

㥪然懍然不違顏咫霽月光風錫豖繁祉敘遺像二

二體三長成一家言芳軌可循庸俗猶軒敘列傳三

鉅爲棟梁砥亦樻櫝佩綬鳴珂祀在里社敘仕宦四

世變日新學殖深重弗弃弗傳孰美孰盛敘學林五

刊榛芫金逮惠

吾鄉黨溯懿躅興芳蹤寔景行而高仰 叙善行六

貞媛懷清冰蘖在躬其潔白艱苦蓋罔或不同 叙列女七

書契有作乃叙是詳敷摛彬粲用永訊於丝畫 叙文苑八

膴膴吾祖有唐之苗受氏明經惟子子孫孫衍於椒聊 叙統系九

胥宇相度篤公劉則並稼穡詩書基弟弟手 叙本系十

黃河九曲悉肇昆侖雖派別支分則莫不親 叙分系十一

鬱鬱蔥蔥佳氣併異果

宅兆墓質劑可記 叙宅墓十二 衡運規旋厥有憲章用範用閑家用平康 叙規訓十三 丘山作、經華削舊史郭公夏五闕文僂指 叙存舊十四 載脞之記笠屨所生懸有歸餘其義別一 叙拾遺十五

宣统辛亥年重九節裔孫祥木拜首拜撰并書